5판

SOCIAL WELFARE

한국 사회복지법 강의

박차상 · 정상양 · 김옥희 · 강종수 · 고관용 · 정희경 공저

학지사

5판 머리말

IMF 경제 위기 이후 심화되는 양극화와 저출산 · 고령화가 한국 사회를 크게 변화시켰다. 이 같은 사회 변화에 대응하여 「국민기초생활보장법」과 「저출산 · 고령사회기본법」 등을 제정하면서 사회복지 관련법과 제도 역시 많이 발전하였다.

한편, 2014년 2월 서울 송파구에서 생활고로 세 모녀가 동반자살하는 등 도움이 절실한 계층이 복지제도의 사각지대에 놓이는 사례가 빈번히 발생하면서 우리 사회에 충격을 주었다. 이 같은 복지사각지대의 해소 방안으로 최근 「사회보장급여의 이용 · 제공 및 수급권자 발굴에 관한 법률」을 제정하면서, 「사회복지사업법」 개정과 「국민기초생활보장법」 전면개정 등이 이어졌다. 또한 저출산 · 고령화 현상이 심화되면서 「기초연금법」을 새롭게 제정하고 기존의 「영유아보육법」도 개정되었다. 이러한 사회복지법제의 제 · 개정은 우리 사회의 급격한 변화에 대한 제도적 대응이라고 할 수 있다.

이와 같이 새롭게 제 · 개정된 사회복지법의 내용이 많아지면서 기존의 책으로는 사회복지법을 강의하고 학습하는 데 한계가 있다고 판단해 서둘러 이번 개정 작업을 하게 되었다.

개정의 방향으로 첫째, 최신 법들을 반영하고자 하였다. 이에 따라 법 명칭 아래에 최신 개정일과 시행일을 명기하였다. 둘째, 각종 사회복지 관련법을 최대한 설명하고자 하였다. 셋째, 1급 사회복지사 시험에 자주 출제되는 법을 구체적으로 설명하고자 하였다. 이에 따라 26개의 사회복지법률을 가급적 모두 담으려고 노력하였다.

이번 5판에서는 기존 4판의 저자에 광주대학교 정희경 교수가 추가로 참여하였다. 이 책의 집필진은 사회복지법의 특수성으로 인하여 사회복지학, 법학, 행정학, 사회학 등 다양한 전공 영역의 박사로 구성되었으며, 각 저자의 전공 분야와 관심 영역에 따라 집필 내용을 분담하였다.

박차상 교수는 제2장, 제3장, 제7장, 제13장을, 정상양 교수는 제10장, 제11장(1~4절), 제12장(1~4절)을, 김옥희 교수는 제6장, 제8장(1~5절), 제9장(1, 2, 6~8절)을 집필하였다. 강종수 교수는 제4장, 제8장(6절), 제9장(3~5절), 제11장(5, 6절), 제12장(5절)을, 고관용 교수는 제1장, 제5장을 집필하였다. 그리고 정희경 교수는 5판 전체의 내용 수정과 검토를 담당하였으며, 새로 제정된 「기초연금법」(제9장 4절)과 「발달장애인 권리보장 및 지원에 관한 법률」(제11장 7절)의 내용을 집필하였다.

이 책이 나오기까지 많은 분의 도움이 있었다. 우선 각자의 바쁜 일정 가운데서도 개정 작업에 뜻을 같이하고 동참해 주신 모든 저자께 감사드린다. 그리고 촉박한 일정 가운데서도 불평 없이 저자들의 글을 정성껏 다듬고 편집해 주신 학지사 편집부 관계자 여러분께 감사드린다. 특히 이러한 작업은 좋은 책을 만드는 데 앞장서 온 학지사 김진환 사장님의 출판 철학이 있었기에 가능한 일이라 생각하며 지면을 빌려 감사의 마음을 전한다.

이 책의 독자들에게 부탁하고 싶은 말이 있다. 저자들의 정신노동의 산물인 이 책에 애정을 가지고 앞으로 더 좋은 책이 되도록 많은 조언을 해 주기를 부탁드린다. 최신의 정보를 제공하기 위해 저자들은 앞으로도 신속하게 개정 작업을 해 나갈 것을 약속하며, 끝으로 우리나라 사회복지 발전에 이 책이 조금이나마 도움이 되기를 바란다.

2015년

저자 일동

1판 머리말

법학이라고 하면 대부분의 학생이나 사회복지실무자가 접근하기 어려운 학문이라는 선입견을 가지고 있다. 따라서 사회복지 관련 교과목 중에서 사회복지법 과목을 힘들어한다. 그러나 현실에서는 사회복지법이 사회복지실천의 바탕이 되고, 복지행정서비스의 기본이 되며, 권리와 의무를 규정하고 있는 출발점이 되고 있기 때문에 반드시 알아야만 하는 지식이라고 할 수 있다.

이러한 기본 전제하에 이 책은 첫째, 사회복지법 강의를 대학에서 쉽게 접근할 수 있도록 배려하였다. 4년제 대학교나 2년제 대학 학부를 중심으로 사회복지법을 쉽게 이해하고 접근할 수 있도록 집필하였다.

둘째, 현실과 법의 괴리를 메우려는 현실적 노력이 판례연구라고 생각하기 때문에 그 사례가 많지는 않지만 각 개별 법률에 따라 판례를 첨부하여 이해를 높이고자 노력하였다.

셋째, 사회복지학자들의 법학에 대한 지식 기반 부족을 보완하기 위해 법학 전공자를 공동저자로 참여하게 함으로써 사회복지법의 체계를 갖추고 내용을 심도 있게 다루도록 노력하였다.

넷째, 공동저술의 이점을 극대화하기 위하여 집필자 자신의 전공 혹은 가장 관심 있는 법을 집필하도록 역할분담을 함으로써 내용을 더욱 알차게 구성하였다.

다섯째, 공동저술의 장점인 정보와 지식을 상호 교환함으로써 독단이나 오류에 빠지는 것을 방지하고자 노력하였다.

1970년대 이후 경제적 위기가 닥치면서 복지국가의 위기시대를 맞는 상황에서 행정권은 사회복지예산의 감축, 동결, 증가의 억제, 민영화 등 사회복지정책의 위축을 가져오게 했다. 즉, 경제적 또는 재정적 압박이 사회복지를 경제논리에 종속시키면서 사회복지법의 이념을 후퇴시켜, 결국 사회복지법에서 법의 우위는 지켜지지 않고 오히려 경제의 논리가 사회복지행정을 지배하게 된 것이다.

이러한 신보수주의적 논리를 극복하여 사회복지법의 근본이념인 생존권을 확보하기 위하여 사회복지학도들은 사회복지법에 더욱 많은 관심과 이해를 가지도록 노력해야 할 것이다.

저자들이 처음에 약속한 집필시한을 훨씬 넘겼음에도 인내심을 가지고 집필이 완료되도록 격려와 지원을 해 주신 학지사 김진환 사장님께 특별히 감사드린다. 그리고 최임배 부사장님을 비롯한 여러 직원이 각 지방에서 흩어져 송고되는 원고를 밤을 새워 편집함으로써 적절한 시기에 발간되도록 배려해 준 것에 고마움을 표한다.

이 책이 독자들에게 사회복지법을 이해하는 귀한 안내서 역할을 할 것이라 기대하며, 앞으로 좀 더 나은 내용으로 계속 보완해 나갈 것임을 약속한다. 이 책을 애용하는 모든 분에게 깊은 감사를 드린다.

2003년 7월

저자 일동

차례

- 5판 머리말 / 3
- 1판 머리말 / 5

제1부 총론: 사회복지법의 전반적 이해

제1장 법의 이해와 사회복지법 19

제1절 사회생활, 분쟁, 법 / 19
1. 법과 사회 19
2. 법의 개념 20
3. 법의 목적(이념) 22
4. 법의 체계와 분류 24
5. 법 원 29
6. 법의 효력 33
7. 법의 해석과 적용 35
8. 권리와 의무 38

제2절 사회복지법의 의미와 법원 / 41
1. 사회복지법의 의미 41
2. 사회복지법의 법원(法源) 41

제2장 사회복지법의 발달역사 45

제1절 자본주의의 출현과 사회복지법의 대두 / 45

제2절 사회복지법의 기원 / 48
1. 영국의 공공부조법(구빈법) 48
2. 독일의 사회보험법 51
3. 미국의 사회보장법 53

제3절 시민법 원리에서 사회복지법 원리로 전환 / 54
1. 국가 형태의 변화(입법국가에서 행정국가로 전환) 54
2. 시민법의 한계와 사회복지법의 대두 55
3. 법적 안정성과 구체적 타당성의 조화 59

제3장 사회복지법의 개관 61

제1절 사회복지법의 개념 / 61
1. 사회복지법에 대한 개념규정 61
2. 사회복지법과 관련법의 비교 68
3. 이 책의 사회복지법 개념 72

제2절 사회복지법의 근본이념 / 73
1. 생존권의 의의 73
2. 생존권 이념의 형성과 국제화 추세 74

제3절 사회복지법의 분류 체계 / 79
1. 법체계의 관점 79
2. 분류방법 81
3. 국가별 사회복지법 분류 체계 82

제4장 헌법과 사회복지법 89

제1절 사회복지법의 법원으로서의 헌법 / 89

제2절 인간의 존엄 · 행복추구권 / 90

제3절 평등권 / 91

제4절 재산권 보장 / 92

제5절 생존권적 기본권(사회권) / 93
1. 인간다운 생활을 할 권리 93
2. 교육을 받을 권리 94
3. 근로의 권리 94
4. 환경권 95
5. 혼인 · 보건에 관한 권리 95

제5장 사회복지법의 법적 지위와 법률관계 97

제1절 사회복지법의 의미 / 97
1. 사회복지법이란 97
2. 사회복지주체 97

제2절 사회복지급여수급권 / 99
1. 사회복지급여수급권의 개념 99
2. 사회복지급여수급권의 특성 100
3. 사회복지급여수급권의 보호 101
4. 사회복지급여수급권의 제한 102
5. 사회복지급여수급권의 소멸 105

제3절 사회복지법의 역할 / 105
1. 사회복지의 권리성 확보 106
2. 사회복지행정에의 주민참여문제 106
3. 사회복지에서의 법적 우위 106

제4절 사회복지법의 벌칙 / 107
1. 의 의 107
2. 사회복지법상의 행정형벌 108
3. 사회복지법상의 행정벌 109

제6장 한국 사회복지법의 형성과 발전 111

제1절 사회복지법 역사연구의 의미와 방법 / 111
1. 사회복지법의 역사연구 의미 111

2. 사회복지법의 역사연구 방법 112

제2절 1960년대 이전의 사회복지 입법 / 113
1. 일제하의 사회복지 입법 113
2. 미군정하의 사회복지 입법 114
3. 6 · 25 전쟁과 1950년대의 사회복지 입법 115

제3절 1960~1970년대의 사회복지 입법 / 115
1. 사회복지 입법 115
2. 평 가 119

제4절 1980년대의 사회복지 입법 / 120
1. 사회복지 입법 120
2. 평 가 123

제5절 1990년대 이후의 사회복지 입법 / 123
1. 사회복지 입법 123
2. 평 가 129

제6절 2000년대 이후의 사회복지 입법 / 130

제2부 한국 사회복지법 각론

제7장 사회보장기본법 143

제1절 법의 의의 / 143

제2절 입법배경 및 연혁 / 144
1. 사회보장기본법의 입법배경 144
2. 사회보장기본법의 연혁 145

제3절 사회보장기본법의 내용 / 148
1. 사회보장의 개념과 기본원칙 148
2. 사회보장기본법의 목적과 이념 149
3. 사회보장의 정의, 사회보장 범위 및 책임주체 149
4. 사회보장수급권 151
5. 사회보장위원회 153
6. 사회보장정책의 기본방향 수립 155
7. 사회보장제도의 운영 156

제4절 판례 연구 / 161
1. 생존권 관련 판례 161
2. 사회복지법상 생존권의 개선방향 162

제8장 사회보험법 163

제1절 사회보험법의 개요와 특성 / 163
1. 법의 의의와 특성 163
2. 기본원리 165

제2절 국민연금법 / 167
1. 법의 의의와 특성 167
2. 입법배경 및 연혁 170
3. 가입자 172
4. 보험급여 174
5. 연금액과 연금보험료 181
6. 재 정 184
7. 관리운영 185
8. 심사청구와 재심사청구 187
9. 법적 쟁송: 국민연금법 제6조 등 위헌 확인 187

제3절 국민건강보험법 / 189
1. 법의 의의 189
2. 입법배경 및 연혁 192
3. 가입자와 보험자 194
4. 보험급여 197
5. 보험급여 수급권의 제한과 보호 등 200
6. 재원: 보험료와 국고보조 202
7. 이의신청 및 심판청구 204
8. 법적 쟁송: 요양기관 지정에 관한 헌법소원청구 205

제4절 산업재해보상보험법 / 206
1. 법의 의의 206
2. 입법배경 및 연혁 209
3. 가입자, 수급자와 보험자 212
4. 보험사고: 업무상의 재해 215
5. 보험급여 218
6. 권리구제 224

제5절 고용보험법 / 226
1. 법의 의의 226
2. 입법배경 및 연혁 227
3. 가입자 230
4. 고용보험사업의 종류와 내용 230
5. 고용보험 및 산업재해보상보험의 보험료 징수 등에 관한 법률 239
6. 법적 쟁송: 무한책임사원에 고용보험료 부과 취소 242

제6절 노인장기요양보험법 / 243
1. 법의 의의 243
2. 입법배경 및 연혁 245
3. 법의 내용 247

제9장 공공부조법 263

제1절 공공부조법의 의의와 특성 / 263

1. 법의 의의 263
2. 기본원리 264

제2절 국민기초생활보장법 / 265

1. 법의 의의와 용어의 정의 265
2. 입법배경 및 연혁 266
3. 책임주체: 보장기관과 보장위원회 268
4. 수급권자 269
5. 급 여 272
6. 보장비용 281
7. 수급자의 권리와 구제 282
8. 벌 칙 283

제3절 긴급복지지원법 / 284

1. 법의 의의 284
2. 입법배경 및 연혁 285
3. 법의 내용 287

제4절 기초연금법 / 295

1. 입법배경 및 연혁 295
2. 법의 내용 295

제5절 장애인연금법 / 299

1. 법의 의의 299
2. 입법배경 및 연혁 300
3. 법의 내용 301

제6절 의료급여법 / 306

1. 법의 의의와 연혁 306
2. 권리주체와 책임주체 308
3. 의료급여 내용와 의료급여기관 311
4. 급여의 제한과 중지 312
5. 급여비용 313
6. 실효성의 확보 315

제7절 북한이탈주민의 보호 및 정착지원에 관한 법률 / 318

1. 입법배경 및 연혁 318
2. 법의 내용 319

제10장 사회복지서비스 일반법으로서의 사회복지사업법 331

제1절 사회복지서비스법의 특성과 사회복지사업법 / 331

제2절 사회복지사업법 / 334
1. 법의 의의 334
2. 입법배경 및 연혁 336
3. 법의 내용 341

제11장 사회복지서비스법 I 379

제1절 아동복지법 / 379
1. 법의 의의 379
2. 입법배경 및 연혁 381
3. 법의 내용 386

제2절 영유아보육법 / 409
1. 법의 의의 409
2. 입법배경 및 연혁 410
3. 법의 내용 416

제3절 노인복지법 / 432
1. 법의 의의 432
2. 입법배경 및 연혁 433
3. 법의 내용 438

제4절 장애인복지법 / 463
1. 법의 의의 463
2. 입법배경 및 연혁 464
3. 법의 내용 469

제5절 장애인활동 지원에 관한 법률 / 499
1. 법의 의의 499
2. 입법배경 및 연혁 500
3. 법의 내용 502

제6절 장애아동복지지원법 / 511
1. 법의 의의 511
2. 입법배경 및 연혁 511
3. 법의 내용 513

제7절 발달장애인 권리보장 및 지원에 관한 법률 / 521
1. 법의 의의 및 입법배경 521
2. 법의 내용 521

제12장 사회복지서비스법 II 529

제1절 한부모가족지원법 / 529
1. 법의 의의 529
2. 입법배경 및 연혁 531
3. 법의 내용 533

제2절 다문화가족지원법 / 544
1. 법의 의의 544
2. 입법배경 및 연혁 545
3. 법의 내용 547

제3절 사회복지공동모금회법 / 554
1. 법의 의의 554
2. 입법배경 및 연혁 554
3. 법의 내용 557

제4절 정신보건법 / 566
1. 법의 의의 566
2. 입법배경 및 연혁 567
3. 법의 내용 570

제5절 노숙인 등의 복지 및 자립지원에 관한 법률 / 590
1. 법의 의의 590
2. 입법배경 및 연혁 591
3. 법의 내용 592

제3부 한국 사회복지법의 전망과 과제

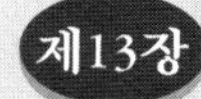

제13장 한국 사회복지법의 발전적 과제와 적용 601

제1절 사회복지법과 복지국가 패러다임 / 602
1. 복지선진국의 과제와 사회복지법 602
2. 복지국가 위기 해결의 관점 602
3. 복지국가의 방향 603

제2절 한국 사회복지법의 발전적 과제 / 603
1. 현행 사회복지법의 문제 604
2. 사회복지법의 과제 605

제3절 사회복지사의 사회복지법에 대한 이해와 적용 / 608
1. 판례연구의 심층적 연구 608
2. 공익소송의 확대를 통한 복지권 확보운동 609
3. 사회복지 관련법의 비교 연구 611
4. 국제적 시각에서 국제사회보장법 비교 연구 612
5. 장기적 시각에서 통일에 대비한 사회복지법의 연구 612

- 참고문헌 / 613
- 찾아보기 / 619

제1부

총론: 사회복지법의 전반적 이해

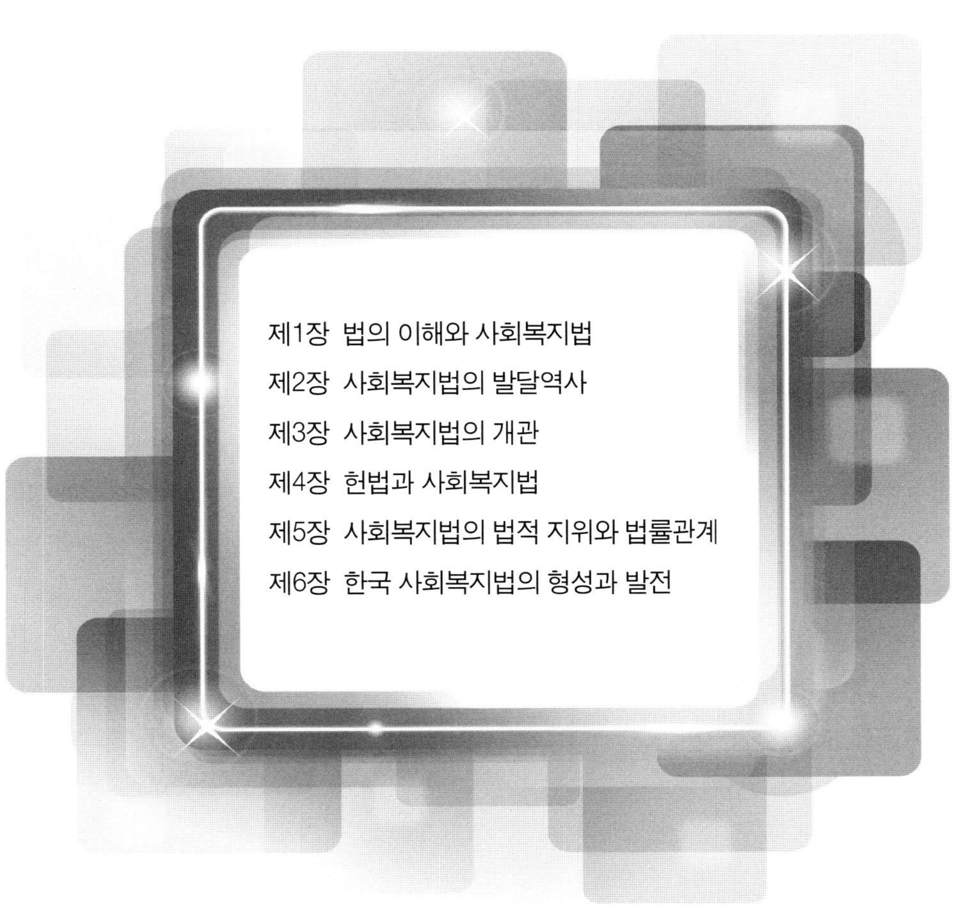

제1장 법의 이해와 사회복지법

제1절 사회생활, 분쟁, 법

1. 법과 사회

인간은 사회적 동물로서 공동생활을 하는 존재이므로 사회생활에는 일정한 규율이 필요하게 된다. 복잡한 사회에서 다양한 생각과 행동양식을 가진 사람들이 모여 살면 자신이 원하든 원하지 않든 크고 작은 분쟁을 경험하게 된다. 이는 원시사회든 현대사회든 마찬가지다. 사회생활에 필요한 일정한 규율, 이것이 바로 법이다.

그런데 사회는 단순한 사람들의 집단이 아니라 복잡한 요소로 얽혀 있기 때문에 구성원 사이에 이행의 충돌이 생길 수밖에 없다. 이러한 충돌이나 분쟁에 휘말려 자신의 소중한 권리가 침해당하지 않도록 사전에 예방하는 일도 중요하지만, 발생된 분쟁은 해결해야만 한다. 이러한 문제를 해결하는 방법으로 폭력에 의한 방법과 비폭력에 의한 방법을 생각해 볼 수 있다. 그러나 폭력은 더 큰 폭력을 불러올 뿐 문제를 해결하지는 못한다. 그것의 해결은 비폭력적인 힘 내지 법률상 또는 사회규범에 의한 힘을 통해 가능하다. 우리 사회에는 법률, 도덕, 관습, 종교상의 계율 등 다양한 종류의 규범이 있는데, 그 가운데 가장 강력한 수단을 가진 사회규범은 법이다(권형준 외, 2005: 3).

우리의 사회생활을 보면 가정생활, 직장생활, 경제생활, 종교생활 등이 있다. 이러한 생활을 법률관계의 측면에서 보면 우리가 많은 법망 속에서 살아가고 있음을 알 수 있다. 예를 들면, 부부관계, 소유관계, 임대차관계, 노동관계, 혼인, 친자 등의 다양한 법률관계가 우리를 둘러싸고 있다. 다만 우리가 무수한 전파 속에서 생활하고 있지만 그것을 느끼지 못하고 있듯이 많은 법 안에서 살아가고 있는데도 그것을 알지 못하고 있을 뿐인 것이다.

인간의 일상생활은 다른 사람과 더불어 살아가는 관계의 연속이다. 인간이 생활을 유지하기 위해서는 재화를 획득하여 이용하거나 소비하지 않으면 안 되는데, 이때 무한한 욕망을 가진 인간은 유한한 재화의 획득이나 이용에서 여러 가지 분쟁을 일으키게 되는 것이다.

인간이 있는 곳에는 분쟁이 있고 분쟁이 있는 곳에는 소송이 있다. 이러한 분쟁의 해결방법으로 우리 또한 법을 생각하지 않을 수 없다. 그러므로 법은 사회생활의 성립요건이며, 법 없는 사회는 존재할 수 없는 것이다. 법은 인간생활의 방법이고 사회의 공동생활을 규율하는 규범이다.

2. 법의 개념

'법(法)' 은 한자로 물 '수(水)' 와 갈 '거(去)' 를 합하여 쓰며, 그 의미는 물이 흐르는 자연의 이치에 따라 분쟁을 이치나 순리에 맞게 처리한다는 뜻을 담고 있다.

"법이란 무엇인가?" 라는 물음은 법학에서 가장 기본적인 문제로 많은 학자가 정의를 내려 왔지만, 그것은 학자의 개인적인 사상, 인생관, 세계관 등이 서로 다르기 때문에 각각 상반되는 견해를 나타내고 있다(건국대학교 법학연구소, 2006: 17-18).

그러나 그동안 학자들에 의하여 사회적 · 실증적으로 연구된 학설을 종합한다면 "법이라 함은 국가 또는 정치적으로 조직된 사회에서 정립되고 그 구성원에 대하여 물리적 강제력을 가지고 스스로를 실현하는 것으로서 정의를 이념으로 하는 사회규범" 이라고 할 수 있을 것이다.

1) 법은 사회적 행위규범이다

법은 규범으로 당위명제(當爲命題)에 해당한다. 규범이란 사회적 목적을 달성하기 위하여 사회의 구성원이 준수해야 할 준칙 내지 법칙을 의미하며, 인류의 공동생활 측면에서 사회는 이 법칙에 따라 유지되고 보전된다. 우리는 이것을 규범법칙(規範法則)

내지 당위법칙(當爲法則)이라고 한다. 존재(存在, sein)는 "갑이 사람을 죽였다."라는 명제와 같이 어떤 현상의 존재 여부 또는 사람의 모습, 인간관계를 지칭하는 것이다. 반면, 법은 당위(當爲, sollen)의 영역에 속하는 것으로 "갑의 살인 행위는(형법에 의하여) 범죄다(즉, 악이다)."라는 것과 같이 사회 내에서 발생하는 사건이나 현상에 대하여 가치판단을 하는 것을 말한다. 그래서 당위명제는 '~하여야 한다'(명령) 또는 '~하지 말아야 한다'(금지), '~하여도 좋다'(허용) 등의 형식을 띠게 된다.

자연법칙은 "모든 사람은 죽는다." "물은 높은 곳에서 낮은 곳으로 흐른다."와 같이 자연계에 나타나는 법칙이다. 이것은 예외가 인정되지 않고 반드시 발생하는 필연적 현상이다. 따라서 이를 필연의 법칙 또는 존재의 법칙이라 한다. 그러나 규범법칙은 "살인하지 말라." "네 부모를 공경하라." 등과 같이 무엇을 행하지 말라 또는 무엇을 행하라고 규정하는 명령 또는 금지에 관한 법칙이다. 그러므로 규범법칙은 자연법칙과 엄격하게 구별된다.

법은 단순히 타인에 대한 개인적인 명령과 강제로 이루어지는 것이 아니라, 그 사회 내에서 수용되고 있는 일정한 가치나 이념을 바탕으로 형성되고 또 집행되는 것이다.

행위규범(行爲規範)법은 본질적으로 인간행동의 행위규범이다. 행위규범은 "계약은 지켜야 한다." "살인하지 말라."와 같이 사람들이 해야 할 일을 명령하거나 해서는 안 될 행위를 금지하는 규범으로 행위의 기준을 정하는 당위의 법칙으로서의 사회규범이다. 행위규범에 관한 한 법규범은 도덕이나 관습과 같다. 그러나 도덕규범은 행위규범일 뿐 강제의 계기가 없다.

2) 법은 강제규범이다

예링(R. V. Jhering)은 "강제가 없는 법은 빛이 없는 등불과 같다."라고 하면서 강제를 법의 본질적 요소로 보았다.

강제가 있다는 점에서 법은 도덕이나 종교 또는 관습과 구별된다. 법은 원래 사회질서의 유지수단인 사회통제의 기술로서 작용하였지만 오늘날에는 권력 그 자체를 통제하는 기술로서도 작용하게 되었다. 즉, 사회질서를 유지하는 임무와 인간의 자유를 보장하는 임무가 그것이다. 이와 같이 법은 사회규범의 하나로서 정치적 · 조직적 권력에 의한 자유의 뒷받침을 받고 있는 것이라고 할 수 있다.

그리고 법규범은 강제를 그 요소로 함으로써 독특한 형식적 특성을 나타낸다. 일반적인 존재명제나 다른 당위명제는 대부분 정언명제(定言命題, 즉 "甲은 乙이다. 또는 丙

은 丁이어야 한다.") 방식을 취하는데, 법규범은 "만약 A가 B이면, C는 D여야 한다."라는 가언명제(假言命題) 방식을 취한다(건국대학교 법학연구소, 2006: 19).

대부분의 경우 사람들은 법이나 관습의 내용이 타당한 것이라는 인식하에 규범을 준수한다. 그러나 의식적으로나 무의식적으로나 규범을 준수하지 아니하는 경우도 발생한다. 이런 경우 법파괴자에 대하여는 형벌로써 제재를 가하고 채무불이행자에 대하여는 강제집행을 하게 된다.

그러므로 강제규범이란 일정한 행위규범을 전제로 하여, 그 행위규범을 위반하는 행위에 대하여는 일정한 제재를 가함으로써 강제력으로 사회질서를 유지하려는 규범이다.

3) 법은 조직규범이다

법판단은 언제나 공식적으로 이루어져야 한다. 사회 내에서 무엇이 허용되고 금지되는지, 그리고 행위규범을 위반할 경우 어떠한 제재가 행하여지는지를 암묵적인 수준으로라도 사회구성원에게 알려야 한다. 한 사회에서 무엇이 법인가를 선언 또는 명령할 수 있는 주체와 그렇게 선언되고 명령된 법규범을 구체적인 사실에 대하여 적용하는 주체가 있어야 하는 것이다.

조직규범(組織規範)은 법규범의 제정·적용·집행을 담당하는 기관(국회·법원·행정관청)의 조직과 권한에 관한 규범이다. 즉, 법을 정립하고(입법기관), 그것을 집행하며(집행기관) 나아가 구체적인 사건에 대하여 무엇이 법인가를 종국적으로 선언할 기관(사법기관)이 그것이다.

조직규범(헌법·국회법·법원조직법·정부조직법 등은 조직규범에 속한다)은 국민 일반의 사회생활을 규율하는 것이 아니므로 행위규범과 구별되며, 위반행위에 대하여 직접 강제하지 못하므로 강제규범과도 구별된다.

재판규범(裁判規範)이란 행위규범에 위반한 행위에 대하여 일정한 제재를 가하는 것으로서 사회의 질서를 유지하려고 하는 규범이다.

3. 법의 목적(이념)

법의 목적이란 법으로서 효력을 갖기 위하여 지향하여야 하는 법의 이념을 말한다. 법은 사회 구성원에 의하여 만들어진 것인 만큼 실천의 목표가 되는 하나의 이념가치이고, 이념가치는 행위의 목표이며, 이것은 인간의 행위를 통하여 이루어진다. 이러한 법의 목적에는 주요한 요소로서 정의와 법적 안정성을 들 수 있다.

법은 현실의 사회생활관계를 규율하는 것이나 그 사회생활관계는 인간의 목적활동에 의해서 추진되고 발전되어 가고 이러한 목적이 달성되기 위해서는 질서라는 법의 기본이념이 유지되어야만 법의 이념으로서의 목적이 실현된다고 할 수 있다.

1) 정의(正義)

법의 궁극적인 목적은 정의를 실현하는 데 있다. 정의는 법의 이념이며, 법은 정의의 실현을 기본적 사명으로 하는 사회규범이다. 법은 정의를 기본이념으로 하므로 정의의 개념을 명확히 해 두어야 한다. 정의의 이념이 없는 법은 단순한 폭력에 불과할 뿐이므로 법은 정의실현의 수단이기도 하다. 이와 같이 법과 정의는 불가분의 관계에 있다.

그러면 정의란 무엇인가? 정의의 개념에 관하여는 고대 그리스, 로마시대부터 다양한 논의가 전개되어 왔다. 그러나 아직도 그 내용과 기준을 명확하게 정립하지 못하고 있는데, 그중 다음과 같이 아리스토텔레스(Aristoteles)의 정의에 대한 세 가지 분류가 많이 인용된다.

일반적 정의(법률적)란 개인이 단체(국가, 조직 등)에 대하여 지는 의무를 말한다. 인간의 심정과 행동을 공동생활의 일반원칙에 적합하게 하는 것, 즉 국가 비상시에 국가를 위해 순직하는 것 등이 이러한 정의다.

평균적 정의(산술적)란 모든 사람이 개인 간의 거래에 있어서 급부와 반대급부, 손해와 배상, 범죄와 형벌 등이 공정한 균형을 유지하는 것이다. 이는 개인적 구별을 도외시한 객관적 이해 그 자체의 조정의 평등이므로 산술적 비례에 의한 평등이다.

배분적 정의(기하학적)란 각자의 능력 및 공적에 따라 그에 상응하여 공정하게 명예와 재산을 분배하는 것이다. 배분적 정의는 각자의 가치, 능력에 따른 개인차를 인정하고 그 개인차는 국가, 사회에 공헌하는 비율에 따라 결정하게 된다는 것이다(권형준 외, 2005: 4).

2) 합목적성(合目的性)

합목적성이란 가치관에 구체적으로 합치되는 것을 말한다. 즉, 정의의 내용을 정하는 실정법의 가치기준이다. 합목적성은 정의와 함께 법의 이념이다.

합목적성은 그 사회가 가지는 가치관이 어떠한 것인가에 따라 정의를 평가하는 기준을 다르게 가진다. 즉, 합목적성은 사회의 가치관에 따라 달라지는 상대적인 개념인 것이다.

개인주의 측면에서는 모든 개인이 평등하게 존중되도록 평균적 정의가 강조되지만, 법의 목적은 국가의 목적에 직결되는 것이기 때문에 법의 합목적성은 결국 국가의 목적에 따라 결정되는 것이다. 따라서 법은 정의의 실현만이 아니고 복지국가의 요청 등과 같이 합목적적인 것, 즉 기술적인 것까지도 포함된다.

3) 법적 안정성(法的 安定性)

법적 안정성이란 법에 의하여 보호되는 사회생활의 질서와 안정을 말한다. 질서는 법의 생명이며 사회질서를 형성하고 유지하는 것이 법의 목적이자 기능이다. 따라서 이를 가치로 하는 법이 사회에는 필요하다.

어떤 행위나 권리의 행사가 정당한 것이면 보호를 받고, 또 어떤 행위를 하면 손해배상을 하거나 형벌을 받게 된다는 것을 명백히 하여야 우리가 안심하고 생활할 수 있는데, 이는 법적 안정성이 있기 때문에 가능한 것이다.

법은 사회질서의 안정성에 대한 요구 외에 법 자체의 안정성도 동시에 요구한다. 법 자체가 자의적으로 통용된다면 사회질서는 유지될 수 없어 법의 실효성은 보장되지 못한다. 따라서 법의 실효성을 확보하기 위해서는 법적 안정성이 전제되어야 한다.

법이 안정성을 유지하기 위해서는 그 내용이 명확하고 쉽게 변경되어서는 안 되며, 실제로 실행이 가능한 것이어야 한다. 또한 법은 국민의 법의식에 합치되어야 한다.

법이 사회질서를 유지할 힘을 잃게 되면 법으로서의 존재의의도 상실하게 된다. 따라서 법적 안정성, 즉 법에 의한 사회질서의 유지는 법의 근본적인 가치이고 법의 목적이라 할 수 있다.

4. 법의 체계와 분류

법의 체계는 관찰 방법에 따라 몇 가지로 분류할 수 있다. 법이 경험적 근거에 의한 것인지 통치기관이 제정법화되었느냐의 여부에 따라 자연법과 실정법으로 나눌 수 있고, 법의 규율대상이 공익인지 사익인지의 생활관계의 실체에 따라서 공법과 사법, 그리고 법의 실체관계인지, 그 내용을 실현하기 위한 것인지의 규정내용에 따라 실체법과 절차법으로 나눌 수 있다.

1) 법의 구조(체계, organization)

(1) 자연법(自然法)과 실정법(實定法)

자연법은 실정법과 비교되는 법으로서 마땅히 그러하여야 한다는 당위법이다.

자연법이란 인간의 본성 내지 사물의 본성에 근거하여 시대와 민족, 국가와 사회를 초월하여 보편타당하게 적용되는 객관적 질서다. 그러므로 자연법이라고 말할 때 그것은 자연적 질서라는 뜻으로 사용되고, 구체적 문제해결을 위한 어떤 명확한 기준을 제시하기보다는 인간이 올바른 사회생활을 하는 데 하나의 근본지침이라고 할 수 있다(이명남, 2008: 17).

실정법이라 함은 특정한 시대와 특정한 장소에서 효력을 가지는 법규범을 말하고 여기에는 국가기관이 제정하는 헌법 · 법률 · 명령 · 규칙 등 성문법이 보통이다. 하지만 예외로 관습법 · 판례법 등과 같이 경험적인 사실에 기초하여 성립되고 현실로 행해지고 있는 불문법도 있다.

여기에 문제가 되는 것은 악법도 법이므로 이를 준수하여야 하는가 하는 문제다. 자연법론자들은 자연법에 합치되지 않는 실정법, 즉 정의의 원리에 반하는 법은 악법이며, 악법에 대하여는 저항할 수 있다고 주장한다.

그러나 원칙적으로 악법이라도 형식상 법률 요건을 갖추고 있으면 합법적 절차에 따라 개정되지 않는 한 이를 무효라고 하여 복종을 거부하는 것은 허용되지 않는다고 보는 것이 타당하다.

(2) 공법(公法, public law)과 사법(私法, private law)

공법(公法)은 공권의 주체와 국민 사이의 관계에서 일어나는 공적관계를 다루는 법이다. 공권의 주체인 국가 또는 공공단체와 그 상대인 사인(私人) 간의 권력관계와 같은 불평등한 권력관계를 규율하는 법으로, 대체로 헌법 · 행정법 · 형법 · 소송법 등은 공법에 속한다. 사법(私法, private law)은 사인 간의 법률관계를 규율하는데, 사인 간의 법률관계는 계산을 중심으로 하는 재산관계 또는 경제관계와 혼인 · 혈연을 중심으로 하는 가족관계 또는 신분관계로 나누어진다. 민법이나 상법이 이에 속한다. 그러나 보통 공법이라 하면 헌법과 행정법만을 가리키고 있다. 이와 같이 공법과 사법의 구별은 그 한계가 명백하지 않으며 여러 가지 학설이 대립하고 있다.

국가 또는 공법인(公法人)에 관한 법을 공법이라 하고 사인(私人)에 관한 법을 사법으로 하는 주체설(主體說), 권력복종관계에 관한 법을 공법으로 하고 평등관계에 관한 법을 사법으로 하는 권력설(權力說), 공익에 관한 법을 공법으로 하고 사익에 관한 법을 사법으로 하는 이익설(利益說) 등이 있다.

공법의 내용은 각국의 역사적 · 정치적 배경에 따라서 달라진다. 특히 영 · 미 법계의 여러 나라와 같이 이와 같은 의미에서의 공법 · 사법의 구별을 인정하지 않는 나라도 있다. 그러나 행정재판제도를 가진 프랑스, 독일 등의 대륙법계의 국가들은 공법 · 사법의 구별을 전제로 하여 재판관할권의 분배를 결정해 왔기 때문에 공법과 사법의 구별은 제도상 매우 중요하였다.

사법이란 법에 의한 민사 · 형사 사건의 재판 및 그에 관련되는 국가작용을 말한다. 실질적으로는 입법 · 행정에 대하여 각각의 구체적 쟁송을 해결하기 위하여 공권적(公權的)인 법률판단을 하여 법을 적용하는 국가작용을 뜻한다. 형식적으로는 법원의 권한으로 되어 있는 사항을 말하며 사법의 범위는 국가에 따라 다르며 영국, 미국에서는 구체적인 쟁송에 법을 적용하는 모든 작용을 의미한다.

즉, 민사 · 형사의 재판 외에 공무원 행위의 적법성에 관한 쟁송도 포함하고 있다. 한편, 독일 · 프랑스 등 대륙법계 국가에서는 민사 · 형사의 재판에만 권한을 가지며, 행정사건에 관한 다툼은 행정권과 결부된 행정재판소의 권한에 속한다. 대한민국은 영미법적 통일관할주의 하에서 행정사건의 재판까지도 이에 포함하고 있다(헌법 제107조 제3항).

(3) 실체법(實體法, substantial law)과 절차법(節次法, adjective law)

실체법은 법률관계(권리 의무)의 발생 · 변경 · 소멸 · 효과 등 실체관계를 정한 법으로 주법(主法)이라고도 하며, 민법 · 상법 · 형법 등이 이에 해당한다. 절차법(節次法)과 대립된 말이며, 실체법과 절차법이 모순될 때에는 실체법이 우선한다.

법원은 실체법이 없더라도 재판을 하지 않으면 아니 되나, 절차법이 없을 때에는 재판을 할 수 없다. 그러므로 실체법은 절차법과 서로 도와서 그 실효성을 얻고 인간사회의 법적 규율을 할 수 있다. 다만 절차법 가운데에도 권리 · 의무에 관한 규정이 있고, 실체법 중에도 절차규정이 있음을 주의하여야 한다. 또 법의 장소적 적용관계를 정하는 적용법(適用法)에 대하여 민법 · 상법 등을 실질법(實質法)이라 할 때가 있다.

절차법은 권리의 실질적 내용을 실현하기 위하여 취해야 할 방법을 규율하는 법을 말하는데 실체법에 대립되는 개념이며, 보통 소송 또는 재판절차를 규율하는 법(형사소송법 · 민사소송법 · 행정소송법 등)을 실체법(민법 · 상법 · 형법 등)에 대하여 절차법이라고 말한다.

이 경우의 절차법은 형식법이라고도 하며, 특히 민사에서는 무수한 소송사건을 적정 공평하게 심판하고, 신속 경제적으로 처리하기 위하여 어떤 방법에 따르는 것이 합리적인가 하는 기술적인 고려가 중심문제가 된다. 넓은 의미의 절차법에서는 행정적인 절차규정(예: 국세징수법 중의 절차규정), 민사상의 절차법(예: 호적법, 부동산등기법 등)도 포함되지만, 그 경우 같은 법전 속에 실체적 규정과 함께 포함되는 일도 있다.

2) 법의 분류(classification)

(1) 국내법과 국제법

국내법은 한 나라의 주권이 미치는 범위 내에서 효력을 가지는 법(공법 · 사법 · 사회법)이며, 국제법은 국가 상호 간, 국제 조직 간의 국제사회법(조약 · 국제관습법 · 국제법규)을 말한다.

(2) 공법, 사법, 사회법

공법은 국가 조직과 기능 및 공익작용을 규율하는 법(실체법, 절차법)이고, 사법은 개인 상호 간 권리와 의무관계를 규율하는 법(민법 · 상법 · 회사법 · 어음법 · 수표법)이다. 또 사회법은 이러한 공법도 사법도 아닌 중간법으로서 노동법 · 경제법 · 사회보장법 · 사회복지법 등을 말한다.

사회법은 설명한 바와 같이 자본주의 경제의 발전과정에서 발생하는 빈부의 격차를 해소하고 여러 가지 모순점을 시정하기 위하여 19세기 말에서 20세기 초에 걸쳐 나타난 제3의 법역이다.

사회법의 목적은 국가가 자본주의의 보장을 전제로 하여 그 기반 위에 건강하고 문화적인 인간다운 생활을 국민에게 보장하고자 하는 데 있다. 사회적 약자를 보호하기 위한 법으로 공법과 사법적 성격이 합쳐진 형태이며, 법의 사회화 · 사법의 공법화의 경향이 있다(사회보장법 · 근로기준법 · 노동관련법 · 연금법).

(3) 일반법과 특별법

법의 효력이 미치는 범위를 표준으로 하여 일반법과 특별법으로 나눈다.

일반법이란 법의 효력이 특별한 제한 없이 일반적으로 적용되는 법을 말하며, 특별법이란 일정한 장소 · 사항 · 사람에만 국한하여 적용되는 법을 말한다.

일반법과 특별법을 구별하는 실익은 법의 적용 시 동일한 사항에 일반법과 특별법이 병존하는 경우에는 특별법이 일반법에 우선하여 적용된다는 점이다. 이는 '특별법 우선의 원칙'으로 법적용에서 중요한 원칙이다.

1 장소를 표준으로 한 구별

전국에 걸쳐 적용되는 법은 일반법(보통법)이고 일부 지역에만 적용되는 법은 특별법이다. 예를 들면, 지방자치법은 전국에 효력이 미치는 일반법이고, 시 · 도의 조례나 규칙은 시 · 도에만 효력이 미치는 특별법이다.

2 사항을 표준으로 한 구별

일반적 사항을 규율하는 법은 일반법이고 특수한 사항을 규율하는 법은 특별법이다. 예를 들면, 국민의 일반적 사생활을 규율하는 민법은 일반법이고, 사생활 가운데 상사(商事)에 관한 사항을 규율하는 상법은 특별법이다.

3 사람을 표준으로 한 구별

모든 국민에게 적용되는 법이 일반법이고 특수한 직업이나 신분을 가진 일부 국민에게만 적용되는 법이 특별법이다. 예를 들면, 헌법 · 행정법 · 민법 · 형법 등은 일반법이고 공무원법 · 변호사법 · 군행법 등은 특별법이다.

(4) 조직법과 행위법

조직법은 인간행위의 기초 및 수단이 될 조직과 제도를 정하는 법이다. 행위법은 사회생활에서 인간의 행위 자체를 규율하는 법을 말한다.

(5) 강행법과 임의법

법의 적용이 절대적인가 상대적인가에 따른 구별이다.

강행법은 당사자의 의사에 불구하고 적용되는 법이고, 임의법은 당사자의 의사로 그 적용을 배제할 수 있는 법이다.

헌법 · 행정법 · 형법 · 형사소송법 · 민사소송법 등 공법규정의 대부분은 강행법이고, 민법 · 상법 등 사법 분야에는 임의법이 많다. 예를 들면, 민법 제468조 전단에서 "당사자의 의사표시가 없으면 변제기 전이라도 채무자는 변제할 수 있다."라고 하는 규정은 임의법규다.

(6) 원칙법과 예외법

원칙법은 일정한 사항에 일반적으로 적용되는 법이며, 예외법은 일정한 사정에 특별한 경우에 대하여 원칙법의 적용을 배제한 법이다.

5. 법 원

1) 법원(法源)의 의의

법의 연원(淵源)을 법원(法源)이라고 하는데 일반적으로는 법원이라고 하면 법의 존재형식을 의미한다. 즉, 국가가 어떤 형식으로 존재하는 법규범을 재판의 기준이 되는 법률이라고 보는가 하는 문제다. 현재 대부분의 국가는 원칙적으로 성문법을 법원으로 하고 예외로 불문법을 병용하고 있다.

법원은 표현형식에 따라 성문법과 불문법으로 나누어진다.

2) 성문법(成文法, written law)

성문법이란 문서의 형식으로 표현되어 내용이 명백하고 국민에게 예측 가능성과 법적 안정성을 보장해 주는 것으로서 일정한 절차와 형식에 따라 권한 있는 기관이 제정 · 공포한 법을 말하며 제정법(制定法)이라고도 한다. 오늘날 대다수 국가는 원칙적으로 성문법을 기본으로 하고 있다(건국대학교 법학연구소, 2006: 25-28).

(1) 헌법(constitution)

헌법이란 한 나라의 통치질서와 조직에 관한 국가의 가장 기본이 되는 법으로서 국가의 최고성문법규를 말한다. 헌법은 국가의 최상위의 규범이므로 국가의 법 제정권은 헌법에 의해 규제되며, 헌법에 저촉되는 법률이나 명령은 효력이 없다. 또한 국가기관의 행위가 헌법에 위반되면 무효가 된다. 이러한 헌법은 당해 국가에서의 최고권력자(주권자)인 군주나 국민이 제정하게 된다.

(2) 법률(law)

법률은 통상적으로 입법기관으로서의 의회가 소정의 절차와 형식으로 국회의 의결을 거쳐서 대통령이 공포한 법을 말하고, 법은 법률만이 아니라 명령 · 규칙 · 조례(지방자치단체에서 제정) 등의 성문법 및 판례 · 관습법 · 조리 · 사적 단체의 규칙 등을 포함하는 것을 말한다. 그럼에도 실제에서는 법률과 법을 혼동하는 경우도 있다.

법률은 헌법의 하위법이며 헌법에 위반된 때에는 무효다. 법률의 하위법에는 명령 · 규칙 · 자치법규 등이 있다.

(3) 명령(order)

명령은 헌법상의 입법기관인 국회의 의결을 거치지 아니하고 국가기관이 정립하는 법이다. 대통령 이하의 행정기관에 의하여 제정된 법규를 말한다. 명령은 법률의 하위에 있으므로 명령으로 법률을 개폐하지 못한다.

명령은 독립명령과 위임명령으로 나뉘는데, 전자는 의회의 위임 없이 당해 기관의 독립적인 권한에 의하여 제정되는 명령으로 우리나라에서는 대통령 긴급명령, 긴급재정 경제명령 등이 있다. 후자는 의회의 위임을 받아서 그 위임의 한도에서 구체적인 세부사항을 다른 국가기관에서 정립하는 것으로 대통령이나 각부 장관령, 또는 국회나 대법원, 중앙선거관리위원회의 각종 규칙이 이에 해당한다.

(4) 자치법규

지방자치단체가 지방자치법상 인정된 범위 내에서 그 자치권에 의하여 제정하는 법규범으로서 자치법규가 있는데, 지방의회가 제정하는 조례와 지방자치단체의 규칙은 법규로서의 효력을 가진다. 이러한 지방자치단체의 자치법이 국가의 법원으로 인정되는 것은 그 단체가 국가행정조직의 일부를 구성하기 때문이다.

지방자치단체가 지방의회의 의결을 거쳐 법령의 범위 내에서 제정하는 조례와 지방자치단체의 장이 법령 · 조례에서 위임받은 범위 안에서 그 권한에 속하는 사항을 제정하는 규칙이 있다.

(5) 조약 등 국제법규

조약은 국가 또는 이에 준하는 국제법상 주체 간의 문서에 의하여 합의한 법규범을 말한다. 우리 헌법의 경우에는 조약은 국가대표기관에 의하여 체결되고 국회의 동의와 대통령의 비준 및 공포로 성립하도록 하여 국내 법률의 제정에 상응하는 절차요건을 규정하고 있으므로 그 효력은 국내법과 동일한 효력이 있고 이 역시 법원의 의미를 가진다.

3) 불문법(不文法, unwritten law)

법전을 가지는 성문법에 반하여 불문법은 법전화되지 못한 모든 법규범을 말한다. 불문법이라 함은 성문법 이외의 법, 즉 성문법과 같이 일정한 절차와 형식에 의하여 제정・공포되지 아니한 법이다(건국대학교 법학연구소, 2006: 29-34).

이것은 주로 전통이나 경험에 의해 형성된 행위준칙이나 구체적인 사실에 일정한 법규범을 적용하여 사회 내에서 공식적으로 수용됨으로써 형성되는 일종의 역사성을 띤 법규범으로 관습법・판례법・조리 등이 있다.

(1) 관습법(慣習法, Gewohnheitsrecht, customary law)

사회 내에서 일정한 행위가 동일한 형태로 계속하여 반복적으로 발생하게 되면 사회구성원은 동일한 상황이 발생할 경우 동일한 유형이 나타날 것이라고 기대한다. 관습법은 국가가 의지적으로 입법기관을 통해 제정한 것이 아니고 국가사회 내에서 자연적으로 형성되어 관습의 형태로 존재하는 규범의 내용을 국가가 법으로서 인정한 법이다. 즉, 스스로 발생한 관행(慣行)이 단순한 예의적・도덕적인 규범으로 지켜질 뿐만 아니라 사회의 법적 확신 내지 인식을 수반하여 대다수에게 지켜질 정도로 된 것을 말한다.

관습법이 성립하기 위해서는 다음과 같은 여러 가지 조건이 구비되어야 한다.

① 관습이 오랜 세월 동안 반복되어 존재하여야 한다.
② 관습이 선량한 풍속이나 기타 사회질서에 위반되지 않아야 한다.
③ 관습에 대하여 법으로서 지켜야 할 가치가 있는 것으로 법적 확신이 있어야 하고, 그 관행이 일반인으로 하여금 법적 구속력을 가지는 것으로 인식되어야 한다.
④ 관습이 법령의 규정에 의하여 인정되는 것이거나 또는 법령에 규정이 없는 사항에 관한 것이어야 한다.

관습법의 효력으로 첫째, 관습법은 법률이기 때문에 당사자가 그에 대한 인식 유무나 이에 따른 의사 유무에 관계없이 법원은 당연히 이를 적용하여야 한다. 둘째, 관습법은 성문법에 대하여 보충하는 효력이 있다. 상관습법은 성문상법에는 보충적 효력이 있고 성문민법에 대해서는 우선적 효력이 있다는 뜻이며, 이것은 특별법은 일반법에 우선한다는 원칙에 의한 것이다.

(2) 판례법(判例法, case law, judge-made law)

판례법이란 법원에 의하여 형성되는 판례가 계속적으로 반복되는 것까지 본질적으로 요구되는 것은 아니지만 동일한 유형의 사건을 통하여 형성되는 불문의 법규범을 말한다. 즉, 법원(法院)에 의하여 동일한 취지의 판결이 반복됨으로써 판례를 법원(法源)으로 인정하는 경우에 성립되는 불문법이다.

영미법계에서는 판례법이 제1차적 법원이 되는 판례법주의를 채택하고 있으므로 구체적 사건에 대한 법원의 판결이 정립한 법적 원칙이 곧 법이 된다. 따라서 법원이 재판을 하는 경우에 이미 나와 있는 판례에 의하여 구속을 받게 되는 선례구속의 원칙이 확립되어 있다.

그런데 대륙법계 국가에서는 상급법원의 판례가 하급법원을 법률상 구속한다는 원칙이 인정되지 않으며, 법관은 헌법과 법률에 따라 재판할 의무를 가진 것에 지나지 않는다. 따라서 우리나라와 같은 대륙법계의 성문법 국가에서의 판례법은 하급법원이 상급법원과 다르게 판결할 경우 상급심에 가서 파기될 염려가 있기 때문에 특별한 이유가 없는 한 상급법원의 판결에 따르게 된다. 그러므로 법적으로는 구속력이 없는 판례가 사실적으로 구속력을 갖게 되어 사실상 하급심을 구속하지만, 법원(法源)으로는 인정되지 않는다.

(3) 조리(條理, Natur der Sache, nature of law)

우리 민법 제1조에서 법원성을 인정하는 조리는 사물의 본성에서 도출되는 기본 규범으로 국가에 의하여 재판에 적용되는 자연법 원리다. 즉, 조리란 사물의 이치 또는 본질적 법칙을 말하며 사람의 이성(理性)에 기하여 생각되는 규범이다. 바꾸어 말하면, 일반 사회인이 보통 인정한다고 생각되는 객관적인 원리 또는 법칙이다. 재판이 조리에 의할 때 그에 따른 판단은 사회통념, 사회적 타당성, 정의 · 형평, 신의성실, 사회질서(公序良俗), 이성, 법에서의 체계적 조화, 법의 일반원칙 등으로 표현된다.

조리는 두 가지 점에서 법과 관련을 가진다. 하나는 실정법 및 계약내용을 해석 · 결정함에 있어서 표준이 되고, 또 하나는 법의 흠결 시에 보충적 효력을 가지고 있으므로 재판의 준거가 된다는 점이다.

민사 또는 행정 사건의 경우에는 조리를 적용하여 판결하여야 한다. 조리에 의한 재판에서는 법관에게 자유재량권이 많이 주어지게 되나 형사사건일 경우에는 죄형법정주의의 원칙에 따라 법률에 규정이 없으므로 무죄를 선고하여야 한다.

6. 법의 효력

1) 법의 실질적 효력

사회생활에서 법의 이념이 실현되는 것을 법의 효력이라고 한다. 법의 효력에는 법이 실정법으로 규정되어 준수를 요구하는 것, 즉 법의 타당성과 법이 현실적으로 사회에서 시행되고 준수되고 있는 실효성의 문제인 '법의 실질적 효력' 과 법을 해석 · 적용하기에 앞서서 법의 효력범위를 정하는 '법의 형식적 효력' 이 있다.

법이 실질적 효력을 가지려면 법이 구속력을 가질 수 있는 정당한 자격 내지 권능을 나타내는 타당성과 법이 현실로 지켜지고 실현되는 근거가 되는 실효성을 함께 가져야 한다.

타당성이 없는 법은 실효성이 있다 하더라도 악법에 불과하고, 반대로 실효성이 없는 법은 타당성이 있는 하더라도 실정법으로서의 임무를 다하지 못하는 하나의 공문에 불과하게 되므로 법이 효력을 갖기 위해서는 규범적 타당성과 사실적 실효성을 동시에 갖추어야 한다.

2) 법의 형식적 효력

(1) 시간적 효력범위

1 법의 유효기간

법은 시행일부터 폐지일까지 효력을 갖는다. 이 기간을 법의 시행기간이라 한다. 법령은 시행기일에 대하여 부칙에 정하는 일이 많은데 시행일에 대하여 경우에 따라서는 공포와 동시에 시행하는 법도 있고 법령에 시행기일을 개별적으로 정한 경우도 있다. 그러나 특별한 규정이 없는 한, 법은 공포일로부터 20일이 경과하면 효력이 발생한다. 또한 법은 폐지에 의하여 효력을 잃는다(권형준 외, 2005: 11-12).

2 법률불소급의 원칙

원칙적으로 법은 시행 후에 생긴 사항에 관하여만 적용되고, 시행 이전에 생긴 사항에 대해서는 소급하여 적용되지 않는다는 원칙이다. 이 원칙은 법률생활의 안정성과 기득권존중의 요구로 인정된다. 이러한 법률불소급의 원칙은 사람의 생명 · 자유 · 재산 등에 관하여 규정하고 있는 형법에서 죄형법정주의와 관련하여 특히 중요한 의미를 갖는다.

(2) 장소적 효력범위

국가의 법은 그 국가의 전 영역에 걸쳐 적용되는 것이 원칙이다. 국가의 영역은 주권이 미치는 범위로서 영토 · 영해 · 영공을 포함하며, 국가의 법은 그 국가의 영역 안에 거주하는 내외국인을 막론하고 모든 사람에게 적용되는 것이 원칙이다.

(3) 대인적 효력범위

법의 대인적 효력범위에 관한 문제는 크게 속인주의와 속지주의가 대립하여 왔는데, 역사적으로는 속인주의가 먼저 발달하여 왔지만 오늘날에는 속지주의가 일반적인 원칙으로 받아들여지고 있다. 그렇다고 속인주의가 배척되는 것은 아니며 보호주의라는 관점도 경우에 따라 속지주의를 보조하는 법원리로 채택되고 있다.

사람에 관한 법의 효력에 관해서는 속인주의(屬人主義)와 속지주의(屬地主義)를 원칙으로 한다.

첫째로 대한민국의 법령은 대한민국 국민에게 적용된다. 국내에 있는 국민은 물론이며 국외에 있는 한국인에게도 적용된다. 이를 속인주의라고 하며 국민주권(國民主權)의 결과다.

둘째로 대한민국의 법령은 대한민국 영토 내에 있는 외국인에게도 적용되는 것을 원칙으로 한다. 이를 속지주의라고 하며 영토주권(領土主權)의 결과다.

오늘날 각국은 영토적 관념을 존중하는 입장에서 속지주의를 원칙으로 하면서 이를 보충하기 위하여 속인주의를 아울러 채용하고 있다.

7. 법의 해석과 적용

1) 법해석의 필요성

법은 구체적 사례에 적용할 수 있어야만 한다. 그런데 법규는 사회생활에 있어서의 분쟁을 유형화하여 제정하는 것이므로 각 조문을 추상적 · 기술적으로 표현하고 있다. 이렇게 추상적으로 규정되어 있는 법을 구체적 사실에 적용하려면 그 규범이 구체적으로 무엇을 의미하는가를 밝히는 작업이 필요하다. 이를 법의 해석이라고 한다.

우리 민법 제750조에는 "고의 또는 과실로 인한 위반행위로 타인에게 손해를 가한 자는 그 손해를 배상할 책임이 있다."라고 규정되어 있다. 이 표현은 아주 추상적인데, 과연 어떤 행위가 고의 또는 과실로 인한 위법행위인지, 무엇이 손해인지에 대해서는 명시되어 있지 않다. 이는 민사에 관한 법률에만 국한된 것이 아니며, 특히 형사법에서의 해석은 더욱더 필요하다.

모든 법의 입법자는 신이 아닌 인간이므로, 그 능력의 한계로 인하여 법 제정 시에 장래에 발생 가능한 모든 상황을 예상할 수는 없을 것이다. 법이란 개정이나 보충 또는 수정을 통하여 법의 기능을 유지하게 되지만 그렇다고 지나치게 쉽게 개정한다는 것은 법적 안정성을 해하게 된다. 그러므로 법의 해석을 통하여 해당 법규의 흠결 부분을 보충해야 할 필요성이 발생하게 되는 것이다.

2) 법의 적용과정

법의 적용이란 사회의 구체적 사실에 일반적 · 추상적인 법규를 가지고 법의 내용을 실현하는 것을 말한다(건국대학교 법학연구소, 2006: 76-78).

(1) 사실의 확정

객관적 판단을 기본으로 사회적 사실을 법적으로 인식하는 것을 말한다.

(2) 입증

객관적 자료에 의해 사실의 존재 및 내용을 확정하는 것으로 어떤 판단의 진리성의 이유를 분명히 하는 일을 뜻한다. 논증(論證, reasoning)이라고도 한다. 증명해야 할 판단을 가증명제(可證命題: 提題 · 論題 · 主張 · 定立)라 하고 그 이유로 선택되는 판단을 논거(論據)라고 한다. 가증명제 및 논거는 논증의 구성요소이며 추론의 갖가지 형식으로 구성된다. 이것을 논증의 형식이라 한다. 즉, 논증은 논거를 전제, 가증명제를 결론으로 하는 추론형식을 취하나 결론이 이미 주어진다는 점에서 추론과 다르다.

(3) 추정(推定, assumption)

명확하지 않은 사실을 일단 있는 것으로 정하여 법률효과를 발생시키는 일로서 법률용어로는 사실상의 추정과 법률상의 추정이 있다. 사실상의 추정은 법관이 자유심증(自由心證)의 과정에서 이른바 징빙(徵憑)에 의한 주요 사실을 추측하는 것을 말한다.

(4) 의제

사실 여하를 불문하고 법에 의해 일정한 사실관계를 확정하는 것으로 간주라고도 한다. 인정할 수 있는 상태는 아니지만 인정할 필요에 의하여 효력이 발생하며 이에 따라 반증을 가지고도 의제(간주)된 사실은 뒤집지 못한다.

3) 법의 해석

구체적 사실에 적용하기 위해 추상적이거나 일반적으로 규정된 법규의 내용을 명확히 하는 작업을 말한다(건국대학교 법학연구소, 2006: 71-76).

(1) 유권해석(有權解釋, authentic interpretation)

공권적 해석이라 하며 국가기관에 의해 행하여지는 구속력 있는 법의 해석을 말한다. 공권적 해석(公權的解釋) 또는 강제적 해석이라고도 한다.

① 입법해석: 민법 제18조 "생활의 근거되는 곳을 주소로 한다."와 같이 입법 자체에 의한 해석을 말하는 것으로, 동일법령 속에 해석규정을 설정하는 것, 부속법령 속에 해석규정을 설정하는 것, 법문 중에 예시를 설정하는 것 등이 있다.

② 행정해석: 행정관청에 의해 행하여지는 해석으로, 법의 집행을 통해 구체적으로 행하여지는 수도 있으며, 상급관청의 하급관청에 대한 회답·훈령·통첩 등의 형식으로 일반적·추상적으로 행하여지기도 한다. 행정해석상에는 유효하나 최종적인 구속력을 가지는 것은 아니다.

③ 사법해석: 법원이 내린 해석으로, 특히 대법원에 의해 행하여지는 해석으로 최종

적인 구속력을 가진다.

(2) 학리해석(學理解釋, doctrinal interpretation)

1 문리해석(文理解釋, grammatical interpretation)

법문(法文)을 구성하고 있는 어구(語句)나 문장의 뜻을 문법의 규칙 및 사회통념(社會通念)에 따라서 상식적인 언어의 용법에 의하여 확정하는 해석방법으로 법률의 해석방법의 하나이며, 논리해석(論理解釋)의 상대어다.

법률을 해석할 때에 우선 제1단계로서 법문을 구성하고 있는 언어의 일반적인 어의(語義)와 문법적 규칙에 따라 그 뜻을 상식적(常識的)·근사적(近似的)으로 탐구하고, 그 바탕 위에서 제2단계로 그 법문과 다른 법문과의 관계라든지, 나아가서는 그것이 법체계 전체에서 차지하고 있는 상관적인 위치 등을 고려하여, 제1단계에서 일단 인식한 법문의 뜻을 한층 더 엄밀히 확정해야 한다고 한다. 바로 이 제1단계의 조작(操作)이 '문리해석'이다.

2 논리해석(論理解釋, logical interpretation)

모든 논리를 근거로 법을 해석하는 방법으로 문리해석(文理解釋)과 대응되는 말이다. 이 말은 보통 주어진 법률의 조문을 고립된 명제로서가 아니라, 법질서 속의 유기적인 일부로 파악하고 그것을 종합적 견지에서 그것과 관계가 있는 다른 조문과의 관계와 더불어 그 조문이 제정된 취지 등을 고려하면서 해석하는 것을 의미한다. 그러나 모든 해석은 그것의 필요조건으로 논리적 정합성(整合性)이 요구되므로 이것만을 논리해석이라고 하는 것은 적절하지 못하다. 오히려 '체계적 해석'이라는 명칭이 적합할 것이다. 그리고 전통적 '해석법학(解釋法學)'에서는 논리해석의 대표적인 제 양식이 전형화되어 있다. 반대해석·확장해석·축소해석 등이 그 예다.

3 확장해석(擴張解釋, expansion interpretation)

법규의 자구(字句)의 의미를 그 입법취지에 비추어 보통의 일반적인 의미보다 넓게 해석하는 논리해석의 하나로서 축소해석과 대비된다.

유추해석과 비슷하나, 유추해석은 하나의 종개념(種概念)에서 다른 유사의 종개념으로 논리조작(論理操作)을 진행(예: 전차를 자동차와 같은 종류로 해석하는 등)하는 데 비해 확장해석은 유개념(類概念)의 외연(外延)을 확대해서 보통은 포섭되지 않는 개념을 포섭하는 점에서 차이가 있다.

사법상(私法上)으로는 유추해석과 확대해석 등이 허용되는 경우가 있으나, 형법에 있어서는 죄형법정주의의 원칙에 의하여 유추해석이 금지되고 확대해석도 허용되지 아니한다.

④ **축소해석**(縮小解釋, restrictive interpretation)

법률의 문언(文言)을 문리(文理)보다 좁게 엄격히 해석하는 것으로 확장해석에 대립하는 말이며, 제한해석이라고도 한다. 예를 들면, '거마통행금지' 라는 규칙이 있는 경우에, 그 규칙을 두게 된 취지 목적 등을 생각하여 거(車)라는 말을 좁게 해석하고 자전거나 유모차를 포함하지 않는 것으로 해석하는 것이 이에 해당한다. 형법상의 예를 들면 제250조에서 '사람을 살해한 자' 라 규정한 경우의 '사람' 중에는 법인(法人)은 물론, 자연인이라도 자기는 포함하지 않는다고 해석하는 것도 축소해석에 해당한다.

⑤ **유추해석**(類推解釋, analogical interpretation)

어떤 사항을 직접 규정한 법규가 없을 때에 그와 비슷한 사항을 규정한 법규를 적용하는 법의 해석방법으로 '승용차량 통행금지' 라는 표지가 붙은 다리를 화물자동차가 통과하려고 할 때에, 화물차량에 대한 규정이 없으므로 통과를 허용한다고 해석하는 것이 '반대해석' 이고, 화물차도 승용차와 비슷하므로 통과할 수 없다고 하는 것이 '유추해석' 이다.

유추해석은 법의 적용을 탄력적으로 하여 입법의 불비(不備)를 보충하고, 법을 시대의 발전에 즉응시키는 장점이 있다. 그러나 유사 여부의 판단이 자의(恣意)로 되어 버리는 것을 막을 수 없기 때문에, 법적 안정성을 해할 염려가 있다. 특히 형법의 유추해석을 인정하여 형벌권을 확대하는 것은 죄형법정주의(罪刑法定主義)에 반하기 때문에, 근대형법은 유추해석을 금지하고 있다.

8. 권리와 의무

1) 서설

우리의 실질적인 생활관계는 너무도 다양하고 복잡하다. 이러한 생활관계를 법적인 측면에서 살펴보면 인간의 사회생활관계는 법에 의하여 규율되는 것과 종교나 도덕 등에 의하여 규율되는 것이 있다. 생활관계를 법률관계라 말하고, 종교 · 도덕 · 관습 등의 규율에 의하여 규율되는 생활관계를 사실관계라고 한다.

이 법률관계는 권리와 의무 관계로 결합되어 있는 생활관계로 나타난다. 갑(甲)이 을(乙)에게 A라는 물건을 거래한다면 당사자의 입장에서 본다면 법에 의하여 구속받는 자의 지위는 '의무' 이고 법에 의하여 옹호 내지 비호받는 자의 지위는 '권리' 다. 갑은 대금을 지급할 의무와 A라는 물건을 인도받을 권리가 발생하는데 이와 같이 권리와 의무는 법률관계의 양면이라 할 수 있다.

2) 권리의 의의와 종류

(1) 권리의 의의

권리의 성질에 관해서는 여러 견해가 분분하나 권리란 특정한 이익의 향유를 목적으로 하는 법이 인정한 힘이다.

(2) 권리의 종류

권리는 법에 의하여 주어지는 힘이므로 법에 의해서만 근거하여 존재할 수 있다. 법은 공법 · 사법 · 사회법으로 나누어지므로 권리도 공권 · 사권 · 사회권으로 나눌 수 있다.

① 공권

공법상의 권리로서 국가 또는 공공단체가 법규에 의하여 가지는 국가적 공권과 개인이 국가 또는 공공단체에 대하여 가지는 개인적 공권이 있다. 공권이란 공법관계에서 권리주체가 직접 자기를 위하여 일정한 이익을 주장할 수 있는 법률상의 힘을 말한다.

국가적 공권은 행정조직권 · 형벌권 · 경찰권 · 재정권 · 공기업특권 하명권 · 강제권 · 형성권 · 기타 공법상의 지배권 등이 있고, 개인적 공권은 자유권 · 수익권 · 참정권 등이다.

② 사권

사인 상호 간의 법률관계를 규율하는 법이므로 대등한 사인 간의 계약에 의하여 권리가 발생하는 것이 원칙이며, 사인관계에서 존재하는 권리와 국가나 공공단체가 사경제적 주체로서 사인과 대등한 지위에서 법률관계를 가지는 경우에 존재하는 권리다.

재산권에는 물권, 채권, 무체재산권 등이 있고 신분권에는 친권(민법 제914조 이하),

상속권(민법 제980조) 등이 있다.

③ 사회권

사회권은 국가의 기능이 사회적 · 경제적 영역에까지 확대되어 국민생활의 보장이 국가의 책임으로 된 결과 생긴 권리다. 자본주의의 발전에 따른 폐해와 빈부격차의 해결을 위하여 국가가 개인 간에 이루어지는 법 영역에 개입하게 됨으로써 사회법이 생겨나고, 이에 따라 개인에게는 사회권이라는 형태의 권리가 인정되게 되었다. 교육을 받을 권리, 근로의 권리, 근로자의 단결권 · 단체교섭권 · 단체행동권 등 헌법상 인정되는 권리와 근로기준법 · 노동조합법 · 국민기초생활보장법 · 국민건강보험법 · 국민연금법 · 산업재해보상보험법 · 장애인복지법 · 소비자보호법 등에서 법률상 인정되는 권리가 많이 있다. 노동법 · 경제법 · 사회보장법 등 사회법상 인정되는 권리다.

3) 의무

(1) 의의

의무란 자기의 의사와는 관계없이 일정한 행위를 하여야 하는 법률상의 강제를 말한다. 법에 의하여 강요되는 것이므로, 타인의 이익을 위하여 자기에게 가하여진 구속이라고 할 수 있다.

(2) 의무의 종류

의무는 공법관계에서 존재하는 공의무(公義務)와 사권에 대응하는 사법관계에서 존재하는 사의무(私義務)가 있다.

공의무는 공법관계에서 존재하는 의무를 말하는데, 여기에는 국가가 국민에 대하여 부담하는 국민의 자유보장의무, 국민평등을 확보하는 의무, 정치 참여를 인정하는 의무 등이 있고, 국민이 국가에 대하여 부담하는 납세의무, 국방의무, 병역의무, 근로의무 등을 들 수 있다.

사적 의무는 사법관계에서 존재하는 의무로서, 부부 상호 간의 부양의무, 사인 간에 부담하는 금전지급의무, 부담부분에 따른 이행 등이 있다.

사회적 의무는 사회법관계에서 존재하는 의무로서, 국가가 근로자의 각종 권리를 보장하는 의무, 근로자가 단체협약을 준수할 의무 등이 있다.

제2절 사회복지법의 의미와 법원

1. 사회복지법의 의미

사회복지법이란 사회복지가 법의 형식과 절차 등 외적 형식을 갖춘 법규를 말하는 것으로, 사회복지에서 추구하는 생존권 이념을 실현하기 위한 구체적인 실천방안을 우리 사회를 규율하는 법으로 만든 형식적 의미의 사회복지법의 개념과, 법의 존재형식이나 명칭에 관계없이 법규범의 내용, 규범목적, 기능에 따라 그 법규범에 내재하는 공통된 법원리를 도출하고 그 법원리에 근거하여 사회복지법의 개념을 파악하는 실질적 의미의 사회복지법의 의미를 포함하는 개념이라고 정의할 수 있다.

이러한 사회복지가 법으로 만들어짐으로써 사회적 약자에 대한 지원이나 배려가 개인적인 판단에 따른 도덕적인 범주를 벗어나 지원을 받는 자는 법적인 권리가 생기고 지원을 하는 자는 사회복지가 국가나 사회에 대한 강제적인 의무로 여겨지는 강제적인 법 규범으로 변화되게 되었다.

사회복지 실무자는 규정된 사회복지법제의 틀 안에서 사회복지 실현의 내용과 형태를 갖는 것이기 때문에 사회복지법제는 사회복지실현을 규정하는 법적 규범이다. 어떤 사회에서도 사회복지법의 법적 규정을 벗어나서 사회복지실현이 이루어지거나 서비스가 제공되기는 어렵다.

지금은 사회복지법이 사회적 약자를 지켜 주는 권익을 보장하는 역할을 하기에 이러한 사회복지법이 어떻게 활용되느냐에 따라서 국가나 지방자치단체에 법적인 책임을 부과하고 사회구성원 모두에게 복지국가를 이루어 갈 수 있게 하는 중요한 근간이 되므로 사회복지에서는 매우 중요하다고 할 수 있다.

2. 사회복지법의 법원(法源)

1) 개념

사회복지법은 사회복지에 관한 행위의 준칙을 정한 것으로 사회복지법의 체계를 정립하고 사회복지법의 정체성을 규명함으로써 사회복지법의 독자성을 확보하여 다른 법과 엄격하게 구별되도록 해야 할 것이다(현외성, 2008: 47-62).

사회복지법은 최근에 만들어지고 국가의 통치자나 이념에 따라서 여러 가지 형태로 이루어지고 있기 때문에 계속해서 변화하고 체계를 형성하고 있는 것으로 보아야 한다. 또한 성문법으로 규정되어 있지 않더라도 사회복지법을 보완하는 불문법이 있다면 그것 역시 사회복지법의 법원으로 보아야 한다. 그리고 아직도 사회복지법은 진화하고 있고 사회복지 관련 규정이 독립된 법률이 아닌 다른 여러 분야의 법률에 포함되어서 사회복지 및 관련 용어로 법의 명칭이 규정되어 있지 않더라도 일부 조항이라도 사회복지법에 관련된 조문을 규정하고 있다면 사회복지법의 법원으로 보아야 할 것이다.

2) 성문법원(written law)

(1) 헌법

헌법에는 국가에게 사회복지에 관한 책임과 의무를 부과한 생존권적 기본권은 1919년 바이마르헌법에서 세계 최초로 규정하였고 제2차 세계대전의 종전으로 세계적으로 인권(human rights)문제가 대두되어 오다가 세계인권선언(1948년)이 생겨나게 되었다. 우리나라도 이러한 영향으로 제헌헌법에서부터 생존권을 규정하게 되어 헌법은 중요한 사회복지법의 근간이 되고 법원이 되었다. 사회복지와 관련된 생존권에 관한 헌법규정은 헌법전문과 제10조 인간의 존엄성과 행복추구권, 제31조 교육을 받을 권리, 제32조 근로의 권리, 제33조 노동기본3권, 제34조 인간다운 생활을 할 권리, 제35조 쾌적한 환경에서 생활할 권리, 제36조 혼인과 가정생활, 모성의 보호 및 보건 등은 사회복지와 관련된 조항이다.

이러한 헌법의 규정은 기본적인 인권과 생활보장에 관한 근거가 되고 사회복지관련 하위법규의 존립근거이면서 동시에 재판의 규범으로서의 의미를 지니고 있다.

(2) 법률

국민을 대표하는 국회가 의결하여 제정하는 사회복지법률은 명령이나 자치법규에 대하여는 상위법으로서 우월적 효력을 가진다.

사회복지 관련법, 사회보험 관련법 등이 있고 또 많은 독립된 개별 법률이 사회복지와 연관되어 있는데, 민법·행정법·노동법·경제법·세법 등이 이에 해당한다. 앞으로 이에 관한 연구도 이루어져야 할 것이다.

성문법을 취하고 있는 현대 국가는 국민의 권리와 의무에 관한 중요한 사항을 법률로 규정하고 있으므로 사회복지에서 가장 중요한 법원인 사회복지법을 국민의 인간다운 생활을 보장하고 사회복지의 실천을 기하기 위하여 체계적인 연구로 발전시켜 나가야 할 것이다.

(3) 명령

국가 행정기관에 의하여 제정된 명령은 법률의 하위에 있으므로 법률의 범위에서 각 행정기관이 집행에 합당한 명령을 통하여 하게 하는데 명령 또한 사회복지법의 중요한 법원이 된다.

제정주체에 따라 명령에는 대통령령, 국무총리령, 부령이 있고, 명령의 목적에 따라 집행명령과 위임명령으로 나누어지며 사회복지법의 법원으로서 명령은 대개 개별 법률의 시행령(대통령령) 또는 시행규칙(부령)이라는 존재양식으로 표현된다. 시행령이나 시행규칙에서는 법률의 시행을 위한 구체적인 사항이 규정되어 있다. 예를 들면, 사회복지사업법시행령, 국민건강보험법시행령, 산업재해보상보험법시행령 등이 있다. 이러한 시행규칙의 하위법규로는 행정규칙이 있는데, 예로는 사회복지관설치운영규칙 등이 있다.

(4) 자치법규

지방자치단체가 자치권에 관하여 제정하는 법령을 자치법규라고 하는데 이러한 자치법규는 지역 안에서만 효력을 갖는다. 이러한 법규는 법령의 범위 안에서 제정되어야 하며 이러한 조례가 사회복지와 관련되면 당연히 사회복지법의 법원이 된다.

(5) 조약

조약은 국가와 국가 간에 국가의 대표자에 의하여 체결되고 국회의 동의와 대통령의 비준과 공포를 통하여 국내법과 동일한 효력이 생기므로 이러한 조약이 사회복지와 관련된 규정이 있으면 이 또한 사회복지법의 법원이 인정된다.

3) 불문법원(unwritten law)

(1) 관습법(customary law)

사회복지법은 만들어진 지가 오래되지 않아 일반화된 관행이 많지 않으므로 관습법으로 인정받은 것 또한 많지 않지만 사회복지법 규정이 정립되는 과정에 있으므로 미비점이 생기게 되면 법해석상 보충적으로 관습법을 활용하게 될 것이다. 또한 앞으로는 사회복지법에 관련된 법률분쟁이 증가하게 되면 관습법이 중요한 법원이 될 것이다.

(2) 판례법

우리나라의 경우 대법원의 판례는 당해 사건에 한하여 하급심을 구속하고 일반적으로는 하급심을 구속하지 않으나, 최종심인 대법원판례에 의하여 하급심을 구속하는 사실상의 구속력이 있다. 우리나라에는 사회복지와 관련된 판례는 많지 않으나 국가발전과 국민복지 향상을 통하여 국민이 권리가 향상됨으로써 새로운 판례를 형성하여 판례법이 중요한 법원으로 등장하게 될 것이다.

(3) 조리

조리란 인간의 이성과 사물의 본성에 기하여 인정된 사회공동생활의 원리로서 사물의 합리성, 사물의 본질적 법칙 또는 사물의 도리를 말한다.

그러므로 조리는 사회복지법에서도 중요한 법원이 된다. 현대국가의 사회복지는 양적으로 확대되며 변화하고 있고 사회복지의 모든 분야에 걸쳐 성문법의 완성은 기대하기가 어려우며, 법 자체가 복잡하여 미비한 점이 많기 때문에 조리에 의한 판단 내지 해석이 필요할 수 있으므로 조리는 사회복지법의 문제점을 보충해 주는 법원으로서의 역할을 하게 될 것이다.

제2장
사회복지법의 발달역사

사회복지법의 발달역사를 살펴보면 산업화와 자본주의 발달, 그리고 정치·경제·사회 체제의 변동에 따른 사회문제를 해결하기 위해 사회복지법이 출현한 것을 알 수 있다. 사회복지제도가 법적 관계로 존재할 때 국가와 국민 사이에 사회복지에 관한 권리·의무관계가 형성될 수 있는 것이다. 국가의 정책이나 제도는 법적인 근거가 있어야 비로소 공식적인 제도로 존재할 수 있으므로 사회복지법이 어떠한 사회문화적인 배경 속에서 형성되어 왔는가를 고찰하는 것은 매우 의미 있는 일이다.

제1절 자본주의의 출현과 사회복지법의 대두

사회복지법은 시민사회의 성숙과 자본주의 발달, 두 차례에 걸친 세계대전의 경험과 민주주의의 우수성이 혼합되어 나타난 역사적 산물로서 파악할 수 있다. 근대국가에 있어서의 자본주의 경제는 경제적 약자와 강자, 노사의 대립을 초래하는 등의 문제를 발생시켰다.

전통적인 농경사회에서는 개인의 기본적 욕구의 충족이 주로 가족과 지역사회라는 공동체 내에서 이루어졌다. 생산수단인 토지를 소유한 일종의 경영주인 가장이 가족원을 고용하여 가족구성원의 노동을 무상(無償)으로 지배했다. 당시 가족의 생활 및 소비지출은 가장이 관리·지배하는 농업경영에 의한 수입에 의존했다. 이에 가장은 소유,

경영, 수입 등에 권한을 가지면서 동시에 가족구성원의 생활보장까지 책임을 졌던 것이다. 따라서 당시 가족이란 가장의 지배 · 관리하에 생산 · 경영 · 소비 생활의 공동체로서 존재했다고 할 수 있다. 그러나 가족구성원의 노동은 경제적 노사관계처럼 대등한 당사자 사이의 권리 · 의무관계는 아니었다.

그러나 자본주의의 출현은 가족이 지니고 있었던 생산과 소비의 기능을 분리하였다. 가족은 단순한 소비생활의 공동체로 전락하게 되고 농민은 임금노동자로 변화된 것이다. 그리하여 가족의 생존과 부양 문제는 임금노동자인 가장의 노동수입에 의존하게 되었다.

이러한 노동에 대한 개념의 전환은 법적인 부양책임자인 가장이 받는 임금이 단순히 노동력의 대가(對價)로서만이 아니라 그 가족구성원의 생존비용까지 포함할 수 있도록 요구하였다. 그러나 자본주의 사회에서 임금이란 노동력의 가격일 뿐 노동력을 소유한 인간과 가족에 대한 배려는 하지 않는다. 따라서 시민사회의 가족법상 부양책임과 자본주의의 분배기제 사이에 모순이 발생하게 되었으며, 이는 사회적 차원에서 생존과 부양에 대한 새로운 법리(法理)를 요구하게 되었던 것이다(윤찬영, 2007).

새로운 법리란 사회구조적 모순을 사회복지라는 차원에서 사회 혹은 국가에서 해결해야 한다는 것이다. 즉, 사회복지란 인간이 달성하고자 하는 이상과 목표에 대한 사회적 노력과 제도라고 할 수 있고 그 이상과 목표를 인간존엄성의 구현에 두고 있다. 인간존엄성의 구현은 평등을 전제로 하고 있으며 평등의 객관적 기준을 사회적 욕구라고 보고 이 욕구충족의 최종 책임을 사회 또는 국가에 지우고 있다.

이러한 법리에 근거하여 사회복지에 대한 국가의 기본 책임이 영국의 엘리자베스 시대의 구빈법(救貧法, The Poor Law)에 의해 처음으로 인정되었다. 스키드모어와 새커리(Skidmore & Thackeray, 1982: 199)는 사회복지의 근원을 영국의 1536년 구빈법에 두었다. 이 법은 빈민구제를 교회로부터 세속(일반사회)으로 이동하는 것에 대한 내용을 규정하였다. 이 법에는 구걸행위의 불법화, 구빈에 대한 사회의 책임, 지역사회 공동체의 부조, 자발적인 기부, 성직자에 관한 규정 등이 포함되었다. 그러나 이런 것이 모두 국가의 지도감독 아래 행해지도록 하였다. 1601년에 최초로 집대성한 구빈법에서는 빈민구제를 체계화했고 지역사회의 보호를 통해 공적 책임을 이행하도록 하는 제도를 확립하였다.

이러한 구빈에 대한 사회적 책임의식은 공동선(common good)사상에서 나온 것이다. 사실 종교사상은 여러 사회복지 활동을 위한 이론적 근거를 확립해 주었고, 또한 다양한 사회에서의 사회정책을 수립하는 데 하나의 이념을 제시하고 그 한계를 설정해 주었다. 서구, 특히 영국에서는 사회복지의 발달에 기독교의 책임과 의무 및 사랑의 정신이 직접적으로 영향을 주었다(Higgins, 1981: 73).

국민의 복지에 대한 국가의 책임이 인정된다면 반사적으로 개인은 국가에 대해서 자신의 복지를 요구할 권리, 즉 복지권이 있다는 해석이 가능해진다. 이러한 복지권은 자연법학자들에 따르면 다른 인권과 마찬가지로 천부적인 권리(natural rights)라는 것이다. 그러나 오늘날 많은 사회철학자나 정치철학자는 침해될 수 없는 복지권이라는 이념에 대해서 반대하고 있다. 예컨대, 루커스(R. Lucas)는 "복지국가가 베푸는 급부는 배분적 정의(distributive justice)라기보다 차라리 공익을 바탕으로 할 때 타당성이 있는 것이다. 정의 때문이 아니다."라고 했다. 그래서 국가의 복지시책을 자연법적인 정의의 측면에서 보기보다 실정법적인 권리의 측면에서 보아야 한다는 것이다.

만약 실정법상 복지권을 인정한다면 복지시책에 대한 국가책임이 인정되고 다른 인권을 보장해 줄 책임이 국가에 있는 것과 마찬가지로 복지에 대한 국가책임도 인정될 것이다. 이러한 권리의 보장은 어떤 경우에도 민간이나 시장, 우연성(chance) 또는 개인의 자선에 맡겨져서는 안 된다는 것이다.

사회복지법에서는 "가난에 대한 일차적인 책임이 개인에게 있느냐? 사회에 있느냐?" 하는 문제가 끊임없이 되풀이되면서 사회 안에 공존해 오고 시대와 상황에 따라 개인의 책임이 부각되기도 하고 때로는 사회의 책임이 강조되기도 한다. 그것은 궁극적으로 시대와 사회여건에 따라 정책적으로 결정하게 되는 선택의 문제인 것이다. 오늘날 일반적인 국가 형태가 복지국가라면 사회 또는 국가의 책임이 강조되는 측면에서 평가되는 것이다(박석돈, 2005b).

즉, 자본주의의 발전에 따라 여러 가지 사회구조의 변화와 새로운 문제의 발생으로 사회복지법이 해결해야 할 영역이 확대되어 왔다. 따라서 정상적인 사회생활을 영위할 수 없는 이른바 사회적 약자를 대상으로 최저한도의 인간다운 생활을 할 수 있도록 국가의 책임을 강제하는 방향으로 사회복지법이 변화되고 발전해 왔다.

요컨대, 사회복지법은 자본주의를 지탱하여 왔던 기존의 법체계만으로는 해석하거나 해결할 수 없는 새로운 사회문제가 대두되면서 이에 대한 대응으로 나타난 법이라 할 수 있다.

제2절 사회복지법의 기원

사회복지 발달역사에서 일반적으로 거론되는 영국을 중심으로 독일, 미국 등 주요 복지 선진국의 사회복지 발달역사를 법적 관점에서 고찰하여 사회복지법의 기원에 대한 해답을 모색하고자 한다.

1. 영국의 공공부조법(구빈법)

영국은 국가적 차원에서 빈민문제를 다루었고 16세기 말 이후 생겨난 공공부조법 성격인 구빈법을 사회복지법의 기원으로 삼을 수 있다. 영국의 현대 사회복지법의 전사(前史)를 이루는 1601년의 구구빈법(Old Poor Law)과 1834년의 신구빈법(New Poor Law) 체제는 1948년의 국민부조법이 제정될 때까지 약 350년이라는 장기간에 걸쳐 존재하였다.

구구빈법은 영국자본주의의 본원적 축적기에 있어서 주로 정치적 변혁의 원인으로 발생한 빈민에 대해 치안방위적인 입장에서 성립된 15세기 말 이후의 빈민관리법·조례를 집대성한 것으로서 영국에서 의무적 구제제도의 기본법이었다. 하지만 그 구빈법은 빈민구제에는 무관심할 뿐만 아니라 종전과 마찬가지로 빈민에게 징벌적·관리적인 방법으로 대응하고 있었다.

이 시기의 구빈법이 가지고 있는 일반적인 특징을 살펴보면 다음과 같다(신섭중 외, 2001: 30-31).

① 중세봉건사회의 붕괴에 수반하여 창출된 대량의 무산빈민에 의한 사회질서의 혼란을 부랑의 금지와 그 위반자에 대한 가혹한 처벌을 중심으로 하면서, 기본적으로는 근로의무를 강제하여 빈민의 억압적 관리와 근로강제에 의해 사회의 유지를 목적으로 하고 있다.

② 아동·노인·병자·장애인 등의 노동능력이 없는 빈민뿐만이 아니라, 노동능력이 있는 일반적인 빈민을 포함하는 모든 빈민을 그 대상으로 하고 있으므로 대상의 포괄성이라는 특징을 가지고 있다.

③ 노동능력이 있는 빈민과 아울러 근로 가능한 아동에게 노동을 강제하면서, 그것이 불가능한 자에게 대해서는 친족부양의무를 선행시키며 억압적으로 관리상 필

요최저한도의 구제를 행하고 있으며, 노동능력의 유무에 의한 빈민의 구별과 억압적 관리, 그 결과로서의 구제라는 성격을 지니고 있다.

이와 같은 구제에 필요한 재원을 국가적 강제과세에 의하여 확보하고, 중앙집권적인 국가행정기구를 매개로 하는 국가적 차원에서의 구빈행정을 전개하려는 의도에서, 국가적 재원의 확보와 중앙집권적 구빈행정기구를 가지게 된 것이다. 또한 이와 같은 구빈법은 유럽 국가들과 미국에서도 존재하였다. 따라서 웹 부부(Sydey Webb & Beatrice Potter Webb)는 엘리자베스 구빈법에서의 빈민 구제는 개인의 권리가 아니라 교구의 의무였다는 점을 강조하였다.

그러나 이러한 구빈법 자체를 사회복지법으로 보기는 어렵다. 이 법은 그 이전에 존재했던 법에 비해서 덜 억압적이기는 하지만, 여전히 빈민을 억압하고 통제 또는 관리하는 법으로서의 성격이 강해 오히려 형사법적 성격을 띠고 있다. 왜냐하면 구빈법은 지방의 교구별로 이루어졌던 구빈행정을 중앙정부 차원으로 체계화한 진일보적인 면도 있었지만, 노동 가능한 빈민에 대한 노동유인을 위해 가혹한 형벌을 규정하고 치안판사가 빈민감독관을 임명하도록 한 점 등을 고려해 볼 때, 이는 경찰행정 또는 형법적 기능을 수행한 것으로 볼 수 있기 때문이다(윤찬영, 2007).

구빈법이 유랑빈민을 프롤레타리아화하는 기능을 수행하고 있을 때 빈민아동의 노동문제가 대두되어 공장법의 출현을 보게 되었으며 이는 노동법으로 발전해 갔다. 구빈법에서의 보호아동을 도제(徒弟)로 할 수 있도록 규정한 것이 산업화의 진전에 따라 결국 소년노동의 문제로 등장하게 되었던 것이다(김치선, 1992: 18-19). 따라서 구빈법의 노동에 대한 규제적 부분이 공장법에 의해 부분적으로 대체되었다. 공장법은 1802년 최초로 제정된 이후 1833년에는 근대적인 최초의 사회정책적 공장법이 제정되었다.

동시에 자유주의의 등장은 1834년 구빈법 개정을 이루게 했다. 이는 자유주의적인 시민법의 원리가 반영된 법으로서 산업자본주의가 등장함에 따라 전면적인 시장사회의 출현과 지배가 필요했던 당시의 지배계급이 노동력을 상품화하기 위해 만든 생존권 박탈의 입법이었다. 이러한 사회적 변화는 사회사상에서도 나타나, 애덤 스미스(A. Smith, 1723~1790)를 대표로 하는 자유방임 사상이 대두하였다. 그리하여 국가는 정치적 · 경제적으로 시민의 생활에 간섭하지 않고 범죄와 전쟁의 공격에서 시민을 지킨다는 '야경국가'의 역할을 가지게 되었다.

이러한 사상을 주장한 자 중에서도 구빈법에 커다란 영향을 미친 사람은 맬서스(T. R. Malthus, 1766~1834)다. 그는 『인구론(*An Essay or the Principles of population*)』(초판

1798년)에서 구빈법이 빈민의 결혼과 자녀의 증가를 장려하고, 근로자 전체의 빈곤을 한층 심화한다고 비판하였다. 또한 그는 빈민에게 수치심의 낙인(stigma)을 부여할 것을 요구하였다. 맬서스가 이렇게 주장하게 된 기저(基底)에는 인간은 보호받을 권리가 아니라 자유에 대한 자연권을 가진다는 자유주의의 사조가 내포되어 있었다. 즉, 맬서스에게는 보호의 거절이 자연의 법칙에 순응하는 것이었다.

이와 같이 빈민이 지원받을 권리를 가지고 있지 않다는 입장에서 본다면, 빈민은 정부나 부자에게 어떤 요구도 할 수 없고, 자신들의 불행에 스스로 책임을 져야만 했다. 또한 그들의 고난은 장래에 대한 대비와 검약정신이 결여되어 나타난 것으로 그들을 구호하는 것은 자연법칙을 거역하는 것으로서 자유를 잃게 하고 더 큰 불행을 낳게 된다는 것이다. 따라서 맬서스는 구빈법을 폐지하는 것 외에는 별다른 대안이 없다고 보았다. 1832년의 선거법 개정을 통해 정치적으로 실권을 장악하게 된 산업자본가는 구빈비의 증대를 가져오는 구빈제도에 비판적인 시각을 가졌다. 그리하여 1832년에 구빈법조사위원회가 설치되었다.

1834년의 조사위원회보고와 동년 개정구빈법의 내용은 다음과 같다. ① 피구제자에게 주어지는 구제는 행정기관인 구빈법위원회에 의해 전국적으로 통일되어야 한다. ② 피구제자의 생활수준은 최하급의 독립근로자의 상태보다도 이하가 되지 않으면 안 된다. 이것이 '열등처우의 원칙'이다. ③ 근로능력이 있는 빈민에게는 원외구제를 금지하고 노역장 수용으로 한정할 것 등이었다.

1834년 신구빈법(An Act for the Amendment and Better Administration of the Law Relating to the Poor in England and Wales)은 기구개혁이 이루어져서, 구빈행정의 기초단위를 교구에서 교구연합으로 확대함과 아울러, 시민혁명으로 붕괴되었던 중앙집권적인 국가적 구빈행정기구를 중앙의 구빈법위원회-보좌위원-교구연합의 빈민보호위원으로서 재편하였던 것이다. 또한 빈곤을 도덕적 결함으로 돌리고, 원내에서의 '열등처우'와 '기아의 편'에 의해 빈민을 열악한 노동조건의 공장으로 몰아넣었다. 이것은 근로자에 대한 구제거부임과 동시에 시민자신의 자조우선의 원리(생활자기책임의 원리)를 명확히 표현한 것이었다.

또한 균일처우의 원칙, 열등처우의 원칙을 앞세워 비인간적 처우의 대명사가 된 노역장 테스트법(Workhouse Test Act, 1722)을 복원하여 구원억제의 수단으로 삼았다. 즉, 빈곤을 개인적 원인에서 찾았기 때문에 어디까지나 개인적 수준의 문제로서 공적인 구제는 불필요한 것으로 생각되었다. 이와 같이 구빈법시대는 '빈곤문제의 사회성'이 철저히 부정되고, 공적 구제를 무시하고 있었다는 점에 그 특색이 있다(신섭중 외,

2001: 33-34). 즉, 빈곤문제에 대해서 개인적인 책임을 강조하는 입장을 취하여 여전히 현대적인 사회복지법과는 거리가 멀었다.

그 후 구빈법은 20세기 초 자유당 정부의 대대적인 사회정책 입법에 의해 주요 원칙이 변화되었고, 제2차 세계대전 이후 베버리지 보고서(Beveridge Report)의 출현으로 사회복지법으로 발전되었다. 1942년의 '사회보험 및 관련 제 서비스에 관한 위원회 보고' 로서 일반적으로 베버리지 보고서라고 불리는 이 문서가 전후 영국 사회복지법의 골격이 되었다(신섭중 외, 2001: 41-42).

베버리지 보고서는 "요람에서 무덤까지" 의 새로운 생활보장의 원리와 체계를 내세우고, 국민생활의 재건도상에 잠복하고 있는 결핍, 질병, 무지, 비위생, 나태라는 5대 악의 퇴치를 강조하였는데, 특히 결핍(빈곤)과의 전쟁을 강조하였다. 그 기본 목적은 국민의 최저생활(national minimum)을 보장한다는 것이었다. 이를 달성하기 위하여, 현금급여에 대해서는 1911년 이후 유지되어 오던 인가조합방식에 의한 사회보험을 폐지하고, 기본적 필요(need)에 대하여 균일갹출, 균일급여의 원칙에 따른 국가에 의한 강제가입의 사회보험제도를 도입하여, 이것을 특수한 필요에 대응하는 국민부조(공적부조)로 보완하고, 그 이상의 부가급여에 대해서는 임의보험으로 대응하였다. 그리고 소득보장을 위한 현금급부에 관계하는 행정조직으로서 사회보장성을 신설하여 일원적으로 통할 · 관리하고, 보건 · 의료 등 서비스 급부는 사회보장성과는 별도의 기관에 의해 무차별, 무료의 광범위한 제도를 실시하는 것으로 되어 있다. 또한 그 전제조건으로서 아동수당제도, 재활을 포함한 종합적인 국영의료서비스, 완전고용이라는 세 가지를 들고 있다.

베버리지 구상은 1943년에는 신체장애자고용법, 1945년에 가족수당법, 국민보험법, 1946년에 국민보건서비스법 등으로 점차 구체화되고 공적부조에 관한 입법은 1948년 5월에 국가부조법(National Assistance Act)으로 제정되었다. 이 법의 제정을 계기로 구빈법은 350년간의 역사를 마무리하고, 내셔널 미니멈(national minimum)이라는 이념에 기반을 둔 공공부조법으로 전환하였던 것이다.

2. 독일의 사회보험법

독일은 후발 산업국가로서 산업화가 매우 빠른 속도로 이루어지면서 급속한 도시화, 노동계급 형성, 사회주의 사상의 영향 등으로 전통적인 지배계급인 지주계급, 신흥자본가계급, 노동계급 사이에 치열한 계급갈등이 전개되었다(윤찬영, 2007).

당시 독일의 집권자 비스마르크(O. Bismarck, 1815~1898)는 지주계급 출신으로서 사회주의 운동을 전개하는 노동계급을 사회주의자 진압법이라는 한시법(限時法)으로 억압하면서 동시에 경쟁계급인 자본가계급을 통제하고 노동계급을 끌어들이기 위해 질병보험법(1883), 재해보험법(1884), 노령 및 폐질보험법(1889) 등의 사회보험 입법을 추진했다. 이것은 사회민주주의에 포섭되지 않은 노동자에게 사회민주주의에 대한 대체방안으로서 사회보험 입법을 제시한 것이었다.

이렇듯 독일이 세계 최초로 사회보험 입법을 제정할 수 있었던 것은 집단주의적 경향을 띠는 게르만법의 전통을 가지고 있었기 때문이라고 할 수 있을 것이다. 이러한 사회보험법은 근대적 의미의 사회보장 입법으로서의 형식을 갖추고 있었기 때문에 급여청구권이 단순한 반사적 이익이 아니라 법적인 청구권으로 존재했다(이상광, 2002). 그러나 노동자의 권리나 참여보다는 가부장적인 국가의 권리를 강조한 특징으로 미루어 볼 때 아직은 전통적인 법사상과 단절되지 못한 것으로 볼 수 있다(윤찬영, 2007).

그러나 비스마르크의 사회보험법은 사회민주주의와 노조운동을 와해하기는커녕 오히려 노동자의 참여와 권리의식을 향상하고 노동자 조직의 강화를 초래하여 비스마르크의 정치적 의도와는 달리 사회복지법 발전에 기여하게 되었다.

독일의 사회복지법의 형성에는 비스마르크의 노동관이 중요한 영향을 미쳤다. 비스마르크는 가부장적 국가관의 소유자로서 군주국가 체제를 열렬히 옹호하였다. 따라서 당시 왕실과 대립관계에 있던 자유주의자를 꺾기 위해 집권 초기에는 노동자 계급에 대해서는 비교적 호의적인 태도를 보였다. 그리고 노동조합이 강화되고 사회주의가 강화되자 독일 장래에 위협을 느끼고 강경과 회유의 두 가지 정책으로 대응하였다. 즉, 사회주의 통합운동에 가입하지 않는 자에 대해서는 복지향상을 도모하고 경제적 약자에 대해서는 국가가 보호자로 자처하는 채찍과 사탕과자의 상반된 정책을 고안했다(신섭중 외, 2001: 42-43).

비스마르크는 1881년에 황제칙서(勅書)로 잘 알려진 황제의 연설문을 의회에 제출하였는데, 그 주요 내용은 "사회적 상처의 회복은 사회민주적인 폭동뿐만 아니라 노동자의 복지를 적극적으로 장려하는 데서 찾아야 될 것" 이라고 밝혔다. 이런 과정에서 질병보험법과 지난 회기에 부결된 재해보험법의 수정안을 제출하였다.

그리하여 의회 내에서 개인의 자유를 침해하고, 보험재정의 확대 반대, 가족유대의 붕괴, 저축의욕의 말살 등을 주장하는 자유주의자의 반대가 있었음에도 약간의 수정을 거쳐 입법화되었다. 최종으로 1883년에 질병보험법, 1884년에 재해보험법, 1889년에 노령 및 폐질보험법을 제정하여 비스마르크의 노동자보험 3부작이 완성되면서 본격적인 사회복지법의 시대로 진입했다.

3. 미국의 사회보장법

자본주의 사회의 치명적인 약점이라 할 수 있는 공황은 자유주의적 성향이 강한 미국에도 사회보장 입법을 출현시켰다. 대공황으로 인한 광범위한 실업과 빈곤이 전 사회적인 문제로 등장하게 되자 미국 정부는 뉴딜(New Deal) 정책의 일환으로 1935년 사회보장법(Social Security Act)을 제정하게 되었다.

이 법은 세계 최초로 '사회보장' 이라는 용어를 공식화하고 사회보장법이라는 새로운 법 영역을 탄생시켜 현대 미국 사회복지제도의 근간을 이루어, 이른바 미국 복지국가의 권리장전으로 불린다. 당시 미국 대법원이 뉴딜 입법에 대해 부분적으로 무효화 결정을 내릴 정도로 가히 혁명적이라 할 수 있는 요소를 가지고 있었다. 사회보험 입법 역시 자유주의자에게서 사회주의 입법이라는 비판을 받았었다. 그러나 이 법은 수혜자를 자선의 대상에서 벗어나게 한 발전적 측면을 가지고 있었음에도 권리의 주체로까지는 인정하지 못했고, 행정적인 측면에서도 지방정부를 통해 재정을 조달하고 가치 있는 빈민만 연방정부에서 부조하도록 하는 등 구빈법적인 체계를 유지하고 있었다.

더욱이 뉴딜 정책의 기본 입장이 국가가 국민의 생존을 직접적으로 책임지겠다는 취지보다는 노동자로 하여금 민간기업에 취업케 하여 스스로 생존을 유지할 수 있도록 한다는 목적을 가지고 있었기 때문에 본격적인 복지국가의 이념을 담을 사회복지 입법으로 평가하기는 어렵다(윤찬영, 2007).

이런 비판이 있었음에도 미국의 현대적 사회복지법은 1935년에 제정된 사회보장법에 의해 확립되었다. 본 법에 의해 노령과 실업을 적용대상으로 하는 연방이 그 실시책임을 지닌 국가적 규모의 노령보험제도와 연방과 주가 공동으로 관리하는 실업보험제도가 시작됨과 아울러, 공적부조제도에 대해서는 각 주가 실시하는 노인이나 맹인을 비롯한 요보호자(노령부조, 맹인부조), 부모의 사망, 부재에 의해 양육받을 수 없는 아동(ADC) 등에 제공되는 부조비에 대한 연방정부의 보조금 지출이 결정되었다.

연방정부와 각 주에 의한 공적부조법은 1950년이 되면서 중증장애인을 보호하는 각 주의 제도에 대해서도 연방정부가 보조금을 지출하였으며, 노령부조를 받고 있는 피보호자의 의료비를 연방정부가 부담하게 되는 제도 등으로 확충 · 정비되었다. 또한 1960년에는 노령부조에 있어서 피보호자 이외의 소득이 없는 노인에 대해서 노인의료부조를 실시하고 있는 주에 대해서도 연방정부가 보조금을 지출하게 되었다. 1965년에는 종래의 의료부조를 통합하여 신설된 의료부조법이 창설되었다.

이렇게 미국의 사회복지법의 역사를 볼 때, 대공황의 영향으로 인하여 여러 가지 노동입법, 연방정부 주도의 경제보장제도가 수립되었다. 즉, 사회보장법에 의하여 사회보험법과 공공부조법을 중심으로 사회복지법의 주요 법률이 성립되어 현대적인 사회복지법의 모태가 되었다(신섭중, 2001: 43-44).

제3절 시민법 원리에서 사회복지법 원리로 전환

1. 국가 형태의 변화(입법국가에서 행정국가로 전환)

근대 시민국가는 국가의 발달단계 관점에서 볼 때 '부르주아적 민주국가'라 할 수 있다. 당시 신흥부르주아계급은 전통적인 신분질서를 타파하고 자유 · 평등 · 박애의 이념을 내걸고 새로운 시민사회와 시민국가를 형성했다.

이런 시민국가는 개인의 자유로운 경제활동을 보장받기 위해 법 앞에서의 만인의 평등을 강조하는 법치주의(法治主義)를 확립했다. 즉, 모든 인간은 자유로운 존재이며 자유를 보장하기 위해서는 누구나 법 앞에서 동등한 경우에 동등한 대우를 받아야 한다는 것이다. 물론 여기에서 모든 인간이란 시민혁명의 주체세력인 시민계급을 일컫는 것이며, 이는 결국 유산계급만을 지칭하는 것이었다.

이러한 법치주의를 관철하기 위해 필요했던 실천적인 이념은 법의 지배 원칙이었다. 이것은 곧 법률우위의 원칙으로 나타났다. 법치주의를 실현하기 위해서 입법 · 사법 · 행정의 삼권분립에 따르는 국가권력의 분화가 전제로 요구되었으나 실제로는 입법부의 권위가 행정부를 압도했던 것이다. 다시 말하면, 삼권분립을 전제로 입법부가 상대적으로 우위에 있는 국가 형태인 입법국가의 형태인 것이다.

그러나 자본주의 경제가 독점화되면서 많은 사회문제가 발생하고, 특히 극심한 불평등과 빈곤 문제가 발생하게 되자 그동안 방임적 입장을 취하고 있던 국가가 새로운 국면의 조정자로서 역사의 전면에 등장하기 시작했다. 따라서 사회정책의 계획, 운영 및 실시에 행정권의 역할이 점차 강화되고 법의 지배원칙은 서서히 약화되기 시작했다. 즉, 전통적으로 자본주의 사회에서 국가는 절대권력으로부터 법치국가 이념을 통해 개인의 시민권과 참정권을 보장해 왔지만, 이것을 실질적으로 보장하지 않으면 안 되었던 것이며, 이는 필연적으로 적극적인 국가의 개입이 필요하게 된 것이다.

그리하여 국가조직에서 법이나 판례보다는 행정부의 재량권, 유연성 및 정책 등에 관한 강조가 이루어지게 되었다. 즉, 위임입법, 행정입법, 정부부처의 시행규칙 제정 등이 증가하게 되어 법률의 규정이나 원리보다는 관계 공무원의 재량권을 강화하게 된 것이다. 다시 말하면, 삼권분립을 전제로 행정부가 상대적으로 우위에 있는 국가 형태인 행정국가의 형태로 전환된 것이다.

2. 시민법의 한계와 사회복지법의 대두

1) 시민법

시민사회라고 불리는 자유경제사회에서는 경제생활의 질서유지에 대하여 국가는 아무런 간섭을 하지 않는다. 개개인의 경제주체는 완전한 자유경쟁이고 정치적 기반은 시민사회였으며, 시민사회의 원활한 유지와 발전을 위한 규범체계는 시민법 체계였다. 시민법 체계는 사적 이익의 추구를 최대한도로 허용하고 이를 권리로서 보장하여 시민사회의 질서를 유지하고 발전시키려는 근대사법이다. 이것은 시민사회의 정치적 지도원리가 되었을 뿐만 아니라 자본주의 경제 질서를 규율하는 규범체계이기도 하였다.

시민법은 개인의 자유와 평등의 이념을 구현하고 자본주의의 원활한 발전을 도모하기 위하여 다음과 같은 원칙을 지도원리로 삼았다(장영석, 1989: 154).

첫째, 소유권 절대의 원칙으로서 이 원칙은 사유재산존중의 원칙이라고도 말하는 것으로 근대 시민사회에서 개인생활의 안정은 사유재산의 보장 없이는 불가능하다는 이념에서 비롯되었다. 따라서 각 개인의 사유재산권에 대한 절대적 지배를 인정하여 소유권의 행사 및 처분을 소유자 개인의 절대적 자유에 맡기고 국가와 다른 개인은 이에 간섭하거나 제한을 가할 수 없었다.

둘째, 계약자유의 원칙으로 이 원칙은 개인의 자유의사에 의한 계약에서 가장 많이 나타나므로 '법률행위자유의 원칙' 이라고도 하며 이 원칙에 의해서 자유롭게 교환관계가 형성되었다. 사법상의 법률관계가 개인의 자유로운 의사에 의해 발생하는 것을 '개인의사 자치의 원칙' '사적 가치의 원칙' 또는 '법률행위 자유의 원칙' 이라 하며, 이러한 이념에서 계약자유의 원칙이 확립되었던 것이다.

셋째, 과실책임의 원칙으로 이 원칙은 개인이 타인에 준 손해에 대해서 그 행위가 고의 또는 과실에 기인하는 경우에만 손해배상책임을 지고 고의나 과실이 없을 때에는 어떠한 책임도 지지 않는다는 원칙을 말한다. 과실이나 고의의 입증 책임은 피해 당사자가 지도록 하고 있다.

이런 3대 원칙에 의해서 근대시민사회의 구성원인 각 개인은 생존과 인권을 동시에 확보할 수 있을 것으로 예상하였다. 뿐만 아니라 근대자본주의 사회는 인간을 전근대적인 봉건적 신분관계에서 해방하여 기본적 인권이 존중되는 이른바 법 앞에 있어 만인의 평등을 실현시켰던 것이다(신섭중, 2000). 또한 시민법은 자본주의제도의 법적 지주가 되어 근대자본주의 경제를 발전시키는 원동력이 되었다.

그리고 시민법적 사상에는 자유스럽고 완전한 경쟁은 궁극적으로 사회 전체의 복지를 증진하였지만, 자유와 평등사상의 변화와 시민법의 한계로 인하여 국가개입을 초래하여 생존권의 형성에 전제가 되었다.

2) 시민법의 한계

(1) 자유와 평등사상의 변화

20세기에 들어와서 여러 가지 상황으로 인하여 자유주의 사상이 변화하기 시작하였다. 사회정의를 실현하기 위하여 자유권에 대한 사회적 제약이 나타나고 이것은 헌법에서 자유를 보장하기 위한 사회적 기본권으로 대두하게 되었다. 특히 바이마르 헌법 이후 사회적 기본권을 보장하기 위해 경제적 자유권에 대한 사회적 제약성이 강조되었다. 그리고 형식적인 자유만의 보장이 사회적 · 경제적 불평등을 심화하자 실질적 평등을 내용으로 하는 사회정의의 실현을 위해 자유와 더불어 평등 또는 자유보다는 평등을 강조하게 되었다.

(2) 계약의 공정성

계약자유의 원칙은 중세의 신분구속적 사회에서 근대시민사회의 형성 및 초기자본주의의 발전에는 적극적인 역할을 하였으나 계약의 자유가 내재적으로 갖고 있는 남용의 가능성이 현실화됨으로써 계약의 자유에 의한 인간의 불평등을 초래하는 부정적인 기능도 하게 되어 계약자유의 원칙은 수정이 불가피하게 되었다.

(3) 소유권존중과 공공복지

자유권을 기초로 한 근대시민법의 질서는 사적 소유권의 확립과 개인주의 사상을 바탕으로 개인의 생활은 개인의 책임이라는 원칙 아래서 빈곤한 자의 구제를 은혜적인 것으로 파악하고 가진 자에 대한 소유권보호라는 점만을 중시하였다. 이러한 결과로 초래된 부의 불평등에 대한 시정요구가 격렬해지고 절대적 자유권으로서의 소유권에 대한 비판이 전개되었다. 이러한 비판 속에서 정치적 · 경제적 정의를 기초로 한 사회적 기본권이 나타나게 되었다.

3) 사회복지법의 대두

(1) 공공부조법과 생존권

일반적으로 각국의 헌법과 법률에는 국가가 국민에 대하여 "건강하고 문화적인 최저한도의 생활보장"을 담당해야 할 의무를 지니며, 어려운 상태에 있는 자를 대상으로 일정의 법 요건에 기초하여 그 구제를 행하는 것을 공공부조법의 형태로 보장하고 있다.

공공부조법은 엘리자베스 구빈법을 시작으로 여러 가지 변화 속에서 빈곤의 재발견과 구빈법의 재검토를 통하여 1929년에 시작된 대공황으로 실업보험에서 누락된 자를 위해 영국 정부에 의해 1934년에 실업부조제도로 창설되었다. 이후 베버리지 구상으로 인하여 1948년 국가부조법이 제정되어 구빈법의 역사는 마무리되고 공공부조제도로 전환되었다.

이런 과정에서 빈곤한 자를 대상으로 법정요건을 충족하는 경우에 그 정도에 따라 국가가 정한 최저한도의 생활을 보장하기 위한 법적 장치를 마련하게 되었다.

(2) 사회보험법과 생존권

근대자본주의 발달과 더불어 산업재해와 실업이라는 새로운 양상의 사회적 위험에 노출되면서 이에 대응하는 방법 또한 종래의 신분사회에서와는 달리 점차적으로 고용주 및 근로자단체의 상부상조적 공제기능에 의존하게 되었다. 그 대표적인 것이 후일 현대적 사회보험의 모태로 평가받는 영국의 우애조합과 유럽대국의 상호보험이다.[1)]

계속적으로 비스마르크의 사회보험법이 발전하고 영국의 국민보험법이 사회보험법으로서 생존권에 접근하고 있었다. 그러나 이 시기에는 재정 부문은 국가에 의한 지원을 당연시하였으나 사회급여는 구호적 성격을 강하게 가지고 있었기 때문에 그 수준이 매우 낮았다.

제1차 세계대전과 제2차 세계대전이 끝난 전후의 사회보험법은 적용범위를 보편화하고 급여에 대한 권리성을 인정함으로써 생존권을 한층 강화하였다. 이런 변화 속에

---

1) 영국의 우애조합의 경우 조합원의 자주적인 갹출에 의한 기금으로서 노령, 질병, 실업 등으로 인해 생활이 곤란한 자와 그들의 가족을 구제하기 위하여 수당을 지급하는 상호 부조 조직이다.

서 사회보험법은 산업재해보상보험법, 질병보험법, 노령연금법, 고용보험법의 순으로 발전하게 되었다.

그리하여 사회보험법은 사회적 권리로서 산업재해, 실업 등에서부터 출산, 사망 등에 이르기까지 그 적용범위가 확대되어 가고 있으며, 가족을 포함한 근로자의 모든 생활사고도 수혜대상이 되고 있다.

(3) 사회복지서비스법과 생존권

사회복지서비스법은 기존의 사회보험법과 공공부조법과는 달리 개인을 단순히 빈민으로만 보는 것이 아니고, 기능적이고 자립적이고 생산적으로 유도하기 위하여 다양한 전문기술적 방법을 요하는 법이다. 즉, 사회복지서비스법은 사회보험법, 공공부조법과 더불어 인류사회가 산업화, 도시화, 정보화 사회로 전환됨에 따른 제반 사회문제를 해결하기 위한 사회복지서비스의 수요에 부응하기 위한 법규로 볼 수 있다. 그러나 다른 사회복지법보다는 권리로서의 생존권은 약한 편이므로 이를 위한 법적 장치가 지속적으로 요구된다.

(4) 사회복지 관련법과 생존권

노동법과 생존권은 서로 밀접한 관계를 가지고 있다. 19세기 후반 새로이 강력한 사회세력으로 등장하기 시작한 근로자계층에 대해 자본가계층은 정치적 차원에서 불안을 느끼게 되었고, 종래의 자본축적과 시장경쟁에만 혈안이 되어 오로지 착취의 대상으로만 여겼던 노동력에 대한 인식이 변화하게 되었다. 그 결과 근로자에 대하여 노동과정에서 각종 사회적 위험에 대한 기업주의 무과실 책임의 인정과 사회보험법을 비롯한 사회보호 입법 등이 실시되게 되었다.

그리고 노동3권을 비롯한 노동관계법만으로는 근로자의 생활이 보장될 수 없었다. 왜냐하면 자본주의 생산체계에서는 근로자는 생활양태에서 이중성을 갖고 있기 때문이다. 즉, 근로자는 노동자로서의 인간인 동시에 생활인으로서의 인간이란 양면성을 갖는데, 노동3권은 이러한 노동자로서 인간이 직면하는 사회적 사고나 생활문제를 해결하는 데서 출발하였다.

사회변동에 따라서 개인의 욕구의 변화도 다양하고 광범위해서 이에 부응하는 사회복지 법적 장치도 복잡하고 광범위하게 수립되어 오고 있다.

구체적으로 개인의 욕구 변화를 살펴보면, 개인적인 것에서부터 간접적 · 사회적인 욕구로 변화되었으며, 이러한 욕구는 종래의 소위 기본적 욕구(base need)로서는 충족되지 못하는 좀 더 광범위하고 추상적인 욕구라고 파악해 볼 수 있다. 이러한 욕구는 직접적으로 개인에게 영향을 미치지 않더라도 간접적 또는 환경적인 요소로서 개인의 사회생활에 영향을 미치므로 한 개인의 사회생활 문제의 발생에서 중요한 측면을 차지하고 있다.

또한 이러한 배경과 함께 기존의 개별 사회복지법으로서는 이들 사회복지 관련 영역에 적절하게 대처하지 못하는 한계를 스스로 드러내게 되지 않을 수 없다. 즉, 사회변동으로 인하여 개인적 욕구의 구조와 내용이 변화함에 따라 사회복지 및 사회복지법제가 그 한계를 드러내는 한편 새로운 욕구를 충족하기 위한 새로운 사회복지법의 제정이 요구된다고 볼 수 있다. 그러므로 '움직이는 법'으로서 사회복지법의 성격이 이러한 측면에서 잘 드러나며, 동시에 새로운 관련법 영역에서 전화(轉化)·발전해 가는 특성을 잘 드러내고 있다.

우리나라에서도 헌법상의 생존권이란 자본주의 경제의 발전에 따라 사회경제적 약자가 실질적으로 자유를 상실하고 생활에 필요한 최저조건조차 확보하지 못하여 생존 그 자체에 위협을 받게 됨으로써 그들의 생존을 확보할 필요에서 그에 대한 사상을 헌법에 규정한 것으로 말하고 있다. 이와 같이 생존권을 광의적·최광의적으로 본다면 생존권과 관련된 사회복지 관련법은 확대될 것이다.

3. 법적 안정성과 구체적 타당성의 조화

법이란 그 속성상 법적 안정성과 구체적 타당성을 추구한다. 법적 안정성이란 법적 확실성과 같은 의미로서 법률행위의 주체가 행위에 따른 효력에 대해서 일정하게 기대할 수 있도록 신뢰성을 가져야 한다는 것을 의미한다. 그러므로 동일한 행위에 대해서 누구에게나, 언제나 동일한 효력이 발생되어야 하는 것이다.

또한 법은 사회의 산물로서 사회의 구체적 사정과 거리가 멀다면 제대로 기능할 수 없기 때문에 법은 구체적 사실에 대해 타당성(또는 정당성)을 확보해야 하는 것이다. 예를 들어, 산업화로 인해 핵가족이 보편적인 가족 형태로 자리 잡고 있는데, 법이 아직도 대가족을 전제로 하고 가족관계와 가족복지에 대한 사항을 규율하고 있다면 이는 구체적 타당성을 상실한 법으로서 규범적 의미와 가치가 현저히 떨어지는 것이다.

그러나 법적 안정성과 구체적 타당성은 상호모순의 관계를 가지고 있다. 법적 안정성만을 강조하여 사회현실의 변화를 외면한 채 구시대적 규범을 강조한다면 구체적 타당성을 상실하게 되고, 반면에 구체적 타당성을 강조하여 잦은 법 개정을 시도한다면 법적 안정성은 붕괴되는 것이다.

사회복지법도 법적 안정성과 구체적 타당성을 동시에 추구한다는 명목으로 국가의 복지행정이 법은 그대로 방치한 채 법률의 위임한계를 넘어 행정규칙의 범람 속에서 이른바 각종 고시, 지침, 내규 등의 형태로 이루어진다면 수급권자의 권리를 침해할 수 있는 위험성이 있는 것이다. 이러한 위험성에도 불구하고 이것은 변화하는 사회 · 경제적인 상황에 민감하게 대응할 수 있는 효과적인 방법이라고 평가할 수 있고, 한편 서구적 관점에서는 자유주의적 이념의 관철로부터 복지적인 형평성과 연대성을 지향하는 쪽으로 변화했다는 점에서, 즉 구체적인 타당성을 확보했다는 점에서 일단 긍정적으로 보인다.

그러나 1970년대 이후 경제적 위기가 닥치면서 복지국가의 위기시대가 도래했고, 이러한 상황에서 행정권은 사회복지예산의 감축, 동결, 증가의 억제, 민영화 등 사회복지정책의 위축되지 않을 수 없게 되었다. 다시 말해서, 경제적 논리로 사회복지를 종속시키면서 사회복지법의 이념을 후퇴시켜, 결국 사회복지법에서 법의 우위는 지켜지지 않고 오히려 경제의 논리가 사회복지행정을 지배하게 된 것이다.

따라서 사회복지 분야에서 새로운 법의 지배 또는 법의 우위의 원칙을 확보하는 사회복지적 법치국가의 달성이 중요한 과제가 된다. 즉, 법치국가의 자유주의적 지향이 가져온 사회문제는 행정 우위의 행정국가를 등장시켰다. 이것은 복지국가라는 절정에 이르게 되었는데, 자본주의 경제 침체를 빌미로 법치주의 붕괴와 행정 우위의 현실이 오히려 사회복지의 약화를 가져오게 되었기 때문에 이제는 사회복지의 법적 이념이 행정권에 의해 침해되지 않도록 자유주의 시대의 것과는 구별되는 새로운 형태의 법치국가, 즉 사회복지적 법치국가를 확립하는 것이 사회복지법학의 핵심 과제가 되는 것이다(윤찬영, 2007).

제3장
사회복지법의 개관

제1절 사회복지법의 개념

현대 사회복지국가에서는 사회복지 증진 노력이 법치주의에 근거하여 구체적으로 실천되고 있기 때문에 사회복지법에 대한 연구는 매우 의미가 있다고 할 수 있다. 특히 연구하고자 하는 대상의 개념을 규정하는 것은 사회복지법의 체계를 구축하기 위한 전제가 되며, 사회복지법의 정체성을 규명하게 하고, 다른 법 영역과의 경계를 구분해 주는 중요한 작업이 된다. 여기서 개념이란 존재하는 실체(사회복지법)를 연구대상으로 하여(존재론) 어떠한 존재로 이해하고(인식론) 연구자의 가치체계에 입각해서(가치론) 규명한 것이라고 할 수 있다.

1. 사회복지법에 대한 개념규정

사회복지법을 하나의 연구 대상으로 삼아 분석하기 위해서는 무엇보다도 먼저 '사회복지법' 이라고 지칭하는 어떤 현상, 이를테면 사회복지법과 연관된 모든 사회현상에 관한 체계적인 개념정의가 필요하다. 개념정의는 사실 은연중 개념정의를 내리는 사람의 개인적 가치관과 그 개념을 둘러싸고 있는 사회환경을 반영하고 있다(신섭중 외, 1999: 21). 따라서 거의 모든 개념이 복잡하고 통일되지 못한 이유가 여기서 기인한다고 볼 수 있다. 사회복지법의 개념 역시 사회현상에 관련된 개념이므로 사람, 국가, 시간, 이념에 따라 개념이 매우 다양하다.

사회복지법은 또한 매우 최근에 등장한 급속하게 변화하고 있는 법일 뿐만 아니라, 그 내용이 다른 법과는 달리 사회복지의 성격을 지니고 있어 개념규정이 쉽지 않다. 이러한 이유로 인하여 사회복지법의 개념 파악의 기본 요건이 되는 내용과 형식이 변화됨에 따라 개념규정에서 더 많은 어려움이 있다. 하지만 이러한 어려움 속에서도 현재 여러 나라에서는 사회복지법의 제정과 개정이 계속적으로 이루어지고 있을 뿐만 아니라, 점차 사회복지법의 중요성이 두드러짐으로써 사회복지법의 체계적인 연구와 실천이 요구되고 있다. 여기에서는 지금까지 정의된 여러 학자의 사회복지법 개념규정을 살펴봄으로써 이 책에서 서술할 사회복지법 개념의 조작적 정의를 하려고 한다.

1) 형식적 의미의 사회복지법 개념으로 파악

형식적 의미의 사회복지법이란 사회복지법이라는 외적 형식을 갖춘 제반 법규, 즉 사회복지법전이라는 법규를 사회복지법으로 개념 규정하는 것으로 각국의 실정법상 사회복지라는 이름을 가지고 있는 법이 이에 포함된다.

사회복지법은 그 역사적 생성과정이 산발적이고 복합적이며, 또한 매우 최근의 변화하고 있는 법이므로 다른 법, 예컨대 민법전이나 형법전과 같은 통일 법전의 존재 형식을 갖추지 못하고 있다. 하지만 일본의 '복지6법' 등의 예에서처럼 점차 고유의 법전을 갖추어 가는 모습에서, 형식적 의미의 개념규정이 사회복지법의 범위와 고유성을 분명하게 해 주는 개념규정 방법이 될 수 있는 것이다(신섭중 외, 1999: 22). 김만두(2006)와 박석돈(2005b)은 형식적 의미의 사회복지법 개념으로 파악하고 있다.

(1) 김만두의 견해

김만두(2006)는 사회사업에 관하여 기본적인 사항을 규정한 사회복지사업법 제2조의 규정에 입각하여 사회복지법의 개념을 파악하고 있고, 사회복지의 대상도 동규정에 의해 한정하고 있다. 즉, 사회복지의 개념을 최광의의 사회복지, 광의의 사회복지, 협의의 사회복지 등 세 가지로 구분하고, 이러한 사회복지의 개념에 의해 사회복지법의 개념을 파악하고 있다.

최광의의 사회복지 개념에 따르면, 사회복지라는 것은 전 국민의 행복 및 사회생활의 안녕과 발전을 지향해서 시행하는 제반 시책의 목표라고 정의되고 있다. 광의의 사회복지개념은 사회복지를 실천개념으로 파악하는 견해로서 영국의 사회적 서비스, 미국의 사회복지에 해당하는 개념이다. 이 견해에 따르면 사회복지라는 것은 일정한 국가에 의해서 최저한도 혹은 평균적인 욕구가 충족되고 있지 않은 개인, 가정, 집단 등에 대해 열 가지의 사회적 서비스를 급여하는 것을 의미한다. 열 가지 사회적 서비스란 사회복지서비스(협의의 것), 보건의료, 교육, 여가, 소득, 노동, 주택, 안전, 거주환경, 환경보전 등을 말하며, 이러한 서비스를 체계적으로 조직화하고 총체화한 개념으로 사회복지의 개념을 파악한다. 협의의 사회복지개념에 따르면 사회복지는 광의의 사회복지를 기능적으로 한정하여 국가부조를 받고 있는 자, 장애인, 아동, 기타 원조 · 육성을 필요로 하는 자로 하여금 자립하며 그 능력을 발휘할 수 있게 필요한 생활지도, 재활서비스, 기타 서비스를 행하는 것으로 정의하고 있다. 즉, 사회복지를 여러 가지 사회문제에 의하여 야기된 개인의 생활상의 장애를 제거 · 경감하는 제도와 방법의 체계라 할 수 있다.

김만두는 위 세 가지의 사회복지의 개념 중 두 번째 개념인 협의의 사회복지 개념을 기초로 사회복지법을 개념 규정하고 있으며, 사회복지법의 대상영역을 국민기초생활보장법과 사회복지서비스법으로 한정하여 사회복지법을 인식하고 있다.

그는 협의의 사회복지법 개념에 의해서 사회복지법의 대상영역을 한정하는 이유로, 첫째, 사회복지에 관한 기본적인 사항을 규정한 사회복지사업법 제2조에는 "사회복지사업이라 함은 국민기초생활보장법, 아동복지법, 노인복지법, 장애인복지법, 한부모가족복지법, 영유아보육법, 성매매방지 및 피해자보호 등에 관한 법률, 정신보건법, 성폭력범죄의 처벌 및 피해자보호 등에 관한 법률, 입양촉진 및 절차에관한 특례법, 일제하 일본군위안부에 대한 생활안정지원 및 기념사업 등에 관한 법률, 사회복지공동모금회법, 장애인 · 노인 · 임산부 등의 편의증진보장에 관한 법률, 가정폭력방지 및 피해자보호 등에 관한 법률, 농어촌주민의 보건복지증진을 위한 특별법, 식품기부 활성화에 관한 법률, 의료급여법에 의한 보호 · 선도 또는 복지에 관한 사업과 사회복지상담 · 부랑인보호 및 노숙인보호 · 직업보도 · 무료숙박 · 지역사회복지 · 의료복지 · 재가복지 · 사회복지관운영 · 정신질환자 및 한센병력자 사회복귀에 관한 사업 등 각종 복지사업과 이와 관련된 자원봉사활동 및 복지시설의 운영 및 지원을 목적으로 하는 사업을 말한다." 라고 규정되어 있는데, 이 규정을 무시할 수 없다는 점, 둘째, 헌법 제34조 제2항에는 "국가는 사회보장, 사회복지의 증진에 노력할 의무를 진다." 라고 규정하여 사회복지와 사회보장을 병렬적으로 열거하고 있기 때문이라는 점, 셋째, 광의의 사회복지 개념에 따라 사회복지법의 법 영역을 한정할 경우 사회복지법은 사회보장법에 대해서 그 독자성을 상실해 버리고 말 것이라는 점을 들고 있다.

(2) 박석돈의 견해

박석돈(2005b)은 사회복지서비스에 관련된 법의 범위에서 법제처에서 정한 법령분류의 예에 따라 「사회복리 편」에 속하는 법령을 사회복지법으로 보고 있는 것으로 보아 형식적 의미의 사회복지법 개념파악 방법을 받아들이고 있음을 알 수 있다.

박석돈은 사회복지법규는 오늘날 사회복지가 국가와 국민 간의 권리와 의무의 관계로 등장하고 있음을 국가가 인정하고 또 사회복지를 구현하고자 하는 구체적인 사업 등을 공익에 맞게 보호하고자 하는 뜻으로 국가가 이를 법의 형태로 제도화한 것이라고 정의하고 있다. 즉, 사회복지법은 사회복지사업을 구체적으로 실천하는 제도 · 기구 · 기관 및 시설 · 권리 · 의무 등에 관한 사항을 규정한 법이라고 할 수 있다.

박석돈은 이 이상 사회복지법의 개념을 구체적으로 서술하고 있지 않지만, 법제처에서 정한 법령 분류 방식에 의거 「사회복리 편」에 속하는 법령을 사회복지법으로 본다고 자신의 입장을 밝혀 사회보험법, 공공부조법, 사회복지서비스법을 사회복지법에 포함하고 있지만 그의 저서에서는 국민기초생활보장법과 사회복지서비스법에 한정해서 사회복지법의 개념을 파악하고 있다.

상술한 바와 같이 형식적 의미의 사회복지법 개념파악 방법으로 사회복지법을 이해할 때 사회복지법의 범위는 사회보험법, 공공부조법, 사회복지서비스법으로 한정될 것이다.

그러나 현대 사회에서 사회복지법은 '변화하는 법' 이니 만큼 이러한 개념규정 방법은 나름대로 변화에 적절하게 대응하지 못하기 때문에 한계를 지닌다. 예를 들면, 2012년에 이루어진 전면개정에서 "사회보장이란 출산, 양육, 실업, 노령, 장애, 질병, 빈곤 및 사망 등의 사회적 위험으로부터 모든 국민을 보호하고 국민 삶의 질을 향상시키는 데 필요한 소득 · 서비스를 보장하는 사회보험, 공공부조, 사회서비스를 말한다."(사회보장기본법 제3조)라고 정의하고 있어서 사회복지서비스가 사회서비스로 확대되고 있음을 알 수 있다.

그럼에도 이러한 형식적 의미의 개념파악 방법은 사회복지법규에 속하는 법규의 범위를 형식적으로 확립할 수 있어서 사회복지법의 범위와 고유성을 분명히 할 수 있고, 입법 · 행정 · 사법의 관점에서 사회복지법의 명료한 한계를 지어 주어 실제상의 편의를 더해 줄 수 있다는 장점이 있다(이상광, 2002).

반면에 사회복지법의 개념을 형식적으로 파악하는 방법의 단점은 첫째, 그 실제상의 편의성에도 불구하고 '움직이는 법'으로서의 사회복지법의 특성을 생각하면 현재와 같은 사회복지법의 발전단계에 있어서는 사회복지법의 개념을 오히려 너무 경직시킬 위험성이 있다는 것이다. 둘째, 분명치 않은 모호한 기준에 따라 사회복지법의 개념을 규정할 때 사회복지법에서 필요한 규정이 누락되거나 불필요한 규정이 포함될 위험성이 있다는 것이다(이상광, 2002).

2) 실질적 의미의 사회복지법 개념으로 파악

실질적 의미의 사회복지법이란 법적 존재의 형식과 명칭에 관계없이 법규범의 내용, 목적, 기능에 따라 그 법규범에 내재하는 공통된 법원리를 도출하고 그 법원리를 기초로 사회복지법 개념을 규정하는 개념설정 방법이다. 실질적 의미의 개념규정 방법은 사회복지라는 이름을 가졌는지의 한계와 관계없이, 법규범에 내재한 규범내용이나 규범 목적 또는 그 기능에 따라 그 규범의 공통 특징을 도출하고, 그것을 그 규범의 개념 정립에 기초로 삼는다.

실질적 의미의 사회복지법 개념규정 방법에는 사회복지법의 포괄 범위에 따라 '넓은 의미의 사회복지법'과 '좁은 의미의 사회복지법'으로 나눌 수 있다.

(1) 넓은 의미의 사회복지법

이 견해에 따르면, 사회복지법이란 사회복지정책 혹은 사회정책의 실현과 관련된 제반 법률을 의미한다. 물론 이때 사회복지의 개념이 중요한 요인이 되는데, 이것 역시 넓은 의미로 해석되고 있는 사회복지의 개념정의 중에서 넓은 의미의 사회복지 개념과 법률의 복합어로 파악할 수 있다. 따라서 넓은 의미의 사회복지법이란 전 국민의 물질적 · 정신적 · 사회적 기본 욕구를 해결함으로써 인간다운 생활을 영위케 하는 공사의 제반 사회적 서비스와 관련된 법률을 말한다. 물론 이러한 제반 서비스는 사회복지정책이나 사회정책이라는 추상적 정책으로 지침과 기준이 설정되며 이의 구체적 모습이 바로 사회복지법으로 표현된다. 그리고 사회복지법의 규정에 따라 사회복지의 서비스와 실천이 이루어진다.

그러므로 넓은 의미의 사회복지법이란 사회복지의 넓은 개념을 기초로 하여 정의해 볼 수 있는데, 즉 현대사회에서 인간다운 생활을 유지하기 위해 필요한 물질적 · 비물질적인 사회복지서비스를 제공하는 공사의 노력의 총화를 규율하는 법규정이라고 볼 수 있다. 이러한 사회복지법의 내용상 사회복지서비스의 공급주체가 궁극적으로 국가인 점은, 한편으로 인간다운 생활을 가로막는 사회생활 문제의 성격이 사회성과 보편성을 지니고 있다는 사실의 발견과 다른 한편으로는 물론 이와 관련이 있는 현대국가의 성격이 국민의 생존권을 확보·보장하는 데 일차적인 국가 존립의 목적이 있는 것과 역사적으로 긴밀하게 연결되어 있다. 따라서 국가는 국민의 인간다운 생활을 보장하는 구체적 정책적 표현으로서 사회복지 입법을 발전시켜 왔다고 볼 수 있다.

사회복지 입법은 결국 자본주의 사회의 발전과 함께 이루어졌으며, 그 내용과 범위는 자본주의가 가져온 사회문제, 특히 그중에서도 사회적 약자의 사회생활 문제를 해결하려는 데서 생성되어 왔다. 이는 자본주의 사회가 가져온 사회적 위험 혹은 사고, 즉 질병, 노령, 장애, 실업, 출산, 사망 등이 그 자체로 또는 부차적으로 소득, 의료, 교육, 주택, 및 심리사회적 문제를 야기하는 데 대한 제도적 장치를 발전시켜 온 것이기 때문이다. 따라서 사회복지법의 내용에는 이들을 포함하는 사회보장과 보건의료, 교육, 주택, 대인적 서비스로 표현되는 제반 사회서비스가 포함된다.

(2) 좁은 의미의 사회복지법

이 견해에 따르면, 사회복지법이란 현대사회에서 스스로 자신의 생활을 영위하지 못하는 사회적 약자에 대해서 제한적으로 도움을 제공하는 노력의 총화와 관련된 법규범이다. 좁은 의미의 사회복지 개념이 중심이므로, 결국 좁은 의미의 사회복지적 의미를 지닌 제반 제도와 정책의 실천을 표현한 법률이 바로 여기에 포함될 것이다. 이때의 사회복지 개념의 대상과 문제의 의미는 매우 제한적인데, 그것은 자본주의 사회의 발전에 따른 생활문제의 발생이라든지 하는 거시적 사회구조적인 측면과는 관계없이 주로 개인적인 측면에서 문제의 발생 원인과 대상을 선별하는 특징을 지닌다. 따라서 이때의 사회복지는 임시적이고 다른 사회제도의 가능을 보완하는 기능을 지니는 것으로 이해된다. 한마디로 말하자면, 사회생활 문제의 보편성과 사회성이란 의미와는 무관한 입장이다. 좁은 의미의 사회복지란 보충적 개념이 될 것이며, 넓은 의미의 사회복지란 제도적 개념이 될 것이다(Wilensky & Lebeaux, 1979, 122-128).

그러므로 좁은 의미의 사회복지란 이처럼 현실생활에서 어려움을 겪는 사회적 약자 혹은 요보호대상자를 위한 한정적인 제반 사회복지정책 및 사회정책을 의미한다. 그 구체적인 내용은 넓은 의미의 사회복지법과 유사하지만 적용대상이나 구체적 법률의 존재양식에는 차이가 있다(현외성, 2008).

3) 사회복지법 기능의 관점에서 특성 파악

사회복지법 기능의 관점에서 사회복지법의 독자적 개념과 특성을 파악하고자 하는 견해를 살펴보면, 첫째, 사회복지법의 사회정의의 실현기능(소득재분배기능)을 강조하는 학자인 티트머스(Titmuss, 1980)는 시장경제가 불완전하므로 시장에서 얻는 소득은 불평등할 수밖에 없음을 지적하고 이를 해소하기 위해서 소득재분배가 이루어져야 사회정의가 실현된다고 주장하였다. 그러나 이러한 사회정의의 실현기능은 사회복지법의 주된 기능이 아니다. 사회구성원의 사회적 위험이나 요보호 상태로부터의 보호가 사회복지법의 주된 기능임을 생각할 때, 사회정의의 실현은 그 결과적 현상이므로 사회복지법의 주된 목적이 될 수 없다. 따라서 사회복지법의 기능을 사회정의의 실현으로 보는 것은 사회복지법의 일면만을 본 것이라 할 수 있다.

둘째, 사회복지법의 규범목적을 사회정책의 실현에 있다고 보는 견해로 이 견해에 따르면 사회복지법을 사회정책 실현의 수단으로 보고 있다. 사회복지법이 사회정책 실현의 일익을 담당하고 있는 것은 사실이나 사회복지법 이외에도 조세법, 경제법, 노동법, 민법 기타 많은 법 분야가 사회정책의 실현을 위하여 기여하고 있으므로 사회복지법만이 사회정책 실현을 위한 법이라고 말할 수 없다.

셋째, 사회복지법을 헌법상의 사회적 기본권을 실현하는 법이라고 이해하는 견해로 이 견해 역시 사회권적 기본권의 실현이 사회복지법 분야뿐만 아니라 경제법, 노동법 등 그 외 다른 법 분야에서도 다루어지고 있으므로 사회복지의 일면만을 고찰하는 것에 불과하다 하겠다(이상광, 2002).

사회복지법의 개념을 파악하는 데 있어 여러 가지 접근 방법이 있는데, 그것은 각각 장단점을 가지고 있기 때문에 어떠한 접근방법을 선택할 것인가 하는 것은 연구자의 입장에 따라 다를 것이다.

그러나 사회복지법의 개념을 파악할 때 간과해서는 안 될 것은 사회복지법이 사회문제를 해결하고, 사회적 욕구를 충족하며, 사회적 위험에 대처하기 위한 제도적 · 법적 장치라는 사실과 사회적 보장과 보호가 최저생활의 보장이나 사회적 약자의 최저수준의 보호만을 의미하는 법규가 아니라 개인의 인격의 자유로운 계발이라는 적극적 목적을 가진 사회복지법의 개념까지 포괄하는 개념으로 확장되고 있다는 점이다. 즉, 사회복지법이 개인의 능력 계발이나 창달까지도 목적으로 하고 있다.

우리나라 경우 사회복지법의 학문적 개념 포착은 넓은 의미의 사회복지법을 선호하는 경향이 있으나 실정법상으로는 좁은 의미의 사회복지법을 선호하고 있다. 좁은 의미의 사회복지법 개념파악 방법이 사회복지법의 고유성과 범위를 확정하는 데 있어서는 편의성이 있기는 하지만, 현대 복지국가가 지향하는 사회복지의 적극적 개념을 축소하게 될 위험성이 있다. 이러한 개념파악은 일본의 예에서 보는 것처럼, 사회복지 6법과 그들의 행정적 · 법적 전통의 영향권에서 벗어나지 못하고 있는 것 같다(신섭중 외, 1999: 25). 이러한 개념 인식은 현실의 행정적 · 제도적 편의성을 고려한 것이지만, 인간다운 생활의 보장이라고 하는 현대 복지국가의 이상을 실현하기 위한 적극성을 상실하고 있을 뿐만 아니라 점차 복잡해져 가는 사회복지법의 체계적 접근에 장애요소로 되어 있어 새로운 관점에서 개념 연구의 필요성이 증가하고 있다.

비록 사회복지법이 타 법률이나 학문분야와 규범의 내용이나 기능이 복합적이거나 중복될 위험이 있다 하더라도 인간다운 생활을 보장하기 위한 법규라면 사회복지법의 개념을 적극적으로 확장하여 사회복지법 개념에 포함하여야 할 것이다.

2. 사회복지법과 관련법의 비교

사회복지법의 개념과 기능을 명확하게 이해하기 위한 방법의 하나로, 사회복지법과 관련을 맺고 있는 법과 비교하여 보는 것이다. 즉, 이러한 방법은 사회복지법의 개념과 기능상의 경계를 구분하여 사회복지법의 정체성을 이해하는 데 유익한 방법이 될 수 있다.

1) 사회복지법과 노동법

사회복지법과 노동법은 일단 넓은 의미에서 사회법에 포함된다고 볼 수 있다. 이 두 법은 근대 시민법의 개인주의적 원리를 수정하여 국가가 시민사회에 개입하는 형태로 표현된 새로운 법영역이다. 따라서 이 두 법은 인간적 생존을 보장하기 위해 사회적 약자에 대해 권리 · 의무의 관계 속에서 보호와 지원이라는 규범목적상의 동질성을 갖는다고 하겠다(윤찬영, 1991: 70).

실제로 노동법의 역사를 보면 영국의 1834년 신구빈법(New Poor Law) 이전에 있었던 1601년 구구빈법(Old Poor Law)은 요보호 아동을 도제(徒弟)로서 공장노동에 종사하게 했는데, 이들에 대한 가혹한 착취가 사회문제로 대두되면서 소년노동에 대한 보호장치로서 공장법이 등장하게 되었다. 이것이 노동법의 기원을 이루게 되었다는 점을 볼 때 노동법과 사회복지법은 기원적으로 상호 밀접하게 연관되는 역사적 배경을 가지고 있다.

그런데 사회보험법은 사회보장법에 속하기 때문에 결국 사회복지법에 속하는 법영역으로 볼 수 있는데, 사회보험이 주로 노동법의 법관계를 기초로 성립하는 것이 일반적이어서 사회보험법을 노동법의 한 부류로 다루려는 입장이 있다. 또한 사회보장법에 속하는 공공부조법은 계보적으로 볼 때 구빈법의 연장선상에서 파악할 수 있는데 구빈법을 자본주의의 발달과정과 연결해 본다면, 그것은 자본주의 사회가 봉건사회를 해체하고 새로운 체제를 확립해 가는 과정에서 생성된 입법으로 볼 수 있다.

한편, 노동자의 문제가 노동법만으로는 해결될 수 없게 되었으며 노동관계에서 파생하는 사회적 위험으로부터 그들의 생존과 생활을 보장함으로써 노동력을 보전하기 위해 사회보험법이 등장하게 된 것이다. 이러한 사회보험법은 점차 그 대상을 확대해 일반 국민 모두를 포함하는 방향으로 발전하게 되었다. 다시 말하자면, 노동법이 계급관계에 대한 조정적 입법이라면 사회보험법은 계급성을 탈피해 생활관계를 조정하려는 입법으로 자리 잡게 된 것이다(윤찬영, 2007).

결론적으로 노동법은 법주체로서의 노동자와 자본가 사이의 계약관계를 국가의 입법적 개입을 통하여 조정하려는 법이고, 사회복지법은 국가와 개인 사이에 생활상의 위험을 매개로 직접적인 권리 · 의무관계를 규정한 법이다. 사회복지법의 경우, 특히 사회보험법의 경우에 법 관련 당사자로서 자본가가 등장하기도 하지만, 이 경우에는 자본가와 노동자 상호 관계에 국가가 개입한다고 보기보다는 생활인 또는 소비자로서의 노동자에 대한 총자본의 조력 의무를 규정한 것으로 해석해야 할 것이다(윤찬영, 1991: 70-71).

즉, 자본가는 노동자의 복지를 위해 보험료를 부담하게 되어 있는데, 이는 자본가와 노동자 사이의 계약상의 문제가 아니라 국가가 노동자의 생활수준을 보장하기 위해 자본가로 하여금 이러한 목적 실현에 기여할 것을 강제한 것이 된다.

그러나 최근에 나타난 경향은 노동법과 사회복지법이 혼합된 입법이 등장하고 있다. 이것은 '사회법' 이라는 한 단계 높은 수준에서 통합적으로 이해되고 고찰되어야 할 것이다.

2) 사회복지법과 행정법

일반적으로 행정법은 행정권의 조직과 작용 및 행정구제에 관한 법인데 사회복지 관련법의 대부분이 국가의 주요 행정의 일부로서 국가관청에 의해 집행된다는 사실 자체가 사회복지법이 행정법과 밀접한 관계를 맺게 하는 내재적 구속이 되는 것이다(이상광, 2002). 실제로 행정법학에서는 행정작용법의 한 분야로서 사회복지법을 급부행정법 영역으로 다루는데, 사회보장행정을 급부행정에 포함하여 다룬다.

그렇다면 사회복지법은 행정법의 일부분으로 포함할 수 있는 것인가? 전광석(2007)은 사회보장법을 급부행정법 중에서도 특히 사회행정법으로 파악하고 있는데 이때 사회행정법을 좁은 의미에서 사회보장법으로 이해되는 것이며 사회보험법체계(국민건강보험법, 국민연금법, 산업재해보상보험법), 사회보상법체계(국가유공자 등 예우 및 지원에 관한 법률, 의사사상자 등 예우 및 지원에 관한 법률, 범죄피해자구조법 등), 사회부조법체계(국민기초생활보장법, 의료급여법, 재해구호법 등) 및 사회복지촉진체계(아동복지법, 노인복지법, 한부모가족복지법, 장애인복지법 등)로 이루어진 법체계를 말한다는 것이다.

이와 같이 보면 행정법이 사회복지법과 관련이 있고, 특히 현대국가가 지향해 온 복지국가화 경향은 국가의 개입을 정당화하고 시민법시대의 소극적 국가를 적극적 개입국가로 전환하였다. 즉, 사회복지의 주체로서 등장한 국가에 의해 주도되는 복지행정을 규율하는 법이 사회복지법이기 때문에 사회복지법은 기본적으로 행정법적 속성을 가지고 있다고 보아야 할 것이다.

그러나 행정법이 국가행정을 규율대상으로 한다는 점에서 볼 때, 현대사회와 같이 국가가 국민생활의 많은 부분에 개입하고 있는 현실을 고려한다면 대부분의 법은 행정법이라 할 수 있다. 다시 말해서 대부분의 공법은 모두 행정법이라 할 수 있다. 따라서 일반 행정법으로부터 전문적 영역의 법을 구별하는 것이 필요하게 된다. 사회복지법 또는 사회보장법이 기왕에 존재하고 있기 때문에 사회복지 또는 사회보장 행정법이라는 존재가 가능하게 된다.

또한 사회복지법은 그 고유한 특성상 행정법과 구별할 필요가 있다. 행정법은 그것이 아무리 급부행정법이라 해도 급여 제공의 주체라는 입장에서 주체와 대상 간의 급여 전달과정을 중심적으로 규율하는 법이다. 반면에 사회복지법은 사회적 자원의 할당의 원칙과 수급권자의 입장을 보호하는 것이 규범적 목적이라 할 수 있겠다. 특히 급여와 관련해서는 수급권자의 법적 이익이 행정법상의 원칙에 앞서 우선적으로 보호되어야 한다.

일반적으로 사회복지법상의 행정행위는 일반행정에 비해 확정력 또는 불가변력(不可變力)이 강하기 때문에(이상광, 2002) 한번 취해진 사회복지에 대한 행위는 취소하기 어려운 것이다. 따라서 사회복지법상 행정공무원의 행정행위는 일반 행정법적 원칙보다 사회복지법의 규범력에 종속되어야 할 것이다. 그러나 사회복지행정상 조직 및 행정행위에 부수하는 조건에 대해서는 일반 행정법적 원칙을 도입해야 할 것이다.

따라서 행정법은 사회복지법상 국가조직과 급여 및 서비스 전달 절차에 관련된 법으로서 의의가 있다. 그러나 이러한 경우에도 수급권자의 상황을 반드시 우선적으로 고려해야 할 것이다. 왜냐하면 사회복지행정법이란 국민의 생존권 확보를 위한 국가의 책임이라는 규범목적을 이행하기 위한 기술적이고 절차적인 법일 때 존재의 의미가 있기 때문이다. 즉, 사회복지법의 목적에 봉사하는 것이 행정법이어야 하는 것이다(윤찬영, 2007).

3) 사회복지법과 민법

사법(私法)은 사회복지법에 여러 가지 영향을 주었다. 특히 사회보험법은 사법상의 제도를 공법으로 수정한 법으로서 사회보험법 생성 초기에나 지금까지도 사법적 원리에 의해 영향받고 있다. 예컨대, 사회보험법상의 급여관계를 일정한 채권·채무관계로 파악하고 이에 관한 특별한 법이 없을 경우 민법의 규정을 준용할 수 있는 것이다. 그러나 사회보험관계는 단순히 재산권적 관계를 규율하는 것이 아니라 수급권자의 사회적 보호라는 공익적 규범목적을 가지고 있어 사법관계의 적용이 매우 제한받기도 한다(윤찬영, 2007).

사법의 기초가 되는 민법은 사회복지법과 어떠한 관련성을 맺고 있는가? 민법이 사회복지법관계에서 적용되는 방법은 다음 세 가지 경우로 요약할 수 있다(이상광, 2002).

첫째, 유추(類推)를 통한 방법이 있다. 사회복지법에서 민법과 다른 규정을 두고 있을 때에는 별 문제가 없겠으나 규정이 없는 이른바 '입법의 흠결(欠缺)' 시에 사회복지법의 본질적 특성과 규범목적의 범위 내에서 민법의 규정이 유추될 수 있다.

이러한 경우에 적용되는 것으로서 법인, 행위능력, 의사표시, 대리, 이자, 소멸시효, 상계, 채권의 압류, 양도, 담보, 부당이득의 반환청구, 불법행위 등에 관한 규정이 있다. 예를 들어, 사회복지사업법 제32조는 민법의 법인에 관한 규정을 준용할 것을 규정하고 있다.

둘째, 민법의 일반원칙(신의성실의 원칙, 권리남용금지의 원칙 등)이 사회복지법에서도 일반원칙으로서 직접적으로 적용되는 경우가 있다. 여기에는 찬성과 반대의 주장이 엇갈릴 수 있다. 반대하는 주장은 국가와 국민 간의 관계가 사법관계에서처럼 밀접하지가 않기 때문에 민법의 일반원칙이 직접 적용될 수 없다는 것이다. 그러나 독일과 오스트리아의 판례와 통설은 복지국가에서 국가와 국민 사이의 관계는 밀접한 사인(私人)

간의 관계와 같이 볼 수 있다고 주장한다. 그리하여 국가와 국민 개인 사이에서도 상호간에 권리의 실현과 의무의 이행은 신의를 좇아 성실하게 해야 한다는 것이다.

이러한 원칙이 직접 적용될 수 있는 경우는 ① 관리운영주체의 하자 있는 행위로 수급권자에게 손해가 된 위법한 행정행위를 취소할 때, ② 사회복지급여에 관한 관리운영주체의 확약(確約)이나 의무의 위반, ③ 수급권자의 위법 또는 의무위반으로 인한 권리의 상실 등과 관련되는 것이다.

셋째, 민법상의 개념이 사회복지법규의 기초가 되어 있는 경우가 있다. 이러한 경우에 민법상의 규정은 사회복지법 해석에 중요한 영향을 미치게 된다. 예를 들어, ① 친족상속법의 규정상 친족의 범위가 변경되었을 때 사회복지법은 기존의 친족 개념과 범위를 고수할 것인가 하는 것이 쟁점이 되며, ② 사회보험의 가입자격을 판단할 때 사회복지법에서는 사실적인 노동관계가 중요하다 할지라도 당사자가 이미 회사와 맺은 고용계약이 있을 때에는 그 내용이 판단의 중요한 전제가 되는 것이다.

3. 이 책의 사회복지법 개념

사회복지법이란 사회복지와 법의 합성어이라고 할 수 있다. 여기서 사회복지란 넓은 의미의 사회복지 개념을 수용하는 것이 현대복지국가의 추세이고, 제도적 개념의 복지개념으로 변화하고 있는 것이 보편화되고 있다. 따라서 사회복지법을 실질적 의미의 사회복지법 개념파악에 기초하여 넓은 의미의 사회복지법 개념을 수용하여 사회복지법의 개념을 규정하고자 한다.

즉, 사회복지법이란 현대국가에서 인간다운 생활을 유지하기 위하여(목적) 필요한 물질적 · 비물질적인 사회복지서비스를(수단) 제공하는 공적 · 사적 노력을 규율하는(역할) 법이라고 할 수 있다. 사회복지법의 존재이유는 인간의 생존권을 보장하기 위함이라는 목적지향성을 가지고 있으며, 이러한 목적을 달성하기 위한 수단이 물질만 필요한 것이 아니라 동시에 비물질적인 요소도 반드시 필요한 것이다. 또한 목적달성을 위한 수단을 제공하는 주체가 공적 조직뿐만 아니라 사적 조직의 노력도 병행되어야 하며 이러한 제반 활동을 규율하는 역할을 하는 것이 사회복지법인 것이다.

제2절 사회복지법의 근본이념

사회복지법의 근본이념은 생존권이라고 할 수 있다. 생존권이란 국민이 최저생활을 유지하기 위하여 필요한 여러 가지 조건의 확보를 국가에 대하여 요구할 수 있는 권리인 것이다. 필요한 여러 가지 조건이란 국민이 생존하는 데 필요한 기본적인 조건, 즉 의식주와 일상생활용품 등을 의미한다. 이러한 기본적 조건은 국가가 책임지고 확보해 주어야 하는 것으로 국가의 의무이며 책임인 것이다(장동일, 2006).

1. 생존권의 의의

18, 19세기의 자유권적 기본권은 전근대적인 모든 제약, 즉 신분제도, 종교적 속박으로부터 시민을 해방하고 자본주의 경제의 터전이 되어 세계 인류에게 고도의 번영과 발전을 가져왔다. 그러나 고도로 발달한 자본주의는 빈부의 격차, 계급 간 대립의 격화, 실업자의 급증 등 많은 사회문제를 야기해 실질적인 부자유, 불평등을 초래하였다.

20세기에 접어들면서 기본권 사상에 새로운 전기가 마련되었다. 즉, 재산이 없는 대중의 인간다운 생활을 보장하기 위해서는 형식적인 국가로부터의 자유의 보장 대신 국가의 적극적인 개입에 의해 실질적인 자유를 보장하여야 한다는 주장이 제기되었는데, 이러한 이념에서 생긴 것이 생존권적 기본권이다(장경학, 2002).

생존권적 기본권이 보장되기 위해서는 인간이 살아가기 위한 기본적 조건, 즉 소득의 보장, 의료의 보장은 물론 손상된 사회적 기능의 회복을 위한 사회적 서비스의 보장 등이 충족되어야 한다. 의 · 식 · 주의 생활조건은 물론이고, 심리적 · 사회적 욕구도 기본적인 것은 반드시 충족될 수 있어야 한다.

따라서 인간다운 생활의 보장을 국가의 의무로 하는 생존권은 다음과 같은 세 가지 특징을 지닌다. 첫째, 생존권은 사회적 약자에 대한 국가의 온정주의적 은혜가 아니라 사회에서 생을 향유하는 자의 당연한 권리라는 점, 둘째, 생존권은 단지 살아간다는 정도가 아니라 문화적 인간에 상응하는 정도의 것이어야 한다는 점(신섭중, 2000), 셋째, 생존권은 소득의 보장, 의료의 보장뿐만 아니라 사회복지서비스를 통한 재활과 사회복귀까지 보장하는 것이어야 한다는 점 등이다.

2. 생존권 이념의 형성과 국제화 추세

생존권 이념의 형성은 자본주의 사회의 발전과정과 밀접한 관계가 있다. 자본주의 경제체계가 인간의 자유와 평등 그리고 인간의 물질적 안정을 가져올 것이라는 낙관적 견해가 초기 자본주의 사회에서는 하나의 이상으로 받아들여졌다. 그러나 자본주의 경제질서에 입각한 근대 시민사회는 이러한 이상을 여지없이 외면하였다. 즉, 자본주의의 내재적 모순은 소수의 가진 자와 다수의 가지지 못한 자로 계급을 이분화하였고, 따라서 다수의 가지지 못한 자는 생존의 위험에 직면하게 되었다. 자신과 가족부양에 실패한 다수의 사회구성원(초기에는 근로자가 중심)은 그들의 생계를 위해 노력하게 되었는데 이 과정에서 생존권 이념이 형성되었다(장동일, 2006).

제2차 세계대전 이후에 생존권 보장은 인권보장 속에 포함되어 한 국가를 넘어서 국제적으로 그 보장을 인정하려는 추세 속에 있다. 즉, 인권의 국가적 보장이라는 단계를 넘어서 국제적 차원에서의 인권보장의 보편화라는 현상이 나타나고 있다. 이러한 현상을 뒷받침하는 것은 국제조직의 발달, 특히 국제연합(UN)의 출현이다. 국제연합과 그 산하기관인 국제노동기구(ILO)는 인권보장의 국제화 속에서 특히 생존권 보장의 내용을 더욱 확대·심화해 나가고 있다.

1919년 독일 바이마르 헌법에 규정된 생존권 이념은 국제노동기구의 활발한 노력에 힘입어 국제사회에 커다란 영향을 미쳤다. 특히 제2차 세계대전 이후 여러 국제기구가 조직되어 생존권 보장을 위한 노력을 전개함으로써 인권 보장은 단일 국가의 경계를 뛰어넘어 국제적 보장이라는 차원으로 발전하였다. 생존권 보장의 국제화를 위하여 노력한 대표적 국제기구로는 국제노동기구와 국제연합이 있다(장동일, 2006).

1) 국제노동기구(ILO)의 생존권 보장 노력

1919년 제네바에서 설립된 국제노동기구는 사회보험 확대의 큰 추진체가 되어 1919년 실업보험, 1925년 산재보험, 1927년 질병보험, 그리고 1933년 노령·폐질·유족연금보험의 실시를 각국에 권고하였다. 특히 1942년에는 사회보장의 이념을 명확하게 밝힌 『사회보장제의 실현방안(*Approaches to Social Security*)』을 발간하여 세계 각국에 보급하였고, 1944년의 '필라델피아 선언'에서는 그 구체적 조치로 '소득보장에 관한 권고' 및 '의료보호에 관한 권고'를 채택하였으며, 1952년에는 사회보장의 국제기준 명시로서의 '사회보장의 최저기준에 관한 조약' 등을 채택하여 사회보장의 국제화를 위한 중요한 역할을 수행하였다.

또한 1952년에는 '모성보호조약', 1964년에는 '산업재해 직업병 급여에 관한 조약', 1967년에는 '노령 · 장애 · 유족연금에 관한 조약', 1969년에는 '의료급여에 관한 조약' 등을 채택하여 각국의 사회보장제도의 전 영역을 국가정책으로 반영하여 실시할 것을 권고하였다(이상광, 2002).

1944년 필라델피아에서 개최된 제26차 국제노동총회에서는 '필라델피아 선언(국제노동기구의 목적에 관한 선언)' 을 채택하였다. 동 선언은 모든 인간이 경제적 보장을 받을 권리를 확인하였을 뿐만 아니라 보호가 필요한 모든 사람에게 기초적 수입과 포괄적 의료를 확보하는 사회보장의 조치를 확장하는 것이 국제노동기구의 엄숙한 의무라고 표명하고 구체적 조치로서 '소득보장에 관한 권고' 와 '의료보호에 관한 권고' 를 채택하였다.

'소득보장에 관한 권고' 는 생존권 보장을 위하여 사회보험방식과 사회부조방식으로 대처할 것을 권고하였고, 생존권 보장의 대상은 빈민을 비롯한 사회적 약자를 포함하여 전 국민을 포괄하는 보편성 원칙을 천명하였다. '소득보장에 관한 권고' 는 소득보장이 사회보장에 있어 그 본질적 요소임을 지적하면서 가맹국이 소득보장을 발전시켜 나감에 있어 준수해야 할 지도원칙을 제시하였다(平田隆夫, 1962: 255).

'의료보호에 관한 권고' 는 적절한 의료를 부여하는 것이 사회보장의 본질적 요소라고 보기 때문에 의료서비스의 개선과 그 정비 및 통합을 통하여 의료서비스의 범위를 농민과 자영자를 포함하는 전 피용자와 그 가족으로 확대하고 있고, 의료서비스는 치료는 물론 예방사업인 보건까지 포함하여야 하고, 정부가 의료인력과 시설, 장비를 책임지고 설치하여야 하며, 의료비용은 기여금이나 조세 또는 양자의 부담금으로 할 수 있다는 등 융통성을 부여하고 있다는 점에서 그 특징을 발견할 수 있다.

1952년 국제노동기구 총회는 '사회보장 최저 기준에 관한 조약' 을 채택하여 각국의 사회보장법 제정의 기준으로 제시하였다. 이러한 조약을 채택하게 된 동기는 제2차 세계대전 후 미 · 소의 군비강화, 전후의 사회복구, 사회혼란 등으로 사회보장이 정체 · 후퇴하고 있음을 인식하고 각국의 사회보장제도를 도입함으로써 국민의 생존권 보장을 확보하려는 데 있었다(김유성, 1985: 343-367).

2) 국제연합(UN)의 생존권 보장 노력

국제연합은 1948년 제3차 총회에서 '세계인권선언' 을 채택하여 인권선언문에 생존권을 천명하고, 사회보장을 인류 모두의 권리이자 세계 모든 정부의 의무로 규정하였다.

세계인권선언 제22조에는 "인간은 누구나 사회의 일원으로서 사회보장을 받을 권리를 가지며, 또한 국가적 노력 및 국제적 노력을 통하여 나아가서는 각국의 조직 및 자원에 따라 자기의 존엄과 자기의 인격의 자유로운 발전에 있어 없어서는 안 될 경제적 · 사회적 및 문화적 권리를 실현할 권리가 있다."라고 규정되어 있다. 제23조 제3항에는 "노동하는 사람은 누구나 인간의 존엄에 상응한 생활을 본인과 그 가족에 대해서 보장하고 필요한 경우에는 다른 사회적 보장수단에 의해서 공정하고 유리한 보수를 받을 권리를 갖는다."라고 규정하여 노동자와 그 가족이 사회보장을 받을 권리가 있다는 것을 명시하였다. 제25조에는 "① 사람은 모두 자기 및 가족의 건강과 복지를 위하여 의식주, 의료 및 필요한 사회복지시설을 포함한 충분한 생활수준을 유지할 권리가 있으며, 또한 실업, 질병, 장애, 배우자의 상실, 노령 또는 불가항력에 의한 생활불능의 경우에 보장을 받을 권리가 있다. ② 모와 자는 특별한 보호와 원조를 받을 권리가 있다. 모든 아동은 적출(嫡出)의 여부를 불문하고 동일한 사회적 보호를 받는다."라고 규정하여 모든 사람의 사회보장권을 인정하였고, 특히 모자에 대한 특별한 원조와 보호를 천명하였다.

국제연합은 1966년 세계인권선언에 기초하여 '경제적 · 사회적 및 문화적 권리에 관한 조약'을 채택하여 사회보장권을 조약화하였다. 이와 같이 사회보장은 국제연합에 있어서도 인간의 생존권으로 확인되어 각국에서 그 제도화가 촉진되었다(신수식, 1999).

국제연합은 세계인권선언 속에 세계 모든 인류의 생존권을 보장하기 위해 사회보장을 받을 권리가 있음을 명시하였고, 세계 각국은 국제연합의 권고에 따라 또는 회원국의 의무로서 사회보장제도를 도입하게 되었다.

3) 세계노동조합과 유럽의회의 생존권 보장 노력

1945년 2월 런던에서 세계노동조합회의가 개최되었는데 이 회의에서 논의된 다섯 가지 의제 가운데 하나가 "전후에 있어서 재건의 제 문제, 국내 및 국제적 분야에 있어서 사회적 · 경제적 제 요구를 위한 일반원칙, 사회보장과 완전고용의 원칙"이었다. 동 회의에서는 노동자와 그 가족을 위한 사회보장의 권리성과 사회보장의 발전을 위해서 노력할 것을 합의한 의미 있는 회의였으며, 세계노동조합연맹 결성의 기초가 되었다.

1952년 국제노동기구가 '사회보장 최저기준에 관한 조약'을 채택하였지만 각국 정부와 독점자본의 방해에 의하여 이의 실현이 좌절되고 있다고 지적하고, 그것에 대항하여 사회보장을 옹호 · 개선 · 확대하기 위한 국제회의가 세계노동조합연맹의 주최하에 1961년 비엔나에서 개최되었다. 이 회의 참가자는 각국 노동조합의 대표뿐 아니라 의사, 국회의원, 법률가, 사회보장 실무자 등이었는데, 이들은 이 회의에서 '사회보장강령' 을 만장일치로 채택하였다. '사회보장강령'은 1961년 12월 모스크바에서 개최된 제5차 세계노동조합대회에서 채택한 '국제사회보장헌장'의 기초가 되었다. 이 헌장에서는 사회보장의 기본원칙 다섯 가지를 밝히고 있는데 그것은 다음과 같다(신수식, 1999).

① 근로자 무갹출의 원칙: 참다운 사회보장제도는 자신의 노동으로 생활하고 있는 자, 일할 수 없는 자, 일시적 또는 영구적 노동능력을 상실한 모든 사람 및 그 가족에게 본인에 의한 어떤 재정적 부담 없이 법률로서 보장된 기본적인 사회적 권리를 확인하는 것을 토대로 해야 한다는 원칙

② 의료의 사회화 원칙: 사회보장제도는 현금 및 현물의 급여에 의하며, 근로자에게 정상의 생활수단을 보장해야 한다. 현금급여는 생활비, 임금의 증가, 근로자 및 그의 가족이 절대로 필요로 하는 금액에 따라 재조정되지 않으면 안 된다. 국가적 보건제도 또는 사회보장제도 나름에 따라 모든 근로자와 그 가족 성원에 대하여 전액 무료 의료가 보장되지 않으면 안 된다는 원칙

③ 적용사고의 포괄성 원칙: 사회보장은 그 원인과 이유에 구애됨이 없이 질병, 출산, 신체장애, 노령, 근로재해, 직업병, 가족수당, 실업 및 사망 등을 포함하는 일체의 사회적 책임과 재앙에 대하여 적용되지 않으면 안 된다는 원칙

④ 피보장자의 포괄성의 원칙: 사회보장은 모든 임금근로자, 소농민, 소작인, 농민, 직인, 자유직업 종사자, 학생 및 자영자 그리고 육체적으로 일할 수 없는 모든 사람에 대하여 적용되어야 한다는 원칙

⑤ 무차별의 원칙: 사회보장에 대한 권리는 인종, 국적, 종교, 성별 및 연령에 의하여 차별하지 아니하며 모든 사람에 대하여 평등하지 않으면 안 된다. 직업에 의한 차별도, 경제의 공적 및 사적 부분 간의 차별도 있어서는 안 된다는 원칙

그런데 이러한 '국제사회보장헌장'에서 제시한 사회보장 기본원칙은 급여에 있어 질병이나 재해, 실업 및 노령 등으로 인하여 일할 수 없을 경우에 대비하여 무료 의료제도를 확립하며, 상병수당, 장해 및 노령연금 그리고 실업수당 등으로 충분한 생활을

할 수 있을 만큼의 현금이 지급되어야 한다는 것이다. 그러나 '국제사회보장헌장' 은 다른 국제적인 기준과는 달리 그 구체적인 내용보다는 그 이념만을 강조한 결과 추상적이며 차라리 사회보장을 요구하는 자세를 확립한 것이라 볼 수 있다. 단, 이념이나 원칙에서도 노동조합 측의 입장에서 사회보장의 비용부담에 있어 근로자의 무갹출원칙에 입각하여 사회보장에 대한 근로자의 사회적 권리와 더불어 국가와 자본가에 의한 사회보장의 비용부담을 강조하고 있는 것이 특징적이라 할 수 있다(신섭중, 2000).

'국제사회보장헌장'의 사회보장에 관한 다섯 가지 기본원칙은 사회보장의 확립 · 개선 · 확대를 위한 전 세계의 노동자와 노동조합의 투쟁에서 가장 귀중하다고 생각되는 일반원칙을 제시한 것으로 각국의 전통이나 역사, 경제발전의 정도에 따라 사회보장제도를 구축하는 데 있어 이행 여부가 결정되어야 할 것이다.

한편, 유럽의회는 유럽지역의 사회보장 도입과 발전을 위한 많은 노력을 기울였는데 다음과 같은 조약과 협약이 있다. 유럽의회는 1953년에 '노령 · 폐질 · 유족의 사회보장에 관한 임시협정' '노령 · 폐질 · 유족 이외의 사회보장에 관한 협정(의료, 산업재해, 실업, 자녀급여 등)' '사회원조, 의료원조에 관한 조약(생활보호, 의료보호)' 등을 체결하였다. 1961년에는 '유럽사회헌장' 을 채택하였고, 1964년에는 '사회보장의 급여에 관한 조약' , 1972년에는 '사회보장에 관한 조약' 을 체결하였다(이상광, 2002).

이 중 1961년에 채택된 '유럽사회헌장' 제11조부터 제17조에는 건강의 보호를 받을 권리, 사회보장을 받을 권리, 사회적 및 공적 부조를 받을 권리, 사회복지사업으로부터 급여를 받을 권리, 직업훈련, 사회복귀, 사회정책에 관한 신체적 또는 정신적 장애자의 권리, 사회적 · 법률적 및 경제적 보호를 받을 가족의 권리, 그리고 사회적 및 경제적 보호를 받을 모자의 권리 등이 규정되어 있는데 여러 권리 중 사회복지서비스를 받을 권리를 강조하고 있다는 점이 특징이라고 하겠다.

앞서 살펴본 국제기구에 의한 조약과 규약 등은 이 기구에 가입한 경우 국내법과 동일한 법적 효력을 갖게 되며 또한 가입을 하지 않더라도 국제사회의 이러한 동향이 국내의 사회복지정책의 입안 및 시행과정에 상당한 영향력을 미치고 있다는 점에서 생존권 보장의 국제화의 의미를 찾을 수 있을 것이다.

제3절 사회복지법의 분류 체계

1. 법체계의 관점

일반적으로 체계란 상호 관련된 개체가 일정하게 통제된 원리나 원칙에 의해 전체를 구성하고 있는 것을 말한다. 따라서 체계화란 개체로부터 공통의 속성을 추출하고 상호 관련성을 밝혀내는 과정이다. 법 역시 하나의 체계를 이루고 있는 사회적 실체인데, 일반적으로 '법체계' 라는 용어의 용례(用例)를 살펴보면, 대체로 두 가지 의미를 가진다.

첫째, 법체계라 함은 법이라는 규범이 다른 사회적 규범과 구별되는 법의 구분표지(區分標識)를 말한다(정순희, 1982: 3). 즉, 이것은 법의 개념과 관련된 것으로서 법의 자기동일성(自己同一性)을 확인할 수 있는 법 판별기준에 따라 법체계가 이루어진다고 할 수 있겠다. 이러한 법 판별의 기준은 학자마다 다양하게 제시하고 있는데, 예를 들어, 오스틴(J. Ausitn)의 '주권자의 명령' , 켈센(H. Kelsen)의 '근본 규범' , 하트(H. L. A. Hart)의 '인식규칙' , 드보르킨(R. M. Dworkin)의 '원리' 등이 그것이다.

이와 같은 법체계의 개념을 사회복지법에 적용해 보면, 사회복지법체계란 사회복지법의 개념과 동의어로 이해될 수 있다. 다시 말해서, 사회복지법이 다른 영역의 법과 구별될 수 있는 특징적인 기준에 의해 인식될 수 있다. 특히 법규범의 세계에서 많은 종류의 법률과 사회복지법이 구별될 수 있는 기준은 법적인 지도원리라 할 수 있겠다.

이러한 사회복지법체계는 역사적 관점에서 논증될 수 있다고 본다. 사회복지법은 산업사회 또는 자본주의 사회의 역사적 전개과정 속에서 등장한 법으로서 자본주의사회를 견인해 온 전통적인 시민법의 현실적 모순성에서 배태한 새로운 법영역이기 때문에, 사회복지법이 등장하게 되는 배경, 시민법과의 차별성 등을 고찰해 보면 사회복지법의 체계적 성격이 드러나게 될 것이다. 따라서 이는 사회복지법이 타 영역의 법에 대해서 갖는 외재적 체계성이라 할 수 있겠다(윤찬영, 1994: 78).

둘째, 법규범 내에서 다양한 법의 배열 및 상호관계를 의미하는 법체계의 개념이 있다. 일단 외부적 규범에 대해 해당 법규범의 경계를 확정짓고 나서, 당해 법규범 내에 존재하는 법들이 상호 분류되고 관계를 갖게 되는 기준과 원리에 따르는 법체계 개념이 존재하는 것이다.

이러한 체계화에는 우선적으로 분류가 필수적이다. 분류는 배타적이고도 총망라적

이어야 한다(Borgatta & Borgatta, 1992: 2188). 다시 말해서, 모든 구성요소인 각 개체가 하나의 영역에 포함되어야 한다는 뜻이다. 사회복지법의 체계라는 관점에서 볼 때, 모든 사회복지법을 포괄할 수 있으며 또한 각 법이 분류체계의 하위영역에 겹치지 않게 분류되는 체계를 말한다.

또한 이 밖에도 분류체계가 갖추어야 하는 요소로서 일관성과 계층적 특성을 들 수 있다(Dunn, 1988: 178-179). 이것은 상하위(上下位) 또는 수평적 범주가 모두 일관된 원리에 기초하고 있어야 하며 동시에 각 단계와 구분된 영역마다 서로 다른 독특한 성격을 가져야 한다는 뜻이다. 즉, 동일 범주의 법으로서 보편적인 원리와 각각의 특수한 성격을 동시에 갖추고 있어야 한다는 것이다. 사회복지법체계의 관점에서 본다면, 각 법은 상위법이든 하위법이든 일관된 공통 규범을 공유하면서도 각 단계와 위치에 따르는 특성을 반영하도록 체계화되어야 한다는 것이다.

따라서 분류체계의 기초 또는 차원은 명확해야 하고 또한 중요한 것이어야 한다. 이와 같은 분류체계 속에서 각 개체가 속에 있는 하위영역을 곧 유형이라 한다. 사회과학에서는 일반적으로 모든 유형보다 하나 또는 소수의 유형을 강조하는데(Borgatta & Borgatta, 1992: 2188-2189), 여기에서 단일 유형을 형성하는 베버(M. Weber)식의 이념형을 말하는 것이다. 그러나 이것은 경험적으로 존재하지 않지만 하나의 비교준거로서 작용할 수는 있다.

두 개의 유형화로 흔히 쓰이는 전략은 양극단의 유형화다. 예를 들면, '공동사회와 이익사회' '일차적 집단과 이차적 집단' 등과 같은 분류다. 제2장에서 기준의 전통적인 법영역인 '시민법' 과 시민법을 수정하는 원리에 입각한 '사회법'을 양극에 놓고 비교한 것은 여기에 속하는 것으로 볼 수 있다.

그런데 이러한 유형화는 그것이 기초로 하고 있는 상호 관련되는 차원을 분명히 할 수 없는 약점이 있는데, 다시 말해서, 양극단 사이에 존재하면서 양극의 요소를 공통으로 가진 개체가 존재하기도 하고 또는 각각 독립적으로 존재하지만 일정한 관계를 갖는 개체도 존재한다는 것이다. 이를 극복하기 위해서는 하부구조의 개발이 필요하다(Borgatta & Borgatta, 1992: 2189). 왜냐하면 상호 관련되는 차원 또는 기준의 입장에서 보면 개체나 범주는 독립적으로 존재하면서 전체를 형성하기도 하고(집합개념에서의 합집합), 상호 교차하면서 기준이나 차원을 공유하는 경우(집합개념에서 교집합)도 있기 때문에(Dunn, 1988: 179-181), 이러한 경우를 고려한 하부구조의 발견과 형성이 분류체계에서 중요한 관건이 된다.

2. 분류방법

사회복지법의 기본 원리에 따른 분류방법은 보험의 원리, 보상의 원리 및 원호의 원리 등에 따른 분류체계를 의미한다. 이에 따라 사회복지법은 사회보험법, 사회보상법 및 사회원호법으로 나누어진다(현외성, 2008).

사회보험법은 보험원리에 의거하여 일정한 급여를 지급하는 것을 규정한 법이다. 보험원리란 장래 발생할 생활상의 특정위험에서 자기를 보호하고자 하는 사람이 상호부조의 정신으로 각각 일정한 기여금을 지불하고 자기에게 생활상의 그 위험이 발생하면 소정의 급여를 받게 되는 것인데, 이를 바탕으로 하는 사회보험법에는 의료보험법, 연금보험법, 산업재해보상보험법, 실업보험법 등이 포함된다.

사회보상법은 국가와 민족을 수호하기 위하여 활동한 사람(군경, 기타 국가유공자 등)이 상해를 입거나 사망하거나 근로능력을 상실하고 또는 본인이나 유족의 생활이 빈곤하게 될 때, 그와 같이 공익을 위한 헌신에 대하여 국가가 본인과 가족 또는 유족의 생활을 보상하는 제반 사회적 급여에 관한 법률을 말한다. 사회보상법의 근본 원리는 인과성의 원리에 바탕을 둔 인과적 사회급여인 데 비해 후술하는 원호의 원리에 근거를 둔 사회급여는 반대급부를 전제로 하지 않은, 즉 합목적성의 원리를 근거로 한 합목적적 사회급여인 점이 다르다. 사회보상법의 근거로 하고 있는 인과성의 원리는 사회보험법의 원리와 동일하지만, 전자의 경우는 보상의 근거가 만족, 국가, 사회공동체를 위한 초개인적인 원인에 있음에 대하여 사회보험법에서는 근거가 개인적인 원인에 있다는 점이 다르다(이상광, 2002). 사회보상법에는 그 수급권자의 범주에 따라 국가유공자보상법, 공익행위자보상법 등이 포함된다.

사회원호법은 개인의 일정한 가중된 경제적 부담을 경감해 주거나 기타 사회적 보호가 필요한 개인의 복지를 증진해 줌으로써 그에게 인간다운 생활을 보장해 줄 목적으로 국가에서 일방적으로 지급하는 사회급여에 관한 법이다. 사회원호법은 기여금 지불을 전제하지 않고 그 재정은 국고에서 부담한다는 점에서 사회보상법과 같지만 특정한 법정원인에 의하여 사회급여 지급사유가 발생하지 않아도 된다는 점에서 다르다. 사회원호법에 속하는 법을 열거하면 자녀급여법, 주택급여법, 혼인급여법, 노인복지급여법, 장애인급여법, 윤락여성재활급여법, 마약중독자재활급여법, 생활부조급여법, 의료부조급여법 등이 있다(이상광, 2002).

3. 국가별 사회복지법 분류 체계

1) 독일

독일은 사회법에 대해 전통적으로 학문적인 체계보다는 실정법적인 체계를 따라 사회보험, 사회원호, 사회부조 등으로 체계화해 왔다. 그러나 사회법전 제정 이후에는 사회보상 개념의 강조와 사회원호급여의 적극성으로 인해 학문적으로 다양한 관점에서 다음과 같은 체계화가 시도되었다.

첫째, 기여금의 존재 여부에 따라 사회보험법과 공공부조법으로 분류하는 방법이 있다. 이 방법은 사회보상법이 규정하고 있는 국가유공자보상법 등을 기여금의 전제 없이 급여가 이루어진다는 이유로 공공부조법에 편입하였다. 그러나 사회보상법의 급여는 비록 기여금을 전제로 하지는 않지만 인적 손실이라는 반대급부를 전제로 인과적 사회급여가 이루어지기 때문에, 합목적성의 원리가 지배하는 공공부조법에 포함하는 것은 사회적 급여의 성격을 무시한 법체계라 할 수 있다.

둘째, 사회급여의 기능에 따라 3분설과 2분설로 나누어 볼 수 있다. 3분설이란 차허(H. F. Zacher)가 나눈 사전배려체계, 보상급여체계, 부조 및 촉진체계 등의 분류체계다.

독일의 사회복지법 분류체계는 세 가지 기준에 따르고 있는데, 각각의 분류체계는 각각 그 특성을 달리하고 있다. 사회급여의 기능에 따른 분류체계에 따르면, 사회복지법은 사회급여를 위한 법체계라는 점에 착안하여 현재의 사회적 위험에 대처하기 위한 사회적 급여인가 또는 장래 발생 가능한 사회적 위험에 대처하기 위한 사회급여인가에 초점을 맞추어 사회복지법을 분류하여 체계화하고 있다.

사회적 위험에 따른 분류체계는 사회적 위험을 기준으로 사회복지법을 분류하여 체계화하는 방법으로 특정의 사회적 위험을 해결하기 위한 개별 법률을 사회복지법으로 분류하고 이 개별 법률을 체계화하려 한다. 그러나 사회적 위험의 종류가 너무나 많고 사회적 위험의 종류에 따른 개별 법률도 중복되고 있어 그러한 개별 법률을 체계화하기란 그리 용이하지 않다(장동일, 2006).

2분설은 블레이(H. Bley)에 따르면, 발생한 손실에 대한 급여체계와 특별한 경제적 부담을 경감해 주거나 원호 또는 장려, 촉진 등을 위한 급여로서 불이익에 대한 급여체계 등으로 체계화된다. 여기에서 손실에 대한 급여체계에는 사회보험법과 사회보상법이 포함되며, 불이익에 대한 급여에는 사회부조법이 포함되는 것으로 해석된다.

그러나 이와 같은 분류체계는 3분설이든 2분설이든, 법리적인 측면보다는 급여내용의 기능에 따른 것으로서 법체계의 기준으로는 만족스럽지 못하다.

셋째, 국내 학자 중에서 독일 법체계론의 영향을 받아 나름대로 사회복지법의 체계를 제시하는 경우가 있다. 우선 사회법의 기본 원리를 기초로 각국의 입법례에 따라 체계화할 것을 강조하면서 이상광은 사회보험법, 사회보상법, 사회원호법 등으로 체계화하고 있다(윤찬영, 2007).

2) 미국과 국제노동기구(ILO)

국제노동기구와 미국의 보건후생성은 사회적 위험의 종류에 따라 사회복지법을 분류하여 체계화하고 있다. 국제노동기구는 사회보장의 최저기준에 관한 조약에 따라 의료, 질병, 실업, 노령, 산업재해, 가족, 분만, 폐질, 유족 등 9개 부문으로 사회적 위험을 분류하고 이에 따라 급여를 제공해야 한다는 위험에 따라 사회복지법 체계를 나타내고 있다.

한편, 미국의 보건후생성이 발간하고 있는 세계사회보장프로그램에 따르면, ① 노령 · 폐질 · 유족 ② 질병 · 분만 ③ 산업재해 ④ 실업 ⑤ 자녀 등 5개 부문으로 사회적 위험을 나누고 이에 대처하기 위한 사회복지법의 체계를 제시하고 있다. 미국의 사회복지법 체계는 각각 연금보험 · 의료보험 · 산업재해보상보험 · 실업보험 등 사회보험과 자녀급여에 관한 급여의 체계로 국제노동기구의 체계와 거의 차이가 없다(이상광, 2002).

3) 일본

이상과 같은 독일식의 분류체계는 일본에 영향을 미쳤으며, 이에 오가와(小川)는 사회복지법을 다음과 같이 체계화했다. 그는 사회복지법을 사회사업법이라 칭하면서 ① 사회사업의 조직 · 재정에 관한 법 ② 사회사업급부에 대한 권리보장에 관한 법으로 분류하고, ①에는 사회복지사업법, 후생성설치법, 민생위원법 등을 포함한다. ②는 다시 일방적 급부의 형태로 보장활동이 실행되는 보호법-부조법(생활보호법), 육성법(아동복지법, 노인복지법 등), 갱생법(범죄자예방갱생법), 저소득자에 대해 자립조장의 목적을 갖는 대부 형태의 보장활동에 대한 원조법-공익질옥법(公益質屋法), 모자 및 과부복지법 등으로 체계화했다. 그리고 나중에 여기에다 하나의 분류를 추가했는데, 전쟁 기타 공권력적 활동에서 생명이나 신체 등에 손해를 입은 희생자와 유족에 대해 국가가 보상하는 원호법이 그것이다. 이 중 원호법을 사회복지법에 포함할 것인지는 논란의 여지가 있다.

그런데 이와 같은 방법으로 체계화하는 것은 사회보험법의 영역이 배제된 채 공공부조법이나 사회복지서비스법만을 중심으로 제도의 방법이나 기능에 따른 분류에 그치고 있어 법리상의 분류체계로 받아들이기는 어렵다. 보험과 부조란 제도적 실천의 방법론상의 차이일 뿐이며, 보호 · 원조 · 원호 또는 부조 · 구조 · 육성 · 갱생 등은 제도의 기능을 표현하는 것으로서 이들의 법적 성격에 차별성이 있는 것은 아니다(현외성, 2008). 일본에서의 체계화 노력은 오가와의 분류체계와 같이 독일의 영향을 받은 것이 중심이 되면서 새로운 방법이 제시되고 있지만 법체계의 기준이 여전히 비법적인 것에서 벗어나지 못하고 있다.

4) 한국

한국의 경우 가장 보편적으로 박석돈의 분류체계를 따르고 있지만 장동일은 현대복지국가의 사회복지법체계를 적절하게 세분화하고 있다.

첫째, 박석돈(2005b)은 우리나라 법제처에서 정한 법령분류에 근거하여 현암사의 『법전』 내용 중 「사회복리 편」에 다음과 같이 두 가지 체계로 구분하고 있다고 한다.

① 사회복지일반에 관한 법률: 사회보장기본법, 사회복지사업법
② 사회복지서비스에 관한 법률: 장애인복지법, 노인복지법, 재해구호법, 의사상자 등 예우 및 지원에 관한 법률, 외국 민간원조단체에 관한 법률, 국민연금법, 아동복지법, 한부모가족지원법, 성매매알선 등 행위의 처벌에 관한 법률, 국민기초생활 보장법, 소비자기본법, 새마을운동조직육성법, 건전가정의례의 정착 및 지원에 관한 법률, 의료급여법, 공무원 및 사립학교 의료보험법, 해외이주법 등

박석돈(2005b)은 「사회복리 편」에 들어 있지 않고 다른 곳에 분류되어 있는 다음의 법률이 사회복지법에 포함되어야 한다고 주장한다. 즉, 군사원호보상법, 국가유공자 등 특별원호법, 자활지도사업 임시조치법, 월남귀순용사특별보상법, 사회복지사업기금법, 보호시설에 있는 고아의 후견직무에 관한 법률, 입양특례법, 특수교육진흥법, 보호관찰법 등이다.

둘째, 장동일(2006)은 사회복지법의 기본원리를 근거로 [그림 3-1]과 같이 사회복지

법을 체계화하고 있다. 우선 먼저 사회복지의 궁극적 목적인 생존권 보장과 인간다운 생활의 보장을 직접적으로 구현하기 위한 제반 법규를 사회보장법으로 분류하고, 인간의 복지를 간접적으로 조성하거나 향상하기 위한 제반 법규를 사회복지 관련법으로 분류한다.

[그림 3-1]에서 보는 바와 같이 사회복지법을 사회보장법과 사회복지 관련법으로 구분한다. 사회보장법은 사회복지법의 기본원리에 따라 사회보장 일반에 관한 법률, 사회보험법, 사회보상법, 공공부조법, 사회원조법 다섯 분야로 구분하고, 사회복지 관련법은 보건 · 위생 · 환경, 고용, 교육, 재활, 주택, 소비자보호 관련법으로 구분하여 분류한다.

이러한 분류기준에 의해 개별사회복지법률을 분류하면 다음과 같다. 사회복지일반에 관한 법률에는 사회보장기본법이 있고, 사회보험법으로는 국민건강보험법, 산업재해보상보험법, 고용보험법, 노인장기요양보험법, 국민연금법, 공무원연금법, 군인연금법, 사립학교교직원연금법, 어선원 및 어선 재해보상보험법 등이 있다.

사회보상법으로는 국가유공자 등 예우 및 지원에 관한 법률, 의사상자 등 예우 및 지원에 관한 법률, 일제하 일본군위안부 피해자에 대한 생활안정지원 및 기념사업 등에 관한 법률, 북한이탈주민의 보호 및 정착지원에 관한 법률, 독립유공자예우에 관한 법률 등이 있고, 공공부조법으로는 국민기초생활 보장법, 의료급여법, 긴급복지지원법, 재해구호법 등이 있다.

사회원조법으로는 사회복지사업법, 아동복지법, 장애인복지법, 노인복지법, 한부모가족지원법, 영유아보육법, 성매매알선 등 행위의 처벌에 관한 법률, 입양특례법, 청소년보호법, 성폭력범죄의 처벌 등에 관한 특례법, 가정폭력방지 및 피해자보호 등에 관한 법률, 장애인 · 노인 · 임산부 등의 편의증진보장에 관한 법률, 사회복지공동모금회법, 여성발전기본법, 정신보건법, 청소년기본법, 보호시설에 있는 미성년자의 후견직무에 관한 법률, 외국 민간원조단체에 관한 법률 등이 있다.

보건 · 위생 · 환경 관련법으로는 자연재해대책법, 가축전염병예방법, 수도시설 관리권 및 하수종말처리시설 관리권 등록령, 국민건강증진법, 환경정책기본법 등이 있고, 고용 관련법으로는 최저임금법, 장애인고용촉진 및 직업재활법, 고용상 연령차별금지 및 고령자고용촉진에 관한 법률, 경력단절여성 등의 경제활동 촉진법, 남녀고용평등과 일 · 가정 양립 지원에 관한 법률, 근로자직업능력 개발법, 근로기준법, 고용정책기본법, 근로복지기금법 등이 있다.

교육 관련법으로는 장애인 등에 대한 특수교육법, 평생교육법 등이 있고, 재활 관련

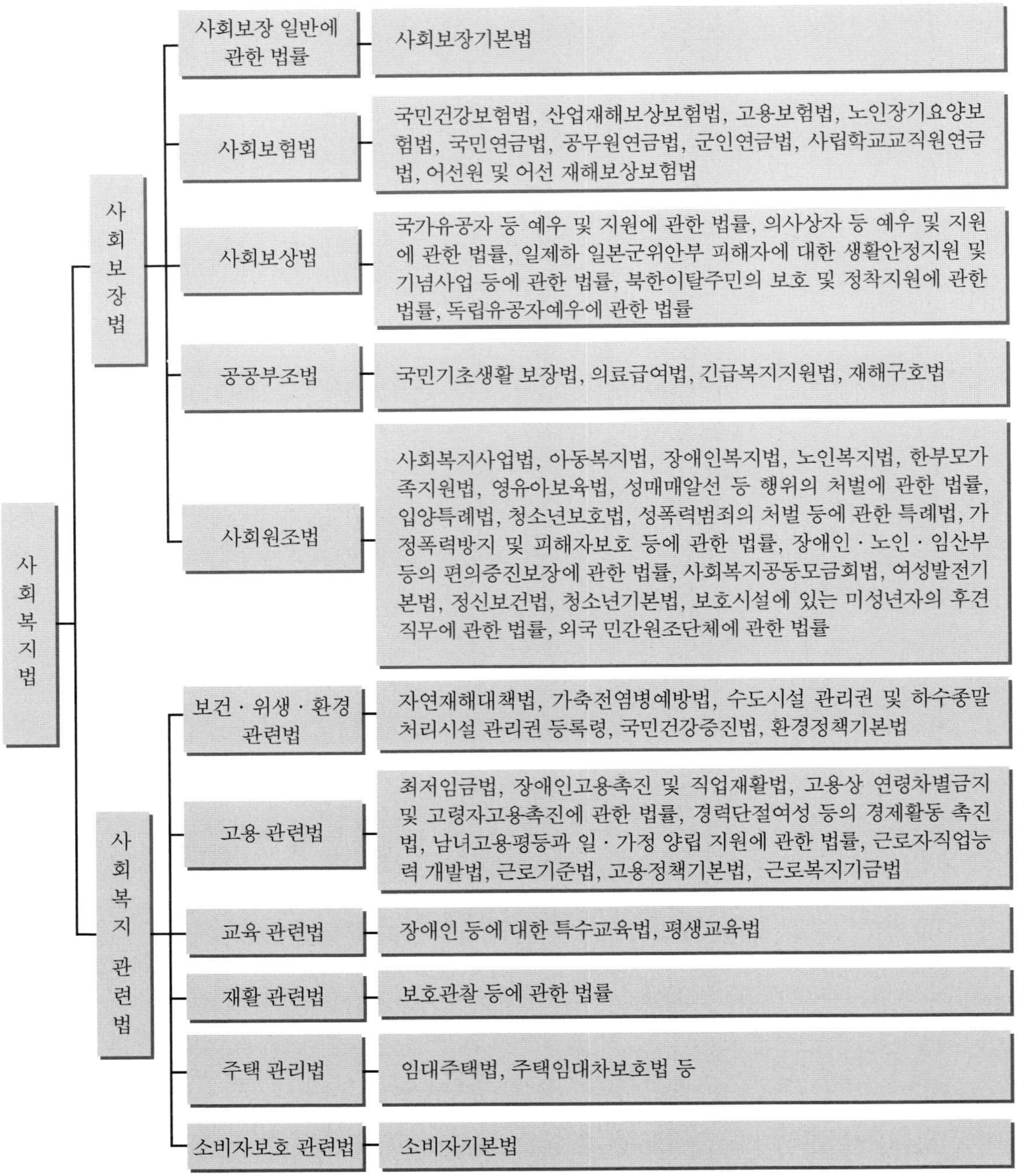

사회복지법		
사회보장법	사회보장 일반에 관한 법률	사회보장기본법
사회보장법	사회보험법	국민건강보험법, 산업재해보상보험법, 고용보험법, 노인장기요양보험법, 국민연금법, 공무원연금법, 군인연금법, 사립학교교직원연금법, 어선원 및 어선 재해보상보험법
사회보장법	사회보상법	국가유공자 등 예우 및 지원에 관한 법률, 의사상자 등 예우 및 지원에 관한 법률, 일제하 일본군위안부 피해자에 대한 생활안정지원 및 기념사업 등에 관한 법률, 북한이탈주민의 보호 및 정착지원에 관한 법률, 독립유공자예우에 관한 법률
사회보장법	공공부조법	국민기초생활 보장법, 의료급여법, 긴급복지지원법, 재해구호법
사회보장법	사회원조법	사회복지사업법, 아동복지법, 장애인복지법, 노인복지법, 한부모가족지원법, 영유아보육법, 성매매알선 등 행위의 처벌에 관한 법률, 입양특례법, 청소년보호법, 성폭력범죄의 처벌 등에 관한 특례법, 가정폭력방지 및 피해자보호 등에 관한 법률, 장애인 · 노인 · 임산부 등의 편의증진보장에 관한 법률, 사회복지공동모금회법, 여성발전기본법, 정신보건법, 청소년기본법, 보호시설에 있는 미성년자의 후견 직무에 관한 법률, 외국 민간원조단체에 관한 법률
사회복지 관련법	보건 · 위생 · 환경 관련법	자연재해대책법, 가축전염병예방법, 수도시설 관리권 및 하수종말처리시설 관리권 등록령, 국민건강증진법, 환경정책기본법
사회복지 관련법	고용 관련법	최저임금법, 장애인고용촉진 및 직업재활법, 고용상 연령차별금지 및 고령자고용촉진에 관한 법률, 경력단절여성 등의 경제활동 촉진법, 남녀고용평등과 일 · 가정 양립 지원에 관한 법률, 근로자직업능력 개발법, 근로기준법, 고용정책기본법, 근로복지기금법
사회복지 관련법	교육 관련법	장애인 등에 대한 특수교육법, 평생교육법
사회복지 관련법	재활 관련법	보호관찰 등에 관한 법률
사회복지 관련법	주택 관리법	임대주택법, 주택임대차보호법 등
사회복지 관련법	소비자보호 관련법	소비자기본법

[그림 3-1] 우리나라의 사회복지법 체계

출처: 장동일(2006) 참조 재정리.

법으로는 보호관찰 등에 관한 법률 등이 있다. 주택 관련법으로는 임대주택법, 주택임대차보호법 등이 있고 소비자보호 관련법으로는 소비자기본법 등이 있다.

요컨대, 사회복지법을 체계화하기 위한 접근방법에는 실정법적 접근방법과 학문적 접근방법 등 두 가지의 체계화 접근방법이 있는데, 이들 두 가지 접근방법은 사회복지법 개념의 차이에 의하여 체계의 범위가 다르게 됨을 고찰하였다. 특히 사회복지법학 연구에 있어서 학문적 체계는 사회복지법의 법적 성질, 법원리를 기준으로 사회복지법을 분류하고 체계화하려는 것으로 이상광, 김유성, 김근조 등이 시도하여 연구성과를 거두었고 본 연구에서도 학문적 체계에 의한 접근 방법으로 체계화를 시도하였다(장동일, 2006).

제4장
헌법과 사회복지법

제1절 사회복지법의 법원으로서의 헌법

헌법은 국가의 기본법이며 국가의 법 가운데서 가장 상위의 법이다. 모든 법은 헌법에 위반되지 않는 한계 안에서 제정 또는 개정되어야 한다. 또한 헌법규정이나 이념을 적극적으로 실현하는 방향으로 법을 제정하여야 한다.

헌법이 규정하는 기본적 인권 가운데 자유권(자유권적 기본권)은 국가권력으로부터의 자유를 그 내용으로 하고, 국가에 의한 적극적인 정책은 필요하지 않다. 그러므로 그 권리를 보장하기 위하여 반드시 법령제정을 할 필요는 없으며, 국민은 직접 헌법규정에 의한 권리를 주장할 수 있다.

그러나 사회권(생존권적 기본권)은 헌법에서 일의적으로 규정하는 것이 아니라 국가가 적극적으로 정책을 강구하여야 하고, 그것을 구체화할 법의 제정이 필요하다. 그러므로 사회권을 구체화할 정책을 규정하는 법 가운데 사회복지정책에 대해서 규정한 것이 사회복지법인 것이다. 헌법 중 사회복지법의 제정근거로는 제34조와 제10조 및 제11조를 들 수 있다.

헌법 제34조에는 "모든 국민은 인간다운 생활을 할 권리를 가진다."(제1항) "국가는 사회보장 · 사회복지의 증진에 노력할 의무를 진다."(제2항) "국가는 여자의 복지와 권익의 향상을 위하여 노력하여야 한다."(제3항) "국가는 노인과 청소년의 복지향상을 위한 정책을 실시할 의무를 진다."(제4항) "신체장애자 및 질병 · 노령 기타의 사유로 생활능력이 없는 국민은 법률이 정하는 바에 의하여 국가의 보호를 받는다."(제5항) "국가는 재해를 예방하고 그 위험으로부터 국민을 보호하기 위하여 노력하여야 한다."(제6항)라고 규정하고 있다.

이에 근거하여 가령 국민기초생활보장법에는 "이 법은 생활이 어려운 자에게 필요한 급여를 행하여 이들의 최저생활을 보장하고 자활을 조성하는 것을 목적으로 한다."라고 규정하고 있다(제1조). 이 외에도 국민건강보험법이나 고용보험법, 산업재해보상보험법 등 모든 사회복지법은 제1조에서 입법 목적을 천명하고 있다. 이와 같이 사회복지법은 헌법 제34조를 제정근거로 하고 있으며, 위 제34조 제1항은 사회권의 총칙적 규정이라고 할 수 있다.

그리고 사회복지법의 제정근거는 헌법 제10조 및 제11조라고 할 수 있다. 헌법 제10조는 "모든 국민은 인간으로서의 존엄과 가치를 가지며, 행복을 추구할 권리를 가진다. 국가는 개인이 가지는 불가침의 기본적 인권을 확인하고 이를 보장할 의무를 진다."라고 규정하고 있다. 제11조 제1항에는 "모든 국민은 법 앞에 평등하다. 누구든지 성별 · 종교 또는 사회적 신분에 의하여 정치적 · 경제적 · 사회적 · 문화적 생활의 모든 영역에 있어서 차별을 받지 아니한다."라고 규정하고 있다.

제2절 인간의 존엄 · 행복추구권

헌법 제10조에는 "모든 국민은 인간으로서의 존엄과 가치를 가지며, 행복을 추구할 권리를 가진다. 국가는 개인이 가지는 불가침의 기본적 인권을 확인하고 이를 보장할 의무를 진다."라고 규정하고 있다. 이 조항은 주관적으로는 인간으로서의 존엄과 가치를 소유한다는 것을, 객관적으로는 인간으로서의 존엄과 가치를 국가 공권력은 물론이고 개인도 존중해야 한다는 것을 확인하고 강조한 것이라 할 수 있다. 따라서 헌법 제10조는 기본권 질서의 핵심적인 내용이다. 헌법에 보장된 다른 기본권은 인간의 존엄과 가치라는 기본이념을 실현하는 수단적 성격을 가진다.

또한 인간의 존엄과 가치는 기본권의 이념적 출발점으로서의 성격을 가질 뿐 아니라, 헌법의 최고원리로서 헌법질서의 구조적 원리로서의 성격을 가지며, 따라서 다른 헌법규정에 대해서 지도원리라고 할 수 있다. 그리고 기본권뿐 아니라 통치조직 그리고 그 밖의 헌법규정의 존재의의는 궁극적으로는 인간의 존엄과 가치를 실현하는 데 있다.

이 조항이 개인을 위한 주관적 공권을 보장한 것인가 객관적 헌법원리를 규범화한 것이냐에 관하여, 구체적 기본권을 보장한 조항이 아니라 기본권의 이념적 전제가 되고 기본권 보장의 목적이 되는 객관적 헌법원리를 규범화한 것이라고 할 수 있다. 즉, 헌법 제10조 제1항에서 제36조까지의 기본권 보장이 인간으로서의 존엄과 가치를 실현하기 위한 수단이 되며, 그 외에도 헌법에 열거되지 아니한 자유와 권리의 보장(제37조 제1항)을 들 수 있다.

행복의 관념은 다의적(多義的)이다. 행복의 감정은 인생관이나 가치관에 따라 상이한 내용으로 이해될 수 있다. 즉, 물질적 충족이냐 정신적 만족이냐의 문제가 될 수 있다. 그러나 행복추구권은 안락하고 풍족한 삶을 추구할 수 있는 권리다.

행복추구권이 기본권 보장의 체계에서 추상적 법원리를 의미하는 것이냐 아니면 주관적 권리를 의미하는 것인지가 문제되고 있다. 행복추구권은 자연법사상에 근원을 두고 있고, 인간의 존엄과 가치존중의 원리와 결합하여 기본권 보장의 가치체계 내에서 그 기초를 이루는 것이지만 결코 추상적 법원리라고는 할 수 없다. 헌법도 행복을 추구할 권리라고 명기하고 있을 뿐만 아니라 헌법재판소도 행복추구권을 독자적인 주관적 기본권의 하나로 해석하고 있다.

행복추구권의 주요내용으로는 헌법에 열거된 기본권으로서 행복추구의 수단이 될 수 있는 개별적 기본권 외에 헌법에 열거되지 아니한 생명권·신체를 훼손당하지 아니할 권리·자유로운 활동과 인격발현에 관한 권리(인격권)·평화적 생존권·휴식권·수면권·일조권·스포츠권 등을 들 수 있다. 이 중에서 인간의 존엄과 가치에 관한 대표적인 기본권은 생명권 및 신체불훼손권, 인격권이라고 할 수 있다.

제3절 평등권

헌법 제11조 제1항에는 "모든 국민은 법 앞에 평등하다. 누구든지 성별·종교 또는 사회적 신분에 의하여 정치적·경제적·사회적·문화적 생활의 모든 영역에 있어서 차별을 받지 아니한다."라고 하여 평등권을 규정하고 있다. 이 평등권은 모든 인간을 원칙적으로 공평하게 다루어야 한다는 법원칙을 말하며, 그 중심내용은 기회균등과 자의(恣意)의 금지다. 법 앞의 평등은 법에 있어서의 평등, 즉 법 내용의 평등을 의미한다. 법의 내용이 불평등하면 아무리 평등하게 법을 적용해도 그 결과는 불평등하기 때문이다.

평등의 본질에 관해 절대적 평등설과 상대적 평등설 간에 견해가 갈리고 있다. 평균적 정의론에 입각한 절대적 평등설은 모든 인간을 모든 점에서 균등하게 다루어야 한다는 것이고, 배분적 정의론에 입각한 상대적 평등설은 모든 인간을 평등하게 처우하되 정당한 이유가 있거나 합리적 근거가 있는 차별 내지 불평등은 허용된다는 것이다.

합리적 근거가 없는 차별은 자의적(恣意的) 차별이고, 자의적 차별은 평등의 이념인 사회정의에 반한다. 따라서 평등의 이념은 곧 자의의 금지이며 이는 사회정의이므로, 평등은 절대적 평등이 아니라 상대적 평등으로 이해하여야 한다. 따라서 사회복지법이 차별적인 취급을 규정하거나 행정부가 차별적인 처분을 한 경우는 헌법 제11조 제1항에 위배되어 무효로 된다. 그러나 사회복지법상의 사회복지급여수급권에 의한 급여는 모든 자에게 해당되지는 않으며, 일정한 생활상의 필요가 있는 특정한 자에게만 한한다.

특히 사회보험에 대해서는 일정한 직역만으로 별개의 법률이 제정되고, 그 사이에 급여내용 등에 차이가 있는 경우가 있다. 가령 국민기초생활보장법상의 급여와 사회보험급여의 수준은 다를 수밖에 없는데, 이는 보험료 납부라는 원인관계가 있기 때문이며 따라서 헌법 제11조 제1항의 위반이 아니라 상대적 평등을 보호하는 제도인 것이다. 그러나 사회복지법의 규정이나 행정청의 처분이 차별대우를 하는 경우에는 합리적인 근거에 의하여야 한다.

제4절 재산권 보장

헌법 제23조 제1항에는 "모든 국민의 재산권은 보장된다. 그 내용과 한계는 법률로 정한다."라고 규정하고 있다. 이것은 시민법 원리의 하나인 재산권의 불가침 원칙을 규정한 것이다. 여기서 재산권은 경제적 가치가 있는 모든 공법상과 사법상의 권리를 말하며, 재산권의 보장은 사유재산에 대한 임의적 처분권과 그 침해에 대한 방어권이라는 주관적 공권과 더불어 객관적 가치질서로서 사유재산제를 제도로서 보장하는 것이다.

그러나 재산권은 절대적인 권리가 아니라 공공복리에 의하여 제한을 받는다. 즉, 동조 제2항에는 "재산권의 행사는 공공복리에 적합하도록 하여야 한다."라고 규정하고 있으며, 제3항에는 "공공필요에 의한 재산권의 수용 · 사용 또는 제한 및 그에 대한 보상은 법률로써 하되, 정당한 보상을 지급하여야 한다."라고 규정하고 있다. 따라서 공공복리에 의한 제한은 합리적이어야 하고 보상은 정당하여야 한다.

사회복지급여는 원칙적으로 재산권적 보호의 대상인 반면, 국민기초생활보장법상의 급여 등은 재산권적 보호의 대상이 아니다(전광석, 2007). 사회복지수급권은 공법상의 권리를 포함하는 재산권으로 헌법상의 보호를 받을 수 있는 권리로 보며, 병급조정 등 수급권의 제한은 사회복지의 과잉급여를 막는 합리적인 방법으로서 헌법상의 재산권 보장에 위반되지 않는다. 보험료 강제징수 역시 국민의 생활보장과 복지행상이라는 공익의 목적으로 시행되므로 재산권 보장에 위반되지 않는다.

제5절 생존권적 기본권(사회권)

1. 인간다운 생활을 할 권리

헌법 제34조 제1항은 "모든 국민은 인간다운 생활을 할 권리를 가진다."라고 규정하고, 제2항에는 "국가는 사회보장 · 사회복지의 증진에 노력할 의무를 진다."라고 규정하고 있다. 인간다운 생활권을 규정한 제34조 제1항은 헌법 제10조의 인간의 존엄과 가치조항을 보완하는 규정이라고 할 수 있다. 인간다운 생활을 할 권리는 개인을 각종의 생활위협으로부터 다양한 제도적 장치를 통해서 보호하고, 인간의 존엄에 상응하는 생활을 보장하는 것을 목표로 한다.

그러나 인간다운 생활을 할 권리의 법적 성격에 대해 판례는 "헌법 제34조 제1항 소정의 인간다운 생활을 할 권리가 최소한의 물질적인 생활의 유지에 필요한 급부 이상을 요구할 수 있는 구체적인 권리를 직접 발생케 한다고는 볼 수 없고, 이러한 구체적 권리는 국가가 재정형편 등 여러 가지 상황을 종합적으로 감안하여 법률을 통하여 구체화할 때에 비로소 인정되는 법률적 차원의 권리로서 입법자에게 광범위한 입법재량권이 인정된다."라고 하였다(헌재 1998. 2. 27. 97헌가10). 따라서 헌법은 사회복지의 정책적 의무만을 규정하고 있을 뿐 구체적인 내용을 명시하지 않고 있으므로 국민이 헌법 제34조를 근거로 특정한 생활위험으로부터 보호를 국가에 요청하거나 특정한 수준의 급여를 요구하는 것은 불가능한 것이다.

2. 교육을 받을 권리

헌법 제31조에는 "모든 국민은 능력에 따라 균등하게 교육을 받을 권리를 가진다."(제1항)라고 하여 교육을 받을 권리를 규정하고, "모든 국민은 그 보호하는 자녀에게 적어도 초등교육과 법률이 정하는 교육을 받게 할 의무를 진다."(제2항) "의무교육은 무상으로 한다."(제3항) "대학의 자주성 · 전문성 · 정치적 중립성 및 대학의 자율성은 법률이 정하는 바에 의하여 보장된다."(제4항) "국가는 평생교육을 진흥하여야 한다."(제5항) "학교교육 및 평생교육을 포함한 교육제도와 그 운영, 교육재정 및 교원의 지위에 관한 기본적인 사항은 법률로 정한다."(제6항)라고 규정하여 교육을 받게 할 의무, 무상의무교육제, 교육의 자주성 · 전문성 · 정치적 중립성과 대학의 자율성 등을 규정하고 있다.

교육을 받을 권리란 넓은 의미로는 개개인의 능력에 따라 균등하게 교육을 받을 수 있는 수학권뿐만 아니라, 학부모가 그 자녀에게 적절한 교육의 기회를 제공하여 주도록 요구할 수 있는 교육기회제공청구권까지 포괄하는 개념이며, 좁은 의미로는 교육을 받는 것을 국가로부터 방해받지 아니함은 물론 교육을 받을 수 있도록 국가가 적극적으로 배려해 주도록 요구할 수 있는 권리를 말한다.

헌법이 교육을 받을 권리를 보장하는 이유는 민주국가에서 국민의 정치참여는 전 국민의 정치적 자각과 식견을 전제로 하며, 그것을 배양하기 위하여 공교육에 대한 국가적 배려의 필요성과 자본주의 경제질서하에서는 개개인이 어느 정도의 교양과 직업적 지식을 구비하는 것이 생존을 위한 필수 조건이므로 생활권적 보장책으로서 필요한 것이다. 또한 인간의 능력개발은 교육을 통하여 촉진되므로 국가는 개개인이 그 능력을 최대한 개발할 수 있도록 여건을 마련해 주어야 한다는 것 등이다.

3. 근로의 권리

헌법 제32조 제1항에는 "모든 국민은 근로의 권리를 가진다. 국가는 사회적 · 경제적 방법으로 근로자의 고용의 증진과 적정임금의 보장에 노력하여야 하며, 법률이 정하는 바에 의하여 최저임금제를 시행하여야 한다."라고 근로의 권리를 규정하고 있다.

근로의 권리란 근로자 자신의 의사와 능력과 취미에 따라 근로의 종류 · 내용 · 장소 등을 선택하여 근로관계를 형성하고, 타인의 방해를 받음이 없이 근로관계를 계속 유지하며, 근로의 기회를 얻지 못한 경우에는 국가에 대하여 근로의 기회를 제공하여 줄 것을 요구할 수 있는 권리를 말한다.

근로권은 헌법에 있어서 생존권적 기본권으로서의 근로권을 그 사상의 기반으로 하며, 국가는 근로기회의 확보를 위해서 필요하고 강력한 조치를 취하여 완전고용을 도모한다는 헌법상의 책임을 지는 것을 말한다.

근로권은 크게 두 가지로 나눌 수 있다. 첫째는 고용에 관한 권리이고, 둘째는 노동조건과 관련된 권리다. 그러나 우리 헌법상의 경제질서는 자본주의 시장경제질서이므로 고용에 관한 권리는 한계가 있을 수밖에 없고, 그러나 일자리가 없어서 임금이 상실된 경우 가령 고용보험을 통해 이를 대체하는 급여를 국가가 제공한다면 적어도 근로의 권리 중 물질적인 측면이 보장됨으로써 간접적으로 실현된다.

또한 헌법 제33조에는 "근로자는 근로조건의 향상을 위하여 자주적인 단결권 · 단체교섭권 및 단체행동권을 가진다."라고 하여 근로3권을 규정하고 있다. 근로3권(노동기본권)이란 자본주의 사회에서 생산수단을 소유하지 못한 경제적 약자인 근로자가 인간다운 생활을 확보하기 위하여 근로조건의 향상을 위한 자유로운 조직체의 결성, 단체이름으로서의 교섭, 단체행동을 할 수 있는 권리를 말한다.

4. 환경권

헌법 제35조에는 "모든 국민은 건강하고 쾌적한 환경에서 생활할 권리를 가지며, 국가와 국민은 환경보전을 위하여 노력하여야 한다."(제1항)라고 하여 환경권의 보장과 더불어 국가와 국민의 환경보전의무를 규정하고 있다. 또한 "환경권의 내용과 행사에 관하여는 법률로 정한다."(제2항) "국가는 주택개발정책 등을 통하여 모든 국민이 쾌적한 주거생활을 할 수 있도록 노력하여야 한다."(제3항)라고 규정하여 쾌적한 주거생활권까지 보장하고 있다.

환경권은 오염되거나 불결한 환경으로 인해 건강을 훼손당하거나 훼손당할 위험에 놓인 자가 오염되거나 불결한 환경에 대하여 책임이 있는 공권력이나 제3자에 대하여 그 원인을 예방 또는 배제하여 주도록 요구할 수 있는 권리를 말한다. 여기에 관한 입법으로는 자연환경보전법과 해양생태계의 보전 및 관리에 관한 법률 등이 있다.

5. 혼인 · 보건에 관한 권리

헌법 제36조 제1항에는 "혼인과 가족생활은 개인의 존엄과 양성(兩性)의 평등을 기초로 성립되고 유지되어야 하며, 국가는 이를 보장한다." 제2항에는 "국가는 모성의 보호를 위하여 노력하여야 한다." 제3항에는 "모든 국민은 보건에 관하여 국가의 보호를 받는다."라고 규정하여 혼인, 모성의 국가의 보호와 보건권을 규정하고 있다.

보건권은 국민이 자신과 가족의 건강을 유지하는 데 필요한 국가적 급부와 배려를 요구할 수 있는 권리를 말하며, 국가가 공권력의 행사를 통해 국민보건을 위해 필요한 정책을 적극적으로 수립하고 추진할 의무를 진다는 의미다. 그리고 혼인과 가족의 보호는 혼인과 가족의 사적 자율성이 국가권력에 의하여 침해되어서는 안 되며, 국가는 사회질서의 기본단위인 혼인과 가족제도를 보호하여야 하며, 또한 혼인 및 가족의 성립 · 유지를 적극적으로 촉진하기 위하여 가족공동체를 불이익하게 대우해서는 안 된다는 것이다.

그러므로 가족의 주부양자에게 사회적 위험이 발생하여 소득이 상실되는 경우 사회복지법은 이를 보전하는 급여를 제공하여 주부양자의 소득상실 보호뿐만 아니라 간접적으로는 가족보호의 기능까지 수행한다. 또한 가족기능의 유지 · 보호를 위하여 각각의 사회복지관계법에 규정된 아동 · 노인 · 장애인 등에 대한 보호는 이와 같은 혼인과 가족의 보호를 위한 규정인 것이다.

모성을 보호받을 권리는 자녀를 가진 여성이 가족의 핵심적 구성요소일 뿐 아니라 국민의 생산적 모체가 되므로 가족과 국가사회의 건전한 존속 · 발전을 위한 필수적인 조건이라 할 수 있다. 모성 보호의 구체적 내용은 모성의 건강을 특별히 보호하여야 한다는 점 그리고 모성으로 인한 불이익의 금지와 모성에 대한 적극적 보호다. 따라서 모자보건법, 근로기준법과 한부모가족지원법 등으로 모성보호 및 사회보장을 실시하도록 국가적 의무를 규정하고 있다.

제5장 사회복지법의 법적 지위와 법률관계

제1절 사회복지법의 의미

1. 사회복지법이란

사회복지법이란 사회복지가 법의 형식을 갖추고 있는 것으로 사회복지에서 추구하는 생존권 이념을 실현하기 위한 구체적인 생존권 · 복지권의 제도적 · 구체적 실현을 위한 사회적 장치로서의 위치를 차지하고 사회복지급여를 받는 모든 국민에게 적용되는, 우리 사회를 규율하는 규범인 법으로 명문화한 것이다.

사회복지법이 법에 명문화되었다는 것은 국가가 사회복지법에 규정된 내용에 대하여 직접 개입을 하고 강제할 수 있는 법적 근거를 갖게 되고, 또 사회적 약자를 보호하는 것은 도덕적인 부분이었는데 이를 법제화함으로써 법적규범으로 변화됨은 물론 국민에 대한 지원이나 혜택이 국가와 사회에 대한 의무가 되어 국민에게는 정당하게 요구할 수 있는 권리가 만들어지게 되었다는 의미로 볼 수 있다(백승주, 2008: 20-32).

2. 사회복지주체

사회복지는 국가와 사회가 복지혜택이 필요한 곳에 인간다운 생활을 할 수 있도록 해 주어야 하기 때문에 사회복지의 주체는 국가, 지방자치단체, 공공기관, 공사, 법인, 종교단체, 개인 등 다양한 형태로 주체가 형성될 수 있다.

이러한 주체의 논의는 사회복지법의 근거에 따라서 사적인 주체와 공적인 주체로 나누어 볼 수 있다.

1) 사적인 주체

사적 사회복지의 주체인 일반적인 사적인 주체로는 사회복지법인, 각종 비영리법인이나 개인인 독지가들도 사회복지의 주체로서 활동하고 있는데 그 대표적인 주체는 사회복지법인이 중심이 되는 주체라고 할 수 있다.

사회복지법인은 사회복지사업을 하기 위한 목적으로 설립된 법인을 말한다. 사회복지법인은 사회복지사업법을 근거로 하는 비영리법인으로 공익적 특수법인으로 국책상 또는 공공의 이익을 실현하기 위하여 설립된 법인이다.

이러한 사회복지법인은 사회복지사업에 필요한 기본재산을 출연하고 정관을 작성하여 보건복지부장관 또는 시 · 도지사의 허가 및 설립등기를 거쳐 비법인으로 성립된다.

2) 공적인 주체

공적 사회복지주체는 국가, 지방자치단체, 공공기관, 공사 등이 사회복지의 주체로서 사회복지와 관련하여 국민과 관련된 권리와 의무에 관한 관계가 형성되고 공적사회복지의 주체는 사회복지행정의 주체로의 역할도 수행한다고 할 수 있다.

(1) 국가

국가는 일정한 영토와 그곳에 거주하는 주민을 공식적으로 통치하는 조직으로 이루어진 단체로서 공법인으로서의 법률상의 주체가 된다. 국가를 구성하는 행정조직을 통하여 실질적인 사무를 행한다.

(2) 지방자치단체

지방자치단체는 지방자치가 발전되어 지방분권화 형태로 변모하게 되면서 국가로부터 행정권의 일정한 부분을 부여받은 공법 형태의 자치행정의 주체다. 이러한 지방자치단체는 국민의 기본적인 생활을 보장해야 하는 공공부조나 사회복지서비스를 통하여 국민의 생활현장에서 직접 활동하여야 하는 중요한 역할을 하고 있다. 그러므로 지방자치단체 간 경쟁도 유도되고 재정자립도에 따른 사회복지의 혜택 정도도 다르게 제공되는 경우도 생길 수 있다.

(3) 공공단체

일정한 자격을 갖춘 자들로 구성된 공공조합이나, 특정한 공공목적을 위하여 계속적으로 봉사하여야 하는 영조물법인이나, 기금 등 출연된 재산으로 설립된 공법상의 재단이나, 국가가 공익을 목적으로 특별법을 제정하여 운영되는 비영리 무자산 특수공법인도 사회복지의 주체가 될 수 있다.

제2절 사회복지급여수급권

1. 사회복지급여수급권의 개념

사회복지수급권이란 사회적 위험으로 인하여 보호가 필요한 사람이 인간존엄성을 지킬 수 있는 인간다운 생활을 영위하기 위하여 사회복지법에 근거하여 국가에 대하여 일정한 내용의 급부를 청구할 수 있는 권리를 말한다. 현대사회에서 사회복지제도가 하나의 공식적인 제도로 정착되어 있고 또한 각종 사회복지정책이 형성되고 실천되는 전달체제로서 사회복지제도가 중시되는 점은 거의 모든 나라에 보편적인 현상으로 되어 있다. 그만큼 현대사회에서는 사회복지제도가 중요한 비중을 차지한다. 사회복지제도의 실천은 사회복지법에 기초한 것이지만 결국 사회복지제도의 일반화와 보편화의 배경에는 사회복지법의 생성과 발전이 놓여 있는 것이다. 그렇다면 사회복지법의 발달과 이에 따른 사회복지법의 이념은 무엇이며, 사회복지법상의 수급권은 사회복지법의 이면에 바탕을 두고 어떻게 해석되고 있는지를 알아보도록 한다. 근대 산업사회의 형성 이후 인간은 항상 불안과 위기에 직면하고 있다. 이러한 불안은 과거에 종교나 가족에 의해 구제되었으나 현대 사회에서는 헌법 제34조의 "모든 국민에게 인간다운 생활을 보장하기 위하여 국가는 사회보장 사회복지의 증진에 노력할 의무를 진다."라는 근거를 통하여 국민에게는 사회복지수급권을 보장하고 국가에 대하여는 사회보장증진의무를 부과하고 있다(현외성, 2008: 128-150).

2. 사회복지급여수급권의 특성

1) 의미

헌법에서 명시하고 있는 생존권 조항과 하위법인 생활보호법이나 아동복지법 등에서 사회복지급여수급권에 대한 규정에 관한 관련 규정이 있음에도 사회복지급여수급권이 하나의 기본적 권리로서 인정받지 못하고 있다. 이러한 사회복지급여수급권은 기본적 권리의 하나로서 파악된다고 할지라도 그 실현을 위해서는 여전히 장애요소가 존재하고 있다.

2) 사회복지급여수급권의 법적 효력에 대한 인식

사회복지급여수급권은 헌법상 규정하고 있으나 이를 형식적으로 이루어진 프로그램 규정으로 인식하고 있고 사회복지급여수급권을 국가 행정행위의 반사적 이익에 불과한 것으로 인식하고 있기 때문이다.

3) 사회복지급여수급권의 내용상 특성

법은 형식을 가지고 있어 보수성을 지니며 현실 사회의 표준화된 사항을 중시하는 특성이 있다고 할 수 있는데, 사회복지급여는 유동적이고 개별적이며 계량화 · 표준화가 쉽지 않은 성격을 대상으로 하는 것이므로 사회복지급여수급권은 그 내용상 적극적인 권리로서 취약성을 지닐 수밖에 없다.

4) 사회복지급여수급권의 이중적 권리

사회복지급여수급권이 가지고 있는 이중성으로 인하여 사적 측면에 대해서는 국가가 끊임없이 개인 책임으로 돌리려는 한편, 공적 측면으로는 이것이 지닌 재량권의 소극적 특성이 사회복지급여수급권을 하나의 권리로서 확립되기 어려운 것으로 만들게 된다. 사회복지급여수급권의 법적 성격에서 볼 때 이것이 갖는 사적 측면의 존재가 권리성을 어렵게 하고 있다. 사회복지급여수급권은 자기의 생활유지라고 하는 수급자의 사적 이익에 관한 측면이 대사회적 청구권으로서 생존권의 공적 성격과 불가분하게 결합되어 있다.

5) 사회복지급여수급권과 행정조치

행정기관의 재량권이 적절하게 실행되어야 하고 사회복지 전문 인력의 배치를 위한 법적 · 제도적 장치 또한 요구되고 있다. 현재 우리나라의 실정에서 이러한 측면에서 볼 때, 사회복지 전문 인력의 배치와 자격, 임용, 교육, 훈련, 사회복지 전달체계의 개선 등에 대한 재검토가 필요하다.

3. 사회복지급여수급권의 보호

국가는 수급권을 가진 개인의 생활을 보장할 목적으로 이들에 대한 특별한 보호를 제공한다. 국가는 개인의 권리실현에 장애가 되는 요소를 제거할 뿐만 아니라 적극적으로 권리실현을 할 수 있도록 원조를 하게 된다. 그러므로 사회복지급여를 받을 권리는 사회권으로서 이미 여러 나라에서 하나의 권리로 인정하고 있으며, 이에 따라 구체적 법률을 통하여 사회복지급여가 국민에게 제공되는 성격과 함께 사회권(생존권)으로서 공적 권리로서의 이중성을 지닌다.

1) 사회복지급여수급권의 처분 · 압류의 금지

사회복지급여수급권을 실제로 수급권자에게 직접 귀속해야 할 개인적 · 사회적 필요성에서 압류 · 양도 · 담보 제공 등을 금지한 것과 동일한 이유로 상계가 금지된다. 사회복지급여 수급권자는 자기가 가진 사회복지급여수급권을 타인에게 양도하거나 또는 담보로 제공할 수 없고 사회복지급여수급권자의 채권자는 자기 채무자의 사회복지급여수급권을 압류할 수 없으며, 또 수급권자에 대한 자기의 채무와 상계할 수 없다.

사회복지급여수급권의 처분 · 압류의 금지에 관하여 우리 법제는 독일 사회법에서처럼 통일된 규정은 없으나 개별규정에 의거하고 있고, 규정이 없더라도 일반적으로 수급권의 처분 · 압류의 금지가 이루어지고 있다고 볼 수 있다.

2) 조세 기타 공과금의 부과금지

사회복지급여수급권은 일신전속권에 해당하는 권리이고 이것은 영리활동을 통한 소득이 아니며 사회복지급여를 통하여 기본적인 삶을 영위하게 하는 데 목적이 있기 때문에 조세나 기타 공과금을 부과하는 것은 바람직하지 않다. 각종 사회복지급여나 영리를 목적으로 하지 않는 행정행위에 따른 손실보상이나 불법행위에 따른 손해배상 등에 대한 입법례에서는 거의 공통으로 조세나 기타의 공과금에 조세나 공과금의 부과를 금지하고 있다.

3) 불이익 변경의 금지

불이익 변경 금지는 사후 입법이 규정을 통하여 정당하게 부여된 권리를 변경할 수 없다는 것으로 사회복지급여는 국민의 권리를 보호하는 것이므로 사회복지급여가 결정된 경우 정당한 이유 없이 불이익하게 변경될 수 없다. 이러한 규정은 가능한 한 피보호자인 사회복지급여수급자를 보호하려는 취지로 만들어진 내용으로, 일정한 요건이 발생된 것을 뒤에 만들어진 규정이나 절차를 통하여 이미 확정된 수급권을 변경하는 것은 국민의 권리를 침해하는 것이라고도 볼 수 있다.

4. 사회복지급여수급권의 제한

1) 사회복지급여수급권 제한의 의의

사회복지급여는 보호가 필요한 상황이 해당 사회복지수급권자의 책임져야 하는 행위로 인하여 발생하거나, 그 상태가 더 악화되거나 또는 회복되는 것을 방해할 때, 또는 사회복지급여 지급에 필요한 여러 가지 협조 의무에 응하지 않는 등의 문제가 발생할 경우에 사회적 보호만을 주장하여 이러한 자에게도 사회복지급여수급권을 인정하여야 하는가의 문제가 생기게 된다. 이러한 경우에 사회복지급여수급권을 어떻게 할 것인가가 문제가 되는데, 위에서 살펴본 여러 가지 사정이 있을 경우에 사회복지급여수급권이 제한될 수 있다. 즉, 수급을 받을 권리가 있어도 급여를 하는 것이 객관적 타당성을 잃거나 수급권을 악용하고 있는 것으로 판단될 때 형식적인 수급요건으로 보고 급여를 행하지 않는 것을 의미한다.

2) 사회복지급여 제한의 일반원칙

(1) 과잉과 중복급여의 경우

사회복지급여 수준과 내용은 수급권자의 자립조장에 기여할 수 있도록 적정한 것이어야 한다. 따라서 사회복지 급여 내용은 너무 적지도 많지도 않아야 하며, 중복된 급여를 지양해야 한다.

사회복지급여는 보호가 필요한 급여대상자가 자기 스스로 생활을 영위하는 것이 이루어졌을 때 급여지급을 마치게 된다. 그것은 사회복지급여는 개인의 자율적이고 자기결정적인 생활을 유지케 함으로써, 스스로 인간으로서의 존엄성을 유지 · 확보케 하는데 기여함을 목적으로 하고 있기 때문이다.

(2) 수급권에 의한 권리남용의 경우

사회복지급여는 일반국민의 공평한 복지혜택을 위하여 구성원 간에 상대적 평등 구현을 목적으로 국가 또는 지방자치단체가 관계법령에 따라 최저생계비와 최저임금법에 의한 최저임금을 참작하여 그 수준을 결정하여야 한다. 이는 국민의 세금이나 사회보험 기여금 등으로 마련되고 있으므로 공동체의 다른 구성원에게 불이익을 주는 일이 있어서는 아니 된다. 그러므로 사회복지급여수급권자가 사회복지수급 사유 및 조건을 인위적으로 직간접으로 발생케 하거나 연기하는 행위 등을 할 경우에는 사회복지급여수급권을 제한하거나 금지하게 된다. 따라서 사회복지수급 조건에 따른 의무를 성실하게 이행하여야 한다.

(3) 수급권 악용의 경우

사회복지급여 사유가 발생하지 않았거나 낮은 정도의 급여사유가 발생되었음에도 이를 지급받기 위한 목적으로 고의로 사회복지급여 지급사유를 발생시키나 높은 정도의 사유가 발생한 것처럼 악용하여 지급을 받은 경우, 이는 범죄행위에 해당되어 수급권을 제한한다.

3) 수급권 제한 사유

(1) 고의행위에 의한 사회복지급여의 경우

사회복지급여 수급권자이거나 사회복지급여 수급권자와 이해관계가 있는 자의 고의적 행위를 통하여 사회복지급여 수급권을 가지게 될 경우 그 수급권을 제한할 수 있다.

① 수급권자의 고의 범죄행위로 발생한 경우, 고의로 사회복지급여 지급 사유를 발생시킨 경우, 고의로 요양에 관한 지시에 따르지 아니할 경우에는 사회복지급여에서 배제한다.
② 사기 또는 기타의 부정한 행위를 통하여 사회복지급여를 받았거나 받고자 할 때에는 그 벌칙으로 우리나라 국민건강보험법은 3개월 이내의 기간 동안 당해 사회복지급여의 전부 또는 일부를 제한한다.

(2) 과실 · 부정행위에 의한 사회복지급여의 경우

중대한 과실이나 부정행위를 통해 사회복지급여 수급권을 가지게 될 경우 그 수급권을 제한할 수 있다.

① 근로자의 중대한 과실로 인하여 재해가 발생한 경우, 주의의무와 관련해 안전수칙을 지키지 않은 것이라면 수급권 발생이 제한될 수 있다. 이러한 과실은 근로자가 인지 가능한 상황에서 발생한 중과실인 경우에 해당한다.
② 사회복지급여를 받기 위하여 사위(詐僞)나 부정한 행위를 한 경우에는 급여의 지급을 제한한다.

4) 사회복지급여의 중복지급금지

법률절차에 따른 보상이나 손해배상은 이중으로 지급되지 않는다. 이것은 수급권자가 동일한 급여수급 사유에 대하여 중복수급을 하거나 민법 또는 타법과의 연관에서 이중으로 보상 또는 배상함으로써 사회적 형평의 원칙에 위배되는 것을 방지하기 위한 것이다. 사회복지급여수급 사유에 대하여 중복 급여를 제한하거나 다른 사회복지법체계를 통하여 이미 수급을 받은 사유와 연관하여 수급권자의 권리를 실현하는 것으로서 보상 및 배상과 연관되는 경우가 많다.

따라서 같은 사유로 여러 개의 수급 사유가 발생된 경우에는 이를 조정하여 적정성을 기하고 이중보상이나 중복급여가 발생하는 경우에는 중복 급여 중에서 선택하여 급여를 받게 된다.

5. 사회복지급여수급권의 소멸

1) 사망

사회복지급여를 받을 권리는 타인에게 양도하거나 승계되는 권리가 아니라 당사자만의 일신전속적인 것이므로 수급권자의 사망으로 사회복지급여수급권은 소멸된다(국민연금법 제65조 제1항 1호, 공무원연금법 제59조 제1항 1호).

2) 소멸시효

소멸시효란 일정한 기간 동안 행사하지 않으면 권리가 소멸되는 것으로 사회복지급여를 받을 권리도 사회복지법에 시효에 관한 규정이 있는 경우에는 그 규정이 적용되며 시효에 관한 규정이 없는 경우에는 일반적인 민법(제162조 이하) 규정에 의해 시효가 소멸한다.

3) 수급권의 포기

사회복지수급권은 법률에 따른 권리이므로 일신전속상의 권리로 타인에게 양도나 처분을 할 수 없다. 따라서 포기 가능 여부에 대해서는 사회복지수급권과 같은 개인적 공권은 사회공공을 위해 필요한 것이므로 이를 포기하면 위와 같은 목적이 방해를 받기 때문에 포기할 수 없다는 견해도 있으나, 사회복지수급권은 수급자에게 이익을 부여한다는 면이 있으므로 이러한 수익처분을 강제할 수는 없기에 포기할 수 있다고 본다. 사회보장기본법에서는 서면을 통하여 정당한 권한이 있는 기관에 포기할 수 있도록 규정하여 인정하고 있고, 이를 취소하는 규정도 두고 있다(사회보장기본법 제14조 제1항 · 제2항).

제3절 사회복지법의 역할

생존권 이념의 실현을 직접 목적으로 하는 사회복지법이 전개됨에 따라서 새로운 법영역과 체계를 갖춘 사회복지분야가 형성되었다. 사회정책적인 사회복지의 법적 반영인 사회복지법은 현대사회에서 가장 새로운 법 분야로서 생활보장 확보와 직접 연결되는 중요한 법적 기능을 수행하게 되었다(조원탁, 김형수, 이형하, 조준, 2008: 108-114).

1. 사회복지의 권리성 확보

사회복지법에 의하여 생존권 실현이 구체화됨으로써 그것을 기초로 한 국가에 대한 국민의 사회복지청구권은 구체적인 권리를 가지게 되었다. 제2차 세계대전 후 미국에서는 생활보호계층의 복지수급권(welfareright)의 주장과 그 확립을 위한 운동이 전개되었고, 영국에서도 복지수급권의 보장과 함께 각종의 사회복지급여에 대한 불복신청 및 소송이 제기되었다. 생존권의 구체적인 발현 형태로서의 사회복지청구권은 그 실체적인 내용에 따라서 공공부조청구권, 사회보험청구권, 사회복지조치청구권을 위한 구체적인 권리로서 사회복지쟁송권이 인정된다.

2. 사회복지행정에의 주민참여문제

사회복지법은 그 전문적 · 기술적 성격상 행정주도에 의한 정책입법적인 성격을 가지는 것이 일반적 경향이다. 입법과정에서뿐만 아니라 사회복지법의 시행과정에서 행정기관이 중심 역할을 하고 있음은 물론이다. 사회복지법의 발전은 필연적으로 사회복지의 확충을 위한 행정권의 확대를 가져오고 있다. 특히 사회복지 급여수준, 재원부담, 수급조건 등에 현저히 나타나는 격차와 불공평을 시정하기 위하여 제도의 관리운영에 근로자와 지역주민이 주체적으로 참여할 수 있는 방안이 모색되어야 할 것이다.

3. 사회복지에서의 법적 우위

사회복지의 시행과정에서 한편으로는 행정의 역할이 중요시되고, 또 한편으로는 경제적 · 재정적 압력에 의한 사회복지의 위축현상을 적시하게 됨으로써 사회복지에 있어서의 법의 우위가 문제가 되고 있다.

사회복지에서 법의 우위가 새삼스럽게 논의되는 배경은 사회복지의 법이념인 생존권의 논리보다는 그것이 실현수단인 경제의 논리가 더욱 지배하는 사회복지의 현실에 대한 비판에 있는 것이다. 이는 사회복지를 경제나 재정의 배려에 종속시킨 나머지 한 국가의 경제적 · 재정적인 사정이 사회복지를 정체시키고 그 법이념의 후퇴를 가져온 사회복지의 위기현상에서 비롯된다.

생존권의 논리는 경제의 논리를 제약할 수 있어도, 경제의 논리가 생존권의 논리를 제약해서는 안 된다는 것이 사회복지에서의 법 우위론의 전제다. 그러므로 생존권의 구체화를 위하여 한 국가의 경제나 재정은 오히려 사회복지의 실현 확보에 맞추어서 운영되어야 한다는 것이다. 생존권 논리의 규범성과 법의 사회적 기능을 토대로 하여 사회복지의 법 규범적 의의를 재확인함으로써 오늘날 정체되어 있는 사회복지의 현실을 적극적으로 개선해 나가자는 주장은 사회복지법의 기본 과제라 할 것이다.

제4절 사회복지법의 벌칙

1. 의 의

사회복지법은 법의 제정 목적을 이루기 위하여 권리와 의무를 부과하고 그 의무를 이행하지 않는 경우에는 그 의무위반에 대하여 일정한 벌칙을 부과하도록 규정하고 있다. 이 벌칙은 행정법에서 말하는 행정형벌과 동일한 개념으로 사회복지법의 의무위반에 대하여 부과되는 처벌을 말하며 여기에는 행정형벌과 형사벌의 구별이 문제가 된다. 형사범은 국가의 제정법 이전에 문화규범이나 도덕규범을 침해한 자연범의 성격을 가지나 행정범은 행위의 성질 자체는 반윤리성, 반사회성을 가지지 않지만 특정 행정목적의 실현을 위한 국가의 제정법을 침해한 법정범이라는 데에서 차이가 있다. 사회복지법은 그 자체가 반사회성을 가진 것이 아니라 사회복지 목적을 실현하기 위하여 국가가 명령하거나 금지한 처분을 위반하였기 때문에 처벌되는 것이다. 사회복지법에는 행위자 이외에 법인도 함께 처벌하는 양벌규정을 두어 법인과 그 법인의 대표자를 처벌하는 규정이 많다. 징계벌은 특별행정법관계의 자에 대한 특별권력의 발동으로 과해지는 점에서 일반 권력관계를 기초로 한 행정벌과는 구별된다. 집행벌은 의무의 불이행에 따른 장래의 이행을 확보하기 위하여 행하여진다는 점에서 과거의무위반에 부과되는 제재와는 차이가 있다.

2. 사회복지법상의 행정형벌

1) 부당이득자의 경우

사회복지법은 사위(詐僞) 또는 사기(詐欺) 등 기타 부정한 방법으로 사회복지급여를 받은 자에게 벌을 과하는 경우가 있는데, 이는 부당이득죄라고 할 수 있다.

부당이득의 징수가 성립하기 위해서는 부정한 방법에 의한 것이어야 하며, 잘못 알고 신청하여 급여를 받았을 경우에는 처벌하지 않는다.

민법상 부당이득의 반환청구권과 유사한 행정상의 조치로 행정상의 의무위반에 대한 벌과는 별개이므로 벌금과 부당이득금이 모두 징수된다.

2) 의무위반자의 경우

서류 등을 제출하지 않은 경우, 허위 제출한 경우, 질문에 답변을 하지 않는 경우, 허위답변, 검사거부 · 방해 또는 기피, 출석, 진술 또는 보고를 하지 않는 경우에 행정벌을 과할 수 있다. 이 경우 행위자를 처벌하는 외에 그 법인 또는 개인에 대해서도 같이 처벌하는 양벌규정을 두고 있다. 이는 사회보장행정사무를 적정하고 원활하게 하기 위해서 서류제출의무나 보고 · 신고의무, 출석명령, 현장조사, 질문, 지시, 진료명령에 따른 의무 등을 규정하고 있다. 이들 의무의 실효성을 확보하기 위하여 의무위반자를 처벌하도록 처벌규정이 사회복지법에 규정되어 있다. 사회보험법에서는 보험료 등을 납부하지 않은 경우에는 이를 강제징수하거나 가산금이나 연체금을 부과한다.

3) 직무위반의 경우

행정청의 위탁을 받아 사회복지행정을 하며 서비스를 제공하는 자에게도 행정형벌이 과해지는 경우가 있다. 시설의 설치 · 운영 시 신고 불이행, 시설의 설치기준 미달, 시설거주자 권익보호조치의 기피 또는 거부, 시설개선명령 등의 불이행, 비밀누설금지규정 위반, 지도 · 감독기관에의 보고불이행, 허위보고 등의 행위에 대하여는 사업의 정지, 폐쇄명령을 발하며 이를 위반한 때는 처벌된다. 사회복지행정을 담당하는 공무원은 국가공무원법 및 지방공무원법에 의해 의무가 부과되고, 그 의무위반에 대하여는 각 법률에 따라 징계 등 제재를 받는다.

4) 사회복지급여 수급권자의 보호수단

사회복지법은 일반적으로 급여를 통하여 사회복지급여 수급권자를 보호하지만, 사회복지급여 수급권자에 대해 일정한 금지행위를 정하고 이 금지행위를 위반한 자를 처벌할 수 있도록 하여 대상자보호를 도모하는 경우가 있다.

아동복지법에는 위와 같은 금지행위위반자에 대하여 처벌만 하는 것이 아니라, 그 행위자가 법인의 종업원으로 법인 또는 개인 업무에 관하여 위반한 경우에는 그 법인까지 처벌하는 양벌규정을 두고 있다.

3. 사회복지법상의 행정벌

신고 불이행, 허위신고, 답변기피, 허위답변 등을 할 경우, 부정행위에 의해 보험료나 기타 징수금의 징수를 면한 경우, 의사가 진단기록 등의 제시요구를 따르지 않을 경우에 피보험자, 사업주, 의사 등에게 사회복지법에 규정된 의무 위반을 적용해 행정벌로서 과태료를 부과한다.

과태료는 다른 법령에서 특별히 정하고 있는 경우 외에는 당사자가 이의 제기를 하게 되면 관할법원에서 비송사건절차법을 통하여 정한다.

제6장

한국 사회복지법의 형성과 발전

제1절 사회복지법 역사연구의 의미와 방법

1. 사회복지법의 역사연구 의미

사회복지법은 생존권적 기본권 보장을 목적으로 제·개정되는 발전과정을 거친다. 이러한 변화과정을 이해하거나 설명하기 위해서는 다양한 연구방법 혹은 접근방법이 있을 수 있다. 역사주의적 접근방법과 실증주의적 접근방법이 그 대표적인 예라 하겠다.

그런데 사회복지법은 한 국가나 사회의 일정한 역사적 사실 속에서 제정되고 개정되며 소멸되기도 하는 역사적 형성물이라는 점에서 역사주의적 접근방법에 의해 더욱 잘 이해되고 설명될 수 있다. 법사적 사회복지 연구를 통해 역사성, 즉 시간적 차원에서 사회복지법의 변화과정을 이해함으로써 현행 사회복지법의 상호연관성을 알 수 있는 한편 사회복지제도가 가진 한계의 이해를 가능하게 해 준다(장동일, 2006).

사회복지법의 역사연구는 입법 당시 사회의 정치·경제·사회적 현상을 설명해 주며, 입법 당시 국민의 욕구가 무엇인가를 밝혀 주기도 한다. 또한 사회복지법의 제정·개정을 가능하게 한 사회복지법상 내적 요인이 무엇이며 외적 요인이 무엇인가를 설명해 준다. 아울러 사회복지법이 시대적으로 어떻게 변화·발전하여 왔으며, 특정 시기의 각 사회복지법 특성이 무엇인가를 해명해 준다. 사회복지법의 역사연구는 사회복지 학설사 및 사회복지사상사 또한 그 중요한 연구과제가 된다. 사회복지법의 이론과 사상의 역사연구는 특정 시기별 사회복지법에 관한 학설, 이념을 명확히 해 줄 뿐만 아니라 각 역사적 단계에 있어서 지도적 사상이나 여기에 내재하는 가치관을 밝혀 주기도 한다(신섭중 외, 1999: 50-51).

2. 사회복지법의 역사연구 방법

사회복지법의 역사적 연구방법은 주로 내재적 방법과 외재적 방법으로 구분할 수 있다. 내재적 연구방법은 사회복지제도 혹은 사회복지 분야의 내부적 요소, 내용 혹은 형식 등이 시간의 흐름에 따라 어떻게 변천되었는지를 탐구(현외성, 2008)하는 반면, 외재적 연구는 사회복지법의 발전을 사회·경제적 조건의 변동과 관련하여 시대적 특징을 명백히 탐구하는 것이다(岡村重夫, 1986: 9). 즉, 정치, 경제, 사회 등 외부 환경으로서 혹은 독립변수로서 종속변수인 사회복지법에 어떤 영향을 주고받았는지, 그리고 그 결과로 사회복지법이 어떻게 변화하였는지를 발견하려는 데 관심을 가진다.

우리나라의 경우는 사회복지의 발전이 일천하여 시기적·단계적으로 구분하기가 쉽지 않다. 그러나 짧은 사회복지 역사이긴 하지만 10년 단위의 시대별 또는 공화국별로 구분하여 각 시대의 특징을 밝혀 놓은 연구물 등이 있다.[1)]

이 책에서는 역사주의 연구방법을 통한 외재적 연구와 내재적 연구의 혼용으로 한국 사회복지법이 근대 이후에 어떻게 발전되어 왔는지를 살펴보고자 한다. 일반적으로 사용하는 연대기적 구분을 사용하여, 사회복지법제의 내부적 변화를 서술하는 방식으로 정리할 것이다. 다만 이 책에서는 일제시대부터 미군정시기를 하나로 정리한 다음, 1960년대부터 시기별로 나누어 구체적인 법제를 살펴보기로 한다. 여기서 일제시대와 미군정기의 사회복지 입법은 크게 서술할 내용이 없는데도 이렇게 살펴보는 이유는 현대 사회복지법제의 출발이 사실상 일제시대의 법제임을 부인할 수 없기 때문이다.

1) 남기민과 조홍식의 한국사회복지제도의 전개과정, 김만두의 공화국별 사회복지 입법의 전개, 이효선의 시대별 연구, 신섭중 외 5인의 공화국별 사회복지법의 사적 전개, 현외성의 사회복지법의 역사적 전개 등이 있다.

제2절 1960년대 이전의 사회복지 입법

1. 일제하의 사회복지 입법

한국에서 이루어진 일제시대의 사회복지 입법은 1944년의 '조선구호령' 이외에는 별반 특별한 법제를 발견할 수 없다. 일본은 내선일체를 부르짖으며 한편으로는 한국을 일본의 영토로 편입하고 천황의 신민으로서 통치하려고 하였으나, 사회복지정책이나 법제에는 관심을 갖지 않았다.

사실 일본은 1868년 명치유신 이래 20세기 초에 이미 사회 각 부문에 근대화를 착실하게 진척시키고 있었는데, 사회복지 부문은 1874년에 공적 구빈법인 '휼구규칙'을 제정하였다. 이 규칙의 내용은 인민 상호의 정의, 즉 친족 및 공동체에 의한 상호부조를 원칙으로 했으며, 그것이 기대되지 않을 경우 국가가 구제한다는 것으로서, 오늘날의 공공부조법으로 발전된 초기의 법규로 해석될 수 있다. 물론 그 이후 공적인 「구호법」이 이를 대신하여 1929년에 제정되었다. 이 법은 휼구규칙에서 불분명하였던 구호기관, 구호내용, 구호방법 내지 구호비 분담 등을 자세하게 규정하였다. 그리고 구호의 대상을 ① 65세 이상의 노약자 ② 13세 이하의 유아 ③ 임산부 ④ 질병, 상병, 심신장애 때문에 노무에 지장이 있는 자를 위한 제한적 부조의 입장을 취하였다. 물론 이들 외에도 1937년의 「모자보호법」과 「군사부조법」, 1941년의 「의료보호법」이 제정되었다. 그리고 1938년에는 국민체력의 향상과 국민복지의 증진을 위하여 후생성이 신설되어 사회사업의 지도, 통제의 강화를 위한 「사회사업법」도 제정하였다.

이러한 일본 사회복지 역사적 전개를 보면서 알 수 있는 사실은, 일제의 한국에 대한 사회복지정책은 결국 식민지정책의 일부로서 일본에 충성하도록 정치적 목적에서 이루어진 시해 또는 자선의 의미로 실시되었다는 것이다(하상락, 1989: 77-78).

일본의 구호법이 1929년에 제정되었지만 한국에서는 이 법을 시행하지 않고 다만 유사시에 은혜를 베푸는 것을 주로 하는 생업부조 또는 현물급여 등의 극히 한정된 구호를 해 왔다. 1944년에 이르러 일본이 그들의 군사적 목적 수행을 위하여 한국인에게 징병과 노무징용을 강요하게 되자 비로소 일본 국토에서 1929년부터 실시해 오던 구호법을 한국에도 확대 시행하기로 하였다. 일제시대의 '조선구호령'은 광복 후 미군정기를 거쳐 1961년에 「생활보호법」이 제정되기까지 한국의 공공부조의 기본법으로 위치를 가지고 있었으며, 1961년 이후에도 생활보호법의 기본 골격으로 남아 있었다는 점에서 사회복지 입법사의 중요한 역사적 의미를 부여할 수 있다. 이는 1999년에 와서 「국민기초생활보장법」이 제정됨에 따라 새로운 공공부조의 시대를 열었다.

2. 미군정하의 사회복지 입법

일제로부터 광복 후 남한은 3년간의 미군정이 실시되었다. 미군정은 일제 식민통치로 인한 경제적 피폐와 궁핍화, 광복 후 전재민의 귀화, 민중의 정치적 활성화로 인한 사회적 갈등, 특히 노동운동과 소요 등의 시대적 배경에서 전개되었다.

미군정하의 사회복지 입법은 빈곤과 사회적 혼란에 대처하기 위한 구호적 · 응급적인 대책으로서의 성격을 가진다. 구호정책과 연관된 미군정의 사회복지 입법은 '후생국보 제3호(1946. 1. 12.)' 와 '후생국보 3A호(1946. 1. 14.)' 및 '후생국보 3C호' 를 들 수 있다. 후생국보 제3호의 C항은 공공구호를 규정하고 있는데, 조선구호령과 유사하게 구호의 대상으로 ① 65세 이상인 자 ② 6세 이하의 소아를 부양하고 있는 모 ③ 13세 이하의 소아 ④ 불치의 병자 ⑤ 분만 시 도움을 요하는 자 ⑥ 정신적 · 육체적 결함이 있는 자로서 구호시설에 수용되지 않고 가족이나 친척의 보호가 없고 노동할 수 있는 자로 규정하고, 구호 내용으로는 식량, 주택, 연료, 의류, 매장으로 분류하였다. 후생국보 3A호는 이재민과 피난민에 대한 구호를 규정하고, 구호 내용으로 식량, 의류, 숙사, 연료, 주택 보조, 긴급의료, 매장, 차표 제공 등을 들고 있다. 후생국보 3C호는 궁민과 실업자에 대한 구호규칙으로서 거택구호 시 세대 인원에 대한 지급 한도액을 규정하고 있다.

미군정은 1946년 9월 18일에 「아동노동법규」를 발표하여 어린이의 노동을 보호하였다. 그 후 이 정신을 발전시켜 1947년 5월 16일에는 전문 12조로 된 과도정부 법령 제4호로 「미성년자노동보호법」을 공포하여 미성년자를 유해하거나 위험한 직업 또는 과중한 노동으로부터 보호하고 어린이의 건전한 발육과 정당한 이익을 보장하도록 하였다.

이렇게 미군정기의 사회복지 입법은 구호법규, 아동노동법규 혹은 미성년자노동보호법 등과 같이 당시의 시대적 환경에 대응하는 임시변통적인 구호정책이 주류를 차지하고 있었고, 이 역시 일제시대의 조선구호령이 가진 기본적인 성격의 연장선상에서 전개된 것으로 이해할 수 있으므로, 계획적이고 창의적인 정책이나 입법은 발견할 수 없다(현외성, 2008). 다만 미성년자노동보호 입법은 1953년 8월 9일에 「근로기준법」이 실시되어 폐기되기 전까지의 아동복지에 영향을 미친 것으로 보인다.

3. 6 · 25 전쟁과 1950년대의 사회복지 입법

미군정이 끝나고 1948년 8월 15일에 대한민국 정부가 수립되었다. 하지만 정부 수립 2년 후에 6 · 25 전쟁이 발발하여 엄청난 비극을 가져오는 한편 경제 · 사회적 손실을 초래하였다. 휴전 후 극도의 식량난과 경제적 고난을 극복하고 전쟁으로 인한 인명피해를 회복하기 위해 국내 · 국외에서 많은 노력이 경주되었다.

미국을 중심으로 한 외국원조가 한국 경제의 회복과 한편으로는 전쟁으로 인해 고통당하는 수많은 전쟁이재민과 고아, 과부, 부상 및 장애자를 위해 응급적인 구호로 이루어졌다. 1948년에 수립된 정부는 당시의 전쟁으로 인한 사회적 욕구를 해결하기 위하여 많은 외국원조기관이 물자를 제공하는 것을 효과적으로 배분하여 민생문제를 해결하는 문제가 중요한 과제로 등장하였다. 그리하여 1952년 10월 4일에 격증하는 전쟁고아의 수용보호시설을 비롯하여, 전란으로 인해 혼란에 빠진 기존의 각종 구호 시설을 지도 · 감독할 필요에 의해 사회부장관 훈령으로 「후생시설운영요령」을 제정하여 시설운영과 그 지도감독의 준칙으로 삼았다(구자헌, 1984: 203). 그리고 1953년 5월 1일에는 「근로기준법」을 제공하여 근로자보호제도의 기틀을 마련하였고, 1956년에는 「어린이헌장」을 제정 · 공포하여 미래의 국가사회의 주역으로 성장할 어린이를 밝고 건전하게 육성하려는 정책의지를 밝혔다.

1950년대 중반 이후의 시기는 국가 · 사회적인 혼란을 종결하고 외원기관으로부터 유입된 물자를 통해 빈곤과 고통을 해결해 가는 시기로 볼 수 있다. 이 시기에 정부는 점진적으로 독자적인 사회복지 입법을 준비할 수 있는 사회적 기반을 마련해 가게 되었다. 물론 사회복지에 대한 정부의 이해 부족과 함께 이것을 실현할 수 있는 물적 토대와 기술과 지식의 부족은 점진적으로 경제산업의 발전과 함께 성장해 가야 할 숙제로 남겨졌다.

제3절 1960~1970년대의 사회복지 입법

1. 사회복지 입법

1961년 5 · 16 군사혁명은 절대빈곤의 해소와 반공이념을 중심으로 하여 국력의 배양을 목표로 하였는데, 1963년 10월 대통령 선거 후 혁명정부인 제3공화국이 탄생하고, 이로부터 제4공화국에 이르는 동안 박정희 정권은 경제개발계획을 수립하여 한국 근대화의 기반을 다졌다.

1961년 5 · 16 이후 1979년 10 · 26 사태까지 박정희 정권이 추진한 근대화정책은 국가 전반에 획기적인 변화를 가져왔다.

제1차 경제개발의 성과는 성장률 8.23%를 달성하고, 제2차 경제개발 성과는 연평균 10.5%로 달성하였으며, 제3차 계획도 목표보다 2.3%를 초과한 연평균 10.9%라는 역사상 그 예를 찾아보기 힘든 경제성장률을 달성하였다. 한편, 1970년 한국통계연감에 따르면, 이러한 고도의 경제성장률은 산업구조도 변화시켜 1963년에 1차 산업에 종사하는 인구비율이 63.1%였던 것이 1969년에는 49.0%로 감소되고, 2차와 3차 산업 종사자의 비율은 1963년의 11.1%, 25.8%에서 1969년에는 17.8%와 33.2%로 각각 증가하였다. 또한 이와 같은 경제개발 위주의 정책은 산업화와 도시화를 촉진하게 되었고, 우리의 가족 형태도 대가족으로부터 핵가족화 경향을 나타내기 시작했다(신섭중 외, 1999: 73).

이 시기를 시작하는 대표적인 사건은 1961년 5 · 16 이후 군사정부에서 적극적인 사회정책의 의지를 보인 것이다. 이 당시에 제정된 헌법은 제30조 제1항에서 사회보장의 과제를 선언하고, 사회보장의 목표와 내용, 그리고 최소한의 내용을 규정하였다.[2] 이 시기 사회보장에 관한 논의에는 1942년 영국의 베버리지 보고서와 1952년 국제노동기구(ILO)가 채택한 사회보장의 최저기준에 관한 협약 제102호 등 사회보장에 관한 국제환경이 중요한 영향을 미쳤다. 당시 헌법 제정권력은 이와 같이 보편화되어 가고 있던 사회보장의 이념을 헌법에 적극적으로 수용하였다.

그러나 군사정부는 사회정책적 관심이 아직 일반화되어 있지 않다는 사실을 인식하게 되면서 다른 정책적 목표에 비중을 두었다. 이렇게 군사정부가 정통성의 흠결을 경제성장을 통해서 보완하려는 태도를 취하자 사회정책적 관심은 쉽게 무력화되었다.

이 시기에 제정된 「사회보장에 관한 법률」과 「의료보험법」은 군사정부의 최초의 사회정책적 관심과 의지가 약화되는 것을 보여 주는 대표적인 예다(전광석, 2007). 이 시기의 사회복지 입법을 살펴보면, 1961년 1월 1일에 제정된 「공무원연금법」이 있다. 이 법은 한국 사회보험법의 효시로서 의미를 찾을 수 있다. 다음으로는 1961년 9월 30일에 제정된 「갱생보호법」으로서 동법은 징역 또는 가석방자, 선고유예, 가퇴원자 등을

2) 헌법 제30조 제1항: 모든 국민은 인간다운 생활을 할 권리를 갖는다. 제2항: 국가는 사회보장의 증진에 노력하여야 한다. 제3항: 생활능력이 없는 국민은 법률이 정하는 바에 의하여 국가의 보호를 받는다.

대상으로 재범의 위험을 방지하고 자립활동의 경제적 기반을 조성하여 사회를 보호하고 공공의 복리 증진을 목적으로 하고 있다. 1961년 11월 1일 「군사원호보상법」이 제정되었는데, 이는 6·25 이후의 상이군경, 전몰군경 그리고 그 유족을 보호하는 법적 장치다.

한편으로는 1961년 11월 9일에 「윤락행위 등 방지법」을 제정하여 전쟁의 후유증과 서구적 가치관의 유입으로 인한 윤락 등의 문제가 발생하여 여기에 대처하기 위한 법적·제도적 장치를 서둘렀다. 그리고 역시 과거의 조선구호령을 폐지하고 새로운 시대 상황에 요청되는 「생활보호법」을 1961년 12월 30일에 제정하였다. 이 법은 2000년 10월 1일에 시행된 「국민기초생활보장법」이 있기까지 약 40여 년간 공공부조의 기본적인 법제로서 중요한 역할을 수행하였다고 볼 수 있다.

「아동복리법」이 「생활보호법」과 함께 1961년 12월 30일에 제정되었는데, 이는 앞서 보았던 미군정기의 어린이헌장과 미성년자노동보호 입법 등에서 아동복지에 대한 관심이 독립적인 입법으로 형성되었다. 이와 비슷한 시기인 1961년 9월 30일에는 「고아입양특례법」이 제정되어 외국 입양을 합법화하였다.

1962년도에 들어와서는 「선원보험법」이 1월 10일에 제정되었는데 아직까지 실시되지 못하고 사장되고 있다. 같은 해 3월 30일에 「재해구호법」이 제정되었다. 1963년에는 「군인연금법」 「산업재해보상보험법」 「사회보장에 관한 법률」 및 「의료보험법」이 각각 제정되었다. 특히 「산재보험법」은 국가의 경제성장정책을 추진하기 위한 중요한 기반으로서 노동자의 업무상 재해에 대하여 신속하고 공정한 보상을 행하는 것이 목적이다. 또한 「사회보장에 관한 법률」은 당초 입법 초기에는 사회보장 관계 전문가들이 장래의 국가발전에 따른 사회보장계획을 구상하여 원대한 꿈을 가지고 입법을 추진하였으나, 입법과정에서 실제적인 내용은 빠지고 형식적인 법으로 모습을 갖추고 말았다. 하지만 동법은 1995년 「사회보장기본법」이 확대 개편됨으로써 폐지되는 운명에 처하게 되었다.

「의료보험법」 역시 1963년에 제정되었으나, 실시할 수 있는 경제적·기술적 여건의 미비로 인하여 1977년 7월 1일에 가서야 500인 이상 사업장을 중심으로 강제적용을 하는 사회보험제도로 실시되었다. 1968년에는 「자활지도에 관한 임시조치법」이 제정되어 「생활보호법」의 보충적인 성격을 띤 법으로서 기능하였다. 1970년에는 사회복지서비스법의 모법이라고 할 수 있는 「사회복지사업법」이 제정·시행되었다. 동법은 사회복지사업을 공정하고 효과적으로 운영할 수 있는 법적 근거를 제공하는 역할을 수행하고 있다.

1970년대에 접어들면서 한반도를 둘러싼 국제정치 상황은 미·소 중심의 양극화 냉전체제가 완화되고 동북아에는 미·소·일·중으로 확대된 다원화의 진전과 더불어 본질적이고 전반적인 구조개혁이 진행되었다. 제4공화국의 정치체계는 한국적 민주주의의 토착화라는 미명하에 장기 집권을 위한 유신헌법(1972. 10. 27)을 만들어 대통령을 정치권력의 최고 정점으로 하는 권위주의적 정부 형태를 취하자, 이에 대한 체제 도전이 끊임없이 일어나 정치적 상황은 끊임없는 불안의 연속이었다. 따라서 체제의 정통성 확립을 위해 최소한 무언가 국민에게 지지를 받을 수 있는 유인책을 제공하지 않으면 안 되는 정치적 상황이었다.

제4공화국 정부는 제3공화국의 경제정책과 근대화계획을 계승하여 제3차, 4차 5개년 계획을 추진함으로써 지속적인 고도경제성장을 달성하였는바, 동 계획기간 중 1인당 국민소득은 5배가 증가하였으며 수출은 약 10.7배가 증가하였다. 그러나 반면에 수출주도형의 고도경제성장정책의 추구는 저임금·저곡가 정책이 빚은 일부 사회계층의 소외 경향, 국민 간의 소득격차의 심화, 고율의 물가 상승, 지역 간 불균형 개발 등 여러 가지의 부작용을 잉태하여 마침내 정치적 문제성을 내재하게 되었다.

다시 말하면, 제4공화국하의 한국 사회는 제3공화국의 연속이기는 하지만 급격한 산업화가 몰고 온 지역 간 빈부 격차, 상대적 빈곤감, 정치적 불안이 초래되었기 때문에 정부도 이와 같은 사회적 변화에 대응하여 새로운 사회복지 입법과 제3공화국 때에 제정된 사회복지법을 시행하게 된다.

드디어 정부는 질병이 의식주와 함께 제4의 수요에 해당한다는 구호하에 정부정책의 우선순위를 두게 되었고, 1963년에 제정한 「의료보험법」을 1976년 전면 개정하여 1977년부터 시행하게 되었다. 「의료보험법」의 개정과 시행을 계기로 질병이라는 위험이 본격적으로 사회화되어, 다른 사회보험 입법을 촉진하는 계기가 되었다. 즉, 「의료보험법」의 시행은 사회보험을 통하여 다른 기본적인 사회적 위험인 노령·장애 등도 역시 사회화되어야 한다고 촉구하는 촉매요소로 작용하였다는 것이다(전광석, 2007).

1977년에 「의료보호법」이 실시되었는데, 이는 「생활보호법」과 함께 공공부조의 양대 지주를 이루는 법제로서 공공부조의 기본 골격이 이루어졌다고 할 수 있다. 또 1977년에는 「공무원 및 사립학교교원 의료보험법」이 제정·실시되어, 사업장과 함께 의료보험의 대상계층을 확대하였다. 동년 「의료보호법」이 제정되어 기존에 「생활보호법」에 규율되어 있던 의료보호의 내용을 구체화하였다.

1970년대 들어와서 정부는 경제성장 일변도의 정책기조에서 벗어나 사회정책적 배려에 대한 필요성을 인식하기 시작하였다. 1973년에는 12월 20일에 「사립학교교원연금법」이 그리고 동년 12월 24일에는 「국민복지연금법」이 제정되었다. 그러나 「국민복지연금법」 역시 「의료보험법」과 유사하게 경제적 · 기술적 여건의 성숙이 이루어질 때까지 기다려야 했는데 1988년에 「국민연금법」으로 개정되어 비로소 실시되었다.

2. 평 가

1960년대와 1970년대와 사회복지 입법을 입법사적인 특성으로 평가해 보면 몇 가지 내용을 지적할 수 있다. 우선 1960년대와 1970년대의 사회복지 입법사는 한국 현대 사회복지 입법사에서 기본적인 바탕을 마련하였던 시기로 평가될 수 있겠다. 둘째는 사회복지 입법이 실질적으로 이루어지기 위해서 필요한 최소한의 조건인 정치적 민주주의가 결여되어 있었던 시기다. 사회복지 입법이 있었지만 이는 주로 국가기제(mechanism)의 기능에 직접 관련 있는 인적 집단을 대상으로 하였다. 공무원, 군인, 국가유공자 등이 그들이다(손준규, 1983: 1장 주2 참조). 결국 일반국민을 대상으로 하는 1973년 「국민복지연금법」마저 사문화(死文化)되면서 전무해졌다.

그런데 이 시기에 의미 있는 입법으로 발견되는 것이 「산업재해보상보험법」이다. 사용자를 가입자로 한 보험방식을 통해서 근로자를 보호하도록 하고, 보건사회부에 산재보험사업을 관장하도록 하여 충실한 보상이 이루어지도록 하였다. 「산재보험법」은 최초에는 500인 이상 근로자를 고용하는 광업, 제조업 등의 사업장에 적용되었으나, 1973년부터는 적용 제외 사업장 열거주의를 채택함으로써 원칙적으로 거의 모든 사업장이 적용대상이 되었다.

셋째는 사회복지 입법을 만들어 시행할 만한 여건이 성숙하지 못하였다는 점이다. 경제적 토대뿐만 아니라 입법결정을 책임지고 있는 책임자나 시민 그리고 사회복지대상자의 의식이 생존권이나 사회복지권 등을 인식하지 못하고 있었던 시점이다. 특히 국민 대다수가 절대빈곤에 허덕이던 1960년대 초반의 상황에서 필요한 입법은 「공공부조법」이었다고 생각한다. 이런 점에서 볼 때 부분적이고 보잘것없는 형태로 이루어졌지만 1961년에 제정된 「생활보호법」은 나름대로 중요한 의미를 지닌다. 하지만 사회복지는 당시 정치 · 경제적 논리에 밀렸고, 필요한 경우에만 논의되었던 산업적 성취 모형에 가까운 것으로 존재하였다. 수출 주도의 국가발전정책에 따라 사회복지는 필요한 경우에만 도입 · 개선되었던 것이다.

넷째는 위의 산업적 성취 모형의 사회복지적 성격에서 도출되는 것으로서, 이 시기의 사회복지 입법은 형식은 존재하지만 내용이 보잘것없는 사회복지법이라는 것이다.

소위 선언적 내용과 임의규정이 법의 내용으로 핵심적인 사항이 시행되지 못하는 결과를 가져왔다(현외성, 2008).

마지막으로 1960~1970년대 축적된 경제성장은 그 과정에서 이루어진 희생에 대한 국가의 보상과제와 능력에 긍정적인 평가를 할 수 있는 기반이 되었다.[3] 따라서 정부는 이러한 국민의식의 성장을 견제하고 보상의 기대에 상응하는 '당근정책' 이 필요한 시기이기도 하였다. 헌법적으로 말하면 공허한 사회적 기본권이 더 이상 자유권을 희생하는 도구로서 수용될 수 없었다는 것이다. 정치과정에의 참여와 자유의 희생에 대한 최소한의 보상조치가 필요해졌다.

특히 질병은 개인의 경제적 및 일반생활에 미치는 영향이 단기적이고 민감하게 나타나는 사회적 위험이다. 따라서 이에 대한 의료보장은 단기적인 처방을 내용으로 하며, 그만큼 정책적 파급효과가 큰 영역이다. 이와 같이 사회적 보상을 위한 정치적 상징효과가 크기 때문에 사회보장 중 의료보장의 영역에서 우선으로 보상조치가 취해졌다고 볼 수 있다(전광석, 2007).

제4절 1980년대의 사회복지 입법

1. 사회복지 입법

1980년대 초반 제5공화국은 정치적 · 사회적으로 매우 어려운 시기에 출범하였다. 제5공화국은 정치적 정통성의 문제 등으로 인한 사회적 갈등과 소요를 해소하기 위하여 1970년대의 유신체제하의 잔재를 말끔히 청산하고 기회균등의 사회정의에 입각하여 전 국민의 행복이 보장되는 복지사회를 천명하면서, 경제와 사회의 균형적인 발전을 목표로 삼았다(신섭중 외, 1999: 81).

그러나 제5공화국 정부는 정통성 시비, 군사정부 이래 지속되어 온 선성장 · 후분배 정책에 따른 소득분배의 불평등, 빈부소득격차, 상대적 박탈, 지역 간 개발격차, 산업화 · 도시화에 따른 다양한 신종 사회문제, 가치관의 분열, 광주민주화운동에 따른 후유증, 각종 유언비어, 그리고 민주화를 위한 학생운동, 재야세력의 지속적인 반정부투쟁, 정부불신 등이 상호작용하면서 국민적 통합을 이루지 못하고 체제유지에만 급급하

3) 일반적인 관점에서 보더라도 이러한 보상논리를 통해서 서구에서 복지국가가 확대되는 현상을 설명하기도 한다. 이에 대해서는 Luhmann(1981), p. 8 참조.

였다(김만두, 2006).

특히 산업화, 도시화 과정에서 이전에 볼 수 없었던 새로운 사회문제가 다수 대두하였고, 국민의 욕구도 다양한 양상을 띠었다. 당시 노인인구를 보면 1970년대 60세 이상 노인인구가 총인구의 5.4%이던 것이 1980년에는 6.1%, 2000년에는 10.0%로 급속히 증가되어 갈 것으로 예측되고 있으며, 핵가족화의 급속한 진전은 1980년 2세대 가족이 전체 가족의 70%를 차지하고 있었다. 또한 교통사고 및 산업재해의 발생빈도를 보면 인구 10만 명당 교통사고 인원이 1970년에 145.0명이던 것이 1984년에 438.3명이었으며, 산재사고 인원이 1970년에 120명이던 것이 1984년에 392.6명으로 산업화에 따른 후천성 장애가 급속도로 증가되어, 국가는 이들에 대한 보호조치가 절실히 필요하게 되었다(경제기획원, 1985).

이 시대의 사회복지 입법은 1960년대와 1970년대에 추진되었던 각종 사회복지법제 중 도입되지 않은 사회복지법제라든지 혹은 새로운 사회경제적 변화에 맞추어 개정하는 사회복지법이 입법 내용을 구성하고 있다. 1980년 12월 13일에는 「사회복지사업기금법」이 제정되어 사회복지사업의 기금조성에 법적 기틀을 마련하였다. 그리고 1981년에는 사회복지서비스법 중 「노인복지법」과 「심신장애인복지법」이 독립된 법으로 입법화되고 1961년에 처음으로 제정되었던 「아동복리법」이 「아동복지법」으로 전면 개정되었다. 1983년에는 「사회복지사업법」과 「생활보호법」이 개정되었고, 1986년 12월 23일에는 「갱생보호법」도 개정되었다.

1989년 소련 · 동구유럽 공산권의 붕괴 이후 동서 진영 간 화합 분위기로 전환되었고, 국내적으로는 1987년의 급진적 노동운동과 민주화운동, 6 · 29민주화 선언, 5공화국 청산, 88올림픽 개최, 남북관계 개선 등 커다란 정치적 사회적 변화가 있었다.

그런데 1987년 민주화 운동의 결과 헌법이 개정되었지만 사회보장문제에 대한 특별한 변화를 가져온 것은 아니었다. 하지만 산발적으로 국가의 사회영역에서의 과제를 좀 더 세분화하고, 노동질서의 자율화를 꾀하는 시도가 나타났다. 먼저 사회정의 실현의 국가적 과제가 다음과 같이 세분화되었다. 첫째, 적정한 소득의 분배를 유지한다. 둘째, 시장의 지배와 경제력의 남용을 방지한다. 셋째, 경제주체 간의 조화를 통한 경제의 민주화를 위하여 규제와 조정을 한다(제119조 제2항). 같은 맥락에서 노동조건에 대한 헌법적 요청으로 1986년 최저임금제도가 예정되었다.

1987년 6월 이후 특히 노동자계급 등 사회구성원의 적극적인 정치참여가 이루어지면서 사회정책의 정치적 환경이 갖추어진 것으로 특징지어진다. 따라서 사회복지 입법에서 각 이익집단이 활발하게 분배를 위한 투쟁의 일원으로서 기능하였다. 「국민연금법」이 제정되어 이제 국민의 생활이 노동가능기간에는 자신의 임금에, 그리고 노후에는 공적 급여체계에 의존하게 되는 시기가 되었다(전광석, 2007).

이 시대를 특징짓는 괄목할 만한 입법 중의 하나가 「국민연금법」이다. 1973년에 제정되었지만 집행이 계속 지체되어 왔던 「국민연금법」이 1986년에 개정되어 1988년에 비로소 실시되었다.[4] 여기에는 다음과 같은 두 가지 중요한 원인이 작용하였다.

첫째, 1973년 제정된 「국민복지연금법」의 시행이 지체된 것은 그 당시 오일 쇼크로 인한 재정능력이 결여되었기 때문이었으나, 1980년 등장한 제5공화국 중반 이후 국제 저금리, 저유가, 저달러(엔고) 등 이른바 3저현상을 기초로 경제활황이 지속되었고, 이에 정부는 국민연금을 실시할 여건이 성숙되었다고 판단하였다.

둘째, 권위주의적 통치방식의 제5공화국 정부는 그 반대급부로서 국민에게 매력적인 정책을 입안하고 집행할 필요성을 느끼게 되었다. 따라서 적극적으로 보면, 국민의 보상심리를 상쇄할 만한 제도의 실시가 필요했으며, 소극적으로 보면 우리나라 정도의 경제발전단계에서 모든 나라가 시행하고 있는 노후보장을 위한 연금법의 시행을 더 이상 지체할 명분이 없었다(전광석, 2007). 또 객관적으로 우리 사회는 점차적으로 노령사회의 연령구조를 띠기 시작하였으며, 그간 사회보장연구의 성과를 기초로 연금보험 도입의 필요성이 일반적으로 인식되었다는 점도 간과할 수 없는 주요한 정책적 동기가 되었다.[5]

또 「의료보험법」에 의해서 보호되는 인적 대상이 점차 확대되어서 1988년 7월 이후 5인 이상 사업장에 고용되어 있는 근로자에게 당연적용하게 되었다. 1988년 1월 1일부터는 농어촌주민에게, 1989년 7월 1일부터는 도시지역 자영인에게 의료보험 당연적용 대상이 확대되었다. 이로써 우리나라는 의료보험 시행 13년 만에 전 국민 의료보험화 시대를 맞이하게 되었다.

한편, 「최저임금법」도 1986년 제정되어 1988년 1월 1일부터 시행되기에 이르렀다. 이 법은 노동자에 대하여 임금의 최저수준을 보장함으로써 근로자의 생활안정과 노동력의 질적 향상을 통한 국민경제의 건전한 발전에 이바지함을 목적으로 하고 있다. 특히 이 법은 노동자의 최저생활보장을 위한 소득보장정책의 실현이라는 점과 근로자의 생존권을 실현하기 위한 강행법이라는 점에서 그 의의를 찾을 수 있다. 또한 「보호관찰법」이 1988년에, 「모자복지법」이 1989년에 각각 입법되었다.

4) 1973년 법과 1986년 법의 비교에 대해서는 최영기, 전광석, 이철수, 유범상(2000), p.100 이하 참조.
5) 이러한 연구로는 민재성 외(1986) 등이 있다.

2. 평 가

우선 1980년대의 사회복지 입법은 기존의 사회복지법의 확대 개편이라는 경향이다. 예컨대, 1988년 「국민연금법」의 전면 실시와 1989년의 「의료보험법」의 확대가 중요한 사례로 기록되고 있다. 이는 결국 사회보험법을 실시할 수 있는 물적 토대와 국민의 욕구 및 문제의 발생과 무관하지 않다.

두 번째는 「사회복지서비스법」 분야의 제정과 개정이 있었다는 사실이다. 「심신장애자복지법」과 「노인복지법」이 제정되고, 「아동복지법」으로의 개정이 이루어졌다. 1983년 「사회복지사업법」의 개정은 「사회복지서비스법」의 모법으로서 향후 제정될 각종 서비스법의 기틀을 마련했다는 점에서 중요한 사건으로 인정된다. 또 1981년의 「심신장애자복지법」 「노인복지법」의 제정과 「아동복지법」의 명칭 변경 및 전면 개정이 가장 두드러진 특징이라 할 수 있다. 이와 같이 이 시기에는 우리나라 사회복지법 체계에서 가장 미흡한 부분인 「사회복지서비스법」을 보완함으로써 사회복지서비스제도를 정비하게 되었다.

이러한 사회복지서비스법의 입법화와 함께 1980년대의 입법은 1986년에 「최저임금법」, 1988년 「보호관찰법」과 1989년에 「모자복지법」이 각각 제정됨으로써 사회복지 관련법이 한층 광범위하고 기본적인 내용까지 제정되어 가는 과정을 발견할 수 있다.

제5절 1990년대 이후의 사회복지 입법

1. 사회복지 입법

1990년대는 노태우 정권에서 1993년에 김영삼 정권으로, 그리고 1998년 김대중 정권으로 평화적으로 정권이 교체된 시기로 민주정치적 발전이 어느 정도 이루어진 시대다. 반면, 경제적으로는 한국호가 좌초한 시기이기도 하다. 또한 김대중 정권하에서 노사 혹은 노사정이 공식적인 기구에서 노사합의 혹은 노사정합의의 정치를 구조화한 시기, 그리고 사회적으로는 시민단체가 활성화된 시기로 정리할 수 있다.

1993년에 출범한 김영삼 정부는 정권의 정당성을 국민으로부터 인정받은 문민정부로서 사회복지 부문에 특별한 관심을 보여 주었다. 즉, 신경제 5개년 계획의 사회복지 부문에서 우리나라 사회복지정책의 기본방향을 국가발전 수준에 부응하는 사회복지제도의 내실화와 복지제도 상호 간의 연계성에 둠으로써 복지정책의 효율성을 제고하여 국민복지를 증진시키고자 하였다.

한편, 1990년대에 들어와서 소위 신보수주의적 정책기조가 영·미·일을 거쳐 세계적인 정치경제의 주류로 되면서, 한국도 세계시장에 편입되고 정치기조 역시 유사한 경향을 띠기 시작하였다. 복지 부문이 소위 '민영화' 정책의 조류에 휩쓸려 들어갔다.

이 시대의 사회복지 입법으로 1991년에는 「영유아보육법」이 제정되어, 영유아를 건전하게 보육할 책임을 보호자와 함께 국가·사회가 공동으로 지게 됨을 명시하였다. 또한 동년 12월 13일에는 「청소년기본법」을 제정하여 청소년에 대한 정책을 체계화하였다. 특히 이 해에는 기존의 「사회복지사업법」을 개정하여 사회복지전담공무원과 복지사무전담기구 규정을 마련함으로써 장래 사회복지전달체계를 개선할 때를 대비하였다. 동시에 동년에는 고령자고용촉진법을 입법화하여 증가하는 고령자문제에 대응하는 법적 체계를 수립하였다. 1993년은 그동안 실업과 고용촉진 등의 문제를 취급하던 기구를 종합화·체계화하여 12월 27일에 「고용보험법」을 마련하였다. 1995년 7월 1일부터 시행한 동법은 근로자의 소득보장과 함께 실업의 예방, 고용의 촉진, 근로자의 직업능력의 개발과 향상에 이바지할 수 있도록 제도적 장치를 마련하였다. 1990년대에 들어오면서 여권신장으로 성폭력문제가 사회적 쟁점으로 되면서, 드디어 1994년 1월 5일에 「성폭력범죄의 처벌 및 피해자보호 등에 관한 법률」이 제정되었다. 1995년은 농어민연금의 시행, 「사회보장기본법」의 제정 및 「정신보건법」 제정 등이 이루어졌다.

한편, 이 시기의 경제 상황을 살펴보면, 3저현상의 퇴조, 선진국 보호무역주의의 강화, 개도국의 부상 등으로 인하여 1989년부터 수출경쟁력과 경제성장력을 상실함으로써 경기침체현상이 보였는데, 1990년에 국내총생산(GDP)이 2525억 달러이고 1인당 국민총소득이 5886달러였다. 1997년 말에는 IMF구제금융을 받게 되는 최악의 경제위기에 직면하였지만, 다시 어느 정도 경제력이 회복되어 현재에 이르고 있다. IMF관리경제하에서 '저경제성장 고실업' 현상은 실직노숙자의 문제, 가정파탄, 자살, 알코올중독, 과로사, 생활범죄 등의 새로운 사회문제를 초래하였다.

한편, 1997년 말 경제위기를 맞이하면서 대량실업, 대대적인 경제 및 기업의 구조조정으로 이어졌으며, 우리나라에서 최초로 노사 혹은 노사정이 공식적인 기구에서 노사합의 혹은 노사정합의의 정치가 구조화되기 시작하였다. 임금억제와 경쟁력 향상이라는 구상하에 노동의 희생을 일방적으로 강요하던 정부정책도 노동시장의 규제완화와 유연성을 제고하는 방향으로 전략의 수정이 이루어졌다. 여기에 국제연합(UN) 및 국제노동기구(ILO) 가입을 계기로 그리고 노동시장의 유연성을 제고하기 위해서 반대급부로서 노동기본권의 보장을 추구하기로 하였다.

이와 같은 변화는 이제 노사의 중요한 관심사로 떠오른 사회보장 제도개선의 문제가 노동정치의 구조 속에서 자리 잡았음을 의미한다. 사회보장 입법이 이제 정부의 일방적인 정책결정의 대상이 아니라 노사의 참여 속에서 비로소 집행력과 수용력을 가질 수 있게 되었다는 것이다. 이 시기 사회보장법 발전에 있어서 가장 중요한 동력이 되었다. 이러한 변화는 사회보장법이 노사를 포함하여 전체 국민을 사회에 통합하는 기제로서 이해되는 계기가 되었다. 사회보장이 단순히 사회적 약자인 일부 계층을 대상으로 하는 영역이 아니라 거시적인 전체 사회경제구조의 한 부분으로 이해하게 되었다.

사회복지법적으로 보면 이제 이 같은 사회보장에 대한 이해의 변화는 다음과 같은 세 가지 형태로 나타난다.

첫째, 사회복지법은 전 국민을 포괄하는 사회안전망으로 기능하도록 사회보험의 인적대상이 확대되고, 또 사회보험을 통해서 보호될 수 없는 인적 집단에 대한 제2차적인 사회안전망으로서 생활보호법을 개혁하여야 하는 과제를 부여하게 되었다. 후자의 과제는 구체적으로는 1999년 8월 「국민기초생활보장법」의 제정으로 결실을 맺었다. 국민연금 등의 장기적인 생활위험을 보호하는 제도에 대한 장기적인 재정추계와 이에 기초한 조정의 가능성에 대한 논의 역시 필요했다.

둘째, 사회복지법은 적극적인 노동시장정책의 수단이며, 동시에 전제로서 이해되게 되었다. 사회복지법이 고용을 촉진하기 위한 급여를 포함하고 있어야 하며, 동시에 고용의 질을 담보할 수 있기 위해서는 과도적인 생활보장이 사회복지법을 통해서 이루어질 수 있어야 하기 때문이다.

셋째, 사회보험이 전 국민을 포함하게 되면서 사회보험제도의 관리운영을 통합함으로써 사회통합과 운영의 효율성이 증진될 수 있지 않은가 하는 문제가 본격적으로 논의되었다. 이 논의는 다시 두 단계로 나누어 볼 수 있다. 1단계는 오랜 논쟁이었던 의료보험 통합일원화의 문제다. 2단계는 좀 더 거시적인 통합으로, 4대 사회보험 전체를 하나의 관리운영조직을 통해서 통합하는 문제가 본격적으로 제기되기 시작하였다는 이 시기 사회복지법 발전에서의 또 하나의 특징인 사회복지급여를 법적 권리로서 인식하는 경향이 자리 잡게 되었다는 것이다. 이는 다음과 같이 두 가지 방향으로 나타난다.

① 법에 정해진 급여가 국가의 은혜적인 것이 아니며, 권리로서의 성격을 갖는다고 인식되었다. 그렇기 때문에 이에 적극적인 사법적 구제수단이 동원되었고 부분적으로 법원은 사회보장법을 근거로 행정적 재량의 여지를 배제하거나 축소하는 판결을 내기 시작하였다. ② 기존의 사회복지법에 급여수준을 유지하기 위하여 절차법적 및 조직법

적인 차원에서의 조치를 요구하게 되었다. 국민연금기금의 가치를 유지하고 법에 정해진 급여가 장기적으로 그리고 안정적으로 보장되기 위해서는 국민연금의 기금 운용에 노사 등 비용부담자가 참여할 것이 법적 권리로서 적극적으로 주장되었던 것이 대표적인 예다. 이에 기금의 강제예탁 및 기금운용위원회의 구성에 대해서 헌법재판이 제기되기도 하였다. 위와 같은 정책적인 관심은 사실 연금재정의 위기를 직접적인 계기로 하였다. 즉, 1990년대 후반에 들어서면서 이미 언급했듯이 먼저 공무원연금법이 기금고갈에 대비한 급여의 긴축조치를 취하였다. 이러한 기금 상황 및 운용과 관련된 문제는 국민연금에서도 역시 다르지 않았다. 국민연금의 재정에 대한 장기예측에 따르면, 현재의 급여수준과 보험료 수입을 유지하는 경우 2033년을 전후하여 기금이 고갈된다. 이에 어떤 형태로든 긴축조치가 필요했던 것이다.

국민연금에서는 다음과 같은 네 가지 문제에서 정책적 해결이 필요하였다.

첫째, 국민연금이 사회안전망으로 기능하기 위해서 더 이상 도시지역 주민까지 국민연금의 가입대상을 확대하는 문제를 늦출 수 없었다. 1999년 4월 1일자로 국민연금이 도시지역주민으로 확대되었다. 이로써 약 900만 명의 도시지역주민이 새로이 국민연금에 가입되었다. 이 밖에 이혼배우자의 연금분할청구권이 도입되어 민법상 이혼 시 재산분할청구권의 이념이 국민연금에 확대적용되었다.

둘째, 장기적인 재정추계에 따르면 현재의 급여수준을 유지할 경우 필연적으로 재정의 안정을 기할 수 없다. 이에 연금수준을 하향조정하고, 또 노령연금수급연령을 연장하는 조치가 취해졌다. 먼저 기존 법률에 따르면 20년 보험가입자가 생애평균소득의 약 40%를 연금으로 지급받을 수 있었던 반면, 새로운 연금산정방식에 따르면 소득과의 비례율이 30%로 인하되었다. 이 밖에 연금수급연령이 장기적으로, 즉 2033년 이후 65세가 되도록 조정되었다. 1998년 국민연금 개정 법률은 연금재정방식에서 변화를 가져왔다. 즉, 기존의 법에 따르면 1998년 이후 근로자와 사용자, 그리고 퇴직금적립금이 동등한 비율로 보험료를 부담하도록 되어 있었다. 그런데 법률 개정을 통하여 퇴직금적립금으로부터 국민연금으로의 전환금제도를 폐지하고, 이제 사용자와 근로자가 법정보험료율 9% 중 4.5%씩을 부담하도록 하였다.

셋째, 국민연금기금의 안정적인 운용을 위한 실제법적 그리고 절차법적 및 조직법적인 개선이 필요했다. 이와 관련하여 먼저 기존의 국민연금기금을 공공부문에 투자하는 근거법인 「공공자금관리기본법」 제5조가 1999년 1월 29일 개정되었다. 이에 따르면 국민연금기금의 강제예탁은 2001년부터 폐지된다. 또 1999년과 2000년에 당해 연도 여유자금의 각각 65%와 40%를 넘지 못하도록 하였다. 강제예탁에 있어 국채를 발행해야 한다는 제한이 가해지기도 하였다. 1998년 12월 31일 「국민연금법」이 개정되어 연금보험의 운영에 노사 등 가입자 대표가 참여하는 것을 법제화하여 보장하였다. 특히 국민연금기금의 운용에 있어서 가입자의 이익이 대표될 수 있도록 구성을 획기적으로 변화시켰다. 가입자의 이익을 대변할 수 있는 구성원으로 사용자대표 4인, 근로자대표 3인, 지역가입자대표 4인이 참여한다. 이 밖에 공익대표의 성격을 갖는 구성원으로 소비자 및 시민단체가 추천하는 2인, 전문가 2인이 참여한다. 이로써 전체 구성원은 20명이 되었으며, 이 중 직접적으로 가입자의 이익을 대변할 수 있는 구성원이 최소한 10명이 되게 되었다. 결국 기금운용에 있어서 내부통제에 충실할 수 있는 조직법적인 여건은 갖추어진 셈이다.

이 밖에 개정 「국민연금법」은 새로이 국민연금기금운용 실무평가위원회를 설치하였다. 또 보건복지부장관에게 기금의 운용계획을 수립하여 전년도 국회에 보고하도록 하고, 사후적으로는 운용내역과 사용내역을 국회에 제출하고 공시하도록 하였다. 이로써 여전히 국회가 직접 통제의 가능성을 갖게 된 것은 아니지만, 그만큼 공론화의 가능성이 제고된 것이라고 평가할 수 있다.

또 1999년 「국민건강보험법」이 개정되었는데, 개정 이전의 발달과정을 본다면, 1977년부터 의료보험제도가 시행되고, 1989년 전국민의료보험제도가 확대실시되는 과정에 여러 가지 문제점이 야기되었다. 예컨대, 조합주의 의료보험제도로 인한 국민계층 간 평등주의 목표와 사회통합 목표의 달성 미흡, 의료보험 관리운영의 방만함에서 오는 행 · 재정적 낭비, 그리고 다양한 의료서비스 급여제공의 약화, 특히 고령자의 증가와 의료보험료의 체납 등으로 인한 재정적자 등을 지적할 수 있다. 기존의 의료보험제도가 발병 후 사후치료를 위한 의료서비스를 주된 내용으로 한다는 약점을 해소하고, 건강진단과 재활 및 예방의 범위까지 포함하는 적극적이고 포괄적인 의료보험제도의 특성을 가진 「국민건강보험법」을 1999년 2월에 제정하여 2000년 7월부터 실시하게 되었다(국민건강보험공단, 2000: 5).

한편, 1997년에 개정된 「국민의료보험법」에서는 공무원 및 사립학교 교직원 의료보험과 지역의료보험의 조직을 통합하였다. 이어 1999년 「국민건강보험법」이 개정되어 의료보험관리운영의 완전통합을 예정하였으나, 통합운영할 경우 예상되는 건강보험공단의 재정문제, 보험료부담의 불공평성에 대한 직장의료보험조합원의 반대, 의약분업에 대한 의료계의 저항 등 여러 가지 문제점이 야기되어 2002년 「국민건강보험재정건전화특별법」이 제정된 이후에야 비로소 행 · 재정적인 통합운영이 가능하게 되었다.

「산업재해보상보험법」은 이 시기에 큰 변화가 없었다. 산재보험 민영화의 문제가 한때 논의되었으나 실현될 수는 없다. 다만 적용범위가 확대되었다. 우선 1998년 7월

1일부터 그동안 제외되었던 「금융보험법」이 적용범위에 포함되었다. 또 산업현장에서 실습 중인 학생 및 직업훈련생과 외국에서 행하는 사업에 파견하는 해외파견 근로자에게도 「산재보험법」이 적용될 수 있도록 하였다. 「산재보험법」이 기존에는 산업재해에 대한 보상을 입법목적으로 하고 있었던 데 비해, 1999년 개정 「산재보험법」은 보상과 함께 산재근로자의 재활 및 사회복귀를 입법목적으로 제시하고 있어 진전된 입법태도를 보이고 있다.

이 시기 「고용보험법」의 인적 적용대상이 급격히 확대되었다. 실업급여의 경우 30인 이상 근로자를 사용하는 사업장을 대상으로 하여 출발한 「고용보험법」은 1998년 1월 1일 상시근로자 10인 이상 사업장에 적용되고, 고용안정사업과 직업능력개발사업의 경우 70인 이상 근로자를 사용하는 사업장을 대상으로 하여 출발한 고용보험법은 1998년 1월 1일 상시근로자 50인 이상 사업장으로 확대되었다. 1998년 2월 12일에는 다시 시행령 개정을 통하여 10인 이상 근로자를 사용하는 사업장 전체에 고용보험사업이 확대적용되었다. 1998년 2월 24일에는 역시 시행령이 개정되어 3월 1일부터 실업급여의 적용을 5인 사업장으로 확대하였다. 1998년 10월 1일부터는 전체 사업장 및 임시, 시간제 근로자에게까지 고용보험사업이 실시되게 되었다.

1998년 2월 20일 법률 개정을 통해서는 급여 수준 및 지급기간에 대한 개선 조치가 취해졌다. 우선 기존 최저구직급여액의 기초가 최저임금액의 50%에서 70%로, 그리고 다시 90%로 조정되었다. 구직급여의 최저지급기간이 기존의 30일에서 60일로 연장되었다. 또 급격히 늘어난 실업자를 임시로 보호하기 위하여 구직급여의 기간을 60일의 범위 내에서 연장할 수 있는 법적 근거가 마련되었다. 구직급여지급조건인 피보험단위기간이 기존의 12개월에서 6개월로 단축되었으며, 이 규정은 1999년 6월 30일까지 한시적으로 적용되도록 하였다. 급격히 증가하는 고용보험예산을 마련하기 위하여 고용보험 보험료율의 상한이 1.5%에서 3%로 인상되었다. 1998년 9월 17일 법률 개정을 통해서 위의 피보험단위기간의 단축에 관한 규정이 다시 2000년 6월 30일까지 연장 적용되도록 하였다.

1999년 지난 30년간 국민에게 최저생활을 보장하기 위한 법적 근거로서 기능했던 「생활보호법」을 대체하기 위한 입법개선이 이루어졌다. 「국민기초생활보장법」은 그것으로 2000년 10월부터 효력이 발생하였다. 다만 소득과 재산을 함께 고려하여 산정되는 소득인정액을 기준으로 급여지급 여부를 결정하도록 하는 제도는 2003년부터 실시되도록 하였다. 「국민기초생활보장법」은 다음과 같은 점에서 기존의 「생활보호법」의 문제점을 개선한 것으로 우리나라 공공부조정책에 있어서 획기적인 개선을 의미한다.

첫째, 연령 · 신체상태 등 노동능력이 없다고 의제되는 조건을 충족하는 자에 한하여 보호대상자로 하였던 기존의 규정을 폐지하였다. 그 대신 2002년까지는 기존과 같이 소득 및 재산을 기준으로, 그리고 2003년부터는 소득인정액를 기준으로 대상자를 선정하도록 하였다.

둘째, 근로능력이 있는 자에게 대해서는 자활관련사업과 연계하는 조건으로 급여를 지급하도록 하여 근로유인을 강화하였다.

셋째, 주거에 대한 수요를 반영하여 이에 대한 급여를 보증하였다.

이 밖에 생계급여조건을 충족하지 못하는 경우에는 빈곤상태에 처하게 되는 것을 방지하기 위해서 예방적인 급여를 하는 가능성을 마련하는 등 기존의 「생활보호법」이 가지고 있었던 문제점이 대폭 개선되는 효과가 있었다.

1997년에는 「사회복지공동모금법」이 제정되었는데, 이 법은 사회복지사업을 지원하기 위한 국민의 자발적인 성금 등으로 모금된 재원을 효과적으로 관리 · 운용하여 사회복지증진에 이바지하기 위한 목적에서 법제정이 추진되었다. 또 동년에는 「청소년보호법」이 제정되고, 동년 12월 13일에는 「가정폭력방지 및 피해자보호 등에 관한 법률」이 제정되었다. 이 법은 점증하는 가정폭력을 예방하고 그 피해자를 보호하여 건전한 가정을 육성하는 것을 목적으로 하고 있다.

2. 평 가

첫째, 「사회보장기본법」의 제정으로 사회복지 관계법률 등의 체계화를 달성할 수 있게 되었다. 1995년 제정된 「사회보장기본법」은 1963년에 제정된 「사회보장에 관한 법률」의 허명을 극복하고 구체성이 결여된 기본법을 구체화 · 체계화하였다는 점에서 큰 의의가 있다.

둘째, 여권신장의 결과 여성의 복지에 대한 내용이 입법화한 것을 찾을 수 있다. 「영유아보육법」은 영유아의 복지증진을 위한 것이기도 하거니와 한편으로는 여성의 사회진출과 여권신장을 위한 것으로 해석될 수 있다. 또 1994년 1월 5일에 「성폭력범죄와 처벌 및 피해자보호 등에 관한 법률」의 제정과 1997년 12월 13일에 제정된 「가정폭력방지 및 피해자보호 등에 관한 법률」은 같은 맥락에서 이해될 수 있다. 여성의 권익과 가정의 평화를 위한 이러한 입법은 사회복지법이 좀 더 기본적인 문제에 접근하고 있는 것으로 보인다.

셋째, 역시 통합의료보험법인 「국민건강보험법」과 권리성이 강화된 공공부조법인 「국민기초생활보장법」의 제정이다. 시혜성이 강한 공공부조제도인 「생활보호법」에서 수급권자의 권리성이 강화된 공공부조제도인 「국민기초생활보장법」으로 제정되었다. 또 주거급여가 추가 신설되었고, 생활보장급여가 사회권으로 인식되는 계기가 되었다. 1999년 「국민건강보험법」이 개정되어 의료보험관리운영의 완전통합을 시도하였으나, 2002년 「국민건강보험재정 건전화 특별법」이 제정된 이후에야 비로소 행·재정적인 통합운영이 가능하게 되었다. 또한 건강진단과 재활 및 예방의 범위까지 포함하는 적극적이고 포괄적인 의료서비스 제공이 가능하게 되었다.

넷째, 「고용보험법」의 제정(1993년) 및 시행(1995년)과 개정된 「국민연금법」(1998년)에 의한 전 국민의 연금화시대(1999년)를 열게 되었다. 「고용보험법」은 근로자의 고용안정과 생활안정과 구직활동을 촉진하여 경제·사회 발전에 이바지함을 목적으로 한다. 개정된 「국민연금법」에 의해 국민연금제도의 사각지대에 방치되었던 농어촌주민, 도시지역 자영업자, 불완전취업상태인 저소득근로자와 영세사업장의 근로자까지 그 적용대상이 단계적으로 확대되어 전 국민을 소득보장체계로 흡수하고자 하였다.

다섯째, 1997년 「사회복지사업법」의 개정으로 사회복지서비스 전달체계가 구축됨으로써 전문성을 가진 공무원이 전문적인 기구를 통하여 사회복지서비스를 전달할 수 있게 되었다.

여섯째, 「국민연금법」의 실시와 적용대상의 단계적 확대로 국민 전체를 소득보장제도에 포함하였다는 점과 「산재보험법」 적용대상의 확대, 고용보험법의 제정·시행과 사회보장기본법의 제정으로 사회복지법 체계가 외형적으로 완성되었다고 볼 수 있다.

제6절 2000년대 이후의 사회복지 입법

김대중 대통령에 의한 국민의 정부(1998. 2.~2003. 1.)는 막을 내리고, 2003년 노무현 대통령이 이끄는 참여정부가 시작되면서 새로운 정치경제시대가 열렸고, NGO 등을 비롯하여 국민이 국정에 참여하는 다원사회의 형성을 도모하였다. 정치개혁, 국민화합, 경제안정을 목표로 하면서 참여정부가 중도적 사회주의 정책을 표방하였으나, 전환기의 한국 사회에서 발생하는 많은 난관에 부딪혔다.

중앙정부와 지방정부에 있어서 국가균형발전과 복지예산의 지방이양, 저출산·고령사회의 도래와 신사회적 위험에 대한 새로운 사회복지정책에의 요구, 청년실업과 비정규직 문제, 국민연금 등을 둘러싼 노후소득보장문제 등이 사회복지 입법과 관련하여 주요한 쟁점으로 부각되었다.

저출산 · 고령사회에 대응하고자 2005년 제정된 「저출산 · 고령사회기본법」은 저출산 · 고령사회정책의 기본방향과 그 수립 및 추친체계에 대한 사항을 규정함으로써 국가경쟁력을 높이고 국민의 삶의 질 향상과 국가발전에 기여한다. 2008년 1월에 시행된 「기초노령연금법」은 생활이 어려운 노인에게 기초노령연금을 지급함으로써 노인의 생활안정을 지원하고 복지를 증진하기 위하여 제정되었다. 2008년 「노인장기요양보험법」이 시행되었는데(2007년 4월 제정), 고령이나 노인성 질병 등의 사유로 일상생활을 혼자서 수행하기 어려운 노인에게 제공하는 신체활동 또는 가사활동 지원 등의 장기요양급여에 관한 사항을 규정하여 노후의 건강증진 및 생활안정을 도모하고 그 가족의 부담을 덜어 줌으로써 국민의 삶의 질을 향상하는 법이다.

또 가족해체문제가 악화됨에 따라 2004년 2월 「건강가정기본법」이 제정되었다. 이 법은 건강한 가정생활의 영위와 가족의 유지 및 발전을 위한 국민의 권리 · 의무와 국가 및 지방자치단체 등의 책임을 명백히 하고, 가정문제의 해결방안을 강구하여 가족구성원의 복지증진에 이바지하고, 건강가정의 구현을 꾀한다. 「한부모가족지원법」은 2007년 10월 「모 · 부자복지법」이 일부 개정되면서 법명이 변경된 것으로서, 한부모가족 및 조손가정이 건강하고 문화적인 생활을 영위할 수 있도록 함으로써 한부모가족의 생활안정과 복지증진에 이바지함을 목적으로 한다. 2008년 「다문화가족지원법」이 제정되어 다문화가족 구성원이 안정적인 가족생활을 영위할 수 있도록 함으로써 그들의 삶의 질 향상과 사회통합에 이바지하게 되었다.

1990년 제정된 「장애인고용촉진 등에 관한 법률」은 2000년 「장애인고용 촉진 및 직업재활법」으로 법명을 변경하여 개정되었다. 이 법은 경증장애인뿐만 아니라 중증장애인까지 능력에 맞는 직업생활을 통하여 인간다운 생활을 할 수 있도록 장애인의 고용촉진 및 직업재활을 꾀하는 것을 목적으로 한다. 2007년 「장애인차별 금지 및 권리구제 등에 관한 법률」을 제정하여 모든 생활 영역에서 장애로 인한 차별을 금지하고 장애인의 완전한 사회참여와 평등권 실현을 통한 장애인의 인간존엄 실현을 도모하였다.

장애로 인하여 생활이 어려운 중증장애인에게 장애인연금을 지급함으로써 중증장애인의 생활안정 지원과 복지증진 및 사회통합을 도모하기 위하여 「장애인연금법」이 2010년 4월에 제정되었다. 또 2011년 1월에 제정된 「장애인활동 지원에 관한 법률」은 신체적 · 정신적 장애로 인하여 혼자서 일상생활과 사회생활을 하기 어려운 장애인에게 활동급여 등을 지원함으로써 장애인의 자립생활을 지원하고 그 가족의 부양부담을 줄임으로써 장애인의 삶의 질 향상을 목적으로 한다. 2011년 8월에 제정된 「장애아동복지지원법」은 국가와 지방자치단체가 장애아동의 복지욕구에 적합한 지원을 통합 제공함으로써 장애아동이 안정된 가정생활 속에서 건강하게 성장하고 사회에 활발하게 참여할 수 있도록 하며 장애아동 가족의 부담을 줄이는 것을 목적으로 한다.

2005년 12월에 제정된 「긴급복지지원법」은 생계곤란 등의 위기상황에 처하여 도움이 필요한 자를 신속하게 지원함으로써 그들이 위기상황에서 벗어나 건강하고 인간다운 생활을 영위하도록 함을 목적으로 한다. 1977년 제정된 「의료보호법」은 2001년 「의료급여법」으로 법명이 변경되었다. 이 법은 생활이 어려운 자에게 의료급여를 실시함으로써 국민보건의 향상과 사회복지의 증진에 이바지함을 목적으로 한다.

2005년 「자원봉사활동기본법」이 제정되어 자원봉사활동에 관한 기본사항을 규정함으로써 자원봉사활동을 진흥하고 행복한 공동체 건설에 기여하게 되었다. 2006년 3월에는 「식품기부활성화에 관한 법률」이 제정되어 식품기부를 활성화하고 기부된 식품을 생활이 어려운 자에게 지원함으로써 사회복지증진 및 사회공동체 문화의 확산에 기여한다. 「사회복지사 등의 처우 및 지위 향상을 위한 법률」이 2011년 3월 제정되어 사회복지사 등에 대한 처우를 개선하고 신분보장을 강화하여 사회복지사 등의 지위를 향상함으로써 사회복지증진에 이바지하게 되었다.

도시와 농어촌 간의 복지 격차문제를 해소하기 위한 「농어촌주민의 보건복지증진을 위한 특별법」이 2004년 제정되었다. 농어촌에 보건의료 및 사회복지시설을 확충함으로써 농어촌주민의 인간다운 삶을 보장함을 목적으로 하는 법이다. 「근로자복지기본법」(2001년 제정)은 2010년 「근로복지기본법」으로 법명을 변경하여 전부 개정되면서 사내근로복지기금법의 내용을 흡수 · 통합하였다.

「국민건강보험재정건전화특별법」은 2002년 제정되었는데, 국민건강보험의 재정적자를 조기에 해소하고 재정수지의 균형을 이루고, 건강보험재정의 건전화를 위하여 제정된 「국민건강보험법」 등에 대한 특례다. 2009년에 제정되어 시행된 「국민연금과 직역연금의 연계에 관한 법률」은 국민연금의 가입기간과 공무원연금, 사립학교교직원연금, 군인연금 및 별정우체국직원연금의 재직기간, 복무기간을 연계하여 연계급여를 지급함으로써 국민의 노후생활 안정과 복지증진에 이바지함을 목적으로 한다.

2007년에 제정된 「노인장기요양보험법」은 핵가족화 · 여성의 사회참여 증가 등으로 장기요양이 필요한 노인을 가정에서 돌보는 것이 어려워지면서 노인의 간병 · 장기요양 문제를 사회적 연대원리에 따라 정부와 사회가 공동으로 해결하려는 노력으로 볼 수 있다. 그리고 2011년에 제정된 「장애인활동 지원에 관한 법률」은 장애인의 문제를 개인과 가족에 한정하는 것이 아니라 사회문제로 사회화하는 계기를 마련하였다고 볼 수 있다. 이는 가족의 개호부담을 줄이고 장애인의 삶의 질을 높이는 사회적 노력으로 평가할 수 있다.

2010년대에 들어서면서 송파구 세 모녀의 자살 사건, 장애인활동지원서비스를 받지 못하는 장애인들의 사망사고, 사설 보육원에서의 아동학대사건들은 복지사각지대에 대한 관심을 높이는 계기가 되었다. 2015년의 「국민기초생활보장법」 개정은 이러한 사회현상을 반영했다고 볼 수 있다.

표 6-1 우리나라 사회복지법의 연도별 도입 현황

정부	제정연도	사회보험법	공공부조법	사회복지서비스법	복지관련법
제1, 2 공화국	1953				• 근로기준법 (1953. 5. 10.)
군사혁명정부	1960 1961	• 공무원연금법 (1960. 1. 1.)	• 갱생보호법(1961. 9. 30.) • 군사원호보상법(1961. 11. 1.) • 생활보호법(1961. 12. 30.)	• 윤락행위 등 방지법(1961. 11. 9.) • 아동복리법 (1961. 12. 30.)	
	1962	• 선원보험법(1962. 1. 10.) - 미실시	• 재해구호법(1962. 3. 30.) • 국가유공자 및 월남귀순자 보호법(1962. 4. 10.)		
제3공화국	1963	• 군인연금법(1963. 1. 18.) • 산업재해 보상보험법(1963. 11. 5.) • 의료보험법(1963) - 미실시			• 사회보장에 관한 법률 (1963. 11. 5.) - 사문화
	1968			• 자활지도사업임시조치법(1968. 7. 23.)	
	1970		• 재해구제로 인한 의사상자 구호법(1970. 8. 4.)	• 사회복지사업법 (1970. 1. 1.)	
제4공화국	1973	• 국민복지연금법 (1973. 2. 24.) - 미실시 • 사립학교교원연금법(1973. 12. 20.)			
	1976	• 의료보험법 개정 (1976. 12. 22.)			• 입양특례법 (1976. 12. 31.)
	1977	• 공무원 및 사립학교 교원의료보험법 제정(1977. 12. 31.) • 의료보험법 실시	• 의료보호법 (1977. 12. 31.)		• 특수교육진흥법(1977. 12. 31.)

정부	제정연도	사회보험법	공공부조법	사회복지서비스법	복지관련법
제5공화국	1980				• 사회복지사업 기금법(1980. 12. 31.)
	1981			• 심신장애자복지법, 노인복지법, 아동복지법 전문개정	
	1982	• 공무원연금법 (1982. 12. 28.)	• 생활보호법 전문개정 (1982. 12. 31.)	• 유아교육진흥법 (1982. 12. 31.)	
	1983			• 사회복지사업법 (사회복지사자격 규정, 한국사회복지협의회 규정)	
	1984	• 국민연금법 전문 개정(1986. 12. 31.)	• 갱생보호법 전문개정 (1986. 12. 23.)		• 최저임금법 (1986. 12.)
제6공화국	1988	• 국민연금법 시행 (1988. 1. 1.) • 농어촌지역 의료보험 시행(1988. 1. 1.)			• 최저임금제 시행(1988. 1. 1.) • 보호관찰법 (1988. 1. 1.)
	1989	• 도시지역 의료보험 시행(1989. 7. 1.)		• 모자복지법 (1989. 4. 1.), 장애인복지법 (1989. 12. 30.) 전문개정 • 장애자 고용촉진 등에 관한 법률 (1989. 12. 16.)	
	1991			• 영유아보육법 • 사회복지사업법 (사회복지전담 공무원, 사회복지 전담기구) • 고령자고용촉진법	• 사내근로복지 기금법 (1991. 8. 10.) • 청소년기본법(1991. 12. 31.)

정부	제정연도	사회보험법	공공부조법	사회복지서비스법	복지관련법
문민정부	1993	• 고용보험법 제정 (1993.12. 27.)			• 일제하 일본군 위안부에 대한 생활안정지원법(1993. 6. 11.)
	1994			• 성폭력범죄의 처벌 및 피해자보호 등에관한법률	
	1995	• 국민연금법 개정 • 농어민연금 시행 • 고용보험법 시행		• 정신보건법 (1995. 12. 30.)	• 사회보장기본법 (1995. 12. 30.) • 보호관찰 등에 관한 법률 • 여성발전기본법
	1997	• 국민의료보험법 (1997. 12. 31.) • 고용보험법 개정(4인 이하 사업장까지 확대 적용, 1998년 시행)		• 사회복지 공동모금법 • 청소년보호법 • 가정폭력방지 및 피해자보호 등에 관한 법률 • 사회복지사업법 개정	• 사회복지사업 기금법(1980. 12. 31.)
	1998	• 국민연금법 개정(도시지역주민까지 확대 적용, 보험료율 조정, 1999년 시행)			
국민의 정부	1999	• 국민건강보험법 제정(2000년 시행) • 산재보험법 개정(중소기업사업주에 대한 확대 적용)	• 국민기초생활 보장법 제정(2000년 시행)	• 사회복지사업법 개정(사회복지법인의 설치운영을 보건복지부장관 허가제로 함) • 장애인복지법개정(5종장애 추가)	
	2000	• 국민연금법 개정(국민기본연금액의 산정방식 조정과 기금운용 개선)	• 장애인 고용촉진 및 직업재활법		
	2002	• 국민건강보험 제정 • 건전화특별법 제정	• 의료급여법(급여기간제한 폐지, 예방재활 추가)	• 청소년보호법 개정(청소년 만 19세 미만)	

정부	제정연도	사회보험법	공공부조법	사회복지서비스법	복지관련법
참여정부	2003	• 고용보험 및 산재보험료 부과징수에 관한 법률		• 사회복지사업법 개정(시 · 군 · 구에 사회복지협의체 신설, 보건의료복지 연계 지역복지 계획 수립)	• 건강가정 기본법
	2004		• 재해구호법(2004. 12. 30. 일부개정)	• 사회복지공동모금회법(2004. 1. 29. 일부개정) • 사회복지사업법(2004. 9. 23. 일부개정)	
	2005	• 고용보험 및 산업재해보상보험의 보험료 징수 등에 관한 법률(2005. 12. 3. 일부개정) • 국민연금법(2005. 12. 29. 일부개정)	• 국민기초생활보장법(2005. 12. 29. 일부개정)	• 모 · 부자복지법(2005. 6. 23. 일부개정) • 노인복지법(2006. 10. 20. 일부개정) • 장애인복지법(2005. 10. 21. 시행령) • 영유아보육법(2005. 12. 29. 일부개정) • 장애인 · 노인 · 임산부등의편의증진보장에 관한 법률(2005. 12. 30. 시행)	• 사회보장기본법(2005. 1. 27. 일부개정)
	2006	• 고용보험 및 산업재해보상보험의 보험료 징수 등에 관한 법률(2006. 3. 29. 시행령) • 국민연금법(2006. 6. 12. 일부개정) • 국민건강보험법(2006. 10. 18. 일부개정)	• 국민기초생활보장법(2006. 2. 22.시행) • 의료급여법(2006. 4. 13. 시행)	• 성매매방지 및 피해자 보호 등에 관한 법률(2006. 3. 21. 시행) • 장애인 · 노인 · 임산부등의 편의증진 보장에 관한 법률(2006. 6. 12. 시행)	• 사회보장기본(2006. 6. 12. 시행령)

정부	제정연도	사회보험법	공공부조법	사회복지서비스법	복지관련법
	2006	• 고용보험법(2006. 10. 4. 일부개정)		• 사회복지사업법(2006. 7. 3. 일부개정) • 장애인복지법(2006. 7. 3. 일부개정) • 아동복지법(2006. 9. 27. 일부개정) • 영유아보육법(2006. 11. 10. 일부개정)	
	2007			• 사회복지사사업법(2007. 1. 24. 일부개정) • 노인장기요양보험법(2007. 4. 27. 제정)	
	2009	• 국민건강보험법(2009. 4. 6. 시행) • 노인장기요양보험법(2009. 4. 6. 일부개정)		• 장애인복지법(2009. 4. 20. 일부개정) • 영유아보육법(2009. 7. 3. 시행) • 노인복지법(2009. 7. 8. 일부개정) • 사회복지사사업법(2009. 7. 17. 일부개정)	• 사회보장기본법(2009. 5. 29. 시행령)
	2010			• 아동복지법(2010. 1. 1. 일부개정) • 노인복지법(2010. 4. 26. 시행)	

정부	제정연도	사회보험법	공공부조법	사회복지서비스법	복지관련법
MB정부	2011	• 산업재해보상보험법(2011. 1. 24. 시행) • 국민건강보험법(2011. 2. 28. 시행) • 고용보험법(2011. 12. 8. 시행) • 노인장기요양보험법(2011. 12. 8. 시행)	• 기초노령연금법(2011. 7. 1. 일부개정) • 국민연금법(2011. 12. 8. 시행) • 국민기초생활보장법(2011. 12. 30. 시행)	• 장애인활동 지원에 관한 법률(2011. 1. 14. 제정) • 영유아보육법(2011. 1. 20. 일부개정) • 성폭력방지 및 피해자보호 등에 관한 법률(2011. 10. 1. 일부개정) • 다문화가족지원법(2011. 10. 5. 일부개정) • 장애인고용촉진 및 직업재활법(2011. 10. 26. 시행) • 노인복지법(2011. 12. 8. 일부개정)	• 최저임금법(2011. 12. 19. 시행) • 성폭력범죄의 처벌 등에 관한 특례법(2011. 11. 17. 시행) • 학교폭력예방 및 대책에 관한 법률(2011. 11. 20. 시행)
	2012	• 고용보험법(2012. 1. 31. 시행) • 의료급여법(2012. 4. 1. 시행) • 산업재해보상보험법(2012. 4. 25. 시행) • 고용보험 및 산업재해보상보험의 보험료 징수 등에관한 법률(2012. 7. 1. 시행) • 국민건강보험법(2012. 6. 11. 시행)	• 국민기초생활보장법(2012. 2. 14. 시행)	• 한부모가족지원법(2012. 1. 1. 시행) • 장애인복지법(2012. 3. 31. 시행) • 사회복지사사업법(2012. 6. 8. 시행) • 영유아보육법(2012. 7. 1. 시행) • 장애아동복지지원법(2012. 8. 5. 시행) • 청소년보호법(2012. 4. 18. 시행) • 장애인·노인·임산부등의편의증진보장에관한법률(2012. 8. 24. 시행)	• 사회보장기본법(2012. 1. 26. 전부개정, 2013. 1. 27. 시행) • 사회적기업육성법(2012. 2. 1. 시행) • 아동·청소년성보호에 관한 법률(2012. 3. 16. 시행) • 학교폭력예방 및 대책에 관한 법률(2012. 5. 1. 시행) • 근로복지기본법(2012. 8. 2. 시행)

정부	제정연도	사회보험법	공공부조법	사회복지서비스법	복지관련법
					• 저출산 · 고용사회기본법(2012. 11. 24. 시행) • 사회복지사 등의 처우 및 지위향상을 위한 법률(2012. 11. 24. 시행)
박근혜정부	2013				• 사회보장기본법(2013. 1. 27. 시행)
	2014	• 고용보험법(2014. 1. 1. 일부개정) • 국민연금법(2014. 1. 14. 일부개정) • 노인장기요양보험법(2014. 2. 14. 시행) • 고용보험법(2014. 7. 1. 시행) • 국민건강보험법(2014. 11. 21. 일부개정)	• 기초연금법(2014. 7. 1. 제정) • 장애인연금법(2014. 7. 1.일부개정) • 의료급여법(2014. 7. 29. 시행)	• 영유아보육법(2014. 5. 28. 일부개정) • 다문화가족지원법(2014. 6. 30. 시행) • 한부모가족지원법(2014. 7. 22. 일부개정) • 아동복지법(2014. 9. 29. 일부개정)	• 일제하 일본군위안부피해자에 대한 생활안정 지원 및 기념사업 등에 관한 법률(2014. 9. 25. 일부개정)
	2015		• 국민기초생활보장법(2015. 7. 1. 전면개정)	• 영유아보육법(2015. 1. 1. 일부개정) • 발달장애인 권리보장 및 지원에관한법률(2015. 11. 21. 제정)	• 장애인차별금지및권리구제등에관한법률(2015. 1. 29. 일부개정)

제2부

한국 사회복지법 각론

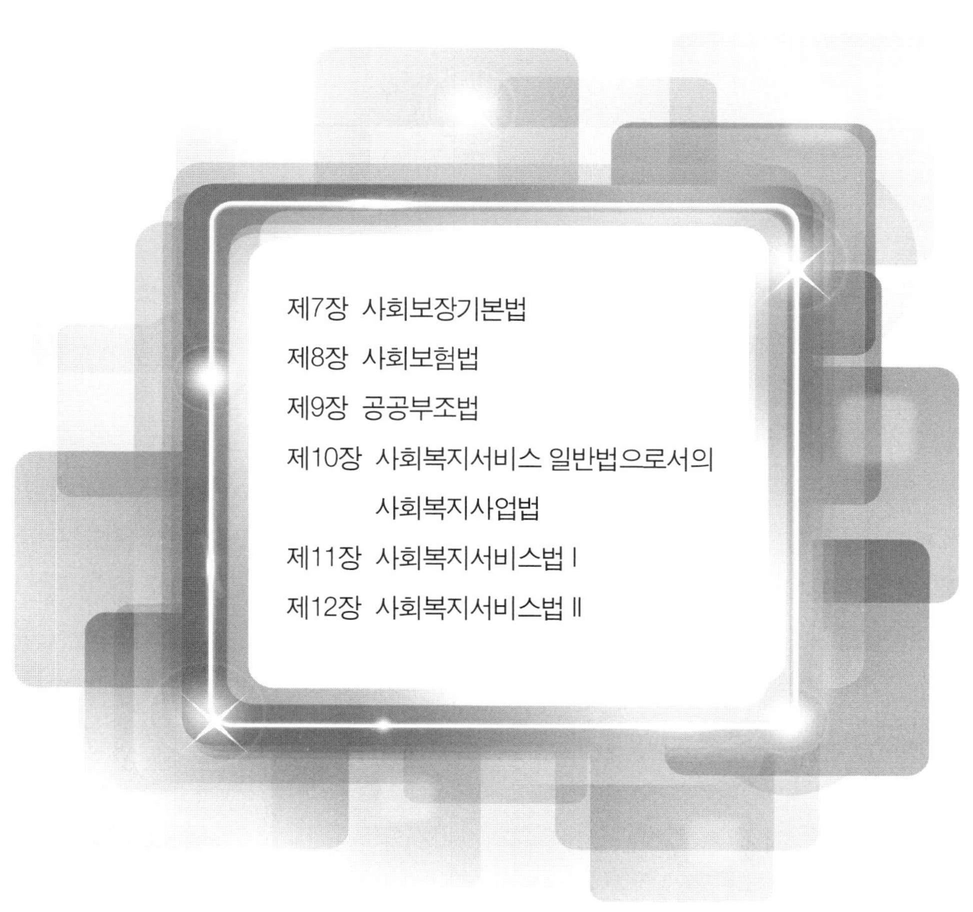

제7장 사회보장기본법
제8장 사회보험법
제9장 공공부조법
제10장 사회복지서비스 일반법으로서의 사회복지사업법
제11장 사회복지서비스법 I
제12장 사회복지서비스법 II

제7장 사회보장기본법

[시행 2014. 11. 19.] [법률 제12844호, 2014. 11. 19., 타법개정]

제1절 법의 의의

현대 복지국가에서의 사회보장제도는 각 국가마다 다양한 형태로 운영되고 있지만 사회보장의 기본 구조는 소득보장과 의료보장을 중심으로 구성되고 있다. 우리나라에서도 사회복지법의 기본법으로서 사회보장에 관한 법률을 1963년에 제정한 바 있으나 사회보장제도 전반에 걸친 기본법으로서 기능하기에는 그 내용이 너무 빈약하여 1995년 폐지되고, 「사회보장기본법」이 새롭게 제정되었다.

선진 제국은 이미 오래전에 사회복지기본법을 제정하고 이 기본법에 따라 개별 사회복지법의 균형 유지, 새로운 사회복지제도의 창설, 사회복지제도의 발전, 각 복지제도 간의 통합 · 조정을 도모하여 왔다. 즉, 미국은 사회보장법(Social Security Act)을, 영국은 연방사회보험법(National Insurance Act)을, 프랑스와 독일은 사회보장법전이라는 명칭으로 사회복지기본법을 제정하여 사회보장제도의 발전을 도모하였다. 각국의 사회보장제도에 공통적인 사회보장의 범위는 보험원리에 기초하고 있는 사회보험, 부조의 원리에 기초하고 있는 공공부조, 보상의 원리에 기초하고 있는 사회보상, 원조의 원리에 기초하고 있는 사회복지서비스 등 4개 부문이다(장동일, 2006).

「사회보장기본법」은 '기본법'이라는 규범적 지위를 갖고, 헌법의 추상적 규범을 구체화하면서 개별 법률을 총괄적으로 지배하는 법률로서 헌법 제34조의 이념에 따라 사회보험, 공공부조, 사회서비스(법 제3조)에 대한 법을 총체적으로 지휘하는 헌법의 하위규범이면서 동시에 법률의 상위규범으로서 의의를 갖는다. 또한 「사회보장기본법」은 선진국의 사회보장에 관한 공통적인 내용을 담고 있으며, 사회보장제도로서 기본적인 구조를 갖추고, 사회안전망을 구축하게 되어 현대 사회복지국가로서 제도적 장치를 구축하였다.

그러나 기존의 「사회보장기본법」이 현대사회의 신사회위험에 대응하는 제도적 장치로 미흡하다고 판단하여 2012년 전면개정되고, 2013년부터 시행하게 되었다. 전면개정된 「사회보장기본법」은 모든 국민의 생애주기에 맞게 평생사회안전망을 설치하고 맞춤형 사회보장제도를 추구하여 미래 지향적인 사회보장제도를 구축하였다는 점에서 의의가 있다.

제2절 입법배경 및 연혁

1. 사회보장기본법의 입법배경

「사회보장기본법」의 전신인 「사회보장에 관한 법률」은 5 · 16 군사쿠데타로 등장한 국가재건최고회의가 지배하던 시대에 제정된 법률이다. 이는 당시 사회보장 전문가로 구성되었던 사회보장제도심의위원회의 노력으로 제정되었다. 그러나 당시 군사정권은 국가 재원이 한정되어 있고 또한 정책의 우선순위를 경제개발에 치중하고 있어서 사회복지에 대한 국민적 요구가 많은 경우 이에 대한 대처에 상당히 신경을 쓰게 되었고, 따라서 사회보장에 대한 표현을 약화하는 데 주력하였다. 이러한 이유로 「사회보장에 관한 법률」은 중요한 사항이 삭제되었고, 그 이후 1995년 「사회보장기본법」이 제정될 때까지 유명무실한 법으로 아무런 기능도 하지 못한 채 남아 있었다.

이후 32년간 사문화(死文化)된 채 존속되어 오던 「사회보장에 관한 법률」을 대체하는 「사회보장기본법」을 1995년 35개 조문과 2개의 부칙으로 제정하게 되었다. 하나의 프로그램이며 제도인 사회복지 또는 사회보장은 헌법상의 추상적인 이념만을 토대로 하여 개별적인 실정법을 제정하기 어렵기 때문에 헌법과 개별 사회복지법을 연결하여 주는 기본법이 필요한 것이다.

이와 같은 사회보장기본법은 과연 어떤 법인가? 사회복지법의 영역에 포함되는 많은 개별 입법은 제각기 제 · 개정되어 왔기 때문에 각 법률 간의 전체적인 통일성과 연계성을 기대하기는 어렵다. 따라서 사회복지법전(또는 사회보장법전)과 같은 단일 법전이 필요하겠지만 그것은 독일의 사회법진화의 역사를 보더라도 결코 쉬운 일이 아니다. 따라서 통일된 단일 법전을 제정한다면 그 법전의 총칙에 해당되는 것이 바로 「사회보장기본법」인 것이다.

2. 사회보장기본법의 연혁

개별 사회복지법의 기본법인 「사회보장에 관한 법률」이 1963년 11월 5일 제정되었다. 동 법률은 헌법의 생존권적 기본권을 보장하려는 정신에 따라 우리나라의 사회보장제도 도입과 제도의 기본원칙 및 기준설정의 필요성에 입각하여 제정되었다. 다시 말하면, 헌법에 규정된 생존권 또는 복지권을 구체적으로 실현하기 위하여 개별 사회복지법률의 존립근거, 기본원칙 또는 기준의 근거로 「사회보장에 관한 법률」이 입법되었다.

그러나 동 법률은 최초에는 사회보장의 기본 계획, 이론 정립 등 세부적인 사항을 담으려 했으나 정부의 사회보장의 의지가 후퇴하면서 상징적인 의미를 갖는 정도로 입법화되는 수준에서 그쳤다. 이후 동법은 전문 7개 조로서 30여 년 동안 자구의 수정도 없이 형식적이고 가시적인 법으로서 존재해 왔었다.

동법은 불과 입법취지와는 동떨어진 매우 형식적인 법으로서 개별 사회복지법의 기본법으로서 기능하기에는 미흡한 법률이었다. 사회복지학계나 사회복지행정가는 「사회보장에 관한 법률」이 실질적으로 개별 사회복지법의 기본법으로 기능하기 위해서는 동법의 전면개정이나 새로운 법률의 제정이 필요하다고 주장하여 왔다.

1990년대 초 정부는 「사회보장기본법」을 제정을 제안하는 이유로서 우리나라의 경제사회발전의 수준과 국민의 복지수요에 부합하는 사회보장제도를 확립하고 사회보장을 증진하려는 것임을 밝혔다.

정부 측의 내부 검토가 있은 후 1994년 11월 보건사회부의 '사회보장기본법 제정안'이 제출되고, 1995년 12월 18일 제177회 국회 본회의에서 가결되어 1995년 12월 30일 법률 제5134호로 「사회보장기본법」이 입법 · 제정되었다. 마침내 1995년 새로운 법형식으로 「사회보장기본법」이 제정됨에 따라 「사회보장에 관한 법률」은 폐기되었다. 그 후 2012년 1월 26일 「사회보장기본법」이 전면개정되었다. 전면개정 내용은 〈표 7-1〉에 자세히 설명되어 있다. 2013년 3월 23일에는 정부조직법의 개정으로 법이 일부개정되었다. 「사회보장기본법」은 국가 성장동력의 양대 핵심 축인 과학기술과 정보통신기술을 창조경제의 원천으로 활용하여 경제부흥을 뒷받침할 수 있도록 정부 조직체계를 재설계하고, 정부기능을 재배치하려는 것에 그 목적이 있다.

2014년 11월에 일부개정된 「사회보장기본법」에서는 국가적 재난관리를 위한 재난안전 총괄부처로서 국무총리 소속으로 '국민안전처'를 신설하였다. 또한 공직개혁 추진 및 공무원 전문역량 강화를 위하여 공무원 인사 전담 조직인 인사혁신처를 국무총리 소속으로 설치하고, 교육 · 사회 · 문화 부총리를 신설하였다.

■ 사회보장기본법 연혁

1963년 사회보장에 관한 법률 제정

1995년 사회보장기본법 공포 및 사회보장에 관한 법률 폐지

2012년 사회보장기본법 전면개정

2013년 정부 조직체계를 재설계하고 정부기능을 재배치

2014년 국무총리 소속으로 '국민안전처' 와 인사혁신처를 신설

■ 전면개정의 배경과 목적

사회보장기본법의 전면개정은 중앙 부처별로 산재해 있는 사회보장정책을 통합하고, 조정하여 모든 국민이 보편적으로 생애주기적 특성에 맞는 사회서비스를 보장받을 수 있도록 평생사회안전망을 구축하여 현 상황에 적합한 사회보장정책의 비전과 미래지향적 발전방향을 제시하고자 하였다.

■ 주요 개정 내용

1. 국가의 사회보장 책임 강화: 5년마다 사회보장기본계획을 수립하고, 중앙부처는 매년 시행계획을 수립하고 시행, 지방자치단체는 사회보장에 관한 지역계획을 수립 · 시행
2. 사회보장의 범위 확대: 구 사회적 위험(질병, 장애, 노령, 실업, 사망)+신사회적 위험(저출산, 고령화, 빈곤), 최저선을 넘어선 사회참여와 자아실현 달성이 목표
3. 평생사회안전망 구축: 기본욕구와 특수욕구를 고려하여 소득 · 서비스를 보장하는 맞춤형 사회보장제도
4. 사회보장정보시스템 구축: 사회보장업무의 전자관리 시스템을 구축 · 운영

표 7-1 사회보장기본법 전면개정의 구체적 내용

구분	개정 전	개정 후
목적	사회보장제도에 관한 기본적인 사항을 규정함으로써 국민의 복지증진에 기여	사회보장정책의 수립 · 추진과 관련 제도에 관한 기본적인 사항을 규정함으로써 국민의 복지증진에 이바지
기본이념	인간다운 생활을 할 수 있도록 최저생활을 보장하고 국민 개개인이 생활수준을 향상할 수 있도록 제도와 여건을 조성하여, 그 시행에 있어 형평과 효율의 조화를 도모함으로써 복지사회를 실현	다양한 사회적 위험으로부터 벗어나 행복하고 인간다운 생활을 향유할 수 있도록 자립을 지원하며, 사회참여 · 자아실현에 필요한 제도와 여건을 조성하여 사회통합과 행복한 복지사회를 실현
정의	사회보장: 질병, 장애, 노령, 실업, 사망 등의 사회적 위험으로부터 모든 국민을 보호하고 빈곤을 해소하며 국민 생활의 질을 향상하기 위하여 제공되는 사회보험, 공공부조, 사회복지서비스 및 관련복지제도	사회보장: 출산, 양육, 실업, 노령, 장애, 질병, 빈곤 및 사망 등의 사회적 위험으로부터 모든 국민을 보호하고 국민 삶의 질을 향상하는 데 필요한 소득 · 서비스를 보장하는 사회보험, 공공부조, 사회서비스
	사회복지서비스: 모든 국민에게 상담, 재활, 직업의 소개 및 지도, 사회복지시설의 이용 등을 제공하여 정상적인 사회생활이 가능하도록 지원하는 제도	사회서비스: 모든 국민에게 복지, 보건의료, 교육, 고용, 주거, 문화, 환경 등의 분야에서 인간다운 생활을 보장하고 상담, 재활, 돌봄, 정보의 제공, 관련 시설의 이용, 역량 개발, 사회참여 지원 등을 통하여 국민의 삶의 질이 향상되도록 지원하는 제도
	신설	평생사회안전망: 생애주기에 걸쳐 보편적으로 충족되어야 하는 기본욕구와 특정한 사회위험에 의하여 발생하는 특수욕구를 동시에 고려하여 소득 · 서비스를 하는 맞춤형 사회보장제도
정부의 책임	신설	국가와 지방자치단체는 모든 국민의 인간다운 생활을 유지 · 증진하는 책임을 가짐. 국가와 지방자치단체는 사회보장에 관한 책임과 역할을 합리적으로 분담
사회보장기본계획과 사회보장위원회	보건복지부장관은 관계 중앙행정기관의 장과 협의하여 위원회의 심의를 거쳐 사회보장 증진을 위한 장기발전방향을 5년마다 수립	보건복지부장관은 사회보장에 관한 기본계획을 5년마다 수립, 시행계획을 매년 수립 · 시행, 사회보장에 관한 지역계획을 수립 · 시행
사회보장정책의 기본방향	신설	평생사회안전망을 구축 · 운영, 사회서비스 보장, 소득보장

제3절 사회보장기본법의 내용

1. 사회보장의 개념과 기본원칙

「사회보장기본법」에 의하여 시행되는 사회보장의 개념은 무엇인가? "사회보장이란 출산, 양육, 실업, 노령, 장애, 질병, 빈곤 및 사망 등의 사회적 위험으로부터 모든 국민을 보호하고 국민 삶의 질을 향상시키는 데 필요한 소득 · 서비스를 보장하는 사회보험, 공공부조, 사회서비스를 말한다." (사회보장기본법 제3조)라고 하고 있다.

「사회보장기본법」은 현대 자본주의 사회에서 발생하는 여러 가지 구조적인 모순점을 해결하기 위한 사회복지국가 이념에 따라 모든 국민이 인간다운 생활을 영위할 수 있도록 "사망 · 질병 · 빈곤 · 실업 등 사회적 재해를 당한 경우 국가에 대하여 금전적 급여나 비금전적 서비스를 청구할 수 있도록 부여하고 있는 사회보장청구권의 구체적인 내용을 규정한 법" 이라고 정의할 수 있다(박승두, 1997: 64).

국제노동기구(ILO)가 출간한 보고서인 『사회보장제의 실현방안(*Approaches to Social Security*)』에서는 "사회보장이라고 하는 것은 사회가 적절한 조직을 통하여 그 구성원이 봉착하는 일정한 사고에 대하여 제공하는 보장이다. 이 사고는 소자산의 개인으로서는 스스로의 능력이나 예지 혹은 동료와의 개인적 결합에 의해서도 유효하게 대비할 수 없는 본질적 사고다." 라고 규정하고, 구체적으로는 "국민에 대하여 질병의 예방 또는 치료, 생활이 불가능할 때의 생활의 유지 및 유상활동에 복귀시킬 것을 목적으로 급여를 주는 제도로 보는 것이 타당하다." 라고 하였다(ILO, 1942).

이러한 사회보장의 고전적인 기본원칙은 영국의 베버리지 보고서에서 발견할 수 있다. 1942년의 영국의 베버리지 보고서는 영국뿐만 아니라 전 세계적으로 사회보장의 기본원칙과 이념을 제공하고 각국의 사회보장법을 크게 발전시킨 중요한 요인으로 이해되고 있다. 이 보고서에서는 사회보험의 6대 기본원칙을 제시하고 있는데, 그것은 균일액의 최저생활비급여, 균일액의 보험료 거출, 행정책임의 통일, 급여의 적정성, 포괄성 및 피보험자의 분류 등으로서 이를 관철하기 위한 세 가지 원리, 즉 포괄성, 형식적 평등성, 최저보장의 원리로 집약된다(毛利健三, 1987: 213-217).

① 포괄성의 원리는 특히 사회보험에 적용되는 원리로 피보험자의 범위와 사회보장 욕구의 양면에 있어서 포괄적이어야 하며 특정 계층으로 제한하거나 특정사회보

장욕구에 제한되어서는 안 된다.

② 형식적 평등성의 원리로 최저생활비 '균일급여'와 '균일각출'을 원칙으로 한다.

③ 최저보장의 원리로 사회보장급여는 금액이나 기간의 면에서 최저생활비 보장을 목적으로 하며, 최저생활비 이상을 보장하여서는 안 된다.

2. 사회보장기본법의 목적과 이념

1) 목적

「사회보장기본법」은 사회보장에 관한 국민의 권리와 국가 및 지방자치단체의 책임을 정하고 사회보장정책의 수립·추진과 관련 제도에 관한 기본적인 사항을 규정함으로써 국민의 복지증진에 이바지하는 것을 목적으로 한다(법 제1조).

「사회보장기본법」은 헌법상의 생존권적 기본권을 실현하는 데 기여함을 목적으로 하고 있고, 이를 구현하기 위한 구체적 수단으로 국가 및 지방자치단체의 의무와 책임을 명시하고 있으며, 사회보장의 범위와 사회보장제도의 구체화를 위해서 사회보장정책을 수립하고, 추진하는 것과 관련된 기본적 사항을 규정한다고 목적에서 천명하고 있다.

2) 이념

사회보장은 모든 국민이 다양한 사회적 위험으로부터 벗어나 행복하고 인간다운 생활을 향유할 수 있도록 자립을 지원하며, 사회참여·자아실현에 필요한 제도와 여건을 조성하여 사회통합과 행복한 복지사회를 실현하는 것을 기본 이념으로 한다(법 제2조).

즉, 「사회보장기본법」의 기본이념은 인간다운 생활의 보장과 개인의 복지를 증진하기 위한 제도와 여건의 조성인데, 이를 시행함에 있어서는 사회통합의 원칙에 합당하게 함으로써 사회참여·자아실현에 필요한 사회복지를 실현하는 것이다.

3. 사회보장의 정의, 사회보장 범위 및 책임주체

1) 정의

이 법에서 사용하는 용어의 뜻은 다음과 같다.

① "사회보장"이란 출산, 양육, 실업, 노령, 장애, 질병, 빈곤 및 사망 등의 사회적 위험으로부터 모든 국민을 보호하고 국민 삶의 질을 향상시키는 데 필요한 소득 · 서비스를 보장하는 사회보험, 공공부조, 사회서비스를 말한다.

② "사회보험"이란 국민에게 발생하는 사회적 위험을 보험의 방식으로 대처함으로써 국민의 건강과 소득을 보장하는 제도를 말한다.

③ "공공부조"(公共扶助)란 국가와 지방자치단체의 책임 하에 생활 유지 능력이 없거나 생활이 어려운 국민의 최저생활을 보장하고 자립을 지원하는 제도를 말한다.

④ "사회서비스"란 국가 · 지방자치단체 및 민간부문의 도움이 필요한 모든 국민에게 복지, 보건의료, 교육, 고용, 주거, 문화, 환경 등의 분야에서 인간다운 생활을 보장하고 상담, 재활, 돌봄, 정보의 제공, 관련 시설의 이용, 역량 개발, 사회참여 지원 등을 통하여 국민의 삶의 질이 향상되도록 지원하는 제도를 말한다.

⑤ "평생사회안전망"이란 생애주기에 걸쳐 보편적으로 충족되어야 하는 기본욕구와 특정한 사회위험에 의하여 발생하는 특수욕구를 동시에 고려하여 소득 · 서비스를 보장하는 맞춤형 사회보장제도를 말한다(법 제3조).

2) 국가와 지방자치단체의 책임

국가와 지방자치단체는 모든 국민의 인간다운 생활을 유지 · 증진하는 책임을 가지며, 사회보장에 관한 책임과 역할을 합리적으로 분담하여야 한다(법 제5조 제1항, 제2항).

국가와 지방자치단체는 국가 발전수준에 부응하고 사회환경의 변화에 선제적으로 대응하며 지속가능한 사회보장제도를 확립하고 매년 이에 필요한 재원을 조달하여야 한다. 그리고 국가는 사회보장제도의 안정적인 운영을 위하여 중장기 사회보장 재정추계를 격년으로 실시하고 이를 공표하여야 한다(법 제5조 제3항, 제4항).

3) 국가 등과 가정

국가와 지방자치단체는 가정이 건전하게 유지되고 그 기능이 향상되도록 노력하여야 하며, 사회보장제도를 시행할 때에 가정과 지역공동체의 자발적인 복지활동을 촉진하여야 한다(법 제6조).

4) 국민의 책임

모든 국민은 자신의 능력을 최대한 발휘하여 자립 · 자활(自活)할 수 있도록 노력하여야 한다. 경제적 · 사회적 · 문화적 · 정신적 · 신체적으로 보호가 필요하다고 인정되는 사람에게 지속적인 관심을 가지고 이들이 보다 나은 삶을 누릴 수 있는 사회환경 조성에 서로 협력하고 노력하여야 한다. 또한 국민은 관계 법령에서 정하는 바에 따라 사회보장급여에 필요한 비용의 부담, 정보의 제공 등 국가의 사회보장정책에 협력하여야 한다(법 제7조).

4. 사회보장수급권

동법 제2장 사회보장에 관한 국민의 권리는 사회보장수급권을 의미하는데, 이를 분석해 보면 다음과 같다.

1) 개념

「사회보장기본법」은 "관계 법령에서 정하는 바에 따라"(법 제9조) 수급권을 인정하고 있다. 물론 구체적인 사회보장수급권은 개별 제도에 따라 행사되어야 하기 때문에 단일법 체계가 마련되어 있지 않은 우리 실정에서는 관계 법령에 따라 수급권을 행사해야 할 것이다. 이러한 수급권을 「사회보장기본법」에서 미리 규정함으로써 권리성을 부여하여 국민복지를 증진하고자 하는 것이다.

2) 수급권자

사회보장수급권은 사회보장급여를 받을 권리를 말하며, 동 수급권은 모든 국민의 법적 권리다(법 제9조). 그리고 제8조는 "국내에 거주하는 외국인에게 사회보장제도를 적용할 때에는 상호주의의 원칙에 따르되, 관계 법령에서 정하는 바에 따른다."라고 되어 있어 내국인(법 제9조), 외국인(법 제8조)을 수급권자로 규정하고 있다. 사회보장수급권은 사회보험청구권, 공공부조청구권, 사회서비스청구권, 관련복지급여청구권으로 구성되는 실체적 권리로서 그 법적 권리를 인정하고 있음에도 이러한 권리의 실현은 관계 법령이 정하는 바에 따른다고 함으로써 수급권의 권리성을 약화하고 있다.

3) 급여수준

「사회보장기본법」은 사회보장급여의 수준과 관련하여 3개의 원칙을 규정하고 있다(법 제10조).

첫째, 국가는 모든 국민이 건강하고 문화적인 생활을 유지할 수 있도록 사회보장급여수준의 향상에 노력해야 한다(법 제10조 제1항). 사회보장급여의 수준을 건강하고 문화적인 생활을 유지할 수 있는 정도의 것이어야 한다고 선언하였다는 것은 매우 의미 있는 전향적인 규정이라 할 수 있다. 왜냐하면 생존의 개념인 최저수준의 개념에서 생활의 개념인 건강하고 문화적인 생활수준의 개념으로 최저수준의 개념을 상향조정할 수 있는 근거를 마련하고 있기 때문이다.

둘째, 국가는 관계 법령이 정하는 바에 의해 최저생계비와 최저임금을 매년 공표해야 한다(법 제10조 제2항). 여기에 '관계 법령'이라 함은 공공부조법인 「국민기초생활보장법」을 염두에 둔 것이다. 이에 따라 최저생계비는 국민기초생활보장 수급자의 선정기준으로서, 가구별 최저생계비 이하의 소득이 있는 자는 기초생활보장 급여를 신청할 수 있다.

셋째, 국가와 지방자치단체는 제2항에 따른 최저생계비와 최저임금 등을 고려하여 사회보장급여의 수준을 결정하여야 한다(법 제10조 제3항).

4) 급여의 신청

사회보장급여를 받으려는 사람은 관계 법령에서 정하는 바에 따라 국가나 지방자치단체에 신청하여야 한다. 다만, 관계 법령에서 따로 정하는 경우에는 국가나 지방자치단체가 신청을 대신할 수 있다. 사회보장급여를 신청하는 사람이 다른 기관에 신청한 경우에는 그 기관은 지체 없이 이를 정당한 권한이 있는 기관에 이송하여야 한다. 이 경우 정당한 권한이 있는 기관에 이송된 날을 사회보장급여의 신청일로 본다(법 제11조). 이는 신청자의 권리 보호를 위해 한 발짝 다가서고 있다 하겠다.

5) 수급권의 보호, 제한 및 포기

사회보장수급권은 관계 법령에서 정하는 바에 따라 다른 사람에게 양도하거나 담보로 제공할 수 없으며, 이를 압류할 수 없다(법 제12조). 사회보장수급권은 제한되거나 정지될 수 없다. 다만, 관계 법령에서 따로 정하고 있는 경우에는 그러하지 아니하다. 제1항 단서에 따라 사회보장수급권이 제한되거나 정지되는 경우에는 제한 또는 정지하는 목적에 필요한 최소한의 범위에 그쳐야 한다(법 제13조). 사회보장수급권은 정당한 권한이 있는 기관에 서면으로 통지하여 포기할 수 있다. 사회보장수급권의 포기는 취소할 수 있다. 제1항에도 불구하고 사회보장수급권을 포기하는 것이 다른 사람에게 피해를 주거나 사회보장에 관한 관계 법령에 위반되는 경우에는 사회보장수급권을 포기할 수 없다(법 제14조).

6) 불법행위에 대한 구상권

제3자의 불법행위로 피해를 입은 국민이 그로 인하여 사회보장수급권을 가지게 된 경우 사회보장제도를 운영하는 자는 불법행위의 책임이 있는 자에 대하여 관계 법령에서 정하는 바에 따라 구상권을 행사할 수 있다(법 제15조)라고 규정함으로써 사회보장 관련 법률(예: 의료보험법 제46조 등) 등에서 제시하고 있는 구상권의 근거를 마련해 주고 있다. 이러한 구상권은 불법행위로 인하여 인간다운 생활을 보장하기 위한 사회보장법의 목적에 비추어 삽입된 내용으로 사회보장기본법의 이념에 적절한 규정으로 사료된다.

5. 사회보장위원회

1) 설치목적 및 직무내용

사회보장에 관한 주요 시책을 심의 · 조정하기 위하여 국무총리 소속으로 사회보장위원회(이하 "위원회"라 한다)를 두며, 위원회는 다음 각 호의 사항을 심의 · 조정한다(법 제20조 제1항, 제2항).

① 사회보장 증진을 위한 기본계획
② 사회보장 관련 주요 계획
③ 사회보장제도의 평가 및 개선
④ 사회보장제도의 신설 또는 변경에 따른 우선순위
⑤ 둘 이상의 중앙행정기관이 관련된 주요 사회보장정책
⑥ 사회보장급여 및 비용 부담

⑦ 국가와 지방자치단체의 역할 및 비용 분담
⑧ 사회보장의 재정추계 및 재원조달 방안
⑨ 사회보장 전달체계 운영 및 개선
⑩ 제32조 제1항에 따른 사회보장통계
⑪ 사회보장정보의 보호 및 관리
⑫ 그 밖에 위원장이 심의에 부치는 사항

위원장은 다음 각 호의 사항을 관계 중앙행정기관의 장과 지방자치단체의 장에게 통지하여야 한다(법 제20조 제3항).

① 제16조 제3항에 따라 확정된 기본계획
② 제2항의 사항에 관하여 심의 · 조정한 결과

관계 중앙행정기관의 장과 지방자치단체의 장은 위원회의 심의 · 조정 사항을 반영하여 사회보장제도를 운영 또는 개선하여야 한다(법 제20조 제4항).

동법에서는 국무총리 소속하에 둠으로써 동 위원회의 위상을 제고하여 부처 간의 협조와 조정 기능을 강화하였다. 따라서 사회보장시책을 심의 · 조정하는 데 있어서나 사회보장 정책을 수립하는 데 있어서도 국가의 능동적인 활동이 기대된다.

2) 구성

위원회는 위원장 1명, 부위원장 3명과 행정자치부장관, 행정안전부장관, 고용노동부장관, 여성가족부장관, 국토교통부장관을 포함한 30명 이내의 위원으로 구성한다. 위원장은 국무총리가 되고 부위원장은 기획재정부장관, 교육부장관 및 보건복지부장관이 된다(법 제21조 제2항). 위원은 대통령령이 정하는 관계중앙행정기관의 장과 근로자를 대표하는 자, 사용자를 대표하는 자, 사회보장에 관한 학식과 경험이 있는 자, 변호사 자격이 있는 자 중에서 대통령이 위촉한다(법 제21조 제3항).

위원의 임기는 2년으로 한다. 다만, 공무원인 위원의 임기는 그 재임 기간으로 하고, 제3항 제2호 각 목의 위원이 기관 · 단체의 대표자 자격으로 위촉된 경우에는 그 임기는 대표의 지위를 유지하는 기간으로 한다. 보궐위원의 임기는 전임자 임기의 남은 기간으로 한다. 위원회를 효율적으로 운영하고 위원회의 심의사항을 전문적으로 검토하기 위하여 위원회에 실무위원회를 두며, 실무위원회에 분야별 전문위원회를 둘 수 있다. 실무위원회에서 의결한 사항은 위원장에게 보고하고 위원회의 심의를 거쳐야 한다. 다만, 대통령령으로 정하는 경미한 사항에 대하여는 실무위원회의 의결로써 위원회의 의결을 갈음할 수 있다. 위원회의 사무를 효율적으로 처리하기 위하여 보건복지부에 사무국을 둔다. 이 법에서 규정한 사항 외에 위원회, 실무위원회, 분야별 전문위원회, 사무국의 구성 · 조직 및 운영 등에 필요한 사항은 대통령령으로 정한다(법 제21조 제4항~제9항).

이상의 사회보장위원회 직무에서 보는 바와 같이 사회보장정책의 발전을 위해 위원회의 역할이 매우 중요하다는 것을 알 수 있다.

6. 사회보장정책의 기본방향 수립

1) 사회보장 기본계획의 수립

보건복지부장관은 관계 중앙행정기관의 장과 협의하여 사회보장 증진을 위하여 사회보장에 관한 기본계획(이하 "기본계획"이라 한다)을 5년마다 수립하여야 한다. 기본계획에는 다음 각 호의 사항이 포함되어야 한다(법 제16조 제1항, 제2항).

① 국내외 사회보장환경의 변화와 전망
② 사회보장의 기본목표 및 중장기 추진방향
③ 주요 추진과제 및 추진방법
④ 필요한 재원의 규모와 조달방안
⑤ 사회보장 관련 기금 운용방안
⑥ 사회보장 전달체계
⑦ 그 밖에 사회보장정책의 추진에 필요한 사항

기본계획은 제20조에 따른 사회보장위원회와 국무회의의 심의를 거쳐 확정한다. 기본계획 중 대통령령으로 정하는 중요한 사항을 변경하려는 경우에도 같다(법 제16조 제3항).

7. 사회보장제도의 운영

1) 운영원칙

사회보장제도의 기본원칙으로는 베버리지 원칙, 국제노동기구(ILO) 원칙, 세계노동조합의 원칙 등이 제시되고 있는데, 이들 원칙의 내용을 종합해 보면 보편성의 원칙, 동일성의 원칙, 민주성의 원칙, 연대성의 원칙을 들 수 있다.

동법 제25조에서는 사회보장제도의 운영원칙으로 여섯 가지(보편성, 형평성, 민주성, 효율성, 연계성, 전문성)를 제시하고 있다.

① 국가 및 지방자치단체는 사회보장제도를 운영함에 있어 이를 필요로 하는 모든 국민에게 적용하여야 한다는 보편성의 원칙이다.
② 국가 및 지방자치단체는 사회보장제도의 급여수준 및 비용부담 등에 있어 형평성을 유지하여야 한다는 형평성의 원칙이다.
③ 국가 및 지방자치단체는 사회보장제도의 정책결정 및 시행과정에 앖어 공익의 대표자 및 이해관계인 등을 참여시켜 민주성을 확보하여야 한다는 민주성의 원칙이다.
④ 국가 및 지방자치단체는 사회보장제도를 운영함에 있어 국민의 다양한 복지욕구를 효율적으로 충족하기 위하여 연계성과 전문성을 높여야 한다는 효율성 · 연계성 · 전문성의 원칙이다.

요컨대, 사회보장제도의 운영원칙으로서 국가와 지방자치단체는 사회보장제도가 필요한 모든 국민에게 이를 적용하고, 급여수준 및 비용부담에 있어 형평성을 유지하여 사회보장의 정책결정 및 시행과정에 공익의 대표자 및 이해관계인을 참여시켜 사회보장제도를 민주적으로 운영하며, 실천과정에서 효율적으로 상호 연계하여 전문성이 발휘되도록 운영한다.

2) 역할의 협의와 조정

① 국가와 지방자치단체는 사회보장제도를 신설하거나 변경할 경우 기존 제도와의 관계, 사회보장 전달체계와 재정 등에 미치는 영향 등을 사전에 충분히 검토하고

상호협력하여 사회보장급여가 중복 또는 누락되지 아니하도록 하여야 한다.

② 중앙행정기관의 장과 지방자치단체의 장은 사회보장제도를 신설하거나 변경할 경우 신설 또는 변경의 타당성, 기존 제도와의 관계, 사회보장 전달체계에 미치는 영향 및 운영방안 등에 대하여 대통령령으로 정하는 바에 따라 보건복지부장관과 협의하여야 한다.

③ 제2항에 따른 협의가 이루어지지 아니할 경우 위원회가 이를 조정한다.

④ 보건복지부장관은 사회보장급여 관련 업무에 공통적으로 적용되는 기준을 마련할 수 있다.

그리고 민간부문이 참여할 수 있도록 정책을 개발 · 시행하고 여건을 조성한다(법 제27조). 사회보장 비용의 부담은 각각의 사회보장제도의 목적에 따라 국가, 지방자치단체 및 민간부문 간에 합리적으로 조정되어야 한다(법 제28조).

3) 전달체계

국가와 지방자치단체는 모든 국민이 쉽게 이용할 수 있고 사회보장급여가 적시에 제공되도록 지역적 · 기능적으로 균형잡힌 사회보장 전달체계를 구축하여야 한다. 국가와 지방자치단체는 사회보장 전달체계의 효율적 운영에 필요한 조직, 인력, 예산 등을 갖추어야 한다. 국가와 지방자치단체는 공공부문과 민간부문의 사회보장 전달체계가 효율적으로 연계되도록 노력하여야 한다(법 제29조 제1항~제3항).

이를 볼 때 동법에서 사회보장 전달체계의 원칙은 접근용이성, 적시성, 균형성, 효율성의 원칙을 명시하고 있다고 볼 수 있다.

4) 전문인력의 양성

국가 및 지방자치단체는 사회보장제도의 발전을 위하여 전문인력의 양성, 학술조사 및 연구, 국제 교류의 증진 등에 노력하여야 한다(법 제31조).

5) 정보의 공개, 설명, 상담, 통지

국가 및 지방자치단체는 국민이 사회보장제도에 관하여 필요로 하는 정보를 관계법령이 정하는 바에 의하여 공개하고, 이를 홍보하여야 하며(법 제33조), 사회보장 관계법령에서 규정한 권리나 의무를 해당 국민에게 설명하도록 노력하여야 하고(법 제34조), 사회보장에 관한 상담에 응하여야 하고(법 제35조), 사회보장에 관한 사항을 해당 국민에게 알려야 한다(법 제36조).

따라서 동법 제33조, 제34조, 제35조, 제36조는 사회보장수급권의 절차적 권리를 규정하고 있음을 잘 알 수 있다.

6) 비용의 부담

사회보장비용의 부담은 각각의 사회보장제도에 대한 역할분담에 따라 국가 · 지방자치단체 및 민간부문 간에 합리적으로 조정되어 관계법령이 정하는 바에 따라 국가 및 지방자치단체가 그 비용의 일부를 부담할 수 있다.

일반적으로 사회보장의 비용부담방식은 정부, 사용자, 피용자의 구성과 비율에 의해 단일부담방식, 2자부담방식, 3자부담방식으로 나누어질 수 있다. 선진 각국에서는 3자부담방식을 원칙으로 하고 있다. 동법 제28조에서 규정하고 있는 비용부담 방식을 보면 다음과 같다.

① 사회보장비용의 부담은 각각의 사회보장제도에 대한 분할분담에 따라 국가 · 지방자치단체 및 민간부문 간에 합리적으로 조정되어야 한다고 규정함으로써 비용부담 조정의 원칙을 명시하고 있다.

② 사회보험에 소요되는 비용은 사용자 · 피용자 및 자영자가 부담하는 것을 원칙으로 하되, 관계법령이 정하는 바에 따라 국가가 그 비용의 일부를 부담할 수 있다고 규정하여 사회보험의 비용 부담방식은 원칙적으로는 2자부담방식을 채택하고 있다. 그러나 향후 복지선진국으로 발돋움을 위해서 국가도 일정 비율을 의무적으로 부담하는 3자부담방식의 원칙 가능성을 열어 놓아 미래지향적인 규정이라고 할 수 있다.

③ 공공부조 및 관계법령이 정하는 일정 소득수준 이하의 국민에 대한 사회복지서비스에 소요되는 비용의 전부 또는 일부는 국가 및 지방자치단체가 이를 부담한다

고 규정하고 저소득층에 대한 국가부담을 명시하고 있다.

④ 부담능력이 있는 국민에 대한 사회복지서비스에 소요되는 비용은 그 수익자가 부담함을 원칙으로 하되, 관계법령이 정하는 바에 따라 국가 및 지방자치단체가 그 비용의 일부를 부담할 수 있다고 규정함으로써 최근 복지욕구의 고도화와 다양화에 따른 복지서비스의 유료화 경향을 고려하여 사회복지서비스의 비용에 대한 수익자부담원칙을 명시하고 있다.

⑤ 국가 및 지방자치단체는 개인·법인 또는 단체의 사회보장에 대한 참여에 소요되는 경비의 전부 또는 일부를 지원하거나 그 업무수행에 필요한 지원을 할 수 있다(법 제27조 제3항).

7) 사회보장정보의 관리체계

사회보장정보시스템을 구축·운영함에 있어서 효율적 운영을 위하여 다음과 같이 새롭게 조항을 신설하였다(법 제37조).

① 국가와 지방자치단체는 국민편익의 증진과 사회보장업무의 효율성 향상을 위하여 사회보장업무를 전자적으로 관리하도록 노력하여야 한다.

② 국가는 관계 중앙행정기관과 지방자치단체에서 시행하는 사회보장수급권자 선정 및 급여 관리 등에 관한 정보를 통합·연계하여 처리·기록·관리하는 시스템(이하 "사회보장정보시스템"이라 한다)을 구축·운영할 수 있다.

③ 보건복지부장관은 사회보장정보시스템의 구축·운영을 총괄한다.

④ 보건복지부장관은 사회보장정보시스템 구축·운영의 전 과정에서 개인정보 보호를 위하여 필요한 시책을 마련하여야 한다.

⑤ 보건복지부장관은 관계 중앙행정기관, 지방자치단체 및 관련 기관·단체에 사회보장정보시스템의 운영에 필요한 정보의 제공을 요청하고 제공받은 목적의 범위에서 보유·이용할 수 있다. 이 경우 자료의 제공을 요청받은 자는 정당한 사유가 없으면 이에 따라야 한다.

⑥ 관계 중앙행정기관 및 지방자치단체의 장은 제2항의 사회보장정보와 관련하여 사회보장정보시스템의 활용이 필요한 경우 사전에 보건복지부장관과 협의하여야 한다. 이 경우 보건복지부장관은 관련 업무에 필요한 범위에서 정보를 제공할 수 있고 정보를 제공받은 관계 중앙행정기관 및 지방자치단체의 장은 제공받은

목적의 범위에서 보유 · 이용할 수 있다.

⑦ 보건복지부장관은 사회보장정보시스템의 운영 · 지원을 위하여 전담기구를 설치할 수 있다.

또한 개인정보 등의 보호를 위하여 다음과 같이 강화하고 있다(법 제38조).

① 사회보장 업무에 종사하거나 종사하였던 자는 사회보장업무 수행과 관련하여 알게 된 개인 · 법인 또는 단체의 정보를 관계 법령에서 정하는 바에 따라 보호하여야 한다.

② 국가와 지방자치단체, 공공기관, 법인 · 단체, 개인이 조사하거나 제공받은 개인 · 법인 또는 단체의 정보는 이 법과 관련 법률에 근거하지 아니하고 보유, 이용, 제공되어서는 아니 된다.

8) 권리구제

위법 또는 부당한 처분을 받거나 필요한 처분을 받지 못함으로써 권리 또는 이익의 침해를 받은 국민은 「행정심판법」에 따른 행정심판을 청구하거나 「행정소송법」에 따른 행정소송을 제기하여 그 처분의 취소 또는 변경 등을 청구할 수 있다(법 제39조). 다시 말해, 행정구제와 사법구제를 통하여 침해된 권리를 구제받을 수 있게 하였다. 동 조항은 사회복지수급권의 절차적 권리를 명시하고 또한 사회보장 관련법에서 제시되고 있는 이의신청 및 심사 청구에 대한 상위법으로서의 근거를 마련해 주고 있다.

이상에서 논의한 사회보장제도의 운영원칙은 사회보장제도의 궁극적 목적인 전 국민의 인간다운 생활의 보장을 실현하도록 하는 데 기여할 수 있는 원칙으로 구성되어 있다고 할 수 있다.

제4절 판례 연구

1. 생존권 관련 판례

「사회보장기본법」의 근본이념인 생존권에 대한 구체적인 법적 판단기준은 없다. 그러나 공공부조수급권이 생존권으로서 어떠한 법적 성격을 갖는가에 관한 우리 정부의 공식적인 견해는 심창섭 씨 부부가 보건복지부장관이 고시한 생활보호사업지침상의 '1994년 생계보호기준' 이 헌법상의 행복추구권과 인간다운 생활을 할 권리를 침해했다고 청구한 '1994년 생계보호기준 위헌확인 헌법소원심판' 에 대한 헌법재판부의 판결결과로서 알 수 있다(윤찬영, 2007).

우리나라에서 최초로 행복을 추구할 권리 및 인간다운 생활을 할 권리에 대한 헌법소원에서 1994년 9월 청구인의 대리인이 '헌법소원심판청구이유보충서' 를 제출하였는데, 그 주요 내용은 다음과 같다.

청구서에 기술된 청구취지는 대체로 인간다운 생활을 할 권리의 법적 성격에 관해 흔히 인용되고 있는 프로그램 규정설[1]과 추상적 권리설[2] 및 구체적 권리설[3]을 설명하고, 최근 우리나라와 같이 사회국가원리를 지향하는 사회국가적 성격을 지닌 경우 사회적 기본권은 청원권과 국가배상권 등과 동일한 수준의 불완전하나마 구체적인 권리로서의 성격을 지닌다는 학설을 인용했으나 기각되었다. 헌법재판소는 공공부조수급

1) 이 학설은 사회적 기본권 규정은 법적 의미가 아니라 입법권에 대한 순수한 도의적인 의무를 규정하고 있는 데 지나지 않기 때문에 국가가 의무위반에 대하여 구체적인 내용을 가진 청구권이 아니며 재판상 청구할 수 없는 것으로 프로그램의 성격이 강한 것으로 본다. 즉, 이 규정은 구체적 · 현실성인 권리를 부여하는 것이 아니라 입법에 의해서만 효력이 발생한다고 본다. 이에 대한 근거로 추상적인 헌법규정과 생활보장의 현실적인 한계로 설명하고 있다(신섭중 외, 2001: 58).

2) 헌법상 사회적 기본권 규정은 구체적 권리를 직접 설정한 것이 아니지만 추상적인 헌법상의 권리가 법률상 권리와 일체화되었을 때 현실적 권리로 작용한다는 것이다. 즉, 사회적 기본권의 법적 권리성은 인정하되 그 권리성을 추상적 정도에 그친다고 보며 그것의 구제를 위한 입법이 존재하지 않는 한 그 해석에 따라 구체적 생활보장을 청구할 수 있다는 것이다. 그리하여 사회적 기본권의 헌법 규정에 따라 국민은 국가에 대하여 추상적 권리를 가지며, 국가는 입법 기타 국정상 필요한 조치를 강구할 추상적 의무를 가진다고 보는 것이다. 이렇게 본다면 프로그램과 큰 차이가 없는 것 같으나, 법적 권리의 측면에서 프로그램 규정설은 권리성을 부정하나 추상적 권리설은 인정하고 있다(신섭중 외, 2001: 59).

3) 구체적 권리설은 일정한 범위 내에서 재판규범으로서의 효력을 가진다는 것을 전제로 하여 생존권을 구체적으로 실현할 수 있으며, 그 보장을 요구할 수 있는 권리로 본다. 즉, 헌법 제34조 제1항 자체가 국민의 생존권에 대한 청구권을 보장하는 것이라고 보고 생활보장에 대한 법률이 제정되지 않았거나 결함이 있는 경우에는 제34조의 생존권 규정을 직접 근거로 하여 생활보장에 관한 국가의 적극적인 보장책을 권리로서 청구할 수 있다. 그러므로 소송으로 입법조치를 요구하거나 사회복지 급여를 청구할 수 있다고 본다(신섭중 외, 2001: 59).

권이 구체적 권리로서 인정될 수 없으며, 프로그램 규정적인 권리로서 또는 추상적 권리로서 인정된다고 판결하고 있다.

판결내용 중에서 주목할 것은 생계보호기준이 청구인의 인간다운 생활을 보장하기 위하여 국가가 실현해야 할 객관적인 내용의 최소한도의 보장에 이르지 못하였다거나 헌법상 용인될 수 있는 재량의 범위를 명확히 일탈하였다고 보기 어렵고, 따라서 생계보호의 수준이 최저생계비에 미치지 못하더라도 그 사실만으로 곧 그것이 헌법에 위반된다거나 청구인의 행복추구권이나 인간다운 생활을 할 권리를 침해한 것이라고 볼 수 없다는 내용이다. 그러므로 앞으로 실질적인 생존권보장을 위해서는 많은 노력이 뒤따라야 할 것이다.

2. 사회보장법상 생존권의 개선방향

생존권의 내용은 현대산업사회와 관련하여 급속하게 변화되고 있으며, 또한 생존권의 개념도 협의의 개념에서 광의의 개념으로 전환되고 있는 실정이다. 그러나 우리의 경우에는 사회복지법의 입법이 정치적인 요인과 밀접한 관계를 가지고 있으며 생존권에 대한 인식 정도가 낮은 편이다.

그리고 생존권은 자본주의가 발전한 국가에서는 실질적으로 보장되고 있고 소득이 낮은 국가에서는 장래의 과제로 생각하는 경우가 많다. 그러나 국민과 국가의 실천의지에 따라 생존권의 실현이 영향을 받는다고 볼 때, 사회경제적인 약자가 헌법에서 보장하고 있는 인간다운 생활을 위해서는 생존권의 제도화를 더욱 발전시켜야 한다.

생존권과 관련하여 우리나라 실정법상 논란이 있으나 헌법 제34조의 규정에 의하여 반사적 이익 또는 시혜가 아니라 구체적 권리로서 해석하고 사회보장 입법을 강화해야 한다. 즉, 사회보장법상 생존권이 개별적, 구체적 권리인가 또는 반사적 수익권[4]인가 하는 문제에 대해서는 아직도 논쟁 중에 있으나 생존권이 올바르게 실현되기 위해서는 생존권을 구체화할 수 있는 입법조치 및 행정절차가 보완되어야 한다.

사회보장법상 생존권 규정의 법적 효력이 국가나 지방자치단체의 예산 확보문제나 정치 상황과는 관계없이 개별 사회복지법규에 구체적으로 규정되고 실질적인 법적 구속력을 가질 수 있는 방향으로 강화되어야 할 것이다.

---

4) 반사적 수익권이란 사회복지법상 사회복지서비스 수급권을 인정하고 있다 할지라도 그 이익을 향유할 수 있는 상황이 존재할 때에만 법적 권리로서 인정받을 수 있다는 것을 의미한다. 여기에서 이익을 향유하기 위한 상황이란 특정 사회복지서비스를 생산하고 급여하기 위한 예산의 확보와 예산의 뒷받침을 받아 행정행위가 전개되는 조건을 의미한다.

제8장
사회보험법

제1절 사회보험법의 개요와 특성

1. 법의 의의와 특성

1) 법의 의의

사회보험법은 사회보험제도의 운영과 실시에 관한 법률로서, 국민의 인간다운 생활보장을 위해 헌법에서 규정한 국가의 의무사항(국민의 복지권＝생존권적 기본권)을 구체적으로 확보하기 위한 생존권 보장에 관한 법체계 중의 하나다. 이 경우 사회보험이란 사회보장제도의 하나로서, 생활상에 직면하는 제반 사회적 위험을 민간보험 원리를 적용하여 국가가 시행하는 강제보험을 총칭한다. 다시 말하자면, 사회보험은 보험방식에 따라 운영하며, 그 목적이 국민의 생존권보장으로서 피보험자가 일정한 사회적 사고(노령 · 폐질 · 상병 · 실업 · 퇴직 등)를 당하여 소득의 중단 또는 감소로 인하여 생활에 위협을 받을 때 일정한 급여를 행함으로써 국민을 빈곤에서 벗어나게 하기 위한 소득보장제도다.

우리나라 「사회보장기본법」에서는 사회보험을 다음과 같이 규정하고 있다. '사회보험'이라 함은 국민에게 발생하는 사회적 위험을 보험방식에 의하여 대처함으로써 국민건강과 소득을 보장하는 제도를 말한다(법 제3조 제2항). 또 사회보험법으로 「국민연금법」「국민건강보험법」「산업재해보상보험법」「고용보험법」이 있다.

2) 사회보험관계의 법적 성질

사회보험관계의 당사자에는 보험자(보험의 운영주체) · 피보험자(보험가입자, 그러나 산재보상보험의 경우 가입자는 사업주이며, 산재보험에 가입한 기업에 종사하는 근로자는 보험수급권자임) · 사업주 · 보험의료기관이 있어서 서로 다각적인 법률관계가 성립된다. 이 중 가장 핵심이 되는 것은 보험자와 피보험자와의 관계에서 발생하는 법률관계이다.

즉, 보험자와 피보험자와의 법률관계에서 피보험자는 보험자에게 기여금을 납부할 의무를 지고(산재보험은 사업주임), 급여사유가 발생하면 보험급여를 받을 권리를 가지며, 보험자는 급여할 의무를 지는 계약관계가 성립된다.

사회보험의 계약관계는 공법상 계약관계로 보는 것이 일반적이다. 왜냐하면 사회보험은 국가적 · 공익적 목적에 의하여 설치된 제도로서 보험가입은 원칙적으로 법률에 의하여 강제되며, 기여금의 징수에는 행정강제의 방법을 이용하며, 사회보험을 운영하기 위한 법인의 설립과 임원의 구성 및 정관의 제정 · 개정에 국가가 적극적으로 개입하는 등 공법적 특성이 많이 포함되어 있기 때문이다. 그리고 수급권의 양도 · 압류 등에 제한을 가하며, 법인의 직원에 대한 책임은 공무원범죄에 준하도록 하고, 급여의 청구소송은 본안판결(本案判決)에 앞서 심사청구전치주의를 택하기 때문이다.

3) 구성체계

사회보험법의 구성은 ① 사회보험의 운영을 책임지고 있는 보험자 ② 사회보험의 적용대상인 피보험자 ③ 보험급여 ④ 사회보험의 운영에 필요한 비용을 조달하는 보험재정 ⑤ 사회보험의 운영에 따라 권리 또는 이익이 침해되어 다툼이 있는 자의 권리구제에 관한 내용으로 체계화되어 있다.

4) 사회보험과 사보험의 유사점과 차이점

특히 사회보험은 사보험과 관련하여 유사점과 차이점을 가지는데, 먼저 유사점을 살펴보면 다음과 같다.

첫째, 사회보험과 사보험은 사회적 위험을 이전하고 정해진 위험을 광범위하게 공동으로 분담한다. 둘째, 사회보험과 사보험은 적용범위, 급여, 재정과 관련된 모든 조건을 구체적으로 명시한다. 셋째, 사회보험과 사보험에서 급여를 받을 자격과 급여량을 정하기 위해서는 명확한 계산이 필요하다. 넷째, 사회보험과 사보험은 운용에 필요한 비용을 충당할 충분한 기여금과 보험료가 필요하다. 다섯째, 사회보험과 사보험은 급여를 받을 때 증명된 욕구에 근거하지 않는다. 여섯째, 사회보험과 사보험은 사회 구성원에게 경제적 안정을 제공함으로써 사회 전체에 유익하게 된다(노병일, 2002).

다음으로 사회보험과 사보험의 차이점은 다음과 같이 정리할 수 있다.

첫째, 사회보험은 강제적 가입이 원칙이나 사보험은 자발적 가입이 원칙이다. 둘째, 사회보험은 최저소득만을 보호하나, 사보험은 개인 희망과 개인 지불능력에 따라 더 많은 양의 보호를 받을 수 있다. 셋째, 사회보험은 사회적 적절성을 강조하여 결국 복지 요소에 초점을 두나, 사보험은 개인적 적절성을 강조하여 결국 보험 요소에 초점을 둔다. 넷째, 사회보험급여를 제공하는 근거는 법에 명시되어 있으나, 사보험급여를 제공하는 근거는 계약에 있다. 즉, 사회보험이 법적 권리를 근거하는 데 비해 사보험은 계약적 권리에 근거한다. 따라서 사보험의 경우 보험업자가 망하지 않고 재정적으로 튼튼해야만 경제적 보장이 가능하다. 즉, 사보험업자가 망하면 계약의 효력이 상실된다. 다섯째, 사회보험은 정부가 독점하고 있으나, 사보험은 경쟁에 맡겨져 있다. 여섯째, 사회보험은 비용 예측이 어렵다. 예를 들면, 실업보험에서 실업자 수를 예측할 수 없다. 그러나 사보험은 사회보험에 비해 비용을 비교적 예측하기가 쉽다. 일곱째, 사회보험은 재정을 완전하게 준비할 필요가 없다. 새로운 가입자로부터 기여금이 반드시 들어오고(강제가입이므로) 또한 사회보험 프로그램은 영원히 계속될 것으로 간주되기 때문이다. 그러나 사보험은 완전한 재정을 준비할 필요가 있다. 여덟째, 사회보험의 목적 · 결과에 대해서는 대체로 의견이 통일되어 있다. 아홉째, 사회보험 기금은 대개 정부업무에 투자되나, 사보험 기금은 민간 부문에 주로 투자된다. 열째, 사회보험은 정부의 과세력(taxing power)을 통해서 인플레이션 때문에 생긴 손실을 보상해 줄 수 있으나, 사보험은 그렇지 못하므로 인플레이션에 약할 수밖에 없다(노병일, 2002).

2. 기본원리

1) 최저생활보장의 원리

사회보험법에서 보장하는 소득보장의 수준을 최저생활수준의 원칙으로 하며, 그 이상의 수준은 개인의 노력에 맡기는 것이 자본주의 사회의 기본이념이다. 그러나 여기서 말하는 최저생활보장은 공적부조법에서 규정한 최저생활보장과는 약간 의미를 달리하고 있다. 즉, 사회보험법에서 보장하려는 소득보장수준은 그 하한이 최저생활보장에 있고, 그 상한은 퇴직 전 생활과 비슷한 생활수준의 보장인 데 비하여 공적부조법에서 규정한 소득보장수준은 그 상한이 공적부조대상자가 생활하고 있는 사회의 근로자가 스스로 노력하여 획득한 소득으로 생활하는 수준의 최저한까지만 급여를 지급하여야 한다는 사회통념상의 한계가 있다.

2) 소득재분배의 원리

사회보험에 의한 소득보장은 그 내용에 반드시 재분배효과가 있어야 한다는 원리다. 이와 같은 재분배현상은 기여와 급여의 과정에서 고소득층과 저소득층 간 그리고 선세대와 후세대 간에 수직적 또는 수평적 재분배를 의미한다. 이것이 재분배가 전혀 없는 사보험과 구별되는 가장 핵심적인 특징이다.

각국의 실정법에서는 소득재분배를 위해 보험료의 징수나 급여, 지급방법을 소득계층에 따라 차등적으로 적용함으로써 재분배효과의 목적을 달성한다.

우리나라의 경우, 「국민연금법」은 급여의 산정방식에 균등부분과 소득비례부분을 모두 합산하여 기본연금액을 산정하고 있는데, 이 중 균등부분에 의하여 소득재분배효과를 나타내도록 법규화하고 있다(국민연금 제47조).

3) 보편주의 원리

사회보험법의 적용에서 지켜져야 할 원리로서, 첫째로는 그 인적 적용범위를 원칙적으로 전 국민을 대상으로 하여야 한다. 특정한 신분 · 지위 · 성별 · 종교 등에 관계없이 국가는 모든 국민에게 평등하게 복지증진을 위한 노력을 기울여야 한다는 헌법상의 기본원리와도 맥을 같이한다.

둘째로는 사회보험법의 목적달성을 위해 모든 사회적 위험의 분산과 사회적 위험의 예방에 보편주의 원리를 적용하여야 한다.

4) 보험료 부담 원리

사회보험법의 운영에 필요한 재원은 사용자 · 피용자 · 국가가 분담하여 조달하는 것이 원칙이다. 이와 같은 의미에서 국가가 공비로 전액 부담하는 공적부조법의 원리와 구별된다. 피용자의 보험료 부담은 피용자가 모두 스스로 생활능력이 있는 자로 구성되어 있기 때문에 자본주의 사회의 특징 중 하나인 자기책임의 원리에 입각하여 피용자는 보험료를 분담하게 되며, 사용자는 현대사회의 특징 중 하나인 무과실책임원리에 근거하여, 국가는 생존권적 기본권 사상의 발달과 자본주의 사회 자체의 모순으로 발생하는 모든 사회적 사고에 대한 국가책임의 원리에 따라 보험료를 각각 분담하게 된다.

제2절 국민연금법

[시행 2015. 7. 29.] [법률 제13100호, 2015. 1. 28., 일부개정]

1. 법의 의의와 특성

1) 법의 의의

「국민연금법」은 국민의 노령, 장애 또는 사망에 대하여 연금급여를 실시함으로써 국민의 생활안정과 복지증진에 기여하는 것을 목적으로 하는 제도다(법 제1조). 이러한 국민연금제도는 국가가 운영하는 장기적인 소득보장제도로 의료보험제도와 함께 우리나라 사회보장제도의 양대지주라 할 수 있다.

「국민연금법」은 국가가 보험의 원리를 도입하여 만든 사회보험의 일종으로 가입자, 사용자(및 국가)로부터 일정한 보험료를 받고 이를 재원으로 소득능력이 상실 또는 감퇴된 경우 가입자 본인이나 그 유족에게 일정액 급부를 행하여 안정된 생활을 할 수 있도록 국가가 운영하는 장기적인 소득보장체계를 구축하기 위한 법이다. 또 단일한 연금체계 안에 소득재분배를 통한 빈곤완화 기능과 소득비례적 요소를 통한 퇴직 전 생활수준 유지기능을 적절히 조화시켜 궁극적으로 사회적 위험으로부터 안정적인 노후 소득보장체계를 구축하는 것을 목적으로 하는 법이다.

노령인구의 증가, 노인부양의식의 약화, 각종 사회적 위험의 증대에 따른 생계안정 대책으로 동법의 제정 필요성이 강조되었는데, 「국민연금법」의 제정과 시행은 고령화 사회에 대비한 노인문제 해결에 있어서 획기적인 전기가 되어 가족을 통한 노인부양에서 연금제도를 통한 노인부양으로 부양방식이 이행(즉, 사적 부양방식이 공적 부양방식으로 이행)하는 것을 가능케 하였다.

2) 특성

(1) 사회보험의 일종

「국민연금법」은 국가가 국민의 생활안정과 복지증진을 위하여 보험 원리를 도입하여 만든 사회보험의 일종으로 가입자, 사용자 및 국가로부터 일정한 보험료를 받고 이를 재원으로 여러 가지 정형화된 보험금의 지급을 특징으로 하는 사회보장제도다.

(2) 공적 연금제도

국민연금은 공적 연금으로서 가입이 법적으로 의무화되어 있기 때문에 사보험에 비해 관리운영비가 훨씬 적게 소요되며, 관리운영비의 많은 부분이 국고에서 지원되므로 사보험처럼 영업이익을 추구하지 않는다.

(3) 소득보장제도

1 방빈적 소득보장기능

노령, 장애, 사망 등으로 소득능력이 상실 · 감퇴된 경우에 연금을 지급하여 본인 또는 유족의 기본 생계를 보장한다.

2 소득재분배기능

본인이 납부한 보험료를 기준으로 급여액이 산정되는 사보험과는 달리 소득수준이 높은 계층으로부터 낮은 계층으로의 소득을 재분배하는 기능을 한다.

③ 장기적 소득보장기능: 연금액의 실질가치 보장

연금액을 최초 결정할 때는 가입기간 동안의 임금인상률을 반영하고, 연금을 받기 시작한 후에는 전국소비자물가변동률을 반영하여 받기 때문에 연금액의 실질가치가 항상 보장된다.

3) 용어의 정의

이 법에서 사용하는 용어의 뜻은 다음과 같다(법 제3조).

① 근로자: 직업의 종류가 무엇이든 사업장에서 노무를 제공하고 그 대가로 임금을 받아 생활하는 자(법인의 이사와 그 밖의 임원을 포함한다)를 말한다.
② 사용자: 해당 근로자가 소속되어 있는 사업장의 사업주를 말한다.
③ 소득: 일정한 기간 근로를 제공하여 얻은 수입에서 대통령령으로 정하는 비과세소득을 제외한 금액 또는 사업 및 자산을 운영하여 얻는 수입에서 필요경비를 제외한 금액을 말한다.
④ 평균소득월액: 매년 사업장가입자 및 지역가입자 전원의 기준소득월액을 평균한 금액을 말하며, 그 산정방법은 대통령령으로 정한다.
⑤ 기준소득월액: 연금보험료와 급여를 산정하기 위하여 가입자의 소득월액을 기준으로 하여 대통령령으로 정하는 금액을 말한다.
⑥ 사업장가입자: 사업장에서 고용된 근로자 및 사업장가입자가 되는 것으로 본다. 다만 본인이 원하지 아니하면 사업장가입자가 되지 아니할 수 있다.
⑦ 지역가입자: 사업장가입자가 아닌 자로서 국민연금에 가입된 자를 말한다.
⑧ 임의가입자: 사업장가입자 및 지역가입자 외의 자로서 국민연금에 가입된 자를 말한다.
⑨ 임의계속가입자: 국민연금 가입자 또는 가입자였던 자가 가입자로 된 자를 말한다.
⑩ 연금보험료: 국민연금사업에 필요한 비용으로서 사업장가입자의 경우에는 부담금 및 기여금의 합계액을, 지역가입자 · 임의가입자 및 임의계속가입자의 경우에는 본인이 내는 금액을 말한다.
⑪ 부담금: 사업장가입자의 사용자가 부담하는 금액을 말한다.
⑫ 기여금: 사업장가입자가 부담하는 금액을 말한다.
⑬ 사업장: 근로자를 사용하는 사업소 및 사무소를 말한다.

2. 입법배경 및 연혁

1960년대와 1970년대의 급속한 경제성장과 함께 근로자에 대한 노후생활을 보장할 수 있는 연금제도의 필요성이 제기되면서 1973년 12월 「국민복지연금법」이 제정되었으나, 석유파동과 경제불황으로 그 시행이 계속 연기되었다. 그러나 1980년대 중반에 접어들면서 평균수명의 연장에 따른 인구의 노령화 속도가 급속하게 증가되고, 또한 젊은층의 노인부양의식도 점차 약화됨에 따라 국민연금제도의 시행여건이 조성되어 1986년 12월 법의 전문개정을 통해 「국민연금법」으로 새롭게 탄생되었으며 마침내 1988년 1월 1일부터 그 시행을 보게 되었다. 그 후 국민연금법은 지난 10년간 괄목할 만한 양적 성장을 이루어 왔으며, 1998년 12월 「국민연금법」이 개정되어 장기적 재정 안정화 및 전국민연금화를 도모하였다. 1998년 개정된 「국민연금법」의 주요 내용은 국민연금 당연 적용대상의 도시지역 자영자에까지 확대, 국민연금 급여수준의 인하 및 산정방법의 개선, 정기적인 연금재계산제도의 도입, 연금수급연령의 단계적 상향 조정, 여성수급권 확대를 위한 이혼 시 분할연금, 국민연금기금운영위원회의 가입자 참여 확대 등이다. 이에 따라 「국민연금법」은 시행 10년 만에 커다란 변화를 갖게 되었다.

또 2003년에는 1인 이상 사업장까지로 국민연금제도를 확대 적용하게 되었다.

2007년 7월 개정과 동시에 시행된 「국민연금법」에서는 급여수준 변경(2028년 소득대체율 40%), 감액노령연금 지급률 상향조정(2.5% 상향조정), 2개 이상 급여 발생 시 지급방법 개선, 재직자노령연금의 경우 연기연금제도 도입, 타 공적 연금 가입자의 반환일시금 지급 제외, 구직급여 수급 시 노령연금 지급, 출산크레디트 제도와 군복무크레디트 제도 도입, 유족연금 수급조건의 남녀차별 해소, 장애연금 대상 확대, 자녀 또는 손자녀에 대한 유족연금 차액보상금 지급, 급여의 압류 제한, 표준소득월액의 등급제 폐지, 자격 취득월의 연금보험료 면제, 농어민에 대한 연금보험료 국고지원 확대, 그리고 소득축소 탈루자료 국세청 통보 및 세무감사 등에 관해 개정하였다.

2009년 8월 7일 국민연금과 직역연금 연계에 관한 법률이 시행됨에 따라 국민연금의 가입기간과 직역연금의 재직기간을 연계하여 연계노령연금, 연계퇴직연금 등의 연계급여를 지급함으로써 공적연금의 사각지대를 해소하고, 국민의 안정적인 노후생활을 보장하게 되었다.

2012년 10월 22일 개정을 통하여 국민건강보험공단으로 하여금 고액·상습 체납자인 사업장가입자의 인적사항 및 체납액 등을 공개할 수 있도록 함으로써 연금보험료의 성실 납부를 유도하는 하였다. 한편, 국민연금 가입자가 60세가 되어 가입자격을 상실하게 된 날부터 지급연령에 도달하는 날까지의 기간에 발생한 질병 · 부상이나 사망은 가입기간 중에 발생한 것으로 보아 장애연금 및 유족연금의 수급권을 보장하였다. 또한 국민연금 가입기간이 10년 미만인 가입자 또는 가입자였던 사람은 60세가 된 때 반환일시금을 지급받을 수 있도록 함으로써 수급자의 선택권을 보장하려고 하였다.

2013년 7월 30일의 개정을 통하여 국민연금기금운용위원회 회의록의 주용 내용을 요약 공개하여, 국민연금기금 운용의 결정 과정의 투명성을 확보하려는 것이다.

2014년 1월 14일 개정을 통하여 국가의 책무에 「국민연금법」에 따른 연금급여가 안정적 · 지속적으로 지급되도록 필요한 시책을 수립 · 시행하도록 규정하고, 2014년 12월 31일까지로 되어 있는 농어업인에 대한 연금보험료 지원기한을 2019년 12월 31일까지 연장하려는 것이다.

2015년 1월 28일 개정을 통하여서는 미성년근로자의 권익을 보호하기 위하여 미성년자인 근로자도 성인 근로자와 마찬가지로 원칙적으로 사용자 동의 없이도 사업장가입자가 될 수 있도록 하였다. 또한 실업에 따른 국민연금 사각지대의 해소를 위하여 실업크레딧 제도를 도입하고자 하였다. 국민연금 압류금지의 실효성을 확보하고 사회취약계층에 대한 보호를 강화하기 위하여 국민연금급여를 독립된 계좌인 급여수급전용계좌로 지급하고 해당 계좌의 예금에 관한 채권을 압류할 수 있도록 하는 등 현행 제도의 운영상 나타난 일부 미비점을 개선 · 보완하였다.

■ 국민연금법 연혁

1973년 12월 24일	국민복지연금법 공포(시행연기)
1986년 12월 31일	국민연금법 공포(법률 3902호), 구법 폐지
1988년 1월 1일	국민연금법 시행(상시 근로자 10인 이상 사업장)
2001년 7월	5인 미만 사업장에 대하여 임의적용사업장으로 확대
2002년 4월	4대 사회보험 정보연계시스템 구축
2006년	1인 이상 전체사업장으로 확대
2007년 7월	급여수준 변경(2028년 소득대체율 40%), 감액노령연금, 지급률 상향조정(2.5% 상향 조정), 2개 이상 급여 발생 시 지급방법 개선

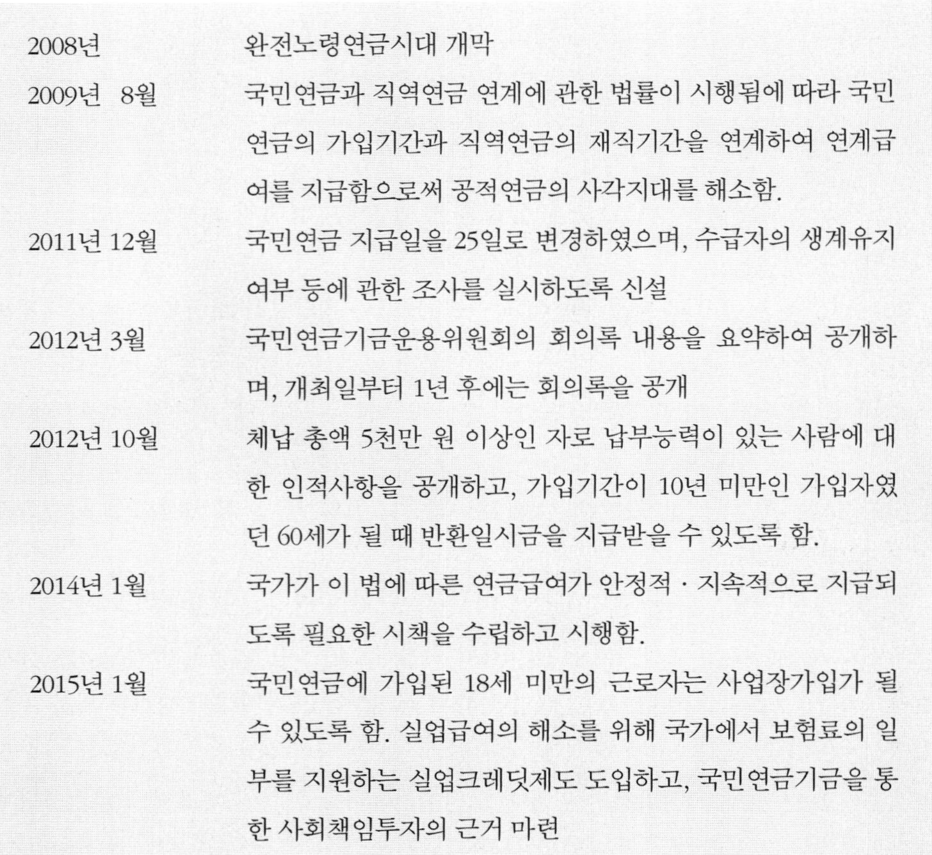

2008년	완전노령연금시대 개막
2009년 8월	국민연금과 직역연금 연계에 관한 법률이 시행됨에 따라 국민연금의 가입기간과 직역연금의 재직기간을 연계하여 연계급여를 지급함으로써 공적연금의 사각지대를 해소함.
2011년 12월	국민연금 지급일을 25일로 변경하였으며, 수급자의 생계유지 여부 등에 관한 조사를 실시하도록 신설
2012년 3월	국민연금기금운용위원회의 회의록 내용을 요약하여 공개하며, 개최일부터 1년 후에는 회의록을 공개
2012년 10월	체납 총액 5천만 원 이상인 자로 납부능력이 있는 사람에 대한 인적사항을 공개하고, 가입기간이 10년 미만인 가입자였던 60세가 될 때 반환일시금을 지급받을 수 있도록 함.
2014년 1월	국가가 이 법에 따른 연금급여가 안정적 · 지속적으로 지급되도록 필요한 시책을 수립하고 시행함.
2015년 1월	국민연금에 가입된 18세 미만의 근로자는 사업장가입가 될 수 있도록 함. 실업급여의 해소를 위해 국가에서 보험료의 일부를 지원하는 실업크레딧제도 도입하고, 국민연금기금을 통한 사회책임투자의 근거 마련

3. 가입자

1) 가입대상

가입대상은 국내에 거주하는 18세 이상 60세 미만의 국민이다(법 제6조). 다만 「공무원연금법」 「군인연금법」 및 「사립학교교직원연금법」의 적용을 받는 공무원, 군인 및 사립학교교직원, 그 밖에 대통령령으로 정하는 자[1]는 제외한다(법 제6조).

1) 노령연금의 수급권을 취득한 자 중 60세 미만의 특수 직종 근로자나 조기노령연금의 수급권을 취득한 자

2) 가입자의 종류

우리나라 국민연금법상의 가입자의 종류는 사업장가입자 · 지역가입자 · 임의가입자 및 임의계속가입자로 구분한다(법 제7조).

(1) 사업장가입자

사업의 종류, 근로자의 수 등을 고려하여 대통령령으로 정하는 사업장(이하 "당연적용사업장" 이라 한다)의 18세 이상 60세 미만인 근로자와 사용자는 당연히 사업장가입자가 된다. 사업장가입자에서 제외되는 자는 다음과 같다(법 제8조).

① 「공무원연금법」 「사립학교교직원 연금법」 또는 「별정우체국법」에 따른 퇴직연금, 장해연금 또는 퇴직연금일시금이나 군인연금법에 따른 퇴역연금, 상이연금, 퇴역연금일시금을 받을 권리를 얻은 자
② 국민연금에 가입된 사업장에 종사하는 18세 미만 근로자는 사업장가입자가 되는 것으로 본다. 다만, 본인이 원하지 아니하면 사업장 가입자가 되지 아니할 수 있다.
③ 국민기초생활수급자는 본인의 희망에 따라 사업장가입자가 되지 아니할 수 있다.

(2) 지역가입자

사업장가입자가 아닌 자로서 18세 이상 60세 미만인 자는 당연히 지역가입자가 된다. 다만, 다음 사항 중 하나에 해당하는 자는 제외한다(법 제9조).

① 다음 각 목의 어느 하나에 해당하는 자의 배우자로서 별도의 소득이 없는 자
　㉠ 제6조 단서[2]에 따라 국민연금 가입 대상에서 제외되는 자
　㉡ 사업장가입자, 지역가입자 및 임의계속가입자
　㉢ 별정우체국 직원
　㉣ 노령연금수급권자 및 퇴직연금 등 수급권자
② 퇴직연금 등 수급권자. 다만, 퇴직연금 등 수급권자가 「국민연금과 직역연금의 연계에 관한 법률」 제8조에 따라 연계 신청을 한 경우에는 그러하지 아니하다.
③ 18세 이상 27세 미만인 자로서 학생이거나 군 복무 등의 이유로 소득이 없는 자

2) 공무원연금법, 군인연금법 및 사립학교교직원연금법의 적용을 받는 공무원, 군인 및 사립학교교직원

④ 「국민기초생활 보장법」에 따른 수급자
⑤ 1년 이상 행방불명된 자

(3) 임의가입자

사업장 가입자나 지역가입자가 아닌 경우, 18세 이상 60세 미만인 자는 보건복지부령으로 정하는 바에 따라 국민연금공단에 가입신청을 하는 경우에는 임의가입자가 될 수 있다. 임의가입자는 보건복지부령으로 정하는 바에 따라 국민연금공단에 신청하여 탈퇴할 수 있다(법 제10조).

(4) 임의계속가입자

국민연금 가입자 또는 가입자였던 자로서 60세가 된 자,[3] 특수직종근로자로서 노령연금 수급권을 취득한 사람 또는 특례노령연금 수급권을 취득한 사람 중 노령연금 급여를 지급받지 않는 사람은 65세가 될 때까지 국민연금공단에 가입을 신청하면 임의계속가입자가 될 수 있다. 임의계속가입자는 보건복지부령으로 정하는 바에 따라 국민연금공단에 신청하면 탈퇴할 수 있다(법 제13조).

4. 보험급여

1) 급여의 종류

연금급여의 종류로는 ① 노령연금 ② 장애연금 ③ 유족연금 ④ 반환일시금이 있다. 연금액은 지급사유에 따라 기본연금액과 부양가족연금액을 기초로 한다.

2) 연금급여별 수급요건 및 급여수준

(1) 연금급여별 수급요건 및 급여수준의 요약

국민연금 급여종류별 수급요건은 〈표 8-1〉과 같다.

3) ① 연금보험료를 납부한 사실이 없는 자 ② 노령연금 수급권자로서 급여를 지급받고 있는 자 ③ 제77조 제1항 제1호에 해당하는 사유로 반환일시금을 지급받은 자는 제외된다.

표 8-1 국민연금 급여종류별 수급요건 및 급여수준

연금의 종류		수급요건
노령연금	완전 노령연금	20년 이상 가입한 자로서 60세에 달한 때 (단, 선원 및 광부 등은 55세에 달한 때)
	감액 노령연금	10년 이상 20년 미만 가입자로서 60세에 달한 때 (단, 선원 및 광부 등은 55세에 달한 때)
	소득활동에 따른 노령연금	10년 이상 가입한 자로서 소득이 있는 업무에 종사하고 있는 경우 60세 이상 65세 미만의 기간 동안 지급(단, 선원 및 광부 등은 55세 이상 60세 미만)
	조기 노령연금	10년 이상 가입한 자로서 55세 이상인 자가 소득이 있는 업무에 종사하지 아니하는 경우, 60세에 달하지 않더라도 본인의 희망에 의해 그가 생존하는 동안 지급
	특례 노령연금	1999년 4월 1일 현재 50세 이상 60세 미만인 자로서 ① 60세가 되기 전에 5년 이상 10년 미만 가입한 자는 60세가 되는 날 ② 60세가 된 후에 가입기간이 5년 이상이 되는 자는 가입자 자격을 상실한 날(65세)부터 지급
장애연금		연금가입 중에 발생한 질병 · 부상으로 인하여 그 완치 후에도 신체 또는 정신상의 장애가 있는 자에 대해 그 장애가 존속하는 동안 장애 정도에 따라 지급
유족연금		다음 중 하나에 해당하는 자가 사망할 때 지급 ① 노령연금수급권자 ② 10년 이상 가입자였던 자 ③ 가입자 ④ 장애등급 2급 이상에 해당하는 장애연금수급권자
반환일시금		다음 중 하나의 경우에 본인 또는 그 유족의 청구에 의해 지급 ① 10년 미만인 가입자가 60세에 달한 때 ② 가입자 또는 가입자였던 자가 사망한 때(유족연금이 지급되지 않는 때에 한함) ③ 10년 미만 가입자로서 국적을 상실하거나 국외에 이주한 때 ④ 공무원연금 등 타 공적연금 가입자가 된 때
분할연금		가입기간 중의 혼인기간이 5년 이상인 자 -노령연금 수급권자인 배우자와 이혼한 후 60세에 달한 때 -60세가 된 이후에 노령연금수급권자인 배우자와 이혼한 때 -60세가 된 이후에 배우자였던 자가 노령연금을 취득한 때 -배우자였던 자가 노령연금수급권을 취득한 후 본인이 60세가 된 때(국민연금법 제57조의 2)

(2) 노령연금

가입기간이 10년 이상인 가입자 또는 가입자였던 자에 대하여는 60세(특수직종근로자는 55세)[4]가 된 때부터 그가 생존하는 동안 노령연금을 지급한다. 노령연금은 가입기간이나 수급시기 등에 따라 완전노령연금, 감액노령연금, 소득활동에 따른 노령연금, 조기노령연금과 분할연금으로 세분된다(법 제61조~제63조).

(3) 장애연금

가입 중에 생긴 질병이나 부상으로 완치된 후에도 신체상 또는 정신상의 장애가 있는 자에 대하여는 그 장애가 계속되는 동안 장애 정도에 따라 장애연금을 지급한다. 질병이나 부상을 입은 자가 초진일부터 1년 6개월이 지나도 완치되지 아니하면 그 1년 6개월이 지난 날을 기준으로 장애 정도를 결정한다. 장애연금의 수급권이 소멸된 자가 장애연금 수급권을 취득할 당시의 질병이나 부상이 악화되어 60세가 되기 전에 다시 장애연금의 지급 대상이 되는 경우에는 본인의 청구에 따라 그 청구한 날을 기준으로 장애 정도를 결정한다. 장애연금의 지급 대상이 되는 자가 반환일시금을 지급받았으면 장애연금을 지급하지 아니한다. 장애 정도에 관한 장애등급은 1급, 2급, 3급 및 4급으로 구분한다(법 제67조).

(4) 유족연금

노령연금 수급권자 또는 가입기간이 10년 이상인 가입자였던 자 또는 가입자 또는 장애등급이 2급 이상인 장애연금 수급권자가 사망하면 그 유족에게 유족연금을 지급한다. 다만, 가입기간이 1년 미만인 가입자가 질병이나 부상으로 사망하면 가입 중에 생긴 질병이나 부상으로 사망한 경우에만 유족연금을 지급한다. 가입기간 10년 미만의 가입자였던 자가 가입 중에 생긴 질병이나 부상 또는 그 부상으로 생긴 질병으로 가입 중의 초진일 또는 가입자 자격을 상실한 후 1년 이내의 초진일부터 2년 이내에 사망하면 그 유족에게 유족연금을 지급할 수 있다. 다만, 유족이 반환일시금을 지급받은 경우에는 유족연금을 지급하지 아니한다(법 제72조).

유족의 범위는 가입자 또는 가입자였던 자가 사망할 당시 그에 의하여 생계를 유지하고 있던 자로서 배우자, 자녀(18세 미만이거나 장애등급 2급 이상인 자), 부모(배우자의 부모를 포함함, 60세 이상이거나 장애등급 2급 이상인 자), 손자녀(18세 미만이거나 장애등급

4) 노령연금 수급연령은 2013년부터 61세이며, 2033년까지 5년에 1세씩 상향조정된다.

2급 이상인 자), 그리고 조부모(배우자의 조부모를 포함, 60세 이상이거나 장애등급 2급 이상인 자) 순으로 한다(법 제73조).

(5) 사망일시금

가입자 또는 가입자였던 자가 사망한 때에 유족이 없으면 그 배우자 · 자녀 · 부모 · 손자녀 · 조부모 · 형제자매 또는 4촌 이내 방계혈족에게 사망일시금을 지급한다. 사망일시금은 가입자 또는 가입자였던 자의 반환일시금에 상당하는 금액으로 하며, 사망일시금을 받을 자의 순위는 배우자 · 자녀 · 부모 · 손자녀 · 조부모 · 형제자매 및 4촌 이내의 방계혈족 순으로 한다(법 제80조).

(6) 반환일시금

가입자 또는 가입자였던 자가 ① 가입기간이 10년 미만인 자가 60세가 된 때, ② 가입자 또는 가입자였던 자가 사망한 때 지급된다. 다만, 가입자 또는 가입기간이 10년 이상인 가입자였던 자가 사망한 때에는 유족연금이 지급되지 아니하는 경우만 해당한다. ③ 국적을 상실하거나 국외로 이주한 때 본인이나 그 유족의 청구에 의하여 반환일시금을 지급받을 수 있다(법 제77조).

(7) 분할연금

이혼한 배우자의 노후생활을 보장하기 위하여 이혼 시 배우자의 노령연금을 분할하여 지급받을 수 있는 연금급여다. 산업화, 도시화, 핵가족화 등 급격한 사회 변화와 함께 이혼과 별거 등이 늘어남에 따라 여성의 권리보호, 특히 전업주부의 노후보장을 위해 1998년 법 개정으로 도입되었다.

분할연금은 혼인 기간(배우자의 가입기간 중의 혼인 기간만 해당)이 5년 이상인 자가 배우자와 이혼하고, 배우자였던 자가 노령연금 수급권자이고, 60세가 되었을 때 그때부터 그가 생존하는 동안 배우자였던 자의 노령연금을 분할한 일정한 금액의 연금(이하 "분할연금"이라 한다)을 받을 수 있다. 분할연금액은 배우자였던 자의 노령연금액(부양가족연금액은 제외한다) 중 혼인 기간에 해당하는 연금액을 균등하게 나눈 금액으로 한다(법 제64조).

3) 급여의 지급

국민연금의 수급권은 법률에 의하여 수급자격요건을 충족하는 경우에 발생하게 된다.

(1) 급여 지급기간 및 지급시기

연금은 지급하여야 할 사유가 생긴 날이 속하는 달의 다음 달부터 수급권이 소멸한 날이 속하는 달까지 지급한다. 연금은 매월 25일에 그 달의 금액을 지급하되, 지급일이 토요일이나 공휴일이면 그 전날에 지급한다. 연금은 지급을 정지하여야 할 사유가 생기면 그 사유가 생긴 날이 속하는 달의 다음 달부터 그 사유가 소멸한 날이 속하는 달까지는 지급하지 아니한다(법 제54조).

(2) 급여 지급의 정지

공단은 ① 수급권자가 정당한 사유 없이 공단의 서류, 그 밖의 자료 제출 요구에 응하지 아니한 때, ② 장애연금 또는 유족연금의 수급권자가 정당한 사유 없이 공단의 진단 요구 또는 확인에 응하지 아니한 때, ③ 장애연금 수급권자가 고의나 중대한 과실로 요양 지시에 따르지 아니하거나 정당한 사유 없이 요양 지시에 따르지 아니하여 회복을 방해한 때, ④ 수급권자가 정당한 사유 없이 신고를 하지 아니한 때에 급여의 전부 또는 일부의 지급을 정지할 수 있다(법 제86조).

(3) 수급권의 보호

수급자가 받은 급여를 받을 권리는 양도 · 압류하거나 담보를 제공할 수 없다. 또한 수급권자에게 지급된 급여로서 대통령령으로 정하는 금액 이하의 급여는 압류할 수 없으며, 급여수급전용계좌에 입금된 급여와 이에 관한 채권은 압류할 수 없다(법 제58조 제1항～제3항).

수급자의 신청이 있는 경우 국민연금급여를 수급자 명의의 지정된 계좌인 '급여수급전용계좌'로 입금하도록 하고, 금융기관에는 국민연금급여만이 급여수급전용계좌에 입금되도록 하는 관리 의무를 규정하며, 급여수급전용계좌에 입금된 급여와 이에 관한 채권은 압류금지 대상으로 규정한다(법 제54조의2, 제58조 제3항).

(4) 중복급여의 조정

수급권자에게 이 법에 따른 2 이상의 급여 수급권이 생기면 수급권자의 선택에 따라 그 중 하나만 지급하고 다른 급여의 지급은 정지된다. 제1항에도 불구하고 제1항에 따라 선택하지 아니한 급여가 다음 각 호의 어느 하나에 해당하는 경우에는 해당 호에 규정된 금액을 선택한 급여에 추가하여 지급한다(법 제56조 제1항, 제2항).

① 선택하지 아니한 급여가 유족연금일 때(선택한 급여가 반환일시금일 때를 제외한다): 유족연금액의 100분의 20에 해당하는 금액
② 선택하지 아니한 급여가 반환일시금일 때(선택한 급여가 장애연금이고, 선택하지 아니한 급여가 본인의 연금보험료 납부로 인한 반환일시금일 때를 제외한다): 제80조 제2항에 상당하는 금액

소득활동에 따른 노령연금액 감액기준을 산정한 금액을 초과하는 소득월액으로 변경하되, 최고 감액률은 50퍼센트로 규정한다(법 제63조의2).

4) 급여의 제한과 조정

(1) 급여의 제한

가입자 또는 가입자였던 자가 고의로 질병 · 부상 또는 그 원인이 되는 사고를 일으켜 그로 인하여 장애를 입은 경우에는 그 장애를 지급 사유로 하는 장애연금을 지급하지 아니할 수 있다. 뿐만 아니라 가입자 또는 가입자였던 자가 고의나 중대한 과실로 요양 지시에 따르지 아니하거나 정당한 사유 없이 요양 지시에 따르지 아니하여 다음 각 호의 어느 하나에 해당하게 되면 이를 원인으로 하는 급여의 전부 또는 일부를 지급하지 아니할 수 있다(법 제82조).

① 장애를 입거나 사망한 경우
② 장애나 사망의 원인이 되는 사고를 일으킨 경우
③ 장애를 악화시키거나 회복을 방해한 경우

(2) 급여조정

① 국민연금 급여 간 병급조정: 수급권자에게 국민연금급여의 수급권이 둘 이상 발생한 때에는 본인의 선택에 따라 하나의 급여만 지급한다(법 제56조 제1항).
② ①의 경우 선택하지 아니한 급여가 유족연금일 때(선택한 급여가 반환일시금일 때를

제외) 유족연금액의 100분의 20에 해당하는 금액을 추가하여 지급한다. 또 ①의 경우 선택하지 아니한 급여가 반환일시금일 때(선택한 급여가 장애연금이고, 선택하지 아니한 급여가 본인의 연금보험료 납부로 인한 반환일시금일 때를 제외) 제80조 제2항에 따른 사망일시금에 상당하는 금액을 추가지급한다(법 제56조 제2항).

장애연금 또는 유족연금의 수급권자가 이 법에 따른 장애연금 또는 유족연금의 지급사유와 같은 사유로 다음 각 호의 어느 하나에 해당하는 급여를 받을 수 있는 경우에는 장애연금액이나 유족연금액은 그 2분의 1에 해당하는 금액을 지급한다.

① 「근로기준법」에 따른 장해보상, 유족보상 또는 일시보상
② 「산업재해보상보험법」에 따른 장해급여, 유족급여, 진폐보상연금 또는 진폐유족연금
③ 「선원법」에 따른 장해보상, 일시보상 또는 유족보상
④ 「어선원 및 어선 재해보상보험법」에 따른 장해급여, 일시보상급여 또는 유족급여(법 제113조)

또한 유족연금의 수급권자인 배우자가 가입자 또는 가입자였던 자의 19세 미만인 자녀의 생계를 유지한 경우 유족연금의 지급을 정지하지 아니하도록 한다(제76조 제1항 제2호).

(3) 급여수급의 전용계좌

수급자는 제58조 제2항에 따라 대통령령으로 정하는 금액 이하의 급여를 본인 명의의 지정된 계좌(이하 "급여수급전용계좌"라 한다)로 입금하도록 공단에 신청할 수 있으며, 이 경우 공단은 급여를 급여수급전용계좌로 입금하여야 한다. 공단은 정보통신장애나 그 밖에 대통령령으로 정하는 불가피한 사유로 급여를 급여수급전용계좌로 이체할 수 없을 때에는 현금으로 지급하는 등 대통령령으로 정하는 바에 따라 급여를 지급할 수 있다. 급여수급전용계좌가 개설된 금융기관은 급여만이 급여수급전용계좌에 입금되도록 하고, 이를 관리하여야 하며, 신청 방법 · 절차와 제3항에 따른 급여수급전용계좌의 관리에 필요한 사항은 대통령령으로 정한다(법 제54조의2).

5. 연금액과 연금보험료

1) 연금액산정기준

연금액은 그 지급사유에 따라 기본연금액[5)]과 부양가족연금액을 기초로 하여 산정하며(법 제50조 제2항), 대부분 종류의 연금액은 기본연금액의 일정비율에 부양가족연금액을 합산하는 형태로 구성되어 있다.

(1) 기본연금액

수급권자의 기본연금액은 다음 각 호의 금액을 합한 금액에 1천분의 1천200을 곱한 금액으로 한다. 다만, 가입기간이 20년을 초과하면 그 초과하는 1년(1년 미만이면 매 1개월을 12분의 1년으로 계산한다)마다 본문에 따라 계산한 금액에 1천분의 50을 곱한 금액을 더한다(법 제51조의1). 다음 각 목에 따라 산정한 금액을 합산하여 3으로 나눈 금액이다.

① 연금 수급 3년 전 연도의 평균소득월액을 연금 수급 3년 전 연도와 대비한 연금 수급 전년도의 전국소비자물가변동률(「통계법」 제3조에 따라 통계청장이 매년 고시하는 전국소비자물가변동률을 말한다. 이하 이 조에서 같다)에 따라 환산한 금액
② 연금 수급 2년 전 연도의 평균소득월액을 연금 수급 2년 전 연도와 대비한 연금 수급 전년도의 전국소비자물가변동률에 따라 환산한 금액
③ 연금수급 전년도의 평균소득월액

가입자 개인의 가입기간 중 매년 기준소득월액을 대통령령으로 정하는 바에 따라 보건복지부장관이 고시하는 연도별 재평가율에 의하여 연금 수급 전년도의 현재가치로 환산한 후 이를 합산한 금액을 총 가입기간으로 나눈 금액이다. 다만, 다음 각 목에 따라 산정하여야 하는 금액은 그 금액으로 한다(법 제51조의2).

5) 기본연금액은 균등부분(A)와 소득비례부분(B)로 구성된다. 기본연금액은 수급자의 가입기간과 가입기간 중 소득, 연금수급당시 평균소득월액에 따라 달라진다. 기본연금액 산정식은 법 개정 후 2008년 1.5×(A+B)×(1+0.05n/12)로 40년 가입을 기준으로 소득대체율 50%에 맞춰져 있으며, 이후 2009년부터 매년 소득대체율이 0.5%씩 감소(비례상수 1.5는 매년 0.015 감소)하여 2028년까지 소득대체율 40%(비례상수 1.2가 됨)로 설계되었다.

① 추가로 산입되는 가입기간의 기준소득월액은 제1호에 따라 산정한 금액의 2분의 1에 해당하는 금액
② 제19조에 따라 추가로 산입되는 가입기간의 기준소득월액은 제1호에 따라 산정한 금액

제1항 각 호의 금액을 수급권자에게 적용할 때에는 연금 수급 2년 전 연도와 대비한 전년도의 전국소비자물가변동률을 기준으로 매년 3월 말까지 그 변동률에 해당하는 금액을 더하거나 빼되, 미리 제5조에 따른 국민연금심의위원회의 심의를 거쳐야 한다. 제2항에 따라 조정된 금액을 수급권자에게 적용할 때 그 적용 기간은 해당 조정연도 4월부터 다음 연도 3월까지로 한다(법 제51조 제2항, 제3항).

(2) 부양가족연금액

부양가족연금액[6]은 수급권자(유족연금의 경우에는 가입자 또는 가입자였던 자를 말한다)를 기준으로 하는 다음 각 호의 자로서 수급권자에 의하여 생계를 유지하고 있는 자에 대하여 해당 호에 규정된 각각의 금액으로 한다. 이 경우 생계유지에 관한 대상자별 인정기준은 대통령령으로 정한다(법 제52조).

① 배우자: 연 15만 원
② 19세 미만이거나 장애등급 2급 이상인 자녀(배우자가 혼인 전에 얻은 자녀를 포함): 연 10만 원
③ 60세 이상이거나 장애등급 2급 이상인 부모(배우자의 부모를 포함): 연 10만 원

---

6) 1. 다음 각 호의 어느 하나에 해당하면 동법 제52조 제1항에 따른 부양가족연금액 계산에서 제외한다. ① 연금수급권자(국민연금과 직역연금의 연계에 관한 법률에 따른 연계급여 수급권자를 포함한다) ② 퇴직연금등 수급권자 ③ 공무원연금법, 사립학교교직원연금법, 별정우체국법 또는 군인연금법에 따른 유족연금 수급권자.
2. 동법 제52조 제1항 각 호의 자는 부양가족연금액을 계산할 때 2명 이상의 연금 수급권자의 부양가족연금 계산 대상이 될 수 없다.
3. 동법 제52조 제1항 각 호에 해당하는 자가 ① 사망한 때 ② 수급권자에 의한 생계유지의 상태가 끝난 때 ③ 배우자가 이혼한 때 ④ 자녀가 다른 사람의 양자가 되거나 파양된 때 ⑤ 자녀가 18세가 된 때다. 다만, 수급권자가 그 권리를 취득할 당시부터 장애등급 2급 이상의 상태에 있는 자는 제외한다. ⑥ 장애등급 2급 이상의 상태에 있던 자녀 또는 부모가 그 장애상태에 해당하지 아니하게 된 때 ⑦ 배우자가 혼인 전에 얻은 자녀와의 관계가 이혼으로 인하여 종료된 때 ⑧ 재혼한 부 또는 모의 배우자와 수급자의 관계가 부모와 그 배우자의 이혼으로 인하여 종료된 경우 부양가족연금액의 계산에서 제외한다.

연금급여액 산정식은 다음과 같다.

연금액＝기본연금액×연금종별 지급율 및 제한율＋부양가족연금액

기본연금액

＝[2.4(A＋0.75B)×P1/P (1998~1998년) ＋1.8(A＋B)×P2/P (1999~2007년) ＋1.5(A＋B)×P3/P (2008년) ＋1.485(A＋B)×P4/P (2009년)

＋1.2(A＋B)×P23/P (2028년 이후) ＋X(A＋A)×C/P (출산크레디트) ＋X(A＋1/2A)×6/P (군복무크레디트)]×(1＋0.05n/12)

- A＝연금수급 전 3년간 전체 가입자의 평균소득월액의 평균액
- B＝가입자 개인의 가입기간 중 기준소득월액의 평균액
  ※ 가입자 개인의 가입기간 동안의 기준소득월액을 매년 보건복지부장관이 고시하는 연도별 재평가율에 의하여 연금수급전년도의 현재가치로 환산한 후 그 합계액을 가입자의 전체 가입월수로 나누어 산정
- P＝가입자의 전체 가입월수(노령연금액 산정 시에만 출산 및 군복무 크레디트를 포함한 전체 가입월수)

구분	1988년~1998년	1999년~2007년	2008년~2027년	2028년 이후
상수	2.4	1.8	1.5(매년 0.015씩 감소)	1.2
소득대체율	70%	60%	50%(매년 0.5씩 감소)	40%
가입월수	P1	P2	P3…P22	P23

- n=20년 초과월수(노령연금액 산정 시에만 출산 및 군복무 크레디트를 포함한 전체 가입월수)
- X: 1.5~1.2까지의 비례상수 중 노령연금 수급권 취득시점의 상수
- C: 추가가입기간 12, 30, 48, 50(균분하는 경우에는 6, 15, 24, 25)
  (출산 및 군복무 크레디트로 인한 연금액 및 증가되는 가입기간은 노령연금액 산정 시에만 적용됨)

지급사유 발생 연월	1990.2. 이전	1990. 3. ~ 1991. 2.	1991. 3. ~ 1992. 2.	1992. 3. ~ 1993. 2.	1993. 3. ~ 1994. 2.	1994. 3. ~ 1995. 2.	1995. 3. ~ 1996. 2.
A값	374,485	423,569	486,449	581,837	670,540	757,338	859,838

지급사유 발생 연월	1996. 3. ~ 1997. 2.	1997. 3. ~ 1998. 2.	1998. 3. ~ 1999. 2.	1999. 3. ~ 2000. 2.	2000. 3. ~ 2001. 2.	2001. 3. ~ 2002. 2.	2002. 3. ~ 2003. 2.
A값	931,293	1,015,544	1,123,185	1,260,611	1,290,803	1,271,595	1,294,723

지급사유 발생 연월	2003. 3. ~ 2004. 2.	2004. 3. ~ 2005. 2.	2005. 3. ~ 2006. 2.	2006. 3. ~ 2007. 2.	2007. 3. ~ 2008. 2.	2008. 3. ~ 2009. 2.	2009. 3. ~ 2010. 2.
A값	1,320,105	1,412,428	1,497,798	1,566,567	1,618,914	1,676,837	1,750,959

지급사유 발생 연월	2010. 3. ~ 2011. 2.	2011. 3. ~ 2012. 2.	2012. 3. ~ 2013. 2.				
A값	1,791,955	1,824,109	1,891,771				

※ 연금지급사유발생 기간별 적용할 A값.

출처: 보건복지부 홈페이지(http://www.nps.or.kr).

2) 보험료

① 공단은 국민연금사업에 드는 비용에 충당하기 위하여 가입자와 사용자로부터 가입기간 동안 매월 연금보험료를 징수한다.
② 사업장가입자의 연금보험료 중 기여금은 사업장가입자 본인이, 부담금은 사용자가 각각 부담하되, 그 금액은 각각 기준소득월액의 1000분의 45에 해당하는 금액으로 한다.
③ 지역가입자, 임의가입자 및 임의계속가입자의 연금보험료는 지역가입자, 임의가입자 또는 임의계속가입자 본인이 부담하되, 그 금액은 기준소득월액의 1000분의 90으로 한다.

연금보험료 = 가입자의 기준소득월액 × 연금보험료율(0.09)

6. 재 정

국민연금 재정은 가입자의 보험료와 국민연금기금[7] 운용수익금과 약간의 국고보조로 구성된다.

1) 보험료

보건복지부장관은 국민연금사업 중 연금보험료의 징수에 관하여 이 법에서 정하는 사항을 건강보험공단에 위탁한다(법 제88조).

2) 국고보조

국민연금의 관리운영비의 전부 혹은 일부에 대해서 국고보조가 이루어진다. 지역가입자 중 농어민에 대해 국고지원이 이루어진다.

7) 국민연금기금은 연금보험료, 기금운용수익금, 적립금 및 공단의 수입지출결산상 잉여금으로 조성된다.

3) 국민연금기금

국민연금사업에 필요한 재원을 원활하게 확보하고, 이 법에 의한 급여에 충당하기 위한 책임준비금으로서 국민연금 기금을 설치하는데, 기금은 연금보험료, 기금운용수익금, 적립금 및 공단의 수입지출결산상 잉여금으로 조성된다.

7. 관리운영

보건복지부에서 「국민연금법」을 관장하는데, 「국민연금법」의 관리운영주체는 국민연금관리공단이다. 국민연금공단은 정부의 통제하에 정부사업을 위탁받아 행하는 공법인이다. 국민연금공단에는 「국민연금법」이 직접 정하지 않은 경우 민법 중 재단법인에 관한 규정이 준용된다.

1) 국민연금공단

보건복지부장관의 위탁을 받아 「국민연금법」의 목적을 달성하기 위한 사업을 효율적으로 수행하기 위하여 국민연금공단을 설립한다. 공단의 업무는 ① 가입자에 대한 기록의 관리 및 유지 ② 연금보험료의 부과 ③ 급여의 결정 및 지급 ④ 가입자, 가입자였던 자 및 수급권자를 위한 노후설계서비스 및 자금의 대여와 복지시설의 설치 · 운영 등 복지증진사업 ⑤ 가입자 및 가입자였던 자에 대한 기금증식을 위한 자금 대여사업 ⑥ 이 법 또는 다른 법령에 따라 위탁받은 사항 ⑦ 그 밖에 국민연금사업에 관하여 보건복지부장관이 위탁하는 사항 등이다(법 제25조, 제26조).

공단에 임원으로 이사장 1명, 상임이사 3명 이내, 이사 7명, 감사 1명을 두되, 이사에는 사용자 대표, 근로자 대표, 지역가입자 대표 각 1명 이상과 당연직 이사로서 보건복지부에서 국민연금 업무를 담당하는 3급 국가공무원 또는 고위공무원단에 속하는 일반직 공무원 1명이 포함되어야 한다. 임원의 임기는 3년으로 한다(법 제30조, 제32조).

보건복지부장관은 국민연금사업 중 연금보험료의 징수에 관하여 이 법에서 정하는 사항을 건강보험공단에 위탁한다(법 제88조).

2) 국민연금심의위원회

국민연금사업에 관한 ① 국민연금제도 및 재정 계산에 관한 사항 ② 급여에 관한 사항 ③ 연금보험료에 관한 사항 ④ 국민연금기금에 관한 사항 ⑤ 그 밖에 국민연금제도의 운영과 관련하여 보건복지부장관이 회의에 부치는 사항을 심의하기 위하여 보건복지부에 국민연금심의위원회를 둔다. 국민연금심의위원회는 위원장 · 부위원장 및 위원으로 구성하되, 위원장은 보건복지부차관이 되고, 부위원장은 공익을 대표하는 위원 중에서 호선하며, 위원은 보건복지부장관이 지명하거나 위촉한다(법 제5조).

3) 국민연금기금운용

기금은 보건복지부장관이 관리 · 운용한다. ① 보건복지부장관은 국민연금 재정의 장기적인 안정을 유지하기 위하여 그 수익을 최대로 증대시킬 수 있도록 국민연금기금운용위원회에서 의결한 바에 따라 기금을 관리 · 운용[8]하되, 가입자, 가입자였던 자 및 수급권자의 복지증진을 위한 사업에 대한 투자는 국민연금 재정의 안정을 해치지 아니하는 범위에서 하여야 한다. 또한 기금을 관리 · 운용하는 경우에는 장기적이고 안정적인 수익 증대를 위하여 투자대상과 관련한 환경 · 사회 · 지배구조 등의 요소를 고려할 수 있다(제102조 제4항). 보건복지부장관은 기금의 운용 성과 및 재정 상태를 명확히 하기 위하여 대통령령이 정하는 바에 따라 기금을 회계처리하여야 하고, 기금의 관리 · 운용에 관한 업무의 일부를 대통령령으로 정하는 바에 따라 공단에 위탁할 수 있다(법 제102조).

또 국민연금기금운용위원회를 설치하여 기금운용지침에 관한 사항, 기금을 관리기금에 위탁할 경우 예탁 이자율의 협의에 관한 사항, 기금 운용 계획에 관한 사항 그리고 기금의 운용 내용과 사용 내용에 관한 사항 등을 심의 · 의결하도록 하고 있다(법 제103조).

국민연금기금운용위원회는 산하에 국민연금기금운용실무평가위원회를 상설하여 기금 운용 자산의 구성과 기금의 회계 처리에 관한 사항, 기금 운용 성과의 측정에 관한 사항, 기금의 관리운영과 관련하여 개선해야 할 사항, 운용위원회에 상정할 안건 중

8) 국민연금기금운용원칙은 ① 금융기관에 대한 예입 또는 신탁 ② 공공사업을 위한 공공부문에 대한 투자 ③ 증권의 매매 및 대여 ④ 금융투자상품지수에 관한 파생상품시장에서의 거래 ⑤ 복지사업 및 대여사업 ⑥ 기금의 본래 사업 목적을 수행하기 위한 재산의 취득 및 처분 ⑦ 그 밖에 기금의 증식을 위하여 대통령령으로 정하는 사업이다.

실무평가위원회의 위원장이 필요하다고 인정한 사항, 그 밖에 운용위원회에서 심의를 요청한 사항 등을 심의 · 평가하도록 하고 있다(법 제104조).

8. 심사청구와 재심사청구

1) 심사청구

가입자의 자격, 기준소득월액, 연금보험료, 그 밖의 이 법에 따른 징수금과 급여에 관한 공단 또는 건강보험공단의 처분에 이의가 있는 자는 그 처분이 있음을 안 날부터 90일 이내에 문서로 그 처분을 한 공단(국민연금심사위원회) 또는 건강보험공단(징수심사위원회)에 심사청구를 할 수 있다(법 제108조).

2) 재심사청구

심사청구에 대한 결정에 불복하는 자는 그 결정통지를 받은 날부터 90일 이내에 보건복지부 산하 국민연금재심사위원회에 재심사를 청구할 수 있다(법 제110조).

3) 행정소송

심사와 재심사결정에 불복하는 경우 행정소송을 제기할 수 있다.

9. 법적 쟁송: 국민연금법 제6조 등 위헌 확인

1) 판시사항

① 국민연금제도의 가입대상을 18세 이상 60세 미만의 국민으로 제한하는 이 사건 법률조항이 합리적인 이유 없이 60세 이상의 국민을 차별함으로써 헌법상의 평등원칙에 위배되는지 여부(소극)

② 60세 이상의 국민에 대한 국민연금제도 가입을 제한하는 것은 노후를 편안하고 안락하게 살아갈 권리를 부여하고 있는 헌법상의 인간다운 생활을 할 권리를 침해하는지 여부(소극)

2) 재판요지

① 국민연금의 가입대상, 가입기간, 보험료, 연금수급자격 및 급여수준 등을 구체적으로 어떻게 정할 것인가는 국민의 소득수준, 경제활동연령, 정년퇴직연령, 평균수명, 연금재정 등 여러 가지 사회적 · 경제적 사정을 참작하여 입법자가 폭넓게 그의 형성재량으로 결정할 수 있는 사항이라고 할 것이고, 그 결정이 명백히 자의적인 것으로서 입법재량을 벗어나지 않는 한 헌법에 위반된다고 할 수 없다. 현재 우리나라 국민의 일반적 퇴직연령은 60세 전후이고, 평균추정수명은 74.9세이며, 60세 이상의 국민 중 경제활동에 참가하고 있는 국민은 20~30%에 불과하여 우리나라 국민의 60세 전후 시기는 소득활동이 중단되거나 축소됨으로써 소득보장을 받아야 하는 때다. 그렇다면 국민연금의 가입대상을 경제활동이 가능한 18세 이상 60세 미만의 국민으로 제한하고 있는 이 사건 법률조항은 노후의 소득보장이라는 연금제도의 입법취지에 따라 국민연금제도를 합리적으로 운영하기 위한 것으로 정당하고 60세 미만의 국민에 비하여 청구인을 불합리하게 차별대우함으로써 헌법상의 평등원칙을 침해한다고 볼 수 없다.

② 현행 국민연금법상의 연금제도는 자기 기여를 전제로 하는 사회보험의 전형적인 한 형태다. 그렇다면 국가가 국민의 인간다운 생활을 보장하기 위한 헌법적 의무를 다하였는지 여부는 국민연금제도와 같은 사회보험에 의한 소득보장제도만으로 판단하여서는 아니 되고, 사회부조의 방식에 의하여 행하여지는 각종 급여나 각종 부담의 감면 등을 총괄한 수준을 가지고 판단하여야 할 것이다. 사실조회 회신에 따르면, 「국민기초생활보장법」「노인복지법」 등 법령에 의하여 저소득 노인에 대한 각종 급여 및 부담의 면제, 시설제공 등으로 인한 노인들의 생활여건에 비추어 볼 때, 이 사건 법률조항이 청구인과 같은 노인의 국민연금가입을 제한하고 있다고 하더라도 인간다운 생활을 보장하기 위하여 국가가 실현해야 할 객관적 내용의 최소한도의 보장에도 이르지 못하였다거나 헌법상 용인될 수 있는 재량의 범위를 명백히 일탈하였다고는 보기 어렵고 청구인이 국민연금제도에서 제외되었다는 사실만으로 곧 그것이 헌법에 위반된다거나 청구인의 인간으로서의 존엄과 가치, 행복추구권이나 인간다운 생활을 할 권리를 침해한 것이라고는 볼 수 없다 할 것이다(헌법재판소 2001. 4. 26. 2000헌마390).

제3절 국민건강보험법

[시행 2014. 11. 21.] [법률 제12615호, 2014. 5. 20., 일부개정]

1. 법의 의의

1) 국민건강보험법의 의의

국민건강보험법의 법원은 헌법 제34조와 사회보장기본법 제1조, 제3조로 볼 수 있다. 우리나라 헌법 제34조에서 국민의 인간다운 생활을 할 권리와 동시에 권리를 실현하기 위한 국가의 사회복지 증진의무를 규정하고 있다. 사회보장정책의 수립 · 추진과 관련 제도에 관한 사항을 규정한 「사회보장기본법」에 따르면 「국민건강보험법」은 사회보험법 중 하나다.

사회보장법 중 건강보험법은 국민의 질병 · 부상에 대한 예방 · 진단 · 치료 · 재활과 출산 · 사망 및 건강증진에 대하여 보험급여를 실시하는 것이다. 이를 위해 국민건강을 향상하고 사회보장을 증진할 목적으로 한 「국민건강보험법」을 제정하여 생활유지 능력이 있는 국민을 대상으로 의료보험서비스를 제공하고, 의료급여법을 제정하여 생활유지 능력이 없거나 어려운 국민을 대상으로 의료보호서비스를 제공하고 있다.

2) 국민건강보험법의 특성

(1) 법률에 의한 강제 가입

「국민건강보험법」은 일정한 법적 요건이 충족되면 본인의 의사에 관계없이 강제 적용된다. 왜냐하면 보험가입을 기피할 경우 국민 상호 간 위험부담을 통하여 의료비를 공동으로 해결하고자 하는 건강 보험제도 목적의 실현이 어렵기 때문이다. 질병위험이 큰 사람만 역으로 보험에 가입할 경우 보험재정이 파탄되어 원활한 건강보험 운영이 불가능하게 된다.

(2) 부담능력에 따른 보험료의 차등부담(형평부과)

사보험은 급여의 내용, 위험의 정도, 계약의 내용 등에 따라 보험료를 부담하지만 사회보험방식인 건강보험에서는 사회적인 연대를 기초로 의료비 문제를 해결하려는 것이 목적이므로 소득수준 등 보험료부담능력에 따라 차등적으로 부담하게 된다.

(3) 보험급여의 균등한 수혜

사보험은 보험료 부과수준, 계약기간 및 내용에 따라 차등급여를 받지만 사회보험은 보험료 부과수준에 관계없이 관계법령에 의하여 균등하게 보험급여가 이루어진다.

(4) 보험료 납부의 강제성

가입이 강제적이라는 점에서 강제보험제도의 실효성을 확보하기 위하여 피보험자에게는 납부의 의무가 주어지며, 보험자에게는 보험료징수의 강제성이 부여된다.

(5) 단기보험

연금보험과는 달리 1년 단위의 회계연도를 기준으로 수입과 지출을 예정하여 보험료를 계산하며 지급조건과 지급액도 보험료 납입 기간과는 상관이 없고 지급기간이 단기다.

3) 건강보험법의 목적과 기능

(1) 건강보험법의 목적

「국민건강보험법」의 목적은 국민의 질병 · 부상에 대한 예방 · 진단 · 치료 · 재활과 출산 · 사망 및 건강증진에 대하여 보험급여를 실시함으로써 국민건강을 향상하고 사회보장을 증진함에 있다.

과거에 「의료보험법」이 상병을 치료하기 위해 소요되는 비용 및 의료서비스를 제공하는 것을 주된 내용으로 하는 반면, 「국민건강보험법」은 진료비보장 · 질병치료를 포함함은 물론 건강진단 · 재활 및 예방의 범위까지 포함하는 적극적이고 포괄적인 의미를 가진 것으로 해석된다.

또 과거의 「의료보험법」이 소위 '조합주의 보험방식'을 취하고 있었던 데 반하여 「국민건강보험법」은 '통합주의 보험방식'을 가진다. 이는 곧 사회적 통합력과 연대성의 원리 및 소득의 재분배를 효과적으로 야기하려는 정책목적을 담고 있다고 하겠다.

(2) 건강보험법의 기능

「국민건강보험법」의 기능은 다음과 같이 들 수 있다.

1 건강보험의 사회연대성

건강보험은 국민의 의료비 문제를 해결해 줌으로써 국민의 건강과 가계를 보호하는 제도로서, 전 국민을 당연적용 대상자로 하는 사회보험 방식을 채택하고 있다. 따라서 국가 또는 개인의 책임이 아닌 사회공동의 연대책임을 활용하여 소득재분배기능과 위험분산의 효과를 거두고, 이를 통하여 사회적 연대를 강화하여 사회통합을 이루는 기능을 수행한다.

2 소득재분배 기능의 수행

질병은 개인의 경제생활에 지장을 주어 소득을 떨어뜨리고 다시 건강을 악화시키는 악순환을 초래하므로 건강보험은 이를 방지하기 위해 각 개인의 경제적 능력에 따른 일정한 부담으로 재원을 조성하고 개별부담과 관계없이 필요에 따라 균등한 급여를 받음으로써 질병 발생 시 가계의 경제적 부담을 경감하여 주는 소득재분배 기능을 수행한다.

3 위험분산 기능의 수행

많은 인원을 집단화하여 위험을 분산함으로써 개개인의 부담을 경감하는 기능과 미리 적은 돈을 갹출하여 둠으로써 위험을 시간적으로 분산하는 기능도 겸하여 수행하고 있다. 형평한 비용부담과 적정한 보험급여 비용(보험료)부담은 형편에 따라 공평하게 부담하는 것으로 주로 소득이나 능력에 비례하여 부담하게 되며, 집단구성원 상호 간의 사회적 연대성에 의하여 그 기능이 발휘된다. 또한 보험급여 측면에서는 피보험대상자 모두에게 필요한 기본 의료를 적정한 수준까지 보장함으로써 그들의 의료문제를 해결하고 누구에게나 균등하게 적정수준의 급여를 제공하는 기능을 수행한다.

4) 용어의 정의

이 법에서 사용하는 용어에 대한 정의는 다음과 같다.

① 근로자: 직업의 종류와 관계없이 근로의 대가로 보수를 받아 생활하는 사람(법인의 이사와 그 밖의 임원을 포함한다)으로서 공무원 및 교직원을 제외한 사람을 말한다.

② 사용자: 근로자가 소속되어 있는 사업장의 사업주, 공무원이 소속되어 있는 기관의 장으로서 대통령령으로 정하는 사람, 교직원이 소속되어 있는 사립학교를 설

립 · 운영하는 자를 말한다.

③ 사업장: 사업소나 사무소를 말한다.

④ 공무원: 국가나 지방자치단체에서 상시 공무에 종사하는 사람을 말한다.

⑤ 교직원: 사립학교나 사립학교의 경영기관에서 근무하는 교원과 직원을 말한다.

2. 입법배경 및 연혁

「국민건강보험법」은 1999년 2월 8일 법률 제5854호로 제정되었지만, 그 전신인 「의료보험법」은 훨씬 이전인 1963년에 제정되었다. 「의료보험법」은 일부 관계 전문가들의 노력으로 일단 입법화에는 성공하였으나, 경제 · 사회적 여건의 미비로 인하여 시행은 연기되었다.

강제가입조항이 삭제된 채 제정되었기 때문에 제도적 구실을 다하지 못했던 「의료보험법」을 1976년 전면개정하여 500인 이상 사업장 근로자에게 강제 적용함으로써 의료보험이 실시되기에 이른다.

한편, 경제성장 위주의 정책은 1970년대 중반부터 나타나기 시작하여 경제성장의 부작용으로 국민의 단결성과 사회적 통합을 위협한다는 우려를 낳게 되었다. 그 여파로 오랫동안 정체 현상을 면치 못하고 있던 의료보험사업은 1976년 12월 22일 실시되었다. 그리하여 의료시설 부족과 국민부담 능력을 고려하여 시행이 가능한 임금소득계층에서부터 점진적으로 의료보험의 적용을 확대하여 왔다.

또한 1987년 2월 한방의료보험을 전국에 확대 · 실시하였고 1988년 1월 1일부터 농어촌 지역의료보험을 실시하여 전 인구의 80.4%가 의료보장의 적용을 받았다. 그 후 1988년 6월 17일 국민의료정책심의위원회의 안건으로 도시지역의료보험확대 방안이 제출되었고, 1989년 7월 1일부터 전국 60여 개 도시(특별시, 직할시 포함)를 대상지역으로 하여 전국 약 964만 명(약 241만 세대)의 도시지역 자영자까지도 의료보험이 실시됨으로써 우리나라는 의료보험 시행 13년 만에 전국민의 의료보험화 시대를 맞이하게 되었다.

전국민을 대상으로 한 「의료보험법」이 실시되는 과정에서 여러 가지 문제점이 야기되었다. 예컨대 조합주의 의료보험제도로 인한 국민계층 간 평등주의 목표와 사회통합목표의 달성 미흡, 상병을 치료하기 위해 소요되는 비용 및 의료서비스에 치중, 의료보험 관리운영의 방만함에서 오는 행 · 재정적 낭비, 그리고 다양한 의료서비스 급여 제공의 약화, 특히 고령자의 증가와 의료보험료의 체납 등으로 인한 재정적자 등을 지적할 수 있다.

이러한 종래의 「의료보험법」의 약점을 해소하기 위하여 건강진단과 재활 및 예방의 범위까지 포함하는 적극적이고 포괄적인 특성을 가진 「국민건강보험법」을 1999년 2월 8일에 제정 · 공포하고 2000년 7월 1일부터 실시하기에 이르렀다.

또 2001년 7월에는 5인 미만 사업장까지 확대적용하고, 2002년 1월 19일부터 2006년 12월 31일까지 5년간 한시법으로서 국민건강보험의 재정적자를 조기에 해소하고 재정건전화를 이른 시일 내에 달성하기 위해 「국민건강보험 재정건전화 특별법」을 재정하여 보험료 및 보험수가의 산정 등에 관하여 「국민건강보험법」에 대한 특례를 규정하였다.

2012년 9월 법의 전면개정이 이루어졌는데, 건강보험제도의 안정적 운영을 위하여 당초 2011년 12월 말까지로 예정되어 있는 건강보험재정에 대한 정부지원을 2016년 12월 말까지 연장하고, 직장가입자에 대하여 보수를 기준으로 산정하는 보수월액보험료 외에 다른 소득을 기준으로 산정하는 소득월액보험료를 징수하는 근거를 마련하며, 의료자원관리의 효율성을 확보하고 요양급여비용의 누수를 방지하기 위하여 요양기관 시설 · 장비 · 인력 현황에 대한 신고의무를 법정화하였다.

2013년 5월 일부개정된 내용에서는 임의계속가입 신청기한을 연장하여 실직한 사람의 보험료 부담을 완화하며, 보험료 체납 등 자료를 신용정보집중기관에 제공할 수 있는 근거를 마련하여 보험료 납부를 간접적으로 강제할 수 있도록 하는 한편, 요양기관을 개설할 수 없는 자가 명의를 대여하여 요양기관 개설 시 부당이득을 징수할 수 있는 근거를 마련하고, 건강보험증 부정사용 등을 통한 부정수급행위에 대한 처벌을 강화하며, 납부기한 연장제도에 대한 법적근거를 마련하는 등 현행 제도의 운영상 나타난 일부 미비점을 개선 · 보완하려는 것이다.

2014년 일부개정에서는 의약품 리베이트 제재 수단을 강화하고, 사립학교 직원을 제외한 교원에게만 국가가 보험료의 일부를 부담하도록 변경하여 각 제도의 형평성을 고려하려 하였다. 또한 건강보험분쟁조정위원회 위원의 수를 늘리고, 위원회에 사무국을 신설하여 전담조직 및 전문인력을 확보함으로써 신속 · 공정한 분쟁조정을 통해 국민의 권익증진을 도모하고자 하였다.

2014년 11월 19일 일부개정에서는 국가적 재난관리를 위한 재난안전 총괄부처로서 국무총리 소속으로 '국민안전처' 를 신설하고, 공직개혁 추진 및 공무원 전문역량 강화를 위하여 공무원 인사 전담조직인 인사혁신처를 국무총리 소속으로 설치하고, 교육 · 사회 · 문화 분야 정책결정의 효율성과 책임성을 제고하기 위하여 교육 · 사회 · 문화 부총리를 신설하였다.

■ 국민건강보험법 연혁

1963년 12월 16일	의료보험법 제정
1976년 12월 22일	의료보험법 전면개정
1977년 7월 1일	500인 이상 사업장근로자 당연적용의 의료보험제도 실시
1977년 12월	의료보호법 제정, 공무원 및 사립학교교원 의료보험법 제정
1989년 7월 1일	전국민의 의료보험화
1989년 10월 1일	약국의료보험 실시
1999년 2월 8일	국민의료보험관리공단 설립: 공교공단과 227개 지역조합 통합 국민건강보험법 공포
2000년 7월 1일	국민건강보험 실시: 국민건강보험공단 설립
2001년 7월 1일	5인 미만 사업장 근로자 직장가입자 편입
2002년 1월 19일	국민건강보험재정건전화특별법 제정
2003년 7월 1일	지역 · 직장재정 통합 운영
2011년 12월 31일	건강보험재정에 대한 정부지원 연장
2013년 5월 22일	임의계속가입 신청기한 연장과 부정수급행위에 대한 처벌 강화
2014년 5월 20일	국민건강보험료 카드 납부제도에 대한 법적 근거를 마련 요양급여비용의 지급을 보류할 수 있는 근거를 마련
2014년 11월 19일	국민안전처 및 인사혁신처 신설

3. 가입자와 보험자

1) 적용대상

「국민건강보험법」의 적용대상은 국내에 거주하는 국민으로서 「의료급여법」에 의하여 의료급여를 받는 자, 「독립유공자예우에 관한 법률 및 국가유공자 등 예우 및 지원에 관한 법률」에 의하여 의료보호를 받는 자 외의 자는 건강보험의 가입자 또는 피부양자가 된다(법 제5조).

국민개보험을 원칙으로 하고 있다. 자격요건은 가입자와 피부양자가 모두 포함되는데, 피부양자는 다음과 같은 경우에 해당하는 자 중 직장가입자에 의하여 주로 생계를 유지하는 자로서 보수 또는 소득이 없는 자를 말한다.

① 직장가입자와 배우자
② 직장가입자의 직계존속(배우자의 직계존속을 포함)
③ 직장가입자의 직계비속(배우자의 직계비속을 포함) 및 그 배우자
④ 직장가입자의 형제자매

이러한 피부양자 자격의 인정기준, 취득·상실시기, 기타 필요한 사항은 보건복지부령(법 시행규칙)으로 정한다고 되어 있다.

2) 가입자의 종류

(1) 가입자 구분

가입자는 직장가입자 및 지역가입자로 구분한다.

(2) 가입자

가입자는 직장가입자와 지역가입자로 구분하며, 모든 사업장의 근로자 및 사용자와 공무원 및 교직원은 직장가입자가 된다. 다만, 다음 각 호의 어느 하나에 해당하는 사람은 제외한다.

① 고용 기간이 1개월 미만인 일용근로자
② 「병역법」에 따른 현역병(지원에 의하지 아니하고 임용된 하사를 포함한다), 전환복무된 사람 및 무관후보생
③ 선거에 당선되어 취임하는 공무원으로서 매월 보수 또는 보수에 준하는 급료를 받지 아니하는 사람
④ 그 밖에 사업장의 특성, 고용 형태 및 사업의 종류 등을 고려하여 대통령령으로 정하는 사업장의 근로자 및 사용자와 공무원 및 교직원

(3) 지역가입자

가입자 중 직장가입자와 그 피부양자를 제외한 자를 말한다.

(4) 근로자 및 사용자

대통령령이 정하는 절차에 따라 직장가입자가 되거나 탈퇴할 수 있다.

3) 보험자

(1) 건강보험의 보험자

보험자는 국민건강보험공단(법인)이며(법 제13조), 재정운영위원회를 둘 수 있다(법 제34조). 공단은 임원으로서 이사장 1명, 이사 14명 및 감사 1명을 둔다. 이 경우 이사장, 이사 중 5명 및 감사는 상임으로 한다(법 제20조).

(2) 업무내용

① 가입자 및 피부양자의 자격관리
② 보험료 기타 이 법에 의한 징수금의 부과 · 징수
③ 보험급여의 관리
④ 가입자 및 피부양자의 건강 유지 · 증진을 위하여 필요한 예방사업
⑤ 보험급여비용의 지급
⑥ 자산의 관리 · 운영 및 증식사업
⑦ 의료시설의 운영
⑧ 건강보험에 관한 교육훈련 및 홍보
⑨ 건강보험에 관한 조사연구 및 국제협력
⑩ 이 법에서 공단 업무로 정하고 있는 사항
⑪ 징수위탁근거법에 따라 위탁받은 업무
⑫ 그 밖에 이 법 또는 다른 법령에 따라 위탁받은 업무
⑬ 그 밖에 건강보험과 관련하여 보건복지부장관이 필요하다고 인정한 업무

공단은 자산 관리 · 운영 및 증식사업으로서, 체신관서 또는 은행에의 예입 또는 신탁, 국가 · 지방자치단체 또는 은행이 직접 발행하거나 채무이행을 보증하는 유가증권의 매입, 법인이 발행하는 유가증권의 매입, 신탁업자가 발행하거나 같은 법에 따른 집합투자업자가 발행하는 수익증권의 매입, 공단의 업무에 사용되는 부동산의 취득 및 일부 임대, 그 밖에 공단 자산의 증식을 위하여 대통령령으로 정하는 사업을 할 수 있다. 이 외에도 공단은 공공기관의 정보공개에 관한 법률에 따라 건강보험과 관련하여

보유 · 관리하고 있는 정보를 공개한다(법 제14조).

(3) 건강보험정책심의위원회

보건복지부장관은 요양급여의 기준, 요양급여비용에 관한 사항, 직장가입자의 보험료율, 지역가입자의 보험료부과점수당 금액 등 건강보험정책에 관한 제반 사항을 심의 · 의결하기 위하여 보건복지부장관 소속하에 건강보험정책심의위원회를 둔다(법 제4조).

(4) 건강보험심사평가원

공단은 요양급여비용을 심사하고 요양급여의 적정성 평가나 심사기준과 평가기준을 개발하기 위한 기관으로 건강보험심사평가원을 설립하였는데, 이는 공단과는 별도의 법인이다(법 제62조~제64조). 심사평가원에 임원으로서 원장, 이사 14명 및 감사 1명을 둔다. 이 경우 원장, 이사 중 3명 및 감사는 상임으로 한다. 원장의 임기는 3년, 이사와 감사의 임기는 각각 2년으로 한다(법 제65조).

건강보험심사평가원은 심사평가원의 업무를 효율적으로 수행하기 위하여 심사평가원에 진료심사평가위원회(이하 "심사위원회"라 한다)를 둔다. 심사위원회는 위원장을 포함하여 50명 이내의 상근 심사위원과 1000명 이내의 비상근 심사위원으로 구성하며, 진료과목별 분과위원회를 둘 수 있다(법 제66조).

4. 보험급여

1) 의미

「국민건강보험법」에 따라 제공되는 급여는 요양급여와 건강진단, 요양비지급 및 임의급여가 있다. 이 중에서 요양급여, 건강진단 및 요양비지급은 법정급여라고 한다. 법정급여는 법적규정에 따라 일정한 보험사고에 대하여 지급되는 급여이고, 임의급여는 급여의 종류는 법적으로 정해져 있으나 실시 여부는 보험자에게 위임되어 있는 급여를 말한다. 구체적인 내용을 살펴보면 다음과 같다.

2) 요양급여

(1) 개념과 범위

요양급여는 가입자 및 피부양자의 질병 · 부상 · 출산 등에 대하여 ① 진찰 · 검사 ② 약제 · 치료 재료의 지급 ③ 처치 · 수술 기타 치료 ④ 예방 · 재활 ⑤ 입원 ⑥ 간호 ⑦ 이송급여를 제공한다(법 제41조).

(2) 요양기관

요양급여를 행하는 기관을 말하는데 이는 다음과 같은 곳이 요양기관으로 인정된다(법 제42조). 다만, 보건복지부장관은 인정기준에 미달하거나, 발급받은 인정서를 반납한 요양기관의 경우 요양기관에서 제외할 수 있다.

① 의료법에 의하여 개설된 의료기관
② 약사법에 의하여 등록된 약국
③ 약사법에 의하여 설립된 한국 희귀의약품센서
④ 지역보건법에 의한 보건소 · 보건의료원 및 보건지소
⑤ 농어촌 등 보건의료를 위한 특별조치법에 의하여 설치된 보건진료소

보건복지부장관은 요양급여를 효율적으로 하기 위하여 필요한 경우에는 보건복지부령이 정하는 바에 의하여 시설 · 장비 · 인력 및 진료과목 등 보건복지부령이 정하는 기준에 해당하는 요양기관을 종합전문요양기관 또는 전문요양기관으로 인정할 수 있다. 종합전문요양기관 또는 전문요양기관으로 인정된 요양기관에 대하여는 요양급여 절차 및 요양급여비용을 다른 요양기관과 달리할 수 있다. 요양기관은 정당한 이유 없이 요양급여를 거부하지 못한다.

(3) 요양비

보험자는 가입자 또는 피부양자 보건복지부령이 정하는 긴급 기타 부득이한 사유로 인하여 요양기관과 유사한 기능을 수행하는 기관으로서 보건복지부령이 정하는 기관(업무정지처분 기간 중인 요양기관을 포함)에서 질병 · 부상 · 출산 등에 대하여 요양을 받거나 요양기관이 아닌 장소에서 출산한 경우에는 그 요양급여에 상당한 금액을 보건복지부령이 정하는 바에 의하여 그 가입자 또는 피부양자에게 요양비로 지급한다(법 제49조).

요양급여의 보완적 역할로서 예외적으로 현금급여를 인정한 것이다. 위에 따라 요양비수급자의 요양을 실시한 기관은 보건복지부장관이 정하는 진료비명세서 또는 요양내역을 기재한 영수증을 요양을 받은 자에게 교부하여야 하며, 요양을 받은 자는 이를 보험자에게 제출하여야 한다.

3) 건강진단

보험자는 가입자 및 피부양자에 대하여 질병의 조기발견과 그에 따른 요양급여를 하기 위하여 건강검진을 실시한다. 건강검진의 대상 · 횟수 · 절차 기타 필요한 사항은 대통령령으로 정한다.

건강검진을 받을 수 있는 자는 ① 직장가입자, 세대주인 지역가입자, 40세 이상인 지역가입자 및 40세 이상인 피부양자 ② 암검진: 암의 종류별 특성을 고려하여 검진이 필요하다고 보건복지부장관이 정하여 고시하는 사람 ③ 영유아건강검진: 6세 미만의 가입자 및 피부양자로 한다. 건강검진은 2년마다 1회 이상 실시하되, 사무직에 종사하지 아니하는 직장가입자에 대해서는 1년에 1회 실시한다. 건강검진은 의료 관련 인력 · 시설 및 장비를 갖춘 요양기관 중에서 공단과의 계약이 체결된 요양기관(검진기관)에서 행하여야 한다(법 제52조).

4) 부가급여

공단은 이 법에서 정한 요양급여 외에 대통령령으로 정하는 바에 따라 임신 · 출산진료비, 장제비, 상병수당, 그 밖의 급여를 실시할 수 있다(법 제50조).

5) 장애인에 대한 특례

공단은 「장애인복지법」에 의하여 등록한 장애인인 가입자 및 피부양자에게는 보장구(補裝具)에 대하여 보험급여를 할 수 있다. 제1항에 따른 보장구에 대한 보험급여의 범위 · 방법 · 절차와 그 밖에 필요한 사항은 보건복지부령으로 정한다(법 제51조).

5. 보험급여 수급권의 제한과 보호 등

1) 수급권의 제한

「국민건강보험법」은 보험급여를 다음과 같은 경우에 하지 않는다는 규정을 두고 있다.

① 고의 또는 중대한 과실로 인한 범죄행위에 기인하거나 고의로 사고를 발생시킨 때
② 고의 또는 중대한 과실로 공단이나 요양기관의 요양에 관한 지시에 따르지 아니한 때
③ 고의 또는 중대한 과실로 문서 기타 물건의 제출을 거부하거나 질문 또는 진단을 기피한 때
④ 업무 또는 공무로 생긴 질병 · 부상 · 재해로 다른 법령에 따른 보험급여나 보상(報償) 또는 보상을 받게 되는 경우(법 제53조)

공단은 보험급여를 받을 수 있는 사람이 다른 법령에 따라 국가나 지방자치단체로부터 보험급여에 상당하는 급여를 받거나 보험급여에 상당하는 비용을 지급받게 되는 경우, 사용자가 보수월액보험료를 체납한 경우(그 체납에 대하여 직장가입자 본인에게 귀책사유가 있는 경우), 그리고 대통령령이 정하는 기간 이상 보험료를 체납한 경우 그 가입자 및 피부양자에 대하여 보험급여를 실시하지 아니할 수 있다. 다만, 보험료의 체납기간에 관계없이 월별 보험료의 총체납 횟수가 대통령령이 정하는 횟수 미만인 경우에는 그러하지 아니하다.

2) 보험급여의 정지

보험급여를 받을 수 있는 자가 ① 해외에 여행 중인 때 ② 국외에서 업무에 종사하고 있을 때 ③ 병역법의 규정에 의한 현역병(지원에 의하지 아니하고 임용된 하사를 포함한다. 전환복무된 사람 및 무관후보생)에 해당하게 된 때 ④ 교도소 기타 이에 준하는 시설에 수용되어 있는 때 그 기간 중 보험급여를 하지 아니한다(법 제54조).

3) 부당이득의 징수

국민건강보험법상의 부당이득의 징수에 관한 내용은 다음과 같은 경우가 해당된다(법 제57조).

① 공단은 속임수나 그 밖의 부당한 방법으로 보험급여를 받은 사람이나 보험급여 비용을 받은 요양기관에 대하여 그 보험급여나 보험급여 비용에 상당하는 금액의 전부 또는 일부를 징수한다.
② 사용자나 가입자의 거짓 보고나 거짓 증명 또는 요양기관의 거짓 진단에 따라 보험급여가 실시된 경우 공단은 이들에게 보험급여를 받은 사람과 연대하여 징수금을 내게 할 수 있다.
③ 공단은 속임수나 그 밖의 부당한 방법으로 보험급여를 받은 사람과 같은 세대에 속한 가입자에게 속임수나 그 밖의 부당한 방법으로 보험급여를 받은 사람과 연대하여 징수금을 내게 할 수 있다.
④ 요양기관이 가입자 또는 피부양자로부터 사위 기타 부당한 방법으로 요양급여비용을 받은 때에는 보험자는 당해 요양기관으로부터 이를 징수하여 가입자 또는 피부양자에게 지체 없이 지급하여야 한다.

4) 구상권

공단은 제3자의 행위로 보험급여사유가 생겨 가입자 또는 피부양자에게 보험급여를 한 경우에는 그 급여에 들어간 비용 한도에서 그 제3자에게 손해배상을 청구할 권리를 얻는다. 보험급여를 받은 사람이 제3자로부터 이미 손해배상을 받은 경우에는 공단은 그 배상액 한도에서 보험급여를 하지 아니한다(법 제58조).

5) 수급권의 보호

보험급여를 받을 권리는 양도 또는 압류할 수 없다(법 제59조).

6. 재원: 보험료와 국고보조

1) 재원

사회보험방식에 의하여 운영되고 있는 우리나라 건강보험은 가입자 및 사용자로부터 징수한 보험료와 국고 및 건강증진기금 등 정부지원금을 그 재원으로 하고 있다. 2007년부터는 당해연도 보험료 예상수입액의 100분의 14는 정부지원으로, 당해연도 보험료 예상수입액의 100분의 6은 건강증진기금에서 지원하고 있다. 보험료는 임금근로자가 대상인 직장가입자의 경우에는 소득비례정률제가 적용되고 있으며, 농·어민과 도시자영자 등 지역가입자의 경우에는 대상범위가 광범위할 뿐 아니라, 소득의 형태가 다양하고 정확한 소득파악에 어려움이 있어 소득비례 정률제 대신 보험료부과점수(소득, 재산, 생활수준 등의 등급별 점수합)에 점수당 단가를 곱하여 산정한 금액을 적용하고 있다(보건복지부 http://www.mw.go.kr).

2) 보험료

(1) 보험료율

공단은 건강보험사업에 드는 비용에 충당하기 위하여 보험료의 납부의무자로부터 보험료를 징수한다. 국민건강보험의 경우는 단기보험이므로 매년 당해연도에 부과될 보험료를 가지고 국민건강보험사업에 소요될 경비로 지출한다. 보험료율의 결정은 보험제도가 가진 목적과 급여비용의 흐름, 그리고 경제·사회적 상황 등을 참고하면서 결정된다. 보험재정의 안정성과 보험사업의 효과성을 높이기 위해 보험료율이 결정된다고 할 수 있다.

직장가입자의 보험료율은 1000분의 80의 범위에서 심의위원회의 의결을 거쳐 대통령령으로 정한다(법 제73조). 직장가입자의 월별 보험료율은 ① 보수월액보험료: 보수월액[9]에 보험료율을 곱하여 얻은 금액 ② 소득월액보험료: 소득월액[10]에 보험료율의

9) 직장가입자의 보수월액은 직장가입자가 지급받는 보수를 기준으로 하여 산정하되, 대통령령으로 정하는 기준에 따라 상한과 하한을 정할 수 있다. 보수는 근로자 등이 근로를 제공하고 사용자·국가 또는 지방자치단체로부터 지급받는 금품(실비변상적인 성격을 갖는 금품은 제외한다)으로서 대통령령으로 정하는 것을 말한다. 휴직자 등의 보수월액보험료는 해당 사유가 생기기 전 달의 보수월액을 기준으로 산정한다(법 제70조).

10) 소득월액은 보수월액의 산정에 포함된 보수를 제외한 직장가입자의 보수외소득이 대통령령으로 정하는 금액을 초과하는 경우 보수외소득을 기준으로 하여 산정하되, 대통령령으로 정하는 기준에 따라 상한을 정할

100분의 50을 곱하여 얻은 금액으로 한다(법 제69조 제4항). 지역가입자의 월별 보험료액은 세대 단위로 산정하되, 지역가입자가 속한 세대의 월별 보험료액은 산정한 보험료부과점수[11]에 보험료부과점수당 금액을 곱한 금액으로 한다(법 제69조 제5항).

(2) 보험료의 부담

1 직장가입자

직장가입자의 소득월액보험료는 직장가입자가 부담한다. 사용자는 보수월액보험료 중 직장가입자가 부담하여야 하는 그 달의 보험료액을 그 보수에서 공제하여 납부하여야 한다(법 제77조 제1항, 제3항).

직장가입자의 보험료는 직장가입자와 직장가입자가 근로자인 경우에는 소속사업장의 사업주가, 직장가입자가 공무원인 경우에는 소속된 국가 또는 지방자치단체가 각각 보험료액의 100분의 50을 부담한다. 직장가입자가 교직원인 경우에는 그 직장가입자가 100분의 50을, 소속 학교경영기관이 100분의 30을, 국가가 100분의 20을 각각 부담한다(법 제76조). 가입자가 보험료를 부담하는 이유는 가입자는 의료보험의 수익자이고, 또한 업무상 상병의 경우 가입자에게 책임이 있는 경우가 많으며, 의료보험제도는 가입자 간의 사후구제에 근거를 두기 때문인 것으로 풀이된다. 사용자에게 2분의 1 부담의무를 지운 것은 근로조건 및 사업장 설비의 미비로 인하여 직장가입자의 업무 외 상병을 발생시킬 소지를 만든 데에 책임이 있고, 또한 직장가입자의 건강유지 및 상병의 빠른 회복은 근로 능률의 증진을 가져와 결국 사용자에게도 이익이 돌아가기 때문이다.

2 지역가입자

지역가입자의 보험료는 그 가입자가 속한 세대의 지역가입자 전원이 연대하여 납부한다. 다만, 소득・생활수준・경제활동참가율 등을 고려하여 대통령령으로 정하는 기준에 해당하는 미성년자는 납부의무를 부담하지 아니한다(법 제77조 제2항).

수 있다. 소득월액을 산정하는 기준, 방법 등 소득월액의 산정에 필요한 사항은 대통령령으로 정한다(법 제71조).

11) 보험료부과점수는 지역가입자의 소득・재산・생활수준・경제활동참가율 등을 고려하여 정하되, 대통령령으로 정하는 기준에 따라 상한과 하한을 정할 수 있다. 보험료부과점수의 산정방법과 산정기준을 정할 때 법령에 따라 재산권의 행사가 제한되는 재산에 대하여는 다른 재산과 달리 정할 수 있다(법 제72조).

(3) 국가부담

국가는 매년 예산의 범위에서 해당 연도 보험료 예상 수입액의 100분의 14에 상당하는 금액을 국고에서 공단에 지원한다. 공단은 국민건강증진법에 따른 국민건강증진기금에서 자금을 지원받을 수 있다(법 제108조).

7. 이의신청 및 심판청구

1) 이의신청

가입자 및 피부양자의 자격, 보험료 등, 보험급여 비용에 관한 공단의 처분에 이의가 있는 자는 공단에 이의신청을 할 수 있다. 또 요양급여비용 및 요양급여의 적정성에 대한 평가 등에 관한 건강보험심사평가원의 처분에 이의가 있는 공단 · 요양기관 기타의 자는 건강보험심사평가원에 이의신청을 할 수 있다. 이들 이의신청은 정당한 사유가 있음이 소명된 경우를 제외하고는 처분이 있는 날부터 90일 이내에 문서로 하여야 한다(법 제87조). 이의신청에 대한 처분업무를 효율적으로 수행하기 위하여 공단 및 심사평가원에 '이의신청위원회' 를 각각 설치한다(령 제53조).

2) 심판청구

이의신청에 대한 결정에 불복하는 자는 건강보험분쟁조정위원회에 심판청구를 할 수 있고, 심판청구는 처분이 있는 날부터 90일 이내에 문서로, 공단 또는 심사평가원에 제출하거나 건강보험분쟁조정위원회에 제출하여야 한다(법 제88조).

3) 행정소송

공단 또는 심사평가원의 처분에 이의가 있는 자, 위 이의신청 또는 심판청구에 대한 결정에 불복이 있는 자는 「행정소송법」이 정하는 바에 의하여 행정소송을 제기할 수 있다(법 제90조).

8. 법적 쟁송: 요양기관 지정에 관한 헌법소원 청구

「국민건강보험법」 제40조 제1항 요양기관 당연지정제는 1999년 2월 8일자 법률 제5857호로 강제지정에서 당연지정으로 전문개정되어 시행된 제도다. 「국민건강보험법」 제40조는 요양기관 조건을 적극적으로 요구하지 않고 대통령령에 소극적으로 제외사유를 두어 포괄적으로 위임하고 있는데, 국민건강보험법 시행령상 제외되는 요양기관은 대부분 법령위반을 한 의료기관에 대한 업무정지 등의 징계나 개설허가, 철회에 의한 것으로서 당사자 일방의 계약해지나 취소권 행사에 의한 것이 아님을 알 수 있다.

그런데 요양기관 당연지정제는 계약제와 대립되는 개념으로서가 아니라, 요양기관을 강제지정 혹은 당연지정하느냐, 계약강제하느냐 하는 요양기관지정의 본질적인 문제로 논의될 수 있다. 관련된 최근 2건의 헌법재판소 판결에 주목할 필요가 있는데, 그 중 하나는 "요양기관지정취소처분 취소(헌법재판소전원재판부 1998. 5. 28. 96헌가1. 의료보험요양기관지정취소처분 취소)" 에 관한 결정이고, 다른 하나는 "요양기관 당연지정을 규정한 국민건강보험법 제40조 제1항의 위헌성에 관한 헌법소송(2000헌마505호)" 에 대한 헌법재판소 입장이다.

두 사례는 모두 요양기관 지정제도에 관한 것으로서 국민의 헌법상 보장된 평등권, 행복추구권 및 직업의 자유 등을 이유로 위헌제기된 것으로 보이나, 전자는 요양기관의 당연지정을 전제로 보험자 혹은 보험단체의 취소권 행사가 한계범위를 일탈한 것으로서 위헌임을 주장한 것이고, 후자는 요양기관당연지정제 자체가 민주원리에 위배되는 강제규정으로서 국민의 기본권을 침해하는 규정이므로 임의적인 규정으로 변경해야 한다는 주장이다. 즉, 요양기관당연지정제는 일방적인 행정처분적 성격이 아닌 쌍방적 · 계약적 성격을 띤 '공법상 계약' 의 근거규정으로 해석해야 한다고 한다. 이 같은 배경에는 현행 제도의 헌법위배적 요소[12]를 지적하나, 더 근원적 이유는 의료의 질을 개선하고, 의료자원의 효율적 분배를 통한 의료비의 적절한 통제의 필요성을 느꼈기 때문으로 보인다(신소희, 2002: 24-27).

12) 헌법위배적 요소로서 직업선택의 자유, 사유재산권의 침해, 외형적 평등의 반경제 질서성을 들고 있다. 제40조 규정의 취지는 의료기관의 통제적 측면보다 국민에 대한 적절한 의료 제공을 위한 행정적 규제의 의의를갖는다고 본다면, 양자의 이익을 비교 형량하여 우월적 이익을 위한 제한은 불가피하며, 비례의 원칙, 과잉금지의 원칙, 평등의 원칙 등의 헌법상 원칙이 기본권 제한기준으로 적용될 수 있다. 「국민건강보험법」 제40조에 근거한 시행령 제21조 제1항 제3호 규정은 강력한 행정적 규제로서 단순히 건강보험법상의 요양기관의 지위를 박탈하는 수준이 아니라 명령에 의하여 실질적으로 의료기관으로서 업무수행 자체를 불가능하게 하는 것으로 강력한 규제수단이 될 수 있다(장욱, 이경환, 황덕남, 2001: 431)는 점에서 국민의 기본권인 직업선택의 자유에 대한 위헌의 여지가 있음을 언급한 바와 같다(신소희, 2002: 27).

제4절 산업재해보상보험법

[시행 2015. 4. 21.] [법률 제13045호, 2015. 1. 20., 일부개정]

1. 법의 의의

1) 개념

「산업재해보상보험법」(이하 「산재보험법」)은 산업현장에서 활동하는 근로자에게 발생할 수 있는 제반 재해에 대해 보험방식으로 근로자와 그 가족을 보호함은 물론 사업주의 위험부담을 경감하려는 일종의 사회보장법 또는 사회복지법이다.

다시 말하자면, 이 법은 근로자가 업무상의 사유로 부상, 질병, 신체장애 또는 사망한 경우에 그 피재근로자 또는 유족을 보호하기 위한 법인데, 우리나라 근로기준법 제8장에서는 사용자에게 근로자의 업무상 재해에 대한 보상책임을 규정함으로써 사용자의 무과실책임제도를 확립하여 직접보상방식을 채택하고 있다.

그러나 근로기준법이 재해보상을 사용자의 의무로서 규정하고 있더라도 실제로 업무상 재해가 발생하였을 때 사용자가 근로기준법상의 재해보상을 하지 못한다면 재해보상제도의 입법상의 의의는 상실되고 만다. 그렇게 되면 피재근로자나 유족은 과실책임주의와 불법행위의 법리에 의한 민사상의 손해배상의 방법에 의존할 수밖에 없을 것이다. 그러나 민사상의 청구에는 많은 시간과 경비가 소요될 뿐 아니라 사용자의 과실을 근로자가 입증하여야 하기 때문에 경제적인 약자인 근로자에게 불리한 결과가 되고 만다.

따라서 업무상 재해를 당한 피재근로자 등에게 신속 공정한 보상을 해 주는 반면에 사업주의 위험을 분산 · 경감해 줄 수 있는 사회보험제도인 산업재해보상보험법에 의하여 사회보험방식으로 보상할 수 있도록 1963년 「산업재해보상보험법」을 제정하여 실시하고 있다.

현행 「산재보험법」은 업무상의 재해와 직업병을 보호하고 있다. 반면, 우리 「산재보험법」은 통근상의 재해에 대해서는 아직 일률적으로 보호하고 있지는 않다. 같은 재해보상의 성격을 가지고 있는 특수직역종사자를 대상으로 한 연금법에서는 통근상의 재해에 대한 보상이 이루어지고 있는 것과 비교가 된다.

2) 목적

이 법은 산업재해보상보험 사업을 시행하여 근로자의 업무상의 재해를 신속하고 공정하게 보상하며, 재해근로자의 재활 및 사회 복귀를 촉진하기 위하여 이에 필요한 보험시설을 설치 · 운영하고, 재해 예방과 그 밖에 근로자의 복지 증진을 위한 사업을 시행하여 근로자 보호에 이바지하는 것을 목적으로 한다(법 제1조).

3) 특성

산재보험이 사회보험의 한 종류로서 여러 사회보험과 유사한 특성을 가지고 있지만, 산재보험만이 가진 몇 가지 특성을 다음과 같이 정리할 수 있다. 첫째, 산재보험은 기본적으로 업무상 자유로 재해를 입은 재해근로자에 대하여 무과실책임주의에 입각하여 사업주의 보상책임을 담보하여 주는 사업주 책임보험으로서의 특성을 가진다. 둘째, 산재보험의 보험관리상 주요 특징은 사업장 중심으로 관리한다는 것이다. 즉, 다른 사회보험제도와 달리 사업장 단위로만 가입이 이루어지고 개별 근로자의 관리는 별도로 이루어지지 않고 있다. 셋째, 산재보험은 보험관계 성립 등 제반 행정이 자진신고 및 보험료의 자진납부를 원칙으로 하고 있다. 넷째, 산재보험은 다른 사회보험제도에 비해 일선 업무담당자의 재량에 의하여 판단, 처리되는 부분이 많다는 특징을 가진다. 다섯째, 산재보험은 현금급여로 제공되는 국민연금과 현물급여를 위주로 제공되는 의료보험과 달리 현금급여와 현물급여가 모두 제공되는 종합적인 보상제도로서의 특성을 가진다. 여섯째, 산재보험에 의한 재해보상은 일반 법원을 통한 권리구제와 달리 산업재해에서 입은 피해를 시급히 복구하여 보호하며, 행정행위에 의한 재량 또는 담당직원의 자의에 따라 좌우되지 않은 공정한 보상이 이루어지고, 업무상 재해를 당한 근로자를 적기에 확실히 보상해 준다.

4) 근로기준법과 산업재해보상보험법상의 보상제도의 관계

'업무상 재해'에 대한 보상은 구체적으로 근로기준법에 의하여 사용자가 행하거나, 또는 사업주인 사용자가 산재보험의 가입자가 된 경우에는 산재보험법에 의한 보험급여를 통하여 실현되기 때문에 양자의 관계가 문제된다. 근로기준법상의 재해보상을 확실하고 신속하게 이행하기 위하여, 즉 그 실효성 확보의 수단으로서 사용자를 가입자로 하는 정부관장의 보험제도를 정한 것이 산재보험법이다.

① 근로기준법에서는 재해보상의 책임자는 사용자이나 산재보험에서는 재해보상의 책임자가 고용노동부장관이다.
② 근로기준법상 인정되지 않는 보험시설을 설치 · 운영하여 재해예방사업, 근로복지사업을 규정하고 있다.
③ 보험급여는 양자가 유사하나 급여수준은 근로기준법상의 보상수준보다 산재보험법상 보상수준이 높은 편이다.
④ 근로기준법상의 재해보상은 일시금이 원칙이나 산재보험법상 보험급여는 일시금 외에 연금이 있다.
⑤ 재해보상을 받게 될 자가 동일한 사유에 대해 산재보상보험법에 의해 보상을 받을 때에는 사용자는 그 한도 내에서 근로기준법상의 보상책임이 면제된다.
⑥ 산재보상보험법은 모든 사업 또는 사업장에 대해 적용되며, 당해 사업의 사업주는 보험가입자가 된다.

5) 건강보험법의 보험급여와의 관계

산재보험법의 대상사고가 업무상의 재해, 즉 근로관계에서 발생하는 특유한 생활사고라는 점에서 '업무 외'의 사병상(私傷病)을 대상으로 하는 건강보험법의 보험급여와는 다른 특징이 존재한다.

따라서 산재보험법에 따른 보험급여는 건강보험법에 따른 의료급여와는 달리, '업무상'의 개념, 비용부담의 측면 등에서 근로관계의 특성이 반영되기 마련이다. 첫째, 산재보험법의 급여액은 건강보험법의 그것에 비하여 상대적으로 고수준을 유지하며, 둘째, 산재보험사업에 소요되는 비용은 원칙적으로 사업주의 전액부담인 점에 그 특징이 있다고 하겠다(김유성, 2002: 296).

6) 용어의 정의

이 법에서 사용하는 용어에 대한 정의는 다음과 같다.

① 업무상의 재해: 업무상의 사유에 따른 근로자의 부상 질병 장해 또는 사망을 말한다.

② 근로자, 임금, 평균임금, 통상임금: 각각 근로기준법에 따른 '근로자' '임금' '평균임금' '통상임금'을 말한다. '근로자'란 직업의 종류와 관계없이 임금을 목적으로 사업이나 사업장에 근로를 제공하는 자를 말한다. '임금'이란 사용자가 근로의 대가로 근로자에게 임금, 봉급, 그 밖에 어떠한 명칭으로든지 지급하는 일체의 금품을 말한다. '평균임금'이란 이를 산정하여야 할 사유가 발생한 날 이전 3개월 동안에 그 근로자에게 지급된 임금의 총액을 그 기간의 총일수로 나눈 금액을 말한다. 다만, 근로기준법에 따라 '임금' 또는 '평균임금'을 결정하기 어렵다고 인정되면 고용노동부장관이 정하여 고시하는 금액을 해당 '임금' 또는 '평균임금'으로 한다.

③ 유족: 사망한 자의 배우자(사실상 혼인 관계에 있는 자를 포함한다), 자녀, 부모, 손자녀, 조부모 또는 형제자매를 말한다.

④ 치유: 부상 또는 질병이 완치되거나 치료의 효과를 더 이상 기대할 수 없고 그 증상이 고정된 상태에 이르게 된 것을 말한다.

⑤ 장해: 부상 또는 질병이 치유되었으나 정신적 또는 육체적 훼손으로 인하여 노동능력이 손실되거나 감소된 상태를 말한다.

⑥ 폐질: 업무상의 부상 또는 질병에 따른 정신적 또는 육체적 훼손으로 노동능력이 상실되거나 감소된 상태로서 그 부상 또는 질병이 치유되지 아니한 상태를 말한다.

⑦ 진폐: 분진을 흡입하여 폐에 생기는 섬유증식성(纖維增殖性) 변화를 주된 증상으로 하는 질병을 말한다.

2. 입법배경 및 연혁

우리나라의 「산업재해보상보험법」은 정부수립 이전인 1915년의 '조선광업령'에 의하여 광업자에게 업무상의 재해에 대한 부조의무제도가 시초가 되었으며, 1948년 정부수립 후 제헌헌법에 따른 노동3권의 보장으로 근로자의 보상문제가 단체협약을 통하여 전개되었다. 그 후 1953년 5월에 산업화에 따른 근로자 보호의 제도화를 위한 「근로기준법」의 제정 공포와 더불어 산업재해의 개별사용주 책임제도가 확립되었다.

그런데 우리나라의 산업재해보상보험에 관한 입법이 확립된 것은 1963년 11월 5일에 「사회보장에 관한 법률」과 「산업재해보상보험법」이 법률 제1438호로서 제정·공포됨으로써 근대적인 산업재해보상보험제도의 창설을 보게 된 것이다. 그 이듬해인

1964년 7월 1일부터 대통령령 제1837호로 공포되어 상시 500인 이상의 근로자를 사용하는 광업 및 제조업에 적용토록 하였으며, 강제사회보험의 형태를 채택하여 노동청에서 이를 관장하도록 하였고 보험료는 전액 사업자가 부담하도록 하였다.

동법이 시행된 이래 오늘에 이르기까지 50여 년간에 걸쳐, 급속한 산업화의 진전에 따른 경제 사회적 변동에 능동적으로 대처함으로써 보험수준의 향상과 보험운영의 합리화를 기하기 위하여, 수차례에 걸친 산업재해보상보험의 개정을 거듭하였다.

이 중에서 1982년에는 「산업재해보상보험 특별회계법」을 개정하여 산재보험기금제도를 신설하였으며, 1995년에는 산재보험의 업무를 이전의 노동부에서 근로복지공단으로 이관하였다. 최근에는 보험급여액이 재해근로 간에 상대적으로 많은 격차를 보이고 있어 보험급여의 최고, 최저한도를 설정하는 등으로 급여수준의 형평성을 제고하고 산재보험의 소득재분배기능을 강화하는 한편 간병급여 등 새로운 보험급여의 신설과 중소기업사업주에 대한 적용 확대를 통하여 산재보험의 사회안전망으로서 역할을 강화하기 위하여 1999년 12월 31일에 다시 개정하였다. 기금의 투명성 · 효율성 · 책임성을 높이기 위하여 2001년 12월 31일 개정이 있었다.

2003년 12월 31일에는 산업재해보상보험과 고용보험의 보험료를 통합징수하기 위한 고용보험 및 산업재해보상보험의 보험료 징수 등에 관한 법률의 제정과 관련하여 동법에서 규정하고 있는 산업재해보상보험의 성립 · 소멸 및 보험료 징수 등에 관한 규정을 삭제하고 고용보험 및 산업재해보상보험의 보험료 징수 등에 관한 법률과 관련되는 규정을 정비하는 개정이 있었다.

2004년 1월 법 개정을 통하여 종전에는 근로자를 사용하는 중 · 소기업사업주에 대하여만 자기 또는 유족을 보험급여를 받을 수 있는 자로 하여 산업재해보상보험에 가입할 수 있도록 하는 특례를 두었으나, 앞으로는 근로자를 사용하지 아니하는 중 · 소기업사업주도 이에 포함하여 산업재해보상보험에 가입할 수 있도록 하였다. 또 종전에는 산업재해보상보험 및 예방기금 지출예산총액의 100분의 5 이상을 산업안전보건법에 의한 재해예방사업의 용도로 계상하도록 하였으나, 앞으로는 100분의 8 이상을 산업안전보건법에 의한 재해예방사업 및 한국산업안전공단 출연금의 용도로 계상하도록 하였다.

2007년 12월 14일에 개정된 내용은 경제사회발전노사정위원회에서 합의 · 의결(2006. 12. 13.)한 산업재해보상보험제도 개선안을 토대로 산재근로자에 대한 의료 · 재활서비스는 확충하되 산재근로자 및 의료기관의 요양관리는 합리화하여 산재근로자의 직업 · 사회복귀를 촉진하고, 저소득 · 재활근로자에 대한 보호를 강화하되 산재근로자 간 보험급여의 형평성과 합리성을 높이며, 보험급여결정 등에 관한 심사청구 · 재심사청구의 전문성 및 공정성을 강화하려는 것이다.

2009년 10월 9일에 개정된 내용은 보험에 관한 중요 사항을 심의하는 산업재해보상보험심의위원회를 산업안전보건정책심의위원회와 통합하여, 명칭을 산업재해보상보험 및 예방심의위원회로 바꾸고, 산업재해의 예방과 보상체계를 종합적으로 심의할 수 있도록 하려는 것이다.

2010년 5월 20일 개정내용은 진폐근로자에게 휴업급여와 상병보상연금을 지급하지 않고 요양 여부와 관계없이 기초연금을 포함한 진폐보상연금을 지급하는 것으로 변경하여 진폐근로자 간 보상의 형평성을 높이고 진폐근로자의 생활안정에 기여하며, 진폐 요양 의료기관을 등급화하여 관리하도록 하는 등 요양관리 합리화의 기반을 마련하고, 급여를 부당하게 지급받은 자를 신고한 사람에 대한 포상금 지급 근거를 정하는 등 현행 제도의 운영상 나타난 일부 미비점을 개선 · 보완하려는 것이다.

2012년 12월 18일의 개정이유는 유족보상연금 수급자격자의 범위에서 남자배우자에 대한 연령제한을 삭제하고, 유족의 생활안정을 도모하기 위하여 자녀 또는 손자녀 등에 대한 유족보상연금 수급자격자 연령범위를 18세 미만에서 19세 미만까지로 연장하려는 것이다.

2015년 1월 20일 산재근로자가 요양이 종결 후 후유증상으로 인해 「국민건강보험법」에 따라 요양을 받는 경우 건강보험에서 부담한 비용을 2년 이내에 산업재해보상보험에서 그 비용을 지급할 수 있도록 법적 근거를 마련하고, 민법의 개정에 따라 산재보험재심사위원회 위원의 결격사유를 피성년후견인과 피한정후견인으로 변경하려는 것이다.

■ 산업재해보상보험법 연혁

1915년	조선광업령에 의한 광업자의 부조제도
1953년 5월	근로기준법의 제정, 산업재해의 개별사용주 책임제도의 확립
1963년 11월 5일	산업재해보상보험법의 제정
1964년 7월 1일	산업재해보상보험법의 시행: 상시 500인 이상 광업 제조업
1994년 12월 22일	5인 이상 사업장 적용
2004년 1월 29일	근로자를 사용하지 아니하는 중 · 소기업 사업장까지 확대적용
2007년 12월 14일	보험급여결정 등에 관한 심사청구 · 재심사 청구의 전문성 및 공정성을 강화

2009년 10월 9일	산업재해보상보험심의위원회를 산업안전보건정책심의위원회와 통합하여, 명칭을 산업재해보상보험 및 예방심의위원회로 변경
2010년 5월 20일	진폐근로자의 생활안정에 기여하며, 급여를 부당하게 지급받은 자를 신고한 사람에 대한 포상금 지급의 근거 마련
2012년 12월 18일	자녀 또는 손자녀 등에 대한 유족보상연금 수급자격자 연령범위를 18세 미만에서 19세 미만까지로 연장
2015년 1월 20일	민법의 개정에 따라 산재보험재심사위원회 위원의 결격사유를 피성년후견인과 피한정후견인으로 변경

3. 가입자, 수급자와 보험자

1) 적용범위: 보험가입자

산재보험법은 정부(고용노동부장관)의 위탁을 받은 근로복지공단을 보험자로 하고 사업주를 보험가입자로 하는 제도를 채용하고 있으며, 피보험자의 개념을 별도로 규정하고 있지 않다. 수급자, 즉 피재자를 피보험자로 하지 않는 것은 본래 사용자가 부담하여야 하는 재해보상의 책임을 보험급여로서 이행한다고 하는 일종의 책임보험적 성격에서 비롯되는 것이다. 사업주가 보험가입자로서 보험료를 부담하며, 산재보험의 적용은 사업을 단위로 이루어진다.

이 법은 근로자를 사용하는 모든 사업 또는 사업장에 적용한다. 다만, 위험률 규모 및 장소 등을 고려하여 대통령령으로 정하는 사업에 대하여는 이 법을 적용하지 아니한다. 적용제외 사업장은 다음과 같다(법 제6조).

① 「공무원연금법」 또는 「군인연금법」에 의하여 재해보상이 행하여지는 사업
② 「선원법」 「어선원 및 어선 재해보상보험법」 또는 「사립학교교직원연금법」에 의하여 재해보상이 행하여지는 사업
③ 「주택법」에 의한 주택건설사업자, 건설산업기본법에 의한 건설업자, 전기공사업법에 의한 공사업자, 정보통신공사업법에 의한 공사업자, 소방시설공사업법에 의한 소방시설업자 또는 문화재보호법에 의한 문화재수리업자가 아닌 자가 시공

하는 다음 각목의 어느 하나에 해당하는 공사

㉠ 총 공사금액이 2000만 원 미만인 공사

㉡ 연면적이 100제곱미터 이하인 건축물의 건축 또는 연면적이 200제곱미터 이하인 건축물 대수선에 관한 공사

④ 가구 내 고용활동

⑤ 제1호 내지 제4호의 사업 외의 사업으로서 상시근로자 수가 1인 미만인 사업

⑥ 농업 · 임업(벌목업을 제외한다) · 어업 · 수렵업 중 법인이 아닌 자의 사업으로서 상시근로자 수가 5인 미만인 사업. 이 경우 상시근로자수의 산정방법은 고용노동부령으로 정한다.

2) 수급자: 적용대상

산재보험은 사업주가 보험가입자가 되지만 보험급여의 수급자는 업무상의 사유에 의한 부상, 질병, 신체장애 또는 사망 등 업무상 재해를 당한 근로자다. 여기서 근로자란 근로기준법에 의한 근로자를 말한다. 따라서 업무상 재해를 입은 자가 산재보험의 적용대상이 되는가의 판단은 근로기준법상의 근로자로 인정되는가의 여부에 달려 있다고 하겠다.

1997년 8월 28일 법개정에 의해 「산재보험법」이 적용되는 사업에서 현장실습을 하고 있는 학생 및 직업훈련생을 '현장실습생' 이라 정의하고 이들을 근로자로 간주하여 입법적 해결을 도모한 바 있다. 그리고 외국에서 행하는 사업에 근로시키기 위하여 파견하는 자를 '해외파견자' 라 정의하고 이들에게도 근로복지공단의 승인을 조건으로 산재보험에 임의가입할 수 있는 특례도 함께 규정되어 있다.

한편, 사실상 근로에 종사함으로써 근로자와 같이 재해의 위험에 노출되어 있는 중소기업 사업주의 보호를 위하여 2001년 7월 1일부터는 중소기업 사업주가 재해를 입은 경우에도 산재보험상의 보험급여를 받을 수 있도록 산재보험에 가입하는 것을 허용하는 특례제도가 신설되었다. 즉, 보험가입자로 대통령령이 정하는 중소기업사업주는 근로복지공단의 승인을 얻어 자기 또는 유족을 보험급여를 받을 수 있는 자로 하여 보험에 가입할 수 있다. 이 경우에는 사업주도 「산재보험법」을 적용함에 있어서는 근로자로 본다.

3) 보험자: 근로복지공단

「산재보험법」에 의한 보험사업은 고용노동부장관이 관장하지만, 구체적인 보험사업은 고용노동부장관의 위탁을 받은 근로복지공단이 행한다. 1994년 12월 22일의 전문개정에 의하여 보험자가 노동부(노동보험국과 지방사무소)에서 근로복지공단으로 변경되었다.

근로복지공단은 공법인으로서, ① 보험가입자 및 수급권자에 관한 기록의 관리 유지 ② 보험료 기타 산재보험법에 의한 징수금의 징수 ③ 보험급여의 결정 및 지급 ④ 보험급여에 관한 심사청구의 심의 결정 ⑤ 산업재해보상보험시설의 설치 · 운영 ⑥ 근로자의 복지증진을 위한 사업 ⑦ 기타 정부로부터 위탁받은 사업 등을 수행한다(법 제11조). 정부는 예산의 범위에서 공단의 사업과 운영에 필요한 비용을 출연할 수 있다(법 제11조 제5항).

또한 공단은 업무상 질병에 대하여 요양 신청을 한 경우로서 요양급여의 결정에 걸리는 기간 등을 고려하여 대통령령으로 정하는 자에 대하여 요양급여 비용의 본인 일부 부담금에 대한 대부사업을 할 수 있다(법 제93조).

4) 관리운영

(1) 근로복지사업

고용노동부장관은 근로자의 복지 증진을 위한 다음과 같은 근로복지사업을 한다(법 제92조).

① 업무상의 재해를 입은 근로자의 원활한 사회 복귀를 촉진하기 위하여 요양이나 외과 후 처치에 관한 시설이나 의료재활이나 직업재활에 관한 시설의 설치 · 운영
② 장학사업 등 재해근로자와 그 유족의 복지 증진을 위한 사업
③ 그 밖에 근로자의 복지 증진을 위한 시설의 설치 · 운영 사업

(2) 산업재해보상보험 및 예방심의위원회

보험사업에 관한 중요 사항을 심의하게 하기 위하여 고용노동부에 산업재해보상보험 및 예방심의위원회를 둔다. 위원회는 근로자를 대표하는 자, 사용자를 대표하는 자 및 공익을 대표하는 자로 구성하되, 그 수는 각각 같은 수로 한다. 위원회는 그 심의 사

항을 검토 조정하고, 위원회의 심의를 보조하게 하기 위하여 위원회에 전문위원회를 둘 수 있다(법 제8조).

(3) 보험급여자문위원회 등

공단은 업무상 질병의 인정 여부를 심의하기 위하여 공단에 업무상질병판정위원회를 둔다. 또 공단은 업무상 재해를 입은 근로자 등의 요양 및 재활사업과 재활보조기구의 연구개발 · 검정 및 보급을 위하여 의료기관, 연구기관 등을 설치 · 운영하거나, 보험급여의 결정 및 지급에 관한 자문을 하기 위하여 공단에 관계 전문가 등으로 구성되는 보험급여자문위원회를 둘 수 있다.

(4) 산업재해보상보험 및 예방기금

고용노동부장관은 보험사업, 산업재해 예방 사업에 필요한 재원을 확보하고, 보험급여에 충당하기 위하여 산업재해보상보험 및 예방기금을 설치한다. 기금은 보험료, 기금운용 수익금, 적립금, 기금의 결산상 잉여금, 정부 또는 정부 아닌 자의 출연금 및 기부금, 차입금, 그 밖의 수입금을 재원으로 하여 조성한다. 기금의 용도는 보험급여의 지급 및 반환금의 반환, 차입금 및 이자의 상환, 공단에의 출연, 산업안전보건법 일부 조항에 따른 용도, 재해근로자의 복지 증진, 그 밖에 보험사업 및 기금의 관리와 운용 등에 사용된다(법 제95조, 제96조).

4. 보험사고: 업무상의 재해

1) 개념과 의의

산재보험의 대상이 되는 보험사고는 근로자의 '업무상 재해'다. 그리고 이 업무상 재해는 업무상 사고나 질병으로 인한 근로자의 부상, 질병, 장애 또는 사망을 말한다(법 제37조). 따라서 산재보험급여의 대상이 될 수 있는지의 여부는 결국 '업무상의 재해'가 결정적인 요건임을 알 수 있다. 그러므로 이 업무상의 재해라고 하는 개념이 무엇을 의미하는지가 중요한 관건이 된다. 동시에 업무상의 재해의 판정기준이 어떠해야 하는 것이 산재보험에 있어 매우 중요한 요소다.

2) 업무상 재해인정기준과 범위

업무상의 재해(업무상 사고와 질병 등)의 구체적인 인정 기준은 대통령령으로 한다.[13] 근로자의 고의 · 자해행위나 범죄행위 또는 그것이 원인이 되어 발생한 부상 · 질병 · 장해 또는 사망은 업무상의 재해로 보지 아니한다. 업무상 사고와 업무상 질병에 대한 각각의 인정기준은 다음과 같다.

(1) 업무상 사고

근로자가 ① 근로자가 근로계약에 따른 업무나 그에 따르는 행위를 하던 중 발생한 사고 ② 사업주가 제공한 시설물 등을 이용하던 중 그 시설물 등의 결함이나 관리소홀

---

13) 1. 업무수행 중의 사고(령 제27조). 1) 근로자가 ① 근로계약에 따른 업무수행 행위 ② 업무수행 과정에서 하는 용변 등 생리적 필요 행위 ③ 업무를 준비하거나 마무리하는 행위, 그 밖에 업무에 따르는 필요적 부수행위 ④ 천재지변 · 화재 등 사업장 내에 발생한 돌발적인 사고에 따른 긴급피난 · 구조행위 등 사회통념상 예견되는 행위 중에 발생한 사고는 업무상 사고로 본다. 2) 근로자가 사업주의 지시를 받아 사업장 밖에서 업무를 수행하던 중에 발생한 사고는 업무상 사고로 본다. 다만, 사업주의 구체적인 지시를 위반한 행위, 근로자의 사적(私的) 행위 또는 정상적인 출장 경로를 벗어났을 때 발생한 사고는 업무상 사고로 보지 않는다. 3) 업무의 성질상 업무수행 장소가 정해져 있지 않은 근로자가 최초로 업무수행 장소에 도착하여 업무를 시작한 때부터 최후로 업무를 완수한 후 퇴근하기 전까지 업무와 관련하여 발생한 사고는 업무상 사고로 본다.

2. 시설물 등의 결함 등에 따른 업무상 사고(령 제28조). 사업주가 제공한 시설물, 장비 또는 차량 등의 결함이나 사업주의 관리 소홀로 발생한 사고, 단 사업주가 제공한 시설물 등을 사업주의 구체적인 지시를 위반하여 이용한 행위로 발생한 사고와 그 시설물 등의 관리 또는 이용권이 근로자의 전속적 권한에 속하는 경우에 그 관리 또는 이용 중에 발생한 사고는 업무상 사고로 보지 않는다.
3. 출퇴근 중의 사고(령 제29조). 근로자가 출퇴근하던 중에 발생한 사고가 사업주가 출퇴근용으로 제공한 교통수단이나 사업주가 제공한 것으로 볼 수 있는 교통수단을 이용하던 중에 사고가 발생하였고, 출퇴근용으로 이용한 교통수단의 관리 또는 이용권이 근로자측의 전속적 권한에 속하지 아닌 경우에 업무상 사고로 본다.
4. 행사 중의 사고(령 제30조). 운동경기 · 야유회 · 등산대회 등 각종 행사에 근로자가 참가하는 것이 사회통념상 노무관리 또는 사업운영상 필요하다고 인정된 행사중 사고인데, 사업주가 행사에 참가한 근로자에 대하여 행사에 참가한 시간을 근무한 시간으로 인정하한 경우, 사업주가 그 근로자에게 행사에 참가하도록 지시한 경우, 사전에 사업주의 승인을 받아 행사에 참가한 경우, 또는 사업주가 그 근로자의 행사 참가를 통상적 · 관례적으로 인정한 경우 등 근로자가 그 행사에 참가(행사 참가를 위한 준비 · 연습을 포함한다)하여 발생한 사고는 업무상 사고로 본다.
5. 특수한 장소에서의 사고(령 제31조). 사회통념상 근로자가 사업장 내에서 할 수 있다고 인정되는 행위를 하던 중 태풍 · 홍수 · 지진 · 눈사태 등의 천재지변이나 돌발적인 사태로 발생한 사고는 근로자의 사적 행위, 업무 이탈 등 업무와 관계없는 행위를 하던 중에 사고가 발생한 것이 명백한 경우를 제외하고는 업무상 사고로 본다.
6. 요양 중의 사고(령 제32조). 업무상 부상 또는 질병으로 요양을 하고 있는 근로자에게 요양급여와 관련하여 발생한 의료사고, 또는 요양 중인 산재보험 의료기관(산재보험 의료기관이 아닌 의료기관에서 응급진료 등을 받는 경우에는 그 의료기관) 내에서 업무상 부상 또는 질병의 요양과 관련하여 발생한 사고가 발생하면 업무상 사고로 본다.
7. 제3자의 행위에 따른 사고(령 제33조). 제3자의 행위로 근로자에게 사고가 발생한 경우에 그 근로자가 담당한 업무가 사회통념상 제3자의 가해행위를 유발할 수 있는 성질의 업무라고 인정되면 업무상 사고로 본다.

로 발생한 사고 ③ 사업주가 제공한 교통수단이나 그에 준하는 교통수단을 이용하는 등 사업주의 지배관리하에서 출퇴근 중 발생한 사고 ④ 사업주가 주관하거나 사업주의 지시에 따라 참여한 행사나 행사준비 중에 발생한 사고 ⑤ 휴게시간 중 사업주의 지배관리하에 있다고 볼 수 있는 행위로 발생한 사고 ⑥ 그 밖에 업무와 관련하여 발생한 사고로 부상 · 질병 또는 장해가 발생하거나 사망하면 업무상 사고로 본다. 다만, 업무와 업무상 사고 사이에 상당한 인과관계[14)]가 없는 경우에는 업무상 사고로 볼 수 없다. 근로자의 고의 · 자해행위나 범죄행위 또는 그것이 원인이 되어 발생한 부상 · 질병 · 장해 또는 사망은 업무상의 재해로 보지 아니한다(법 제37조 제1항의1).

(2) 업무상 질병

근로자의 질병이 ① 업무수행 과정에서 물리적 인자(因子), 화학물질, 분진, 병원체, 신체에 부담을 주는 업무 등 근로자의 건강에 장해를 일으킬 수 있는 요인을 취급하거나 그에 노출되어 발생한 질병 ② 업무상 부상이 원인이 되어 발생한 질병 ③ 그 밖에 업무와 관련하여 발생한 질병일 경우에 업무상 질병[15)]으로 인정한다(법 제37조 제1항의 2).

---

14) '업무상' 이란 개념의 내용은 통상적으로 업무수행성과 업무기인성의 두 가지 요소로 나누어 생각할 수 있다. 업무수행성이라 함은 당해 사고가 근로자가 근로계약에 의한 업무를 사업주의 지배관리하에 수행하는 상태 또는 사업주가 관리하고 있는 시설물의 결함이나 관리상의 하자로 상병 등 그사이에 상당한 인과관계가 있음을 의미한다. 그런데 이처럼 '업무상' 의 개념을 업무수행성과 업무기인성의 두 가지 요건이 모두 갖추어진 경우를 가리킨다고 해석할 수도 있으나, 산재보험법상 "업무상의 재해라 함은 업무상의 사유에 의한 근로자의 부상 질병 신체장애 또는 사망을 말한다." 라고 규정하고 있으므로 '업무상의 사유' 의 존재는 업무수행성과 업무기인성의 두 요건을 엄격하게 요구하기보다는 융통성 있게 해석할 여지가 있고 본다. '업무상' 의 개념을 협의로 엄격하게 해석한다면 상병 등이 '업무수행 중의 업무에 기인하여 발생한 것' 이라야 하지만, 산재보험법이 '업무상의 사유' 로 포괄적으로 규정한 만큼 반드시 두 가지 요건을 다 갖출 필요는 없다고 생각한다. 그렇다고 해서 그중의 한 가지 요건만을 갖추면 '업무상' 의 것이라고 인정하는 것도 어느 경우에나 타당하다고 볼 수 없다. 따라서 각종업무의 실태와 기업운영의 구체적 내용 및 산재보험의 사회보장적 성격을 고려하여 탄력성 있게 해석해야 할 것이다. 결국 업무기인성을 본질적 요건으로 하지만, 업무수행성이 인정된다면 특별한 반증이 없는 한 업무기인성은 추정된다고 할 수 있다. 실제로도 업무수행성의 유무가 '업무상' 의 인정기준에 있어서 제1차적 기준으로 되어 중요한 의미를 가진다. 요컨대 업무수행성이 인정되지 않는 경우에는 업무기인성이 있을 수 없고, 따라서 '업무성' 이라는 판정은 성립할 수 없다. 즉, 업무수행성이 인정될 때에야 비로소 업무기인성의 유무가 문제되는 것이므로 업무기인성을 필수적 요건으로 볼 필요는 없는 것이다. '업무상' 의 인정기준과 범위는 산재보험법의 목적 성격에 비추어 해석할 수밖에 없다. 특히 직업병에 관해서는 곤란한 문제가 많이 발생하고, 또한 산재보험법의 사회보장화 경향에 비추어 '업무상' 개념의 확대가 더욱 요청되고 있다.

15) 업무상 질병의 인정기준(령 제34조) ① 근로자가 근로기준법 시행령 제44조 제1항 및 같은 법 시행령 별표 5의 업무상 질병의 범위에 속하는 질병에 걸린 경우에 근로자가 업무수행 과정에서 유해 · 위험요인을 취급하거나 유해 · 위험요인에 노출된 경력이 있고, 유해 · 위험요인을 취급하거나 유해 · 위험요인에 노출되는 업무시간, 그 업무에 종사한 기간 및 업무 환경 등에 비추어 볼 때 근로자의 질병을 유발할 수 있다고 인정되고, 근로자가 유해 · 위험요인에 노출되거나 유해 · 위험요인을 취급한 것이 원인이 되어 그 질병이 발생하였다고 의학적으로 인정되면 업무상 질병으로 본다. ② 업무상 부상을 입은 근로자에게 발생한 질병이 업무상 부상과 질병 사이의 인과관계가 의학적으로 인정되고, 기초질환 또는 기존 질병이 자연발생적으로 나타난 증상이 아니면 업무상 질병으로 본다.

5. 보험급여

1) 급여의 종류와 산정

산재보험법에 따른 급여는 요양급여, 휴업급여, 장해급여, 간병급여, 유족급여, 상병보상연금, 장의비 등 7종이 있다.

(1) 요양급여

요양급여는 근로자가 업무상의 사유에 의하여 부상을 당하거나 질병에 걸린 경우에 당해 근로자에게 지급하는 급여로서, 원칙적으로 현물급여이며 예외적으로 요양에 갈음하여 요양비를 지급할 수 있다. 다만 3일 이내의 요양으로 치유될 수 있는 경우에는 요양급여를 지급하지 아니한다.

요양급여는 치료 종결 시까지 계속되는데, 치료 종결이란 근로복지공단이 "요양 중인 근로자의 상병이 계속 치료를 하더라도 의학적인 효과를 기대할 수 없게 되고, 그 증상이 고정된 상태에 이른 경우" 근로복지공단이 요양급여를 종결하는 조치를 말하며, 일정한 경우에는 근로복지공단에 설치되어 있는 치료종결심의협의회의 심의를 거쳐야 한다.

요양급여의 범위는 ① 진찰 ② 약재 또는 진료 재료와 의지 기타 보철구의 지급 ③ 처치, 수술의 기타의 치료 ④ 의료시설에의 수용 ⑤ 개호 ⑥ 이송 ⑦ 기타 노동부령이 정하는 사항에 따른다.

(2) 휴업급여

휴업급여는 업무상 사유로 부상을 당하거나 질병에 걸린 근로자에게 요양으로 인하여 취업하지 못한 기간에 대하여 지급하며, 1일에 대하여 평균임금의 100분의 70에 상당하는 금액을 지급한다. 취업하지 못한 기간이 3일 이내인 때에는 지급하지 않는다.

휴업급여가 최저임금법 제5조에 의한 최저임금액에 미달하는 경우에는 최저임금액을 휴업급여 지급액으로 한다. 또한 요양기간 중에 피재자가 상병보상연금을 받게 되면 그때부터의 휴업급여는 지급되지 아니한다.

(3) 장해급여

장애급여는 근로자가 업무상의 사유로 부상을 당하거나 질병에 걸려 치유된 후 신체 등에 장해가 있는 경우에 그 근로자에게 지급한다. 장애등급에 따라 지급하는데, 이는 대통령이 정한 장애등급으로서 장애보상연금 또는 장애보상일시금으로 지급한다. 장애보상연금 또는 장애보상일시금은 수급권자의 선택에 따라 이를 지급하되, 노동능력을 완전히 상실한 장애등급(1~3급)의 근로자에 대하여는 장애보상연금을 지급한다.

(4) 유족급여

유족급여는 근로자가 업무상의 사유로 사망한 경우에 유족에게 지급한다. 유족보상연금이나 유족보상일시금으로 하되, 유족보상일시금은 근로자가 사망할 당시 유족보상연금을 받을 수 있는 자격이 있는 자가 없는 경우에 지급한다(법 제62조).

(5) 상병보상연금

요양급여를 받는 근로자가 요양 개시 후 2년이 지난 날 이후에 그 부상이나 질병이 치유되지 아니한 상태로서, 그 부상이나 질병에 따른 폐질(廢疾)의 정도가 대통령령으로 정하는 폐질등급 기준에 해당되며, 요양으로 인하여 취업하지 못하는 상태가 계속되면 휴업급여 대신 상병보상연금을 그 근로자에게 지급한다(법 제66조).

(6) 장의비

장의비는 근로자가 업무상의 사유에 의하여 사망한 경우에 평균임금의 120일분에 상당하는 금액을 그 장제를 행하는 자에게 지급한다.

(7) 간병급여

간병급여는 요양급여를 받은 자가 치유 후 의학적으로 상시 또는 수시로 간병이 필요하여 실제로 간병을 받은 자에게 지급하는 급여다.

(8) 직업재활급여

직업재활급여에는 ① 장해급여 또는 진폐보상연금을 받은 자나 장해급여자 중 취업을 위하여 직업훈련이 필요한 자에 대하여 실시하는 직업훈련 비용[16] 및 직업훈련수

16) 직업훈련비용에서 대상자에 대한 직업훈련은 공단과 계약을 체결한 직업훈련기관에서 실시하게 한다. 직업훈련에 드는 비용은 직업훈련을 실시한 직업훈련기관에 지급한다. 직업훈련비용의 금액은 고용노동부장관이 훈련비용, 훈련기간 및 노동시장의 여건 등을 고려하여 고시하는 금액의 범위에서 실제 드는 비용으로 하되, 직업훈련비용을 지급하는 훈련기간은 12개월 이내로 한다. 직업훈련비용의 지급 범위 · 기준 · 절차 및 방법, 직업훈련기관과의 계약 및 해지 등에 필요한 사항은 고용노동부령으로 정한다.

당[17] ② 업무상의 재해가 발생할 당시의 사업에 복귀한 장해급여자에 대하여 사업주가 고용을 유지하거나 직장적응훈련 또는 재활운동을 실시하는 경우에 각각 지급하는 직장복귀지원금, 직장적응훈련비 및 재활운동비[18] 등이 있다.

(9) 진폐에 따른 보험급여

근로자가 진폐에 걸릴 우려가 있는 작업으로서 암석, 금속이나 유리섬유 등을 취급하는 작업 등 고용노동부령으로 정하는 분진작업에 종사하여 진폐에 걸리면 업무상 질병으로 본다. 진폐보상연금은 업무상 질병인 진폐근로자에게 지급한다. 진폐보상연금은 평균임금을 기준으로 하여 산정하는 진폐장해등급별 진폐장해연금과 기초연금을 합산한 금액으로 한다. 이 경우 기초연금은 최저임금액의 100분의 60에 365를 곱

표 8-2 산재보험의 급여종류와 수준

급여종류	급여수준
요양급여	4일 이상의 요양에 대한 요양비 전액
휴업급여	요양으로 인하여 근무하지 못한 기간 동안(4일 이상) 평균임금의 70%
장해급여	치료가 종결되었으나 신체장애가 잔존하는 경우 지급 4~14급 장애자에게 지급(평균임금의 55~1012일분) 1~7급 장애자지급(평균임금의 257~329일분) (단, 4~7급 장애자는 선택)
유족급여 일시금 연금	피재근로자가 사망한 경우 그 유족에게 지급 평균임금의 1,300일분 기본금액(급여기초연액의 47/1000)과 가산금액(급여기초연액의 최고 20/100)의 합산액
상병보상 연금	요양개시 이후 2년이 경과되어 폐질의 정도가 1~3급에 해당되는 경우(평균임금의 257~329일분)
장의비	근로자 사망 시 장제를 행하는 자에게 지급(평균임금의 120일분)
간병급여	요양급여를 받는 자가 치유 후 의학적으로 상시 또는 수시로 간병이 필요할 경우 실제로 간병을 받은 자에게 지급
직업재활급여	직업훈련비용, 직업훈련수당, 직장복귀지원금
진폐에 따른 보험급여	진폐보상연금, 진폐유족연금

17) 직업훈련수당은 직업훈련을 받는 훈련대상자에게 그 직업훈련으로 인하여 취업하지 못하는 기간에 대하여 지급하되, 1일당 지급액은 최저임금액에 상당하는 금액으로 한다. 다만, 휴업급여나 상병보상연금을 받는 훈련대상자에게는 직업훈련수당을 지급하지 아니한다.

18) 직장복귀지원금, 직장적응훈련비 및 재활운동비는 장해급여자에 대하여 고용을 유지하거나 직장적응훈련 또는 재활운동을 실시하는 사업주에게 각각 지급한다.

하여 산정한 금액으로 한다. 진폐유족연금은 진폐근로자가 진폐로 사망한 경우에 유족에게 지급한다. 분진작업에 종사하고 있거나 종사하였던 근로자가 업무상 질병인 진폐로 요양급여 또는 진폐보상연금을 받으려면 고용노동부령으로 정하는 서류를 첨부하여 공단에 청구하여야 한다. 공단은 근로자가 요양급여 등을 청구하면 건강진단기관에 진폐판정에 필요한 진단을 의뢰하여야 한다(법 제91조).

2) 보험급여의 산정기준과 지급수준의 보장

(1) 보험급여의 산정기준

산재보험의 급여는 요양급여와 같은 현물급여를 제외하고는 현금급여를 제공하는 경우가 많다. 현금급여는 동법에 따라 피재근로자의 임금, 통상임금 및 평균임금 등이 급여산정에 사용된다. 여기서 말하는 임금, 통상임금 및 평균임금은 「근로기준법」에 의한 임금, 평균임금 및 통상임금을 말한다. 대부분의 경우는 평균임금이 기본적으로 산재보험의 급여를 산정하는 기준이 되고 있다.

(2) 임금변동순응률제도(슬라이드제도)

보험급여의 산정에 있어서 그 근로자가 소속된 사업과 동일한 직종의 근로자에게 지급되는 통상임금이 변동되거나 사업의 폐지 휴업 등 기타 부득이한 사유가 있을 때에는 대통령령이 정하는 기준에 따라 평균임금을 증감할 수 있도록 규정하였다.

이러한 규정은 매년 임금수준의 변동폭이 크고 장기적인 요양급여를 받고 있는 경우, 피재근로자는 재해 당시 평균임금을 기준으로 보험급여를 받게 되어 근로자의 보험급여가 갖는 실질적 가치가 하락될 수밖에 없는데, 이것을 방지하기 위한 조치로 볼 수 있다.

(3) 평균임금 산정의 특례

근로자의 근로 형태가 특이하거나 진폐 등 특정한 직업병으로 인하여 평균임금을 적용하는 것이 적당하지 아니하다고 인정되는 경우에는 대통령령이 정하는 산정방법에 따라 산정한 금액을 평균임금으로 한다.

(4) 기준임금제도

사업의 폐지 도산 등으로 평균임금을 산정 확인하기 곤란한 경우 또는 대통령령이 정하는 사유에 해당하는 경우에는 고용노동부장관이 사업의 규모 근로 형태 임금수준 등을 고려하여 고시하는 기준임금을 임금으로 하도록 하였다.

(5) 최고최저보상제

보험급여(장의비는 제외)의 산정에 있어서 당해 근로자의 평균임금 또는 특별한 산정 기준에 의해 산정한 평균임금이 대통령령이 정하는 바에 따라 매년 노동부장관이 고시하는 최고보상기준금액을 초과하거나 최저보상기준임금액에 미달하는 경우에는 그 최고보상기준금액 또는 최저보상기준금액을 각각 당해 근로자의 평균임금으로 한다.

3) 보험급여 지급의 제한

근로자가 정당한 이유 없이 요양에 관한 지시를 위반함으로써 상병, 질병 또는 신체장애의 상태를 약화시키거나 그 치유를 방해한 경우이거나, 장해보상연금 또는 진폐보상연금 수급권자가 장해등급 또는 진폐장해등급 재판정 전에 자해 등 고의로 장해 상태를 악화시킨 것이 명백한 경우에는 보험급여의 전부 또는 일부를 지급하지 아니할 수 있다. 이는 일종의 수급권의 제한 혹은 수급권자에 대한 신의성실의무를 다하지 않음에 대한 벌칙으로 볼 수 있다(법 제83조).

4) 부당이득의 징수

공단은 보험급여를 받은 자가 거짓이나 그 밖의 부정한 방법으로 보험급여를 받은 경우, 수급권자 또는 수급권이 있었던 자가 신고의무를 이행하지 아니하여 부당하게 보험급여를 지급받은 경우나 그 밖에 잘못 지급된 보험급여가 있는 경우에는 부당이득을 징수한다.

보험급여의 지급이 보험가입자 · 산재보험 의료기관 또는 직업훈련기관의 거짓된 신고, 진단 또는 증명으로 인한 것이면 그 보험가입자 · 산재보험 의료기관 또는 직업훈련기관도 연대하여 책임을 진다.

공단은 산재보험 의료기관이나 약국이 거짓이나 그 밖의 부정한 방법으로 진료비나 약제비를 지급받은 경우, 요양급여의 산정 기준을 위반하여 부당하게 진료비나 약제비를 지급받은 경우, 그 밖에 진료비나 약제비를 잘못 지급받은 경우에 해당하면 그 진료비나 약제비에 해당하는 금액을 징수하여야 한다(법 제84조).

5) 수급권의 보호와 공과금의 면제

산재보험급여를 받을 권리는 퇴직으로 인하여 소멸되지 않고, 또 양도 또는 압류할 수 없다고 규정되어 있다. 보험급여로 지급된 금품에 대하여서는 국가 또는 지방자치단체의 공과금을 부과하지 아니한다고 되어 있다. 수급권은 피재근로자와 그 가족의 생활안정과 생존권을 확보하기 위한 조치로 해석되며, 거의 모든 사회보장법 혹은 사회복지법에 규정되어 있다.

6) 다른 법에 의한 보상 및 배상과의 관계

(1) 근로기준법상 재해보상과의 관계

수급권자가 「산재보험법」에 의하여 보험급여를 받았거나 받을 수 있는 경우에는 보험가입자는 동일한 사유에 대하여 근로기준법에 의한 재해보상책임이 면제된다. 산재사고에 대한 급여는, 근로기준법상의 산재에 대한 동일한 사유에 대하여 사용자의 이중 책임을 면제하는 동시에 근로자도 이중 이득을 볼 수 없도록 한 장치로 볼 수 있다.

(2) 손해배상과의 관계

수급권자가 동일한 사유에 대하여 「산재보험법」에 의한 보험급여를 받은 경우에는 보험가입자는 그 금액의 한도 내에서 민법 기타 법령에 의한 손해배상의 책임이 면제된다. 또 수급권자가 동일한 사유로 민법 또는 기타 법령에 의하여 「산재보험법」에 상당한 금품을 받은 때에는 근로복지공단은 그 받은 금품을 대통령령이 정하는 방법에 따라 환산한 한도의 금액 안에서 산재보험법에 의한 보험급여를 지급하지 아니한다.

(3) 제3자에 대한 구상권

근로복지공단은 제3자의 행위에 의한 재해로 인하여 보험급여를 지급한 경우에는 그 급여액의 한도 안에서 급여를 받은 자의 제3자에 대한 손해배상청구권을 대위한다. 이 경우에 수급권자가 제3자로부터 동일한 사유로 인하여 산재보험법의 보험급여에 상당하는 손해배상을 받은 경우에는 근로복지공단은 그 배상액을 대통령령이 정하는 방법에 따라 환산한 금액의 한도 안에서 「산재보험법」에 의한 보험급여를 지급하지 아니한다. 제3자에 대한 구상권은 거의 모든 사회복지법, 사회보장법에 비슷한 취지로 규정되어 있는데, 이는 피재자의 생활을 신속하게 안정시키고 생존권을 확보한다는 입법목적으로 해석할 수 있다.

6. 권리구제

사회보장법과 사회복지법에는 권리구제 규정이 설정되어 있는데, 이는 행정심판과 유사한 성격을 지닌 것으로서 대체로 2회에 걸쳐 이의신청을 하도록 되어 있다. 보험급여의 결정에 이의가 있는 피재근로자를 구제하기 위하여 산재보험심사 제도를 두고 있다. 산재보험법심사제도는 1차로 심사청구를 제1심인 근로복지공단에 하도록 하고, 그 결정에 이의가 있을 때에는 노동부의 산재보험심사위원회에 다시 재심사를 청구할 수 있도록 하며, 산재보험심사위원회의 재결에 이의가 있을 때에는 행정소송을 제기할 수 있도록 하였다.

이때 심사청구는 보험급여에 관한 결정이 있음을 안 날부터 90일 이내에 하여야 하며, 근로복지공단은 심사청구서를 송부받은 날부터 60일 이내에 심사청구에 대한 결정을 하여야 한다. 재심사청구의 경우에도 이를 준용하고 있다.

이와 같이 심사청구 전치주의를 채택한 이유는 산재보험급여 결정이 전문기술적인 성질을 지니고 있기 때문에 신중하고 신속한 결정을 하게 함으로써 피재근로자의 생활안정을 기하기 위한 것이다. 산재보험법의 적용대상에서 제외된 피재근로자의 재해보상에 대한 심사청구에 관하여는 고용노동부 장관에게 심사 또는 중재를 청구할 수 있으며(「근기법」 제91조), 그 결과에 불복이 있는 자는 노동위원회에 심사 또는 중재를 청구할 수 있도록 하였다(「근기법」 제92조).

1) 법적 쟁송: 산재 요양불승인처분 취소

자동차운전학원에 25인승 지입 소형버스로 수강학생을 운송하던 차주 겸 운전기사인 A(이하 '차주 A' 라 함)는 1999년 12월 15일 저녁 7시 30분경 집근처 주차장에서 버스를 주차하던 중 병원에서 진단을 받은 결과 '뇌교혈종, 뇌수두증, 흡인성 폐렴' 이라는 상병으로 산재요양을 신청했다.

그러나 근로복지공단에서는 운전학원과 차주 A 씨와는 업무를 명령하고 지휘받는 사용종속관계가 아니므로 근로기준법상 근로자에 해당하지 않는다는 이유로 산재 요양 불승인처분을 했다. 이에 차주 A 씨는 산재 요양 불승인처분을 내린 근로복지공단을 상대로 행정소송을 제기해 근로자로 인정받아 산재보험의 각종 혜택을 받을 수 있게 되었다.

판결에서 운전학원과 차주 A 씨와의 운송계약이 쟁점이 되었는데, 차주 A 씨는 운송

계약에 따라 일정한 코스에 투입되어 하루 7~11회씩 학원을 오가면서 08:00부터 18:20까지 매일 학원생들을 운송했으나, 학원에서 작성한 임금지급명세서상 근로자로 등재되거나 임금명목의 금품이 지급된 적은 없었다. 그러나 업무의 실적이나 능률에 관계없이 매월 170만 원의 고정된 운송료 및 설말, 추석에 약간의 떡값 및 하기휴가 때는 약간의 여비를 지급받아 왔으며, 매회 승차인원을 기록한 운행일지를 매일 1회 담당자의 확인을 받아 왔다.

학원에서는 차주에게 지급하는 셔틀버스 지입료에서 근로소득세를 원천징수하지 않았으며, 또한 국민연금 및 건강보험료, 고용보험료를 원천징수하거나 근로자로서 가입시키지 않은 상태에서 위와 같은 사고가 발생하게 되었고, 사고 이후 병원비 및 생계유지 등 막막한 생활고를 견디지 못하고 사고 8개월 후인 2000년 8월 10일 산재신청을 하기에 이르렀다.

2) 구상금

소외 주식회사 스와니코퍼레이숀(이하 '소외 회사' 라 한다)의 직원인 소외 1과 동료직원인 유성환이 1996년 2월 1일 출장업무를 마치고 소외 1이 운전하는 소외 회사 소유의 승합차를 타고 귀사하다가 위 승합차가 눈길에 미끄러져 피고 2가 운전하던 대신여객운수 주식회사(이하 '피고 회사' 라 한다) 소유 고속버스의 앞 범퍼 부분을 충격하여 유성환이 사망하는 사고가 발생한 사실, 원고(근로복지공단)는 산업재해보상보험법에 기하여 설립된 보험공단으로서 위 사고를 산업재해 사고로 인정, 산업재해보상보험가입자인 소외 회사의 피용자인 유성환의 유족에게 유족보상일시금으로 5191만 5760원, 장의비로 479만 2220원 합계 5670만 7980원을 지급한 사실을 인정한 다음, 위 사고는 소외 회사의 피용자인 소외 1의 과실과 피고 2의 과실이 경합하여 발생한 것인바, 산업재해가 보험가입자와 제3자의 공동불법행위로 인하여 발생한 경우 산업재해보상보험법에 의하여 근로복지공단이 제3자에 대하여 구상할 수 있는 범위는 근로복지공단의 보험급여 지급액 중 보험가입자의 과실비율에 따른 책임 부분을 공제한 나머지 금액만을 구상할 수 있는 것이 아니라 그 지급액 전액에 대하여 구상권을 행사할 수 있다고 판단하여, 피고들로 하여금 원고에게 보험급여액(단, 장의비만 180만 원으로 축소) 중에서 소외 회사 소유 차량에 대한 자동차책임보험자 및 피고 회사 소유 차량에 대한 자동차종합보험자로부터 원고가 지급받은 각 보험금액을 공제한 나머지 금액을 지급할 것을 원심에서 명하였다.

제5절 고용보험법

[시행 2015. 4. 21.] [법률 제13041호, 2015. 1. 20., 일부개정]

1. 법의 의의

1) 목적

「고용보험법」 제1조에서 "이 법은 고용보험의 시행을 통하여 실업의 예방, 고용 촉진 및 근로자의 직업능력의 개발과 향상을 꾀하고, 국가의 직업지도와 직업소개 기능을 강화하며, 근로자가 실업한 경우에 생활에 필요한 급여를 실시하여 근로자의 생활안정과 구직 활동을 촉진함으로써 경제·사회 발전에 이바지하는 것을 목적으로 한다."라고 밝히고 있다. 여기서 발견되는 「고용보험법」의 목적은 실업예방, 고용촉진 및 직업능력의 개발이 일차적 목적이고, 이를 통하여 근로자 개인의 복지증진과 사회·경제적 발전에 기여하는 것으로 요약할 수 있다. 그리하여 동법의 내용에서 고용보험사업은 고용안정·직업능력개발 사업, 실업급여, 실업급여, 육아휴직 급여 및 출산전후휴가 급여 등이다.

2) 특성

(1) 실직근로자의 생활보장과 고용대책의 통합

이는 근로자의 생활을 보장하는 사회복지정책으로서의 기능과 빠르게 변화하는 현대 산업사회에서 요청되는 산업구조조정과 경영합리화를 촉진하고 인력수급을 원활하게 하려는 목적에서 고용정책이 함께 융화된 제도로 볼 수 있다.

(2) 관리운영의 국가 책임

물론 주무부서는 고용노동부로 되고 있고 구체적인 사업 중 많은 부분을 근로복지공단에 위탁하여 실행하고 있다. 실제법상에는 고용보험을 고용노동부 장관이 관장한다(법 제3조)고 되어 있는 한편, 비용부담에 있어서도 국가는 매년 보험사업의 관리운영에 소요되는 비용의 일부를 일반회계에서 부담할 수 있다(법 제5조)고 하여 국가책임을 밝히고 있다.

(3) 보험사고의 예측이 어려운 사회보험

연금보험, 의료보험 및 산재보험의 보험사고 발생률이 비교적 안정적이며 정확히 예측할 수 있는 데 비하여, 고용보험의 경우 실업률은 경기변동과 밀접한 관계가 있으며, 이는 다시 경기, 재정, 통화정책 등에 영향을 받기 때문에 보험사고 발생률의 예측이 어렵다. 따라서 고용보험의 경우 재정 추계의 어려움 때문에 재정이 불안전하다.

3) 용어의 정의

이 법에서 사용하는 용어에 대한 정의는 다음과 같다.

① 피보험자: 고용보험 및 산업재해보상보험의 보험료징수 등에 관한 법률(이하 "보험료징수법" 이라 한다) 제5조 제1항 · 제2항, 제6조 제1항 및 제8조 제1항 · 제2항에 따라 보험에 가입되거나 가입된 것으로 보는 근로자를 말한다.
② 이직: 피보험자와 사업주 사이의 고용관계가 끝나게 되는 것을 말한다.
③ 실업: 피보험자가 이직하여 근로의 의사와 능력이 있음에도 취업하지 못한 상태에 있는 것을 말한다.
④ 실업의 인정: 직업안정기관의 장이 제43조에 따른 수급자격자가 실업한 상태에서 적극적으로 직업을 구하기 위하여 노력하고 있다고 인정하는 것을 말한다.
⑤ 보수: 소득세법 제20조에 따른 근로소득에서 대통령령으로 정하는 금품을 뺀 금액을 말한다. 다만, 휴직이나 그 밖에 이와 비슷한 상태에 있는 기간 중에 사업주 외의 자로부터 지급받는 금품 중 고용노동부장관이 정하여 고시하는 금품은 보수로 본다.
⑥ 일용근로자: 1개월 미만 동안 고용되는 자를 말한다.

2. 입법배경 및 연혁

우리나라의 고용보험제도는 1980년대 후반부터 발생하기 시작한 인력수급 불균형, 산업구조조정에 따른 고용조정지원 및 향후 선진국진입에 따른 고실업에 대비하고 근로자에 대한 지속적인 능력개발 등에 대한 제도적 장치로서 도입이 논의되었다.

고용보험제 도입에 대해 일부에서는 근로의욕의 저하, 실업의 장기화 등 부작용을 초래할 것이라는 우려도 있었으나 인력자원의 효율적인 활용 관리를 위해서는 적극적인 인력정책 추진 장치로서의 고용보험제의 도입이 필요하다는 점에 노사정이 공감하였다.

그리하여 정부는 '제7차 경제사회발전 5개년 계획' 및 '신경제 5개년 계획'에 고용보험제도의 도입을 반영하였고, 1993년 고용보험법을 제정하여 1995년 7월 1일부터 시행하게 되었다. 노동부에서는 1994년 12월 고용보험제도의 시행목적을 다섯 가지로 제시하였는데, 그것은 ① 원활한 산업구조 조정의 촉진 ② 인력수급의 원활화 ③ 직업능력의 개발화와 기업경쟁력 강화 ④ 실직근로자의 생활안정과 재취업의 촉진 ⑤ 남북통일에 대비한 적극적 노동시장정책의 추진 등이다.

고용보험제도는 고용안정 · 직업능력개발사업, 실업급여, 육아휴직 급여 및 출산전후휴가 급여를 실시함으로써, 근로자에게 필수적인 '직장'을 구하는 것으로부터 직장생활 중의 능력발전, 실직 시의 생계지원 및 재취업촉진 등을 지원하는 제도다. 1998년 10월 1일부터는 사실상 전 사업장으로 확대 적용되어 고실업시대의 안정적인 사회안전망의 역할을 수행할 수 있는 기반을 구축하게 되었다.

2013년 1월 23일의 개정이유는 현행법은 사업주가 경영 악화로 고용조정이 불가피하게 된 경우 고용조정 대신 휴업 · 휴직을 실시하면 고용유지 지원제도를 통해 사업주에게 인건비 일부를 지원하고 있으나, 사업주가 휴업이나 휴직을 무급으로 하면서 고용을 유지하는 경우에는 사업주가 지급하는 임금이 없으므로 지원금을 지급할 수 없고 근로자에게 지원금을 직접 지급할 수도 없으므로 경영사정이 어려워진 사업주가 무급휴업 또는 무급휴직 등을 실시하는 경우에는 해당 근로자에게 필요한 지원을 할 수 있도록 하려는 것이다.

2013년 4월 22일 개정 이유는 실업급여 수급자의 금전적 부담을 최소화하기 위하여 실업급여로서 지급된 금품에 대해서는 공과금을 부과하지 못하도록 하려는 것이다.

2013년 6월 4일에는 65세 이후에 새롭게 고용되거나 자영업을 개시한 자만 고용보험 중 실업급여 적용을 제외함으로써 고용보험에 가입되어 있던 피보험자가 65세 이후에 이직(離職)한 경우에도 실업급여를 지급하도록 하였다.

2014년 1월 21일의 개정 이유는 다태아 임산부는 2명 이상 동시 출산, 난산, 높은 조산율 등에 따라 산후 회복에 더 많은 시간이 필요하고 육아부담 또한 일반 임산부보다 큰 점을 고려하여 다태아 임산부의 출산전 · 후휴가를 현행 90일에서 120일로 확대하도록 「근로기준법」이 개정됨에 따라, 이에 맞추어 다태아 임신부에 대한 출산전후휴가

급여 지급기간도 조정하려는 것이다.

2015년 1월 20일에는 현행법에 따른 실업급여에 대한 압류금지 제도의 실효성이 미흡하다는 견해에 따라, 실업급여는 수급자격자가 신청하는 경우 실업급여만 입금되도록 개설한 전용계좌에 지급하고, 해당 계좌의 예금에 관한 채권은 압류할 수 없도록 규정함과 동시에 전용계좌 제도에 관한 고지 및 홍보를 통하여 동 제도에 대한 인식을 제고함으로써 실업급여에 대한 압류금지를 실질적으로 강화하였다.

아울러 근로자가 이직 시 퇴직금을 포함한 고액의 금품을 수령한 경우에 구직급여의 지급을 유예하는 규제를 폐지하고, 민법이 개정됨에 따라 금치산자 및 한정치산자를 피성년후견인과 피한정후견인으로 개정하며, 벌금액을 징역 1년당 1천만 원의 비율로 개정함으로써 벌금형을 현실화하고, 형벌로서의 기능을 회복시켜 일반인에 대한 범죄 억지력을 확보하였다.

■ 고용보험법의 연혁

1993년 12월	고용보험법 제정(법률 4644호)
1995년 7월	고용보험법 시행
1998년 10월	고용보험법 전사업장 확대적용
1999년 10월	근로복지공단에 고용보험 적용, 징수업무 위탁
2003년 12월	고용보험 및 산업재해보상보험의 보험료 징수에 관한 법률 제정으로 2004년부터 고용보험과 산재보험의 보험료 통합징수함.
2008년 12월	고용보험위원회신설
2013년 1월 23일	경영사정이 어려워진 사업주가 무급휴업 또는 무급휴직 등을 실시하는 경우에는 해당 근로자에게 필요한 지원을 할 수 있도록 함.
2013년 4월 22일	실업급여로서 지급된 금품에 대해서는 공과금을 부과하지 못하도록 함.
2013년 6월 4일	고용보험에 가입되어 있던 피보험자가 65세 이후에 이직(離職)한 경우에도 실업급여를 지급
2014년 1월 21일	다태아 임산부의 출산전후휴가를 현행 90일에서 120일로 확대함.
2015년 1월 20일	급여의 전용계좌를 통해 실업급여에 대한 압류금지를 실질적으로 강화

3. 가입자

사업장의 사업주와 근로자는 당연히 보험의 가입자가 된다. 즉, 1인 이상 근로자가 있는 사업주는 의무적으로 가입하여야 한다. 적용 제외 근로자는 다음과 같다.

① 65세 이상인 자
② 소정근로시간이 대통령령이 정하는 시간 미만인 자
③ 「국가공무원법」 및 「지방공무원법」에 의한 공무원. 다만, 대통령령으로 정하는 바에 따라 별정직공무원, 「국가공무원법」 제26조의5 및 「지방공무원법」 제25조의5에 따른 임기제공무원의 경우는 본인의 의사에 따라 고용보험(제4장에 한한다)에 가입할 수 있다.
④ 「사립학교교직원연금법」의 적용을 받는 자
⑤ 기타 대통령령이 정하는 자

4. 고용보험사업의 종류와 내용

고용보험사업의 종류는 크게 고용안정 · 직업능력개발 사업, 실업급여, 육아휴직 급여 및 산전후휴가 급여로 구성되어 있다. 고용안정사업과 직업능력개발사업이 실업을 예방하기 위한 적극적인 노동시장정책의 수단인 것과 달리 실업급여는 이미 발생한 실업으로 인한 소득상실을 보전하기 위한 급여다.

고용안정사업과 직업능력개발사업에서 직업알선 훈련 등 서비스급여와 이에 소요되는 비용이 지원되는 반면, 실업급여는 현금급여의 형태로 지급된다. 고용안정사업과 직업능력개발사업이 근로자뿐 아니라 사업주에게도 제공되는 반면, 실업급여는 근로자에 한하여 지급된다. 또 고용안정사업과 직업능력개발사업은 가입자 개인의 수요를 보호하는 성격을 가지기도 하지만 전체적으로 고용구조를 개선하는 구조개선의 대상으로 하는 사업이 이루어진다. 전체적으로 보면 고용보험사업 중 고용안정사업과 직업능력개발사업은 근로자로 하여금 실업급여를 받는 상황에 빠지지 않도록 하는 기능을 수행하며, 또 이것이 「고용보험법」의 입법목적이기도 하다. 다만 이러한 예방적인 사업은 현재 모두 재량규정의 형태로 규율되고 있어 안정성을 결여하고 있다. 전체 고용보험사업을 도표화하면 [그림 8-1]과 같다.

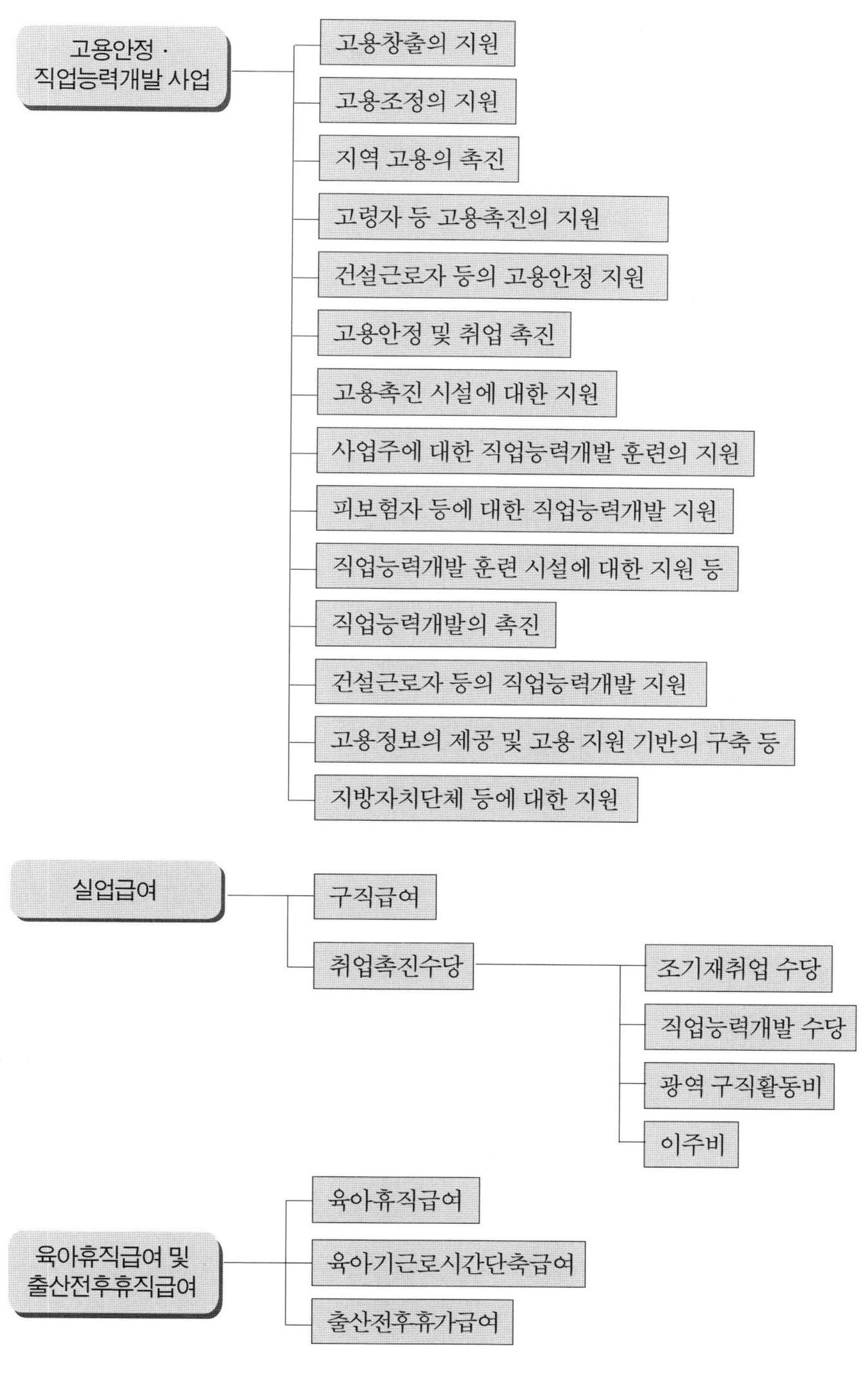

[그림 8-1] 고용보험사업의 종류

1) 고용안정 · 직업능력개발 사업

고용노동부장관은 피보험자 및 피보험자였던 자, 그 밖에 취업할 의사를 가진 자(이하 "피보험자 등"이라 한다)에 대한 실업의 예방, 취업의 촉진, 고용기회의 확대, 직업능력개발 · 향상의 기회 제공 및 지원, 그 밖에 고용안정과 사업주에 대한 인력 확보를 지원하기 위하여 고용안정 · 직업능력개발 사업을 실시한다.

(1) 고용창출의 지원

고용환경 개선, 근무형태 변경 등으로 고용의 기회를 확대한 사업주에게 대통령령으로 정하는 바에 따라 필요한 지원을 할 수 있다(법 제20조).

(2) 고용조정의 지원

경기의 변동, 산업구조의 변화 등에 따른 사업 규모의 축소, 사업의 폐업 또는 전환으로 고용조정이 불가피하게 된 사업주가 근로자에 대한 휴업, 휴직, 직업전환에 필요한 직업능력개발 훈련, 인력의 재배치 등을 실시하거나 그 밖에 근로자의 고용안정을 위한 조치를 하면 대통령령으로 정하는 바에 따라 그 사업주에게 필요한 지원을 할 수 있다(법 제21조).

(3) 지역 고용의 촉진

고용기회가 뚜렷이 부족하거나 산업구조의 변화 등으로 고용사정이 급속하게 악화되고 있는 지역으로 사업을 이전하거나 그러한 지역에서 사업을 신설 또는 증설하여 그 지역의 실업 예방과 재취업 촉진에 기여한 사업주, 그 밖에 그 지역의 고용기회 확대에 필요한 조치를 한 사업주에게 대통령령으로 정하는 바에 따라 필요한 지원을 할 수 있다(법 제22조).

(4) 고령자 등 고용촉진의 지원

고령자 등 노동시장의 통상적인 조건에서는 취업이 특히 곤란한 자(이하 "고령자 등"이라 한다)의 고용을 촉진하기 위하여 고령자 등을 새로 고용하거나 이들의 고용안정에 필요한 조치를 하는 사업주 또는 사업주가 실시하는 고용안정 조치에 해당된 근로자에게 대통령령으로 정하는 바에 따라 필요한 지원을 할 수 있다(법 제23조).

(5) 건설근로자 등의 고용안정 지원

건설근로자 등 고용상태가 불안정한 근로자를 위하여 대통령령으로 정하는 바에 따라 필요한 지원을 할 수 있다(법 제24조).

(6) 고용안정 및 취업 수당

피보험자 등의 고용안정 및 취업을 촉진하기 위하여 필요한 비용을 지원 또는 대부할 수 있다(법 제25조).

(7) 고용촉진 시설에 대한 지원

피보험자 등의 고용안정 · 고용촉진 및 사업주의 인력 확보를 지원하기 위하여 대통령령으로 정하는 바에 따라 상담 시설, 보육 시설, 그 밖에 대통령령으로 정하는 고용촉진 시설을 설치 · 운영하는 자에게 필요한 지원을 할 수 있다(법 제26조).

(8) 사업주에 대한 직업능력개발 훈련의 지원

피보험자 등의 직업능력을 개발 · 향상시키기 위하여 대통령령으로 정하는 직업능력개발 훈련을 실시하는 사업주에게 대통령령으로 정하는 바에 따라 그 훈련에 필요한 비용을 지원할 수 있다(법 제27조).

(9) 피보험자 등에 대한 직업능력개발 훈련의 지원

피보험자 등이 직업능력개발 훈련을 받거나 그 밖에 직업능력 개발 · 향상을 위하여 노력하는 경우에는 대통령령으로 정하는 바에 따라 필요한 비용을 지원할 수 있다(법 제29조).

(10) 직업능력개발 훈련 시설에 대한 지원 등

피보험자 등의 직업능력 개발 · 향상을 위하여 필요하다고 인정하면 대통령령으로 정하는 바에 따라 직업능력개발 훈련 시설의 설치 및 장비 구입에 필요한 비용의 대부, 그 밖에 고용노동부장관이 정하는 직업능력개발 훈련 시설의 설치 및 장비 구입 · 운영에 필요한 비용을 지원할 수 있다(법 제30조).

(11) 직업능력개발의 촉진

피보험자 등의 직업능력 개발 · 향상을 촉진하기 위하여 사업의 실시에 필요한 비용을 지원할 수 있다(법 제31조).

(12) 건설근로자 등의 직업능력개발 지원

건설근로자 등 고용상태가 불안정한 근로자를 위하여 직업능력 개발·향상을 위한 사업으로 대통령령으로 정하는 사업을 실시하는 사업주에게 그 사업의 실시에 필요한 비용을 지원할 수 있다(법 제32조).

(13) 고용정보의 제공 및 고용 지원 기반의 구축 등

사업주 및 피보험자 등에 대한 구인·구직·훈련 등 고용정보의 제공, 직업·훈련 상담 등 직업지도, 직업소개, 고용안정·직업능력개발에 관한 기반의 구축 및 그에 필요한 전문 인력의 배치 등의 사업을 할 수 있다(법 제33조).

(14) 지방자치단체 등에 대한 지원

고용노동부장관은 지방자치단체 또는 대통령령으로 정하는 비영리법인·단체가 그 지역에서 피보험자 등의 고용안정·고용촉진 및 직업능력개발을 위한 사업을 실시하는 경우에는 대통령령으로 정하는 바에 따라 필요한 지원을 할 수 있다(법 제34조).

2) 실업급여

실업급여는 실업으로 인하여 발생한 소득상실을 보전하기 위한 목적의 급여다. 근로자가 실직하였을 경우, 일정 기간 동안 실직자 및 그 가족의 생계를 지원하는 실업급여는 구직급여와 취업촉진수당으로 구분된다. 구직급여는 기본적인 생활보장을 위한 급여다. 취업촉진수당으로는 조기재취업수당, 직업능력개발수당, 광역구직활동비와 이주비 등이 있다(법 제37조). 취업촉진수당은 재취업을 위해서 필요한 실제 비용에 대한 지원금으로서의 성격을 갖고 있다. 자영업자인 피보험자에게는 실업급여 중 연장급여와 조기재취업 수당은 제외되고 나머지 실업급여가 제공된다(법 제69조 제2항).

「고용보험법」에서 급여의 산정기초인 임금일액(기초일액)은 근로기준법상의 평균임금이다. 따라서 「산재보험법」에서와 마찬가지로 「고용보험법」에도 일종의 최저급여를 보장하기 위한 제도적인 장치가 마련되어 있다.

(1) 구직급여

① 수급 조건

구직급여를 받기 위해서는 다음의 요건이 충족되어야 한다(법 제40조).

첫째, 이직일 이전 18개월간(기준기간) 피보험 단위기간이 통산하여 180일 이상일 것, 둘째, 근로의 의사와 능력을 가지고 있음에도 불구하고 취업하지 못한 상태에 있을 것, 셋째, 이직 사유가 피보험자가 자기의 중대한 귀책사유로 해고되거나 정당한 사유 없는 자기 사정으로 이직한 경우와 같이 수급자격의 제한사유에 해당하지 아니할 것, 넷째, 구직노력을 적극적으로 할 것이 충족되어야 한다.

일용근로자에 대한 추가요건으로 첫째, 수급자격인정신청일 이전 1개월간의 근로일수가 10일 미만일 것, 둘째, 최종 이직일 이전 기준기간 내의 피보험단위기간 180일 중 다른 사업에서 수급자격의 제한사유에 해당하는 사유로 이직한 사실이 있는 경우에는 당해 피보험단위기간 중 90일 이상을 일용근로자로 근로하였을 것 등이다.

또 피보험자가 이직일 이전 18개월 동안에 질병 · 부상, 그 밖에 대통령령으로 정하는 사유로 계속하여 30일 이상 보수의 지급을 받을 수 없었던 경우에는 18개월에 그 사유로 보수를 지급받을 수 없었던 일수를 가산한 기간을 기준기간(3년을 초과할 때에는 3년)으로 한다.

② 구직급여의 산정 기준과 내용

구직급여는 수급자격자가 실업한 상태에 있는 날 중에서 직업안정기관의 장으로부터 실업의 인정을 받은 날에 대하여 지급한다. 구직급여를 지급받으려는 자는 직업안정기관의 장으로부터 수급자격의 인정을 받아야 한다(법 제44조).[19]

구직급여일액은 ① 동법 제45조 제4항의 경우에는 그 수급자격자의 기초일액[20]에 100분의 90을 곱한 금액(최저구직급여일액) ② ① 외의 경우 그 수급자격자의 기초일액

19) 실업의 인정을 받으려는 수급자격자는 실업의 신고를 한 날부터 계산하기 시작하여 1주부터 4주의 범위에서 직업안정기관의 장이 지정한 날에 출석하여 재취업을 위한 노력을 하였음을 신고하여야 하고, 직업안정기관의 장은 직전 실업인정일의 다음 날부터 그 실업인정일까지의 각각의 날에 대하여 실업을 인정한다.

20) 구직급여의 산정기준인 임금일액(기초일액)은 다음과 같다. ① 구직급여의 산정 기초가 되는 임금일액[기초일액]은 수급자격의 인정과 관련된 마지막 이직 당시 산정된 평균임금으로 한다. ② ①에 따라 산정된 금액이 그 근로자의 통상임금보다 적을 경우에는 그 통상임금액을 기초일액으로 한다. ③ ①과 ②에 따라 기초일액을 산정하는 것이 곤란한 경우와 보험료를 기준보수를 기준으로 낸 경우에는 기준보수를 기초일액으로 한다. ④ ①~③의 규정에도 불구하고 이들 규정에 따라 산정된 기초일액이 그 수급자격자의 이직 전 최저기초일액보다 낮은 경우에는 최저기초일액을 기초일액으로 한다(법 제45조).

에 100분의 50을 곱한 금액(법 제46조)으로 계산한다.

구직급여는 구직급여의 수급자격과 관련된 이직일의 다음 날부터 계산하기 시작하여 12개월 내에 소정급여일수를 한도로 하여 지급한다. 12개월의 기간 중 임신·출산·육아, 그 밖에 사유로 취업할 수 없는 자가 그 사실을 수급기간에 직업안정기관에 신고한 경우에는 12개월의 기간에 그 취업할 수 없는 기간을 가산한 기간(4년을 넘을 때에는 4년)에 소정급여일수를 한도로 하여 구직급여를 지급한다. 산재보험법에 따른 요양급여를 받는 경우나 질병 또는 부상으로 3개월 이상의 요양이 필요하여 이직하였고, 이직 기간 동안 취업활동이 곤란하였던 사실이 요양기간과 상병상태를 구체적으로 밝힌 주치의사의 소견과 요양을 위하여 이직하였다는 사업주의 의견을 통하여 확인된 경우 최초 요양일에 제2항에 따른 신고를 한 것으로 본다(법 제48조). 하나의 수급자격에 따라 구직급여를 지급받을 수 있는 날(소정급여일수)은 대기기간이 끝난 다음 날부터 계산하기 시작하여 피보험기간과 연령에 따라 정한 일수가 되는 날까지로 한다.

3 급여의 연장 등

① 훈련연장급여(법 제51조): 직업안정기관의 장은 수급자격자의 연령·경력 등을 고려할 때 재취업을 위하여 직업능력개발 훈련 등이 필요하면 그 수급자격자에게 직업능력개발 훈련 등을 받도록 지시할 수 있다. 또 수급자격자가 그 직업능력개발 훈련 등을 받는 기간 중 실업의 인정을 받은 날에 대하여는 소정급여일수를 초과하여 구직급여를 연장하여 지급할 수 있다.

② 개별연장급여(법 제52조): 직업안정기관의 장은 취업이 특히 곤란하고 생활이 어려운 수급자격자로서 대통령령으로 정하는 자에게는 그가 실업의 인정을 받은 날에 대하여 소정급여일수를 초과하여 구직급여를 연장하여 지급할 수 있다. 개별연장급여는 60일의 범위에서 대통령령으로 정하는 기간 동안 지급한다.

③ 특별연장급여(법 제53조): 고용노동부장관은 실업의 급증 등 대통령령으로 정하는 사유가 발생한 경우에는 60일의 범위에서 수급자격자가 실업의 인정을 받은 날에 대하여 소정급여일수를 초과하여 구직급여를 연장하여 지급할 수 있다.

④ 상병급여(법 제63조): 수급자격자가 실업의 신고를 한 이후에 질병·부상 또는 출산으로 취업이 불가능하여 실업의 인정을 받지 못한 날에 대하여 상병급여(구직급여일액에 해당하는 금액)를 구직급여에 갈음하여 지급할 수 있다.

(2) 취업촉진수당

① 조기재취업 수당(법 제64조): 조기재취업 수당은 수급자격자가 안정된 직업에 재취직하거나 스스로 영리를 목적으로 하는 사업을 영위하는 경우로서 대통령령이 정하는 기준에 해당하는 경우에 지급한다.

② 직업능력개발 수당(법 제65조): 직업능력개발 수당은 수급자격자가 직업안정기관의 장의 지시에 의해 직업훈련을 받는 경우 구직급여가 지급되는 대상기간에 대하여 지급된다. 직업능력개발 수당으로 교통비, 식대 등 직업훈련수강에 필요한 비용을 감안하여 노동부장관이 결정하여 고시한 액이 지급된다.

③ 광역 구직활동비(법 제66조): 광역 구직활동비는 수급자격자가 직업안정기관의 소개에 따라 광범위한 지역에서 구직활동을 하는 경우에 지급될 수 있다. 광역 구직활동비는 사업주가 이를 지급하지 않거나 혹은 그 금액이 광역 구직활동비의 금액에 미달하는 경우에 한하여 지급된다. 또 구직을 위해서 방문하는 사업장이 일정 거리 이상인 경우에 지급된다. 광역 구직활동비로는 숙박비, 운임 등이 지급된다.

④ 이주비(법 제67조): 이주비는 수급자격자가 직업안정기관이 소개한 직업에 취직하거나, 직업능력개발훈련 등을 받기 위하여 주거를 이전하는 경우 지급될 수 있다.

3) 육아휴직급여 · 출산전후휴가급여

(1) 육아휴직급여

「남녀고용평등과 일 · 가정양립지원에 관한 법률」 제19조의 규정에 의한 육아휴직을 30일(「근로기준법」 제74조에 따른 출산전후휴가기간과 중복되는 기간은 제외한다) 이상 부여받은 피보험자 중 ① 육아휴직을 시작한 날 이전에 피보험 단위기간이 통산하여 180일 이상이고, ② 같은 자녀에 대하여 피보험자인 배우자가 30일 이상의 육아휴직을 부여받지 아니하거나 「남녀고용평등과 일 · 가사 양립지원에 관한 법률」 제19조의2에 따른 육아기 근로시간 단축을 30일 이상 실시하지 아니하고 있으며, ③ 육아휴직 개시일 이후 1개월부터 종료일 이후 12개월 이내에 신청한 경우에 육아휴직급여를 지급한다(법 제70조).

(2) 육아기 근로시간 단축급여

고용노동부장관은 육아기 근로시간 단축을 30일(「근로기준법」 제74조에 따른 출산전후휴가기간과 중복되는 기간은 제외한다) 이상 실시한 피보험자가 육아기 근로시간 단축을 시작한 날 이전에 피보험 단위기간이 통산하여 180일 이상이고, 같은 자녀에 대하여 피보험자인 배우자가 30일 이상의 육아휴직을 부여받지 아니하거나 육아기 근로시간 단축을 30일 이상 실시하지 아니한 경우에 육아기 근로시간 단축급여를 지급한다(법 제73조).

(3) 출산전후휴가급여

「남녀고용평등과 일·가정 양립 지원에 관한 법률」 제18조 규정에 따라 피보험자가 「근로기준법」 제74조의 규정에 따른 출산전후휴가나 또는 유산·사산휴가를 받은 경우로서 ① 휴가가 끝난 날 이전에 피보험 단위기간이 통산하여 180일 이상이고, ② 휴가를 시작한 날 이후 1개월부터 휴가가 끝난 날 이후 12개월 이내에 신청한 경우 산전후휴가급여를 지급한다(법 제75조).

4) 급여의 제한

고용보험의 기능을 유지하기 위해서 가입자에게 명시적 혹은 묵시적으로 부과되어 있는 책임을 위반한 경우 이에 대한 제재로서 급여지급이 거부된다. 이러한 책임과 이에 대한 급여의 제한은 다음과 같이 유형화할 수 있다.

(1) 부정행위에 따른 지원의 제한 등

고용노동부장관은 거짓이나 그 밖의 부정한 방법으로 이 장의 규정에 따른 고용안정·직업능력개발 사업의 지원을 받은 자 또는 받으려는 자에게는 해당 지원금 중 지급되지 아니한 금액 또는 지급받으려는 지원금을 지급하지 아니하고, 1년의 범위에서 대통령령으로 정하는 바에 따라 지원금의 지급을 제한하며, 거짓이나 그 밖의 부정한 방법으로 지원받은 금액을 반환하도록 명하여야 한다(법 제35조 제1항).

(2) 구직급여의 제한

구직급여의 제한의 경우는 세 가지다. 이직사유[21]에 따른 수급자격의 상실의 경우

21) 1. 중대한 귀책사유로 해고된 피보험자로서 다음 각 목의 어느 하나에 해당하는 경우. ㉮ 형법 또는 직무와 관련된 법률을 위반하여 금고 이상의 형을 선고받은 경우 ㉯ 사업에 막대한 지장을 초래하거나 재산상 손

(법 제58조)이거나, 수급자격자가 직업안정기관의 장이 소개하는 직업에 취직하는 것을 거부하거나 직업안정기관의 장이 지시한 직업능력개발 훈련 등을 거부하면 구직급여의 지급을 정지한다(법 제60조). 또 거짓이나 그 밖의 부정한 방법으로 실업급여를 받았거나 받으려 한 자에게는 그 급여를 받은 날 또는 받으려 한 날부터의 구직급여를 지급하지 아니한다. 다만, 그 급여와 관련된 이직 이후에 새로 수급자격을 취득한 경우 그 새로운 수급자격에 따른 구직급여에 대하여는 그러하지 아니하다(법 제61조).

5. 고용보험 및 산업재해보상보험의 보험료 징수 등에 관한 법률

1) 법의 의의와 목적

이 법은 「고용보험법」과 「산업재해보상보험법」에 각각 규정된 보험관계의 성립과 소멸, 보험료의 납부 및 징수 등에 관한 사항을 통합 규정하여 단일의 법률을 제정하여 민원인의 보험업무의 편의를 도모하고 보험관리와 그 운영을 효율적으로 하기 위하여 2003년 12월 법률 제07047호로 제정되었다.

이 법은 「고용보험법」과 「산업재해보상보험법」의 보험관계의 성립과 소멸, 보험료의 납부 및 징수 등에 관한 사항을 규정함으로써 보험사무의 효율성을 높이는 것을 목적으로 한다.

2) 용어의 정의

이 법에서 사용하는 용어에 대한 정의는 다음과 같다.

① 기준보수(기준임금): 사업의 폐업 · 도산 등으로 임금을 산정 · 확인하기 곤란한 경우 또는 대통령령이 정하는 사유에 해당하는 경우에는 고용노동부장관이 정하여 고시하는 금액을 보수(임금)으로 할 수 있다. 이 임금을 기준보수(기준임금)라

해를 끼친 경우로서 고용노동부령으로 정하는 기준에 해당하는 경우 ㉰ 정당한 사유 없이 근로계약 또는 취업규칙 등을 위반하여 장기간 무단결근한 경우

2. 자기 사정으로 이직한 피보험자로서 다음 각 목의 어느 하나에 해당하는 경우. ㉮ 전직 또는 자영업을 하기 위하여 이직한 경우 ㉯ 제1호의 중대한 귀책사유가 있는 자가 해고되지 아니하고 사업주의 권고로 이직한 경우 ㉰ 그 밖에 고용노동부령으로 정하는 정당한 사유에 해당하지 아니하는 사유로 이직한 경우(법 제58조)

한다. 기준보수는 사업의 규모, 근로형태 및 보수수준 등을 고려하여 고용보험위원회의 심의를 거쳐 시간, 일 또는 월 단위로 정하되, 사업의 종류별로 구분하여 정할 수 있다(법 제3조).

② 보험사업의 수행주체: 「고용보험법」및 「산업재해보상보험법」에 따른 보험사업에 관하여 이 법에서 정한 사항은 고용노동부장관의 위탁을 받아 근로복지공단이 수행한다. 다만, 다음 각 호에 해당하는 징수업무는 「국민건강보험법」 제13조에 따른 국민건강보험공단(이하 "건강보험공단"이라 한다)이 고용노동부장관으로부터 위탁을 받아 수행한다(법 제4조).

3) 보험가입자

① 「고용보험법」의 적용을 받는 사업의 사업주와 근로자는 당연히 고용보험의 보험가입자가 된다. 산업별 특성 및 규모 등을 고려하여 적용범위에서 제외된 사업의 사업주가 근로자(적용제외 근로자 제외)의 과반수의 동의를 얻어 공단의 승인을 얻은 때에는 고용보험에 가입할 수 있다.

② 「산재보상보험법」의 적용을 받는 사업의 사업주는 당연히 산재보험의 보험가입자가 된다. 위험률 · 규모 및 장소 등을 고려하여 적용범위에서 벗어난 사업의 사업주는 공단의 승인을 얻어 산재보험에 가입할 수 있다.

③ 고용보험 또는 산재보험에 가입한 사업주가 보험계약을 해지하고자 할 때에는 공단의 승인을 얻어야 한다. 사업주가 고용보험계약을 해지하고자 할 때에는 근로자 과반수의 동의를 얻어야 한다.

4) 보험료

건강보험공단은 보험사업에 드는 비용을 충당하기 위하여 보험가입자로부터 고용보험료와 산재보험료를 징수한다.

(1) 고용보험료

보험사업에 드는 비용에 충당하기 위하여 보험가입자로부터 다음 각 호의 보험료를 징수한다.

① 고용안정 · 직업능력개발사업 및 실업급여의 보험료(이하 "고용보험료"라 한다)
② 산재보험의 보험료(이하 "산재보험료"라 한다)

고용보험 가입자인 근로자가 부담하여야 하는 고용보험료는 자기의 보수총액에 제14조 제1항에 따른 실업급여의 보험료율의 2분의 1을 곱한 금액으로 한다. 다만, 사업주로부터 제2조 제3호 본문에 따른 보수를 지급받지 아니하는 근로자는 제2조 제3호 단서에 따라 보수로 보는 금품의 총액에 제14조 제1항에 따른 실업급여의 보험료율을 곱한 금액을 부담하여야 하고, 제2조 제3호 단서에 따른 휴직이나 그 밖에 이와 비슷한 상태에 있는 기간 중에 사업주로부터 제2조 제3호 본문에 따른 보수를 지급받는 근로자로서 고용노동부장관이 정하여 고시하는 사유에 해당하는 근로자는 그 기간에 지급받는 보수의 총액에 제14조 제1항에 따른 실업급여의 보험료율을 곱한 금액을 부담하여야 한다. 제1항에도 불구하고 「고용보험법」 제10조 제1호에 따라 65세 이후에 고용되거나 자영업을 개시한 자에 대하여는 고용보험료 중 실업급여의 보험료를 징수하지 아니한다(법 제13조).

① 제14조 제1항에 따른 고용안정 · 직업능력개발사업의 보험료율
② 실업급여의 보험료율의 2분의 1

(2) 산재보험료

사업주가 부담하여야 하는 산재보험료는 그 사업주가 경영하는 사업의 보수총액에 같은 종류의 사업에 적용되는 산재보험료율(업종별보험료율)을 곱한 금액으로 한다.

5) 보험료율의 결정

(1) 고용보험료율의 결정

고용보험료율은 보험수지의 동향과 경제상황 등을 고려하여 1000분의 30의 범위 안에서 고용안정 · 직업능력개발사업의 보험료율 및 실업급여의 보험료율로 구분하여 대통령령으로 정한다. 고용보험료율을 결정하거나 변경하고자 할 때에는 고용보험위원회의 심의를 거쳐야 한다. 고용보험료율은 〈표 8-3〉에서 보는 바와 같다(령 제12조).

표 8-3 고용보험료율

구분		보험료	부담금
실업급여		0.55	사업주와 근로자가 2분의 1씩 부담
고용안정 직업능력개발 사업	150인 미만기업	0.25	사업주 전액부담
	150인 이상 우선지원대상기업	0.45	사업주 전액부담
	150인 이상~1000인 미만	0.65	사업주 전액부담
	1000인 이상 기업	0.85	사업주 전액부담

(2) 산재보험료율 결정

산재보험료율은 매년 6월 30일 현재 과거 3년 동안의 보수총액에 대한 산재보험급여총액의 비율을 기초로 하여 산업재해보상보험법에 의한 연금 등 산재보험급여에 드는 금액, 재해예방 및 재해근로자의 복지증진에 드는 비용 등을 고려하여 사업의 종류별로 구분하여 고용노동부령으로 정한다.

산재보험료율(100%) = [산재보험급여지급률 + 추가증가지출률](85%) + 부가보험료율(15%)

6) 개산보험료의 신고와 납부

사업주는 보험연도마다 그 1년 동안에 사용한 근로자에게 지급할 보수총액의 추정액에 고용보험료율 및 산재보험료율을 각각 곱하여 산정한 금액(개산보험료)을 그 보험연도의 3월 31일까지 공단에 신고 납부하여야 한다. 사업주는 개산보험료를 분할 납부할 수 있다. 공단은 보험료율이 인상 또는 인하된 때에는 개산보험료 및 특례보험료를 추가징수하거나 감액 조정한다(법 제17조).

6. 법적 쟁송: 무한책임사원에 고용보험료 부과 취소

J 감정평가법인은 1996년 고용보험료 300여 만 원을 냈지만 "무한책임사원도 일정한 직책을 갖고 상시근무를 하며 임금 형태의 금품을 지급받는 경우에는 고용보험피보험자인 근로자에 해당한다."라는 이유로 1998년 12월에 1995년 귀속분 고용보험료 2700여 만 원이 부과되자 소송을 냈다.

재판부는 판결문에서 "원고 회사의 무한책임사원인 감정평가사들은 자신들이 수행하는 감정평가 업무 중 일부에 대해서는 대표사원이 지휘 감독할 수도 없는 등 신분이나 근무 형태상 여러 특수성을 갖고 있어서 근로자로 보기 어려운 만큼 고용보험적용 대상이 아니다."라고 밝혔다. 즉, 서울 행정법원 행정4부(재판장 조병현 부장판사)는 합명회사 J 감정평가법인이 근로복지공단을 상대로 낸 고용보험료 부과처분 취소청구소송에서 원고 승소 판결을 내렸다.

제6절 노인장기요양보험법

[시행 2014. 2. 14.] [법률 제12067호, 2013. 8. 13., 일부개정]

1. 법의 의의

우리나라도 2018년이면 노인인구 14.3%로 고령사회(aged society)로 진입하게 되고, 곧 베이비부머 세대(1955~1963년생) 약 712만 명이 노인계층에 진입하게 된다. 사회가 급격하게 고령화됨에 따라 치매나 중풍 등 장기요양이 필요한 노인도 급속히 증가하는 추세이지만 핵가족화와 여성의 사회참여 증가와 더불어 대상 노인 보호기간의 장기화 등으로 가족에 의한 사적 돌봄은 이미 한계에 도달하였다. 「노인장기요양보험법」 제정의 필요성을 살펴보면 다음과 같다(이광재, 2007: 79-86).

첫째, 무엇보다 급속한 고령화와 노인부양기능의 저하를 들 수 있다. 산업화를 거치면서 핵가족이 보편화되어 노인단독세대가 절반에 이르고 있지만 여성의 경제활동 참여 증가로 전통적으로 가족이 담당하던 노인부양기능은 현저하게 약화되고 있다.

둘째, 노인의료비의 급증을 들 수 있다. 노인인구의 급증에 따라 1995년에는 총 의료비의 12.2%에 해당하는 7281억 원이 소요되었으나 2003년에는 21.3%에 해당하는 4조 3723억 원이 소요되었다.

셋째, 과중한 요양부담을 들 수 있다. 평균수명은 늘어나지만 퇴직 이후 노인의 경제활동기회는 제한되어 노인 스스로 자신의 요양비용을 충당하기에는 상당한 어려움이 있고, 결국 부양해야 할 가족 역시 상당한 경제적 어려움을 겪게 되어 가족붕괴의 위험까지 있는 실정이다.

따라서 노인장기요양보호 문제는 누구에게나 일어날 수 있는 보편적 위험이며, 노인 및 가족이 겪게 되는 신체적 · 경제적 · 심리적 고통이 심각하므로 사회구성원이 사회연대(social solidarity)에 입각하여 함께 대응해야만 하는 사회적 위험이라는 공감대가 형성되었다. 장기요양보호(long-term care)의 의미에 대해 OECD는 "이미 의존적인 상태에 빠져 있거나, 생활상의 장애를 지닌 노인에게 장시간에 걸쳐서 일상생활수행능력을 도와주기 위하여 제공되는 모든 형태의 보호서비스"로 정의하고 있다. 2008년 「노인장기요양보험법」 제정을 통해 장기요양이 필요한 노인과 그 가족에 대한 사회적 차원의 지원을 제도적으로 보장함으로써, 장기요양서비스의 시장화를 통해 이용자에게 선택권을 부여하고, 다양한 공급주체의 참여보장을 통해 요양서비스 질 향상과 복지재정의 효율성 증대를 도모할 수 있을 것이다.

이러한 「노인장기요양보험법」 제정에 따른 기대효과를 분석해 보면, 우선 무엇보다 노인의 삶의 질이 획기적으로 개선될 것으로 기대된다. 비전문적인 가족 돌봄에서 전문적인 요양보호사와 요양간호사 등의 수발과 간호서비스가 이루어지면서 신체기능이 호전되고 사망률이 감소하며 삶의 질이 향상될 것이다. 노인은 자식에게 부담을 주지 않고 계획적이고 전문적인 장기요양서비스를 받을 수 있어 품위 있게 노후를 보낼 수 있게 된다. 둘째, 가족의 부양 부담이 현저하게 줄어들게 된다. 셋째, 여성 등 비공식 요양인의 사회 · 경제활동이 활성화될 것이다. 넷째, 사회서비스 일자리가 확대되고 지역경제가 활성화 될 것이다. 다섯째, 노인의료 및 요양의 전달체계가 효율화될 것이다.

표 8-4 국민건강보험, 노인장기요양보험 및 노인복지서비스의 차이점

구분	국민건강보험	노인장기요양보험	기존 노인복지서비스
서비스 대상	• 질병이나 부상이 발생한 사람	• 보편적 제도 • 장기요양이 필요한 65세 이상 노인 및 치매노인 등 노인성 질환을 가진 64세 이하의 국민	• 특정 대상 한정(선택적) • 국민기초생활보장 수급자를 포함한 저소득층 위주
서비스 선택	• 의사 및 본인의 판단에 따라 의료서비스 실시	• 수급자 및 부양가족의 선택에 의한 서비스 제공	• 지방자치단체장이 판단(공급자 위주)
재원	• 국민건강보험료	• 장기요양보험료 + 국가 및 지방자치단체 부담 + 이용자 본인부담	• 정부 및 지방자치단체의 부담
서비스	• 질병 · 부상을 치료하거나 예방	• 시설급여 • 재가급여 • 특별현금급여	• 시설 · 재가서비스를 제공하나, 서비스 질에 대한 관리 미흡

참고로 국민건강보험과 노인장기요양보험 그리고 기존 노인복지서비스를 비교해 보면 〈표 8-4〉와 같다. 국민건강보험은 노인의 질병 치료(cure)에 주된 목적이 있고, 노인장기요양보험은 장기간의 보호가 필요한 노인의 케어(care)에 주된 목적이 있다는 것이다. 그리고 기존 노인복지서비스는 주로 저소득층을 위주로 하는 선별주의 제도로서 정부의 국비로만 운영되지만, 노인장기요양보험은 보편주의 제도이고 주된 재원이 보험료라는 차이가 있다.

2. 입법배경 및 연혁

노인장기요양보험이 정부 차원에서 공론화된 것은 2001년 5월 28일 보건복지부가 건강보험재정 안정대책 내용에 "치매, 뇌졸중, 중증 정신질환 등 만성질환 노인을 위한 장기요양보험 도입 및 장기요양시설 확충"을 제시하면서부터다. 같은 해 8월 15일 대통령 경축사에서 노인요양보장제도의 도입을 천명하였고, 다음 해인 2002년 7월 보건복지부가 국무회의에서 노인보건복지종합대책을 보고하면서 공적노인요양보장체계의 구축과 시행을 제시하였다.

노무현 대통령은 대선공약으로 시범실시 후 공적노인요양보장제도의 도입을 제시하였고, 2003년 4월 보건복지부는 대통령 업무보고에서 2007년 시행을 목표로 공적노인요양보장제도의 도입 추진을 보고하였다. 애초 일본 개호보험을 대신한 용어로 요양보험이 사용되었으나 요양이라는 용어가 건강보험과 산재보험의 요양급여, 즉 케어서비스가 아닌 진료서비스로 혼돈된다 하여 수발보험이라는 용어가 사용되었다. 그러나 수발의 범위가 좁고 전문성이 떨어진다는 지적에 따라 노인장기요양보험으로 결정되었다.

2005년 10월 19일 노인수발보험법안이 입법예고되고 이듬해인 2006년 2월 16일 정부입법으로 국회에 제출되었다. 국회에서는 장향숙 의원이 발의한 장기요양보험법안 등 총 7건의 유사 법안을 심의한 결과 노인장기요양보험법안을 제안하기로 의결하고, 국회 본회의에서 2007년 4월 2일 사실상 만장일치로 통과하여 4월 27일 법률 제8403호로 공포되어 장기요양보험 등 요양급여 관련 규정은 2008년 7월 1일부터, 그 외의 규정은 2007년 10월 1일부터 시행되었다.

2007년 4월 27일에 개정된 것은 우리나라 인구의 고령화가 세계에서 유례가 없을 정도로 빠르게 진행됨에 따라 치매 · 중풍 등 일상생활이 어려운 노인들의 수도 날로 증가하고 있으나, 핵가족화 · 여성의 사회참여 증가 등으로 장기요양이 필요한 노인을 가정에서 돌보는 것이 어렵고 그 가정의 비용부담이 과중하여 노인장기요양 문제는 우리 사회가 시급히 해결해야 할 심각한 사회적 문제로 대두되고 있는 실정이므로, 노인의 간병 · 장기요양 문제를 사회적 연대원리에 따라 정부와 사회가 공동으로 해결하는 노인장기요양보험제도를 도입하여 노인의 노후생활 안정을 도모하고 그 가족의 부양부담을 덜어줌으로써 국민의 삶의 질을 향상하려는 것이다.

2009년 1월 30일 「의료법」과 「국민건강보험법」으로 이원화되어 있는 의료기관 종류에 관한 법적 근거를 「의료법」에서 규정하는 것으로 일원화하고, 외국인 환자에 대한 유치활동을 허용하는 등 국정과제인 의료서비스의 국제적 경쟁력 강화를 위한 입법적 기반을 구축하는 한편, 의사 · 치과의사 · 한의사가 같은 병원에 근무하면서 협진이 가능하게 하는 등 의료소비자의 권익 및 의료인의 자율성을 증진시킬 수 있도록 제도를 개선하려는 것이다.

2009년 5월 21일 도서 · 벽지 · 농어촌 등 일정지역에 거주하는 자에 대하여 장기요양급여 본인일부부담금의 100분의 50을 감경할 수 있는 법적 근거를 마련함으로써 농어촌 지역에 거주하는 수급자의 경제적 부담을 완화하려는 것이다.

2010년 3월 17일에 개정된 내용은 폐업 또는 휴업할 경우 장기요양급여 제공 자료를 공단으로 이관하도록 하며, 장기요양보험의 관리운영기관인 국민건강보험공단이 장기요양급여의 제공기준을 개발하고 장기요양급여비용의 적정성을 검토하도록 하기 위하여 직접 장기요양기관을 설치 · 운영할 수 있는 근거를 마련함과 아울러 설치남용을 방지하기 위하여 설치목적에 필요한 최소한의 범위에서 설치 · 운영하도록 하려는 것이다.

2013년 8월 13일 장기요양기관의 운영 질서를 확립하고 장기요양기관에 대한 관리를 강화하기 위하여 장기요양기관 등이 본인일부부담금을 면제 · 할인하는 행위 등을 금지하고, 장기요양기관이 거짓으로 급여비용을 청구한 경우에 위반사실 등을 공표할 수 있도록 하며, 행정제재처분의 효과가 양수인, 합병 후의 법인 또는 폐업 후 같은 장소에서 장기요양기관을 운영하는 직계혈족 등에게 승계되도록 하는 한편, 그 밖에 현행 제도의 운영상 나타난 일부 미비점을 개선 · 보완하려는 것이다.

■ 노인장기요양보험법 연혁

2001년 8월 15일　대통령 경축사에서 노인장기요양보장제도 도입 천명

2007년 4월 27일　제정(법률 제8403호) − 시행: 2008년 7월 1일

2009년 3월 18일	제2차 개정(법률 제9510호)－외국인 가입제외 가능
2009년 5월 21일	제3차 개정(법률 제9693호)－도서 · 벽지 등 감경
2010년 3월 17일	제4차 개정－장기요양급여의 제공기준을 개발
2013년 8월 13일	제5차 개정－본인일부부담금을 면제 · 할인하는 행위 등을 금지

3. 법의 내용

1) 법의 목적과 급여제공의 기본원칙

(1) 법의 목적

이 법은 고령이나 노인성 질병 등의 사유로 일상생활을 혼자서 수행하기 어려운 노인 등에게 제공하는 신체활동 또는 가사활동 지원 등의 장기요양급여에 관한 사항을 규정하여 노후의 건강증진 및 생활안정을 도모하고 그 가족의 부담을 덜어 줌으로써 국민의 삶의 질을 향상하도록 함을 목적으로 한다(법 제1조).

(2) 급여제공의 기본원칙

장기요양급여 제공의 기본원칙은 다음과 같다(법 제3조).

① 장기요양급여는 노인 등의 심신상태와 생활환경과 노인 등 및 그 가족의 욕구와 선택을 종합적으로 고려하여 필요한 범위 안에서 이를 적정하게 제공하여야 한다(급여 적절성의 원칙).

② 장기요양급여는 노인 등이 가족과 함께 생활하면서 가정에서 장기요양을 받는 재가급여를 우선적으로 제공하여야 한다(재가급여 우선의 원칙).

③ 장기요양급여는 노인 등의 심신 상태나 건강 등이 악화되지 아니하도록 의료서비스와 연계하여 이를 제공하여야 한다(의료서비스와 연계의 원칙).

2) 용어의 정의

이 법에서 사용하는 용어에 대한 정의는 다음과 같다(법 제2조).

① 노인 등: 65세 이상의 노인 또는 65세 미만의 자로서 치매 · 뇌혈관질환 등 대통령령으로 정하는 노인성 질병을 가진 자를 말한다. 구체적인 노인성 질병의 종류는 〈표 8-5〉와 같다(령 제2조 별표 1).

표 8-5 우리나라 사회복지법의 연도별 도입 현황

구 분	질병명(질병코드)
한국표준질병 · 사인분류	알츠하이머병에서의 치매(F00), 혈관성 치매(F01), 달리 분류된 기타 질환에서의 치매(F02), 상세불명의 치매(F03), 알츠하이머병(F30), 지주막하출혈(I60), 뇌내출혈(I63), 기타 비외상성 두개내 출혈(I62), 뇌경색증(I63), 출혈 또는 경색증으로 명시되지 않은 뇌중풍(I64), 대뇌경색증을 유발하지 않은 뇌전동맥의 폐쇄 및 협착(I65), 대뇌경색증을 유발하지 않은 대뇌동맥의 폐쇄 및 협착(I66), 기타 뇌혈관 질환(I67), 달리 분류된 질환에서의 뇌혈관 장애(I68), 뇌혈관 질환의 후유증(I69), 파킨슨병(G20), 이차성 파킨슨증(G21), 달리 분류된 질환에서의 파킨슨증(G22), 기저핵의 기타 퇴행성 질환(G23), 중풍후유증(U23.4), 진전(U23.6)

주: 1) 질병명 및 질병코드는 통계법 제22조에 따라 고시된 한국표준질병 · 사인분류에 따른다.
2) 진전은 보건복지부장관이 정하여 고시하는 범위로 한다.

② 장기요양급여: 6개월 이상 동안 혼자서 일상생활을 수행하기 어렵다고 인정되는 자에게 신체활동 · 가사활동의 지원 또는 간병 등의 서비스나 이에 갈음하여 지급하는 현금 등을 말한다.

③ 장기요양사업: 장기요양보험료, 국가 및 지방자치단체의 부담금 등을 재원으로 하여 노인 등에게 장기요양급여를 제공하는 사업을 말한다.

④ 장기요양기관: 법 제31조에 따라 지정을 받은 기관 또는 제32조에 따라 지정의제된 재가장기요양기관으로서 장기요양급여를 제공하는 기관을 말한다.

⑤ 장기요양요원: 장기요양기관에 소속되어 노인 등의 신체활동 또는 가사활동 지원 등의 업무를 수행하는 자를 말한다.

3) 국가 등의 책무와 국가정책방향

(1) 국가 및 지방자치단체의 책무

국가 및 지방자치단체는 노인이 일상생활을 혼자서 수행할 수 있는 온전한 심신상태를 유지하는 데 필요한 사업(노인성질환예방사업)을 실시하여야 하며, 노인성질환예방사업을 수행하는 지방자치단체 또는 국민건강보험공단에 대하여 소요비용을 지원할 수 있다. 또한 노인인구 및 지역특성을 고려하여 장기요양급여가 원활하게 제공될 수 있도록 충분한 수의 장기요양기관을 확충하고 장기요양기관의 설립을 지원하여야 하며, 장기요양급여가 원활히 제공될 수 있도록 공단에 필요한 행정적 또는 재정적 지원을 할 수 있다(법 제4조).

(2) 장기요양기본계획

보건복지부장관은 장기요양급여를 원활하게 제공하기 위하여 5년 단위로 다음의 사항이 포함된 장기요양기본계획을 수립・시행하며, 지방자치단체의 장은 장기요양기본계획에 따라 세부시행계획을 수립・시행한다(법 제6조 및 령 제3조).

① 연도별 장기요양급여 대상인원 및 재원조달 계획
② 연도별 장기요양기관 및 장기요양전문인력 확충 방안
③ 장기요양급여의 수준 향상 방안
④ 노인성질환예방사업의 추진계획
⑤ 그 밖에 노인 등의 장기요양급여의 실시에 필요한 사항

4) 적용대상

장기요양보험의 가입자는 국민건강보험법에 따른 가입자로 한다고 규정함으로써(법 제7조 제3항) 국민건강보험제도와 동일하게 전 국민을 적용대상으로 하고 있다. 다만 외국인근로자 등 외국인이 신청하는 경우에는 제외할 수 있다.

5) 장기요양인정

장기요양인정 절차는 신청, 공단조사, 등급판정, 장기요양인정서 송부 순으로 진행된다. 업무 흐름은 [그림 8-2]와 같다.

(1) 장기요양인정의 신청

장기요양인정을 신청할 수 있는 자는 장기요양보험 가입자 또는 그 부양자 및 의료급여수급권자로서(법 제12조), 장기요양인정을 신청하려면 국민건강보험공단에 의사 또는 한의사가 발급하는 소견서를 첨부하여 장기요양신청서를 제출하여야 한다. 다만,

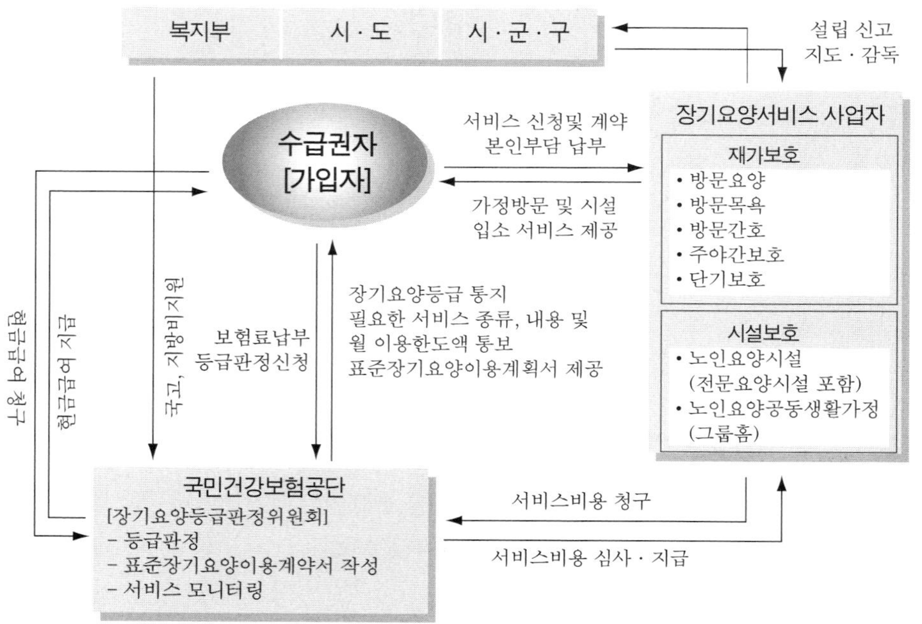

[그림 8-2] 노인장기요양보험 업무 흐름도

거동이 현저하게 불편하거나 도서 · 벽지 지역에 거주하여 의료기관을 방문하기 어려운 자 등은 의사소견서를 제출하지 아니할 수 있다(법 제13조).

(2) 조사

공단은 제13조 제1항에 따라 신청서를 접수한 때 보건복지부령으로 정하는 바에 따라 소속 직원으로 하여금 다음 각 호의 사항을 조사하게 하여야 한다. 다만, 지리적 사정 등으로 직접 조사하기 어려운 경우 또는 조사에 필요하다고 인정하는 경우 특별자치시 · 특별자치도 · 시 · 군 · 구(자치구를 말한다. 이하 같다)에 대하여 조사를 의뢰하거나 공동으로 조사할 것을 요청할 수 있다. 신청서가 접수되면 공단은 ① 신청인의 심신상태 ② 신청인에게 필요한 장기요양급여의 종류 및 내용 ③ 그 밖에 장기요양에 관하여 필요한 사항으로서 보건복지부령으로 정하는 사항 등을 조사한다. 조사를 하는 자는 조사일시, 장소 및 조사를 담당하는 자의 인적사항 등을 미리 신청인에게 통보하여야 한다. 또한 단서에 따른 조사를 의뢰받은 특별자치시 · 특별자치도 · 시 · 군 · 구는 조사를 완료한 때 조사결과서를 작성하여, 지체 없이 공단에 조사결과서를 송부하여야 한다(법 제14조 제1항~제3항).

(3) 등급판정 등

조사가 완료되면 조사결과서, 신청서, 의사소견서, 그 밖에 심의에 필요한 자료를 장기요양등급판정위원회에 제출하고, 등급판정위원회는 신청인이 신청자격요건을 충족하고 6개월 이상 동안 혼자서 일상생활을 수행하기 어렵다고 인정하는 경우 심신상태 및 장기요양이 필요한 정도 등의 등급판정기준에 따라 장기요양급여 대상 자로 판정한다. 자세한 등급판정기준 및 대표적 상태상은 〈표 8-6〉과 같다.

표 8-6 장기요양 등급판정기준 및 대표적 상태상

등급구분	판정 기준	대표적 상태상	인정점수
1등급	일상생활에서 전적으로 다른 사람의 도움이 필요한 상태	• 거의 움직이지 못하고 누워 있는 상태 • 식사, 옷 입기, 씻기 등의 신체활동에 다른 사람의 완전한 도움 필요 • 중증 치매로 기억, 판단력이 흐려져 주위 사람에게 문제행동을 자주 보이는 상태	95점 이상
2등급	일상생활에서 상당 부분 다른 사람의 도움이 필요한 상태	• 먹고, 입고, 씻는 등의 일상생활의 기본 행동에 다른 사람의 완전한 도움이 필요한 상태 • 치매로 기억, 판단력이 흐려져 주위 사람에게 문제행동을 가끔 보이는 상태	75점 이상 95점 미만
3등급	일상생활에서 부분적으로 다른 사람의 도움이 필요한 상태	• 먹고, 입고, 씻는 등의 일상생활의 기본적인 행동에 다른 사람의 부분적인 도움을 받아야 가능 • 집안일이나 집 밖의 활동을 할 때 다른 사람의 도움을 받아야 하는 상태	53점 이상 75점 미만

(4) 장기요양인정 등 통보

공단은 등급판정위원회가 장기요양인정 및 등급판정의 심의를 완료한 경우 지체 없이 다음 각 호의 사항이 포함된 장기요양인정서를 작성하여 수급자에게 송부하여야 한다(법 제17조 제1항).

① 장기요양등급
② 장기요양급여의 종류 및 내용
③ 그 밖에 장기요양급여에 관한 사항으로서 보건복지부령으로 정하는 사항

공단은 등급판정위원회가 장기요양인정 및 등급판정의 심의를 완료한 경우 수급자

로 판정받지 못한 신청인에게 그 내용 및 사유를 통보하여야 한다. 이 경우 특별자치시장・특별자치도지사・시장・군수・구청장(자치구의 구청장을 말한다. 이하 같다)은 공단에 대하여 이를 통보하도록 요청할 수 있고, 요청을 받은 공단은 이에 응하여야 한다. 또한 장기요양인정서를 송부하는 때 장기요양급여를 원활히 이용할 수 있도록 제28조에 따른 월 한도액 범위 안에서 표준장기요양이용계획서를 작성하여 이를 함께 송부하여야 한다.

장기요양인정서 및 표준장기요양이용계획서의 작성방법에 관하여 필요한 사항은 보건복지부령으로 정한다(법 제17조 제2항~제4항).

(5) 장기요양인정의 유효기간 등

장기요양인정 유효기간은 1년으로 한다. 다만, 법 제20조에 따른 장기요양인정의 갱신 결과 직전 등급과 같은 등급으로 판정된 경우에는 그 갱신된 장기요양인정의 유효기간은 다음 각 호의 구분에 따른다.

① 장기요양 1등급의 경우 3년
② 장기요양 2등급부터 5등급까지의 경우 2년
③ 법 제52조에 따른 등급판정위원회는 제1항에도 불구하고 장기요양 신청인의 심신상태 등을 고려하여 장기요양인정 유효기간을 6개월의 범위에서 늘리거나 줄일 수 있다. 다만, 이 경우에도 장기요양인정 유효기간을 1년 미만으로 할 수 없다(령 제8조).

수급자가 유효기간이 만료된 후에도 장기요양급여를 계속 받으려면 만료 전 30일까지 갱신 신청하여야 하고(법 제20조), 장기요양등급, 장기요양급여의 종류 또는 내용을 변경하려면 공단에 변경신청을 하여야 한다(법 제21조).

6) 급여의 종류

(1) 의의

장기요양급여의 종류는 크게 재가급여와 시설급여 그리고 특별현금급여의 3종류가 있다. 재가급여는 방문요양, 방문목욕, 방문간호, 주・야간 보호, 단기보호, 기타 재가급여가 있고, 특별현금급여는 가족요양비, 특례요양비, 요양병원간병비가 있다. 자세한 급여 내용은 〈표 8-7〉과 같다.

표 8-7 장기요양보험의 급여 종류

급여 종류		서비스 내용
재가급여	① 방문요양	장기요양요원이 수급자의 가정 등을 방문하여 신체활동 및 가사활동 등을 지원
	② 방문목욕	장기요양요원이 목욕설비를 갖춘 장비를 이용하여 수급자의 가정 등을 방문하여 목욕을 제공
	③ 방문간호	장기요양요원인 간호사 등이 의사, 한의사 또는 치과의사의 지시서에 따라 수급자의 가정 등을 방문하여 간호, 진료 보조, 요양에 관한 상담 또는 구강위생 등을 제공
	④ 주 · 야간보호	수급자를 하루 중 일정 시간 동안 장기요양기관에 보호하여 신체활동 지원 및 심신기능의 유지 · 향상을 위한 교육 · 훈련 등을 제공
	⑤ 단기보호	수급자를 월 15일 이내 기간 동안 장기요양기관에 보호하여 신체활동 지원 및 심신기능의 유지 · 향상을 위한 교육 · 훈련 등을 제공
	⑥ 기타 재가급여	수급자의 일상생활 또는 신체활동 지원에 필요한 용구(휠체어, 전동/수동침대, 욕창방지매트리스, 방석, 욕조용 리프트, 이동욕조 등)을 제공
시설급여		장기요양기관이 운영하는 노인의료복지시설 등에 장기간 동안 입소하여 신체활동 지원 및 심신기능의 유지 · 향상을 위한 교육 · 훈련 등을 제공
특별현금급여	① 가족요양비	수급자가 첫째, 도서 · 벽지 등 장기요양기관이 현저히 부족한 지역에 거주하거나 둘째, 천재지변 등으로 장기요양기관이 제공하는 장기요양급여를 이용하기가 어렵거나 셋째, 신체 · 정신 또는 성격 등으로 인하여 가족 등으로부터 장기요양을 받아야 하는 경우에 현금으로 지급
	② 특례요양비	수급자가 장기요양기관으로 지정되지 않은 장기요양시설 등의 기관과 재가 또는 시설급여에 상당한 장기요양급여를 받은 경우 장기요양급여 비용의 일부를 지급
	③ 요양병원간병비	수급자가 「노인복지법」상의 노인전문병원 또는 「의료법」상의 요양병원에 입원한 때에 장기요양에 사용되는 비용의 일부를 요양병원간병비로 지급

(2) 급여의 제공

수급자는 장기요양인정서가 도달한 날부터 장기요양급여를 받을 수 있다(법 제27조). 장기요양급여는 월 한도액 범위 안에서 제공하며, 월 한도액은 장기요양등급 및 장기요양급여의 종류 등을 고려하여 산정한다(법 제28조). 재가급여(복지용구 제외)의 월 한도액은 장기요양위원회의 심의를 거쳐 등급별로 보건복지부장관이 정하여 고시하며, 시설급여의 월 한도액은 급여에 소요되는 장기요양기관의 각종 비용과 운영현황을 고려하여 등급별로 보건복지부장관이 정하여 고시한 1일당 급여비용에 월간 일수를 곱하여 산정한다. 2013년 3월부터 적용된 급여비용은 〈표 8-8〉과 같다(보건복지부 고시 제2012-162호).

표 8-8 급여비용

분류		1등급	2등급	3등급
재가급여		1,140,600	1,003,700	878,900
시설급여	노인요양시설(구 노인복지법)	41,190	37,370	33,550
	노인요양시설	52,640	48,850	45,050
	노인공동생활가정	50,190	46,570	42,930

다만 ① 식사재료비 ② 상급침실 이용에 따른 추가비용 ③ 이·미용비 ④ 그 외 일상생활에 통상 필요한 것으로 보건복지부장관이 정하여 고시한 비용은 장기요양급여의 범위에서 제외된다(법 제28조 및 규칙 제14조).

7) 장기요양기관

(1) 장기요양기관의 종류 및 기준

장기요양급여 중 재가급여를 제공할 수 있는 장기요양기관은 재가노인복지시설로서 지정받은 장기요양기관과 재가장기요양기관이며, 시설급여를 제공할 수 있는 장기요양기관은 노인요양시설로서 지정받은 장기요양기관과 노인요양공동생활가정으로서 지정받은 장기요양기관이다(령 제10조).

(2) 장기요양기관의 지정

장기요양기관을 설치·운영하고자 하는 자는 소재지를 관할 구역으로 하는 시장·

군수 · 구청장으로부터 지정을 받아야 하고, 장기요양기관으로 지정받고자 하는 자는 장기요양에 필요한 시설 및 인력을 갖추어야 한다(법 제31조).

(3) 재가장기요양기관의 설치

재가급여 중 어느 하나 이상에 해당하는 장기요양급여를 제공하고자 하는 자는 시설 및 인력을 갖추어 재가장기요양기관을 설치하고 시장 · 군수 · 구청장에게 신고하여야 하며, 이에 따라 설치 신고한 재가장기요양기관은 장기요양기관으로 본다. 또한 의료기관이 아닌 자가 설치 · 운영하는 재가장기요양기관은 방문간호를 제공하는 경우 방문간호의 관리책임자로서 간호사를 두어야 한다(법 제32조).

(4) 장기요양기관 정보의 안내 등

장기요양기관은 수급자가 장기요양급여를 쉽게 선택하도록 하고 장기요양기관이 제공하는 급여의 질을 보장하기 위하여 장기요양기관별 급여의 내용, 시설 · 인력 등 현황자료 등을 공단이 운영하는 인터넷 홈페이지에 게시하여야 한다(법 제34조).

(5) 장기요양기관의 의무

장기요양기관은 수급자로부터 장기요양급여신청을 받으면 입소정원에 여유가 없는 경우 등 정당한 사유가 있는 경우를 제외하고는 장기요양급여의 제공을 거부하여서는 아니 된다. 또한 법에서 정한 제공 기준 · 절차 및 방법 등에 따라 장기요양급여를 제공하여야 하며, 수급자에게 장기요양급여비용에 대한 명세서를 교부하여야 한다(법 제35조). 장기요양기관은 제40조 제1항 단서에 따라 면제받거나 같은 조 제3항에 따라 감경받는 금액 외에 영리를 목적으로 수급자가 부담하는 재가 및 시설 급여비용(이하 "본인일부부담금"이라 한다)을 면제하거나 감경하는 행위를 하여서는 아니 된다. 또한 누구든지 영리를 목적으로 금전, 물품, 노무, 향응, 그 밖의 이익을 제공하거나 제공할 것을 약속하는 방법으로 수급자를 장기요양기관에 소개, 알선 또는 유인하는 행위 및 이를 조장하는 행위를 하여서는 아니 된다. 장기요양급여비용의 명세서, 제4항에 따라 기록 · 관리하여야 할 장기요양급여 제공 자료의 내용 및 보존기한, 그 밖에 필요한 사항은 보건복지부령으로 정한다(법 제5조 제5항~제7항).

(6) 장기요양기관의 폐업 등 신고

장기요양기관의 장은 폐업하거나 휴업하려면 예정일 30일 전까지 특별자치시장 · 특별자치도지사 · 시장 · 군수 · 구청장에게 신고하여야 한다. 신고를 받은 특별자치시장 · 특별자치도지사 · 시장 · 군수 · 구청장은 지체 없이 신고 명세를 공단에 통보하여야 한다. 다만 폐업 또는 휴업신고를 접수한 경우 인근지역에 대체 장기요양기관이 없는 경우 등 장기요양급여에 중대한 차질이 우려되는 때 장기요양기관의 폐업 또는 휴업 철회를 권고하거나 그 밖의 다른 조치를 강구하여야 한다.

특별자치시장 · 특별자치도지사 · 시장 · 군수 · 구청장은 「노인복지법」 제43조에 따라 노인의료복지시설 등(장기요양기관이 운영하는 시설인 경우에 한한다)에 대하여 사업정지 또는 폐지 명령을 하는 경우 지체 없이 공단에 그 내용을 통보하여야 한다. 장기요양기관의 장은 제1항에 따라 폐업 또는 휴업 신고를 할 때 보건복지부령으로 정하는 바에 따라 장기요양급여 제공 자료를 공단으로 이관하여야 한다. 다만, 휴업 신고를 하는 장기요양기관의 장이 휴업 예정일 전까지 공단의 허가를 받은 경우에는 장기요양급여 제공 자료를 직접 보관할 수 있다(법 제35조).

(7) 장기요양기관 지정의 취소 등

특별자치시장 · 특별자치도지사 · 시장 · 군수 · 구청장은 장기요양기관이 다음에 해당하는 경우 그 지정을 취소하거나 6개월의 범위에서 업무정지를 명할 수 있다. 다만, 제1호 또는 제7호에 해당하는 경우에는 지정을 취소하여야 한다(법 제37조 제1항).

① 거짓이나 그 밖의 부정한 방법으로 지정을 받은 경우
② 장기요양기관의 시설 · 인력 지정기준에 적합하지 아니한 경우
③ 정당한 사유 없이 장기요양급여 제공을 거부한 경우
 3의2. 제35조 제5항을 위반하여 본인일부부담금을 면제하거나 감경하는 행위를 한 경우
 3의3. 제35조 제6항을 위반하여 수급자를 소개, 알선 또는 유인하는 행위 및 이를 조장하는 행위를 한 경우
④ 거짓이나 그 밖의 부정한 방법으로 재가 및 시설 급여비용을 청구한 경우
⑤ 업무정지기간 중에 장기요양급여를 제공하는 경우
⑥ 장기요양기관의 종사자가 다음의 행위를 한 경우
 ㉠ 수급자의 신체에 폭행을 가하거나 상해를 입히는 행위
 ㉡ 수급자에게 성적 수치심을 주는 성폭행, 성희롱 등의 행위
 ㉢ 자신의 보호 · 감독을 받는 수급자를 유기하거나 의식주를 포함한 기본적 보

호 및 치료를 소홀히 하는 방임행위

특별자치시장 · 특별자치도지사 · 시장 · 군수 · 구청장은 제1항에 따라 지정을 취소하거나 업무정지명령을 한 경우에는 지체 없이 그 내용을 공단에 통보하고, 보건복지부령으로 정하는 바에 따라 보건복지부장관에게 통보한다. 이 경우 시장 · 군수 · 구청장은 관할 특별시장 · 광역시장 또는 도지사를 거쳐 보건복지부장관에게 통보하여야 한다. 특별자치시장 · 특별자치도지사 · 시장 · 군수 · 구청장은 재가장기요양기관이 다음 각 호의 어느 하나에 해당하는 경우 시설을 폐쇄할 것을 명하거나 6개월의 범위에서 업무정지를 명할 수 있다. 다만, 제1호 또는 제5호에 해당하는 경우 폐쇄명령을 하여야 한다.

또한 시장 · 군수 · 구청장은 재가장기요양기관이 다음에 해당하는 경우 6개월의 범위 내에서 영업정지를 명하거나 폐쇄명령을 할 수 있다(법 제37조 제2항).

① 거짓이나 그 밖의 부정한 방법으로 신고한 경우
② 갖추어야 할 시설이나 인력을 갖추지 아니한 경우
③ 위 제1항의 제3호부터 제6호까지의 규정 중 어느 하나에 해당하는 경우

8) 보험료 및 본인부담금 등

(1) 장기요양보험료

장기요양보험료 납부대상은 국민건강보험 가입자이며, 납부금액은 「국민건강보험법」에 따라 산정한 보험료액에서 경감 또는 면제되는 비용을 공제한 금액에 장기요양보험료율(2013년은 6.55%)를 곱한 금액이다(법 제9조). 장기요양보험료는 국민건강보험의 건강보험료와 통합하여 징수하고, 징수 후 장기요양보험료와 건강보험료는 각각의 독립회계로 관리된다(법 제8조).

(2) 본인일부부담금

재가급여는 장기요양급여비용의 15%, 시설급여는 20%를 수급자가 부담한다(법 제40조 제1항). 다만, 다음의 비용은 수급자 본인이 전부 부담한다(법 제40조 제2항).

① 급여의 범위 및 대상에 포함되지 아니하는 장기요양급여

② 수급자가 장기요양인정서에 기재 사항과 다르게 선택하여 요양급여를 받은 경우 그 차액

③ 장기요양급여의 월 한도액을 초과하는 장기요양급여

그리고 ① 의료급여수급권자 ② 소득 · 재산 등이 보건복지부장관이 정하여 고시하는 일정 금액 이하인 자(도서 · 벽지 · 농어촌 등의 지역에 거주하는 자에 대하여 따로 금액을 정할 수 있다) ③ 천재지변 등 보건복지부령이 정하는 사유로 인하여 생계가 곤란한 자는 본인일부부담금의 50%를 감경한다(법 제40조 제3항).

(3) 재가 및 시설 급여비용의 산정

재가 및 시설 급여비용은 급여종류 및 장기요양등급 등에 따라 장기요양위원회의 심의를 거쳐 보건복지부장관이 정하며(법 제39조 제1항), 구체적인 산정방법 및 항목은 다음과 같다(규칙 제32조).

① 방문요양 및 방문간호: 방문당 제공시간을 기준으로 산정한다.
② 방문목욕: 방문횟수를 기준으로 산정한다.
③ 주 · 야간보호: 장기요양 등급 및 1일당 급여제공시간을 기준으로 산정한다.
④ 단기보호: 장기요양 등급 및 급여제공일수를 기준으로 산정한다.
⑤ 기타재가급여: 복지용구의 품목별, 제공 방법별 기준으로 산정한다.
⑥ 시설급여: 장기요양 등급 및 급여제공일수를 기준으로 산정한다.

(4) 재가 및 시설 급여비용의 청구 및 지급

장기요양기관은 공단에 장기요양급여비용을 청구하고, 공단은 심사하여 장기요양에 사용된 비용 중 공단부담금을 장기요양기관에 지급한다. 다만, 공단은 장기요양기관의 장기요양급여평가 결과에 따라 장기요양급여비용을 가산 또는 감액 조정할 수 있다(법 제38조).

9) 장기요양위원회 및 관리운영기관

(1) 장기요양위원회

장기요양위원회를 보건복지부장관 소속으로 두어 다음의 사항을 심의한다(법 제45조).

① 장기요양보험료율
② 가족요양비, 특례요양비 및 요양병원간병비의 지급기준
③ 재가 및 시설 급여비용
④ 그 밖에 대통령령으로 정하는 주요 사항

장기요양위원회는 위원장 1인과 부위원장 1인을 포함한 16인 이상 22인 이하의 위원으로 구성한다. 위원장은 보건복지부차관이 되고 위원의 임기는 3년으로 한다. 회의는 구성원 과반수의 출석으로 개의하고, 출석위원 과반수의 찬성으로 의결한다. 효율적인 운영을 위하여 분야별 실무위원회를 둘 수 있다.

(2) 관리운영기관

장기요양보험사업은 보건복지부장관이 관장하며(법 제7조), 관리운영기관은 국민건강보험공단이다(법 제48조).

(3) 등급판정위원회

장기요양인정 및 장기요양등급판정 등을 심의하기 위하여 공단에 장기요양등급판정위원회를 둔다. 등급판정위원회는 특별자치시 · 특별자치도 · 시 · 군 · 구 단위로 설치한다. 다만, 인구 수 등을 고려하여 하나의 특별자치시 · 특별자치도 · 시 · 군 · 구에 2 이상의 등급판정위원회를 설치하거나 2 이상의 특별자치시 · 특별자치도 · 시 · 군 · 구를 통합하여 하나의 등급판정위원회를 설치할 수 있다(법 제5조 제1항, 제2항).

등급판정위원회는 위원장 1인을 포함하여 15인의 위원으로 구성한다. 등급판정위원회 위원은 다음 각 호의 자 중에서 공단 이사장이 위촉한다. 이 경우 특별자치시장 · 특별자치도지사 · 시장 · 군수 · 구청장이 추천한 위원은 7인, 의사 또는 한의사가 1인 이상 각각 포함되어야 한다.

① 의료인
② 사회복지사
③ 특별자치시 · 특별자치도 · 시 · 군 · 구 소속 공무원
④ 그 밖에 법학 또는 장기요양에 관한 학식과 경험이 풍부한 자

등급판정위원회 위원의 임기는 3년으로 한다. 다만, 공무원인 위원의 임기는 재임기

간으로 한다(법 제52조 제3항~제15항).

10) 이의신청 및 심사청구 등

(1) 이의신청

장기요양인정과 장기요양등급, 장기요양급여, 부당이득, 장기요양급여비용 또는 장기요양보험료 등에 관한 공단의 처분에 이의가 있는 자는 공단에 이의신청을 할 수 있다(법 제55조 제1항). 이의신청은 90일 이내에 문서로 하여야 하며(법 제55조 제2항), 공단은 장기요양심사위원회를 구성하여 이의신청사건을 심의한다(법 제55조 제3항).

(2) 심사청구 및 행정소송

이의신청에 대한 결정에 불복하는 자는 90일 이내에 장기요양심판위원회에 심사청구를 할 수 있다. 심사청구를 받은 심판위원회는 60일 이내에 결정하여야 하며, 다만 부득이한 사정이 있으면 30일의 범위 안에서 결정기간을 연장할 수 있다(법 제56조). 또한 공단 처분에 이의가 있는 자와 이의신청 또는 심사청구에 대한 결정에 불복하는 자는 행정소송법이 정하는 바에 따라 행정소송을 제기할 수 있다(법 제57조).

11) 보칙

(1) 국가의 부담

국가는 매년 예산의 범위 안에서 당해 연도 장기요양보험료 예상수입액의 100분의 20에 상당하는 금액을 공단에 지원한다(법 제58조 제1항). 또한 국가와 지방자치단체는 대통령령으로 정하는 바에 따라 의료급여수급권자의 장기요양급여비용, 의사소견서 발급비용, 방문간호지시서 발급비용 중 공단이 부담하여야 할 비용 및 관리운영비의 전액을 부담한다(법 제58조 제2항).

제2항에 따라 지방자치단체가 부담하는 금액은 보건복지부령으로 정하는 바에 따라 특별시 · 광역시 · 특별자치시 · 도 · 특별자치도와 시 · 군 · 구가 분담한다(법 제58조 제3항).

(2) 자료의 제출

공단은 장기요양급여 제공내용 확인, 장기요양급여의 관리 · 평가 및 장기요양보험료 산정 등 장기요양사업 수행에 필요하다고 인정할 때 ① 장기요양보험가입자 또는 그 피부양자 및 의료급여수급권자 ② 수급자 및 장기요양기관의 어느 하나에 해당하는 자에게 자료의 제출을 요구할 수 있다. 자료의 제출을 요구받은 자는 성실히 이에 응하여야 한다(법 제60조).

(3) 보고 및 검사

보건복지부장관 또는 특별자치시장・특별자치도지사・시장・군수・구청장은 다음 각 호의 어느 하나에 해당하는 자에게 보수・소득이나 그 밖에 보건복지부령으로 정하는 사항의 보고 또는 자료의 제출을 명하거나 소속 공무원으로 하여금 관계인에게 질문을 하게 하거나 관계 서류를 검사하게 할 수 있다.

① 장기요양보험가입자
② 피부양자
③ 의료급여수급권자

또한 보건복지부장관 또는 특별자치시장・특별자치도지사・시장・군수・구청장은 다음 각 호의 어느 하나에 해당하는 자에게 장기요양급여의 제공 명세 등 장기요양급여에 관련된 자료의 제출을 명하거나 소속 공무원으로 하여금 관계인에게 질문을 하게 하거나 관계 서류를 검사하게 할 수 있다(법 제61조).

① 장기요양기관
② 장기요양급여를 받은 자

(4) 기타

특별자치시장・특별자치도지사・시장・군수・구청장은 장기요양기관 지정의 취소 및 재가장기요양기관의 영업정지・폐쇄를 하고자 하는 경우 청문을 실시하여야 한다(법 제63조). 장기요양급여로 지급된 현금 등은 「국민기초생활보장법」의 소득 또는 재산으로 보지 아니한다(법 제65조). 장기요양급여를 받을 권리는 양도 또는 압류하거나 담보로 제공할 수 없다(법 제66조).

제9장
공공부조법

제1절 공공부조법의 의의와 특성

1. 법의 의의

공공부조법이라 함은 근로의 능력이 없거나 생활이 어려운 자에게 국가의 책임 아래 최저한도의 건강하고 문화적인 생활을 할 권리를 보장해 주는 법이라고 정의할 수 있다.

공공부조법은 사회보험법, 사회복지서비스법과 함께 사회보장법의 3대 구성 체계의 하나이지만, 그 목적과 대상자의 특수성으로 인하여 국가와 지방자치단체가 전적으로 책임을 부담(비용부담)한다는 점에서 다른 2개의 구성체계와 구별된다.

국민경제의 성장이나 발전의 목적이 국민 전체의 복리를 증진하는 데 있다고 한다면, 근로능력이 없거나 저소득으로 인하여 생활유지가 어려운 절대빈곤층에게 건강하고 문화적인 최저한의 생활수준을 보장하며, 나아가 경제수준의 향상에 상응하는 생활수준을 유지하게 하는 것이 현대 복지국가의 중요한 지향목표가 될 것이다. 공공부조법은 이와 같은 목표를 달성하기 위한 직접적이며 최종적인 국가의 정책수단을 규정한 법이다. 이러한 의미에서 공공부조법이야말로 '자본주의 사회의 최후의 안전판법'이라 할 수 있을 것이다.

헌법 제34조는 "모든 국민은 인간다운 생활을 할 권리를 가진다."(제1항)라고 하고

"신체장애자 및 질병, 노령 기타의 사유로 생활능력이 없는 국민은 법률이 정하는 바에 의하여 국가의 보호를 받는다."(제5항)라고 규정함으로써 공공부조법의 이념과 근거를 제시하고 있다. 이 같은 헌법상의 생존권보장을 구체화하기 위한 우리나라 공공부조법으로는 현재 「국민기초생활 보장법」「의료급여법」「재해구호법」과 「북한이탈주민의 보호 및 정착지원에 관한 법률」이 있다.

2. 기본원리

공공부조법은 생활이 어려운 자에 대하여 국가가 최종적인 책임을 진다는 생활보장입법으로서의 기본적인 성격 때문에, 사회보험법이나 사회복지서비스법 등에 의하여 대체될 수 없는 독자적인 원리를 가진다. 여기에서 공공부조법의 고유한 특색이 도출된다.

1) 최저생활보호

공공부조법은 최저한도의 생활보장을 목적으로 하기 때문에 피보호자는 자기가 할 수 있는 생활유지수단을 가능한 한 최대한 활용한다는 것이 보호를 받는 전제요건이 된다. 따라서 보호기관(행정관청)은 보호대상자가 최저한도의 생활을 유지할 수 있는지의 여부를 판정하기 위하여 그의 자산조사를 행하여야 한다.

2) 무갹출의 보호

공공부조법의 대상이 되는 자는 최저한도의 생활을 유지할 수 없는 자이기 때문에 당연한 비용부담의 능력이 없다. 따라서 공공부조법에서는 피보호자에 대하여 갹출이나 자기부담을 과하지 않는다. 보호비용은 전액을 국가부담으로 하기 때문에 비용조달수단으로서의 보험방식을 사용하지 않는다. 바로 이 점이 사회보험법과 결정적으로 구별되는 특색이다.

3) 개별적 측정

생활이 빈곤한 자는 그 생활상태가 각양각색이기 때문에, 보호는 생활빈곤자의 빈곤의 정도나 상황에 따라서 개별적으로 구분된다. 따라서 생활빈곤자가 최저생활을 유지할 수 있게 하기 위하여 어떤 종류의 부조를 어느 정도로 그리고 어떠한 방법으로 행하여야 하는가는 개별적으로 측정된다.

4) 세대단위보호

보호를 할 것인지의 여부는 개별적으로 측정하지만, 그렇다고 해서 개인을 단위로 보호가 실시되는 것은 아니니다. 어디까지나 현실의 생활은 세대를 단위로 영위되는 것이기 때문에 보호는 원칙적으로 세대 단위로 실시된다.

제2절 국민기초생활보장법

[시행 2015. 7. 1.] [법률 제12933호, 2014. 12. 30., 일부개정]

1. 법의 의의와 용어의 정의

1) 법의 의의

「국민기초생활보장법」은 헌법상 국민의 생존권보장에 그 근거를 두고 있으며, 생활이 어려운 사람에게 필요한 급여를 실시하여 이들의 최저생활을 보장하고 자활을 돕는 것을 목적으로 한다(법 제1조).

「국민기초생활보장법」은 두 가지 측면에서 의의가 있다. 한편으로는 다른 사회보장입법과는 달리 최종적인 소득보장급여 및 의료급여를 실시하는 보충적 · 소극적 의의가 있고, 다른 한편으로는 수급권자의 자활여건을 조성해 줌으로써 자활 · 자립하도록 하는 적극적 의의도 가지고 있다. 이러한 의미에서 「국민기초생활보장법」은 공공부조의 기본법으로서의 지위에 있다고 하겠다.

2) 용어의 정의

이 법에서 사용하는 용어에 대한 정의는 다음과 같다(법 제2조).

① 수급권자: 이 법에 따른 급여를 받을 수 있는 자격을 가진 사람을 말한다.
② 수급자: 이 법에 의한 급여를 받는 사람을 말한다.
③ 수급품: 이 법에 따라 수급자에게 지급하거나 대여하는 금전 또는 물품을 말한다.
④ 보장기관: 이 법에 의한 급여를 실시하는 국가 또는 지방자치단체를 말한다.
⑤ 부양의무자: 수급권자를 부양할 책임이 있는 사람으로서 수급권자의 1촌의 직계혈족 및 그 배우자를 말한다. 다만, 사망한 1촌의 직계혈족의 배우자는 제외한다.
⑥ 최저보장수준: 국민의 소득 · 지출 수준과 수급권자의 가구 유형 등 생활실태, 물가상승률 등을 고려하여 제6조에 따라 급여의 종류별로 공표하는 금액이나 보장수준을 말한다.
⑦ 최저생계비: 국민이 건강하고 문화적인 생활을 유지하기 위하여 필요한 최소한의 비용으로서 제20조의2 제4항에 따라 보건복지부장관이 계측하는 금액을 말한다.
⑧ 개별가구: 이 법에 따른 급여를 받거나 이 법에 따른 자격요건에 부합하는지에 관한 조사를 받는 기본단위로서 수급자 또는 수급권자로 구성된 가구를 말한다. 이 경우 개별가구의 범위 등 구체적인 사항은 대통령령으로 정한다.
⑨ 소득인정액: 보장기관이 급여의 결정 및 실시 등에 사용하기 위하여 산출한 개별가구의 소득평가액과 재산의 소득환산액을 합산한 금액을 말한다.
⑩ 차상위계층: 수급권자(제14조의2에 따라 수급권자로 보는 사람은 제외한다)에 해당하지 아니하는 계층으로서 소득인정액이 대통령령으로 정하는 기준 이하인 계층을 말한다.
⑪ 기준 중위소득: 보건복지부장관이 급여의 기준 등에 활용하기 위하여 제20조 제2항에 따른 중앙생활보장위원회의 심의 · 의결을 거쳐 고시하는 국민 가구소득의 중위값을 말한다.

2. 입법배경 및 연혁

「국민기초생활보장법」의 전신은 「생활보호법」이다. 「생활보호법」은 1961년 12월 30일 제정(법률 제913호)되었으나, 생계보호만이 부분적으로 시행되었다. 그 후 「생활보호법」은 빈곤층에 대하여 6종류의 급여를 제공하는 전근대적 공공부조법으로 1999년까지 계속 지속되다가 1999년 9월 7일 「국민기초생활보장법」의 제정으로 폐지되었다. 국민기초생활보장법 제정을 통해 국민의 권리로서의 최저생활보장을 법제화하고, 생활 보호대상자를 수급자 또는 수급권자로, 책임주체를 보장기관, 보호시설을 보장 시설로, 보호내용을 급여내용으로 명칭으로 변경하였다. 주거급여가 추가신설되고, 근로 연계를 통한 생산적 복지를 법제화하였다.

2012년 2월 1일 개정은 현재 광역자활센터를 지정 · 운영하고 있음에도 이에 대한 법적 근거가 없어 효율적인 지원체계에 근거한 정책수립에 어려움이 있으므로 시 · 도 단위 광역자활센터를 지정할 수 있는 법적 근거를 마련하고, 중앙자활센터가 수행하는 사업에 수급자와 차상위자에 대한 취업 · 창업을 위한 자활촉진프로그램 개발 및 지원을 추가하는 등 현행 제도의 운영상 일부 미비점을 개선 · 보완하는 한편, 어려운 용어를 쉬운 용어로 바꾸고, 길고 복잡한 문장은 간결하게 하는 등 국민이 법 문장을 이해하기 쉽게 정비하려는 것이다.

2000년 10월 종합적인 빈곤대책으로 「국민기초생활보장법」이 시행된 이후, 생활이 어려운 사람에게 최저생계를 보장함으로써 빈곤을 완화하고 자립을 지원해 왔으나, 소득인정액이 최저생계비 이하인 경우에는 각종 급여가 지급되는 반면, 탈수급의 경우 지원이 전무한 상황이 발생하는 등 현행 제도의 한계로 인하여 다양한 복지욕구에 대응하지 못하여 사각지대가 발생하고 탈수급을 저해하는 문제가 발생하고 있다. 이에 2014년 법의 개정에서는 기초생활보장제도를 효과적이고 효율적인 맞춤형 빈곤정책으로 전환하여 지원대상을 확대하고 일할수록 유리한 급여체계를 마련함으로써 탈수급 유인을 촉진하고 빈곤예방기능을 강화하는 한편, 현행 제도의 운영상 나타난 미비점을 전반적으로 개선 · 보완하려는 것이다. 또한 벌금액을 국민권익위원회의 권고안 및 국회사무처 법제예규의 기준인 징역 1년당 1천만 원의 비율로 개정함으로써 벌금형을 현실화하고, 형벌로서의 기능을 회복시켜 일반인에 대한 범죄억지력을 확보하려는 것이다.

■ 국민기초생활보장법의 연혁

1961년 12월 30일	생활보호법 제정(법률 제913호)
1999년 9월 7일	생활보호법 폐지
1999년 9월 7일	국민기초생활보장법(법률 제6024호) 제정
2004년 3월 5일	최저생계비 조항 현재 조항으로 수정
2007년 10월 17일	수급권자에 대한 금융정보 조회의 간소화, 국가, 시 · 도 및 시 · 군 · 구 재정분담, 비율을 차등화
2012년 8월 2일	시 · 도 단위 광역자활센터를 위한 법내용 추가

2012년 2월 1일 시 · 도 단위 광역자활센터를 지정할 수 있는 법적 근거를 마련
2014년 12월 30일 지원대상 확대

3. 책임주체: 보장기관과 보장위원회

1) 보장기관

이 법에 의한 급여를 행하는 국가 또는 지방자치단체를 보장기관이라 한다. 이 법에 따른 급여는 수급권자 또는 수급자의 거주지를 관할하는 시 · 도지사와 시장 · 군수 · 구청장[교육급여인 경우에는 특별시 · 광역시 · 특별자치시 · 도 · 특별자치도의 교육감(이하 "시 · 도교육감"이라 한다)]을 말한다. 다만, 주거가 일정하지 아니한 경우에는 수급권자 또는 수급자가 실제 거주하는 지역을 관할하는 시장 · 군수 · 구청장이 실시한다. 위의 규정에도 불구하고 보건복지부장관, 소관 중앙행정기관의 장과 시 · 도지사는 수급자를 각각 국가나 해당 지방자치단체가 경영하는 보장시설에 입소하게 하거나 다른 보장시설에 위탁하여 급여를 실시할 수 있다(법 제19조).

보장기관은 수급자 및 차상위자의 고용을 촉진하기 위하여 상시근로자의 일정비율 이상을 수급자 및 차상위자로 채용하는 기업에 대하여는 대통령령으로 정하는 바에 따라 지원을 할 수 있다(법 제18조의2). 또한 보장기관은 수급자 및 차상위자가 자활에 필요한 자산을 형성할 수 있도록 재정적인 지원을 할 수 있다(법 제18조의4).

2) 보장시설

보장시설이라 함은 이 법상의 급여를 행하는 「사회복지사업법」에 의한 사회복지시설로서 다음 각 호의 시설 중 보건복지부령으로 정하는 시설[1]을 말한다(법 제32조). 이러한 보장시설의 장은 수급자의 보호를 위하여 다음과 같은 의무를 진다.

① 보장시설의 장은 보장기관으로부터 수급자에 대한 급여를 위탁받은 때에는 정당

1) 장애인 거주시설, 노인주거복지시설 및 노인의료복지시설, 아동복지시설 및 통합시설, 아동통합시설, 정신질환자사회복귀시설 및 정신요양시설, 노숙인재활시설 및 노숙인요양시설 등(령 제38조).

한 사유 없이 이를 거부하여서는 아니 된다.

② 위탁받은 수급자에게 보건복지부장관 및 소관 중앙행정기관의 장이 정하는 최저 기준 이상의 급여를 실시하여야 한다.

③ 수급자에게 급여를 실시함에 있어서 성별, 신앙 또는 사회적 신분 등을 이유로 차별대우를 하여서는 아니 되고, 수급자의 자유로운 생활을 보장하여야 하며, 위탁받은 수급자에게 종교상의 행위를 강제하여서는 아니 된다(법 제33조).

3) 생활보장위원회

생활보장사업의 기획 · 조사 · 실시 등에 관한 사항을 심의 · 의결하기 위하여 보건복지부와 시 · 도 및 시 · 군 · 구(자치구를 말한다. 이하 같다)에 각각 생활보장위원회를 둔다. 다만, 시 · 도 및 시 · 군 · 구에 두는 생활보장위원회는 그 기능을 담당하기에 적합한 다른 위원회가 있고 그 위원회의 위원이 제4항에 규정된 자격을 갖춘 경우에는 시 · 도 또는 시 · 군 · 구의 조례로 정하는 바에 따라 그 위원회가 생활보장위원회의 기능을 대신할 수 있다.

중앙생활보장위원회는 위원장을 포함하여 16명 이내의 위원으로 구성하고 위원은 보건복지부장관이 다음 각 호의 어느 하나에 해당하는 사람 중에서 위촉 · 지명하며 위원장은 보건복지부장관으로 한다. 위원은 공공부조 또는 사회복지와 관련된 학문을 전공한 전문가로서 대학의 조교수 이상인 사람 또는 연구기관의 연구원으로 재직 중인 사람 5명 이내, 공익을 대표하는 사람 5명 이내, 관계 행정기관 소속 3급 이상 공무원 또는 고위공무원단에 속하는 일반직공무원 5명 이내로 구성한다(법 제20조).

4. 수급권자

이 법에서 규정하는 수급권자란 이 법에 의한 급여를 받을 수 있는 자격을 가진 자를 말하며, 수급자는 이 법에 의한 급여를 받는 자를 지칭한다.

1) 수급권자의 범위

수급권자는 부양의무자가 없거나, 부양의무자가 있어도 부양능력이 없거나 부양을 받을 수 없는 자로서 소득인정액이 최저생계비 이하인 자로 한다.[2] 그리고 앞서 규정한 수급권자에 해당하지 아니하여도 생활이 어려운 자로서 일정 기간 동안 이 법이 정하는 급여의 전부 또는 일부가 필요하다고 보건복지부장관이 정하는 자도 수급권자로 본다(법 제5조). 또 국내에 체류하고 있는 외국인 중 대한민국 국민과 혼인하여 본인 또는 배우자가 임신 중이거나 대한민국 국적의 미성년 자녀를 양육하고 있거나 배우자의 대한민국 국적인 직계존속과 생계나 주거를 같이하고 있는 사람으로서 대통령령으로 정하는 사람이 이 법에 따른 급여를 받을 수 있는 자격을 가진 경우에는 수급권자가 된다(법 제5조의 2).

2) 부양의무자

(1) 부양의무자의 범위

부양의무자란 수급권자를 부양할 책임이 있는 자로서 수급권자의 1촌의 직계혈족 및 그 배우자를 말한다. 이 법에서 규정하고 있는 부양의무자의 범위는 민법상의 그것보다 좁게 설정되어 있는데, 이는 수급자의 범위를 확대하기 위한 조치다.

(2) 부양능력이 없는 경우

수급권자를 규정하는 데 있어서 '부양의무자가 있어도 부양능력이 없는 경우' 란 부양의무자가 ㉠ 기준 중위소득 수준을 고려하여 대통령령으로 정하는 소득 · 재산 기준 미만인 경우 ㉡ 직계존속 또는 「장애인연금법」에 의한 중증장애인인 직계비속을 자신의 주거에서 부양하는 경우로서 보건복지부장관이 정하여 고시하는 경우 ㉢ 그 밖에 질병, 교육, 가구 특성 등으로 부양능력이 없다고 보건복지부장관이 정하는 경우 등이다(법 제8조의 2).

(3) 부양을 받을 수 없는 경우

이 법에서 '부양의무자가 있어도 부양을 받을 수 없는 경우' 란 부양의무자가 ㉠ 「병역법」에 의하여 징집 또는 소집된 경우 ㉡ 「해외이주법」 제2조의 규정에 의한 해외이주자에 해당하는 경우 ㉢ 이 법의 시행령 제2조 제2항 제3호 내지 제6호에 해당하는 경

2) 수급권자의 범위에 대한 적용특례로서 이 법 시행일부터 2002년 12월 31일까지 수급권자는 부양의무자가 없거나, 부양의무자가 있어도 부양능력이 없거나 부양을 받을 수 없는 자로서 최저생계비를 감안하여 보건복지부장관이 개별가구의 소득평가액과 재산을 기준으로 하여 매년 정하는 수급권자 선정기준에 해당하는 자로 한다.

우 ㉣ 부양을 기피 또는 거부하는 경우 ㉤ 기타 수급권자가 부양을 받을 수 없다고 시장·군수·구청장이 확인한 경우 등이다(령 제5조).

3) 소득인정액

수급권자를 결정하는 궁극적인 기준이 되는 소득인정액이란 개별가구의 소득평가액과 재산의 소득환산액을 합산한 금액을 말한다.

(1) 개별가구

개별가구란 ㉠ 세대별 주민등록표에 기재된 자(동거인을 제외한다) ㉡ 그 밖에 세대별 주민등록표에 기재된 자의 배우자(사실상 혼인관계에 있는 자를 포함한다)와 그의 미혼자녀 중 30세 미만인 자, 그리고 그와 생계 및 주거를 같이하는 사람(부양의무자) 등으로 구성된 가구를 말한다.

이 외에 ㉠ 현역군인 등 법률상 의무의 이행을 위하여 다른 곳에서 거주하면서 의무이행과 관련하여 생계를 보장받고 있는 자 ㉡ 통산 6월 이상 외국에 90일 이상 체류하는 자 ㉢ 현행법 및 치료감호법 등에 의한 교도소·구치소·보호감호시설 등에 수용 중인 자 ㉣ 보장시설에서 급여를 받고 있는 자 ㉤ 실종선고의 절차가 진행 중인 자 ㉥ 가출 또는 행방불명의 사유로 경찰서 등 행정관청에 신고되어 1개월이 경과되었거나 가출 또는 행방불명 사실을 시장·군수·구청장이 확인한 자들은 개별가구에서 제외한다(령 제2조).

(2) 소득의 범위(실제소득)

소득이란 ㉠ 근로의 제공으로 얻는 근로소득 ㉡ 농업소득, 임업소득, 어업소득, 그리고 도매업·소매업·제조업, 기타 사업에서 얻는 사업소득 ㉢ 임대소득, 이자소득과 같은 재산소득 ㉣ 기타소득 등을 합산한 금액을 말한다. 이 외에 ㉠ 퇴직금·현상금·보상금 등 정기적으로 지급되는 것으로 볼 수 없는 금품 ㉡ 보육·교육 기타 이와 유사한 성질의 서비스 이용을 전제로 제공받는 보육료·학자금 기타 이와 유사한 금품 ㉢ 지방자치단체가 지급하는 금품으로서 보건복지부장관이 정하는 금품 등은 소득으로 보지 아니한다(령 제3조).

4) 최저생계비

최저생계비라 함은 국민이 건강하고 문화적인 생활을 유지하기 위하여 소요되는 최소한의 비용으로서 보건복지부장관이 공표하는 금액을 말한다.

표 9-1 2015년 최저생계비

구분	1인 가구	2인 가구	3인 가구	4인 가구	5인 가구	6인 가구	7인 가구
금액	617,281원	1,051,048원	1,359,688원	1,668,329원	1,976,970원	2,285,610원	2,594,251원

* 8인 이상 가구의 최저생계비부터는 7인 가구 + 308,641원씩 증가함.

(1) 최저생계비의 결정

보건복지부장관 또는 소관 중앙행정기관의 장은 급여의 종류별 수급자 선정기준 및 최저보장수준을 결정하며, 매년 8월 1일까지 중앙생활보장위원회의 심의 · 의결을 거쳐 다음 연도의 급여의 종류별 수급자 선정기준 및 최저보장수준을 공표하여야 한다(법 제6조).

5. 급 여

급여는 건강하고 문화적인 최저생활을 유지할 수 있는 것이어야 한다. 급여의 기준은 보건복지부장관이 수급자의 연령 · 가구규모 · 거주지역 그리고 기타 생활여건 등을 고려하여 급여의 종류별로 정한다. 보장기관은 급여를 개별가구를 단위로 하여 행하되, 특히 필요하다고 인정하는 경우에는 개인을 단위로 하여 행할 수 있다.

1) 급여의 종류

「국민기초생활보장법」에 의한 급여는 생계급여, 주거급여, 의료급여, 교육급여, 해산급여, 장제급여, 자활급여 등이 있다. 급여는 생계급여와 수급자의 필요에 따라 주거급여, 의료급여, 교육급여, 해산급여, 장제급여, 자활급여가 함께 이루어지며, 세대를 단위로 하여 행하되, 필요하다고 인정하는 경우에는 개인을 단위로 행할 수 있다.

2) 급여의 기준 등

이 법에 따른 급여는 건강하고 문화적인 최저생활을 유지할 수 있는 것이어야 한다. 이 법에 따른 급여의 기준은 수급자의 연령, 가구 규모, 거주지역, 그 밖의 생활여건 등을 고려하여 급여의 종류별로 보건복지부장관이 정하거나 급여를 지급하는 중앙행정기관의 장(이하 "소관 중앙행정기관의 장"이라 한다)이 보건복지부장관과 협의하여 정한다(법 제4조 제1항, 제2항).

보장기관은 이 법에 따른 급여를 개별가구 단위로 실시하되, 특히 필요하다고 인정하는 경우에는 개인 단위로 실시할 수 있다. 또한 지방자치단체인 보장기관은 해당 지방자치단체의 조례로 정하는 바에 따라 이 법에 따른 급여의 범위 및 수준을 초과하여 급여를 실시할 수 있다. 이 경우 해당 보장기관은 보건복지부장관 및 소관 중앙행정기관의 장에게 알려야 한다(법 제4조 제3항, 제4항).

(1) 생계급여

생계급여는 수급자에게 의복, 음식물 및 연료비와 그 밖에 일상생활에 기본적으로 필요한 금품을 지급하여 그 생계를 유지하게 하는 것으로 한다(법 제8조 제1항). 생계급여는 금전을 지급하는 것으로 한다. 다만, 금전으로 지급할 수 없거나 금전으로 지급하는 것이 적당하지 아니하다고 인정하는 경우에는 물품을 지급할 수 있다(법 제9조 제1항). 생계급여 수급권자는 부양의무자가 없거나, 부양의무자가 있어도 부양능력이 없거나 부양을 받을 수 없는 사람으로서 그 소득인정액이 제20조 제2항에 따른 중앙생활보장위원회의 심의·의결을 거쳐 결정하는 금액(이하 이 조에서 "생계급여 선정기준"이라 한다) 이하인 사람으로 한다(법 제8조). 이 경우 생계급여 선정기준은 기준 중위소득의 100분의 30 이상으로 한다. 생계급여 최저보장수준은 생계급여와 소득인정액을 포함하여 생계급여 선정기준 이상이 되도록 하여야 한다. 제2항 및 제3항에도 불구하고 제10조 제1항 단서에 따라 제32조에 따른 보장시설에 위탁하여 생계급여를 실시하는 경우에는 보건복지부장관이 정하는 고시에 따라 그 선정기준 등을 달리 정할 수 있다(법 제8조 제2항~제4항).

(2) 주거급여

「국민기초생활보장법」은 주거에 대한 수요를 급여의 종류로 추가하였다. 주거급여는 수급자에게 주거 안정에 필요한 임차료, 수선유지비, 그 밖의 수급품을 지급하는 것으로 한다. 주거급여에 관하여 필요한 사항은 따로 「주거급여법」 법률에서 정한다(법 제11조). 「생활보호법」에 없었던 주거급여는 「국민기초생활보장법」에서 신설된 급여다.

(3) 자활급여

자활급여는 수급자의 자활을 조성하기 위하여 자활에 필요한 금품의 지급 또는 대여, 자활에 필요한 근로능력의 향상 및 기능습득의 지원, 취업알선 등 정보의 제공, 자활을 위한 근로기회의 제공, 자활에 필요한 시설 및 장비의 대여, 창업교육, 기능훈련 및 기술 · 경영지도 등 창업지원, 자활에 필요한 자산형성 지원 그리고 기타 대통령령으로 정하는 자활조성을 위한 각종 지원이 있다(법 제15조).

(4) 교육급여 및 교육급여의 적용 특례

교육급여는 수급자에게 입학금, 수업료, 학용품비, 그 밖의 수급품을 지급하는 것으로 하되, 학교의 종류 · 범위 등에 관하여 필요한 사항은 대통령령으로 정하고 교육부장관의 소관으로 한다(법 제12조 제1항, 제2항).

교육급여 수급권자는 부양의무자가 없거나, 부양의무자가 있어도 부양능력이 없거나 부양을 받을 수 없는 사람으로서 그 소득인정액이 제20조 제2항에 따른 중앙생활보장위원회의 심의 · 의결을 거쳐 결정하는 금액(이하 "교육급여 선정기준"이라 한다) 이하인 사람으로 한다. 이 경우 교육급여 선정기준은 기준 중위소득의 100분의 50 이상으로 한다(법 제12조 제3항). 교육급여 수급권자를 선정하는 경우에는 제12조 제1항의 교육급여와 「초 · 중등교육법」 제60조의4에 따른 교육비 지원과의 연계 · 통합을 위하여 제3조 제2항 및 제12조 제3항에도 불구하고 소득인정액이 교육급여 선정기준 이하인 사람을 수급권자로 본다(법 제12조의2).

(5) 해산급여

해산급여는 수급자에게 ㉠ 조산 ㉡ 분만 전과 분만 후의 필요한 조치와 보호 등에 대한 급여를 의미한다. 이 급여는 신청에 의해 이루어지며, 해산급여에 필요한 수급품은 보건복지부령이 정하는 바에 따라 수급자나 그 세대주 또는 세대주에 준하는 자에게 지급한다. 다만, 보장기관이 해산급여를 의료보험법의 규정에 의한 의료보호진료기관에 위탁하여 행할 경우, 수급품을 그 의료기관에 지급할 수 있다(법 제13조).

(6) 장제급여

장제급여는 수급자가 사망한 경우 사체의 검안 · 운반 · 화장 또는 매장 기타 장제조치를 행하는 것으로서, 실제로 장제를 행하는 자에게 장제에 필요한 비용을 지급함으로써 행한다. 다만, 이것이 불가능하거나 부적절한 경우에는 물품을 지급할 수 있다(법 제14조).

장제급여를 행함에 있어 사망자에게 부양의무자가 없는 때에는 시장 · 군수 · 구청장은 사망자가 유류한 금전 또는 유가증권으로 그 비용을 충당하고, 그 부족액에 대하여는 유류물품의 매각대금으로 이를 충당할 수 있다.

(7) 의료급여

의료급여는 수급자에게 건강한 생활을 유지하는 데 필요한 각종 검사 및 치료 등을 지급하는 것으로 한다. 의료급여 수급권자는 부양의무자가 없거나, 부양의무자가 있어도 부양능력이 없거나 부양을 받을 수 없는 사람으로서 그 소득인정액이 제20조 제2항에 따른 중앙생활보장위원회의 심의 · 의결을 거쳐 결정하는 금액(이하 이 항에서 "의료급여 선정기준" 이라 한다) 이하인 사람으로 한다. 이 경우 의료급여 선정기준은 기준 중위소득의 100분의 40 이상으로 한다. 의료급여에 필요한 사항은 따로 「의료급여법」에서 정한다(법 제12조의3).

(8) 자활조건부 급여

보장기관은 근로능력이 있는 수급권자에게 자활에 필요한 사업(자활사업)에 참가할 것을 조건으로 하여 생계급여를 지급할 수 있다. 이 경우 보장기관은 자활지원계획을 감안하여 조건을 제시하여야 한다.

1 근로능력이 있는 수급자

이 법에서 규정하고 있는 '근로능력이 있는 수급자' 란 18세 이상 64세 이하의 수급자를 말한다. 다만, ㉠ 중증장애인 ㉡ 질병, 부상 또는 그 후유증으로 치료나 요양이 필요한 사람 중에서 근로능력평가를 통하여 특별자치도지사 · 시장 · 군수 · 구청장이 근로능력이 없다고 판정한 사람 ㉢ 기타 근로가 곤란하다고 보건복지부장관이 정하는 자 등은 제외한다(령 제7조).

2 조건부수급자

자활에 필요한 사업에 참가할 것을 조건으로 생계급여를 지급받는 자(조건부 수급자)는 근로능력이 있는 수급자 중 ㉠ 개별가구 또는 개인의 여건 등으로 자활사업에 참가하기가 곤란한 자 ㉡ 근로 또는 사업에 종사하는 대가로 소득을 얻고 있는 자 ㉢ 환경변화로 적응기간이 필요하다고 인정되는 자(이 경우 그 기간은 3월에 한한다) ㉣ 기타 자활사업에 참가할 것을 조건으로 생계급여를 지급하는 것이 곤란하다고 보건복지부장관이 정하는 자는 조건부 수급자에서 제외된다(령 제8조).

3 급여의 조건

시장 · 군수 · 구청장은 조건부수급자로 결정된 날부터 1월 이내에 해당 조건부수급자가 자활지원계획에 따라 자활사업에 참가하는 것을 생계급여의 조건으로 조건부수급자에게 제시하여야 한다.

4 조건부 생계급여 결정

특별자치도지사 · 시장 · 군수 · 구청장은 조건부수급자가 자활사업에 참가한 달의 다음 달부터 3월마다 조건부수급자의 생계급여의 지급 여부를 결정하여야 한다. 다만, 조건부수급자가 조건을 이행하지 아니하는 것이 명백한 경우와 직업안정기관의 장 및 자활사업실시기관의 장으로부터 조건부수급자가 조건을 이행하지 아니한다는 것을 통지받은 경우에는 지체 없이 조건부수급자의 생계급여의 지급여부를 결정하여야 한다(령 제5조).

5 자활센터

① 중앙자활센터

수급자 및 차상위자의 자활촉진에 필요한 사업을 수행하기 위하여 중앙자활센터를 둘 수 있다. 자활지원을 위한 조사 · 연구 · 교육 및 홍보 사업, 자활지원을 위한 사업의 개발 및 평가, 지역자활센터 및 자활공동체의 기술 · 경영 지도 및 평가, 자활 관련 기관 간의 협력체계 및 정보네트워크 구축 운영, 그 밖에 자활촉진에 필요한 사업으로서 보건복지부장관이 정하는 사업 등을 수행한다. 정부는 중앙자활센터(법인)의 설치 및 운영에 필요한 경비의 전부 또는 일부를 보조할 수 있다(법 제15조의 2).

또한 대상자 관리를 위한 시스템은 「사회복지사업법」 제6조의2 제2항에 따른 정보시스템과 연계할 수 있다. 중앙자활센터의 설치 및 운영 등에 필요한 사항은 대통령령으로 정한다(법 제15조의2).

② 광역자활센터

수급자 및 차상위자의 자활촉진에 필요한 사업을 수행하기 위하여 특별시 · 광역시 · 도 · 특별자치도 단위의 광역자활센터로 지정하여 둘 수 있다. 시 · 도 단위의 자활기업 창업지원, 시 · 도 단위의 수급자 및 차상위자에 대한 취업 · 창업 지원 및 알선, 지역자활센터 종사자 및 참여자에 대한 교육훈련 및 지원, 지역특화형 자활프로그램 개발 · 보급 및 사업개발 지원, 지역자활센터 및 자활기업에 대한 기술 · 경영 지도, 그 밖에 자활촉진에 필요한 사업으로서 보건복지부장관이 정하는 사업을 수행한다(법 제15조의 3).

③ 지역자활센터

- 지역자활센터의 지정: 보장기관은 수급자 및 차상위자의 자활 촉진에 필요한 사업을 수행하게 하기 위하여 사회복지법인 등 비영리법인과 단체(이하 이 조에서 "법인 등"이라 한다)를 법인 등의 신청을 받아 지역자활센터로 지정할 수 있다.
- 지역자활센터의 사업내용: 자활후견기관은 ㉠ 자활의욕 고취를 위한 교육 ㉡ 자활을 위한 정보 제공 · 상담 · 직업교육 및 취업알선 ㉢ 생업을 위한 자금융자 알선 ㉣ 자영창업 지원 및 기술 · 경영지도 ㉤ 자활기업의 설립 · 운영지원 ㉥ 기타 자활을 위한 각종 사업 등을 수행한다.
- 자활후견기관에 대한 지원 및 평가: 보장기관은 지정을 받은 지역자활센터에 대하여 ㉠ 지역자활센터의 설립 · 운영비용 또는 사업수행비용의 전부 또는 일부 ㉡ 국 · 공유재산의 무상임대 ㉢ 보장기관이 실시하는 사업의 우선 위탁 등의 지원을 행할 수 있다(법 제16조).

6 자활기업

수급자와 차상위자는 상호 협력하여 자활공동체를 설립 · 운영할 수 있는데, 이 공동체는 조합 또는 부가가치세법상의 사업자로 한다.

보장기관은 공동체에서 직접 또는 중앙자활센터, 광역자활센터 및 지역자활센터를 통하여 ㉠ 자활을 위한 사업자금 융자 ㉡ 국 · 공유지 우선 임대 ㉢ 국가 또는 지방자치단체가 실시하는 사업의 우선 위탁 ㉣ 국가 또는 지방자치단체의 조달 구매 시 공동체 생산품의 우선 구매 ㉤ 기타 수급자의 자활촉진을 위한 각종 사업 등의 지원을 할 수 있다(법 제18조).

⑦ 자활기관협의체

특별자치도지사 · 시장 · 군수 · 구청장은 자활지원사업의 효율적인 추진을 위하여 지역자활센터,직업안정기관, 사회복지시설의 장 등과 상시적인 자활기관협의체를 구축하여야 한다. 특별자치도지사 · 시장 · 군수 · 구청장은 자활기관협의체의 운영실적을 매년 보건복지부장관에게 보고하여야 한다. 자활기관협의체의 구성 및 운영 등에 필요한 사항은 보건복지부령으로 정한다(법 제17조).

3) 급여의 실시

(1) 급여 신청

수급권자와 그 친족, 기타 관계인은 관할 특별자치도지사 · 시장 · 군수 · 구청장에게 수급권자에 대한 급여를 신청할 수 있다. 사회복지전담공무원은 이 법의 의한 급여를 필요로 하는 자가 누락되지 아니하도록 하기 위하여 관할지역 내에 거주하는 수급권자에 대한 급여를 직권으로 신청할 수 있다. 이 경우 수급권자의 동의를 구하여야 하며 이를 수급권자의 신청으로 볼 수 있다.

급여신청을 할 때에 수급권자와 부양의무자는 금융정보 제공, 신용정보 제공, 보험정보 제공에 대하여 동의한다는 서면을 제출하여야 한다(법 제21조).

(2) 조사 · 확인조사 등

시장 · 군수 · 구청장은 급여신청이 있는 경우, 사회복지전담공무원으로 하여금 급여의 결정 및 실시 등에 필요한 사항[3]을 조사하게 하거나 수급권자에게 보장기관이 지정하는 의료기관에서 검진을 받게 할 수 있다(법 제22조).

시장 · 군수 · 구청장은 수급권자 또는 부양의무자의 소득 · 재산 및 건강상태 등을 확인하기 위하여 필요한 자료의 확보가 곤란한 경우 보건복지부령으로 정하는 바에 따라 수급권자 또는 부양의무자 및 기타 관계인에게 필요한 자료의 제출을 요구할 수 있다. 시장 · 군수 · 구청장은 급여의 결정 또는 실시 등을 위하여 필요한 경우에는 조사

3) 부양의무자의 유무 및 부양능력 등 부양의무자와 관련된 사항, 수급권자 및 부양의무자의 소득 · 재산에 관한 사항, 수급권자의 근로능력 · 취업상태 · 자활욕구 등 자활지원계획 수립에 필요한 사항, 기타 수급권자의 건강상태 · 가구특성 등 생활실태에 관한 사항 등(법 제22조).

를 관계 기관에 위촉하거나 수급권자 또는 그 부양의무자의 고용주, 그 밖의 관계인에게 이에 관한 자료의 제출을 요청할 수 있다(법 제22조 제2항, 제3항). 보장기관이 조사를 위하여 금융 · 국세 · 지방세 · 토지 · 건물 · 건강보험 · 국민연금 · 고용보험 · 출입국 · 병무 · 교정 등 관련 전산망 또는 자료를 이용하려는 경우에는 관계 기관의 장에게 협조를 요청할 수 있다. 이 경우 관계 기관의 장은 정당한 사유가 없으면 협조하여야 한다. 조사를 하는 사회복지 전담공무원은 그 권한을 표시하는 증표를 지니고 이를 관계인에게 보여 주어야 하고, 얻은 정보와 자료를 이 법에서 정한 보장목적 외에 다른 용도로 사용하거나 다른 사람 또는 기관에 제공하여서는 아니 된다. 보장기관은 조사 결과를 대장으로 작성하여 갖추어 두어야 하며, 전산정보처리조직에 의하여 관리되는 경우에는 전산 파일로 대체할 수 있다. 보장기관은 수급권자 또는 부양의무자가 조사 또는 자료제출 요구를 2회 이상 거부 · 방해 또는 기피하거나 검진 지시에 따르지 아니하면 급여신청을 각하할 수 있다(법 제22조 제4항~제8항).

시장 · 군수 · 구청장은 수급자 및 수급자에 대한 급여의 적정성을 확인하기 위하여 매년 연간조사계획을 수립하고 관할구역의 수급자를 대상으로 매년 1회 이상 정기적으로 조사하여야 하며, 특히 필요하다고 인정하는 경우에는 보장기관이 지정하는 의료기관에서 검진을 받게 할 수 있다. 다만, 보건복지부장관이 정하는 사항은 분기마다 조사하여야 한다(법 제23조). 보장기관은 수급자 또는 부양의무자가 조사나 자료제출 요구를 2회 이상 거부 · 방해 또는 기피하거나 검진 지시에 따르지 아니하면 수급자에 대한 급여결정을 취소하거나 급여를 정지 또는 중지할 수 있다(법 제23조).

시장 · 군수 · 구청장은 급여의 종류별 수급자 선정기준의 변경 등에 의하여 수급권자의 범위가 변동함에 따라 다음 연도에 이 법에 의한 급여가 필요할 것으로 예측되는 수급권자의 규모를 조사하기 위하여 보건복지부령으로 정하는 바에 따라 차상위 계층에 대하여 조사를 실시할 수 있다. 시장 · 군수 · 구청장은 조사를 하려는 경우 조사대상자의 동의를 받아야 한다. 이 경우 조사대상자의 동의는 다음 연도의 급여신청으로 본다. 조사대상자의 자료제출, 조사의 위촉, 관련 전산망의 이용, 그 밖에 차상위계층에 대한 조사를 위하여 필요한 사항에 관하여는 제22조 제2항부터 제7항까지의 규정을 준용한다(법 제24조).

(3) 급여의 결정과 실시 등

시장 · 군수 · 구청장은 신청에 의한 조사를 할 때에는 지체 없이 급여의 실시 여부와 내용을 결정하여야 한다. 차상위계층을 조사한 시장 · 군수 · 구청장은 급여개시일이 속하는 달에 급여실시 여부와 급여내용을 결정하여야 한다. 시장 · 군수 · 구청장은 제1항 및 제2항에 따라 급여실시의 여부와 급여내용을 결정한 때에는 그 결정의 요지, 급여의 종류 · 방법 및 급여의 개시시기 등을 서면으로 수급권자 또는 신청인에게 신청일로부터 30일 이내에 통지하여야 한다. 다만, 다음 각 호의 어느 하나에 해당하는 경우에는 신청일부터 60일 이내에 통지할 수 있다. 이 경우 통지서에 그 사유를 구체적으로 밝혀야 한다(법 제26조).

① 부양의무자의 소득 · 재산 등의 조사에 시일이 걸리는 특별한 사유가 있는 경우
② 수급자 또는 부양의무자가 법률에 따른 조사나 자료제출 요구를 거부 · 방해 또는 기피하는 경우

수급자에 대한 급여 실시 및 급여 내용이 결정된 수급자에 대한 급여는 급여의 신청일부터 시작한다. 다만, 보건복지부장관 또는 소관중앙행정기관의 장이 매년 결정 · 공표하는 급여의 종류별 수급자 선정기준의 변경으로 인하여 매년 1월에 새로 수급자로 결정되는 사람에 대한 급여는 해당 연도의 1월 1일을 그 급여개시일로 한다. 시장 · 군수 · 구청장은 급여 실시 여부의 결정을 하기 전이라도 수급권자에게 급여를 실시하여야 할 긴급한 필요가 있다고 인정될 때에는 급여의 일부를 실시할 수 있다(법 제27조).

시장 · 군수 · 구청장은 수급자의 자활을 체계적으로 지원하기 위하여 보건복지부장관이 정하는 바에 따라 조사 결과를 고려하여 수급자 가구별로 자활지원계획을 수립하고 그에 따라 이 법에 따른 급여를 실시하여야 한다. 보장기관은 수급자의 자활을 위하여 필요한 경우에는 「사회복지사업법」등 다른 법률에 따라 보장기관이 제공할 수 있는 급여가 있거나 민간기관 등이 후원을 제공하는 경우 제1항의 자활지원계획에 따라 급여를 지급하거나 후원을 연계할 수 있다. 시장 · 군수 · 구청장은 수급자의 자활여건 변화와 급여 실시 결과를 정기적으로 평가하고 필요한 경우 자활지원계획을 변경할 수 있다(법 제28조).

(4) 급여의 변경, 급여의 중지

보장기관은 수급자의 소득 · 재산 · 근로능력 등에 변동이 있는 경우에는 직권 또는 수급자나 그 친족 기타 관계인의 신청에 의하여 그에 대한 급여의 종류 · 방법 등을 변경할 수 있다(법 제29조).

한편 보장기관은 수급자에 대한 급여의 전부 또는 일부가 필요 없게 된 때와 수급자

가 급여의 전부 또는 일부를 거부한 때에는 급여의 전부 또는 일부를 중지하여야 한다. 또는 근로능력이 있는 수급자가 제9조 제5항의 조건을 이행하지 않는 경우 조건을 이행할 때까지 제7조 제2항의 규정에도 불구하고 근로능력이 있는 수급자 본인의 생계급여의 일부 또는 전부를 지급하지 아니할 수 있다(법 제30조).

6. 보장비용

보장비용이란 ㉠ 보장업무에 소요되는 인건비와 사무비 ㉡ 생활보장위원회의 운영에 소요되는 비용 ㉢ 급여실시비용 ㉣ 기타 보장업무에 소요되는 비용을 말한다(법 제42조).

1) 보장비용의 부담구분

① 국가와 지방자치단체 간의 보장비용의 부담은 다음의 구분에 의한다. ㉠ 국가 또는 시 · 도가 직접 행하는 보장업무에 소요되는 비용은 국가 또는 해당 시 · 도가 부담한다. ㉡ 시 · 도가 경영하는 보장시설에 입소하게 하거나 다른 보장시설에 위탁하여 급여를 행할 때 그 실시비용은 국가 또는 해당 시 · 도가 부담한다. ㉢ 시 · 군 · 구가 행하는 보장업무에 소요되는 비용 중 인건비와 사무비 및 생활보장위원회의 운영에 소요되는 비용은 해당 시 · 군 · 구가 부담한다. ㉣ 시 · 군 · 구가 행하는 보장업무에 소요되는 비용 중 급여실시비용 및 기타 보장업무에 소요되는 비용은 시 · 군 · 구 재정여건 · 사회보장비지출 등을 고려하여 국가, 시 · 도, 시 · 군 · 구가 차등 부담한다. ② 국가는 매년 보장비용 중 국가부담예정액을 보조금으로 지급한다. 시 · 도는 매년 시 · 군 · 구에 대하여 국가보조금에다가 시 · 도 보조금을 추가로 지급한다. ③ 지방자치단체의 조례에 의하여 이 법에 의한 급여의 범위 및 수준을 초과하여 급여를 실시하는 경우 그 초과 보장비용은 해당 지방자치단체가 부담한다(법 제43조).

2) 보조금의 산출과 정산

국가의 보조금은 신청에 의한 조사, 확인조사 그리고 차상위계층에 대한 조사에 따른 수급자 총수와 실시 중인 급여와 종류를 기준으로 산출한다. 국가는 매년 이 법에 의한 보장비용 중 국가부담예정 합계액을 각각 보조금으로 교부하고, 그 과부족은 정산에 의하여 추가로 교부하거나 반납하게 한다.

시 · 도는 매년 시 · 군 · 구에 대하여 국가의 보조금에 시 · 도의 부담예정액을 합하여 보조금으로 교부하고 그 과부족은 정산에 의하여 추가로 교부하거나 반납하게 한다. 즉, 지방자치단체는 그 지출한 보장비용의 총액이 국가(시 · 군 · 구의 경우에는 시 · 도)에 신청할 수 있으며, 그 지출한 보장비용의 총액과 국가로부터 교부받은 보조금 및 해당 지방자치단체 부담금의 합계액을 정산한 결과 잉여금이 있는 때에는 그 잉여금에서 해당 지방자치단체의 부담금을 공제하고 잔여 잉여금을 국가에 반납하여야 한다(령 제39조, 제40조).

7. 수급자의 권리와 구제

1) 수급자의 권리

수급자에 대한 권리조항으로서 ㉠ 수급자에 대한 급여는 정당한 사유 없이 이를 불리하게 변경할 수 없다는 급여변경의 금지 ㉡ 수급자에게 지급된 수급품과 이를 받을 권리는 압류할 수 없다는 압류금지 ㉢ 수급자는 급여를 받을 권리를 타인에게 양도할 수 없다는 양도금지 등이 있다(법 제34조~제36조).

2) 이의신청

(1) 시 · 도지사에 대한 이의신청

수급자나 급여 또는 급여 변경을 신청한 사람은 시장 · 군수 · 구청장(제7조 제1항 제4호의 교육급여인 경우에는 시 · 도교육감을 말한다)의 처분에 대하여 이의가 있는 경우에는 그 결정의 통지를 받은 날부터 60일 이내에 해당 보장기관을 거쳐 시 · 도지사(특별자치시장 · 특별자치도지사 및 시 · 도교육감의 처분에 이의가 있는 경우에는 해당 특별자치시장 · 특별자치도지사 및 시 · 도교육감을 말한다)에게 서면 또는 구두로 이의를 신청할 수 있다. 이 경우 구두로 이의신청을 접수한 보장기관의 공무원은 이의신청서를 작성할 수 있도록 협조하여야 한다(법 제38조).

시 · 도지사가 시장 · 군수 · 구청장으로부터 이의 신청서를 받았을 때(특별자치도의 경우에는 특별자치도지사가 직접 이의신청을 받았을 때를 말한다)에는 30일 이내에 필요한 심사를 하고 이의신청을 각하하거나 해당 처분을 변경 또는 취소하거나 그 밖에 필요한 급여를 명하여야 한다. 또한 시 · 도지사는 지체 없이 신청인과 해당 시장 · 군수 · 구청장에게 각각 서면으로 통지하여야 한다(법 제39조).

(2) 보건복지부장관 등에 대한 이의신청

시 · 도지사의 처분 등에 대하여 이의가 있는 사람은 그 처분 등의 통지를 받은 날부터 60일 이내에 시 · 도지사를 거쳐 보건복지부장관(주거급여 또는 교육급여인 경우에는 소관 중앙행정기관의 장을 말하며, 보건복지부장관에게 한 이의신청은 소관 중앙행정기관의 장에게 한 것으로 본다)에게 서면 또는 구두로 이의를 신청할 수 있다. 이 경우 구두로 이의신청을 접수한 보장기관의 공무원은 이의신청서를 작성할 수 있도록 협조하여야 한다. 시 · 도지사는 이의신청을 받으면 10일 이내에 의견서와 관계 서류를 첨부하여 보건복지부장관 또는 소관 중앙행정기관의 장(주거급여 또는 교육급여인 경우에 한정한다)에게 보내야 한다(법 제40조 제1항~제3항).

8. 벌 칙

1) 처벌규정

이 법에서 규정하고 있는 처벌내용은 ㉠ 보장 관련 업무에 종사하고 있거나 종사하였던 사람은 업무를 수행하면서 취득한 금융정보를 이 법에서 정한 목적 외의 다른 용도로 사용하거나 다른 사람 또는 기관에 제공하거나 누설해서는 안되는 규정(제23조의2 제6항)을 위반한 경우 5년 이하의 징역 또는 3천만 원 이하의 벌금에 처한다. ㉡ 급여신청의 조사 시 보장기관의 공무원 또는 공무원이었던 자 금융정보, 신용정보나 보험정보를 보장목적 외에 다른 용도로 사용하거나 다른 사람 또는 기관에 제공한 경우, 또는 관련 업무 종사자가 업무를 수행하면서 취득한 금융정보를 보장목적 외의 다른 용도로 사용하거나 다른 사람 또는 기관에 제공하거나 누설할 경우(제23조의2 제6항을 위반한 경우는 제외)이거나 제23조의2 제6항을 위반하여 신용정보나 사용 · 제공 또는 누설한 자의 경우 3년 이하의 징역 또는 2천만 원 이하의 벌금에 처한다. ㉢ 속임수나 그 밖의 부정한 방법으로 급여를 받거나 타인으로 하여금 급여를 받게 한 자는 1년 이하의 징역, 천만 원 이하의 벌금, 구류 또는 과료에 처한다. ㉣ 보장시설의 장이 수급자의 급여 위탁을 정당한 사유 없이 거부한 자나 종교상의 행위를 강제한 자는 300만 원 이하의 벌금, 구류 또는 과료에 처한다(법 제48조, 제49조, 제50조).

2) 양벌규정

법인의 대표자나 법인 또는 개인의 대리인이나 사용인 기타 종업원이 그 법인 또는 개인의 업무에 관하여 급여신청조사로 얻은 금융정보, 신용정보나 보험정보를 목적 외로 사용하거나 또는 부정한 급여 등의 위반행위를 한 때에는 행위자를 벌하는 외에 그 법인 또는 개인에 대하여도 각 해당 조의 벌금 또는 과료의 형을 과한다(법 제51조).

제3절 긴급복지지원법

[시행 2015. 7. 1.] [법률 제12934호, 2014. 12. 30., 일부개정]

1. 법의 의의

IMF 사태 이후 사회 양극화가 심화되는 등 급격한 사회변동에 따라 예측하지 못한 갑작스러운 위기상황이 발생할 경우 기존의 「국민기초생활보장법」이나 「의료급여법」 같은 공공부조만으로는 신속한 대응에 상당한 한계가 있다. 즉, 상당수의 국민이 소득 상실이나 질병 같은 위기상황으로 고통받고 있지만 공공부조는 엄격한 자산조사를 원칙으로 하므로 행정 절차에 상당한 시일이 소요된다. 이러한 필요에 따라 기존 사회안전망의 보호망으로부터 누락되어 일시적으로 위기상황에 빠진 가정과 가구원에 대해 국가책임을 확대하는 내용의 「긴급복지지원법」이 2005년 12월에 제정되었다. 이 법은

표 9-2 긴급복지지원법과 국민기초생활보장법의 비교

구분기준	긴급복지지원법	국민기초생활보장법 및 의료급여법
업무성격	위기상황에 대한 개별적 대응	빈곤계층에 대한 전반적 대응
의도목적	삶에의 희망 부여 · 고취	빈곤탈피 및 생활안정
대상체계	차상위계층까지 포괄 및 부양의무자 기준 없음	빈곤선 이하 및 부양의무자 기준
대상자 성격	일시적 빈곤 및 빈곤정책의 사각지대	만성적 빈곤
급여체계	필요한 지원 탄력 대응	7종 급여
선정 · 지원체계	신속한 대응(8시간/3일)	민원처리기간(2주)
주종관계	기존 사회안전망에의 종속적 위치	대상 확대 및 지원 내실화 필요

위기상황에 처한 자에게 생계, 의료, 주거 지원 및 사회복지시설 이용 등을 지원해 위기상황을 해소하려는 목적에서 제정되었고, 또한 지역사회의 다양한 민간의 복지자원을 활용하여 위기상황에 처한 자를 신속하게 발굴할 수 있는 체계를 갖추고자 하였다.

애초 이 법은 5년 한시법으로 제정되었다. 입법과정에서 처음에는 영구법으로 제정하려 하였으나 「국민기초생활보장법」의 개정을 통해 긴급지원제도를 수용할 수 있는지 그리고 법 시행 이후 과연 제정목적이 달성될 수 있는지 여부 등에 대해 국회와 보건복지부 간의 의견 차이가 있어 부득이 한시법으로 제정되었다. 이후 2009년 5월 제2차 개정에서 부칙 조항을 삭제함으로써 한시법에서 일반법으로 변경되었다. 참고로 긴급복지지원법과 국민기초생활보장법을 비교해 보면 〈표 9-2〉와 같다. 빈곤계층이 직면하는 생활상의 어려움을 지원한다는 측면에서 두 제도는 유사한 공통의 목적을 지니고 있지만, 업무성격과 세부목적, 대상체계, 지원체계 등에서 큰 차이가 있다.

2. 입법배경 및 연혁

「긴급복지지원법」이 제정된 배경은 2004년 12월 16일 대구시 불로동에서 희귀난치성질환인 '선천성 척수성 근위축증'을 앓고 있던 아동이 영양실조로 사망한 채로 발견된 사건 때문이다.

그 당시 노무현 정부는 그 사건의 심각성을 인식하였고, 관련 문제와 사회안전망을 검토하여 사건 발생 12일 만에 사회문화관계장관회의를 개최하였고, 2005년 1월 13일 대통령 신년기자회견에서 "사회안전망 전달체계를 개선해서 빈곤 소외계층이 곤경에 처했을 때 우선 보호조치를 먼저하고 나중에 법적 절차를 갖추어 나가는 선보호제도를 적극 시행해 나가겠다." 라고 천명하였다. 이러한 대통령의 발언 이후 보건복지부는 긴급지원제도 개선 추진단을 구성하였다. 수차례의 회의와 공청회를 통해 기존의 국민기초생활보장제도와는 다른 별도의 특별법을 제정하는 긴급지원제도 도입 방침을 세우고, 5월에 정부안을 확정하여 6월 9일 '위기상황에 처한 자에 대한 긴급복지지원법안'을 국회에 제출하였다. 상임위에서 5년 한시법으로 변경하고, 법사위에서 법명을 일부 변경하여 12월 23일 제정 · 공포하였다.

이후 긴급지원 대상 및 지원금액 확대를 위해 2007년 7월에 이혼, 단전을 위기사유로 추가하고, 2006년 11월에 생계지원 수준을 최저생계비의 60%에서 100%로 상향 조정하였다. 2008년 1월에 시행령 개정을 통해 적정성 심사 소득기준을 최저생계비의 130%에서 150%로 확대하였으며, 2008년 5월에 장제비, 해산비, 연료비, 전기요금도 개별 지원할 수 있도록 지원 요건을 완화하였다. 2009년 5월 개정에서 부칙을 삭제하여 영구법으로 변경하였고, 2012년 1월 30일 고시를 개정해 위기 사유를 추가하였으며, 2012년 12월 제6차 개정에서는 위기상황의 정의에서 소득기준을 삭제하고 주거지원 기간을 최대 12개월로 연장하였다.

2014년 12월 30일 개정된 법률은 최근 빈곤위기가정의 계속된 자살사건 발생상황에 비추어 볼 때 긴급지원제도의 개선 및 지원대상의 확대가 필요한 실정인 바, 친지·이웃 등을 통한 사적안전망의 붕괴로 정부에 대한 의존도가 더욱 높아지는 실정이다. 이에 '신청'과 '선별'을 통한 소극적 복지에서 벗어나, 사각지대에 빠져 있는 이들을 적극적으로 찾아내어 복지제도에 다가올 수 있도록 하는 개선이 필요한 시점이다. 따라서 긴급지원 여부를 지방자치단체가 판단할 수 있도록 범위의 확대, 안내 강화, 정기적으로 위기상황에 처한 사람에 대한 발굴조사 및 운영실태 점검, 긴급지원담당공무원의 권한을 확대하는 등 긴급지원의 진입장벽을 낮추고, 찾아가는 복지를 통하여 최소한의 사회안전망을 확보하려는 것이다. 한편, 긴급지원대상자가 신청하는 경우에는 긴급지원대상자에게 지급되는 금전만이 입금되는 긴급지원대상자 명의의 지정된 계좌(긴급지원수급계좌)로 긴급지원대상자에게 지급되는 금전을 입금하도록 하였다. 또한 긴급지원수급계좌의 긴급지원금과 이에 관한 채권은 압류할 수 없도록 규정함으로써 긴급지원대상자에게 지급되는 금전에 대한 압류를 방지하고 긴급지원대상자의 생계 보호를 강화하려는 것이다.

■ 긴급복지지원법 연혁

2004년 12월 18일	대구시 불로동 5세 남아 영양실조 사망사건 발생
2005년 12월 23일	제정(법률 제7739호)－시행: 2006년 3월 24일
2006년 7월 27일	이혼, 단전 등 위기사유 추가 고시
2006년 11월 7일	생계지원 수준 상향조정(최저생계비 60%에서 100%)
2009년 5월 28일	제2차 개정(부칙 삭제하여 영구법으로 변경)
2012년 10월 30일	교정시설 출소, 초기 노숙 등 위기사유 추가 고시
2012년 10월 22일	제6차 일부개정(법률 제11512호)－소득기준 삭제, 주거지원 연장
2014년 12월 30일	최소한의 안전망을 확보하고, 긴급지원대상자의 생계보호를 강화

3. 법의 내용

1) 법의 목적과 긴급지원의 기본원칙

(1) 법의 목적

이 법은 생계곤란 등의 위기상황에 처하여 도움이 필요한 자를 신속하게 지원함으로써 이들이 위기상황에서 벗어나 건강하고 인간다운 생활을 영위하게 함을 목적으로 한다(법 제1조).

(2) 긴급지원의 기본원칙

이 법에 의한 긴급지원의 원칙은 〈표 9-3〉과 같다(법 제3조 참조).

표 9-3 긴급지원의 기본원칙

원칙	내용
① 선지원 후처리 원칙	지원요청이나 신고가 있으면 담당공무원의 현장 확인을 통해 긴급지원의 필요성이 인정되면 우선 지원을 실시하고 나중에 소득, 재산 등을 조사하여 지원의 적정성을 심사한다.
② 단기 지원 원칙	원칙적으로 1개월(의료지원, 교육지원은 1회)만 지원하며, 예외적으로 연장지원을 인정하며 최대 6개월(의료지원, 교육지원은 2회)까지만 지원한다. 지원이 종료되면 예외적인 사유를 제외하고는 동일한 사유로 다시 지원할 수 없다.
③ 타 법률 지원 우선의 원칙	다른 법률*에 의하여 긴급지원의 내용과 동일한 내용의 구호·보호나 지원을 받고 있는 경우에는 긴급지원을 하지 않는다. 지원요청이나 신고를 받을 때 담당공무원이 판단하여 다른 법률에 의한 지원대상이 되는 경우에는 우선적으로 해당 지원에 연계한다.
④ 현물지원 우선 원칙	의료서비스 제공, 임시거소 제공 등 지원의 본래 목적을 달성하기 위하여 현물지원을 우선하고, 예외적으로 금전지원을 실시한다. 생계지원, 의료지원, 해산비, 장제비는 금전지원을 원칙으로 하고, 예외적으로 현물지원을 실시한다.
⑤ 가구단위 지원 원칙	가구단위로 산정하여 지원하는 것을 원칙으로 한다. 다만, 의료지원, 교육지원 등은 필요한 가구구성원에 한하여 개인 단위로 지원한다.

주: *의료급여법, 사회복지사업법, 재해구호법, 국민기초생활보장법, 가정폭력방지 및 피해자보호 등에 관한 법률, 성폭력범죄 처벌 및 피해자보호 등에 관한 법률 등

2) 긴급지원대상자

긴급지원대상자는 위기상황에 처한 사람으로서 지원이 긴급하게 필요한 사람을 말한다(법 제5조). 따라서 위기상황과 필요성의 두 가지 요건을 구비하여야 한다. 여기서 '위기상황'이란 본인 또는 본인과 생계 및 주거를 같이하고 있는 가구구성원이 다음의 사유로 인하여 생계유지 등이 어렵게 된 것을 말한다(법 제2조).

① 주소득자가 사망, 가출, 행방불명, 구금시설에 수용되는 등의 사유로 소득을 상실한 경우
② 중한 질병 또는 부상을 당한 경우
③ 가구구성원으로부터 방임 또는 유기되거나 학대 등을 당한 경우
④ 가정폭력을 당하여 가구구성원과 함께 원만한 가정생활을 하기 곤란하거나 가구구성원으로부터 성폭력을 당한 경우
⑤ 화재 등으로 인하여 거주하는 주택 또는 건물에서 생활하기 곤란하게 된 경우
⑥ 보건복지부령으로 정하는 기준에 따라 지방자치단체의 조례로 정한 사유가 발생한 경우
⑦ 그 밖에 보건복지부장관이 정하여 고시하는 사유가 발생한 경우

국내에 체류하고 있는 외국인 중 다음 각 호의 어느 하나에 해당하는 사람은 위의 '위기상황' 에 해당하면 긴급지원대상자가 된다(법 제5조의2 및 령 제1조의2).

① 대한민국 국민과 혼인 중인 사람
② 대한민국 국민인 배우자와 이혼하거나 그 배우자가 사망한 사람으로서 대한민국 국적을 가진 직계존비속을 돌보고 있는 사람
③ 난민법에 따라 난민의 인정을 받은 사람
④ 본인의 귀책사유 없이 화재, 범죄, 천재지변으로 피해를 입은 사람
⑤ 그 밖에 보건복지부장관이 긴급한 지원이 필요하다고 인정하는 사람

3) 긴급지원기관

(1) 국가 및 지방자치단체의 책무

국가 및 지방자치단체는 첫째, 위기상황에 처한 자를 찾아 내어 최대한 신속하게 필요한 지원을 하도록 노력하여야 하고, 둘째, 긴급지원의 지원대상 및 소득 또는 재산 기준, 지원 종류·내용·절차와 그 밖에 필요한 사항 등 긴급지원사업에 관하여 적극적으로 안내하여야 하며, 셋째, 다른 법률에 의한 구호·보호 또는 지원이 어렵다고 판단되는 경우에는 민간기관·단체와의 연계를 통하여 구호·보호 또는 지원을 받을 수 있도록 노력하여야 한다(법 제4조).

(2) 시·군·구

긴급지원은 긴급지원대상자의 거주지를 관할하는 시장·군수·구청장이 하며, 다만 거주지가 분명하지 아니한 경우에는 지원요청 또는 신고를 받은 시장·군수·구청장이 한다(법 제6조).

4) 지원요청 절차

(1) 지원요청 및 신고

긴급지원대상자와 친족, 그 밖의 관계인은 구술 또는 서면 등으로 관할 시장·군수·구청장에게 지원을 요청할 수 있으며, 또한 누구든지 긴급지원대상자를 발견한 경우에는 관할 시장·군수·구청장에게 신고하여야 한다. 특히 ① 의료기관의 종사자 ② 교원 ③ 사회복지시설의 종사자 및 복지위원 ④ 공무원 ⑤ 활동지원기관의 장 및 활동지원인력 등은 진료·상담 등 직무수행 과정에서 긴급지원대상자가 있음을 알게 된 경우에는 관할 시장·군수·구청장에게 신고하고, 긴급지원대상자가 신속하게 지원을 받을 수 있도록 노력하여야 한다(법 제7조).

(2) 위기상황의 발굴

국가 및 지방자치단체는 위기 상황에 처한 사람에 대한 발굴조사를 연1회 이상 정기적으로 실시하여야 한다. 발굴조사에 필요한 경우 관계 기관 법인 단체 등의 장에게 자료의 제출, 위기상황에 처한 사람의 거주지 등 현장 조사 시 조속 직원의 동행 등 협조를 요청할 수 있다. 이 경우 관계 기관 법인 단체 등의 장은 정당한 사유가 없으면 이에 따라야 한다. 국가 및 지방자치단체는 위기 상황에 처한 사람에 대한 발굴체계의 운영 실태를 정기적으로 점검하고 개선방안을 수립하여야 한다(법 제7조의 2).

(3) 현장 확인 및 지원 실시

시장 · 군수 · 구청장은 지원요청 또는 신고를 받거나 위기상황에 처한 자를 찾아낸 경우에는 지체 없이 긴급지원담당공무원으로 하여금 거주지 등을 방문하여 위기상황에 대한 확인을 하여야 하고, 필요한 경우에는 관할 경찰관서와 소방관서 등 관계 행정기관의 장에게 협조를 요청할 수 있다. 현장 확인 결과 위기상황의 발생이 확인된 자에 대하여는 지체 없이 긴급지원의 종류 및 내용을 결정하여 지원하여야 한다. 이 경우 긴급지원대상자에게 신속히 지원할 필요가 있다고 판단되는 경우 긴급지원담당공무원으로 하여금 우선 필요한 지원을 하도록 할 수 있다(법 제8조).

5) 긴급지원의 종류 및 내용

긴급지원의 종류는 크게 금전 또는 현물 등의 직접지원과 민간기관 · 단체와의 연계 등의 지원이 있다(법 제9조). 법 제정 당시에는 교육지원이 없어 이에 대한 많은 지적과 요구가 있어 법 개정을 통해 추가하였다. 자세한 지원 내용은 2015년도 기준으로 〈표 9-4〉와 같다(2015년 긴급지원사업안내).

표 9-4 긴급지원의 종류(2015년 기준)

종류		내용	지원금액	최장횟수
금전 · 현물 지원	① 생계지원	식료품비, 의복비 등 1개월 생계유지비	최고 110만 원 (4인 기준)	6회
	② 의료지원	각종 검사 및 치료 등 의료서비스 지원 (본인부담금 및 비급여항목)	300만 원 이내	2회
	③ 주거지원	국가 · 지자체 소유 임시거소 제공 또는 타인소유의 임시거소 제공 - 원칙적으로 제공자에게 거소사용 비용 지급	610,000원 (대도시, 3~4인 기준)	12회
	④ 사회복지시설 이용지원	사회복지시설 입소 또는 이용서비스 제공 - 시설운영자에게 입소 또는 이용비용 지급	1,370,000원 (4인 기준)	6회

⑤ 교육지원	초 · 중 · 고학생 중에 수업료 등이 필요하다고 인정되는 자에게 학비 지원	• 초 209,000원 • 중 333,000원 • 고 408,000원 및 수업료(해당 학교장이 고지한 금액) · 입학금(해당 학교장이 고지한 금액)	2회
⑥ 그 밖의 지원	위기 사유 발생으로 생계유지가 곤란한 가구 중 다음의 경우에 지원 – 동절기(10~3월) 연료비: 90,800원/월 – 해산비(60만 원), 장제비(75만 원), 전기요금(50만 원 이내) 각 1회		1회 (연료비 6회)
⑦ 민간기관 · 단체 연계지원 등	사회복지공동모금회, 대한적십자사 등 민간의 지원프로그램으로 연계 상담 등 기타 지원		횟수 제한 없음

6) 긴급지원의 기간

(1) 긴급지원의 기간 및 지원연장

시장 · 군수 · 구청장은 긴급지원대상자의 신청이 있는 경우에는 긴급지원대상자에게 지급하는 금전(이하 "긴급지원금"이라 한다)을 긴급지원대상자 명의의 지정된 계좌(이하 "긴급지원수급계좌"라 한다)로 입금하여야 한다. 다만, 정보통신장애나 그 밖에 대통령령으로 정하는 불가피한 사유로 긴급지원수급계좌로 이체할 수 없을 때에는 현금 지급 등 대통령령으로 정하는 바에 따라 지급할 수 있다. 또한 긴급지원수급계좌가 개설된 금융기관은 긴급지원금만이 긴급지원수급계좌에 입금되도록 하고, 이를 관리하여야 하며, 긴급지원수급계좌의 신청 방법 · 절차와 관리 등에 필요한 사항은 대통령령으로 정한다(법 제9조의2).

(2) 긴급지원의 추가연장

시장 · 군수 · 구청장은 위기상황이 계속되는 경우에는 긴급지원심의위원회의 심의를 거쳐 지원을 연장할 수 있다. 이 경우 지원기간을 합하여 총 6개월을 초과하여서는 아니 되고, 같은 호 다목에 따른 지원은 제1항에 따른 지원기간을 합하여 총 12개월을 초과하여서는 아니 되며, 같은 호 나목에 따른 지원은 제2항에 따른 지원횟수를 합하여 총 두 번, 같은 호 마목에 따른 지원은 제2항에 따른 지원횟수를 합하여 총 네 번을 초과하여서는 아니 된다(법 제10조).

7) 사후조사

(1) 사후조사의 시기 및 기준

시장 · 군수 · 구청장은 지원을 받았거나 받고 있는 긴급지원대상자에 대하여 지원 결정일부터 1개월 이내에 소득 또는 재산 등 일정한 기준에 따라 긴급지원이 적정한지를 조사하여야 한다. 여기서 일정한 기준은 다음의 요건을 모두 충족하는 것을 말한다(법 제13조 및 령 제7조).

① 소득이 국민기초생활보장법에 따른 최저생계비의 100분의 120 이하일 것, 다만 생계지원은 최저생계비 이하일 것

② 재산의 합계액 및 금융재산이 각각 보건복지부장관이 정하여 고시하는 금액 이하일 것

고시 금액 중 재산의 합계액은 2015년 기준으로 〈표 9-5〉와 같고(보건복지부 고시 제2014-230호), 금융재산은 500만 원(주거지원은 700만 원) 이하다.

표 9-5 재산의 합계액 기준 (단위: 만 원)

지역구분	대도시	중소도시	농어촌
재산의 합계액	13,500	8,500	7,250

(2) 긴급지원의 적정성 심사

긴급지원심의위원회는 시장 · 군수 · 구청장이 행한 사후조사 결과를 참고하여 긴급지원의 적정성을 심사한다. 만일 심사결과 긴급지원대상자에 대한 지원이 적정하지 않은 것으로 결정된 경우에도 담당공무원의 고의 또는 중대한 과실이 없으면 이를 이유로 담당공무원에게 불리한 처분이나 대우를 하여서는 아니 된다(법 제14조).

(3) 지원중단 또는 비용 환수

시장 · 군수 · 구청장은 심사결과 거짓이나 부정한 방법으로 지원 받은 것으로 결정되면 긴급지원심의위원회의 결정에 따라 지체 없이 지원을 중단하고 지원한 비용의 전부 또는 일부를 반환하게 하여야 하고, 또한 심사결과 긴급지원이 적정하지 아니한 것으로 결정되면 지원을 중단하고 지원한 비용의 전부 또는 일부를 반환하게 할 수 있으며, 지원기준을 초과하여 지원받으면 그 초과지원 상당분을 반환하게 할 수 있다. 만일 반환명령에 따르지 않으면 지방세체납처분의 예에 따라 징수한다(법 제15조).

이상의 긴급지원업무의 흐름을 간단히 요약하면 [그림 9-1]과 같다.

[그림 9-1] 긴급지원업무의 흐름

8) 이의신청 및 압류 등의 금지

(1) 이의신청

반환명령에 이의가 있는 사람은 처분 고지를 받은 날로부터 30일 이내에 해당 시장 · 군수 · 구청장을 거쳐 특별시장 · 광역시장 · 도지사에게 서면으로 이의신청할 수 있다. 이 경우 10일 이내에 의견서와 관련 서류를 첨부하여 시 · 도지사에게 송부하고, 시 · 도지사는 송부받은 날부터 15일 이내에 검토하고 처분이 위법 · 부당하다고 인정되면 시정 또는 필요한 조치를 하여야 한다(법 제16조).

(2) 압류 등의 금지

이 법에 따라 긴급지원대상자에게 지급되는 금전 또는 현물은 압류할 수 없고, 또한 긴급지원수급계좌의 긴급지원금과 이에 관한 채권은 압류할 수 없다. 긴급지원대상자는 이 법에 따라 지급되는 금전 또는 현물을 생계유지 등의 목적 외의 다른 용도로 사용하기 위하여 양도하거나 담보로 제공할 수 없다(법 제18조).

9) 긴급지원심의위원회

(1) 심의사항

시 · 군 · 구에 긴급지원심의위원회를 설치하여 ① 긴급지원연장 결정 ② 긴급지원의 적정성 심사 ③ 긴급지원의 중단 또는 지원비용의 환수 결정 ④ 그 밖에 긴급지원심의위원회의 위원장이 이 회의에 부치는 사항을 심의한다(법 제12조 제1항). 다만 생활보장위원회가 있으면 조례에 따라 긴급지원심의위원회의 기능을 대신할 수 있다(법 제12조 제3항).

(2) 위원회 구성

긴급지원심의위원회는 위원장 1인을 포함한 15인 이내의 위원으로 구성한다. 위원장은 시장 · 군수 · 구청장이 되고, 위원은 다음에 해당하는 자 중에서 시장 · 군수 · 구청장이 임명 또는 위촉한다(법 제12조 제2항).

① 사회보장에 관한 학식과 경험이 있는 자
② 비영리민간단체에서 추천한 자
③ 해당 시 · 군 · 구 또는 관계 행정기관 소속의 공무원
④ 해당 시 · 군 · 구 지방의회가 추천하는 자

10) 담당기구 설치 등

보건복지부장관은 위기상황에 처한 사람에게 상담 · 정보제공 및 관련 기관 · 단체 등과의 연계서비스를 제공하기 위하여 담당기구를 설치 · 운영할 수 있고, 시장 · 군수 · 구청장은 긴급지원을 원활하게 수행하기 위하여 지역사회복지협의체를 통하여 사회복지 · 보건의료 관련 기관 · 단체 간의 연계 · 협력을 강화하여야 한다(법 제11조).

제4절 기초연금법

[시행일 2014. 7. 1.][법률 제12617호, 2014. 5. 20., 제정]

1. 입법 배경 및 연혁

2007년 저소득층 노인의 노후의 소득을 위한 「기초노령연금법」이 제정되었으며, 「기초노령연금법」은 2014년 「기초연금법」의 제정으로 폐지되었다.

「기초연금법」의 제정은 2014년 7월 1일 국가재정의 지속가능성을 확보하면서 노인세대를 위한 안정적인 공적연금제도를 마련하여 65세 이상의 노인 중 소득기반이 취약한 70퍼센트의 노인에게 기초연금을 지급함으로써 노인 빈곤 문제를 해소하고 노인의 생활안정과 복지 증진에 기여하려는 것이다. 또한 소득평가액과 재산의 소득환산액의 산정에 필요한 소득 및 재산의 범위, 선정기준액의 기준, 기초연금 지급의 신청방법·절차 등 법률에서 위임된 사항과 그 시행에 필요한 사항을 정하려는 것이다.

■ 기초연금법 연혁

2006년 9월 29일	강지정 의원 대표발의로 기초노령연금의 발의
2007년 4월 25일	기초노령연금법으로 법률 제정
2007년 7월 27일	1차 일부개정
2008년 1월 1일	기초노령연금법 시행
2014년 5월 20일	기초연금법 제정
2014년 7월 1일	기초노령연금법이 폐지되고 기초연금법이 제정 시행

2. 법의 내용

1) 법의 목적

이 법은 노인에게 기초연금을 지급하여 안정적인 소득기반을 제공함으로써 노인의 생활안정을 지원하고 복지를 증진함을 목적으로 한다(법 제1조).

2) 용어의 정의

이 법에서 사용하는 용어의 뜻은 다음과 같다. "기초연금 수급권(受給權)" 이란 이 법에 따른 기초연금을 받을 권리를 말하며, "기초연금 수급권자" 란 기초연금 수급권을 가진 사람을 말한다. 또한 "기초연금 수급자" 란 이 법에 따라 기초연금을 지급받고 있는 사람을 말하며, "소득인정액" 이란 본인 및 배우자의 소득평가액과 재산의 소득환산액을 합산한 금액을 말한다. 이 경우 소득평가액과 재산의 소득환산액을 산정하는 소득 및 재산의 범위는 대통령령으로 정하고, 소득평가액과 재산의 소득환산액의 구체적인 산정방법은 보건복지부령으로 정한다(법 제2조).

3) 기초연금 수급권자의 범위 등

기초연금은 65세 이상인 사람으로서 소득인정액이 보건복지부장관이 정하여 고시하는 금액(이하 "선정기준액" 이라 한다) 이하인 사람에게 지급하며, 보건복지부장관은 선정기준액을 정하는 경우 65세 이상인 사람 중 기초연금 수급자가 100분의 70 수준이 되도록 한다. 그러나 제1항에도 불구하고 다음 각 호의 어느 하나에 해당하는 연금의 수급권자와 그 배우자나 다음 각 호의 어느 하나에 해당하는 연금을 받은 사람 중 대통령령으로 정하는 사람과 그 배우자에게는 기초연금을 지급하지 아니한다. 또한 선정기준액의 기준, 고시 시기 및 적용기간 등은 대통령령으로 정한다(법 제3조 제1항~제4항).

① 「공무원연금법」과 「사립학교교직원 연금법」에 따른 퇴직연금, 퇴직연금일시금, 퇴직연금공제일시금, 장해연금, 장해보상금, 유족연금, 유족연금일시금, 순직유족연금 또는 유족일시금(유족일시금의 경우에는 「공무원연금법」 제56조 제1항 제3호에 해당하는 경우로서 유족이 같은 법 제60조에 따라 유족연금을 갈음하여 선택한 경우로 한정한다)
② 「군인연금법」에 따른 퇴역연금, 퇴역연금일시금, 퇴역연금공제일시금, 상이연금, 유족연금 또는 유족연금일시금
③ 「별정우체국법」에 따른 퇴직연금, 퇴직연금일시금, 퇴직연금공제일시금, 유족연금 또는 유족연금일시금
④ 「국민연금과 직역연금의 연계에 관한 법률」 제10조 또는 제13조에 따른 연계퇴직연금 또는 연계퇴직유족연금 중 같은 법 제2조 제1항 제7호에 따른 직역재직기

간이 10년 이상인 경우의 연계퇴직연금 또는 연계퇴직유족연금

4) 재원의 조성 및 부담

국가 및 지방자치단체는 노인의 생활안정을 지원하고 복지를 증진하는 데 필요한 수준의 기초연금 재원을 조성하되, 「국민연금법」에 따른 국민연금기금은 사용할 수 없도록 한다. 또한 국가는 지방자치단체의 노인인구 비율 및 재정여건을 고려하여 기초연금 지급에 소요되는 비용의 100분의 40 이상 100분의 90 이하의 범위에서 일정 비율을 부담해야 하며, 기초연금 재원 조성의 책임과 기초연금 지급에 국민연금기금을 사용하지 아니한다는 점을 명확히 하여 국민연금기금 사용에 관한 국민의 우려를 해소할 수 있을 것으로 기대된다(법 제4조, 제25조).

5) 기초연금액의 산정

이 법 시행 당시 기초연금액의 기준이 되는 기준연금액은 20만 원으로 하고, 그 이후 기준연금액은 매년 전국소비자물가상승률을 반영하여 보건복지부장관이 고시하도록 한다. 또한 국민연금 가입자에 대하여는 기준연금액에서 본인이 받는 국민연금 급여 중 소득재분배 성격의 급여 일부(3분의 2)를 기초로 산정하는 금액을 감액하여 기초연금액을 조정하도록 하되, 기준연금액의 2분의 1에 해당하는 부가연금을 지급하도록 한다. 그리고 국민연금 미가입자, 국민연금 지급이 정지된 사람, 장애인연금 수급권자 및 국민기초생활 수급권자 등에 대하여는 기준연금액을 기초연금으로 지급하도록 한다(법 제5조 및 부칙 제6조).

6) 기초연금액의 적정성 평가 및 조정

보건복지부장관은 5년마다 기초연금 수급권자의 생활수준 및 그동안의 전국소비자물가상승률 등을 고려하여 기초연금액의 적정성을 평가하고, 노인빈곤 실태 조사 및 장기적인 재정 소요에 대한 전망을 하도록 하며, 기초연금액의 적정성 평가 결과를 반영하여 기준연금액을 조정하도록 한다(법 제9조).

7) 연금 수급자 관리 등

기초연금 수급자가 교정시설 또는 치료감호시설에 수용 중이거나 국외 체류기간이 60일 이상 지속되는 경우 등에는 기초연금 지급을 정지하고, 기초연금 수급권자가 사망하거나 국적을 상실한 경우 등에는 그 기초연금 수급권이 상실되도록 한다(법 제16조~제18조). 또한 기초연금 지급 정지 사유가 소멸된 경우, 기초연금 수급권 상실의 사유가 있는 경우 또는 일정한 소득·재산의 변동이 발생한 경우에는 그 사실을 신고하도록 한다. 기초연금이 잘못 지급된 경우에는 지급된 기초연금액을 환수하도록 하고, 거짓이나 부정한 방법으로 기초연금을 지급받은 경우에는 그 기초연금액에 이자를 가산하여 환수하도록 한다(법 제19조).

8) 수급권의 보호 및 이의신청

기초연금 수급권은 양도하거나 담보로 제공할 수 없으며, 압류 대상으로 할 수 없으며, 기초연금으로 지급받은 금품은 압류할 수 없다(법 제21조).

지급 결정에 따른 결정이나 그 밖에 이 법에 따른 처분에 이의가 있는 사람은 특별자치시장·특별자치도지사·시장·군수·구청장에게 이의신청을 할 수 있다. 이의신청은 그 처분이 있음을 안 날부터 90일 이내에 서면으로 하여야 한다. 다만, 정당한 사유로 인하여 그 기간 이내에 이의신청을 할 수 없었음을 증명한 때에는 그 사유가 소멸한 때부터 60일 이내에 이의신청을 할 수 있으며, 이의신청의 절차 및 결정 통지 등에 관하여 필요한 사항은 보건복지부령으로 정한다(법 제22조).

9) 기초연금정보시스템의 구축·운영

보건복지부장관은 이 법에 따른 기초연금 관련 자료 또는 정보의 효율적 처리·관리를 위하여 대통령령으로 정하는 바에 따라 기초연금정보시스템(이하 "기초연금정보시스템" 이라 한다)을 구축·운영할 수 있다. 보건복지부장관은 기초연금 업무를 효율적으로 수행하기 위하여 「사회복지사업법」 제6조의2 제2항에 따른 정보시스템과 기초연금정보시스템을 연계하여 사용할 수 있다(법 제26조).

10) 벌칙

제12조 제6항을 위반하여 금융정보를 다른 자에게 제공하거나 누설한 자는 5년 이하의 징역 또는 3천만 원 이하의 벌금에 처한다. 또한 신용정보 또는 보험정보를 다른 자에게 제공하거나 누설한 자는 3년 이하의 징역 또는 2천만 원 이하의 벌금에 처한다. 그 밖에 거짓이나 그 밖의 부정한 방법으로 기초연금을 지급받은 사람은 1년 이하의 징역 또는 500만 원 이하의 벌금에 처한다(법 제29조).

11) 양벌규정

법인의 대표자, 법인 또는 개인의 대리인, 사용인, 그 밖의 종업원이 그 법인 또는 개인의 업무에 관하여 제29조제1항 또는 제2항의 위반행위를 하면 그 행위자를 벌하는 외에 그 법인 또는 개인에게도 해당 조항의 벌금형을 과(科)한다. 다만, 법인 또는 개인이 그 위반행위를 방지하기 위하여 해당 업무에 관하여 상당한 주의와 감독을 게을리하지 아니한 경우에는 그러하지 아니하다(법 제30조).

제5절 장애인연금법

[시행 2014. 7. 1.] [법률 제12620호, 2014. 5. 20., 일부개정]

1. 법의 의의

장애인의 경제활동참가율은 17.4%로 국민평균 60.4%에 비해 매우 낮은 수준이고, 특히 고용률은 15.1%로 국민평균 58.4%에 비해 역시 매우 낮은 수준이다. 그 결과 노인보다 소득수준은 열악하고(장애인 39.5만 원, 노인 58.4만 원), 생활비용은 각종 의료비, 교통비, 재활치료비 등으로 인해 추가로 지출해야 하는 형편이다. 그럼에도 2008년도 기준으로 국민연금제도의 장애연금 및 노령연금을 받는 수급자가 7만 명에 불과한 실정이다. 장애인 대다수가 소득이 없거나 절대적으로 적은 상황이며, 경증장애인 또한 절대다수가 노동시장에서 배제되어 빈곤상태에 놓여 있는 실정이다. 최저생계비 이상의 소득 · 재산을 보유한 부모 등이 있으면 정부의 복지 지원을 받지 못하는 사각지대에 놓여 있다.

이러한 상황에서 무기여 연금인 장애인연금을 도입함으로써 국민연금의 사각지대를 일정 해소하고 장애인의 소득보장을 통한 실질적인 생활 안정이 기대된다. 특히 이 법 시행으로 수급 여부, 급여액 결정 및 수급 중지 등에 관해 법에서 구체적으로 규정함으로써 법적 권리가 대폭 향상되었다는 점에서 큰 의의가 있다. 그러나 지원대상 및 급여액이 기존의 장애수당에 비해 조금 개선된 정도에 그쳐 실질적인 혜택에는 매우 부족한 상황이다.

2. 입법배경 및 연혁

2000년대부터 장애인연금에 대해 논의되기 시작하여 2007년에 105개 단체가 참여하는 '장애인연금법공동투쟁단'을 결성하고 입법을 위해 노력하였다. 그 결과 민주당 박은수 의원이 2009년 4월 3일 공동투쟁단의 법안을 국회에 발의하였고, 정부 역시 2009년 10월 30일 중증장애인연금법을 입법예고 하였다. 결국 「장애인연금법」 제정에 관한 청원 1건과 중증장애인연금법안 2건, 장애인연금법안 1건 등 4건이 발의되어 이를 상임위에서 심사한 결과 대안을 제안하기로 의결하였다.

당시 상임위의 입법 제안이유를 살펴보면 "경제활동이 어려운 근로무능력 중증장애인은 생활수준이 열악하고 국민연금 등 공적소득보장제도의 사각지대에 놓인 경우가 많으므로, 18세 이상의 중증장애인으로서 소득인정액이 일정 수준 이하인 자에게 매월 일정액의 무기여 연금을 지급하는 장애인연금 제도를 도입하여 중증장애인에 대한 사회보장 사각지대를 해소하고 사회통합을 강화하려는 것임"을 명시하였다. 2010년 4월 12일 법률 제10255호로 제정되어 같은 해 7월 1일 시행되었다.

2011년 7월 14일 법률이 제10854호로 제정되어 같은 해에 시행되었다. 폐지된 「장기신용은행법」과 금융거래의 정보요구와 관련하여 인용하고 있는 「정치자금법」 규정을 정비하는 한편, 법 문장을 원칙적으로 한글로 적고, 어려운 용어를 쉬운 용어로 바꾸며, 길고 복잡한 문장은 체계 등을 정비하여 간결하게 하는 등 국민이 법 문장을 이해하기 쉽게 정비하려는 것이다.

2014년 7월 1일 18세 이상의 중증장애인에게 지급하는 장애인연금 중 기초급여를 현행 금액의 2배 이상으로 인상하여 장애로 인하여 생활이 어려운 중증장애인의 생활안정을 지원하도록 하는 등 현행 장애인연금 제도의 운영상 나타난 일부 미비점을 개선 · 보완하려는 것이다.

■ 장애인연금법 연혁

2010년 3월 31일 장애인연금법안(대안) 제안(의안번호 제8028호)
2010년 4월 12일 제정(법률 제10255호)
2010년 7월 1일 시행
2011년 7월 14일 1차 (타)일부개정(법률 제10854호)
2014년 5월 20일 2차 동법 일부개정(법률 제12620호)

3. 법의 내용

1) 법의 목적

이 법은 장애로 인하여 생활이 어려운 중증장애인에게 장애인연금을 지급함으로써 중증장애인의 생활 안정 지원과 복지 증진 및 사회통합을 도모하는 데 이바지함을 목적으로 한다(법 제1조). 여기서 중증장애인이란 장애인복지법에 따라 등록한 1~2급 및 3급 중복장애인을 말하고, 3급 중복장애란 3급의 장애인으로서 3급에 해당하는 장애유형 외에 다른 유형의 장애가 하나 이상 있는 분(다만, 중복 합산으로 3급으로 상향 조정된 분은 제외)을 말한다(법 제2조 및 령 제2조).

2) 국가와 지방자치단체의 책무

국가와 지방자치단체는 장애인연금이 중증장애인의 생활 안정을 지원하고 복지를 증진하는 데 필요한 수준이 되도록 최대한 노력하여야 하며, 매년 필요한 재원을 조달하여야 한다. 또한 장애인연금의 지급에 따라 계층 간 소득 역전현상이 발생하지 아니하고 근로 의욕 및 저축 유인이 저하되지 아니하도록 최대한 노력하여야 한다(법 제3조).

3) 수급권자의 범위

수급권자는 18세 이상의 중증장애인으로서 소득인정액과 중증장애인의 소득·재산·생활수준과 물가상승률 등을 고려하여 보건복지부장관이 정하여 고시하는 금액(이하 "선정기준액"이라 한다) 이하인 사람으로 한다. 다만, 20세 이하로서 「초·중등교육법」 제2조에 따른 학교에 재학 중인 사람은 제외한다. 또한 보건복지부장관은 선정기준액을 정하는 경우에 18세 이상의 중증장애인 중 수급자가 100분의 70 수준이 되도록 한다. 그러나 제1항에도 불구하고 다음 각 호의 어느 하나에 해당하는 연금을 받을 자격이 있는 사람과 그 배우자나 다음 각 호의 어느 하나에 해당하는 연금을 받은 사람 중 대통령령으로 정하는 사람과 그 배우자에게는 장애인연금을 지급하지 아니한다. 선정기준액의 기준, 고시 시기 및 적용기간 등은 대통령령으로 정한다(법 제4조).

4) 장애인연금의 종류 및 내용

장애인연금은 기초급여와 부가급여로 구분된다.

① 기초급여는 근로능력의 상실 또는 현저한 감소로 인하여 줄어든 소득을 보전하기 위한 급여로서, 「국민연금법」 제51조 제1항 제1호에 따른 금액의 5에 해당하는 액수다(법 제5조). 즉, 국민연금의 기본연금 산정수식에서의 이른바 A값에 해당하는 '연금수급전 3년간 전체 가입자의 평균소득월액의 평균액'의 5%다. 기초급여액의 적용기간은 4월 1일부터 다음 연도 3월 1일까지이며, 2013년 4월에서 2014년 3월까지는 매월 최대 9만 7100원이다.
② 부가급여는 장애로 인하여 추가로 드는 비용의 전부 또는 일부를 보전하기 위한 급여로서, 기초생활수급자는 매월 8만 원(65세 이상은 17만 원), 차상위계층은 매월 7만 원을 추가 지급한다.

다만, 소득인정액과 기초급여액을 합한 금액이 선정기준액 이상이거나 수급권자와 그 배우자가 모두 기초급여를 받는 경우에는 일부를 감액하여 지급할 수 있다(령 제5조).

5) 연금의 신청과 지급의 결정 등

장애인연금을 지급받으려는 사람(이하 "수급희망자"라 한다)은 관할 특별자치시장·특별자치도지사·시장·군수·구청장(자치구의 구청장을 말한다. 이하 같다)에게 장애인연금의 지급을 신청할 수 있다. 또한 특별자치시·특별자치도·시·군·구(자치구를 말한다. 이하 같다) 소속 공무원은 이 법에 따른 장애인연금을 필요로 하는 사람이 누락되지 아니하도록 하기 위하여 관할 지역에 거주하는 수급희망자 또는 수급권자에 대한 장애인연금의 지급을 신청할 수 있다. 이 경우 그 수급희망자 또는 수급권자의 동의를 받아야 하며, 그 동의는 수급희망자 또는 수급권자의 신청으로 본다(법 제8조).

보건복지부장관 또는 특별자치시장 · 특별자치도지사 · 시장 · 군수 · 구청장은 장애인연금의 신청을 받으면 소속 공무원으로 하여금 장애인연금의 지급 결정 및 실시 등에 필요한 다음 각 호의 사항을 조사하게 할 수 있다(법 제9조).

① 수급희망자 또는 수급권자와 그 배우자의 소득 및 재산에 관한 사항
② 수급희망자 또는 수급권자의 가구 특성 및 장애등급에 관한 사항
③ 수급희망자 또는 수급권자의 지급계좌 등 장애인연금의 지급에 필요한 사항

보건복지부장관 또는 특별자치시장 · 특별자치도지사 · 시장 · 군수 · 구청장은 제1항에 따라 장애인연금 지급의 여부와 내용을 결정하였을 때에는 그 결정의 요지, 장애인연금의 종류 및 지급 개시시기 등을 서면으로 해당 수급희망자 또는 수급권자에게 통지하여야 한다. 수급희망자 또는 수급권자에 대한 제2항의 통지는 제8조에 따른 장애인연금 지급의 신청일부터 30일 이내에 하여야 한다. 다음 각 호의 어느 하나에 해당하는 경우에는 제3항에도 불구하고 신청일부터 60일 이내에 통지할 수 있다. 이 경우 통지서에 그 사유를 분명하게 밝혀야 한다(법 제10조).

① 수급희망자 또는 수급권자와 그 배우자의 소득 · 재산의 조사나 수급희망자 또는 수급권자의 장애등급의 재심사에 시일이 필요한 특별한 사유가 있는 경우
② 수급권자 등이 제9조에 따른 조사나 자료제출 요구를 거부 · 방해 또는 기피하는 경우(법 제10조)

6) 수급자에 대한 사후관리

보건복지부장관은 수급자에 대한 장애인연금 지급의 적정성을 확인하기 위하여 매년 연간조사계획을 수립하고, 전국의 수급자를 대상으로 조사하여야 한다. 특별자치시장 · 특별자치도지사 · 시장 · 군수 · 구청장은 연간조사계획에 따라 관할 지역의 연간조사계획을 수립하고, 관할 지역의 수급자를 대상으로 제9조 제1항 각 호의 사항을 조사하여야 한다. 또한 특별자치시장 · 특별자치도지사 · 시장 · 군수 · 구

청장은 수급자, 그 배우자 또는 그 밖의 관계인이 제1항과 제2항에 따른 조사 및 제3항에 따라 준용되는 제9조 제3항에 따른 자료제출 요구를 두 번 이상 거부 · 방해 또는 기피한 경우에는 수급자에 대한 장애인연금 지급 결정을 취소하거나 장애인연금 지급을 정지할 수 있다. 이 경우 서면으로 그 이유를 분명하게 밝혀 수급자에게 통지하여야 한다(법 제11조 제1항, 제2항, 제4항).

7) 연금의 지급기간 및 지급시기

지급이 결정되면 신청한 달부터 수급권이 소멸한 달까지 매월 20일(토요일이나 공휴일이면 그 전날)에 수급자 명의의 금융회사계좌에 정기적으로 지급한다(법 제13조 제1항 및 령 제11조). 만일 지급정지 사유가 발생하면 그 다음 달부터 그 사유가 소멸한 날이 속하는 달까지 지급하지 아니한다(법 제13조 제2항).

8) 수급권의 소멸과 지급정지

수급권자가 다음 각 호에 해당하면 수급권은 소멸한다(법 제15조 제1항).

① 사망한 경우
② 국적을 상실하거나 외국으로 이주하기 위하여 출국하는 경우
③ 수급권자의 요건에 해당하지 아니하게 된 경우
④ 장애등급의 변경 등으로 중증장애인에 해당하지 아니하게 된 경우

그리고 수급자가 금고 이상의 실형을 선고받고 교정시설 또는 치료감호시설에 수용 중이거나, 행방불명 또는 실종 등의 사유로 사망한 것으로 추정되는 경우, 수급자의 국외 체류기간이 60일 이상 지속되는 경우(이 경우 국외 체류 60일이 되는 날을 지급 정지의 사유가 발생한 날로 본다.) 중 어느 하나에 해당하게 되면 장애인연금의 지급을 정지한다. 특별자치시장 · 특별자치도지사 · 시장 · 군수 · 구청장은 제1항 제3호 및 제4호에 따라 수급권이 소멸하거나 제2항에 따라 장애인연금의 지급을 정지하는 경우에는 서면으로 그 이유를 분명하게 밝혀 수급권자 또는 수급자나 그 배우자에게 통지하여야 한다(법 제15조 제2항, 제3항).

9) 신고 의무 및 연금의 환수

수급자는 ① 수급권의 소멸 ② 수급자 또는 그 배우자의 소득 또는 재산의 변동 ③ 수급자의 결혼 또는 이혼으로 변동 사유가 발생한 경우에는 보건복지부령으로 정하는 바에 따라 특별자치시장 · 특별자치도지사 · 시장 · 군수 · 구청장에게 신고하여야 한다. 다만, 제1호의 경우에는 「가족관계의 등록 등에 관한 법률」 제85조에 따른 신고의무자가 30일 이내에 그 사망 사실을 특별자치시장 · 특별자치도지사 · 시장 · 군수 · 구청장에게 신고하여야 한다(법 제16조). 특별자치시장 · 특별자치도지사 · 시장 · 군수 · 구청장은 이 법에 따라 장애인연금을 받은 자가 다음 각 호의 어느 하나에 해당되면 그가 받은 장애인연금의 전부 또는 일부를 환수하여야 한다. 다만, 제1호에 해당하는 경우에는 대통령령으로 정하는 이자를 가산하여 환수하여야 한다(법 제17조).

10) 이의신청

장애인연금의 지급 결정이나 그 밖의 처분에 이의가 있는 사람은 90일 이내에 서면으로 특별자치시장 · 특별자치도지사 · 시장 · 군수 · 구청장에게 서면으로 이의신청을 할 수 있다. 다만, 정당한 사유로 그 기간 내에 이의신청을 할 수 없음을 증명한 경우에는 그 사유가 소멸한 날부터 60일 이내에 이의신청을 할 수 있다(법 제18조).

11) 압류 금지 등

수급자에게 장애인연금으로 지급된 금품이나 이를 받을 권리는 압류할 수 없고, 수급자는 장애인연금을 받을 권리를 다른 사람에게 양도하거나 담보로 제공할 수 없다(법 제19조).

12) 시효

수급자의 장애인연금을 받을 권리와 장애인연금을 환수할 지방자치단체의 권리는 5년간 행사하지 아니하면 시효의 완성으로 소멸된다.

13) 비용의 부담

장애인연금은 지방자치단체의 재정 여건 등을 고려하여 특별시는 100분의 50, 광역시 · 도 또는 특별자치시 · 특별자치도는 100분의 70의 비율에 따른다. 또한 국가가 부담한 금액을 뺀 금액에 대해서는 특별시 · 광역시 · 도 · 특별자치시 · 특별자치도 및 시 · 군 · 구가 상호 분담하되, 그 부담비율은 특별시 · 광역시 · 도의 조례로 정한다(법 제21조 및 령 제14조).

제6절 의료급여법

[시행 2015. 7. 1.][법률 제12933호, 2014. 12. 30., 타법개정]

1. 법의 의의와 연혁

「의료급여법」은 생활이 어려운 자에게 의료급여를 실시함으로써 국민보건의 향상과 사회복지의 증진에 이바지함을 목적으로 하는 법이다. 「의료급여법」은 「국민기초생활보장법」과 함께 공공부조법을 구성하는 양대 지주 중의 하나다.

「의료급여법」에 의한 의료급여는 공공부조법의 원리에 의하여 그 비용을 원칙적으로 국가가 전적으로 부담하는 데 비하여, 「국민건강보험법」에 의한 의료보험은 사회보험의 방식에 의하여 본인이 그 비용의 일부 또는 전부를 부담하는 점에서 양자는 구별된다.

2013년 6월 12일 이재민, 노숙인 등 수급권자 자격에 관한 기준을 보완하고, 수급권자의 소득 · 수급권자의 인정 절차에 관한 규정을 마련하며, 의료급여기관이 속임수, 그 밖의 부당한 방법으로 의료급여비용을 받는 경우에 대한 급여비용의 누수를 방지하고, 의료급여기관의 부당청구에 대한 행정처분의 실효성을 확보하기 위해 운영상 나타난 일부 미비점을 개선 · 보완하고자 하였다. 한편, 어려운 용어를 쉬운 용어로 바꾸고, 길고 복잡한 문장은 체계 등을 정비하여 간결하게 하는 등 국민이 법 문장을 이해하기 쉽게 정비하고, 양벌규정에 대한 헌법재판소의 위헌 결정(헌재 2007. 11. 29. 2005헌가10) 취지 및 「질서위반행위규제법」의 제정 취지에 맞게 관련 규정을 정비하였다.

2014년 1월 28일 의료급여비용의 심사 · 조정에 관한 급여비용심사기관의 이의신청에 대한 결정에 불복심판청구를 중앙행정심판위원회가 아닌 「국민건강보험법」에 따른 건강보험분쟁조정위원회에 청구하도록 하여 심판청구의 공정 · 객관성 및 전문성을 확보하고 국민의 권익보호 증진에 이바지하고자 하였다.

2014년 12월 30일 현행 제도의 한계로 인하여 다양한 복지욕구에 대응하지 못하여 사각지대가 발생하고 탈수급을 저해하는 문제가 발생하고 있는데, 이에 대해 기초생활보장제도를 효과적이고 효율적인 맞춤형 빈곤정책으로 전환하여 지원대상을 확대하고 일할수록 유리한 급여체계를 마련함으로써 탈수급 유인을 촉진하고 빈곤예방기능을 강화하는 한편, 현행 제도의 운영상 나타난 미비점을 전반적으로 개선 · 보완하였다. 또한 벌금액을 국민권익위원회의 권고안 및 국회사무처 법제예규의 기준인 징역 1년당 1천만 원의 비율로 개정함으로써 벌금형을 현실화하고, 형벌로서의 기능을 회복시켜 일반인에 대한 범죄억지력을 확보하고자 하였다.

■ 의료급여법 연혁

1977년	의료보호법 제정
2001년 10월 1일	의료급여법(전문개정): 의료영역에서 수급자의 권리성이 강화된 공공부조법으로 개정됨
2011년 3월 30일	보장기관의 범위를 기초자치단체장뿐만 아니라 광역자치단체장까지 확대, 의료급여관리사제도(사례관리 실시)
2013년 6월 12일	사무장병원 등에 부당이익을 징수할 수 있는 근거 마련 포상금 및 장려금 지급 제도 마련
2014년 1월 28일	급여비용심사기관의 이의신청에 대한 결정에 불복이 있는 자는 국민건강보험법 제89조에 따른 건강보험분쟁조정위원회에 심판청구를 하도록 함.
2014년 12월 30일	기초생활보장제도를 효과적이고 효율적인 맞춤형 빈곤정책으로 전환하여 지원대상을 확대. 국회사무처 법제예규의 기준을 개정

2. 권리주체와 책임주체

1) 권리주체

(1) 수급권자

수급권자의 자격은 다음과 같다(법 제3조).

① 「국민기초생활보장법」에 따른 수급자
② 「재해구호법」에 따른 이재민으로서 보건복지부장관이 의료급여가 필요하다고 인정한 사람
③ 「의사상자 등 예우 및 지원에 관한 법률」 에 따라 의료급여를 받는 사람
④ 「입양특례법」에 따라 국내에 입양된 18세 미만의 아동
⑤ 「독립유공자예우에 관한 법률」 「국가유공자 등 예우 및 지원에 관한 법률」 및 「보훈보상대상자 지원에 관한 법률」의 적용을 받고 있는 사람과 그 가족으로서 국가보훈처장이 의료급여가 필요하다고 추천한 사람 중에서 보건복지부장관이 의료급여가 필요하다고 인정한 사람
⑥ 「문화재보호법」에 따라 지정된 중요무형문화재의 보유자(명예보유자를 포함한다)와 그 가족으로서 문화재청장이 의료급여가 필요하다고 추천한 사람 중에서 보건복지부장관이 의료급여가 필요하다고 인정한 사람
⑦ 「북한이탈주민의 보호 및 정착지원에 관한 법률」의 적용을 받고 있는 사람과 그 가족으로서 보건복지부장관이 의료급여가 필요하다고 인정한 사람
⑧ 「5 · 18민주화운동 관련자 보상 등에 관한 법률」에 따라 보상금등을 받은 사람과 그 가족으로서 보건복지부장관이 의료급여가 필요하다고 인정한 사람
⑨ 「노숙인 등의 복지 및 자립지원에 관한 법률」에 따른 노숙인 등으로서 보건복지부장관이 의료급여가 필요하다고 인정한 사람
⑩ 「난민법」에 따른 난민인정자로서 「국민기초생활 보장법」 제5조의 수급권자의 범위에 해당하는 사람은 수급권자로 본다(법 제3조의2).
⑪ 그 밖에 생활유지 능력이 없거나 생활이 어려운 사람으로서 대통령령으로 정하는 사람 1~9에 해당한 자와 유사한 자로서 보건복지부장관이 의료급여가 필요하다고 보건복지부장관이 인정하는 자(법 제3조)

(2) 수급권자의 구분

국민기초생활 수급권자는 자동적으로 의료급여 수급권자가 된다. 의료급여 수급권자는 1종과 2종 수급권자로 구분하여 본인부담금에 차등을 두고 있다. 1종과 2종을 구분하는 근거는 근로능력의 유무인데 기초생활수급권자 중 근로능력이 없는 자는 1종, 근로능력이 있는 자는 2종이 된다.

1종 수급권자는 ① 국민기초생활보장수급자 중 근로능력이 없는 수급권자(18세 미만, 65세 이상), 중증장애인, 질병, 부상 또는 그 후유증으로 치료나 요양이 필요한 사람 중에서 근로능력평가를 통하여 특별자치도지사 · 시장 · 군수 · 구청장이 근로능력이 없다고 판정한 사람, 임신 중에 있거나 분만 후 6개월 미만의 여자, 병역의무를 이행 중인 자, 보장시설에서 급여를 받고 있는 자, 희귀난치성질환을 가진 자가 속한 세대의 구성원, 보건복지부장관이 인정한 자 ② 이재민, 의상자 및 의사자 유족, 국내에 입양된 18세 미만의 아동, 국가유공자 · 독립유공자와 그 가족, 무형문화재 보유자와 그 가족, 북한이탈주민, 광주민주화 운동 관련자, 노숙인, 일정한 거소가 없는 사람으로서 경찰관서에서 무연고자로 확인된 사람 등이다.

2종 수급자는 국민기초생활보장수급자 중 근로능력이 있는 수급자(18세 이상 64세 이하), 차상위계층 만성질환자 및 18세 미만 아동으로 구분하여 매년 책정한다(령 3조).

(3) 적용배제

수급권자가 다른 법령에 따라 의료급여를 받고 있는 경우에는 이 법에 따른 의료급여를 하지 아니한다(법 제4조).

(4) 의료급여증

시장 · 군수 · 구청장은 수급권자에게 의료급여증을 발급하여야 한다. 다만, 부득이한 사유가 있는 경우에는 의료급여증을 갈음하여 의료급여증명서를 발급하거나 보건복지부령으로 정하는 바에 따라 의료급여증을 발급하지 아니할 수 있다. 의료급여를 받을 때에는 의료급여기관에 제출하여야 한다. 다만, 천재지변이나 그 밖의 부득이한 사유가 있으면 그러하지 아니할 수 있으며, 주민등록증, 운전면허증, 여권, 그 밖에 본인 여부를 확인할 수 있는 보건복지부령으로 정하는 신분증명서로 의료급여기관이 그 자격을 확인할 수 있으면 의료급여증 또는 의료급여증명서를 제출하지 아니할 수 있다(법 제8조).

2) 책임주체

(1) 보장기관

이 법에 따른 의료급여에 관한 업무는 수급권자의 거주지를 관할하는 특별시장 · 광역시장 · 도지사와 시장 · 군수 · 구청장이 한다. 주거가 일정하지 아니한 수급권자에 대한 의료급여 업무는 그가 실제 거주하는 지역을 관할하는 시장 · 군수 · 구청장이 한다. 특별시장 · 광역시장 · 도지사 및 시장 · 군수 · 구청장은 수급권자의 건강관리 능력 향상 및 합리적 의료이용 유도 등을 위하여 사례관리를 실시할 수 있으며, 특별시 · 광역시 · 특별자치시 · 도 · 특별자치도(이하 "시 · 도"라 한다) 및 시(특별자치도의 행정시를 제외한다. 이하 같다) · 군 · 구(자치구를 말한다. 이하 같다)에 의료급여 관리사를 둔다. 또한 보건복지부장관은 사례관리 사업의 전문적인 지원을 위하여 공공 또는 민간 기관 · 단체 등에 위탁하여 실시할 수 있으며, 의료급여 관리사의 자격 · 배치기준 등 운영에 관한 사례관리 사업의 지원 업무 위탁 실시 등에 필요한 사항은 보건복지부령으로 정한다(법 제5조).

(2) 의료급여심의위원회

의료급여사업의 실시에 관한 사항을 심의하기 위하여 보건복지부와 특별시 · 광역시 · 도와 시 · 군 · 구에 각각 의료급여심의위원회를 둔다. 보건복지부에 두는 의료급여심의위원회는 의료급여사업의 기본방향 및 대책 수립에 관한 사항, 의료급여기준 및 수가에 관한 사항, 그리고 그 밖에 보건복지부장관 또는 위원장이 부의하는 사항을 심의한다. 중앙의료급여심의위원회는 위원장을 포함하여 10인 이내의 위원으로 구성하고 위원장은 보건복지부차관으로 한다.

시 · 도에 두는 의료급여심의위원회는 의료급여기금의 관리 · 운영에 관한 주요사항, 시 · 군 · 구의 의료급여사업의 조정에 관한 사항, 그 밖에 의료급여사업과 관련하여 시 · 도지사가 필요하다고 인정하여 회의에 부치는 사항을 심의한다.

시 · 군 · 구에 두는 의료급여심의위원회는 대불금 및 부당이득금 등의 결손처분에 관한 사항, 의료급여일수의 연장승인에 관한 사항, 그리고 그 밖에 의료급여사업과 관련하여 시장 · 군수 · 구청장이 필요하다고 인정하여 회의에 부치는 사항을 심의한다(법 제6조, 령 제7조).

3. 의료급여 내용과 의료급여기관

1) 의료급여의 내용

의료급여 수급권자는 질병 · 부상 · 출상 등에 대하여 진찰, 검사, 약제 · 치료재료의 지급, 처치 · 수술과 그 밖의 치료, 예방 · 재활, 입원, 간호, 이송 그 밖의 의료목적 달성을 위한 조치 등의 의료급여를 받을 수 있다(법 제7조).

특히 예방 · 재활을 새롭게 규정함으로써 저소득 국민의 의료에 대한 권리를 강화하였다. 그리고 의료급여와는 별도로 시장 · 군수 · 구청장이 질병의 조기발견과 그에 따른 의료급여를 하기 위해 건강검진(법 제14조)도 실시할 수 있으며, 「장애인복지법」에 따라 등록한 장애인인 수급권자에게 보장구에 관한 급여를 행할 수 있다(법 제13조).

2) 의료급여 일수의 상한

① 수급권자가 의료급여기금의 부담으로 의료급여를 받을 수 있는 일수('상한일수')는 희귀난치성질환이나 정신 및 행동장애(간질을 포함한다)의 경우는 연간 365일로 하고, 이러한 두 부류의 질병 외의 질환의 경우는 모든 질환의 의료급여 일수를 합하여 연간 365일로 한다. 다만, 인체면역결핍증바이러스 질환자에 대하여는 상한일수를 제한하지 아니한다(시행규칙 제8조의3).

3) 의료급여기관

의료급여는 의료급여기관에서 행한다. 의료급여기관이란 "수급권자에 대한 진료 · 조제 또는 투약 등을 담당하는 의료기관 및 약국 등"을 말하는데, 의료급여가 제공되는 1, 2, 3차 의료기관이 있다. 1차 의료급여기관으로 의료법에 따라 개설된 의료기관, 지역보건법에 따라 설치된 보건소 · 보건의료원 및 보건지소, 농어촌 등 보건의료를 위한 특별조치법에 따라 설치된 보건진료소, 약사법에 따라 등록된 약국 및 한국 희귀 의약품 센터다. 제2차 의료급여기관은 의료법에 따라 시 · 도지사가 개설허가를 한 의료기관, 제3차 의료급여기관은 제2차 의료급여기관 중에서 보건복지부장관이 지정하는 의료기관이다.

의료급여기관은 정당한 이유 없이 이 법에 따른 의료급여를 거부하지 못한다. 특별시장 · 광역시장 · 도지사 또는 시장 · 군수 · 구청장은 의료급여기관이 개설 · 설치되거나, 개설 · 설치된 의료급여기관의 신고 · 허가 및 등록 사항 등이 변경되었을 때에는 보건복지부령으로 정하는 바에 따라 그 내용을 다음 각 호의 전문기관에 알려야 한다. 전문기관이란 의료급여에 든 비용의 심사 · 조정 업무와 지급업무를 위탁받은 기관을 말한다. 의료급여기관의 지정기준 및 지정절차 등에 관하여 필요한 사항은 보건복지부령으로 정한다(법 제9조).

4. 급여의 제한과 중지

1) 급여의 보호

의료급여를 받을 권리는 양도 또는 압류할 수 없다(법 제18조).

2) 급여의 제한

수급권자가 다음 각 경우에 해당하는 경우에는 이 법에 의한 의료급여를 행하지 아니한다. 의료급여기관은 이에 해당하는 경우 수급권자이 거주지를 관할하는 시장 · 군수 · 구청장에게 알려야 한다(법 제15조).

① 수급권자가 자신의 고의 또는 중대한 과실로 인한 범죄행위에 기인하거나 고의로 사고를 발생시켜 의료급여가 필요하게 된 경우
② 수급권자가 정당한 이유 없이 이 법의 규정이나 의료급여진료기관의 지시에 따르지 아니한 경우

3) 급여의 변경

시장 · 군수 · 구청장은 수급권자의 소득 · 재상상황 · 근로능력 등에 변동이 있는 경우에는 직권 또는 수급권자나 그 친족 기타 관계인의 신청에 따라 급여의 내용 등을 변경할 수 있다. 시장 · 군수 · 구청장이 보호의 내용 등을 변경한 때에는 서면으로 그 이유를 밝혀 수급권자에게 알려야 한다(법 제16조).

4) 급여의 중지 등

시장 · 군수 · 구청장은 수급권자에 대한 의료급여가 필요 없게 된 경우와 수급권자가 의료급여를 거부한 경우에는 의료급여를 중지하여야 한다. 수급권자가 의료급여를 거부한 경우에는 의료급여를 거부한 수급권자가 속한 세대원 전부에 대하여 의료급여를 중지시켜야 하며, 의료급여가 중지된 세대에 대하여는 그해에 다시 의료급여를 행하지 아니한다. 보장기관이 의료급여를 중지한 때에는 서면으로 그 이유를 밝혀 수급권자에게 알려야 한다(법 제17조).

5. 급여비용

1) 급여비용의 부담

급여비용은 대통령령이 정하는 바에 의하여 그 전부 또는 일부를 의료급여기금에서 부담하되, 의료급여기금에서 일부를 부담하는 경우 그 나머지의 비용은 본인이 부담한다(법 제10조). 의료급여기금은 국고보조금, 지방자치단체의 출연금, 상환받은 대불금, 부당이득금, 과징금, 해당 기금의 결산상 잉여금 및 그 외 수입금으로 조성하며, 국가와 지방자치단체는 기금운영에 필요한 충분한 예산을 확보하여야 한다(법 제25조).

의료급여가 제한되는 경우, 기금에 상당한 부담을 초래한다고 인정되는 경우 등 보건복지부령이 정하는 경우 또는 항목에 대하여는 보건복지부령이 정하는 금액을 수급권자가 부담한다. 기금에서 부담하는 급여비용 외에 수급권자가 부담하는 본인부담금과 수급권자가 부담하는 본인부담금은 의료급여기관의 청구에 의하여 수급권자가 의료급여기관에 지급한다(령 제13조 제3항, 제4항).

시장 · 군수 · 구청장은 수급권자가 기금에서 부담하여야 하는 초과금액을 의료급여기관에 지급한 경우에는 보건복지부령이 정하는 바에 따라 그 초과금액을 수급권자에게 지급하여야 한다(령 제13조 제6항, 제7항).

2) 급여비용의 청구와 지급

의료급여기관은 급여비용의 지급을 시장 · 군수 · 구청장에서 청구할 수 있다. 급여비용의 청구를 하고자 하는 의료급여기관은 급여비용심사기관에 급여비용의 심사청구를 하여야 하며, 심사청구를 받은 급여비용심사기관은 이를 심사한 후 지체 없이 그 내용을 시장 · 군수 · 구청장 및 의료급여기관에 알려야 한다. 이 심사청구는 시장 · 군수 · 구청장에 대한 급여비용의 청구로 본다.

심사의 내용을 통보받은 시장 · 군수 · 구청장은 지체 없이 그 내용에 따라 급여비용을 의료급여기관에 지급하여야 한다. 이 경우 수급권자가 이미 납부한 본인부담금이 과다한 경우에는 의료급여기관에 지급할 금액에서 그 과다하게 납부된 금액을 공제하여 이를 수급권자에게 반환하여야 한다.

시장 · 군수 · 구청장은 급여비용을 지급함에 있어 급여비용심사기관이 의료급여의 적정 여부를 평가하여 시장 · 군수 · 구청장에게 알린 경우에는 그 평가결과에 따라 급여비용을 가산 또는 감액 조정하여 지급한다. 이 경우 평가결과에 따른 급여비용의 가감지급의 기준은 보건복지부령으로 정한다. 급여비용의 청구 · 심사 · 지급 등의 방법 및 절차에 관하여 필요한 사항은 보건복지부령으로 정한다(법 제11조).

3) 급여비용의 대불

급여비용의 일부를 의료급여기금에서 부담하는 경우에는 그 나머지 급여비용에 대하여는 수급권자 또는 부양의무자의 신청에 따라 의료급여기금에서 이를 대불할 수 있다(법 제20조).

수급권자 또는 부양의무자는 대불금을 그 거주지를 관할하는 시장 · 군수 · 구청장에게 상환하여야 한다. 대불금을 상환받은 시장 · 군수 · 구청장은 이를 의료급여기금에 납입하여야 한다(법 제21조).

대불금상환의무자가 대불금을 납부기한까지 상환하지 아니한 때에는 시장 · 군수 · 구청장은 납부기한이 경과한 날로부터 6월 이내의 기간을 정하여 지체 없이 독촉장을 발부하여야 하며, 그 기간 내에 대불금을 상환하지 아니한 자에 대하여는 지방세체납처분의 예에 따라 징수할 수 있다(법 제22조).

4) 심판청구

수급권자 중 급여비용심사기관의 이의신청에 대한 결정에 불복이 있는 자는 「국민건강보험법」에 따른 건강보험분쟁조정위원회에 심판청구를 할 수 있다. 심판청구를 하려는 자는 대통령령으로 정하는 심판청구서 처분을 행한 급여비용심사기관에 제출하거나 건강보험분쟁조정위원회에 제출하여야 한다. 또한 심판청구의 절차 · 방법 · 결정 및 그 결정의 통지 등에 필요한 사항은 대통령령으로 정한다(법 제30조의2).

6. 실효성의 확보

수급권자와 진료기관의 부정 · 부당행위를 방지하고, 의료급여법이 지향하는 이념의 실효성을 담보하기 위하여 감독 및 벌칙에 관한 규정을 두고 있다.

1) 감독

(1) 보고 및 조사

보건복지부장관은 필요한 경우에는 기금의 관리 · 운용 및 의료급여와 관련된 사항에 관하여 시 · 도 및 시 · 군 · 구에 대하여 지도 · 감독하거나 필요한 보고를 할 수 있다. 보건복지부장관은 의료급여기관에 대하여 진료 · 약제의 지급 등 의료급여에 관한 보고 또는 관계서류의 제출을 명하거나 소속 공무원으로 하여금 질문을 하게 하거나 관계 서류를 검사하게 할 수 있다. 보건복지부장관 또는 시장 · 군수 · 구청장은 의료급여를 받는 자에 대하여 해당 의료급여의 내용에 관하여 보고하게 하거나 소속 공무원으로 하여금 질문하게 할 수 있다.

질문 또는 조사를 하는 소속 공무원은 그 권한을 표시하는 증표를 지니고 이를 관계인에게 내보여야 한다(법 제32조).

(2) 부당이득의 징수

시장 · 군수 · 구청장은 속임수 그 밖에 부당한 방법으로 의료급여를 받은 자 또는 급여비용을 받은 의료급여기관에 대하여 그 급여 또는 급여비용에 상당하는 금액의 전부 또는 일부를 부당이득금으로 징수한다.

시장 · 군수 · 구청장은 의료급여기관과 의료급여를 받으려는 사람이 공모하여 속임수나 그 밖의 부당한 방법으로 제1항에 따른 의료급여가 이루어진 경우에는 그 의료급여기관에 대하여 의료급여를 받은 사람과 연대하여 제1항의 부당이득금을 납부하게 할 수 있다.

시장 · 군수 · 구청장은 제1항에 따라 속임수나 그 밖의 부당한 방법으로 급여비용을 받은 의료급여기관이 다음 각 호의 어느 하나에 해당하는 경우에는 해당 의료급여기관을 개설한 자에게 그 의료급여기관과 연대하여 제1항의 부당이득금을 납부하게 할 수 있다.

① 「의료법」을 위반하여 의료기관을 개설할 수 없는 자가 의료인의 면허나 의료법인 등의 명의를 대여받아 개설 · 운영하는 의료기관
② 「약사법」을 위반하여 약국을 개설할 수 없는 자가 약사 등의 면허를 대여받아 개설 · 운영하는 약국

시장 · 군수 · 구청장은 의료급여기관이 속임수나 그 밖의 부정한 방법으로 수급권자로부터 급여비용을 받았을 때에는 그 의료급여기관으로부터 해당 급여비용을 징수하여 수급권자에게 지체 없이 지급하여야 하며, 부당이득금 납부의무자가 부당이득금을 내지 아니하면 기한을 정하여 독촉할 수 있다. 또한 독촉을 할 때에는 10일 이상 15일 이내의 납부기한을 정하여 독촉장을 발급하여야 한다. 독촉을 받은 자가 그 납부기한까지 부당이득금을 내지 아니하면 지방세 체납처분의 예에 따라 징수할 수 있다. 그러나 부당이득금 납부의무자가 거주지를 이전한 경우 부당이득금의 징수 및 징수한 부당이득금의 처리에 관하여는 제21조 제2항 및 제3항을 준용한다. 이 경우 "상환의무자"는 "부당이득금 납부의무자"로, "상환"은 "납부"로, "대지급금"은 "부당이득금"으로 본다(법 제23조).

(3) 급여기관의 지정취소 및 업무정지

보건복지부장관은 의료급여기관이 다음의 경우 1년의 범위 내에서 기간을 정하여 의료급여기관의 업무정지를 명할 수 있다.

① 속임수 그 밖의 부당한 방법으로 수급권자 및 그 부양의무자 또는 시장 · 군수 · 구청장에게 급여비용을 부담하게 한 경우
② 본인부담금을 미리 청구하거나 입원보증금 등 다른 명목의 비용을 청구한 경우
③ 보고 또는 서류제출을 하지 아니하거나 거짓 보고를 하거나 거짓 서류를 제출하거나 소속 공무원의 질문 및 검사를 거부 · 방해 또는 기피한 경우

또한 제3차 의료급여기관에 대해서는 위의 사유에 해당하는 경우에는 그 지정을 취소할 수 있다. 보건복지부장관은 지정취소처분을 받은 제3차 의료급여기관에 대하여 그 지

정취소일로부터 1년 이내에는 제3차 의료급여기관으로 다시 지정할 수 없다.

제1항에 따라 업무정지처분을 받은 자는 해당 업무정지기간 중에는 의료급여를 하지 못한다. 업무정지처분의 효과는 그 처분이 확정된 의료급여기관을 양수한 자 또는 합병 후 존속하는 법인이나 합병으로 설립된 법인에 승계되고, 업무정지처분의 절차가 진행 중인 때에는 양수인 또는 합병 후 존속하는 법인이나 합병으로 설립되는 법인에 대하여 그 절차를 계속 진행할 수 있다. 다만, 양수인 또는 합병 후 존속하는 법인이나 합병으로 설립되는 법인이 그 처분 또는 위반사실을 알지 못하였음을 증명하는 경우에는 그러하지 아니하다. 제1항에 따른 업무정지처분을 받았거나 업무정지처분 절차가 진행 중인 자는 행정처분을 받은 사실 또는 행정처분 절차가 진행 중인 사실을 보건복지부령으로 정하는 바에 따라 양수인 또는 합병 후 존속하는 법인이나 합병으로 설립된 법인에 지체 없이 알려야 한다(법 제28조).

2) 벌칙

(1) 벌칙의 대상

「국민기초생활 보장법」을 위반하여 금융정보를 사용 · 제공 또는 누설한 사람은 5년 이하의 징역 또는 3천만 원 이하의 벌금에 처한다. 또한 대행청구단체의 종사자로서 거짓이나 그 밖의 부정한 방법으로 급여비용을 청구한 자는 3년 이하의 징역 또는 3천만 원 이하의 벌금에 처한다. 다음의 어느 하나에 해당하는 사람은 3년 이하의 징역 또는 2천만 원 이하의 벌금에 처한다.

① 「국민기초생활보장법」을 위반하여 정보 또는 자료를 사용하거나 제공한 사람
② 「국민기초생활보장법」을 위반하여 신용정보 또는 보험정보를 사용 · 제공 또는 누설한 사람

다음 각 호의 어느 하나에 해당하는 자는 1년 이하의 징역 또는 1천만 원 이하의 벌금에 처한다.

① 정당한 이유 없이 이 법에 따른 의료급여를 거부한 자
② 대행청구단체가 아닌 자로 하여금 급여비용의 심사청구를 대행하게 한 자
③ 속임수나 그 밖의 부정한 방법으로 의료급여를 받은 자 또는 제3자로 하여금 의료

급여를 받게 한 자

④ 업무정지기간 중에 의료급여를 한 의료급여기관의 개설자

정당한 이유 없이 감독규정을 위반하여 서류제출을 하지 아니하거나 거짓으로 보고하거나 거짓 자료를 제출하거나 검사를 거부·방해 또는 기피한 사람은 1천만원 이하의 벌금에 처한다(법 제35조).

(2) 양벌규정

법인의 대표자나 법인 또는 개인의 대리인, 사용인, 그 밖의 종업원이 그 법인 또는 개인의 업무에 관하여 제35조의 위반행위를 하면 그 행위자를 벌하는 외에 그 법인 또는 개인에게도 해당 조문의 벌금형을 과(科)한다. 다만, 법인 또는 개인이 그 위반행위를 방지하기 위하여 해당 업무에 관하여 상당한 주의와 감독을 게을리하지 아니한 경우에는 그러하지 아니하다(법 제36조).

제7절 북한이탈주민의 보호 및 정착지원에 관한 법률

[시행 2014. 11. 29.] [법률 제12683호, 2014. 5. 28., 일부개정]

1. 입법배경 및 연혁

탈북이주민에 대한 보호와 정착지원을 제도화하기 위한 최초의 법률은 1962년 4월 16일에 제정된 「국가유공자 및 월남귀순용사 특별원호법」이었다. 이 법에 의한 원호의 내용과 수준은 정착수당을 1급에서 3급으로 구분하여 차등 지원하였고 시장알선과 양로 및 양호보호를 실시하였으며 국공립주택 우선입주권을 주어 주거를 보장하였다.

그 후 1978년에는 「월남귀순용사 특별보상법」이 독립법을 마련함으로써 월남귀순용사의 보호와 보호수준을 상향 조정하였다. 그러나 저소득층에 비하여 월남귀순용사를 지나치게 우대한다는 비판이 제기됨에 따라 법이 개정되면서 보호와 지원수준이 하향 조정되기에 이르렀다.

1990년대 후반에 이르러 북한이탈주민의 국내 이주가 급격히 증가하게 되자 이들에 대한 종합적인 보호 및 정착에 관한 제도적인 기반을 확립하여 북한이탈주민의 자유민

주주의 체제에 적응을 용이하게 하고 성공적인 정착으로 자립 · 자활할 수 있도록 하기 위하여 이전의 법을 개정하게 되었고 법의 명칭도 개정하였다. 이러한 목적으로 1997년 1월 13일에 제정된 법률이 「북한이탈주민의 보호 및 정착지원에 관한 법률」이다.

2010년 3월과 9월 법률 개정을 통하여 북한이탈주민의 수 2만 명 시대에 진입하였으나 현행 법률은 제정 이후 12년이 경과되어 현실 반영이 미흡한 실정이므로 이들에게 심리 및 진로상담, 생활정보 제공, 사회서비스 안내 등을 종합적으로 실시할 수 있는 지역적응센터와 전문상담을 위한 상담사제도를 운영할 수 있도록 하였다. 또한 공공기관 평가 시 북한이탈주민의 고용률을 반영할 수 있도록 하는 등 취업지원을 강화하며, 정착지원사업을 확대 · 강화하기 위하여 북한이탈주민 지원재단을 설립하는 등 현행 제도의 운영상 일부 미비점을 개선 · 보완하였다.

2014년 5월 28일 북한이탈주민 중의 보호대상자의 보호 및 정착지원에 관한 기본계획 수립 시 '보호대상자의 사회통합과 인식개선에 관한 사항' 을 포함하도록 하여 북한이탈주민에 대한 부정적인 인식을 개선하고 조속히 우리 사회에 통합할 수 있도록 하는 방안이 마련되었고, 북한이탈주민이 정착에 필요한 자산을 형성할 수 있도록 통일부장관이 재정적 지원 및 자산활용 교육을 실시할 수 있는 근거규정을 마련하였다. 직업훈련 대상자를 현재 '보호대상자' 에서 '비보호대상자' 까지 포함하도록 하여 법적 보호를 확대하는 한편, 정신적 고통을 받고 있는 북한이탈주민에게 정신건강 상담서비스를 받게 하여 지속적인 정신건강 관리가 이루어지도록 하는 등 북한이탈주민에 대한 지원 제도를 보완하여 우리사회에 조속히 적응 · 정착할 수 있도록 하려는 것이다.

2014년 11월 19일 국가적 재난관리를 위한 재난안전 총괄부처로서 국무총리 소속으로 '국민안전처' 를 신설하고, 현행 해양경찰청과 소방방재청의 업무를 조정 · 개편하여 국민안전처의 차관급 본부로 설치하며, 공직개혁 추진 및 공무원 전문역량 강화를 위하여 공무원 인사 전담조직인 인사혁신처를 국무총리 소속으로 설치하고, 교육 · 사회 · 문화 분야 정책결정의 효율성과 책임성을 제고하기 위하여 교육 · 사회 · 문화 부총리를 신설하려는 것이다.

2. 법의 내용

1) 법의 목적

이 법은 군사분계선 이북지역(이하 "북한" 이라 한다)에서 벗어나 대한민국의 보호를 받으려는 군사분계선 이북지역의 주민이 정치, 경제, 사회, 문화 등 모든 생활 영역에서 신속히 적응 · 정착하는 데 필요한 보호 및 지원에 관한 사항을 규정함을 목적으로 한다(법 제1조).

이 법의 목적을 분석해 보면 이 법은 사회보상법이나 사회원호법이라고 하기보다는 사회부조법이라고 보아야 할 것이다. 왜냐하면 탈북이주민을 보는 국가의 시각이 국가의 의무 불이행과 책임 불이행의 관점에서 출발하고 있지 않기 때문이다. 국가의 주권이 미치고 있지 않은 북한 지역도 법적인 측면에서 보면 우리의 영토이고 북한주민도 우리의 국민이기 때문에 마땅히 국가는 북한주민의 생명과 재산을 보호해 주어야 할 책임과 의무가 있는 것이다. 이유가 무엇이든지 탈북이주민에 대하여 국가가 책임을 다하지 못하였으므로 이들의 생존권을 보호해 주어야 함은 당연한 일이고 국가가 무능력하여 이들이 피해를 당하였으므로 국가가 이들의 피해를 배상해 주어야 한다. 이런 차원에서 볼 때 이 법의 목적에 국가의 책임이 명시되어야 하고 피해자 보상의 내용도 분명하게 표현되어야 한다.

2) 용어의 정의

이 법에서 사용하는 용어의 정의는 다음과 같다(법 제2조).

① 북한이탈주민: 군사분계선 이북지역에 주소, 직계가족, 배우자, 직장 등을 두고 있는 사람으로서 북한을 벗어난 후 외국 국적을 취득하지 아니한 사람을 말한다.
② 보호대상자: 이 법에 따라 보호 및 지원을 받는 북한이탈주민을 말한다.
③ 정착지원시설: 보호대상자의 보호 및 정착지원을 위하여 제10조 제1항에 따라 설치 · 운영하는 시설을 말한다.
④ 보호금품: 이 법에 따라 보호대상자에게 지급하거나 빌려주는 금전 또는 물품을 말한다.

3) 기본원칙

(1) 국가와 보호대상자의 책임

① 대한민국은 보호대상자를 인도주의에 입각하여 특별히 보호한다(법 제4조 제1항).
② 대한민국은 외국에 체류하고 있는 북한이탈주민의 보호 및 지원 등을 위하여 외

교적 노력을 다하여야 한다(법 제4조 제2항).

③ 보호대상자는 대한민국의 자유민주적 법질서에 적응하여 건강하고 문화적인 생활을 할 수 있도록 노력하여야 한다(법 제4조 제3항).

④ 통일부장관은 북한이탈주민에 대한 보호 및 지원 등을 위하여 북한이탈주민의 실태를 파악하고, 그 결과를 정책에 반영하여야 한다(법 제4조 제4항).

(2) 보호기준

이 법은 대한민국의 보호를 받고자 하는 북한이탈주민에 대하여 적용한다(법 제5조).

① 보호대상자에 대한 보호 및 지원 기준은 나이, 세대 구성, 학력, 경력, 자활 능력, 건강 상태 및 재산 등을 고려하여 합리적으로 정하여야 한다.

② 이 법에 따른 보호 및 정착지원은 원칙적으로 개인을 단위로 하되, 필요하다고 인정하는 경우에는 대통령령으로 정하는 바에 따라 세대를 단위로 할 수 있다.

③ 보호대상자를 정착지원시설에서 보호하는 기간은 1년 이내로 하고, 거주지에서 보호하는 기간은 5년으로 한다. 다만, 특별한 사유가 있는 경우에는 제6조에 따른 북한이탈주민 대책협의회의 심의를 거쳐 그 기간을 단축하거나 연장할 수 있다.

4) 보호신청, 보호결정 및 국내입국교섭

(1) 보호신청 등

북한이탈주민으로서 이 법에 따른 보호를 받으려는 사람은 재외공관이나 그 밖의 행정기관의 장(각급 군부대의 장을 포함한다. 이하 "재외공관장등"이라 한다)에게 보호를 직접 신청하여야 한다. 다만, 보호를 직접 신청하지 아니할 수 있는 대통령령으로 정하는 사유가 있는 경우에는 그러하지 아니한다. 또한 보호신청을 받은 재외공관장등은 지체 없이 그 사실을 소속 중앙행정기관의 장을 거쳐 통일부장관과 국가정보원장에게 통보하여야 하며, 통보를 받은 국가정보원장은 임시 보호나 그 밖의 필요한 조치를 한 후 지체 없이 그 결과를 통일부장관에게 통보하여야 한다(법 제7조 제1항~제3항).

(2) 보호결정 및 보호결정 기준

통일부장관은 보호신청에 따른 통보를 받으면 협의회의 심의를 거쳐 보호 여부를 결정한다. 다만, 국가안전보장에 현저한 영향을 끼칠 우려가 있는 사람에 대하여는 국가정보원장이 그 보호 여부를 결정하고, 그 결과를 지체 없이 통일부장관과 보호신청자에게 통보하거나 알려야 한다(법 제8조 제1항). 보호 여부를 결정한 통일부장관은 그 결과를 지체 없이 관련 중앙행정기관의 장을 거쳐 재외공관장등에게 통보하여야 하고, 통보를 받은 재외공관장등은 이를 보호신청자에게 즉시 알려야 한다.

보호를 결정할 때 다음 각 호의 어느 하나에 해당하는 사람은 보호대상자로 결정하지 아니할 수 있다(법 제9조).

① 항공기 납치, 마약거래, 테러, 집단살해 등 국제형사범죄자
② 살인 등 중대한 비정치적 범죄자
③ 위장탈출혐의자
④ 체류국(滯留國)에 10년 이상 생활 근거지를 두고 있는 사람
⑤ 그 밖에 보호대상자로 정하는 것이 부적당하다고 대통령령으로 정하는 사람

(3) 보호의 변경

통일부장관은 보호대상자가 각 호의 어느 하나에 해당하는 경우에는 협의회의 심의를 거쳐 보호 및 정착지원을 중지하거나 종료할 수 있다(법 제27조).

① 1년 이상의 징역 또는 금고의 형을 선고받고 그 형이 확정된 경우
② 고의로 국가이익에 반하는 거짓의 정보를 제공한 경우
③ 사망선고나 또는 실종선고를 받은 경우
④ 북한으로 되돌아가려고 기도(企圖)한 경우
⑤ 이 법 또는 이 법에 따른 명령에 위반한 경우
⑥ 그 밖에 대통령령이 정하는 사유에 해당한 경우

5) 북한이탈주민 대책협의회

① 북한이탈주민에 관한 정책을 협의·조정하고 보호대상자의 보호 및 정착지원에 관한 사항을 심의하기 위하여 통일부에 북한이탈주민 대책협의회(이하 "협의회"라 한다)를 둔다.
② 협의회는 위원장 1명을 포함한 25명 이내의 위원으로 구성한다. 위원장은 통일부차관이 되며, 협의회의 업무를 총괄한다.

③ 협의회는 보호 및 정착지원 기간의 단축 또는 연장에 관한 사항, 보호 여부의 결정에 관한 사항, 취업보호의 중지 또는 종료에 관한 사항, 보호 및 정착지원의 중지 또는 종료에 관한 사항, 시정 등의 조치에 관한 사항을 심의한다(법 제6조).

6) 북한이탈주민지원재단

정부는 북한이탈주민에 대한 보호 및 정착지원을 위하여 북한이탈주민지원재단(이하 "재단"이라 한다)을 설립한다(법 제30조 제1항).

① 재단의 사업 내용은 다음과 같다. 북한이탈주민의 생활안정 및 사회적응 지원사업, 북한이탈주민의 취업지원사업, 북한이탈주민에 대한 직업훈련에 필요한 사업, 북한이탈주민에 대한 장학사업, 북한이탈주민에 대한 전문상담인력의 양성과 전문상담사업, 북한이탈주민과 관련된 민간단체 협력사업, 북한이탈주민 지원을 위한 정책개발 및 조사 · 연구사업, 북한이탈주민에 관한 실태조사 및 통계구축사업, 북한이탈주민에 대한 영농정착지원에 관한 사업, 그 밖에 통일부장관이 북한이탈주민의 보호 및 정착지원에 필요하다고 인정하여 재단에 위탁하는 사업(법 제30조 제4항)

② 재단은 이사장 1명을 포함한 10명 이내의 이사와 감사 1명을 두며, 이사장은 북한이탈주민 문제에 관한 학식과 경험이 풍부한 사람 중에서 이사회의 제청으로 통일부장관이 임명하고, 이사와 감사의 임명절차는 대통령령으로 정하는 바에 따른다. 이 경우 이사장, 이사 및 감사의 임기는 3년으로 하되, 1차에 한하여 연임할 수 있다(법 제30조 제5항).

③ 재단의 사업과 운영에 관한 중요 사항을 심의 · 의결하기 위하여 재단에 이사장 및 이사로 구성하는 이사회를 두며, 이사장은 이사회를 소집하고 이사회의 의장이 된다. 정부는 재단의 설립 · 운영에 필요한 경비를 예산의 범위에서 출연 및 보조할 수 있으며, 재단은 통일부장관의 승인을 받아 제4항의 사업에 필요한 자금을 차입할 수 있다. 또한 재단은 필요하다고 인정하는 때에는 통일부장관의 승인을 받아 「기부금품의 모집 및 사용에 관한 법률」에 따라 기부금품을 모집할 수 있다(법 제30조 제6항~제9항).

7) 정착지원시설의 설치 및 운영

① 통일부장관은 보호대상자에 대한 보호 및 정착지원을 위하여 정착지원시설을 설치 · 운영한다. 다만, 국가정보원장이 보호하기로 결정한 자를 위하여서는 국가정보원장이 별도의 정착지원시설을 설치 · 운영할 수 있다(법 제10조 제1항).

② 정착지원시설을 설치 · 운영하는 기관의 장은 보호대상자가 거주지로 전출할 때까지 정착지원시설에서 보호를 하여야 한다(법 제11조 제1항).

③ 기관의 장은 정착지원시설에서 보호를 받는 보호대상자에 대하여는 대통령령이 정하는 바에 의하여 보호금품을 지급할 수 있다(법 제11조 제2항).

④ 기관의 장은 보호대상자가 정착지원시설에서 보호를 받고 있는 동안 신원 및 북한이탈동기의 확인, 건강진단 기타 정착지원에 필요한 조치를 할 수 있다(법 제11조 제3항).

8) 보호대상자의 학력 및 자격 인정

보호대상자는 대통령령이 정하는 바에 의하여 북한 또는 외국에서 이수한 학교교육의 과정에 상응하는 학력을 인정받을 수 있으며(법 제13조), 관계법령이 정하는 바에 의하여 북한 또는 외국에서 취득한 자격에 상응하는 자격 또는 그 자격의 일부를 인정받을 수 있다(법 제14조).

9) 보호 내용

(1) 지역적응센터, 사회적응교육

통일부장관은 보호대상자에 대하여 대통령령이 정하는 바에 의하여 대한민국에 정착하는 데 필요한 교육을 실시할 수 있다(법 제15조). 통일부장관은 거주지 적응교육과 북한이탈주민의 특성을 고려한 심리 및 진로상담 · 생활정보제공 · 취업서비스 안내 및 사회서비스 안내 등을 종합적으로 실시하도록 전문성 있는 기관 · 단체 · 시설을 보호대상자의 거주지를 관할하는 지방자치단체의 장(이하 "지방자치단체장"" 이라 한다)과 협의하여 지역적응센터로 지정 · 운영할 수 있다(법 제15조의2).

(2) 직업훈련

통일부장관은 직업훈련을 희망하는 보호대상자 또는 보호대상자이었던 자에 대하여 대통령령으로 정하는 바에 따라 직업훈련을 실시할 수 있다(법 제16조).

(3) 취업보호 등

① 통일부장관은 보호대상자가 정착지원시설로부터 그의 거주지로 전입한 후 대통령령이 정하는 바에 따라 최초로 취업한 날부터 3년간 취업보호를 실시한다. 다만, 사회적 취약계층, 장기근속자 등 취업보호 실시기간을 연장할 필요성이 있는 경우로서 대통령령으로 정하는 사유에 해당하는 1년의 범위 내에서 취업보호 기간을 연장할 수 있다(법 제17조 제1항).

② 통일부장관은 ①의 취업보호대상자를 고용한 사업주에 대하여는 그 취업보호대상자 임금의 2분의 1의 범위에서 고용지원금을 지급할 수 있다(법 제17조 제3항).

③ 취업보호의 제한: 통일부장관은 대통령령이 정하는 바에 따라 일정 기간 취업보호를 제한할 수 있다(법 제17조의2).

④ 통일부장관은 사업주가 거짓이나 그 밖의 부정한 방법으로 고용지원금을 받은 경우 대통령령으로 정하는 바에 따라 그 지급을 제한하거나, 이미 지급받은 금액을 반환하도록 명할 수 있다(법 제17조의2).

(4) 영농정착지원

통일부장관은 대통령령이 정하는 바에 따라 영농을 희망하는 보호대상자에 대하여 영농교육훈련 또는 농업현장실습 등 영농정착을 위한 지원을 할 수 있다(법 제17조의3).

(5) 특별임용

다음에 해당하는 경우 특별 임용을 할 수 있다(법 제18조).

① 북한의 공무원이었던 자로서 대한민국의 공무원에 임용되기를 희망하는 보호대상자에 대하여는 북한을 벗어나기 전의 직위 · 담당직무 및 경력 등을 고려하여 국가공무원 또는 지방공무원으로 특별 임용할 수 있다.

② 북한의 군인이었던 자로서 국군에 편입되기를 희망하는 보호대상자에 대하여는 북한을 벗어나기 전의 계급 · 직책 및 경력 등을 고려하여 국군으로 특별 임용할 수 있다.

(6) 가족관계등록창설의 특례

가족관계등록창설은 다음과 같은 절차를 통해 이루어진다(법 제19조).

① 통일부장관은 보호대상자로서 군사분계선이남지역에 가족관계등록이 되어 있지 아니한 자에 대하여는 본인의 의사에 따라 등록기준지를 정하여 서울가정법원에 가족관계등록창설허가신청서를 제출한다.

② 제1항의 가족관계등록창설허가신청서에는 제12조 제1항에 따라 작성된 보호대상자의 등록대장등본과 가족관계등록부의 기록방법에 준하여 작성한 신분표를 붙여야 한다.

③ 서울가정법원은 제1항에 따라 가족관계등록창설허가신청서를 받은 때에는 지체 없이 허가여부를 결정하고, 가족관계등록창설허가를 한 때에는 해당 등록기준지의 시 · 구 · 읍 · 면의 장에게 가족관계등록창설허가등본을 송부하여야 한다.

④ 시 · 구 · 읍 · 면의 장은 제3항에 따른 가족관계등록창설허가등본을 받은 때에는 지체 없이 가족관계등록부를 작성하여야 하고, 주소지 시장 · 군수 또는 구청장에게 가족관계기록사항에 관한 증명서를 첨부하여 가족관계등록 신고사항을 통보하여야 한다.

(7) 이혼의 특례

가족관계등록창설한 자 중 북한에 배우자가 있는 자는 그 배우자가 남한 지역에 거주하는지 여부가 불명확한 경우 이혼을 청구할 수 있다(법 제19조의2).

(8) 주민등록번호 정정의 특례

북한이탈주민 중 정착지원시설의 소재지를 기준으로 하여 주민등록번호를 부여받은 사람은 거주지의 시장 · 군수 · 구청장 또는 특별자치도지사에게 자신의 주민등록번호 정정을 한 번만 신청할 수 있다(법 제19조의3).

(9) 주거지원 등

통일부장관은 보호대상자에게 대통령령이 정하는 바에 의하여 주거지원을 할 수 있다(법 제20조).

(10) 정착금 등의 지급

통일부장관은 보호대상자의 정착여건 및 생계유지능력 등을 고려하여 정착금 또는 그에 상응하는 가액의 물품을 지급할 수 있다(법 제21조).

(11) 거주지보호

통일부장관은 보호대상자가 정착지원시설로부터 그의 거주지로 전입한 후 정착하여 스스로 생활하는 데 장애가 되는 사항을 해결하거나 그 밖에 자립·정착에 필요한 보호를 실시할 수 있다. 통일부장관은 거주지보호 업무를 행정자치부장관과 협의하여 지방자치단체장에게 위임할 수 있다. 또한 통일부장관은 보호대상자에 대하여 실태파악을 위한 조사(이하 "실태조사"라 한다)를 실시하여야 하며, 실태조사를 실시하기 위하여 관계 중앙행정기관의 장, 지방자치단체의 장 또는 「공공기관의 운영에 관한 법률」에 따른 공공기관의 장에게 관련 자료의 제출 등 협조를 요청할 수 있다. 이 경우 자료의 제출 등 협조를 요청받은 관계 중앙행정기관의 장 등은 특별한 사유가 없으면 이에 협조하여야 한다(법 제22조).

(12) 전문상담사제도 운영

통일부장관은 거주지에 전입한 북한이탈주민에 대한 정신건강 검사 등 전문적 상담서비스를 제공할 수 있는 북한이탈주민 전문상담사제도를 운영할 수 있다(법 제22조의2).

(13) 교육지원

통일부장관은 보호대상자에 대하여 대통령령이 정하는 바에 의하여 그의 연령·수학능력 그리고 기타 교육여건 등을 고려하여 교육을 받을 수 있도록 지원을 하거나 북한이탈주민을 대상으로 초중등교육을 실시하는 학교에 경비를 지원할 수 있다. 또한 교육부장관과 협의하여 보호대상자의 교육을 위한 전문인력을 확보하고, 보호대상자의 학력 진단·평가, 교육정보관리, 교육, 연수 및 학습활동의 지원 등 보호대상자의 교육지원과 지도를 위하여 노력하여야 한다(법 제24조).

(14) 북한이탈주민 예비학교의 설립

통일부장관은 탈북 청소년의 일반학교 진학을 지원하기 위하여 교육부장관과 협의하여 정착지원시설 내에 북한이탈주민 예비학교를 설립·운영할 수 있다(법 제24조의2).

(15) 의료급여 등

보호대상자와 그 가족에 대하여는 의료급여법이 정하는 바에 의하여 의료급여를 행할 수 있다. 또한 통일부장관은 「국민건강보험법」의 적용대상인 보호대상자의 경제적 능력 등을 고려하여 「국민건강보험법」 제69조에 따라 부담하여야 하는 보험료의 일부를 지원할 수 있다(법 제25조).

(16) 생활보호

보호가 종료된 자로서 생활이 어려운 사람에게는 본인이 지방자치단체장에게 신청하는 경우에 「국민기초생활 보장법」 제5조에도 불구하고 5년의 범위 내에서 정착지원시설에서의 보호, 학력인정, 자격인정, 사회적응교육 등 보호를 행할 수 있다(법 제26조).

(17) 국민연금에 대한 특례

보호결정 당시 50세 이상 60세 미만인 보호대상자는 ① 60세가 되기 전에 가입기간이 5년 이상 10년 미만 되는 자: 60세가 되는 날 ② 60세가 된 후에 가입기간이 5년 이상 되는 자: 가입자자격을 상실한 날에 각각 국민연금을 지급받을 수 있다(법 제26조의2).

(18) 생업지원

국가와 지방자치단체 기타 공공단체는 소관 공공시설 안에 편의사업 또는 편의시설의 설치를 허가 또는 위탁하는 경우, 이 법에 의한 보호대상자의 신청이 있는 때에는 대통령령이 정하는 바에 따라 이를 우선적으로 고려하여야 한다(법 제26조의3).

10) 보고의무

(1) 보고의무

지방자치단체장은 대통령령이 정하는 바에 의하여 반기마다 보호대상자의 정착실태 등을 파악하여 행정자치부장관을 거쳐 통일부장관에게 보고하여야 한다(법 제23조).

11) 권한의 위임 위탁

이 법에 의한 통일부장관의 권한 중 일부를 그 소속기관의 장이나 지방자치단체장에게 위임할 수 있고, 다른 행정기관의 장이나 관련 법인·단체에 위탁할 수 있다(법 제31조).

12) 이의신청

이 법에 의한 보호 및 지원에 관한 처분에 대하여 이의가 있는 보호대상자는 그 처분의 통지를 받은 날부터 90일 이내에 통일부장관에게 서면으로 이의신청할 수 있다. 통일부장관은 이의신청을 받은 때에는 지체 없이 이를 검토하여 처분이 위법·부당하다고 인정되는 경우에는 협의회의 심의를 거쳐서 그 시정 기타 필요한 조치를 할 수 있다(법 제32조).

13) 벌칙

부정한 행위를 했을 경우에는 다음과 같은 벌칙이 주어진다(법 제33조).

① 거짓이나 그 밖의 부정한 방법으로 이 법에 의한 보호 및 지원을 받거나 다른 사람으로 하여금 보호 및 지원을 받게 한 자는 5년 이하의 징역 또는 5천만 원 이하의 벌금에 처한다.
② 이 법에 따른 업무와 관련하여 알게 된 정보 또는 자료를 정당한 사유 없이 이 법에 의한 업무 외의 목적에 이용한 자는 1년 이하의 징역 또는 1천만 원 이하의 벌금에 처한다.
③ ①, ②에 따라 받은 재물이나 재산상의 이익은 이를 몰수한다. 몰수할 수 없는 때에는 그 가액을 추징한다.
④ ①의 미수범은 처벌한다.

제10장
사회복지서비스 일반법으로서의 사회복지사업법

제1절 사회복지서비스법의 특성과 사회복지사업법

우리나라 정치, 경제, 사회 등 다양한 분야의 누적된 문제해결을 요구하는 국민적 갈망에 대해 5 · 16 군사정권이 민심수습용 복지입법을 다수 제정하는 흐름 속에서 1963년 '사회보장에관한법률'은 탄생되었다. 법은 제정되었지만, 사회보장에 관한 법률은 정부의 경제개발과 자주국방이라는 목표에 밀려 사회보장의 중요 내용이 삭제된 유명무실한 법으로 변질되면서 제대로 기능하지 못했다. 오랜 세월 사문화된 동법을 폐지하고 문제점을 개선하기 위해 문민정부는 1995년 12월 「사회보장기본법」을 입법 · 제정하고 이어서 1996년 「사회보장기본법 시행령」이 공포되면서 같은 해 7월 13일 동법을 시행하였다. 동법 시행 이후 저출산 · 고령화와 양극화의 심화, 각종 사회복지 프로그램의 지방이양이 있었고, 각종 하위법령이 지속적으로 제 · 개정되었다. 이 같은 상황에서 기존의 「사회보장기본법」이 제 · 개정된 지 오래되어 거시적으로 변화된 복지 상황을 제대로 반영하지 못하고, 기본법 내용이 사회보장 제 분야 모법으로서 제 역할을 하지 못한다는 비판이 끊임없이 제기되었다(안상훈, 2012). 이에 따라 2012년 1월 26일 사회보장기본법을 전부개정하여 2013년 1월 27일부터 시행하게 되었다. 이는 우리나라 사회복지제도 전반을 규율하는 기본법규의 중요한 변화(남찬섭, 2012)를 의미한다.

전부개정된 「사회보장기본법」에 따르면, 사회보장이라 함은 "출산, 양육, 실업, 노령, 장애, 질병, 빈곤 및 사망 등의 사회적 위험으로부터 모든 국민을 보호하고 국민 삶의 질을 향상시키는 데 필요한 소득 · 서비스를 보장하는 사회보험, 공공부조, 사회서비스를 말한다."(사회보장기본법 제3조 제1호)고 규정하고 있다(2013. 1. 27. 시행). 이 법에서 사회서비스는 사회보험 등과 함께 사회보장 안에 포함되어 있다. 동법에서는 '사회서비스'라 함은 "국가 · 지방자치단체 및 민간부문의 도움이 필요한 모든 국민에게 복지, 보건의료, 교육, 고용, 주거, 문화, 환경 등의 분야에서 인간다운 생활을 보장하고 상담, 재활, 돌봄, 정보의 제공, 관련 시설의 이용, 역량 개발, 사회참여 지원 등을 통하여 국민의 삶의 질이 향상되도록 지원하는 제도를 말한다."(「사회보장기본법」 제3조 제4호)고 정의하고 있다(2013. 1. 27. 시행). 따라서 전부개정한 「사회보장기본법」의 사회서비스는 2012년 현재 사회보장기본법상 사회복지서비스와 관련복지제도를 합한 것으로 그 범위가 협의의 사회복지인 사회복지서비스를 포함하고 있을 뿐만 아니라 보건의료, 교육, 고용, 주거, 문화, 환경 등 관련복지제도의 광범위한 분야를 포괄하고 있어 대단히 넓은 사회복지개념을 채택했다고 볼 수 있다.

한편, 「사회서비스 이용 및 이용권 관리에 관한 법률」에서는 '사회서비스'를 「사회복지사업법」 제2조 제6호에 따른 사회복지서비스, 보건의료기본법 제3조 제2호에 따른 보건의료서비스, 그 밖에 이에 준하는 서비스로서 대통령령으로 정하는 서비스를 말한다고 규정하고 있다(「사회서비스 이용 및 이용권 관리에 관한 법률」 제2조 제1호). 그리고 사회복지사업법상 '사회복지서비스'란 국가 · 지방자치단체 및 민간부문의 도움을 필요로 하는 모든 국민에게 상담, 재활, 직업 소개 및 지도, 사회복지시설의 이용 등을 제공하여 정상적인 사회생활이 가능하도록 제도적으로 지원하는 것을 말한다(「사회복지사업법」 제2조 제6호)고 규정하고 있다. 「보건의료기본법」 제3조 제2호에 따른 '보건의료서비스'는 국민의 건강을 보호 · 증진하기 위하여 보건의료인이 하는 모든 활동으로 규정하고, 「사회복지사업법」 제2조 제7호도 '보건의료서비스'에 대해 「보건의료기본법」 제3조 제2호와 같이 정의하고 있다(2012. 8. 5. 시행).

협의의 사회복지인 사회복지서비스의 목적과 역할은 보호자가 없는 아동 또는 보호자의 양육이 부적절하다고 인정되는 아동, 심신장애아(자), 케어를 요하는 노인 등 생활장애가 있는 사람들을 대상으로 사회복지사 등에 의한 케어, 상담, 훈련 등 대인복지서비스(personal social services)를 행하는 데 있다. 이 서비스는 급부사유가 아동, 장애인 한 사람 한 사람의 생활장애라는 점에 있어서 전형적인 소득상실사유(노령 · 장애 · 유족 · 실업 등)를 급부 사유로 하는 사회보험, 사회수당과는 다르고 또한 급부의 내용이 사회복지사 등에 의한 인적서비스의 제공이라는 점에서 소득과 의료보장을 주된 내용으로 하는 사회보험, 사회수당 및 공공부조와 다르다(佐藤 進, 河野正輝, 2000: 45)고 볼 수 있다. 다시 말해 사회복지서비스는 사회보험, 공공부조의 경제적(화폐적), 물질적인 급부와는 달리 심리사회적 서비스 등과 같은 비경제적(비화폐적), 비물질적 서비스 급부의 제공이 그 특성이라고 할 수 있으며, 이 같은 맥락에서 급부의 특성상 개인적 욕구의 특성에 따라 개별적 처우를 제공해야 하는 점이 사회보험과 공공부조에 비하여 상대적으로 어렵고, 서비스를 전달하는 인력의 전문적인 개입과 기술이 중요(현외성, 2008)하기 때문에 실천에서 더욱 전문성이 요구된다.

이 같은 특성을 가진 사회복지서비스는 협의의 사회복지, 즉 사회복지사업이라고 할 수 있으며, 사회복지서비스는 사회생활을 영위함에 있어 장애를 갖고 있는 사람들, 즉 사회복지를 필요로 하는 노인, 아동, 장애인은 물론 국가 · 지방자치단체 및 민간부문의 도움을 필요로 하는 모든 국민에 대해 사회복지 전문가가 상담, 재활, 직업 소개 및 지도, 사회복지시설의 이용 등을 제공하여 정상적인 사회생활이 가능하도록 제도적으로 지원하는 것을 말한다(「사회복지사업법」 제2조 제6호). 따라서 사회복지서비스는 사회복지사업과 동일한 의미로 해석해도 무방하다(윤찬영, 2007). 「사회복지사업법」은 「아동복지법」「장애인복지법」 등 사회복지서비스 각 법에 대한 사업의 기본적인 사항을 규정한 일반법으로서의 의미를 갖고 있다. 그러므로 「사회복지사업법」과 이 법에서 규정하는 26개 법률(2015. 11. 21. 시행)이 사회복지서비스법에 해당한다고 할 수 있으며, 이 법률들에 따른 각종 복지사업과 이와 관련된 자원봉사활동 및 복지시설의 운영 또는 지원을 목적으로 하는 사업을 사회복지사업이라고 이 법에서 정의하고 있다(「사회복지사업법」 제2조 제1호).

여기서 우리나라의 헌법과 사회보장기본법상의 사회서비스는 모든 국민을 대상으로 한다고 하고 있지만, 국가가 모든 국민 개개인의 복지를 책임진다는 의미는 아니다. 자본주의 국가에 있어서 '생활의 자기책임원칙' 에 의하여 평소에는 개인의 복지를 개인이 책임을 지고 있으나 개인이 해결하지 못할 때 최종적으로 국가가 개입한다고 보아야 한다. 실제로 학문적으로 사용되는 사회복지서비스의 의미와는 달리 사회복지 실천현장과 법적 · 행정적으로 사용되는 우리나라의 사회복지 서비스의 실질적인 수급자의 다수는 저소득층에 집중되어 있기 때문에 공공부조와 중복되는 문제점을 안고 있으며, 급속한 사회변화에 따라 발생하는 일반국민의 다양한 사회적 욕구를 개별적으로 대응하는 데 한계를 안고 있다.

제2절 사회복지사업법

[시행 2015. 7. 1.] [법률 제12935호, 2014. 12. 30., 타법개정]

1. 법의 의의

사회복지사업법은 상위규범인 헌법 제34조에 규정된 생존권을 구체화하는 법률이다. 또한 이 법은 각종 사회복지서비스 분야에 관한 제 법률의 기본적 사항을 총괄적으로 규정한 일반법으로서 의의가 있다. 즉, 사회복지사업에 관한 기본적 사항을 규정하여 사회복지를 필요로 하는 사람에 대하여 인간의 존엄성과(2012. 8. 5. 시행) 인간다운 생활을 할 권리를 보장하고 사회복지의 전문성을 높이며, 사회복지사업의 공정 · 투명 · 적정을 도모하고, 지역사회복지의 체계를 구축함으로써 사회복지의 증진에 이바지함을 목적(사회복지사업법 제1조)으로 하고 있다.

사회복지사업의 정의는 「사회복지사업법」 제2조에 다음과 같이 규정되어 있다. 사회복지사업이라 함은 동법 제2조에서 규정하는 25개 법률에 따른 보호 · 선도(善導) 또는 복지에 관한 사업과 사회복지상담, 직업지원, 무료 숙박, 지역사회복지, 의료복지, 재가복지(在家福祉), 사회복지관 운영, 정신질환자 및 한센병력자의 사회복귀에 관한 사업 등 각종 복지사업과 이와 관련된 자원봉사활동 및 복지시설의 운영 또는 지원을 목적으로 하는 사업을 말한다(법 제2조 제1호)고 규정하고 있다.

따라서 「사회복지사업법」은 개별적인 사회복지서비스법에 의하여 실시되는 각 사업의 기본적인 사항을 총체적으로 규정하여, 복지사업의 운영 또는 지원을 목적으로 하는 특별법인 사회복지서비스 각 법에 대한 일반법이다. 같은 맥락에서 「사회복지사업법」은 개별적인 사회복지서비스법에 의한 조직체계와 이 조직체계의 운영 등에 대한 공통의 기본적인 성격을 규정하여 사회복지증진을 도모한다는 의미를 갖고 있다.

그러므로 「사회복지사업법」 제2조 제1항에서 규정하고 있는 바와 같이 「사회복지사업법」과 이 법에서 규정하는 25개 법률이 사회복지서비스법에 해당한다고 할 수 있으며, 이 법률들에 따른 각종 복지사업과 이와 관련된 자원봉사활동 및 복지시설의 운영 또는 지원을 목적으로 하는 사업을 사회복지사업이라고 정의할 수 있다.

이와 같이 우리나라의 「사회복지사업법」은 사회복지사업의 개념을 명확하게 규정하지 않고 다음의 26개 법률을 사회복지사업의 종류로 나열하여 이에 관한 사업의 운영 또는 지원에 국한하는 한정적 열거주의를 채택하고 있다. 즉, 여기에 열거되지 않은 사업은 비록 통념상 사회복지사업으로서 요건을 갖추고 있는 사업이라고 해도 법률상으로는 사회복지사업으로 인정하지 않고 있다.

따라서 「사회복지사업법」에서 규정한 사회복지사업에 대한 정의는 사회복지사업의 종류이며 그 적용범위가 된다(박석돈, 2005b). 사회복지사업법에서 규정하고 있는 26개 법률은 다음과 같다.

① 국민기초생활 보장법
② 아동복지법
③ 노인복지법
④ 장애인복지법
⑤ 한부모가족지원법
⑥ 영유아보육법
⑦ 성매매방지 및 피해자보호 등에 관한 법률
⑧ 정신보건법
⑨ 성폭력방지 및 피해자보호 등에 관한 법률
⑩ 입양특례법
⑪ 일제하 일본군위안부 피해자에 대한 생활안정지원 및 기념사업 등에 관한 법률
⑫ 사회복지공동모금회법
⑬ 장애인 · 노인 · 임산부 등의 편의증진 보장에 관한 법률
⑭ 가정폭력방지 및 피해자보호 등에 관한 법률
⑮ 농어촌주민의 보건복지증진을 위한 특별법
⑯ 식품기부 활성화에 관한 법률
⑰ 의료급여법
⑱ 기초연금법
⑲ 긴급복지지원법
⑳ 다문화가족지원법
㉑ 장애인연금법
㉒ 장애인활동 지원에 관한 법률
㉓ 노숙인 등의 복지 및 자립지원에 관한 법률
㉔ 보호관찰 등에 관한 법률

㉕ 장애아동 복지지원법

㉖ 발달장애인 권리보장 및 지원에 관한 법률(2015. 11. 21.시행)

2. 입법배경 및 연혁

1) 입법배경

「사회복지사업법」 제정 이전의 사회복지서비스법으로는 「생활보호법」(1961), 「아동복리법」(1961), 「윤락행위등방지법」(1961) 등이 제정 · 시행되었다. 그러나 이 같은 사회복지서비스법을 통합 · 조정하는 기본법이라고 할 수 있는 「사회복지사업법」이 제정되지 않았기 때문에 각 사회복지서비스법이 개별적으로 제정되어 실시될 수밖에 없는 실정이었다. 그 당시에 실시되고 있던 사회복지서비스법은 시대적 상황에 의한 단편적 대책으로서의 빈민과 요보호자(아동, 노인, 장애인, 윤락여성 등)의 구제가 목적이었고, 따라서 임시방편적인 물질적 지원을 핵심으로 하는 응급구호적 성격을 띠면서 개별적으로 시행되었기 때문에 연계성이 없었고, 더욱이 전문적인 지식과 기술에 의해 사회심리적 욕구와 문제를 해결하는 사회 · 사업적 방법은 거의 적용되지 않았다고 볼 수 있다.

그러므로 이러한 사회복지서비스 각 분야의 공통적인 기본사항의 통합 · 조정을 통해 총괄적으로 체계화하고 조직화하여 사회복지의 목표를 보다 효율적 · 효과적으로 실현해 가려는 취지에서 기본법 제정의 필요성이 제기되었다. 이 같은 시대적 요청에 따라 입안된 「사회복지사업법」의 최초입법안은 제3공화국 때인 1966년 12월 김성철 의원 외 15명의 명의로 국회에 제출되어 심의되었다. 그러나 국회 보건사회위원회의 심의도중 국회의원들의 임기만료로 폐기되었다. 당시 제안된 사회복지사업법안의 주요골자는 ① 사회복지사업의 범위 및 한계를 정하고, ② 사회복지시설은 보건사회부장관의 허가를 받은 사회복지법인이 서울특별시장, 부산시장, 도지사의 허가를 받아 설치하도록 하고, ③ 보건사회부장관의 자문기관으로서 중앙사회복지위원회를 서울특별시장 · 도지사의 자문기관으로서 지방사회복지위원회를 두고, ④ 보건사회부장관이 사회복지사업종사자의 자격증을 교부하게 하고 사회복지법인은 자격증소지자를 대통령령이 정하는 정수 이상으로 채용하도록 하며, ⑤ 사회복지법인의 수익사업을 허용하되 회계를 구분하게 하고 사업목적에 위반하였을 때는 보건사회부장관이 그 사업의 정지를 명하거나 허가를 취소할 수 있게 하고, ⑥ 보건사회부장관은 사회복지사업을 돕기 위하여 사회복지 공동모금회로 하여금 공동모금을 할 수 있도록 허가할 수 있게 하되 모금회의 조직·운영·모금방법 등은 대통령령으로 정하게 하는 것 등이다(박석돈, 2005b).

그 후 이 법안을 기초로 하여 사회보장제도심의회에서 1년 이상의 기간에 걸쳐 심의·연구해 온 기본구상이 추가되고 보건사회부 당국과 한국사회복지연합회의 의견을 수렴하여 1968년 9월 윤인식 의원 외 32인의 명의로 법안이 다시 국회에 제안되었고, 같은 해 11월 제16차 보건사회부 상임위원회에서 이 법안에 대한 한국사회복지연합회의 이의제기를 신동욱 의원이 청원하게 되었다. 그 내용의 요지는 ① 서울특별시장, 부산시장, 각 도지사는 사회복지사업의 지도육성에 관한 사무를 관장할 사회복지사무소를 설치할 수 있는 규정 ② 사회복지사업을 위하여 사용된 재산과 피보호자의 기술습득을 위하여 생산된 제품에 대해서는 면세 조치토록 규정 ③ 사회복지사업중앙연합회를 설립할 규정 등에 대한 요청이었다.

다음 해 1969년 7월에 열린 5차 보건사회부 상임위원회에서, 그 청원을 심사한 결과 청원의 취지를 사회복지사업법안에 반영시키도록 하고 그 청원은 폐기되었다(신섭중 외, 1999). 그 같은 과정을 거친 사회복지사업법안이 국회에서 1969년 12월에 수정·의결하여 통과되면서 1970년 1월 1일에 공포·시행된 것이다.

2) 연혁

1970년 1월 1일에 공포·시행된 최초의 「사회복지사업법」은 이 법의 개념과 사회복지사업의 기본적 사항을 규정하였다. 즉, 사회복지사업의 범위 및 한계, 사회복지사업의 조직운영에 관한 사항, 자문기관으로서 중앙 및 지방의 사회복지위원회 설치, 사회복지사업 종사자의 자격증의 교부 및 사회복지법인의 자격증 소지자 채용의무, 공동모금회의 설립 등이 주된 내용이었다.

그 후 사회변화에 따른 「노인복지법」 등 새로운 사회복지서비스법이 제·개정되면서 1983년 동법의 1차 개정, 1992년에는 동법을 2차 개정하였다.

그 후 1996년 11월부터 불거진 '에바다 농아원 사태'를 계기로 1997년 동법의 전문개정을 추진하게 된다. 이 개정의 방향은 한마디로 사회복지시설의 민주화로 요약할 수 있다. 그 방향에 따라 사회복지시설의 부패와 봉건적 폐쇄성을 개혁하기 위한 법 개정이 추진되었다. 또한 인권침해와 재정비리가 발생하는 사회복지시설의 공통적인 특징이 주로 사회복지 비전문가들에 의해 운영되고 있고, 사회복지의 전문적 인식과 실천보다는 개인의 독선이 이러한 문제를 심화한다고 인식되면서 '사회복지사업의 전문성 강화' 라는 개정방향도 동시에 설정된 것이다. 전문성 문제는 사회복지사의 법적 지위, 권한과 책임을 확보하는 것과 사회복지사 자격증제도의 개선이라는 두 가지 방향으로 추진되었다.

이 같은 과정을 배경으로 하여 1997년 8월 22일 5년 만에 사회복지사업법은 대폭적인 전문개정을 보게 된다. 전문개정의 주요내용으로는 사회복지사의 전문성을 제고하기 위하여 사회복지사 1급은 국가시험에 합격한 자로 하고, 현행 사회복지시설의 설치 · 운영에 대한 허가제를 신고제로 변경하여 동 시설의 설치 · 운영을 용이하게 하며, 개인도 시설을 설치 · 운영할 수 있도록 하고, 사회복지법인과 시설운영의 투명성을 보장할 수 있도록 제도적 장치를 강화하며, 자원봉사활동을 지원할 수 있는 법적 근거를 마련하고 그 밖에 미비한 사항을 정비 · 보완하여 사회복지사업을 활성화하기 위하여 사회복지사업법을 전문개정하였다(박석돈, 2005b).

이후 '가정폭력방지 및 피해자보호 등에 관한 법률' 의 제정 등에 따른 1999년 4월의 사회복지사업법 부분개정에 이어 2000년 1월 다시 동법의 일부개정, 그리고 2003년 7월에는 지방자치시대를 맞이하여 지역사회복지계획의 수립 · 시행과 기초자치단체 지역사회복지협의체 설치 등을 핵심으로 한 동법의 부분개정이 이루어졌다. 이 개정은 지역사회중심의 사회복지사업을 효율적으로 추진하기 위한 기반을 조성하고, 사회복지서비스의 제공절차를 구체적으로 정하는 한편, 재가복지서비스를 활성화하도록 하는 등 현행 제도 운영상 나타난 일부 미비점을 개선 · 보완하려는 것이 목적이다.

세계화와 자유무역협정(FTA)의 확산을 배경으로 2004년 1월 개정하고, 2004년 3월 성매매방지 및 피해자보호 등에 관한 법률제정으로, 2006년 3월은 식품기부 활성화를 위해, 2007년 10월에는 「모 · 부자복지법」이 「한부모가족지원법」으로 변경되면서, 2007년 12월은 사회복지사업의 대상범위에 의료급여법을 포함하면서, 2008년 2월 이명박 정부 출범에 따른 정부조직 개편에 따라 일부 법률 개정이 이루어졌다. 또한 2009년 6월은 「기초노령연금법」 「긴급복지지원법」 「다문화가족지원법」의 제정으로, 2010년 4월에는 「장애인연금법」이 제정되면서, 2011년 1월에는 「장애인활동 지원에 관한 법률」을 제정하면서, 5개월 뒤인 2011년 6월에는 「노숙인 등의 복지 및 자립지원에 관한 법률」의 제정에 따라 「사회복지사업법」의 일부 개정이 이루어졌다.

2011년 8월 4일 「사회복지사업법」은 「보호관찰 등에 관한 법률」 「사회서비스 이용 및 이용권 관리에 관한 법률」 「아동복지법」 「입양특례법」 「장애아동복지지원법」 등 새로운 법의 제정 및 개정에 따라 전문개정을 하였다.

2012년 1월 26일 「사회복지사업법」 개정은 우리 사회에 큰 충격을 준 장애인 생활시설의 인권유린사건 이른바 도가니 사건으로 일부 사회복지법인 및 시설 대표자의 전횡, 시설 내 이용자 인권 침해, 사적이익 추구 등이 사회문제로 떠오르면서 이루어졌다. 이에 따라 시설이용자의 인권보호와 사회복지법인 및 시설 운영의 투명성이 요구되어 사회복지법인의 이사를 외부에서 추천하여 선임하도록 하는 등 임원의 자격요건을 강화하고, 성폭력범죄를 저지른 사람, 퇴직한 지 2년이 경과하지 아니한 사회복지 공무원 등은 사회복지법인의 임원 또는 시설의 장 등이 될 수 없도록 하며, 사회복지법인 또는 시설에 대하여 행정처분을 한 경우에는 관련 정보를 공표할 수 있도록 하는 등 사회복지법인 및 시설에 대한 관리감독을 강화하고, 법인 이사회의 회의록을 공개하도록 하는 등 사회복지법인 및 시설의 운영을 개선하도록 개정을 하였다. 한편, 사회복지시설 서비스의 최저기준을 마련함으로써 사회복지서비스의 질적 수준을 제고하여 사회복지 서비스 이용자의 인권과 복지를 증진하려는 목적으로 동법 일부는 개정을 보게 되었다.

2012년 5월 23일 「사회복지사업법」 개정은 「사회복지사 등의 처우 및 지위 향상을 위한 법률」의 새로운 법의 개정에 따른 것이었다.

2013년 6월 4일 「사회복지사업법」은 시설 운영자가 의무적으로 가입하여야 하는 보험으로 현행의 화재로 인한 손해배상책임 외에 안전사고로 인한 보호대상자에 대한 손해배상책임을 추가함으로써 여러 가지 사고에 대한 시설 운영자의 손해배상책임을 강화하려는 목적에서 일부개정을 하였다. 같은 해 우리나라의 급격한 고령화에 따른 노인빈곤문제가 대통령선거의 쟁점으로 떠오르면서, 65세 이상의 노인 중 소득기반이 취약한 70퍼센트의 노인에게 공적연금을 지급하여 노인빈곤 해소가 목적인 「기초연금법」을 법률 제12617호로 제정하여 2014년 7월 1일부터 전면시행을 하게 되면서 기존의 「기초노령연금법」은 대체되었다. 같은 날 법률 제12618호 「발달장애인 권리보장 및 지원에 관한 법률」이 2014년 5월 20일 제정 · 공포되어 2015년 11월 21일 시행이 예정됨에 따라 동법의 기존적용 25개 법률에 「발달장애인 권리보장 및 지원에 관한 법률」이 추가되면서 2015년 11월부터 「사회복지사업법」 적용법률 범위는 26개로 확대된다.

또한 우리나라의 복지예산과 대상자수는 증가하고 서비스 또한 다양화되어 확대되어 가고 있지만, 2014년 2월 서울특별시 송파구에서 생활고를 비관한 세 모녀가 동반자살하는 사건이 발생하는 등 도움이 절실한 계층이 복지의 사각지대에 놓이는 사례가 동시에 발생하면서 우리사회에 큰 충격을 주었다. 이에 따라 정부는 소외계층을 발굴하기 위한 신고의무, 보호대상자에게 필요한 급여의 직권신청, 보호계획 수립 · 지원, 상담 · 안내 · 의뢰 등 수급권자보호를 강화하고 복지사각지대를 해소하기 위한 방안을 제도적으로 보완하려는 목적에서 「사회보장급여의 이용 · 제공 및 수급권자 발굴에 관한 법률」을 2014년 12월 30일 제정하여 2015년 7월 1일부터 시행예정을 하게 되면서 「사회복지사업법」 일부는 다음과 같이 개정되었다. 즉, 「사회복지사업법」 제7조의 광역자치단체 사회복지위원회가 심의 · 건의하는 지역사회복지계획을 「사회보장급여의 이용 · 제공 및 수급권자 발굴에 관한 법률」 제정에 따른 지역사회보장계획으로 하고, 같은 사유로 동법 제7조의2 기초자치단체 지역복지협의체가 심의 · 건의하는 지역사회복지계획도 동법에 따른 지역사회보장계획으로 하였다. 또한 「사회복지사업법」상 지역사회복지계획의 내용, 수립, 시행, 시행결과의 평가 등을 삭제하여 「사회보장급여의 이용 · 제공 및 수급권자 발굴에 관한 법률」로 이관하는 것 등이다.

2014년 5월 20일 「사회복지사업법」 개정은 「기초연금법」의 일부개정과 「발달장애인 권리보장 및 지원에 관한 법률」의 제정으로 인한 것이며, 노인세대를 위한 안정적인 공적연금제도를 마련과, 발달장애인에 대한 구체적인 장애 범위, 그 가족이나 보호자 등의 특수한 수요에 부합될 수 있는 지원체계 및 발달장애인지원센터 설립의 근거를 제정함으로써 발달장애인의 권리를 보호하고, 그 보호자 등의 삶의 질을 향상시킬 수 있도록 하여 국민 전체의 행복에 기여할 수 있도록 하려는 것이다.

2014년 12월 30일 「사회복지사업법」 개정은 「사회보장급여의 이용 제공 및 수급권자 발굴에 관한 법률」을 일부 개정한 것으로서 사회보장급여의 신청, 조사, 결정 · 지급, 사후관리에 이르는 복지대상자 선정과 지원에 필요한 일련의 절차 및 방법 등에 관한 사항을 구체적으로 규정하고, 소외계층을 발굴하기 위한 신고의무, 보호대상자에게 필요한 급여의 직권신청, 보호계획 수립 · 지원, 상담 · 안내 · 의뢰 등 수급권자 보호를 강화하고 복지사각지대를 해소하기 위한 방안을 제도적으로 보완하려는 것이다.

또한 중앙행정기관 · 지방자치단체 및 관련 공공기관 간 정보의 연계를 통하여 복지행정 업무를 전자적으로 지원하는 사회보장정보시스템의 원활한 운영을 뒷받침함으로써 복지사업의 효과성을 제고하는 한편, 중앙행정기관과 지방자치단체 간의 유기적인 연계와 통일성을 기하여 지역 단위의 종합적 사회보장과 지역 간 균형발전을 실현하기 위한 방안 및 지원체계를 정립하여 궁극적으로는 국민이 자신에게 적합한 복지혜택을 선택할 수 있도록 하는 맞춤형 서비스를 제공함으로써 국민의 복지체감도를 향상시키려는 것이다.

■ 사회복지사업법 연혁

1970년 1월 1일	사회복지사업법 공포 · 시행
1983년 5월 21일	동법 1차 개정
1992년 12월 8일	동법 2차 개정
1997년 8월 22일	동법 전문개정
1999년 4월 30일	동법 부분개정
2000년 1월 12일	동법 일부개정
2003년 7월 30일	동법 부분개정
2004년 1월 29일	동법 일부개정
2004년 3월 22일	동법 일부개정
2005년 7월 13일	동법 일부개정
2006년 3월 24일	동법 일부개정
2007년 10월 17일	동법 일부개정
2007년 12월 14일	동법 일부개정
2008년 2월 29일	정부조직법 개정에 따른 동법 개정
2009년 6월 9일	동법 일부개정
2010년 4월	동법 일부개정
2011년 1월	동법 일부개정
2011년 6월	동법 일부개정
2011년 8월 4일	동법 전문개정
2012년 1월 26일	동법 일부개정－사회복지법인의 외부이사 선임, 사회복지시설 서비스의 최저기준 마련 등
2013년 6월 4일	동법 일부개정－시설 운영자의 손해배상책임을 강화

3. 법의 내용

1) 법의 목적 · 기본이념과 범위

「사회복지사업법」은 사회복지사업에 관한 기본적 사항을 규정하여 사회복지를 필요로 하는 사람에 대하여 인간의 존엄성과 인간다운 생활을 할 권리를 보장하고 사회복지의 전문성을 높이며, 사회복지사업의 공정・투명・적정을 도모하고, 지역사회복지의 체계를 구축함으로써 사회복지의 증진에 이바지함을 목적으로 한다(동법 제1조). 그리고 사회복지사업에 있어 인권보호의 강화를 위해 다음과 같이 기본이념을 신설하였다(법 제1조의2).

① 사회복지를 필요로 하는 사람은 누구든지 자신의 의사에 따라 서비스를 신청하고 제공받을 수 있다.
② 사회복지법인 및 사회복지시설은 공공성을 가지며 사회복지사업을 시행하는 데 있어서 공공성을 확보하여야 한다.
③ 사회복지사업을 시행하는 데 있어서 사회복지를 제공하는 자는 사회복지를 필요로 하는 사람의 인권을 보장하여야 한다.

이 법의 기본적 사항이라 함은 총칙에 ① 사회복지사업의 개념정의(법 제2조), ② 복지와 인권증진의 책임(법 제4조)이 규정되어 있고, ③ 사회복지사 자격제도(법 제11조)와 사회복지전담 공무원제도(제14조)가 위치하고 있다. 이에 더해 ④ 제2장의 사회복지법인(법 제16조~제32조) 및 사회복지협의회에 관한 사항(법 제33조), 제3장의 사회복지시설에 관한 사항(법 제34조~제41조), ⑤ 사회복지사업의 재정, 시설 서비스의 기준, 시설의 평가(법 제42조~제45조) 등 주로 조직과 운영 등을 기본적 사항으로 정하고 있다.

사회복지사업법상 사회복지사업은 「국민기초생활보장법」 등 26개 법률(다만 「발달장애인 권리보장 및 지원에 관한 법률」은 2015년 11월 21일부터 시행)에 따른 보호 선도 또는 복지에 관한 사업과 사회복지상담, 직업지원, 무료숙박, 지역사회복지, 의료복지, 재가복지, 사회복지관 운영, 정신질환자 및 한센병력자의 사회복귀에 관한 사업 등 각종 복지 사업과 이와 관련된 자원봉사활동 및 복지시설의 운영 또는 지원을 목적으로 하는 사업(법 제2조)을 들고 있다. 따라서 이 법에 나열되지 않은 사업은 통념상 사회복지사업으로서의 요건을 갖추고 있는 사업이라 할지라도 법률상으로는 사회복지사업으로 인정받지 못한다.

2) 사회복지와 인권증진의 책임

우리나라 헌법 제34조 제1항은 "모든 국민은 인간다운 생활을 할 권리를 가진다."고 규정하여 국민의 생존권을 보장하고 있다. 이어서 헌법 제34조 제2항에서 "국가는 사회보장 · 사회복지증진에 노력할 의무를 진다." 고 하여 국민생존권의 보장책임주체를 국가로 규정하고 있으며 생존권보장을 위한 수단으로 사회보장 · 사회복지를 들고 있다. 여기서 사회복지는 2012년 1월 전부개정된 사회보장기본법상의 사회서비스를 지칭한다. 동법에서 "사회서비스라 함은 국가 · 지방자치단체 및 민간부문의 도움이 필요한 모든 국민에게 복지, 보건의료, 교육, 고용, 주거, 문화, 환경 등 분야에서 인간다운 생활을 보장하고 상담, 재활, 돌봄, 정보의 제공, 관련 시설의 이용, 역량 개발, 사회참여 지원 등을 통하여 국민의 삶의 질이 향상되도록 지원하는 제도를 말한다."(「사회보장기본법」 제3조 제4호)라고 정의하고 있다. 2012년에 전부개정된 「사회보장기본법」의 사회서비스는 개정 전 사회보장기본법상 사회복지서비스와 관련복지제도를 합한 것으로 그 범위가 협의의 사회복지인 사회복지서비스를 포함하고 있을 뿐만 아니라 보건의료, 교육, 고용, 주거, 문화, 환경 등 관련복지제도의 광범위한 분야를 포괄하고 있어 대단히 넓은 사회복지개념을 택했다고 볼 수 있다.

한편, 「사회서비스 이용 및 이용권 관리에 관한 법률」에서는 '사회서비스' 란 사회복지사업법 제2조 제6호에 따른 사회복지서비스, 보건의료기본법 제3조 제2호에 따른 보건의료서비스, 그 밖에 이에 준하는 서비스로서 대통령령으로 정하는 서비스를 말한다고 정의하고 있다(「사회서비스 이용 및 이용권 관리에 관한 법률」 제2조 제1호).

그리고 「사회복지사업법」 제2조 제6호에 따른 '사회복지서비스' 란 국가 · 지방자치단체 및 민간부문의 도움을 필요로 하는 모든 국민에게 상담, 재활, 직업 소개 및 지도, 사회복지시설의 이용 등을 제공하여 정상적인 사회생활이 가능하도록 제도적으로 지원하는 것을 말한다(「사회복지사업법」 제2조 제6호)고 하여 좁은 의미로 그 개념을 규정하고 있다.

헌법상 국가의 사회복지증진책임은 사회복지사업법에서 "국가와 지방자치단체는 사회복지서비스를 증진하고, 서비스를 이용하는 사람에 대하여 인권침해를 예방하고 차별을 금지하며 인권을 옹호할 책임을 진다." (사회복지사업법 제4조 제1항)고 규정하여 이를 재확인하고 있다. 이 같이 헌법과 사회복지사업법에서 사회복지증진의 책임을 1차적으로 국가와 지방자치단체에 있음을 명확히 하고 있지만, 사회복지사업법 제4조 제3항에서는 "국가와 지방자치단체, 그 밖에 사회복지사업을 하는 자는 사회복지를 필요로 하는 사람에 대하여 그 사업과 관련한 상담, 작업치료, 직업훈련 등을 실시하고 필요한 경우에는 주민의 복지 욕구를 조사할 수 있다." 고 하여 그 밖에 사회복지사업을 하는 사람으로 표현을 한, 즉 사회복지사업을 하는 개인, 사회복지법인, 그 밖의 단체도 상담, 작업치료, 직업훈련 등 전문성에 기초한 사회복지증진의 책임을 분담하고 있다고 규정하고 있다. 뿐만 아니라 국가와 지방자치단체의 노력의무로 도움을 필요로 하는 국민이 본인의 선호와 필요에 따라 적절한 사회복지서비스를 제공받을 수 있도록 사회복지서비스 수요자 등을 고려하여 사회복지시설이 균형 있게 설치되도록 하면서 민간부문의 사회복지 증진활동이 활성화되고 국가 및 지방자치단체의 사회복지사업과 민간부문의 사회복지 증진활동이 원활하게 연계될 수 있도록(동법 제4조 제4항, 제5항) 정하고 있다. 이후 2012년 1월 동법 개정으로 사회복지를 필요로 하는 사람의 인권의 존중과 정보제공 등 국가와 지방자치단체의 책임을 새롭게 추가하였다. 즉, 국가와 지방자치단체는 사회복지를 필요로 하는 사람의 인권이 충분히 존중되는 방식으로 사회복지서비스를 제공하고 사회복지와 관련된 인권교육의 강화, 사회복지서비스를 이용하는 사람이 긴급한 인권침해 상황에 놓인 경우 신속히 대응할 체계의 준비, 시설 거주자 또는 보호자의 희망을 반영하여 지역사회보호체계에서 서비스가 제공될 수 있도록 하는 노력, 사회복지서비스를 필요로 하는 사람들에게 사회복지서비스의 실시에 대한 정보를 제공하여야 한다(법 제4조 제6항~제9항)고 하였다.

또한 "복지업무에 종사하는 사람은 그 업무를 수행할 때에 사회복지를 필요로 하는 사람을 위하여 인권을 존중하고 차별 없이 최대로 봉사하여야 한다."(법 제5조)고 하여 사회복지업무 종사자는 공사를 막론하고 모든 사회복지대상자에 대한 인권존중과 함께 최대봉사를 하도록 하는 성실의무를 정하고 있다. 이는 사회복지사라는 전문직이 다른 전문직과는 달리 사회적 취약계층의 문제와 욕구를 취급하기 때문에 요구되는 전문직업상의 윤리적인 책임이라고 할 수 있으며, 이를 위하여 한국사회복지사협회는 1992년 10월 한국사회복지사 윤리강령을 발표하였다. 그리고 급변하는 지식정보화사회에서 사회복지분야의 정보화수준이 미흡하여 업무처리의 효율성이 낮고 복지대상자에게 질 높은 사회복지서비스를 제공하는 것이 어려운 현실임을 감안하여, 국가 및 지방자치단체는 사회복지업무를 전자적으로 처리를 위한 시책을 마련하여야 한다고 규정하였다(법 제6조의2 제1항). 또한 보건복지부장관은 사회복지업무에 필요한 각종 자료 또는 정보의 효율적 처리와 기록 · 관리 업무의 전자화를 위하여 정보시스템을 구축 · 운영할 수 있다(법 제6조의2 제2항)고 하면서 지방자치단체의 장은 사회복지사업을 수행할 때 관할 복지행정시스템과 정보시스템을 전자적으로 연계하여 활용하여야 한다(법 제6조의2 제4항)고 하였고, 사회복지법인의 대표이사와 사회복지시설의 장은 국가와 지방자치단체가 실시하는 사회복지업무의 전자화 시책에 협력하여야 한다(법 제6조의2 제5항)고 규정하였다. 이를 위하여 보건복지부장관은 정보시스템을 효율적으로 운영하기 위하여 그 운영에 관한 업무를 수행하는 전담기구를 법인으로 설립할 수 있도록 함으로써 정보시스템 운영 전담기구 설립을 법제화하였다(법 제6조의3 제1항, 제2항).

3) 사회복지서비스의 행정조직(사회복지서비스 전달체계)

사회복지행정에서 전달체계는 사회복지서비스 제공자와 서비스 대상자 사이에서 서비스를 전달하는 조직과 이에 관련된 체계를 말한다. 사회복지서비스 전달체계는 일반적으로 공적 전달체계(행정조직)와 사적 전달체계로 구분한다.

(1) 공적사회복지의 행정조직

① 중앙 및 지방 사회복지의 행정조직

정부조직법에 따라 보건복지부는 공적 사회복지서비스 전달체계의 최고 행정기관으로 위치하고 있다. 보건복지부 조직 내의 사회복지정책실에서 사회복지서비스 관련 사무를 맡고 있으며, 사회복지서비스의 전국적인 시책의 기획입안, 예산편성, 정부제출 법안의 작성, 법령해석 · 시행, 지방자치단체에 대한 지도감독 등의 임무를 수행한다. 사회복지정책실에는 기초생활보장 심의관 등 심의관이 실장을 보좌하고 있으며, 복지정책과 등 9개과에서 사회복지서비스 관련업무를 담당하고 있다.

지방에는 지방자치법에 의해 행정자치부가 관할하는 특별시 · 광역시 · 도의 사회복지국, 가정복지국이 기초자치단체인 시, 군, 구에는 사회복지과, 가정복지과가, 읍, 면, 동에는 사회담당계원 또는 사회복지전담공무원이 구체적인 복지서비스의 실시 등 복지업무를 처리하는 구조로 조직되어 있으나, 1998년 외환위기 이후 지방정부 조직 개편 시 기초자치단체 사회복지과와 가정복지과가 통합되었다.

② 복지사무전담기구의 설치와 지방자치단체에 대한 지원금

사회복지사업에 관한 업무를 효율적으로 운영하기 위하여 필요한 경우 시, 군, 구 또는 읍, 면, 동에 복지사무를 전담하는 기구를 따로 설치할 수 있다(법 제15조 제1항). 복지사무전담기구의 사무범위 및 조직 기타 필요한 사항은 해당 시 · 군 · 구 조례로 정한다(법 제15조 제2항)고 규정하여 복지전담기구를 기초자치단체와 읍, 면, 동에 설치할 수 있는 법적인 장치를 마련하였다. 또한 보건복지부장관은 시 · 도지사 및 시장 · 군수 · 구청장에게 사회복지사업의 수행에 필요한 비용을 지원할 수 있다(법 제42조의3 제1항). 보건복지부장관은 「사회보장급여의 이용 · 제공 및 수급권자 발굴에 관한 법률」에 따른 평가결과를 반영하여 제1항에 따른 지원을 할 수 있다(법 제42조의3 제2항).

3 협력기관

시장 · 군수 · 구청장은 읍 · 면 · 동의 사회복지사업을 원활하게 수행하도록 하기 위하여 읍 · 면 · 동 단위에 복지위원의 위촉을 하여야 한다(법 제8조 제1항). 일본의 민생위원제도를 참고로 하여 협력기관으로 위촉한 복지위원은 명예직으로 하되 예산의 범위 안에서 수당을 지급할 수 있다(법 제8조 제2항)고 규정하고 있다.

복지위원은 다음의 자격을 갖춘 자 중에서 읍 · 면 · 동의 장의 추천으로 시장 · 군수 · 구청장이 위촉한다(시행규칙 제2조 제1항).

① 해당지역사회의 실정에 밝고 사회복지증진에 열의가 있는 자
② 사회복지에 관한 학식과 경험이 풍부한 자

복지위원이 행하는 직무는 다음과 같다(시행규칙 제2조 제4항).

① 관할지역 안의 저소득주민 · 아동 · 노인 · 장애인 · 모자가족 · 부자가족 · 요보호자 등 사회복지대상자에 대한 선도 및 상담
② 사회복지대상자의 권익을 보호하기 위하여 필요한 사항
③ 사회복지관계 행정기관, 사회복지시설 그 밖의 사회복지 관계 단체와의 협력
④ 그 밖의 관할지역 주민의 복지증진을 위해 필요한 사항의 처리

이상과 같이 복지위원은 공적사회복지 행정조직의 협력기관이며, 명예직 자원봉사자다. 복지위원은 지역사회의 사회복지서비스의 직무를 맡고 있으나, 일본의 민생위원제도에 비해 그 활동이 아주 미약한 실정이다.

4 사회복지전담공무원

사회복지사업에 관한 업무를 담당하기 위하여 시 · 도, 시 · 군 · 구 및 읍 · 면 · 동 또는 제15조의 규정에 따른 복지사무전담기구에 사회복지 전담공무원(이하 "복지전담공무원" 이라 한다)을 둘 수 있다(법 제14조 제1항). 복지전담공무원은 사회복지사의 자

격을 가진 자로 하며, 그 임용 등에 필요한 사항은 대통령으로 정하여(법 제14조 제2항) 사회복지업무의 전문성을 인정하여 복지전담공무원의 임용은 사회복지사의 자격을 가진 자로 한정하고 있다. 대통령령에 의한 임용에 관해서는 지방공무원임용령이 정하는 바에 따르고, 다만 사회복지전담공무원 중 별정직 공무원인 자의 임용 등에 관하여는 당해 지방자치단체의 조례가 정하는 바에(령 제7조 제1항) 의하고 있으며, 이 같은 조항에 따라 기존의 사회복지전문요원은 사회복지전담공무원으로서 법적 지위를 갖게 되었다.

그리고 복지전담공무원은 그 관할지역 안의 사회복지를 필요로 하는 사람 등에 대하여 항상 그 생활실태 및 가정환경 등을 파악하고, 사회복지에 관하여 필요한 상담과 지도를 행(법 제14조 제3항)하는 것으로 그 업무를 규정하고 있으며, 복지전담공무원의 임용자격을 사회복지사 자격증 소지자로 제한함으로써 사회복지행정의 전 분야에 전문화를 가능하게 한다는 데 큰 의미가 있다고 할 수 있다(현외성, 2008).

사회복지전담공무원제도가 도입되기 전 우리나라 사회복지 전달체계는 사회복지서비스 제일선 기능을 담당해야 할 하위체계가 확립되어 있지 않아, 전체주민의 욕구파악과 이에 대한 구체적인 대응이 불가능하였는데 이 같은 문제에 전문적으로 대응하기 위하여 동법 제14조의 사회복지전담공무원 조항과 동법 제15조의 복지사무전담기구 설치조항을 규정한 것이다.

나아가 관계행정기관 및 사회복지시설을 설치 · 운영하는 자는 복지전담공무원의 업무수행에 협조하여야 한다(법 제14조 제4항)고 하여 최일선 전달체계인 복지전담공무원의 원활한 업무수행을 보장하기 위한 법적 배려를 규정하였다. 그리고 이 같은 동법령의 개정과 함께 지방자치단체의 사회복지행정에 종사하는 일반직 공무원의 전문직화를 위한 지방공무원임용령이 1992년 12월 20일에 개정되어 행정직군 속에 사회복지 직렬을 9급에서 5급까지 설치함으로써 중앙 및 지방자치단체의 사회복지행정의 전문화를 위한 제도적 기반을 마련하게 되었다.

5 사회복지위원회와 시 · 군 · 구 지역사회복지협의체

2014년 2월 발생한 송파구 세 모녀 동반자살 사건을 계기로 수급권자보호를 강화하고 복지사각지대를 해소하기 위해 2014년 12월 30일 「사회보장급여의 이용 · 제공 및 수급권자 발굴에 관한 법률」을 제정하였다. 이에 따라 사회복지사업에 관한 중요사항과 「사회보장급여의 이용 · 제공 및 수급권자 발굴에 관한 법률」에 따른 지역사회보장계획을 심의 또는 건의하기 위하여 특별시 · 광역시 · 도 · 특별자치도(이하 "시 · 도"라 한다)에 사회복지위원회를 둔다(법 제7조 제1항)고 함과 동시에 관할지역의 사회복지사업에 관한 중요 사항과 「사회보장급여의 이용 · 제공 및 수급권자 발굴에 관한 법률」에 따른 지역사회보장계획을 심의하거나 건의하고, 사회복지 보건의료 관련 기관 단체가 제공하는 사회복지서비스 및 보건의료서비스의 연계 협력을 강화하도록 하기 위하여 특별자치도 또는 시 · 군 · 구에 지역사회복지협의체를 둔다(법 제7조의2 제1항)고 규정하고 있다.

즉, 광역자치단체와 기초자치단체에 사회복지위원회와 지역사회복지협의체를 두어 법률에 위임된 사회복지사업에 관한 중요사항과 지역사회보장계획을 심의 또는 건의하고, 사회복지서비스 및 보건의료서비스의 연계 · 협력을 강화하도록 하고 있다. 구법에서는 보건복지부에 중앙사회복지위원회를 두었으나, 사회보장기본법상의 사회보장심의위원회와 기능이 중복되기 때문에 1997년 사회복지사업법 3차 개정 때 보건복지부의 중앙사회복지위원회는 폐지하였고 사회복지위원회는 1983년 동법의 1차 개정 때 기존의 피동적인 자문기구에서 집행기구가 반드시 안건을 부의해야 하는 능동적인 심의기구로 그 기능을 강화하였다.

사회복지위원회의 위원은 다음에 해당하는 사람 중에서 특별시장 · 광역시장 · 도지사 · 특별자치도지사가 임명 또는 위촉한다(법 제7조 제2항).

① 사회복지 또는 보건의료에 관한 학식과 경험이 풍부한 사람
② 사회복지법인의 대표자
③ 사회복지사업을 하는 비영리법인 또는 단체의 대표자
④ 사회복지를 필요로 하는 사람의 이익 등을 대표하는 사람
⑤ 지역사회복지협의체의 대표자
⑥ 공익단체에서 추천한 사람
⑦ 「사회복지공동모금회법」에 따른 사회복지공동모금지회에서 추천한 사람

그리고 사회복지위원회의 조직 · 운영에 관하여 필요한 사항은 보건복지부령이 정하는 바에 따라 당해 시 · 도의 조례로 정한다(법 제7조 제4항)고 하여 시 · 도는 사회복지위원회의 조직과 운영에 대한 조례를 제정하도록 규제를 하고 있다.

나아가 관할지역의 사회복지사업에 관한 중요 사항과 「사회보장급여의 이용 · 제공 및 수급권자 발굴에 관한 법률」에 따른 지역사회보장계획을 심의하거나 건의하고, 사회복지 · 보건의료 관련 기관 · 단체가 제공하는 사회복지서비스 및 보건의료서비스의 연

계 · 협력을 강화하기 위하여 특별자치도 또는 시 · 군 · 구에 지역사회복지협의체를 두고(제7조의2) 있다. 지역사회복지협의체의 위원은 다음의 어느 하나에 해당하는 사람 중에서 특별자치도지사 또는 시장 · 군수 · 구청장이 임명하거나 위촉한다.

① 사회복지 또는 보건의료에 관한 학식과 경험이 풍부한 사람
② 사회복지사업을 하는 기관 · 단체의 대표자
③ 보건의료사업을 하는 기관 · 단체의 대표자
④ 공익단체에서 추천한 사람
⑤ 사회복지업무 또는 보건의료업무를 담당하는 공무원

또 지역사회복지협의체의 업무를 효율적으로 수행하기 위하여 지역사회복지협의체에 실무협의체를 둔다(법 제7조 제3항)고 규정하여 종전의 임의설치 규정을 강제규정으로 강화하였다. 지역사회복지협의체 및 실무협의체의 조직 · 운영에 필요한 사항은 보건복지부령으로 정하는 바에 따라 시 · 군 · 구의 조례로 정한다(법 제7조의2 제4항).

(2) 민간사회복지의 행정조직

사회복지의 증진책임은 일차적으로는 국가에 있다. 그러나 1970년대의 복지국가의 위기 이후 선진국에서는 인구의 고령화 등 사회변화의 영향으로 복지욕구는 보편화 · 다양화 · 고도화되어 가고 있으나, 이에 대응하는 공적 사회복지의 확대는 정부의 재정적자 등의 요인으로 한계에 부딪치게 되었다. 이러한 문제에 대응하기 위해 복지선진국에서는 복지다원주의(welfare pluralism)가 등장하게 되고, 이 영향으로 공적사회복지의 동반자로서 민간사회복지의 중요성이 강조되었다. 최근 우리나라에서도 산업화, 도시화, 핵가족화, 인구고령화, 여성의 사회참여 증가, 자녀출산의 감소 등을 배경으로 사회복지서비스 욕구가 확대되고, 다양화 · 고도화되면서 공적 서비스가 한계를 맞아 민간 서비스 부문의 역할확대가 강조되고 있다. 민간사회복지 부문의 대표적인 조직으로 사회복지법인, 사회복지협의회에 관해 검토하기로 한다.

1 사회복지법인

① 사회복지법인의 의의

「사회복지사업법」에서 '사회복지법인'이라 함은 사회복지사업을 할 목적으로 설립된 법인을 말한다(법 제2조 제3호). 1970년 「사회복지사업법」이 공포 · 실시되기 이전까

지 사회복지사업을 행할 목적으로 설립된 법인은 민법 제32조의 비영리법인에 해당하는 사단법인 또는 재단법인만으로 한정하여 설립되었다. 그러나 사회복지사업의 내용이 민법상의 비영리법인이 행하는 사업과는 다르고, 사회복지사업은 일반 비영리사업에 비해 공익성과 자주성이 더욱 강조되기 때문에 국가의 원조 · 육성과 더불어 지도 · 감독이 요구된다. 이 같은 연유로 민법에 대한 특별법으로서 「사회복지사업법」이 제정되면서 사회복지법인은 민법상의 비영리법인과 다른 특별법인으로서의 법인격을 부여받았다. 사회복지법인 제도는 설립 목적이 사회복지사업을 행하는 것이기 때문에 그만큼 공익성이 강조된다고 할 수 있다.

일반적으로 자연인과 더불어 법적으로 인격이 부여된 법인은 법률의 규정에 의거하여 자연인과 같이 정관으로 정한 목적의 범위 내에서 권리와 의무의 주체가 되므로(민법 제34조), 설립과 업무를 신중하고도 공익성에 비추어 진전시켜야 한다(현외성, 2008). 그리고 사회복지법인은 사회복지사업법에 규정된 것을 제외하고는 민법과 공익법인의 설립 · 운영에 관한 법률을 준용한다(법 제32조).

② 정관

사회복지법인을 설립하기 위해서는 정관의 작성, 시 · 도지사의 설립허가(2012. 8. 5. 시행), 설립의 등기 등의 수속이 필요하다. 그중 정관은 사회복지법인에 관한 법이라고 할 수 있다. 법인의 정관에는 다음과 같은 사항을 기재하여야 한다(법 제17조 제1항).

㉠ 목적
㉡ 명칭
㉢ 주된 사무소의 소재지
㉣ 사업의 종류
㉤ 자산 및 회계에 관한 사항
㉥ 임원의 임면 등에 관한 사항
㉦ 회의에 관한 사항
㉧ 수익을 목적으로 하는 사업이 있는 경우 그에 관한 사항
㉨ 정관의 변경에 관한 사항
㉩ 존립 시기와 해산사유를 정한 경우에는 그 시기와 사유 및 남은 재산의 처리방법
㉪ 공고 및 그 방법에 관한 사항

▶ 법인이 정관을 변경하고자 할 때에는 시 · 도지사의 인가를 받아야 한다. 다만, 보건복지부령으로 정하는 경미한 사항의 경우에는 그러하지 아니하다(법 제17조 제

2항)고 규정하여 잦은 정관의 변경을 규제하고 있다.

③ 법인의 설립 허가

사회복지법인을 설립하고자 하는 자는, 대통령령으로 정하는 바에 따라 시·도지사의 허가를 받아야 한다(법 제16조 제1항). 허가를 받은 자는 법인의 주된 사무소의 소재지에서 설립등기를 하여야 한다(법 제16조 제2항). 동법 제16조의 규정에 따라 사회복지법인의 설립허가를 받고자 하는 자는 법인설립허가신청서에 보건복지부령이 정하는 서류를 첨부하여 사회복지법인의 주된 사무소의 소재지를 관할하는 시장·군수·구청장 및 시·도지사를 거쳐 보건복지부장관에게 제출(전자문서에 의한 제출을 포함한다)하여야 한다(시행령 제8조 제1항). 법인설립허가신청서에 첨부하는 보건복지부령이 정하는 서류는 다음과 같지만, 보건복지부장관은 전자정부법 제36조 제1항에 따른 행정정보의 공동이용을 통하여 건물등기부 등본 및 토지등기부 등본과 부동산 가격공시 및 감정평가에 관한 법률 제11조에 따른 개별공시지가 확인서를 확인하여야 한다(시행규칙 제7조 제2항).

㉠ 설립취지서 1부

㉡ 정관 1부

㉢ 재산출연증서 1부

㉣ 재산의 소유를 증명할 수 있는 서류 각 1부

㉤ 재산의 평가조서 1부

㉥ 재산의 수익조서 1부

㉦ 임원의 취임승낙서 및 이력서 각 1부

㉧ 임원 상호간의 관계에 있어 법 제18조 제2항의 규정에 저촉되지 아니함을 입증하는 각서 1부

㉨ 설립 해당 연도 및 다음 연도의 사업계획서 및 예산서 각 1부

▶ 시행령 제8조 제1항에 따른 경유기관이 설립허가 신청서를 받은 때에는 자산에 관한 실지조사의 결과와 사회복지법인설립의 필요성에 관한 검토의견을 첨부하여 보건복지부장관에게 송부(전자문서에 의한 송부를 포함한다)하여야 한다(시행령 제8조 제2항).

④ 사회복지법인의 등기

민법상의 비영리법인은 제반 설립절차를 거쳐서 그 설립의 허가가 있는 때에는

3주간 내에 주된 사무소의 소재지에서 설립등기를 함으로써 성립한다(민법 제33조). 사회복지사업법 시행령으로 정하는 바에 따라 시·도지사의 허가를 받아 설립된 사회복지법인은 법인의 주된 사무소의 소재지에서 설립등기를 하여야 한다(「사회복지사업법」 제16조 제2항). 법인은 설립등기 이외에도 정관의 변경등기, 분사무소 또는 지점의 설치등기, 사무소의 이전등기, 이사의 대표권의 제한등기, 해산등기, 청산종결등기 등을 하여야 한다. 그중에서 설립등기만은 법인의 성립요건이고(민법 제33조), 나머지 등기는 모두 제3자에 대한 대항요건으로서의 등기다(민법 제54조 제1항).

⑤ 임원

사회복지법인으로서 구체적 활동을 하는 것은 실제로 자연인인 임원들이다. 사회복지법인은 고도의 공익성이 요청되기 때문에 동법 18조에서 임원에 대해서 구체적인 규정을 하고 있다(박석돈, 2005b). 법인은 대표이사를 포함한 이사 7인 이상과 감사 2인 이상을 두어야 한다(법 제18조 제1항). 법인은 이사 정수의 3분의 1(소수점 이하는 버린다) 이상을 사회복지위원회 및 지역사회복지협의체에서 2배수로 추천한 다음 어느 하나에 해당하는 사람 중에서 선임하여야 한다(법 제18조 제2항).

㉠ 사회복지 또는 보건의료에 관한 학식과 경험이 풍부한 사람
㉡ 사회복지를 필요로 하는 사람의 이익 등을 대표하는 사람
㉢ 공익단체(비영리민간단체 지원법 제2조에 따른 비영리민간단체를 말한다)에서 추천한 사람
㉣ 「사회복지공동모금회법」 제14조에 따른 사회복지공동모금지회에서 추천한 사람

이사회의 구성에 있어서 대통령령으로 정하는 특별한 관계에 있는 사람이 이사 현원의 5분의 1을 초과할 수 없다(법 제18조 제3항). 여기서 특별한 관계에 있는 자란 법인의 출연자, 출연자 또는 이사의 친족, 출연자 또는 이사의 사용인, 출연자 또는 이사에 의해 생계를 유지하는 자 및 그와 생계를 함께하는 자, 출연자 또는 이사가 재산을 출연한 다른 법인의 이사를 의미한다(법 시행령 제9조 제1항). 이사의 임기는 3년으로 하고 감사의 임기는 2년으로 하며 각각 연임할 수 있지만, 외국인 이사는 이사 현원의 2분의 1 미만이어야 한다(법 제18조 제4항, 제5항). 사회복지법인은 임원을 임면하는 경우에는 지체 없이 시·도지사에게 보고하여야 한다(법 제18조 제6항). 감사는 이사와 특별한 관계에 있는 자가 아니어야 하며, 감사 중 1인은 법률 또는 회계에 관한 지식이 있는 사람 중에서 선임하여야 한다. 다만, 대통령령으로 정하는 일정 규모 이상의 법인은 시·도

지사의 추천을 받아 주식회사의 외부감사에 관한 법률 제3조 제1항에 따른 감사인에 속한 사람을 감사로 선임하여야 한다(법 제18조 제7항).

이와 같이 임원에 대해 법으로 구체적인 규제를 하고 있는 이유는 일부 사회복지법인에서 가족과 친족 중심의 이사회를 구성하여, 폐쇄적인 시설운영을 함으로써 시설입소자의 인권을 침해하고 재정비리문제가 불거지는 등의 문제가 발생하였기 때문에 이사들의 전횡을 방지하여 사회복지사업의 공정 · 투명 · 적정을 기하기 위함이다.

⑥ 법인설립허가의 취소

시 · 도지사는 법인이 다음의 사항에 해당할 때에는 기간을 정하여 시정명령을 하거나 설립허가를 취소할 수 있다. 다만, 다음의 ㉠ 또는 ㉦에 해당하는 때에는 설립허가를 취소하여야 한다(법 제26조 제1항).

㉠ 거짓이나 그 밖의 부정한 방법으로 설립허가를 받았을 때
㉡ 설립허가 조건을 위반하였을 때
㉢ 목적 달성이 불가능하게 되었을 때
㉣ 목적사업 외의 사업을 하였을 때
㉤ 정당한 사유 없이 설립허가를 받은 날부터 6개월 이내에 목적사업을 시작하지 아니하거나 1년 이상 사업실적이 없을 때
㉥ 법인이 운영하는 시설에서 반복적 또는 집단적 성폭력범죄가 발생한 때
㉦ 법인 설립 후 기본재산을 출연하지 아니한 때
㉧ 동법 제18조 제1항의 임원정수를 위반한 때
㉨ 동법 제18조 제2항에 위반하여 선임한 때
㉩ 동법 제22조에 따른 임원의 해임명령을 이행하지 아니한 때
㉪ 그 밖에 이 법 또는 이 법에 따른 명령이나 정관을 위반하였을 때

▶ 법인설립허가의 취소 등으로 해산한 법인의 남은 재산은 정관으로 정하는 바에 따라 국가 또는 지방자치단체에 귀속된다(법 제27조 제1항). 국가 또는 지방자치단체에 귀속된 재산은 사회복지사업에 사용하거나 유사한 목적을 가진 법인에게 무상으로 대여하거나 무상으로 사용 · 수익하게 할 수 있다. 다만, 해산한 법인의 이사 본인 및 그와 대통령령이 정하는 특별한 관계에 있는 사람이 이사로 있는 법인에 대하여는 그러하지 아니하다(법 제27조 제2항).

⑦ 합병 등

법인은 시 · 도지사의 허가를 받아 이 법에 따른 다른 법인과 합병할 수 있다. 다만, 주된 사무소가 서로 다른 시 · 도에 소재한 법인 간의 합병의 경우에는 보건복지부장관의 허가를 받아야 한다(법 제30조 제1항, 2012. 8. 5. 시행). 이 조항에 의하여 법인이 합병하는 경우 합병 후 존속하는 법인이나 합병으로 설립된 법인은 합병으로 소멸된 법인의 지위를 승계한다(법 제30조 제2항). 사회복지법인의 합병허가를 받고자 하는 때에는 법인합병허가신청서에 합병 후 존속하는 사회복지법인 또는 합병에 의하여 설립되는 사회복지법인의 정관과 보건복지부령이 정하는 서류를 첨부하여 보건복지부장관에게 제출(전자문서에 의한 제출을 포함한다)하여야 한다(령 제11조 제1항).

2 사회복지협의회

① 사회복지협의회의 연혁과 조직 및 업무

사회복지협의회는 한국전쟁이 한창이던 1952년에 조직된 사단법인 한국사회복지사업연합회가 전신이다. 그때 조직된 연합회가 1970년 한국사회복지협의회로 개칭되었고, 1983년 「사회복지사업법」을 1차로 개정하면서 한국사회복지협의회를 법정단체로 규정하고 시 · 도 협의회를 둘 수 있도록 함과 동시에 사회복지 업무를 위탁할 수 있도록 규정되었다.

「사회복지사업법」에서는 사회복지에 관한 조사 · 연구와 각종 복지사업을 수행하기 위하여 전국단위의 한국사회복지협의회와 시 · 도 단위의 시 · 도사회복지협의회를 두며, 필요한 경우에는 시 · 군 · 구 단위의 시 · 군 · 구사회복지협의회를 둘 수 있다(법 제33조 제1항)고 규정하고 있다.

중앙협의회, 시 · 도협의회 및 시 · 군 · 구협의회는 이 법에 따른 사회복지법인으로 하되, 일반 사회복지법인과는 달리 사회복지사업의 운영에 필요한 재산을 소유하지 않아도 되는 적용상의 예외를 인정하고 있다(법 제33조 제2항). 중앙협의회의 설립 및 운영 등에 관한 허가, 인가, 보고 등에 관하여 제16조 제1항, 제17조 제2항, 제18조 제6항 · 제7항, 제22조, 제23조 제3항, 제24조, 제26조 제1항 및 제30조 제1항을 적용할 때에는 시 · 도지사는 보건복지부장관으로 본다(법 제33조 제3항). 중앙협의회, 시 · 도협의회 및 시 · 군 · 구협의회의 조직과 운영 등에 관하여 필요한 사항은 대통령령으로 정한다(법 제33조 제4항)고 하여 사회복지협의회의 구체적인 업무를 동법 시행령으로 위임하고 있다.

이에 따라 한국사회복지협의회는 다음의 업무를 행한다(령 제12조 제1항).

㉠ 사회복지에 관한 조사연구 및 정책 건의
㉡ 사회복지에 관한 교육훈련
㉢ 사회복지에 관한 자료 수집 및 간행물 발간
㉣ 사회복지에 관한 계몽 및 홍보
㉤ 자원봉사활동의 진흥
㉥ 사회복지사업에 종사하는 자의 교육훈련과 복지증진
㉦ 사회복지에 관한 학술 도입과 국제사회복지단체와의 교류
㉧ 보건복지부장관이 위탁하는 사회복지에 관한 업무
㉨ 기타 중앙협의회 목적 달성에 필요하여 정관으로 정하는 사항

② 사회복지협의회의 회원

중앙협의회의 회원이 될 수 있는 자는 다음과 같다(령 제13조 제1항).

㉠ 시 · 도 협의회의 장
㉡ 사회복지법인 및 사회복지사업과 관련 있는 비영리법인의 대표자
㉢ 경제계 · 언론계 · 종교계 · 법조계 · 문화계 · 교육계 및 보건의료계 등을 대표하는 자
㉣ 기타 사회복지사업 수행에 필요하다고 인정되어 중앙협의회의 장이 추천하는 자

시도협의회의 회원이 될 수 있는 자는 다음과 같다(령 제13조 제2항).

㉠ 시 · 군 · 구협의회의 장
㉡ 당해 지역에 주된 사무소가 있는 사회복지법인 및 사회복지사업과 관련 있는 비영리법인의 대표자
㉢ 당해 지역의 경제계 · 언론계 · 종교계 · 법조계 · 문화계 · 교육계 및 보건의료계 등을 대표하는 자
㉣ 그 밖에 지역사회의 복지발전을 위하여 시 · 도 협의회의 장이 추천하는 자

③ 사회복지협의회의 임원(령 제14조)

㉠ 중앙협의회와 시 · 도 협의회 및 시 · 군 · 구협의회는 임원으로 대표이사 1인을 포함한 15인 이상 30인 이하(시 · 군 · 구협의회의 경우에는 10인 이상 30인 이하)의 이사와 감사 2인을 둔다.
㉡ 이사와 감사의 임기는 3년으로 하되, 각각 연임할 수 있다.

ⓒ 임원의 선출방법과 그 자격요건에 관하여 필요한 사항은 정관으로 정한다.

④ 사회복지협의회의 이사회(령 제15조)

㉠ 각 협의회에 이사로 구성되는 이사회를 둔다.

㉡ 이사회는 정관이 정하는 바에 따라 각 협의회의 업무에 관한 중요사항을 심의 · 의결한다.

㉢ 대표이사는 이사회를 소집하고, 그 의장이 된다.

㉣ 감사는 이사회에 출석하여 의견을 진술할 수 있다.

㉤ 이사회의 운영에 관하여 필요한 사항은 정관으로 정한다.

⑤ 사회복지협의회의 운영경비

각 협의회의 운영경비는 회원의 회비, 국가 및 지방자치단체의 보조금, 사업수입 및 기타 수입으로 충당한다(령 제17조).

⑥ 사회복지협의회의 상호협조

각 협의회는 원활한 업무추진을 위하여 상호협조하여야 한다(령 제18조).

5) 사회복지사업의 재정

사회복지사업을 수행하기 위하여 필요한 비용을 사회복지사업 재정이라고 한다. 사회복지사업 주체가 서비스를 생산하는 데 드는 비용, 생산한 서비스를 대상자에게 전달하는 비용, 사회복지시설이나 사회복지법인을 유지 · 관리하는 데 드는 비용의 총계를 사회복지사업 재정이라고 말하는데 사회복지법인이나 사회복지시설이 그 목적사업을 수행하는 데 소요되는 제비용을 말한다(장동일, 2006).

(1) 사회복지법인의 재산

1 자산의 구분

사회복지법인은 민법상의 공익법인보다 한층 공익성이 강한 측면을 가진 비영리 재단법인이기 때문에 그 목적사업을 수행하기 위해서 필요한 일정액 이상의 기본재산을 요구한다. 이에 따라 사회복지법인은 사회복지사업의 운영에 필요한 재산을 소유하여야 한다(사회복지사업법 제23조 제1항)고 규정하고 있다. 그리고 법인의 재산은 보건복지부령이 정하는 바에 의하여 기본재산과 보통재산으로 구분하며, 기본재산은 그 목록과 가액을 정관에 적어야 한다(법 제23조 제2항).

다음의 재산은 기본재산에 속하며, 그 밖의 재산은 보통재산으로 한다(시행규칙 제12조 제1항).

① 부동산
② 정관에서 기본재산으로 정한 재산
③ 이사회의 결의에 의하여 기본재산으로 편입된 재산

기본재산은 다음과 같이 목적사업용 기본재산과 수익용 기본재산[1)]으로 구분한다. 다만, 시설의 설치 · 운영을 목적으로 하지 아니하고 사회복지사업을 지원하는 것을 목적으로 하는 법인은 이를 구분하지 아니할 수 있다. 목적사업용 기본재산과 수익용 기본재산 각각의 내용은 아래와 같다(시행규칙 제12조 제2항).

① 목적사업용 기본재산: 법인이 사회복지시설 등을 설치하는 데 직접 사용하는 기본재산
② 수익용 기본재산: 법인이 그 수익으로 목적사업의 수행에 필요한 경비를 충당하기 위한 기본재산

사회복지법인은 기본재산만으로 사업목적을 달성하기가 어려울 때, 본래의 목적인 사회복지사업 이외에 이를 재정적으로 지원하기 위하여 수익을 목적으로 하는 사업을 할 수 있다. 즉, 법인은 목적사업의 경비에 충당하기 위하여 필요한 때에는 법인의 설립목적 수행에 지장이 없는 범위 안에서 수익사업을 할 수 있다(법 제28조 제1항). 이 경우 법인의 수익사업으로부터 생긴 수익을 법인 또는 그가 설치한 사회복지시설의 운영 외의 목적에 사용할 수 없다(법 제28조 제2항).

사회복지법인의 자산구성을 그림으로 나타내면 [그림 10-1]과 같다(박석돈, 2005b).

1) 목적사업용 기본재산은 법인이 사회복지시설 등을 설치하는 데 직접 사용하는 기본재산, 예를 들면 건물, 운동장 등을 말한다. 수익용 기본재산은 법인이 그 수익으로 목적사업의 수행에 필요한 경비를 충당하기 위한 기본재산으로 임대수입이 있는 토지 · 건물이나 배당을 받을 수 있는 상장기업의 주식이나 정기예금 등 보건복지부장관이 수익용 기본재산으로 고시한 것이라야 한다. 보통재산은 기본재산 이외의 재산으로서 법인의 운영에 소요되는 현금, 비품, 집기 등을 말한다.

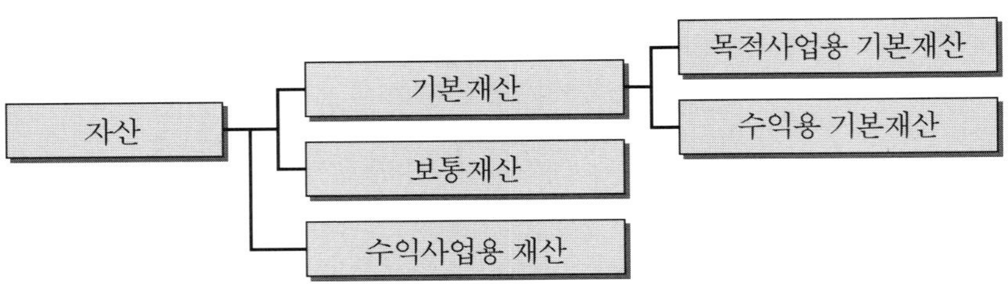

[그림 10-1] 법인의 자산구분

2 기본재산의 기준

동법 제23조의 규정에 따라 시설의 설치 · 운영을 목적으로 하는 법인은 다음의 구분에 따라 기본 재산을 갖추어야 한다(시행규칙 제13조 제1항).

① 시설의 설치 · 운영을 목적으로 하는 법인

㉠ 시설거주자를 보호하기 위한 시설: 다음 각목의 구분에 따라 상시 10인 이상의 시설거주자를 보호할 수 있는 목적사업용 기본 재산을 갖추어야 한다. 다만 법 제2조 제1호 각목의 법령에서 10명 미만의 소규모시설을 따로 정하고 있는 경우에는 해당 법령에 따른 시설의 설치기준에 해당하는 목적사업용 기본재산을 갖추어야 한다.

㉡ 시설거주자를 보호하기 위한 시설 외의 시설: 해당 법인이 설치 · 운영하고자 하는 시설을 갖출 수 있는 목적사업용 기본재산

② 시설의 설치 · 운영을 목적으로 하지 아니하고 사회복지사업을 지원하는 것을 목적으로 하는 법인은 법인 운영경비의 전액을 충당할 수 있는 기본재산을 갖추어야 한다(시행규칙 제13조 제2항).

3 기본재산의 처분

법인은 기본재산에 관하여 매도 · 증여 · 교환 · 임대 · 담보제공 또는 용도변경을 하려는 경우 또는 보건복지부령으로 정하는 금액 이상을 1년 이상 장기차입하려는 경우에는 시 · 도지사의 허가를 받아야 한다. 다만, 보건복지부령으로 정하는 사항에 대하여는 그러하지 아니하다(법 제23조 제3항).

(2) 조치위탁비와 보조금

협의의 조치는 행정이 사회복지시설에 복지대상자를 입소시키는 것을 말하는데, 이

를 입소조치라고 한다. 광의로는 사회복지 각 법에 의해 행정에 의무화하고 또는 권한이 부여된 시책을 총칭하는 것인데 이를 복지조치라고 한다. 입소조치를 취하는 권한, 즉 조치권이 부여된 행정청을 조치권자 또는 조치기관이라고 한다. 조치권자는 행정처분에 의해 사회복지시설에 입소를 위탁하는데, 이것을 조치위탁이라고 부른다. 이 입소조치에 필요한 비용을 조치비라고 하는데, 조치권자의 행정처분으로 사회복지대상자를 민간이 운영하는 사회복지시설에 입소조치를 취했을 때, 이에 소요되는 비용을 조치위탁비(措置委託費)라고 한다.

우리나라의 경우 사회복지의 증진에 대한 국가책임은 조치권자의 행정처분에 의해 복지대상자의 대부분이 민간법인이 경영하는 사회복지시설에 입소조치를 받음으로써 이루어진다. 이에 대한 조치위탁비의 책임이 문제가 된다고 할 수 있다. 사회복지서비스 각 법에서는 사회복지의 증진에 대한 국가책임인 조치위탁비를 '예산의 범위안'이란 조건 때문에 행정의 자유재량으로 취급될 가능성이 높고 실제로 그렇게 취급되고 있다.

따라서 사회복지시설에서는 행정의 이 같은 관행에 의해 집행되는 결과로서 지급되는 경비를 보조금형식으로 수령해 왔기 때문에 조치위탁비는 보조금으로 일반화되었던 것이다.

우리나라의 국고보조금관리의 근거법인「보조금 관리에 관한 법률」제2조에서 보조금을 정의하기를 "국가 이외의 자가 행하는 사무 또는 사업에 대해서 국가가 이를 조성하거나 재정상의 원조를 하기 위하여 교부하는 보조금, 부담금 기타 반대급부를 받지 않고 교부하는 급부금을 말한다." 고 하여 보조금 안에 부담금을 포함하고 있다.

그러나 보조금과 부담금은 그 성격상 구분되는 것이다. 즉, 보조금은 장려 또는 원조적인 의미를 가지고 있음에 비해 부담금은 본래 그 지출하는 기관이나 단체에 속하는 사업을 다른 기관 또는 단체가 수행할 때, 그 책임 있는 단체가 자기의 책임분을 부담한다는 뜻으로 자기의 비용을 교부하는 것을 말한다. 그러나 우리나라의 사회복지행정은 법률상의 부담금과 보조금에 차이점을 두지 않고 조치위탁비까지도 임의적 보조금으로 인식하는 듯한 행정을 취하는 것에 문제의 핵심이 내재하고 있는 것이다(김만두, 1991: 178-182).

복지의 조치에 필요한 비용은 공적 사회복지사업의 경우에는 공적비용부담과 이용자 또는 부양의무자로부터 비용징수에 의해 보충된다. 민간사회복지사업의 경우에는 국가 · 지방자치단체로부터의 위탁에 의한 사업에 대해서는 조치위탁비에 의해 보충되는 외에도 민간사회복지사업단체는 일정한 법적 규제 아래 공적비용에 위한 보조금과 법인 자체부담분, 공동모금, 후원금, 세제상의 간접지원 등을 이용할 수 있는 것으로 구성되어 있다.

공적 사회복지사업의 공적비용부담은 조치에 필요한 비용 안에서 이용자 본인 또는 부양의무자로부터 부양징수액을 뺀 남은 비용을 국가와 지방자치단체에 의해 부담하는 것이다(佐藤 進, 河野正輝, 2000: 69-73).

사회복지사업법 제42조 제1항은 보조금 등에 대해 국가나 지방자치단체는 사회복지사업을 하는 자 중 대통령령이 정하는 자에게 필요한 비용의 전부 또는 일부를 보조할 수 있다고 규정하고 있다.

(3) 비용의 징수

우리나라에서 사회복지서비스의 비용징수제도는 1980년 이후 개정되거나 새로 입법화된 「아동복지법」「노인복지법」「장애인복지법」 등에서 도입되어 본인이나 부양의무자가 능력이 있을 때에는 서비스비용의 일부 또는 전부를 징수할 수 있도록 규정되어 있다. 즉, 능력이 있는 대상자에 대해서는 수익자부담을 하도록 하고 있는 것이다.

이에 대해 「사회복지사업법」에서는 복지조치에 필요한 비용을 부담한 지방자치단체의 장 그 밖에 시설을 운영하는 자는 그 혜택을 받은 본인 또는 그 부양의무자로부터 대통령령이 정하는 바에 의하여 그가 부담한 비용의 전부 또는 일부를 징수할 수 있다(법 제44조 제1항)고 하여 구상권을 규정하고 있다.

(4) 후원금

사회복지사업을 행하는 자가 받은 후원금 관리에 대해 투명성을 확보할 수 있도록 사회복지사업법 제3차 개정에서 그 법적 근거를 신설하였다. 이 개정으로 사회복지법인 재무 · 회계규칙도 개정(1998. 1. 7.)되었고(장동일, 2006), 1999년 3월 11일에는 동 규칙의 일부가 재개정되었다.

후원금이란 사회복지법인의 대표이사와 시설의 장이 아무런 대가 없이 무상으로 받은 금품 그 밖의 자산을 말하며 후원금의 수입 · 지출내용을 공개하여야 하며 그 관리에 명확성이 확보되도록 하여야 한다(법 제45조 제1항, 2012. 8. 5. 시행).

후원금에 관한 영수증 발급, 수입 및 사용결과 보고, 그 밖에 후원금 관리 및 공개 절차 등 구체적인 사항은 보건복지부령으로 정하는데(법 제45조 제2항), 그 내용은 다음과 같다(사회복지법인 재무 회계규칙 제41조).

① 법인의 대표이사와 시설의 장은 후원금을 받은 때에는 소득세법 시행규칙 제101조 제20호의2에 따른 기부금영수증 서식 또는 법인세법 시행규칙 제82조 제3항 제3호의3에 따른 기부금영수증 서식에 따라 후원금 영수증을 발급하여야 하며, 영수증 발급목록을 별도의 장부로 작성・비치하여야 한다. 다만, 법인의 대표이사와 시설의 장은 금융기관 또는 체신관서의 계좌입금을 통하여 후원금을 받은 때에는 법인명의의 후원금전용계좌나 시설의 명칭이 부기된 시설장 명의의 계좌를 사용하여야 한다. 이 경우 후원자가 영수증 발급을 원하는 경우를 제외하고는 영수증의 발급을 생략할 수 있다(사회복지법인 재무 회계규칙 제41조의4).

② 법인의 대표이사와 시설의 장은 연 1회 이상 해당 후원금의 수입 및 사용내용을 후원금을 낸 법인・단체 또는 개인에게 통보하여야 한다. 이 경우 법인이 발행하는 정기간행물 또는 홍보지 등을 이용하여 일괄 통보할 수 있다(사회복지법인 재무 회계규칙 제41조의5).

③ 법인의 대표이사와 시설의 장은 회계연도 종료 후 15일 이내에 후원금 수입 및 사용결과 보고서(전산파일을 포함한다)를 관할 시장・군수・구청장에게 제출하여야 한다(사회복지법인 재무 회계규칙 제41조의6).

④ 법인의 대표이사와 시설의 장은 후원금을 후원자가 지정한 사용용도 외의 용도로 사용하지 못한다(사회복지법인 재무 회계규칙 제41조의7 제1항).

⑤ 후원금의 수입 및 지출은 제10조의 규정에 따른 예산의 편성 및 확정절차에 따라 세입・세출예산에 편성하여 사용하여야 한다(사회복지법인 재무 회계규칙 제41조의7 제2항).

(5) 세제상의 지원

사회복지법인이 운영하는 사업에 출연한 재산에는 상속세와 증여세가 면제된다(상속세 및 증여세법 제16조 제1항; 시행령 제12조 제3호). 이것은 사회복지법인의 재정적 지원과 기업 또는 개인재산의 사회적 환원을 목적으로 상속재산을 공익사업에 기부하도록 유도하기 위한 세제상의 특혜조치인 것이다.

법인세도 사회복지법인에는 부과하지 않는다. 다만, 법인이 수익사업을 벌일 때에는 그 부분에 대해서만 법인세가 부과된다(법인세법 제3조 제1항・제3항, 법 시행령 제2조 제1항). 뿐만 아니라 사회복지사업에 직접 관계되는 시설의 건물과 토지에 대해서는 조세 및 공과금이 면제된다. 또한 사회복지사업법에 의하여 설립된 사회복지법인의 복지 또는 자선을 위한 사업비, 시설비, 운영비 등으로 지출하는 기업의 기부금은 필요경비로 산입한다(법인세법 제24조, 시행령 제36조 제1항).

이와 같이 국가가 사회복지법인에 대해서 직접적으로 각종 세금의 부담의무를 면제해 줌으로써 혜택을 줄 뿐만 아니라 기업이나 개인이 사회복지법인에 기부할 경우, 기부금액에 상당하는 만큼의 세제상의 혜택을 줌으로써 간접적으로 사회복지법인에 기부를 권장하는 방법으로 돕고 있는 것이다(박석돈, 2005b).

6) 사회복지사 자격제도

(1) 의의

사회복지사업은 전문가의 실천을 통해 사회복지대상자에게 비물질적 · 심리 사회적 서비스를 제공하는 것이 핵심적인 내용이기 때문에 과학적이고 전문적인 기술과 자질이 있는 사회복지사를 요구한다.

특히 현대산업사회에서 보편화 · 다양화 · 고도화하고 있는 사회적 욕구와 새롭게 분출되는 사회문제에 대처해 가야만 하는 사회복지사는 일반행정사무부터 심리 · 사회적, 정신적 문제해결업무, 자원동원과 교육, 조사업무 등 매우 다양하고 전문적인 직무를 수행하기 위한 전문적 기술과 자질을 필요로 한다.

게다가 사회복지사는 전문가로서 전문적인 개입기술과 지식은 물론 다양하고 많은 경험 그리고 인간에 대한 깊은 애정과 윤리 및 철학을 가진 사람이어야 한다. 이러한 배경에서 「사회복지사업법」에서는 사회복지 분야에서 활동할 사람들에 대해서 필요한 내용을 규정하고 있는 것이다.

각종 사회복지사업에 대한 기본적 사항을 총괄적으로 규정한 「사회복지사업법」에서는 사회복지사 자격증제도를 만들어 국가시험으로 관리 · 운용하고 있다(현외성, 2008). 이 같은 맥락에서 사회복지사 자격증제도는 사회복지의 전문성과 효율성을 향상하는 데 있어서 불가결한 제도인 것이다.

(2) 사회복지사 자격 및 등급

① 사회복지사 자격증의 교부

보건복지부장관은 사회복지에 관한 전문지식과 기술을 가진 자에게 사회복지사의 자격증을 발급할 수 있다(법 제11조 제1항).

사회복지사의 결격사유는 다음과 같다(법 제11조의2).

① 금치산자 또는 한정치산자

② 금고 이상의 형을 선고 받고 그 집행이 끝나지 아니하였거나 그 집행을 받지 아니하기로 확정되지 아니한 사람

③ 법원의 판결에 따라 자격이 상실되거나 정지된 사람

④ 마약 · 대마 또는 항정신성 의약품의 중독자

2 사회복지사의 자격 및 등급

① 자격기준

1997년 「사회복지사업법」 개정에서는 전문성을 높이기 위하여 사회복지사 1급의 국가시험제도를 도입하였고, 사회복지사의 등급을 1 · 2 · 3급으로 구분하고 있다. 2003년 1월 1일부터 시행하는 등급별 자격기준은 〈표 10-1〉과 같다.

② 자격기준에 대한 특례

〈표 10-1〉의 개정규정에 불구하고 2002년 12월 31일까지의 사회복지사의 등급별 자격기준은 〈표 10-2〉와 같다.

③ 국가시험

신법에 따르면 사회복지사 1급을 받으려는 사람은 국가시험에 합격해야 하며(법 제11조 제3항), 보건복지부장관은 사회복지사 1급의 국가시험을 매년 1회 이상 실시하여야 한다(령 제3조 제1항). 보건복지부장관은 관계전문기관을 시험관리기관으로 지정하여 시험관리업무를 위탁한다. 동 시행령에 규정된 관계전문기관이란 시험에 관한 조사 · 연구 등을 통하여 시험에 관한 전문적인 능력을 갖춘 비영리법인, 사회복지에 관한 전문지식과 기술을 갖춘 비영리법인 그리고 한국산업인력공단법에 따른 한국산업인력공단을 말한다(령 제3조 제2항). 시험관리기관의 장은 시험을 실시하고자 하는 때에는 미리 보건복지부장관의 승인을 얻어 시험일시 · 시험장소 · 시험과목 · 응시원서의 제출기간, 응시수수료의 반환기준, 그 밖에 필요한 사항을 시험일 30일 전까지 공고하여야 한다(령 제3조 제3항). 그리고 시험은 필기시험의 방법에 의하여 실시하며, 그 시험과목은 〈표 10-3〉과 같다(령 제3조 제4항). 시험의 합격결정에 있어서는 매 과목 4할 이상, 전 과목 총점의 6할 이상을 득점한 자를 합격자로 한다(령 제3조 제5항).

표 10-1 사회복지사의 등급별 자격기준

등급	자격기준
사회복지사 1급	법 제11조 제3항의 규정에 의한 국가시험에 합격한 자
사회복지사 2급	가. 고등교육법에 의한 대학원에서 사회복지학 또는 사회사업학을 전공하고 석사학위 또는 박사학위를 취득한 자. 다만, 대학에서 사회복지학 또는 사회사업학을 전공하지 아니하고 동 석사학위를 취득한 자는 보건복지부령이 정하는 사회복지학 전공교과목과 사회복지 관련 교과목 중 사회복지 현장실습을 포함한 필수과목 6과목 이상(대학에서 이수한 교과목을 포함하되, 대학원에서 4과목 이상을 이수하여야 한다), 선택과목 2과목 이상을 각각 이수한 경우에 한하여 사회복지사 자격을 인정한다. 나. 고등교육법에 의한 대학에서 보건복지부령이 정하는 사회복지학 전공교과목과 사회복지 관련 교과목을 이수하고 학사학위를 취득한 자 다. 고등교육법에 의한 대학과 동등 이상의 학력이 있다고 교육과학기술부장관이 인정하는 학교에서 보건복지부령이 정하는 사회복지학 전공교과목과 사회복지 관련 교과목을 이수하고 졸업한 자 라. 고등교육법에 의한 전문대학에서 보건복지부령이 정하는 사회복지학 전공교과목과 사회복지 관련 교과목을 이수하고 졸업한 자 마. 고등교육법에 의한 대학을 졸업하거나 이와 동등 이상의 학력이 있는 자로서 보건복지부장관이 지정하는 교육훈련기관에서 12주 이상 사회복지사업에 관한 교육훈련을 이수한 자 바. 사회복지사 3급 자격증 소지자로서 3년 이상 사회복지사업의 실무경험이 있는 자
사회복지사 3급	가. 고등교육법에 의한 전문대학을 졸업한 자로서 보건복지부장관이 지정하는 교육훈련기관에서 12주 이상 사회복지사업에 관한 교육훈련을 이수한 자 나. 고등학교를 졸업하거나 이와 동등 이상의 학력이 있는 자로서 보건복지부장관이 지정하는 교육훈련기관에서 24주 이상 사회복지사업에 관한 교육훈련을 이수한 자 다. 7년 이상 사회복지사업의 실무경험이 있는 자로서 보건복지부장관이 지정하는 교육훈련기관에서 24주 이상 사회복지사업에 관한 교육훈련을 이수한 자 라. 법 제2조 제1항의 규정에 의한 업무에 8급 또는 8급 상당 이상으로 3년 이상 종사한 공무원으로서 보건복지부장관이 지정하는 교육훈련기관에서 4주 이상 사회복지사업에 관한 교육훈련을 이수한 자

출처: 령 제2조 제1항 별표1.

표 10-2 **사회복지사 자격기준(특례)**

등급	자격기준
사회복지사 1급	가. 고등교육법에 의한 대학원에서 사회복지학 또는 사회사업학을 전공하고 석사학위 또는 박사학위를 취득한 자. 다만, 대학에서 사회복지학 또는 사회사업학을 전공하지 아니하고 동 석사학위를 취득한 자는 보건복지부령이 정하는 사회복지학 전공교과목과 사회복지관련 교과목 중 필수과목 6과목 이상(대학에서 이수한 교과목을 포함하되, 대학원에서 4과목 이상을 이수하여야 한다), 선택과목 2과목 이상을 각각 이수한 경우에 한하여 사회복지사 자격을 인정한다. 나. 고등교육법에 의한 대학에서 보건복지부령이 정하는 사회복지학 전공교과목과 사회복지 관련 교과목을 이수하고 학사학위를 취득한 자 다. 고등교육법에 의한 대학과 동등 이상의 학력이 있다고 교육과학기술부장관이 인정하는 학교에서 보건복지부령이 정하는 사회복지학 전공교과목과 사회복지관련 교과목을 이수하고 졸업한 자 라. 사회복지사 2급 자격증 소지자로서 3년 이상 사회복지사업의 실무경험이 있는 자
사회복지사 2급	가. 고등교육법에 의한 전문대학에서 보건복지부령이 정하는 사회복지학 전공교과목과 사회복지 관련 교과목을 이수하고 졸업한 자 나. 고등교육법에 의한 대학을 졸업하거나 이와 동등 이상의 학력이 있는 자로서 보건복지부장관이 지정하는 교육훈련기관에서 12주 이상 사회복지사업에 관한 교육훈련을 이수한 자 다. 사회복지사 3급자격증 소지자로서 3년 이상 사회복지사업의 실무경험이 있는 자
사회복지사 3급	가. 고등교육법에 의한 전문대학을 졸업한 자로서 보건복지부장관이 지정하는 교육훈련기관에서 12주 이상 사회복지사업에 관한 교육훈련을 이수한 자 나. 고등학교를 졸업하거나 이와 동등 이상의 학력이 있는 자로서 보건복지부장관이 지정하는 교육훈련기관에서 24주 이상 사회복지사업에 관한 교육훈련을 이수한 자 다. 7년 이상 사회복지사업의 실무경험이 있는 자로서 보건복지부장관이 지정하는 교육훈련기관에서 24주 이상 사회복지사업에 관한 교육훈련을 이수한 자 라. 법 제2조 제1항의 규정에 의한 업무에 8급 또는 8급상당 이상으로 3년 이상 종사한 공무원으로서 보건복지부장관이 지정하는 교육훈련기관에서 4주 이상 사회복지사업에 관한 교육훈련을 이수한 자

출처: 령 부칙 제2조 제1항 별표 1의2.

표 10-3 국가시험과목

1. 사회복지기초(인간행동과 사회환경, 사회복지조사론)
2. 사회복지실천(사회복지실천론, 사회복지실천기술론, 지역사회복지론)
3. 사회복지정책과 제도(사회복지정책론, 사회복지행정론, 사회복지법제론)

④ 사회복지학 전공교과목과 사회복지 관련 교과목

동법 시행령 별표 1, 별표 2 및 별표 3에서 보건복지부령이 정하는 사회복지학 전공교과목과 사회복지 관련 교과목은 〈표 10-4〉와 같으며, 예시된 교과목의 명칭이 동일하지 않더라도 교과내용이 동일하다고 보건복지부장관이 인정하는 경우에는 동일 교과목으로 본다.

표 10-4 사회복지학 전공교과목과 사회복지 관련 교과목

필수 과목(10)	사회복지개론, 인간행동과 사회환경, 사회복지정책론, 사회복지법제, 사회복지실천론, 사회복지실천기술론, 사회복지조사론, 사회복지행정론, 지역사회복지론, 사회복지현장실습
선택 과목(4)	아동복지론, 청소년복지론, 노인복지론, 장애인복지론, 여성복지론, 가족복지론, 산업복지론, 의료사회사업론, 학교사회사업론, 정신건강론, 교정복지론, 사회보장론, 사회문제론, 자원봉사론, 정신보건사회복지론, 사회복지지도감독론, 사회복지자료분석론, 프로그램 개발과 평가, 사회복지발달사, 사회복지윤리와 철학 중 4과목 이상

출처: 시행규칙 제3조 별표 1.

(3) 사회복지사의 채용 및 교육

사회복지법인 또는 사회복지시설을 설치 · 운영하는 자는 대통령령이 정하는 바에 따라 사회복지사를 그 종사자로 채용하여야 한다. 다만, 대통령령이 정하는 사회복지시설은 그러하지 아니하다(법 제13조 제1항). 이 조항에 따라 동법 시행령에 사회복지법인 및 시설에서 사회복지사로 채용하여야 하는 업무는 다음과 같다(령 제6조 제1항).

① 사회복지프로그램의 개발 및 운영업무
② 시설거주자의 생활지도 업무
③ 사회복지를 필요로 하는 사람에 대한 상담업무

1997년 「사회복지사업법」 개정이전에는 사회복지시설 종사자 총수의 1/3 이상을 사회복지사로 채용하도록 하는 의무규정을 신법에서는 업무내용에 따라 사회복지사를 채용하도록 변경하였다.

또한 보건복지부장관은 사회복지사의 자질향상을 위하여 필요하다고 인정하는 경우 사회복지사에 대하여 교육받을 것을 명할 수 있다. 다만, 사회복지법인 또는 사회복지시설에 종사하는 사회복지사는 정기적으로 인권에 관한 내용이 포함된 보수교육을 받아야 한다(법 제13조 제2항). 이에 따라 사회복지법인 또는 사회복지시설을 운영하는 자는 그 법인 또는 시설에 종사하는 사회복지사에 대하여 보수교육을 이유로 불이익한 처분을 하여서는 아니 되고, 사회복지사 교육은 보건복지부령으로 정하는 기관 또는 단체에 위탁할 수 있으며(법 제13조 제3항), 교육의 기간 · 방법 및 내용과 위탁 등에 관하여 필요한 사항은 보건복지부령으로 정한다(법 제13조 제4항, 제5항).

2009년 1월 1일부터 시행되는 사회복지사 보수교육은 동법 시행규칙 제5조에 다음과 같이 규정하고 있다.

① 보건복지부장관은 사회복지사 교육을 명하려면 미리 교육 목적 · 내용 · 시간 등을 알려야 한다(시행규칙 제5조 제1항).
② 사회복지법인 또는 사회복지시설에 종사하는 사회복지사는 연간 8시간 이상의 보수교육을 받아야 한다. 다만, 군복무, 질병, 해외체류, 휴직 등 부득이한 사유로 동법 시행규칙 제5조 제2항 각 호의 어느 하나에 해당하는 자에 대하여는 보수교육을 면제한다(시행규칙 제5조 제2항).
③ 보수교육에는 사회복지윤리, 사회복지정책 및 사회복지실천기술 등이 포함되어야 한다(시행규칙 제5조 제4항).
④ 보건복지부장관은 사회복지사 교육을 협회에 위탁한다(시행규칙 제5조 제5항).

(4) 채용의무 제외 시설

대통령령이 정하는 사회복지시설은 사회복지사 채용의무에서 제외된다(법 제13조 제1항 단서). 의무채용에서 제외되는 대통령령이 정하는 사회복지시설은 다음과 같다(법 시행령 제6조 제2항).

① 「노인복지법」에 따른 노인여가복지시설(노인복지관은 제외한다)
② 「장애인복지법」에 따른 점자도서관과 점자도서 및 음성도서 출판시설

③「영유아보육법」에 따른 어린이집
④「성매매방지 및 피해자보호 등에 관한 법률」에 따른 성매매피해자 등을 위한 지원시설 및 성매매피해상담소
⑤「정신보건법」에 따른 정신질환자 사회복귀시설 및 정신요양시설
⑥「성폭력범죄의 처벌 및 피해자보호 등에 관한 법률」에 따른 성폭력피해상담소

이상의 시설이 사회복지사 채용의무에서 제외되어 있지만,「사회복지사업법」에서 열거된 사회복지사업의 범위 안에 포함되어 있기 때문에 이들 시설에서 근무하는 종사자들도 점차 사회복지사로 채용하도록 하여 클라이언트에게 전문적이고 질 높은 서비스를 제공하여야 한다.

(5) 사회복지사협회

1 설립 목적

사회복지사는 사회복지에 관한 전문지식과 기술을 개발 · 보급하고 사회복지사의 자질향상을 위한 교육훈련 및 사회복지사의 복지증진을 도모하기 위하여 한국 사회복지사협회를 설립한다(법 제46조 제1항).「사회복지사업법」에 근거한 법정단체로서 한국사회복지사협회는 사회복지사의 전문지식과 기술을 개발하여 보급함으로써 전문적 자질을 향상하는 동시에 사회복지사의 복지증진을 위한 이익단체로서 성격을 갖고 있다.

2 업무

사회복지사협회는 대통령령에 의하여 다음과 같은 업무를 수행하도록 규정하고 있다(령 제22조).

① 사회복지사에 대한 전문지식 및 기술의 개발 · 보급
② 사회복지사의 전문성 향상을 위한 교육훈련
③ 사회복지사제도에 대한 조사연구 · 학술대회 개최 및 홍보 · 출판사업
④ 국제사회복지사단체와의 교류 · 협력
⑤ 보건복지부장관이 위탁하는 사회복지사업에 관한 업무
⑥ 기타 협회의 목적 달성에 필요한 사항

1999년 10월 30일의 사회복지사업법 시행령 개정 이전에는 사회복지사 자격증 교부 및 신고업무를 한국사회복지협의회에서 해 왔었는데, 그 이후 한국사회복지사협회에 위탁(령 제25조 제3항)하도록 개정되면서 이 업무는 동 협회에서 관장하고 있다.

7) 사회복지시설

(1) 의의

사회복지시설이란 사회복지사업을 할 목적으로 설치된 시설을 말한다(법 제2조 제4호). 다시 말해, "아동 · 노인 · 장애인 등 스스로 정상적인 사회생활을 하기 어려운 사람들에 대해 보호 · 치료 · 자립지원 등의 서비스를 제공할 것을 목적으로, 이들에게 통원 · 입소 기타의 방법으로 편의를 제공하기 위해 마련된 장소, 설비, 건조물 등"을 사회복지시설이라 한다(박석돈, 2005b). 이와 같이 우리나라 사회복지법은 이용시설과 생활(수용 또는 입소)시설을 구분하지 않고 동일하게 사회복지시설로 지칭하고 있다.

다만, 제40조에 따라 폐쇄명령을 받고 3년이 지나지 아니한 자는 시설의 설치 · 운영 신고를 할 수 없다(동법 제34조 제2항)(2012. 8. 5. 시행). 보건복지부장관령인 동법 시행규칙의 시설 설치 운영신고 등을 보면, 사회복지시설 설치 운영신고서(전자문서로 된 신고서를 포함한다)에 다음과 같은 서류를 첨부하여 관할 시장 · 군수 · 구청장에게 제출하여야 한다(시행규칙 제20조)고 규정하고 있다.

① 법인의 정관(법인에 한한다) 1부
② 시설 운영에 필요한 재산목록 1부
③ 사업계획서 및 예산서 각 1부
④ 시설의 평면도(시설의 층별 및 구조별 면적을 표시하여야 한다)와 건물의 배치도 각 1부

시장 · 군수 · 구청장은 신고를 받은 경우에는 사회복지시설 신고증을 발급하여야 한다(시행규칙 제20조 제3항).

일본의 경우에는 사회복지사업을 제1종 사회복지사업과 제2종 사회복지사업으로 구분(ミネルヴァ書房編輯部, 2000: 16)하여 규제를 달리하고 있다. 즉, 수용보호를 위주로 하는 제1종 사회복지사업은 인권과 노동력 등의 부당한 착취로부터 보호한다는 측면에서 규제가 엄격하고, 이용시설이 주류인 제2종 사회복지사업은 인권침해의 우려

가 거의 없다고 보기 때문에 규제를 적게 하여 시설의 탄력성 · 자율성 · 개척성과 같은 창의성과 자주성을 높이도록 하고 있다.

「사회복지사업법」이 전면 개정되면서 시설에 대한 규제를 대폭 완화하여 시설의 설치 · 운영이 활성화될 수 있는 법적 근거를 마련하였지만 인권침해의 우려가 있는 생활시설과 그렇지 않은 이용시설을 우리나라도 명확히 구분하여 행정의 적절한 지도 · 감독이 있어야 할 것이다.

① 시설의 설치(법 제34조)

국가 또는 지방자치단체는 사회복지시설(이하 "시설"이라 함)을 설치 · 운영할 수 있다(법 제34조 제1항). 그리고 국가 또는 지방자치단체 외의 자가 시설을 설치 · 운영하고자 하는 때에는 보건복지부령이 정하는 바에 따라 관할 시장 · 군수 · 구청장에게 신고하여야 한다. 다만, 제40조에 따라 폐쇄명령을 받고 3년이 지나지 아니한 자는 시설의 설치 · 운영 신고를 할 수 없다(법 제34조 제2항).

시장 · 군수 · 구청장은 신고를 받은 경우에는 사회복지시설 신고증을 발급하여야 한다(시행규칙 제20조 제3항).

이상과 같이 「사회복지사업법」을 전면 개정하면서 사회복지시설의 설치가 종전의 허가제에서 신고제로 변경되어 규제가 완화되었다. 시설의 설치를 신고제로 완화한 이유는 허가제가 엄격하기 때문에 시설의 운영에 선의의 뜻을 가지고 있는 단체나 사람들이 진입하는 데 장벽이 되어 더 많은 사람들의 복지증진에 기여할 수 있는 기회를 제한한다는 한계가 있었기 때문이다. 또 한편으로는 여러 분야에서 다양한 형태의 비인가시설이 시대적 변화의 요청에 의해 설치됨으로써 이 시설들을 양성화해야 할 필요성이 있다는 점, 마지막으로 사회복지의 민간 참여를 더욱 활성화해야 한다는 사회적 · 경제적 요청 등의 요인을 배경으로 규제가 완화된 시설설치 신고제로 전환한 것이다.

② 시설의 위탁

국가나 지방자치단체가 설치한 시설은 필요한 경우 사회복지법인 또는 비영리법인에 위탁하여 운영하게 할 수 있다(법 제34조 제4항). 위탁하게 될 때는 위탁계약을 체결하여야 한다. 그리고 일반적으로 위탁계약 기간은 5년 이내로 하고, 위탁자가 필요하다고 인정하는 때에는 선정위원회의 심의를 거쳐 그 계약기간을 갱신할 수 있도록 하고 있다(시행규칙 제23조 제2항). 위탁계약의 내용은 다음과 같다(시행규칙 제23조 제1항).

① 수탁자의 성명 및 주소
② 위탁계약기간
③ 위탁대상시설 및 업무내용
④ 수탁자의 의무 및 준수사항
⑤ 시설의 안전관리에 관한 사항
⑥ 시설종사자의 고용승계에 관한 사항
⑦ 계약의 해지에 관한 사항
⑧ 기타 시설의 운영에 필요하다고 인정되는 사항

그러나 시설의 위탁을 둘러싸고 전국적으로 여러 가지 문제가 발생하고 있으며 특히 수탁자의 자격, 위탁과정의 공정성, 투명성 등이 중요쟁점이 되고 있다. 그 밖에 시설 위탁의 문제점으로 위탁기간이 종료된 후 재위탁에 대한 규정이 없는 점도 들 수 있다. 또한 시설의 위탁은 대부분 지방자치단체에 의해 이루어지는데, 시설위탁 조례를 제정하여 실시하고 있는 곳은 소수에 그치고 있으며, 있다고 해도 일반적인 행정사무를 민간에게 위탁하는 원칙을 규정한 '행정권한의 위임 및 위탁에 관한 규정'(대통령령 16932호, 2000. 8. 1.)을 거의 그대로 사회복지시설 위탁의 경우에도 사용하고 있는 실정이다. 따라서 사회복지 전문성이 낮은 지방자치단체보다는 보건복지부가 책임 있는 규정체계를 마련하는 것이 바람직하기 때문에 조례의 상위법령인 보건복지부령으로 위탁 및 재위탁의 체계적 규정마련이 필요할 것이다. 여기에는 공개모집의 원칙, 수탁자의 전문성, 공정한 중립성의 원칙, 재위탁 시 고용승계의 원칙을 토대로 하는 것이 중요하다(윤찬영, 2007).

3 의무

시설운영자는 시설화재로 인한 손해배상책임, 그 외의 안전사고로 인하여 생명·신체에 피해를 입은 보호대상자에 대한 손해배상책임을 위한 보험가입의무(법 제34조의 3), 시설안전점검 등의 의무(법 제34조의4), 시설장의 상근 의무(법 제35조 제1항), 운영위원회 구성의무(법 제36조 제1항), 시설의 서류비치 의무(법 제37조) 등이 있다. 이 같은 의무를 부여한 이유는 시설이용자의 인권과 복지를 보장하기 위함이다.

4 운영위원회

동법 제36조 제1항은 시설의 운영에 관한 사항을 심의하기 위하여 운영위원회를 두어야 한다고 규정하고 있다. 운영위원은 시설의 장, 시설거주자 또는 시설거주자의 보호자대표, 시설 종사자의 대표, 해당 시 · 군 · 구 소속의 사회복지업무를 담당하는 공무원, 지역주민, 후원자 대표, 공익단체에서 추천한 사람, 그 밖에 시설의 운영 또는 사회복지에 관하여 전문적인 지식과 경험이 풍부한 자 중에서 관할 시장 · 군수 · 구청장이 임명하거나 위촉한다(법 제36조 제2항).

운영위원회는 시설이용자의 인권과 복지의 보장을 핵심으로 지역사회와 연계를 통해 지역주민을 시설 운영에 참여시켜 지역자원을 동원하는 등의 복지공동체를 형성하고, 시설 또한 지역사회에 열린 자세를 갖게 함으로써 시설의 사회화를 도모하기 위한 규정이다. 시설의 운영위원회는 2003년 7월 30일 동법을 개정하면서 종전의 임의조항에서 강제조항으로 전환하였다.

5 시설입소인원

생활시설에서 발생하는 시설병, 시설거주자 인권유린, 회계비리 등의 문제는 대부분 대규모 입소시설에서 많이 발생하여 왔다. 이 문제에 대한 대응이 세계적인 탈시설화(deinstitutionalization)와 정상화(normalization)의 흐름이다. 이 같은 영향으로 각각의 시설은 그 수용인원을 300인을 초과할 수 없다(「사회복지사업법」 제41조)고 제한하고 있다. 그러나 「노인복지법」 제32조에 따른 노인주거복지시설 중 양로시설과 노인복지주택 그리고 「노인복지법」 제34조에 따른 노인의료복지시설 중 노인요양시설은 그 수용인원을 300인을 초과할 수 있도록(령 19조) 예외를 인정하고 있다.

6 시설의 평가

보건복지부장관 및 시 · 도지사는 보건복지부령으로 정하는 바에 따라 시설을 정기적으로 평가하고, 그 결과를 공표하거나 시설의 감독 · 지원 등에 반영할 수 있으며 시설 거주자를 다른 시설로 보내는 등의 조치를 할 수 있다(법 제43조의2 제1항). 시설의 평가는 시설간 경쟁을 통해 시설의 전문성과 서비스 질향상에 기여하는 것을 목적으로 하고 있다.

보건복지부장관 및 시 · 도지사는 3년마다 1회 이상 시설에 대한 평가를 실시하여야 한다(시행규칙 제27조 제1항). 평가의 기준은 입소정원의 적정성, 종사자의 전문성, 시설의 환경, 시설거주자에 대한 서비스의 만족도, 기타 시설의 운영개선에 필요한 사항 등(시행규칙 제27조 제2항)이며 이를 시설의 감독, 지원 등에 반영할 수 있다.

8) 사회복지서비스의 실시

2003년 7월 30일 「사회복지사업법」 개정으로 동법 제2장의2에 사회복지서비스의 실시가 신설되었다. 사회복지서비스의 실시는 사회복지서비스의 신청, 복지욕구의 조사, 보호의 결정, 보호대상자별 보호계획의 수립, 보호의 실시, 보호의 방법으로 구성되어 있다.

(1) 사회복지서비스의 신청

사회복지서비스를 필요로 하는 자(이하 "보호대상자"라 한다)와 그 친족 그 밖의 관계인은 관할 시장 · 군수 · 구청장에게 보호대상자에 대한 사회복지서비스의 제공(이하 "서비스 제공"이라 한다)을 신청할 수 있다(법 제33조의2 제1항). 시 · 군 · 구 복지담당공무원은 이 법에 따른 보호대상자가 누락되지 아니하도록 하기 위하여 관할지역에 거주하는 보호대상자의 서비스 제공을 직권으로 신청할 수 있다. 이 경우 보호대상자의 동의를 받아야 하며, 동의를 받은 경우에는 보호대상자가 신청한 것으로 본다(법 제33조의2 제2항).

시장 · 군수 · 구청장은 서비스 제공 신청을 받거나 직권신청의 동의를 받을 때 보호대상자에게 제33조의3 제1항 및 제4항에 따라 조사하거나 제공받는 자료 또는 정보에 관하여 법적 근거, 이용 목적 및 범위, 이용방법, 보유기간 및 파기방법을 고지하여야 한다(법 제33조의2 제3항). 보호의 신청 및 고지 방법 등에 관하여 필요한 사항은 보건복지부령으로 정한다(법 제33조의2 제4항).

(2) 복지요구의 조사

시장 · 군수 · 구청장은 서비스 제공 신청이 있는 경우 복지담당공무원에게 다음의 사항을 조사하게 한다(법 제33조의3 제1항).

① 신청인의 복지요구와 관련된 사항이나 그 밖에 신청인에게 필요하다고 인정되는 사회복지서비스 및 보건의료서비스에 관한 사항

② 보호대상자 및 그 부양의무자(「국민기초생활보장법」에 따른 부양의무자를 말한다)의 소득 · 재산 · 근로능력 및 취업상태에 관한 사항

③ 보호대상자 및 그 부양의무자에 대하여 제2조 제1호 각목의 법률에 따라 실시되는 급여, 사회복지서비스 및 보건의료서비스 중 보건복지부령으로 정하는 수혜

이력에 관한 사항

④ 그 밖에 보호실시 여부를 결정하기 위하여 필요하다고 인정하는 사항

시장 · 군수 · 구청장은 조사의 목적으로 자료를 확보하기 위하여 신청인 또는 보호대상자와 그 부양의무자에게 필요한 자료의 제출을 요구할 수 있다(법 제33조의3 제2항). 그리고 조사과정에서 보호대상자에게 의견을 진술할 기회를 제공하여야 한다(법 제33조의3 제5항).

(3) 서비스 제공의 결정과 보호대상자별 서비스 제공 계획의 수립

시장 · 군수 · 구청장은 복지욕구조사를 한 때에는 서비스 제공의 실시 여부와 그 유형을 결정하여야 한다(법 제33조의4 제1항). 서비스 제공의 실시 여부와 그 유형을 결정하고자 하는 때 시장 · 군수 · 구청장은 보호대상자 및 그 친족, 복지담당공무원 및 지역의 사회복지 · 보건의료사업관련 기관 · 단체의 의견을 들을 수 있다(법 제33조의4 제2항). 서비스 제공의 실시여부와 그 유형을 결정하였을 때에는 시장 · 군수 · 구청장이 이를 서면 또는 전자문서로 신청인에게 알려야 한다(법 제33조의4 제3항).

시장 · 군수 · 구청장은 보호대상자에 대하여 서비스 제공을 실시하기로 결정하였을 때에는 필요한 경우 지역사회복지협의체의 의견을 들어 다음 사항이 포함된 보호대상자별 서비스 제공계획을 작성하여야 한다. 이 경우 보호대상자 또는 그 친족의 의견을 고려하여야 한다(법 제33조의5 제1항).

① 사회복지서비스 및 보건의료서비스의 유형 · 방법 · 수량 및 제공기간

② 이에 따른 서비스를 제공할 기관 또는 단체

③ 같은 보호대상자에 대하여 서비스를 제공하여야 할 기관 또는 단체가 둘 이상인 경우에는 기관 또는 단체 간의 연계방법

시장 · 군수 · 구청장은 보호대상자에 대한 사회복지서비스의 실시결과를 정기적으로 평가하고 필요한 경우 보호대상자별 서비스 제공 계획을 변경할 수 있다(법 제33조의5 제2항).

그리고 보호대상자별 서비스 제공 계획의 작성 등에 관하여 필요한 사항은 보건복지부령으로 정한다(법 제33조의5 제3항).

(4) 서비스 제공의 실시와 방법

시장 · 군수 · 구청장은 작성된 보호대상자별 서비스 제공 계획에 따라 서비스 제공을 실시하여야 한다(법 제33조의6 제1항). 그러나 긴급히 서비스 제공을 실시할 필요가 있는 경우 등 보건복지부장관이 인정하는 경우 시장 · 군수 · 구청장은 이 규정에 따른 절차의 일부를 생략할 수 있다(법 제33조의6 제2항).

보호대상자에 대한 서비스 제공은 현물로 제공함을 원칙으로 한다(법 제33조의7 제1항). 그러나 시장 · 군수 · 구청장은 국가 또는 지방자치단체외의 자로 하여금 서비스 제공을 실시하게 하는 경우에는 보호대상자에게 사회복지서비스 이용권을 지급하여 국가 또는 지방자치단체외의 자로부터 그 이용권으로 서비스 제공을 받게 할 수 있다(법 제33조의7 제2항).

(5) 재가복지서비스

시장 · 군수 · 구청장은 동법 제33조의5의 규정에 의한 보호대상자별 서비스 제공 계획에 따라 보호대상자에게 사회복지서비스를 제공하는 경우 시설 입소에 우선하여 재가복지서비스를 제공하도록 하여야 한다(법 제41조의2 제2항).

국가 또는 지방자치단체가 보호대상자에게 사회복지서비스 안에서 우선적으로 제공하는 재가복지서비스는 다음에 해당하는 서비스다.

① 가정봉사서비스: 가사 및 개인 활동을 지원하거나 정서활동을 지원하는 서비스
② 주간 · 단기보호서비스: 주간 · 단기보호시설에서 급식 및 치료 등 일상생활의 편의를 낮 동안 또는 단기간동안 제공하거나 가족에 대한 교육 및 상담을 지원하는 서비스

국가 또는 지방자치단체는 서비스 제공이 결정된 보호대상자를 자신의 가정에서 돌보는 자에게 보건복지부령이 정하는 바에 의하여 그 보호자의 부담을 경감하기 위한 상담을 실시하거나 금전적 지원 등을 할 수 있다(법 제41조의3)고 규정하여 가정에서 보호대상자를 돌보는 보호자를 지원할 수 있는 법적 근거를 마련하였다. 그리고 국가 또는 지방자치단체는 재가복지서비스를 필요로 하는 가정 또는 시설에서 보호대상자가 일상생활을 영위하기 위하여 필요한 각종 편의를 제공하는 가정봉사원을 양성하도록 노력하여야 한다(법 제41조의4)고 하여 재가복지의 핵심인력인 가정봉사원의 양성을 동법에 규정하였다.

9) 벌칙

① 5년 이하의 징역 또는 1천 500만 원 이하의 벌금(법 제53조)

- 제23조 제3항 위반: 법인 기본재산 처분 및 장기차입 때 시 · 도지사의 허가를 받지 않은 자
- 제42조 제2항 위반: 국가보조금의 목적 외 용도에 사용한 자

② 1년 이하의 징역 또는 1천만원 이하의 벌금(동법 제54조)

- 제6조 제1항: 시설설치를 방해한 자
- 제28조 제2항 위반: 수익사업에서 생긴 수익을 목적 외 사용한 자
- 제34조 제2항 위반: 신고하지 아니하고 시설을 설치 · 운영한 자
- 제38조 제3항(제40조 제2항에서 준용하는 경우를 포함한다)에 따른 시설 거주자 권익보호조치를 기피하거나 거부한 자
- 보건복지부장관, 시 · 도지사 또는 시장 · 군수 · 구청장의 시설의 개선, 사업의 정지, 시설의 장의 교체, 시설의 폐쇄 명령을 이행하지 아니한 자
- 제47조 위반: 업무과정에서 알게 된 비밀을 누설한 자
- 제51조 제1항 위반: 보고하지 아니하거나 허위보고, 자료제출을 하지 아니하거나 허위자료제출, 검사 · 질문 거부 · 방해 또는 기피한 자

③ 300만 원 이하의 벌금(법 제55조)

- 제13조 위반: 사회복지사 채용의무 위반

④ 과태료 300만 원 이하(법 제58조 제1항)

- 제13조 제2항 단서 · 제3항, 제18조 제6항 위반: 사회복지법인 또는 사회복지시설에 종사하는 사회복지사의 정기보수교육 의무위반과 이에 따른 사회복지법인 또는 사회복지시설을 운영하는 자가 사회복지사의 정기보수교육 이유로 한 불이익한 처분금지 위반, 임원의 임면보고 위반
- 제24조 위반: 재산취득보고 위반
- 제31조 위반: 사회복지법인 용어 사용금지 위반
- 제34조3 위반: 보험가입의무 위반
- 제34조4 위반: 시설의 안전점검 등 의무위반
- 제37조 위반: 시설의 서류비치 위반
- 제38조 제1항, 제2항 위반: 신고 후 지체 없이 시설운영 · 휴지재개, 폐지 때 신고의무 위반

• 제45조 위반: 후원금 관리 의무 위반

⑤ 과태료 20만 원 이하(법 제58조 제2항)

• 제33조의3 제1항 각 호에 따른 서류, 그 밖에 소득 · 재산 등에 관한 자료를 정당한 사유 없이 제출하지 아니하거나 거짓 자료를 제출한 자 또는 조사 · 질문을 기피 · 거부 · 방해하거나 거짓 답변을 한 자

10) 양벌규정

법인의 대표자 또는 법인이나 개인의 대리인 · 사용인 기타 종업원이 그 법인 또는 개인의 업무에 관하여 제53조, 제54조 및 제55조의 위반행위를 한 때에는 그 행위자를 벌하는 외에 그 법인 또는 개인에 대하여도 각 해당조의 벌금형을 과한다. 다만, 법인 또는 개인이 그 위반행위를 방지하기 위하여 해당 업무에 관하여 상당한 주의와 감독을 게을리하지 아니한 경우에는 그러하지 아니하다(법 제56조).

제11장 사회복지서비스법 Ⅰ

제1절 아동복지법

[시행 2014. 11. 19.] [법률 제12844호, 2014. 11. 19., 타법개정]

1. 법의 의의

우리나라는 1960년대 이후 국가적 정책으로서의 가족계획사업 추진과 산업화에 따른 핵가족화 등의 영향으로 아동인구가 꾸준히 감소해 왔다. 아동인구는 1970년도 당시 1581만 1000명으로 전체인구의 49%를 차지하였으나 1998년에 전체인구의 27% 수준으로 낮아졌으며, 2020년에는 1098만 명으로 전체인구의 21% 수준까지 낮아질 것으로 전망된다.

우리나라 아동복지정책의 중점은 미래의 주역인 아동이 건전하게 출생하여 행복하고 건강하게 육성되도록 하는 데 두고 있으며, 시대의 변화에 따른 아동 수 감소추세와 함께 아동을 능동적 권리의 주체로 보는 인식은 확산되고 있다. 1989년 국제연합(UN)에서 채택된 아동권리협약은 현재 세계의 190개국이 가입하고 있으며, 우리나라는 1991년 아동권리협약을 비준했기 때문에 그 내용을 준수하여야 할 국제법상의 의무가 있다. 이 협약은 무차별의 원칙, 아동이익 최우선의 원칙, 아동의 생존 · 보호 · 발달의 원칙, 아동참여의 원칙을 중심으로 하고 있다(장옥주, 2000: 77).

현행 우리나라 「아동복지법」은 모든 아동을 대상으로 하여, 아동에 대한 복지서비스를 주축으로 실시하는 급부와 이를 위한 급부 의무, 급부 수속, 급부의 전제조건으로서의 복지자원과 시설체계, 급부의 재정 등을 규정한 법률이다.

아동의 생활은 일상생활행동에 관련된 복지서비스 문제만이 아니라 그 구성원과 함께 이에 전면적으로 의존하고 있는 가족을 비롯하여 경제적 기반에 관련된 경제적 부양(소득보장)문제, 보건·의료서비스와 교육·문화서비스 등의 문제에 의해 좌우되지 않을 수 없고, 그것과 깊이 관련되어 전개되고 있다. 이 때문에 그 같은 아동의 생활문제의 제 분야에 관련되는 관계법률, 예를 들어, 가족법, 교육법, 의료법 등의 영향도 크다는 점을 인식해야 한다.

「아동복지법」이 사회복지서비스의 일반적 급부법으로서의 성격을 가진다는 것은 국가가 모든 아동에 대해 건강하게 출생하여 행복하고 안전하게 자라도록 하는 데 필요한 복지서비스를 급부한다는 공적 책임을 지고 있다는 것을 의미한다.

일반적으로 자본주의 사회에서는 복지서비스의 핵심인 보호, 양육, 부양 등의 생활지원과 자립원조 등의 서비스행위는 자조(自助)라는 사생활의 개인책임 원칙에 기초해 가족 등의 사적부양 책임하에서 이루어지는 것이 전제다. 이 때문에 사생활 개인책임 원칙을 예외적으로 국가와 지방자치단체가 대신하는 것은 고아와 빈곤아동 등 사회적 약자로 제한하여 왔다. 실제로 전통적인 우리나라의 구제대상이었던 '환과고독(鰥寡孤獨)'이 말해 주듯이 우리나라의 전통적 아동복지는 주로 오갈 데 없는 요보호아동, 즉 고아가 그 대상이었다. 이 같은 전통은 1960년대의 5·16 군사정부 때 역사상 처음으로 1961년 12월 30일에 제정된 「아동복리법」에서 국가재정의 어려움 때문에 그 대상자를 요보호아동으로 제한하여 입법화했던 것에서도 나타난다. 그러나 그 후 1981년 4월 13일 「아동복리법」이 「아동복지법」으로 법명이 개명되면서부터 동법의 대상자는 종전의 요보호아동에서 모든 아동으로 확대되었다.

국가와 지방자치단체가 사회적 부양책임이란 관점에서, 모든 아동에 대해 필요한 급부를 행하는 것은 자본주의의 사생활의 개인책임 원칙에 대한 커다란 수정을 의미한다(佐藤 進, 河野正輝, 2000: 175-176)고 할 수 있다. 다시 말해, 일부 요보호아동을 제외한 모든 아동의 양육문제를 개별적 가정의 책임만으로 맡겨 버리는 것이 아니라, 그들의 생활문제에 대해 사회적 책임으로 대처하도록 규정함으로써 사적 가정생활에 대한 사회적 개입의 법적 근거가 된 것이다. 이와 같이 복지의 개인 책임에서 사회적 책임으로의 전환은 가족의 변화 등 급변하는 현대사회에서 불가피하다고 할 수 있다. 따라서 사회복지분야에서 복지서비스의 보편화, 즉 모든 아동에 대한 일반적인 급부 책임을 명확히 한 입법은 「아동복지법」이 최초의 사회복지서비스법이라 하겠다. 각종 사회복지서비스법 중에서 「아동복지법」이 최초로 입법화되는 것은 아동은 미래의 국가 사회를 이끌어 가야 할 세대라는 것이 핵심적인 이유이고, 이에 따라 세계 각국에서는 아동의 건전한 육성과 교육을 위해 정책적 관심을 쏟고 있는 것이다.

현대국가에서 아동은 한 인간으로서 건강하고 인간답게 성장하고 양육받을 권리를 기본권으로 인정하고 있기 때문에 아동의 복지를 보장하는 것은 국가와 사회의 책임으로 널리 인식되고 있다.

2. 입법배경 및 연혁

1) 입법배경

우리나라 근대적인 「아동복지법」은 1961년 12월 30일 「아동복리법」이란 명칭으로 처음 제정되었다. 「아동복리법」 제정 이전인 일제시대의 아동복지 법적 근거는 1923년 9월에 제정된 '조선감화령' 과 1944년의 '조선구호령' 이었다. 이들 법령은 현대사회에서 보는 사회복지적 성격을 가진 사회복지법이라기보다는, 일제의 식민지 정책의 일환으로서 조선의 다른 사회적 취약계층과 함께 아동이 미분화된 채 통합적으로 적용된, 아동을 치안과 사회 통제적 목적으로 취급한 일종의 치안정책이었다고 할 수 있다.

이 법령은 미군정하에서도 그대로 답습되었는데, 해방의 혼란과 동족상잔의 6 · 25 전쟁을 계기로 전쟁고아, 유기아 등이 급증하면서 우리나라 아동복지는 새로운 전기를 맞이하였다. 그 시기에 주로 외국자선단체의 원조로 아동복지시설[1)]이 우후죽순처럼 설립되었는데, 우리나라 정부에서는 이들 시설을 원활하게 운영하는 데 관한 행정적 지도에 급급할 뿐이었다(현외성, 2008).

정부는 사회부장관 통첩 '구호시설 인가에 관한 건' 에 따라 시설의 인가제도를 도입하였고, 이후 시설이 급증하면서 '후생시설 설치기준' 을 고시하여 시설의 신설과 운영을 통제해 가기 시작했다. 그러다가 6 · 25 전쟁으로 혼란에 빠지자 사회부에서는 1952년 4월 21일 '사회사업을 목적으로 하는 법인 설립허가 신청에 관한 건' 과 '후생시설 운영

1) 1953년 휴전 당시 전국에는 아동수용시설이 440개소에 달하고, 피수용 아동 수도 5만 3964명에 이르렀으며 부랑아, 걸식아도 수만을 헤아리고 있었다(김만두, 1991: 370).

요령' 을 서울특별시와 각 도에 시달하여 아동시설의 합리적 운영을 위한 지도 · 감독을 강화하는 시책을 추진했다. 그러나 이 당시의 아동복지는 응급적인 조치인 고아에 대한 시설수용과 긴급구호에 지나지 않았다. 그러한 상황에서 일찍부터 아동애호사상에 큰 관심을 두었던 한국동화작가협회에서는 '어린이헌장' 안을 작성하여 국민적인 아동애호사상을 발기하는 운동을 전개하였고 이것을 1957년 5월 5일 정부에서 국민의 총의를 대표하여 전국에 선포하게 된다. 이 헌장의 선포로 어린이의 기본인권을 존중하고, 이들의 심신이 건전하게 자라도록 하기 위한 개인적 · 사회적 책무와 방안을 널리 선언하게 되었다. 그러나 당시의 아동복지는 임시방편적 응급조치에 지나지 않았기 때문에 어린이헌장의 이념은 실천되지 못하고 선언적인 수준에 머물렀다. 이 같은 응급조치적이고 선언적인 수준에 머물러 있던 우리나라의 아동복지는 5 · 16 군사정부 때인 1961년 12월 30일 처음으로 「아동복리법」이 제정되면서 새로운 전기를 맞이하게 된다.

동법은 당초 법안에 있던 '모든 아동의 건전육성' 이라는 구상을 국가재정의 어려움을 이유로 무산시키고 그 대신 법의 대상자를 '요보호아동' 으로 제한한 입법을 통과시켰다. 이렇게 입법화된 「아동복리법」은 1981년 동법이 전면 개정되면서 명칭도 「아동복지법」으로 개칭되기 전까지 '요보호아동' 을 위한 보호법으로서 큰 역할을 수행했다.

그 후 정부주도의 경제개발 5개년 계획에 의하여 20여 년간 산업화과정을 거친 우리 사회는 1980년대에 들어서 크게 달라진 모습으로 전환되었고, 이 같은 사회적 양상을 반영하여 아동의 문제도 그 질과 내용에서 변질된 모습으로 나타나기 시작했다. 다시 말하면 이 시대에 있어서의 아동의 문제는 종래의 고아, 부랑아, 빈곤아동에 그치지 않고 비행, 가출, 약물중독, 자살, 범죄, 정서장애, 심신장애 등 산업사회의 병리적 현상이 반영된 모습으로 등장하기 시작했던 것이다. 이러한 아동의 문제상황에 직면하면서 정부는 종래의 소극적인 '요보호아동'에 초점을 둔 정책에서 국가운명을 짊어질 다음 세대의 건강한 '국민형성과 육성'이란 차원의 정책으로 전환하였다. 이 정책을 입법으로 추진하여 1981년 3월 26일 정부가 전면 개정된 법안을 제안하고 당시의 '국가보위입법회의' 제25차 본회의에 상정하였다. 그 후 이 법안은 일부 수정 · 의결을 거친 뒤 1981년 4월 13일 법률 제3438호 「아동복지법」으로 법명을 개명하면서(김만두, 1991: 370-372) 대상자를 모든 아동으로 확대한 적극적인 사회복지서비스법으로 개정 · 입법되었던 것이다.

2) 연혁

이와 같은 배경하에 정부는 과거의 「아동복리법」을 전부 개정하여 1981년 4월 13일에 「아동복지법」을 개칭하여 입법화했다.

1981년 「아동복지법」 입법 후 기혼여성 취업확대에 따른 탁아수요의 증가 등을 배경으로 1991년 1월 「영유아보육법」이 제정되면서 시설탁아 등의 탁아사업은 「아동복지법」에서 분리되었다. 이어서 1997년 「사회복지사업법」이 전면개정됨에 따라 「아동복지법」도 일부 개정되었다(장동일, 2006).

2000년 1월 12일 전부개정된 새로운 「아동복지법」은 이전에 비해서 크게 진전된 것으로 평가되고 있다. 무엇보다도 아동의 권리와 안전 등 보편적 측면이 강화되고 특히 아동학대에 관련된 조항이 체계적으로 정리된 점을 개정된 「아동복지법」의 가장 두드러진 특징의 하나로 꼽을 수 있다(이태수, 1999: 25-26). 구체적으로는 아동복지지도원의 신분을 강화하고 아동학대에 대한 정의와 금지유형을 명확히 하였으며, 아동학대에 대한 신고를 의무화하는 등 현행 법규의 운영상 나타난 미비점을 보완하였다고 할 수 있다.

그 후 2002년 12월 18일 종전의 「모자복지법」이 「모 · 부자복지법」으로 변경됨에 따라 「아동복지법」의 일부 용어를 바꾸는 등의 개정이 이루어졌고, 2004년 1월 29일 아동의 권리증진과 건강한 출생 및 성장을 위해 국무총리 소속하에 아동정책조정위원회를 두도록 하고, 상습적으로 아동학대행위를 한 자 등에 대한 형을 2분의 1까지 가중처벌 하는 등 현행제도 운영상 나타난 일부 미비점을 개선 · 보완하였다. 그 후 2004년 3월 22일 기존의 「윤락행위방지법」이 「성매매방지 및 피해자보호 등에 관한 법률」로 바뀌면서 기존 「아동복지법」 제26조 제2항 제6호를 「성매매방지 및 피해자보호 등에 관한 법률」 제5조 및 제10조의 규정에 의한 지원시설 및 성매매피해상담소의 장이나 그 종사자로 변경하였다. 그리고 보호를 필요로 하는 아동에 대한 가정위탁보호를 활성화할 수 있도록 가정위탁지원센터 등을 두고, 아동학대를 근절하기 위하여 현재 아동학대 신고의무자로 되어 있는 교원, 의료인, 아동복지시설 종사자 등의 자격취득 교육과정에 관계 중앙행정기관의 장으로 하여금 아동학대 예방 및 신고와 관련된 교육내용을 포함시키도록 하는 등 현행 제도의 운영상 나타난 일부 미비점을 개선 · 보완하려는 목적에서 2005년 7월 13일 동법의 일부를 개정하였다.

2006년 9월 27일에는 동법을 다시 개정하여 국가나 지방자치단체로 하여금 인종차별금지에 필요한 시책을 강구하도록 하고, 아동을 대상으로 하는 성폭력피해를 줄이기 위하여 아동복지시설, 영유아보육시설, 유치원, 초 · 중 · 고등학교의 장으로 하여금 성폭력예방교육을 실시하도록 하는 한편, 지방자치단체의 장은 성폭력피해로 치료나 요양 등의 보호를 필요로 하는 아동에 대하여 전문치료기관 또는 요양소에 입원 또는 입소시킬 수 있도록 하였다. 그리고 아동학대 신고의무자의 범위를 유치원 · 학교 · 교습소의 운영자 · 교직원 · 종사자 등과 함께 구급대 대원도 추가하였다.

종전의 「모 · 부자복지법」이 「한부모가족지원법」으로 변경되면서 2007년 10월 17일 이에 따른 「아동복지법」의 일부개정이 이루어졌다. 일부 개정의 주내용은 「모 · 부자복지법」을 「한부모가족지원법」으로 변경하고, 자녀가 취학 중인 경우 자립능력이 갖추어지지 아니한 상태로 학비 등으로 인한 생활비 지출이 증가될 수 있는 시기라는 점을 고려하여 자녀가 취학 중인 때에는 22세 미만까지 확대 지원하도록 하며, 65세 이상의 고령자와 손자녀로 구성되어 있는 조손가족의 경우도 이 법에 따른 보호대상자에 포함함으로써 조손가족의 생활안정과 복지증진을 도모하는 것 등이다.

2008년 2월 29일에는 이명박 정부 출범으로 기획예산처와 재정경제부를 통합하여 기획재정부를 신설하는 등 정부조직법 개정으로 「아동복지법」 일부를 개정하였다. 그리고 어린이 유괴 · 살해 사건의 빈번한 발생과 아동학대가 줄지 않아 국민적 불안감이 확산되면서 2008년 6월 13일 「아동복지법」 일부를 개정하였다.

영화 〈도가니〉 상영 이후 일부 사회복지법인 및 시설 대표자의 전횡, 시설 내 이용자 인권 침해, 사적이익 추구 등이 국민적 공분을 자아내면서 시설아동의 학대가 사회문제로 대두되었다. 이 문제가 사회적 이슈로 제기되면서 시설이용자의 인권보호와 사회복지법인 및 시설 운영의 투명성, 아동종합실태조사, 아동정책기본계획의 수립 · 시행, 아동학대의 예방과 방지, 아동학대행위자의 계도를 위한 교육 등에 관한 홍보영상을 방송할 수 있도록 하며, 아동복지서비스와 아동정책을 효과적으로 수행하기 위한 정책적 기반을 마련함으로써 아동의 복지증진을 통해 아동이 건강하고 행복하게 자랄 수 있도록 하려는 목적에서 2011년 8월 4일 「아동복지법」을 전부개정하여 2012년 8월 5일부터 시행하고 있다. 이어서 2012년 10월 22일의 동법 일부개정은 국가와 지방자치단체가 모든 아동보호구역에 영상정보처리기기(CCTV) 설치를 의무화하고, 아동학대 신고의무자의 신고의무 위반 시 부과하는 과태료 상한을 300만 원으로 상향조정함으로써 학대아동에 대한 법적보호와 구제의 실효성을 높이려는 취지에서 이루어졌다.

2012년 12월 18일 공중 밀집 장소에서의 추행, 통신매체를 이용한 음란행위 등 반의사불벌죄로 규정되어 있던 조항을 삭제하고, 아동 · 청소년이용음란물의 범위와 소지

개념을 명확히 하며, 음주 또는 약물로 인한 감경 배제 규정의 적용 대상을 확대하였다. 또한 신상정보의 등록 및 공개 관련 소관 부처의 중복 문제를 해소하기 위하여 등록에 관한 사항은 법무부장관이 집행하도록 하고 이 법에서는 관련 조항을 삭제하며, 현재 읍ㆍ면ㆍ동까지만 공개하던 것을 도로명 및 건물번호까지로 확대하고 경계를 같이 하는 읍ㆍ면ㆍ동 게시판에도 신상정보를 공지하도록 하는 등 신상정보 고지 제도를 확대하였다. 그리고 성범죄자의 취업제한 기관을 확대하여 성범죄자에 대한 관리를 보다 강화하는 등 그 밖에 현행 제도의 운영상 나타난 일부 미비점을 개선ㆍ보완하고자 하였다. 2013년 3월 23일 국가 성장동력의 양대 핵심 축인 과학기술과 정보통신기술을 창조경제의 원천으로 활용하여 경제부흥을 뒷받침할 수 있도록 정부 조직체계를 재설계하고, 국민생활 전반에 영향을 미치는 안전 관련 업무 기능을 강화하여 국민의 안전을 최우선으로 하는 정부를 구현하는 한편, 각 행정기관 고유의 전문성을 강화하여 행정환경의 변화에 능동적으로 대처할 수 있도록 하는 등 창조적이고 유능한 정부를 구현할 수 있도록 정부기능을 재배치하려는 것이다.

2014년 1월 28일 아동학대에 대한 강력한 대처 및 예방을 위하여 제정된 「아동학대범죄의 처벌 등에 관한 특례법」에 따라 관련 조문을 정비하고, 아동학대 관련 범죄전력자가 아동관련기관에 취업하는 것을 10년 동안 제한하는 등 아동학대의 예방 및 피해자 지원에 관한 내용을 정하였는데, 이는 아동이 행복하고 안전하게 자라나게 하려는 것이다.

2014년 11월 19일 국가적 재난관리를 위한 재난안전 총괄부처로서 국무총리 소속으로 '국민안전처'를 신설하고, 현행 해양경찰청과 소방방재청의 업무를 조정ㆍ개편하여 국민안전처의 차관급 본부로 설치하였다. 또한 공직개혁 추진 및 공무원 전문역량 강화를 위하여 공무원 인사 전담조직인 인사혁신처를 국무총리 소속으로 설치하고, 교육ㆍ사회ㆍ문화 분야 정책결정의 효율성과 책임성을 제고하기 위하여 교육ㆍ사회ㆍ문화 부총리를 신설하였다.

2015년 3월 27일 아동학대 사건이 발생한 경우 피해아동의 가족 구성원 파악을 통한 사후조치를 실효성 있게 하도록 아동보호전문기관의 장의 신분조회 등 조치의 범위에 가족관계등록부의 증명서를 포함하고, 아동학대를 1차적으로 발견할 수 있는 사람인 아동학대 신고의무자에 대한 신고의무 고지 및 교육을 강화하며, 아동에 대한 체벌 등의 금지를 명시하였다.

■ 아동복지법 연혁

1961년 12월 30일	아동복리법 제정
1981년 4월 13일	전부개정 아동복지법 제정
2000년 1월 12일	동법 전부개정－아동학대 금지조항 등
2004년 1월 29일	동법 일부개정
2005년 7월 13일	동법 일부개정
2006년 9월 27일	동법 일부개정
2008년 2월 29일	정부조직법 개정에 따른 동법 개정
2008년 6월 13일	동법 일부개정
2011년 8월 4일	동법 전부개정－시설 이용자의 인권보호, 아동종합실태조사 등
2012년 10월 22일	동법 일부개정
2013년 3월 23일	정부조직법에 개정에 따른 동법 개정
2014년 1월 28일	동법 일부 개정
2014년 11월 19일	정부조직법에 개정에 따른 동법 개정
2015년 3월 27일	동법 일부 개정

3. 법의 내용

1) 법의 목적과 이념

「아동복지법」은 "아동이 건강하게 출생하여 행복하고 안전하게 자랄 수 있도록 아동의 복지를 보장하는 것을 목적으로 한다."(법 제1조)고 규정하고 있다. 이 법의 근거는 헌법 제34조 제1항의 "모든 국민은 인간다운 생활을 할 권리를 가진다."는 조항과 「사회복지사업법」 제4조 제1항의 "국가와 지방자치단체는 사회복지를 증진할 책임을 진다."는 조문에 있고, 「아동복지법」은 건강 · 행복 · 안전과 같은 아동의 복지권 보장을 그 목적으로 하고 있는 것이다.

「아동복지법」의 기본이념은 다음과 같다.

① 아동은 자신 또는 부모의 성별, 연령, 종교, 사회적 신분, 재산, 장애유무, 출생지

역, 인종 등에 따른 어떠한 종류의 차별도 받지 아니하고 자라나야 한다(법 제2조 제1항).

② 아동은 완전하고 조화로운 인격 발달을 위하여 안정된 가정환경에서 행복하게 자라나야 한다(법 제2조 제2항).

③ 아동에 관한 모든 활동에 있어서 아동의 이익이 최우선적으로 고려되어야 한다(법 제2조 제3항).

④ 아동은 아동의 권리보장과 복지증진을 위하여 이 법에 따른 보호와 지원을 받을 권리를 가진다(법 제2조 제4항).

아동의 복지권 보장에 있어서 중요한 것은 아동의 권리다. 아동의 권리에 대한 국제적 협약은 1989년 유엔총회에서 채택된 아동권리협약이다. 1991년 우리나라는 이 협약에 가입하였기 때문에 그 내용을 준수하여야 하는 국제법상의 의무가 있다. 이 같은 국제법상의 의무를 이행하기 위해 유엔아동권리협약을 비준한 우리나라를 비롯한 세계의 190여 개국은 국내법을 이 협약에 맞게 개정해 나가야 한다. 또한 우리나라는 1996년 OECD 가입국이 되면서 "아동의 안전을 위한 조화롭고 체계화된 안전수단의 강구"라는 권고에도 특별한 관심을 기울이고 있다. 이러한 분위기에 영향을 받아 1998년 하반기부터 「아동복지법」 개정을 추진하여 마침내 2000년 1월 12일에 전문개정을 하였고, 이어서 2006년 9월 27일 동법의 일부개정을 통해 인종차별금지[2)]를 기본이념에 포함한 것도 이 같은 국제사회의 노력을 반영한 결과라고 할 수 있다.

유엔아동권리협약은 무차별의 원칙, 아동이익 최우선의 원칙, 아동의 생존 · 보호 · 발달 원칙, 교육 · 건강 · 사회보장의 권리 등이 중심적 원칙(장옥주, 2000: 77)이기 때문에 개정된 「아동복지법」에서는 이 같은 원칙이 상당 부분 도입되었다.

즉, 「아동복지법」은 아동이 권리를 존중받으며 사회적 · 정신적으로 건강한 성인으로 자랄 수 있도록 하는 사회환경을 목표로 하여 동법 제2조 제1항은 무차별의 원칙을 강조하고 있으며, 제2항은 아동의 생존 · 보호 · 발달을 위한 안정된 가정환경의 중요성을, 그리고 제3항에서는 아동에 관한 모든 활동에 있어서 아동의 이익이 최우선적으로 고려되어야 함을, 제4항에서 아동은 아동의 권리보장과 복지증진을 위하여 「아동복지

2) 유엔아동권리협약 이행에 관한 제2차 보고서에 대해 아동권리위원회는 정부보고서에 인종차별에 관한 정보가 없고, 한부모가정자녀, 혼외출생어린이, 장애어린이, 여자어린이, 이주가정자녀 차별에 관한 정보가 부족한 점을 우려하고 협약 제2조에 규정된 모든 종류의 차별을 명시적으로 금지하는 입법조치를 시행하도록 권고했다. 특히 한부모가정자녀, 혼외출생자녀, 장애어린이, 이주자자녀, 여자어린이에 대한 사회적 차별을 근절하기 위해 공공교육, 문제인식 캠페인 등 행동지향적 조치를 취할 것을 각국에 권고하였다.

법」에 따른 보호와 지원을 받을 권리를 가진다고 하여 동법의 기본이념을 밝히고 있다.

2) 용어의 정의

이 법에서 사용하는 용어에 대한 정의는 다음과 같다(법 제3조).

① 아동: 18세 미만인 사람을 말한다. 이웃나라 일본도 아동복지법 제4조에서 역시 만 18세 미만에 해당하는 자를 아동이라고 규정하고 있는데, 이 아동들을 다음과 같이 세 가지로 나누고 있다. 만 1세에 미달하는 자를 유아(乳兒)로, 만 1세부터 초등학교 취학하기 전까지의 자를 유아(幼兒)로, 초등학교 취학시기에서 만 18세에 달할 때까지의 자를 소년(少年)으로 구분하고 있다(佐藤 進・河野正輝, 2000: 182).

② 아동복지: 아동이 행복한 삶을 누릴 수 있는 기본적인 여건을 조성하고 조화롭게 성장・발달할 수 있도록 하기 위한 경제적・사회적・정서적 지원을 말한다.

③ 보호자: 친권자, 후견인, 아동을 보호・양육・교육하거나 그러한 의무가 있는 자 또는 업무・고용 등의 관계로 사실상 아동을 보호・감독하는 자를 말한다.

④ 보호대상아동: 보호자가 없거나 보호자로부터 이탈된 아동 또는 보호자가 아동을 학대하는 경우 등 그 보호자가 아동을 양육하기에 적당하지 아니하거나 양육할 능력이 없는 경우의 아동을 말한다.

⑤ 지원대상아동: 아동이 조화롭고 건강하게 성장하는 데에 필요한 기초적인 조건이 갖추어지지 아니하여 사회적・경제적・정서적 지원이 필요한 아동을 말한다.

⑥ 가정위탁: 보호대상아동의 보호를 위하여 성범죄, 가정폭력, 아동학대, 정신질환 등의 전력이 없는 보건복지부령으로 정하는 기준에 적합한 가정에 보호대상아동을 일정 기간 위탁하는 것을 말한다.

⑦ 아동학대: 보호자를 포함한 성인이 아동의 건강 또는 복지를 해치거나 정상적 발달을 저해할 수 있는 신체적・정신적・성적 폭력이나 가혹행위를 하는 것과 아동의 보호자가 아동을 유기하거나 방임하는 것을 말한다.

7의2. "아동학대관련범죄"란 다음 각목의 어느 하나에 해당하는 죄를 말한다.

가. 「아동학대범죄의처벌 등에 관한 특례법」 제2조 제4호에 따른 아동범죄

나. 아동에 대한 「형법」 제2편 제24장 살인의 죄 중 제250조부터 제255조까지의 죄

⑧ 피해아동: 아동학대로 인하여 피해를 입은 아동을 말한다.

⑨ 아동복지전담기관: 제45조에 따른 아동보호전문기관(이하 "아동보호기관"이라 한

다)과 제48조에 따른 가정위탁지원센터(이하 "가정위탁지원센터"라 한다)를 말한다.

⑩ 아동복지시설: 제50조에 따라 설치된 시설을 말한다.

⑪ 아동복지시설 종사자: 아동복지시설에서 아동의 상담 · 지도 · 치료 · 양육, 그 밖에 아동의 복지에 관한 업무를 담당하는 사람을 말한다.

3) 법의 책임주체

예전의 아동양육은 부모의 책임으로 하고 국가는 요보호 아동만을 국가가 보호한다는 관점이 지배적이었지만, 개정된 「아동복지법」은 이 관점을 더욱 발전시켜 아동의 복지증진 및 보호책임의 주체로서 국가와 지방자치단체, 아동의 보호자 그리고 모든 국민을 포함한 사회 전체의 책임이라는 이념에 기초하여 그 책임을 명확하게 구분하고 있다. 이는 현대사회의 구조적 변화에 따른 아동의 건전육성을 위해서는 아동의 부모와 더불어 국가, 국민 등 전체 사회가 공동으로 대처해 나갈 필요가 있다는 측면에서 불가피하다고 할 수 있다.

(1) 국가와 지방자치단체의 책무

국가와 지방자치단체는 아동의 안전 · 건강 및 복지 증진을 위하여 아동과 그 보호자 및 가정을 지원하기 위한 정책을 수립 · 시행하여야 하며(법 제4조 제1항), 보호대상아동 및 지원대상아동의 권익을 증진하기 위한 정책을 수립 · 시행하여야 한다(법 제4조 제2항).

또한 국가와 지방자치단체는 장애아동의 권익을 보호하기 위하여 필요한 시책을 강구하여야 하고(법 제4조 제3항), 아동이 자신 또는 부모의 성별, 연령, 종교, 사회적 신분, 재산, 장애유무, 출생지역 또는 인종 등에 따른 어떠한 종류의 차별도 받지 아니하도록 필요한 시책을 강구하여야 한다(법 제4조 제4항). 이어서 국가와 지방자치단체는 아동의 권리에 관한 협약에서 규정한 아동의 권리 및 복지 증진 등을 위하여 필요한 시책을 수립 · 시행하고, 이에 필요한 교육과 홍보를 하여야 한다(법 제4조 제5항). 국가와 지방자치단체는 아동의 보호자가 아동을 행복하고 안전하게 양육하기 위하여 필요한 교육을 지원하여야 한다(법 제4조 제6항). 보건복지부장관은 아동정책의 효율적인 추진을 위하여 5년마다 아동정책기본계획(이하 "기본계획"이라 한다)을 수립하여야 한다(법 제7조 제1항).

그리고 국가는 대통령령이 정하는 바에 따라 아동복지시설과 아동용품에 대한 안전기준을 정하고 아동용품을 제작 · 설치 · 관리하는 자에게 이를 준수하도록 하여야 한다(법 제30조)고 하여 안전 관련 책임도 부여하고 있다. 또한 국가와 지방자치단체는 유괴 등 범죄의 위험으로부터 아동을 보호하기 위하여 필요하다고 인정하는 경우에는 도시공원, 어린이집, 초등학교 및 특수학교, 유치원 등 어느 하나에 해당되는 시설의 주변구역을 아동보호구역으로 지정하여 폐쇄회로 텔레비전을 설치하거나 그 밖의 필요한 조치를 할 수 있다(법 제32조 제1항). 그리고 국가와 지방자치단체는 아동의 건강 증진과 체력 향상을 위하여 신체적 건강 증진에 관한 사항, 자살 및 각종 중독의 예방 등 정신적 건강 증진에 관한 사항, 급식지원 등을 통한 결식예방 및 영양개선에 관한 사항, 비만 방지 등 체력 및 여가 증진에 관한 사항을 지원하여야 한다(법 제35조 제2항). 또한 국가 및 지방자치단체는 아동복지단체를 지도 · 육성할 수 있다(법 제58조).

(2) 보호자 등의 책무

아동의 보호자는 아동을 가정에서 그의 성장시기에 맞추어 건강하고 안전하게 양육하여야 한다(법 제5조 제1항). 아동의 보호자는 아동에게 신체적 고통이나 폭언 등의 정신적 고통을 가하여서는 아니 된다(법 제5조 제2항)고 규정하여 아동의 양육, 건강, 안전, 보호 등에 대한 보호자의 책임을 부여하고 있다. 또한 아동의 보호자는 아동의 건강 유지와 향상을 위하여 최선의 주의와 노력을 하여야 한다(법 제35조 제1항)고 하여 아동의 건강한 심신보존에 대한 보호자의 노력의무도 규정하고 있다. 여기서 보호자는 친권자, 후견인, 아동을 보호 · 양육 · 교육하거나 그 의무가 있는 자 또는 업무 · 고용 등의 관계로 사실상 아동을 보호 · 감독하는 자를 말한다(법 제3조의3). 나아가 모든 국민은 아동의 권익과 안전을 존중하여야 하며, 아동을 건강하게 양육하여야 한다(동법 제5조 제2항).

(3) 아동복지전담기관 및 아동복지시설장의 의무와 안전교육

아동복지전담기관 및 아동복지시설의 장은 보호아동의 권리를 최대한 보장하여야 하며, 친권자가 있는 경우 보호아동의 가정복귀를 위하여 적절한 상담과 지도를 병행하여야 한다(법 제57조). 또한 아동복지시설의 장, 어린이집의 원장, 유치원의 원장 및 초 · 중 · 고등학교의 장은 교육대상 아동의 연령을 고려하여 대통령령이 정하는 바에 따라 성폭력 및 아동학대 예방, 실종 · 유괴의 예방과 방지, 약물의 오남용 예방, 재난대비 안전, 교통안전에 관한 교육계획을 수립하여 교육을 실시하여야 한다(법 제31조 제1항).

4) 아동복지정책의 수립 및 시행기관 등

(1) 아동정책기본계획의 수립

보건복지부장관은 아동정책의 효율적인 추진을 위하여 5년마다 아동정책기본계획(이하 "기본계획"이라 한다)을 수립하여야 한다(법 제7조 제1항).

기본계획은 다음의 사항을 포함하여야 한다(법 제7조 제2항).

① 이전의 기본계획에 관한 분석 · 평가
② 아동정책에 관한 기본방향 및 추진목표
③ 주요 추진과제 및 추진방법
④ 재원조달방안
⑤ 그 밖에 아동정책을 시행하기 위하여 특히 필요하다고 인정되는 사항

보건복지부장관은 기본계획을 수립할 때에는 미리 관계 중앙행정기관의 장과 협의하여야 한다(법 제7조 제3항). 기본계획은 아동정책조정위원회의 심의를 거쳐 확정한다. 이 경우 보건복지부장관, 관계 중앙행정기관의 장 및 시 · 도지사는 기본계획 또는 시행계획의 수립 · 시행을 위하여 필요한 경우에는 관계 · 단체나 그 밖의 민간기업체의 장에게 협조를 요청할 수 있다(법 제9조 제1항).

(2) 연도별 시행계획의 수립 · 시행 등

보건복지부장관, 관계 중앙행정기관의 장 및 시 · 도지사는 매년 기본계획에 따라 연도별 아동정책시행계획(이하 "시행계획"이라 한다)을 수립 · 시행하여야 한다(법 제8조 제1항). 관계 중앙행정기관의 장 및 시 · 도지사는 다음 연도의 시행계획 및 전년도의 시행계획에 따른 추진실적을 대통령령으로 정하는 바에 따라 매년 보건복지부장관에게 제출하고, 보건복지부장관은 매년 시행계획에 따른 추진실적을 평가하여야 한다(법 제8조 제2항). 시행계획의 수립 · 시행 및 추진실적의 평가 등에 필요한 사항은 대통령령으로 정한다(법 제8조 제3항).

(3) 계획수립의 협조

보건복지부장관, 관계 중앙행정기관의 장 및 시 · 도지사는 기본계획 또는 시행계획의 수립 · 시행을 위하여 필요한 경우에는 관계 기관 · 단체나 그 밖의 민간기업체의 장

에게 협조를 요청할 수 있다(법 제9조 제1항). 이 조항에 따른 요청을 받은 자는 정당한 사유가 없는 한 이에 따라야 한다(법 제9조 제2항).

(4) 아동정책조정위원회

아동의 권리증진과 건강한 출생 및 성장을 위하여 종합적인 아동정책을 수립하고 관계부처의 의견을 조정하며, 그 정책의 이행을 감독하고 평가하기 위하여 국무총리소속하에 아동정책조정위원회(이하 "위원회"라 한다)를 둔다(법 제10조 제1항). 위원회는 위원장을 포함한 25명 이내의 위원으로 구성하되, 위원장은 국무총리가 되고 위원은 기획재정부장관 등 각 부처 장관 9명과 아동 관련 단체의 장이나 아동에 대한 학식과 경험이 풍부한 사람 중 위원장이 위촉하는 15명 이내의 위원으로 구성된다(법 제10조 제3항). 위원회는 다음의 사항을 심의·조정한다(법 제10조 제2항).

① 기본계획의 수립에 관한 사항
② 아동의 권익 및 복지 증진을 위한 기본방향에 관한 사항
③ 아동정책의 개선과 예산지원에 관한 사항
④ 아동 관련 국제조약의 이행 및 평가·조정에 관한 사항
⑤ 아동정책에 관한 관련 부처 간 협조에 관한 사항
⑥ 그 밖에 위원장이 부의하는 사항

(5) 아동종합실태조사

보건복지부장관은 5년마다 아동의 양육 및 생활환경, 언어 및 인지 발달, 정서적·신체적 건강, 아동안전, 아동학대 등 아동의 종합실태를 조사하여 그 결과를 공표하고, 이를 기본계획과 시행계획에 반영하여야 한다. 다만, 보건복지부장관은 필요한 경우 보건복지부령으로 정하는 바에 따라 분야별 실태조사를 할 수 있다(법 제11조 제1항). 이에 따른 아동종합실태조사의 내용과 방법 등에 필요한 사항은 보건복지부령으로 정한다(법 제11조 제2항).

(6) 아동복지심의위원회

시·도지사, 시장·군수·구청장(자치구의 구청장을 말한다. 이하 같다)은 다음의 사항을 심의하기 위하여 그 소속으로 아동복지심의위원회(이하 "심의위원회"라 한다)를 각각 둔다(법 제12조 제1항).

① 연도별 아동정책시행계획에 따른 시행계획 수립 및 시행에 관한 사항
② 보호대상아동의 보호조치에 관한 사항
③ 보호대상아동의 퇴소조치에 관한 사항
④ 친권상실 선고의 청구 등에 따른 친권행사의 제한이나 친권상실 선고 청구에 관한 사항
⑤ 아동의 후견인의 선임 청구 등에 따른 아동의 후견인의 선임이나 변경 청구에 관한 사항
⑥ 지원대상아동의 선정과 그 지원에 관한 사항
⑦ 그 밖에 아동의 보호 및 지원서비스를 위하여 시 · 도지사 또는 시장 · 군수 · 구청장이 필요하다고 인정하는 사항

심의위원회의 조직 · 구성 및 운영 등에 필요한 사항은 대통령령으로 정하는 기준에 따라 해당 지방자치단체의 조례로 정한다(법 제12조 제1항).

(7) 아동복지전담공무원

1 업무

아동복지에 관한 업무를 담당하기 위하여 특별시 · 광역시 · 도 · 특별자치도(이하 "시 · 도"라 한다) 및 시 · 군 · 구(자치구를 말한다. 이하 같다)에 각각 아동복지전담공무원(이하 "전담공무원"이라 한다)을 둘 수 있다(법 제13조 제1항). 전담공무원은 아동에 대한 상담 및 보호조치, 가정환경에 대한 조사, 아동복지시설에 대한 지도 · 감독, 아동범죄 예방을 위한 현장확인 및 지도 · 감독 등 지역 단위에서 아동의 복지증진을 위한 업무를 수행한다(법 제13조 제3항).

2 자격 · 임용

전담공무원은 「사회복지사업법」 제11조에 따른 사회복지사의 자격을 가진 사람으로 하고 그 임용 등에 필요한 사항은 해당 시 · 도 및 시 · 군 · 구의 조례로 정한다(법 제13조 제2항). 이 조항은 아동복지전담공무원이 아동의 복지증진을 도모하는 전문직이기 때문에 사회복지사업법상 사회복지사의 자격을 가진 사람으로 한정하고 있는 것이다. 관계 행정기관, 아동복지전담기관, 아동복지시설 및 아동복지단체(아동의 권리를 보장하고 복지증진을 목적으로 설립된 기관 및 단체를 말한다. 이하 같다)를 설치 · 운영하는

자는 전담공무원이 협조를 요청하는 경우 정당한 사유가 없는 한 이에 따라야 한다(법 제13조 제4항).

(8) 아동위원

아동위원은 아동의 복지증진을 위한 일종의 명예직 자원봉사자다. 아동복지의 실천기관으로서 동법에 규정된 아동위원에 관한 사항은 다음과 같다(법 제14조).

① 시 · 군 · 구에 아동위원을 둔다.
② 아동위원은 그 관할구역의 아동에 대하여 항상 그 생활상태 및 가정환경을 상세히 파악하고 아동복지에 필요한 원조와 지도를 행하며 아동복지전담공무원 및 관계 행정기관과 협력하여야 한다.
③ 아동위원은 그 업무의 원활한 수행을 위하여 적절한 교육을 받을 수 있다.
④ 아동위원은 명예직으로 하되, 아동위원에 대하여는 수당을 지급할 수 있다.
⑤ 그 밖에 아동위원에 관한 사항은 해당 시 · 군 · 구의 조례로 정한다.

(9) 보건소

보건소는 공중위생 행정을 책임진 제1선의 보건위생기관이다. 보건소가 아동복지행정의 일환으로 규정되게 된 것은 1981년의 아동복지법 개정에 의해서다(김만두, 1991: 378). 보건소는 아동복지법에 의하여 다음의 업무를 행한다(법 제36조).

① 아동의 전염병 예방조치
② 아동의 건강상담, 신체검사와 보건위생에 관한 지도
③ 아동의 영양개선

5) 아동복지의 조치

(1) 보호 및 퇴소조치

[1] 보호조치

① 시 · 도지사 또는 시장 · 군수 · 구청장은 그 관할 구역에서 보호대상아동을 발견하거나 보호자의 의뢰를 받은 때에는 아동의 최상의 이익을 위하여 대통령령으로

정하는 바에 따라 다음에 해당하는 보호조치를 하여야 한다(법 제15조 제1항).

㉠ 전담공무원 또는 아동위원에게 보호대상아동 또는 그 보호자에 대한 상담 · 지도를 수행하게 하는 것

㉡ 보호자 또는 대리양육을 원하는 연고자에 대하여 그 가정에서 보호 · 양육할 수 있도록 필요한 조치를 하는 것

㉢ 아동보호를 희망하는 자에게 가정위탁 하는 것

㉣ 보호대상아동을 그 보호조치에 적합한 아동복지시설에 입소시키는 것

㉤ 약물 및 알코올중독, 정서 · 행동 · 발달장애 · 성폭력피해 등으로 특수한 치료나 요양 등의 보호대상아동을 전문치료기관 또는 요양소에 입원 또는 입소시키는 것

㉥ 「입양특례법」에 따른 입양과 관련하여 필요한 조치를 하는 것

② 시 · 도지사 또는 시장 · 군수 · 구청장은 제1항 제1호 및 제2호의 보호조치가 적합하지 아니한 보호대상아동에 대하여 제1항 제3호부터 제6호까지의 보호조치를 할 수 있다. 이 경우 가정위탁지원센터 또는 아동복지시설의 장은 해당 보호대상아동의 개별 보호 · 관리 계획을 세워 보호하여야 하며, 그 계획을 수립할 때 해당 보호대상아동의 보호자를 참여시킬 수 있다(법 제15조 제2항).

③ 시 · 도지사 또는 시장 · 군수 · 구청장은 제1항 제3호부터 제6호까지의 보호조치를 함에 있어서 해당 보호대상아동의 의사를 존중하여야 하며, 보호자가 있을 경우에는 그 의견을 들어야 한다(법 제15조 제3항). 다만 아동보호자가 아동학대 행위자인 경우에는 그러하지 아니한다(법 제15조 제3항).

④ 시 · 도지사 또는 시장 · 군수 · 구청장은 동법 제15조 제1항 ㉢부터 ㉥까지의 보호조치를 할 때까지 필요하면 법 제52조 제1항 제2호에 따른 아동일시보호시설에 보호대상아동을 입소시켜 보호하거나, 적당하다고 인정하는 자에게 일시 위탁하여 보호하게 할 수 있다(법 제15조 제4항).

⑤ 시 · 도지사 또는 시장 · 군수 · 구청장은 그 관할구역에서 약물 및 알코올중독, 정서 · 행동 · 발달 장애 등의 문제를 일으킬 가능성이 있는 아동의 가정에 대하여 예방차원의 적절한 조치를 강구하여야 한다(법 제15조 제5항).

⑥ 누구든지 동법 제15조 제1항에 따른 보호조치와 관련하여 그 대상이 되는 아동복지시설, 아동복지전담기관의 종사자를 신체적 · 정신적으로 위협하는 행위를 하여서는 아니 된다(법 제15조 제6항).

⑦ 시 · 도지사 또는 시장 · 군수 · 구청장은 아동의 가정위탁보호를 희망하는 사람

에 대하여 범죄경력을 확인하여야 한다. 이 경우 본인의 동의를 받아 관계 기관의 장에게 범죄의 경력 조회를 요청하여야 한다(법 제15조 제7항).

⑧ 가정위탁지원센터의 장은 위탁아동, 가정위탁보호를 희망하는 사람, 위탁아동의 부모 등 신원확인 등의 조치를 시·도지사 또는 시장·군수·구청장에게 협조 요청할 수 있으며, 요청을 받은 시·도지사 또는 시장·군수·구청장은 정당한 사유가 없는 한 이에 응하여야 한다(법 제15조 제8항).

⑨ 제7항에 따른 범죄경력 조회 및 제8항에 따른 신원확인의 요청 절차·범위 등에 필요한 사항은 대통령령으로 정한다(법 제15조 제9항).

2 퇴소조치

가정위탁, 아동복지시설, 전문치료기관 또는 요양소에 입원 또는 입소하여 보호조치 중인 보호대상아동의 연령이 18세에 달하였거나, 보호 목적이 달성되었다고 인정되면 해당 시·도지사, 시장·군수·구청장 또는 아동복지시설의 장은 그 보호 중인 아동의 보호조치를 종료하거나 해당 시설에서 퇴소시켜야 한다(법 제16조 제1항). 이 규정에도 불구하고 제15조에 따라 보호조치 중인 아동이 다음의 어느 하나에 해당하면 시·도지사, 시장·군수·구청장 또는 아동복지시설의 장은 해당 아동의 보호기간을 연장할 수 있다(법 제16조 제2항).

① 대학 이하의 학교에 재학 중인 경우
② 아동양육시설 또는 직업능력개발훈련시설에서 직업 관련 교육·훈련을 받고 있는 경우
③ 그 밖에 각종 아동복지시설에서 해당 아동을 계속하여 보호·양육할 필요가 있다고 대통령령으로 정하는 경우

6) 아동복지시설

(1) 종류와 주요업무

아동복지시설의 종류는 다음과 같으며 이 시설은 통합하여 설치할 수 있다(법 제52조 제1항, 제2항). 아동복지법상 아동복지시설은 다음과 같은 8종류로 구분하고 있다.

① 아동양육시설: 보호대상아동을 입소시켜 보호·양육 및 취업훈련, 자립지원 서

비스 등을 제공하는 것을 목적으로 하는 시설

② 아동일시보호시설: 보호대상아동을 일시보호하고 아동에 대한 향후의 양육대책 수립 및 보호조치를 행하는 것을 목적으로 하는 시설

③ 아동보호치료시설: 불량행위를 하거나 불량행위를 할 우려가 있는 아동으로서 보호자가 없거나 친권자나 후견인이 입소를 신청한 아동 또는 가정법원, 지방법원 소년부지원에서 보호위탁된 19세 미만인 사람을 입소시켜 치료와 선도를 통하여 건전한 사회인으로 육성하는 것을 목적으로 하는 시설과 정서적 · 행동적 장애로 인하여 어려움을 겪고 있는 아동 또는 학대로 인하여 부모로부터 일시 격리되어 치료받을 필요가 있는 아동을 보호 · 치료하는 시설

④ 공동생활가정: 보호대상아동에게 가정과 같은 주거여건과 보호, 양육, 자립지원 서비스를 제공하는 것을 목적으로 하는 시설

⑤ 자립지원시설: 아동복지시설에서 퇴소한 사람에게 취업준비기간 또는 취업 후 일정 기간 보호함으로써 자립을 지원하는 것을 목적으로 하는 시설

⑥ 아동상담소: 아동과 그 가족의 문제에 관한 상담, 치료, 예방 및 연구 등을 목적으로 하는 시설

⑦ 아동전용시설: 어린이공원, 어린이놀이터, 아동회관, 체육, 연극 · 영화 · 과학실험 전시시설, 아동휴게숙박시설, 야영장 등 아동에게 건전한 놀이, 오락, 기타 각종의 편의를 제공하여 심신의 건강유지와 복지증진에 필요한 서비스를 제공하는 것을 목적으로 하는 시설

⑧ 지역아동센터: 지역사회 아동의 보호 · 교육, 건전한 놀이와 오락의 제공, 보호자와 지역사회의 연계 등 아동의 건전육성을 위하여 종합적인 아동복지서비스를 제공하는 시설

(2) 기타 업무와 사업

아동복지시설은 각 시설 고유의 목적 사업을 해치지 아니하고 각 시설별 설치기준 및 운영기준을 충족하는 경우 다음의 사업을 추가로 실시할 수 있다(법 제52조 제3항).

① 아동가정지원사업: 지역사회 아동의 건전한 발달을 위하여 아동, 가정, 지역주민에게 상담, 조언 및 정보를 제공해 주는 사업

② 아동주간보호사업: 부득이한 사유로 가정에서 낮 동안 보호를 받을 수 없는 아동을 대상으로 개별적인 보호와 교육을 통하여 아동의 건전한 성장을 도모하는 사업

③ 아동전문상담사업: 학교부적응아동 등을 대상으로 올바른 인격형성을 위한 상담, 치료 및 학교폭력 예방을 실시하는 사업

④ 학대아동보호사업: 학대아동의 발견, 보호, 치료 및 아동학대의 예방 등을 전문적으로 실시하는 사업

⑤ 공동생활가정사업: 보호대상아동에게 가정과 같은 주거여건과 보호를 제공하는 것을 목적으로 하는 사업

⑥ 방과 후 아동지도사업: 저소득층 아동을 대상으로 방과 후 개별적인 보호와 교육을 통하여 건전한 인격형성을 목적으로 하는 사업

(3) 아동복지시설의 설치 · 휴업 · 폐업

아동복지시설은 가정을 대신하여 아동을 보호 · 양육하는 사회복지시설이다. 국가 또는 지방자치단체는 아동복지시설을 설치할 수 있다(법 제50조 제1항). 국가 또는 지방자치단체 외의 자는 관할 시장 · 군수 · 구청장에게 신고하고 아동복지시설을 설치할 수 있다(법 제50조 제2항).

국가 또는 지방자치단체 외의 자가 시설을 설치하고자 하는 때에는 아동복지시설 설치신고서(전자문서로 된 신고서를 포함한다)에 다음의 서류를 첨부하여 시장 · 군수 · 구청장에게 제출하여야 한다(시행규칙 제10조 제1항).

① 정관(법인인 경우에 한한다)

② 시설운영에 필요한 재산목록(소유 또는 사용에 관한 권리를 증명하는 서류를 첨부하되, 시장 · 군수 · 구청장이 전자정보법에 따른 행정정보의 공동이용을 통하여 소유 또는 사용에 관한 권리를 확인할 수 있는 경우에는 그 확인으로 첨부서류를 갈음한다)

③ 사업계획서 및 예산서

④ 재산의 평가조서 및 재산수익조서

⑤ 시설의 평면도(시설의 층별 및 구조별 면적을 표시하여야 한다) 및 건물의 배치도

⑥ 시설에 종사할 직원의 명단과 자격증 사본(자격증이 필요한 직원에 한하되, 자격증을 확인한 경우에는 이를 첨부하지 아니한다)

아동복지시설의 시설기준과 운영기준은 별표 2, 3과 같다(시행규칙 제11조). 신고한 아동복지시설을 폐업 또는 휴업하거나 그 운영을 재개하고자 하는 자는 보건복지부령이 정하는 바에 따라 미리 시장 · 군수 · 구청장에게 신고하여야 한다(법 제51조).

(4) 시설개선 · 사업정지 · 위탁취소 · 시설폐쇄

보건복지부장관, 시 · 도지사 또는 시장 · 군수 · 구청장은 아동복지시설과 교육훈련시설(대학 및 전문대학을 제외한다)이 다음의 어느 하나에 해당하는 경우에는 소관에 따라 그 시설의 개선, 6개월 이내의 사업의 정지, 위탁의 취소 또는 해당시설의 장의 교체를 명하거나 시설의 폐쇄를 명할 수 있다(법 제56조 제1항).

① 시설이 설치기준에 미달하게 된 경우
② 사회복지법인 또는 비영리법인이 설치 · 운영하는 시설로서 그 사회복지법인 또는 비영리법인의 설립허가가 취소된 경우
③ 설치목적의 달성 그 밖의 사유로 계속하여 운영될 필요가 없다고 인정할 경우
④ 보호대상아동에 대한 아동학대행위가 확인된 경우
⑤ 거짓이나 그 밖의 부정한 방법으로 경비의 지원을 받은 경우
⑥ 아동복지시설의 사업정지기간 중에 사업을 한 경우
⑦ 그 밖의 이 법 또는 이 법에 의한 명령에 위반한 경우

이에 따른 시설의 개선, 사업의 정지, 위탁의 취소 또는 해당 시설의 장의 교체나 시설의 폐쇄 처분의 기준은 위반행위의 유형 및 그 사유와 위반의 정도 등을 고려하여 대통령령으로 정한다(법 제56조 제2항).

(5) 시설의 장과 종사자

1 시설의 장과 종사자

아동복지전담기관 및 아동복지시설의 장은 보호아동의 권리를 최대한 보장하여야 하며, 친권자가 있는 경우 보호아동의 가정복귀를 위하여 적절한 상담과 지도를 병행하여야 한다(법 제57조)고 규정하여 시설장의 의무를 규정하고 있다.

아동복지시설에는 필요한 전문인력을 배치하여야 한다(법 제54조 제1항)고 하면서, 시설종사자의 직종과 수, 그 자격 및 배치규정은 대통령령(법 제54조 제1항)을 따르도록 하고 있다.

2 교육훈련

시 · 도지사 또는 시장 · 군수 · 구청장은 아동복지시설종사자의 양성 및 자질향상을

위한 교육 · 훈련을 실시하여야 한다(법 제55조 제1항). 그리고 시 · 도지사 또는 시장 · 군수 · 구청장은 교육훈련을 대학(전문대학을 포함한다) 또는 아동복지단체 기타 교육훈련시설에 위탁하여 실시할 수 있다(법 제55조 제2항).

7) 국가와의 관계

(1) 시설에 대한 조사 등

보건복지부장관, 시 · 도지사 또는 시장 · 군수 · 구청장은 필요하다고 인정할 때에는 관계공무원이나 전담공무원으로 하여금 아동복지시설과 아동의 주소 · 거소, 아동의 고용장소 또는 금지행위를 위반할 우려가 있는 장소에 출입하여 아동 또는 관계인에 대하여 필요한 조사를 하거나 질문을 하게 할 수 있다(법 제66조 제1항).

(2) 국유 · 공유 재산의 대부 등

국가 또는 지방자치단체는 아동복지시설의 설치 · 운영을 위하여 필요하다고 인정하는 경우는 국유 · 공유 재산을 무상으로 대부하거나 사용 · 수익하게 할 수 있다(법 제62조 제1항).

(3) 면세

아동복지시설에서 그 보호아동을 위하여 사용하는 건물 및 토지, 시설설치 및 운영에 소요되는 비용에 대하여는 「조세특례제한법」 기타 관계 법령이 정하는 바에 따라 조세, 그 밖의 공과금을 면제할 수 있다(법 제63조).

8) 아동전용시설의 설치

국가와 지방자치단체는 아동이 항상 이용할 수 있는 아동전용시설을 설치하도록 노력하여야 한다(법 제53조 제1항). 또한 아동이 이용할 수 있는 문화 · 오락시설, 교통시설, 그 밖의 서비스시설 등을 설치 · 운영하는 자는 대통령령이 정하는 바에 따라 아동의 이용 편의를 고려한 편익설비를 갖추고 아동에 대한 입장료와 이용료 등을 감면할 수 있다(법 제53조 제2항).

9) 아동학대

(1) 아동보호전문기관의 의의

사회변화에 따른 가족기능의 약화 등의 영향으로 아동학대문제가 심각한 사회문제로 등장하면서 이에 대처하기 위해 정부는 아동보호전문기관을 제도적으로 설치하였다. 아동보호전문기관은 긴급보호조치, 긴급전화, 아동학대 신고 등과 관련한 아동학대 전반을 취급하여 아동학대를 예방하고 해결하는 기능을 수행하고 있다(현외성, 2008).

(2) 아동보호전문기관의 설치 등과 업무

국가는 아동학대예방사업을 활성화하고 지역 간 연계체계를 구축하기 위하여 중앙아동보호전문기관을 둔다(법 제45조 제1항). 지방자치단체는 학대받은 아동의 발견, 보호, 치료에 대한 신속처리 및 아동학대예방을 담당하는 지역아동보호전문기관을 시ㆍ도 및 시ㆍ군ㆍ구에 둔다. 다만, 시ㆍ도지사는 조례로 정하는 바에 따라 둘 이상의 시ㆍ군ㆍ구를 통합하여 하나의 지역아동보호전문기관을 설치ㆍ운영할 수 있다(법 제45조 제2항). 보건복지부장관, 시ㆍ도지사 및 시장ㆍ군수ㆍ구청장은 아동학대예방사업을 목적으로 하는 비영리법인을 지정하여 중앙아동보호전문기관 및 지역아동보호전문기관의 운영을 위탁할 수 있다(법 제45조 제4항). 아동보호전문기관의 설치기준과 운영, 상담원 등 직원의 자격과 배치기준, 아동보호전문기관의 운영위탁의 지정요건 등에 필요한 사항은 대통령령으로 정한다(법 제45조 제5항).

중앙아동보호전문기관은 다음의 업무를 수행한다(법 제46조 제1항).

① 지역아동보호전문기관에 대한 지원
② 아동학대예방사업과 관련된 연구 및 자료발간
③ 효율적인 아동학대예방사업을 위한 연계체제 구축
④ 아동학대예방사업을 위한 프로그램 개발 및 평가
⑤ 상담원 직무교육, 아동학대예방 관련 교육 및 홍보
⑥ 아동보호전문기관 전산시스템 구축 및 운영
6의2. 제28조의2 제3항에 따라 위탁받은 아동학대정보시스템의 운영
⑦ 그 밖에 대통령령으로 정하는 아동학대예방사업과 관련된 업무

그리고 지역아동보호전문기관은 다음의 업무를 수행한다(법 제46조 제2항).

① 아동학대 신고접수, 현장조사 및 응급보호
② 학대받은 아동, 아동학대행위자를 위한 상담 및 교육
③ 아동학대예방 교육 및 홍보
④ 피해아동 가정의 사후관리
⑤ 아동학대사례판정위원회 설치 · 운영 및 자체사례회의 운영
⑥ 그 밖에 대통령령으로 정하는 아동학대예방사업과 관련된 업무

보건복지부장관은 아동보호전문기관의 업무 실적에 대하여 3년마다 성과평가를 실시하여야 하고(법 제47조 제1항), 성과평가 및 평가결과의 활용 등에 필요한 사항은 대통령령으로 정한다(법 제47조 제2항).

(3) 아동학대의 예방과 방지의무

국가와 지방자치단체는 아동학대의 예방과 방지를 위하여 다음의 조치를 취하여야 한다(법 제22조 제1항).

① 아동학대의 예방과 방지를 위한 각종 정책의 수립 및 시행
② 아동학대의 예방과 방지를 위한 연구 · 교육 · 홍보 및 아동학대 실태조사
③ 아동학대에 관한 신고체제의 구축 · 운영
④ 피해아동의 보호와 치료 및 피해아동의 가정에 대한 지원
⑤ 그 밖에 대통령령으로 정하는 아동학대의 예방과 방지를 위한 사항

국가와 지방자치단체는 아동학대를 예방하고 수시로 신고를 받을 수 있도록 긴급전화를 설치하여야 한다. 이 경우 그 설치 · 운영 등에 필요한 사항은 대통령령으로 정한다(법 제22조 제2항).

(4) 피해아동 등에 대한 신분조회 등 조치

아동보호전문기관의 장은 피해아동의 보호, 치료 등을 수행함에 있어서 피해아동, 그 보호자 또는 아동학대행위자에 대한 다음 각 호의 조치를 관계 중앙행정기관의 장, 시 · 도지사 또는 시장 · 군수 · 구청장에게 협조 요청할 수 있으며, 요청을 받은 관계

중앙행정기관의 장, 시 · 도지사 또는 시장 · 군수 · 구청장은 정당한 사유가 없으면 이에 따라야 한다(법 제22조의2).

① 「출입국관리법」에 따른 외국인등록 사실증명의 열람 및 발급
② 「가족관계의 등록 등에 관한 법률」 제15조 제1항 제1호부터 제4호까지에 따른 증명서의 발급
③ 「주민등록법」에 따른 주민등록표 등본 · 초본의 열람 및 발급
④ 「국민기초생활보장법」에 따른 수급자 여부의 확인
⑤ 「장애인복지법」에 따른 장애인등록증의 열람 및 발급

(5) 아동학대 신고의무자의 교육

관계 중앙행정기관의 장은 「아동학대범죄의 처벌 등에 관한 특례법」 제10조 제2항 각 호의 어느 하나에 해당하는 사람(이하 "아동학대 신고의무자"라 한다)의 자격 취득 과정이나 보수교육 과정에 아동학대 예방 및 신고의무와 관련된 교육 내용을 포함하도록 하여야 한다(법 제26조 제1항). 관계 중앙행정기관의 장 및 시 · 도지사는 아동학대 신고의무자에게 본인이 아동학대 신고의무자라는 사실을 고지할 수 있고, 아동학대 예방 및 신고의무와 관련한 교육(이하 이 조에서 "신고의무 교육"이라 한다)을 실시할 수 있다(법 제26조 제2항).

아동학대 신고의무자가 소속된 다음 각 호의 기관의 장은 소속 아동학대 신고의무자에게 신고의무 교육을 실시하고, 그 결과를 관계 중앙행정기관의 장에게 제출하여야 한다(법 제26조 제3항).

① 「영유아보육법」에 따른 어린이집
② 「유아교육법」에 따른 유치원
③ 「초 · 중등교육법」에 따른 학교
④ 그 밖에 대통령령으로 정하는 기관

제1항부터 제3항까지에 따른 교육 내용 · 시간 및 방법 등 그 밖에 필요한 사항은 대통령령으로 정한다(법 제26조 제4항).

(6) 아동학대 등의 통보

사법경찰관리는 아동 사망 및 상해사건, 가정폭력 사건 등에 관한 직무를 행하는 경우 아동학대가 있었다고 의심할 만한 사유가 있는 때에는 아동보호전문기관에 그 사실을 통보하여야 한다(법 제27조의2 제1항). 사법경찰관 또는 보호관찰관은 「아동학대범죄의 처벌 등에 관한 특례법」 제14조 제1항에 따라 임시조치의 청구를 신청하였을 때에는 아동보호전문기관에 그 사실을 통보하여야 한다(법 제27조의2 제2항). 제1항 및 제2항의 통보를 받은 아동보호전문기관은 피해아동 보호조치 등 필요한 조치를 하여야 한다(법 제27조의2 제3항).

(7) 피해아동 응급조치에 대한 거부금지

「아동학대범죄의 처벌 등에 관한 특례법」 제12조 제1항 제3호 또는 제4호에 따라 사법경찰관리 또는 아동보호전문기관의 직원이 피해아동을 인도하는 경우에는 아동학대 관련 보호시설이나 의료기관은 정당한 사유 없이 이를 거부하여서는 아니 된다(법 제27조의3).

(8) 사후관리 등

아동보호전문기관의 장은 아동학대가 종료된 이후에도 가정방문, 전화상담 등을 통하여 아동학대의 재발 여부를 확인하여야 한다(법 제28조 제1항). 아동보호전문기관의 장은 아동학대가 종료된 이후에도 아동학대의 재발 방지 등을 위하여 필요하다고 인정하는 경우 피해아동 및 보호자를 포함한 피해아동의 가족에게 필요한 지원을 제공할 수 있다(법 제28조 제2항).

(9) 아동학대정보시스템

보건복지부장관은 아동학대 관련 정보를 공유하고 아동학대를 예방하기 위하여 대통령령으로 정하는 바에 따라 아동학대정보시스템을 구축·운영하여야 한다(법 제28조의2 제1항).

보건복지부장관은 피해아동, 그 가족 및 학대행위자에 관한 정보와 아동학대예방사업에 관한 정보를 제1항에 따른 아동학대정보시스템에 입력·관리하여야 한다. 이 경우 보건복지부장관은 관계 중앙행정기관의 장, 시·도지사, 시장·군수·구청장, 아동보호전문기관 등에 필요한 자료를 요청할 수 있다(법 제28조의2 제2항).

보건복지부장관은 중앙아동보호전문기관에게 제1항에 따른 아동학대정보시스템 운영을 위탁할 수 있다(법 제28조의2 제3항).

(10) 피해아동 및 그 가족 등에 대한 지원

아동보호전문기관의 장은 아동의 안전 확보와 재학대 방지, 건전한 가정기능의 유지 등을 위하여 피해아동 및 보호자를 포함한 피해아동의 가족에게 상담, 교육 및 의료적 · 심리적 치료 등의 필요한 지원을 제공하여야 한다(법 제29조 제1항). 그리고 보호자를 포함한 피해아동의 가족은 아동보호전문기관이 제1항에 따라 제공하는 지원에 성실하게 참여하여야 한다(법 제29조 제3항). 아동보호전문기관의 장은 지원 여부의 결정 및 지원의 제공 등 모든 과정에서 피해아동의 이익을 최우선으로 고려하여야 한다(법 제29조 제4항).

(11) 아동학대예방의 날 등

아동의 건강한 성장을 도모하고, 범국민적으로 아동학대의 예방과 방지에 관한 관심을 높이기 위하여 매년 11월 19일을 아동학대예방의 날로 지정하고, 아동학대예방의 날부터 1주일을 아동학대예방주간으로 한다(법 제23조 제1항). 국가와 지방자치단체는 아동학대예방의 날의 취지에 맞는 행사와 홍보를 실시하도록 노력하여야 한다(법 제23조 제2항).

보건복지부장관은 아동학대의 예방과 방지, 위반행위자의 계도를 위한 교육 등에 관한 홍보영상을 제작하여 「방송법」 제2조 제23호의 방송편성책임자에게 배포하여야 한다(법 제24조 제1항).

10) 가정위탁지원센터의 설치 등

국가는 가정위탁사업을 활성화하고 지역간 연계체계를 구축하기 위하여 중앙가정위탁지원센터를 두고, 지방자치단체는 보호대상아동에 대한 가정위탁사업을 활성화하기 위하여 시 · 도 및 시 · 군 · 구에 지역가정위탁지원센터를 둔다(법 제48조 제1항, 제2항). 보건복지부장관, 시 · 도지사 및 시장 · 군수 · 구청장은 가정위탁지원을 목적으로 하는 비영리법인을 지정하여 중앙가정위탁지원센터 및 지역가정위탁지원센터의 운영을 위탁할 수 있다(법 제48조 제4항).

11) 금지행위

누구든지 다음 각 호의 어느 하나에 해당하는 행위를 하여서는 아니 된다(법 제17조).

① 아동을 매매하는 행위
② 아동에게 음행을 시키거나 음행을 매개하는 행위 또는 아동에게 성적 수치심을 주는 성희롱 등의 성적 학대행위
③ 아동의 신체에 손상을 주거나 신체의 건강 및 발달을 해치는 신체적 학대행위
④ 아동의 정신건강 및 발달에 해를 끼치는 정서적 학대행위
⑤ 자신의 보호 · 감독을 받는 아동을 유기하거나 의식주를 포함한 기본적 보호 · 양육 · 치료 및 교육을 소홀히 하는 방임행위
⑥ 장애를 가진 아동을 공중에 관람시키는 행위
⑦ 아동에게 구걸을 시키거나 아동을 이용하여 구걸하는 행위
⑧ 공중의 오락 또는 흥행을 목적으로 아동의 건강 또는 안전에 유해한 곡예를 시키는 행위 또는 이를 위하여 아동을 제3자에게 인도하는 행위
⑨ 정당한 권한을 가진 알선기관 외의 자가 아동의 양육을 알선하고 금품을 취득하거나 금품을 요구 또는 약속하는 행위
⑩ 아동을 위하여 증여 또는 급여된 금품을 그 목적 외의 용도에 사용하는 행위

12) 재정

(1) 비용의 보조 및 보조금의 반환명령

국가 또는 지방자치단체는 대통령령으로 정하는 바에 따라 다음의 어느 하나에 해당하는 비용의 전부 또는 일부를 보조할 수 있다(법 제59조).

① 아동복지시설의 설치 및 운영과 프로그램의 운용에 필요한 비용 또는 수탁보호 중인 아동의 양육 및 보호관리에 필요한 비용
② 보호대상아동의 대리양육이나 가정위탁보호에 따른 비용
③ 아동복지사업의 지도 · 감독 · 계몽 · 선전에 필요한 비용
④ 아동복지전담기관의 설치 · 운영에 소요되는 비용
4의2. 제26조에 따른 신고의무 교육에 소요되는 비용

⑤ 제37조에 따른 취약계층 아동에 대한 통합서비스지원에 필요한 비용
⑥ 제38조에 따른 보호대상아동의 자립지원에 필요한 비용
⑦ 제42조에 따른 자산형성 지원사업에 필요한 비용
⑧ 제58조에 따른 아동복지단체의 지도 · 육성에 필요한 비용
⑨ 가정위탁지원센터의 설치 등

그러나 국가 또는 지방자치단체는 아동복지시설의 장 등 보호수탁자, 가정위탁지원센터의 장, 대리양육자 및 아동복지 단체의 장이 다음의 어느 하나에 해당한 경우에는 이미 교부한 보조금의 전부 또는 일부의 반환을 명할 수 있다(법 제61조).

① 보조금의 교부조건을 위반한 경우
② 거짓이나 그 밖의 부정한 방법으로 보조금의 교부를 받은 경우
③ 아동복지전담기관 또는 아동복지시설의 경영에 관하여 개인의 영리를 도모하는 행위를 한 경우
④ 보조금의 사용잔액이 있는 경우
⑤ 이 법 또는 이 법에 따른 명령을 위반한 경우

(2) 비용의 징수

시 · 도지사, 시장 · 군수 · 구청장 또는 아동복지시설의 장은 아동의 보호를 희망하는 사람에게 가정위탁, 아동복지시설 입소, 전문치료기관 또는 요양소에 입원 또는 입소시키는 것 등의 보호조치 또는 아동일시보호시설 입소와 예방차원의 적절한 조치에 필요한 비용의 전부 또는 일부를 대통령령으로 정하는 바에 따라 각각 그 본인 또는 그 부양의무자로부터 징수할 수 있다(법 제60조). 이 조항은 종래의 요보호아동 중심의 선별적 아동복지서비스에서 사회적 변화와 가족의 기능약화 등의 영향으로 아동복지에 대한 욕구가 보편화 · 다양화 · 고도화해 가는 현대사회에서 모든 아동으로 아동복지서비스를 확대해 가기 위해서는 수익자부담에 의한 비용징수가 불가피하기 때문이다. 그러나 비용징수의 형평성을 기하기 위해서는 예를 들어 소득세 기준 등과 같은 정교한 비용징수 프로그램이 필요하다.

13) 기타

(1) 어린이날 및 어린이주간

어린이에 대한 사랑과 보호의 정신을 높임으로써 이들을 옳고 아름답고 슬기로우며 씩씩하게 자라나도록 하기 위하여 매년 5월 5일을 어린이날로 하며, 5월 1일부터 5월 7일까지를 어린이주간으로 한다(법 제6조).

(2) 아동안전에 대한 교육

아동복지시설의 장, 「영유아보육법」에 따른 어린이집의 원장, 「유아교육법」에 따른 유치원의 원장 및 「초 · 중등교육법」에 따른 학교의 장은 교육대상 아동의 연령을 고려하여 대통령령으로 정하는 바에 따라 매년 다음의 사항에 관한 교육계획을 수립하여 교육을 실시하여야 한다(법 제31조 제1항).

① 성폭력 및 아동학대 예방
② 실종 · 유괴의 예방과 방지
③ 약물의 오남용 예방
④ 재난대비 안전
⑤ 교통안전

그리고 아동복지시설의 장, 「영유아보육법」에 따른 어린이집의 원장은 교육계획 및 교육실시 결과를 관할 시장 · 군수 · 구청장에게 매년 1회 보고하여야 한다(법 제31조 제2항).

(3) 아동안전 보호인력의 배치 등과 야간 긴급보호소 지정 및 운영

국가와 지방자치단체는 실종 및 유괴 등 아동에 대한 범죄의 예방을 위하여 순찰활동 및 아동지도 업무 등을 수행하는 아동안전 보호인력을 배치 · 활용할 수 있다(법 제33조 제1항). 제1항에 따라 순찰활동 및 아동지도 업무 등을 수행하는 아동안전 보호인력은 그 권한을 표시하는 증표를 지니고 이를 관계인에게 내보여야 한다(법 제33조 제2항). 또한 경찰청장은 유괴 등의 위험에 처한 아동을 보호하기 위하여 아동긴급보호소를 지정 · 운영할 수 있다(법 제34조 제2항).

(4) 취약계층 아동에 대한 통합지원서비스

국가와 지방자치단체는 아동의 건강한 성장과 발달을 도모하기 위하여 대통령령으로 정하는 바에 따라 아동의 성장 및 복지 여건이 취약한 가정을 선정하여 그 가정의 지원대상아동과 가족을 대상으로 보건, 복지, 보호, 교육, 치료 등을 종합적으로 지원하는 통합서비스를 실시한다(법 제37조 제1항).

(5) 아동복지단체의 육성

국가 및 지방자치단체는 아동복지단체를 지도 · 육성할 수 있다(법 제58조).

제2절 영유아보육법

[시행 2015. 1. 1.] [법률 제12619호, 2014. 5. 20., 일부개정]

1. 법의 의의

아동은 가정에서 양육되어야 한다. 가정에서의 아동양육은 사회적 통념이며 이는 「민법」과 「아동복지법」에도 규정되어 있다. 즉, 이들 법률에서 아동의 보호자는 아동을 가정 안에서 그의 성장시기에 맞추어 건강하고 안전하게 양육하여야 한다고 말하고 있다.

그러나 보호자의 일 또는 질병 등의 사유로 가정에서 충분히 양육을 받지 못하는 아동이 많이 있으며, 경제 · 사회구조의 급변, 도시화, 노동하는 기혼여성의 증가, 핵가족화 등이 진행되면서 가정에서 아동양육이 곤란한 상황도 크게 증가하고 있다(小玉 武俊 外, 1989: 15-17).

산업혁명 이후 유럽 각국은 그와 같은 처지에 있는 아동과 기혼여성의 문제를 해결하기 위해 자선사업 측면에서 일하는 저소득층 여성의 자녀를 시설에 수용하여 보호해 왔다. 이와 같이 아동을 가정에서 정상적으로 보호하기 어려운 경우 시설에서 부모가 아닌 다른 사람이 일정 시간 동안 그 아동에게 보호를 제공하는 것이 탁아사업이다. 따라서 보육사업의 시초는 탁아사업이었다고 말할 수 있다.

원래 보육이란 '보호양육'을 축약한 용어로 보육시설에서 돌보는(care) 기능을 일컫는 말이었다. 그런데 현대의 보육은 보호자에 의해 보호 · 양육되어야 하는 아동이 부모의 직장과 질병 등의 문제로 가정양육이 곤란한 경우에 사회적으로 양육을 보장한다는 의미를 갖고 있다. 이같이 사회적 양육을 보장하면서 아동의 바람직한 성장·발달을 추구해야 하기 때문에, 대상아동의 교육은 보육의 범위에 들어간다고 볼 수 있다. 따라서 '탁아'라는 용어보다는 보호·양육하고 교육을 시킨다는 두 가지 의미를 가진 '보육'이라는 용어가 널리 쓰이게 된 것이다(신섭중 외, 2001: 483-484).

우리나라도 산업화가 진행되면서 이에 따른 도시화, 핵가족화라는 사회의 구조적 변화를 단기간에 겪게 되었고, 산업화 진전에 따른 노동력 수요의 급증은 여성의 노동시장 참가를 요구하게 되었으며, 특히 기혼여성 취업이 급속하게 증대되게 되었다. 취업한 기혼여성 중에서도 자녀가 있는 저소득 기혼여성은 가사와 노동 그리고 자녀양육을 동시에 수행해야 하는 어려운 상황에 있고, 이들 자녀의 많은 수가 자신의 가정에서 건전한 사회화가 어려운 환경에 처해 있다고 볼 수 있다.

그 결과, 기혼여성의 현저한 취업증가와 함께 아동의 보육문제는 심각한 사회문제로 등장하였고, 여기서 여성과 아동의 복지증진책임이 사회적 공동책임이라는 인식에서 보육권 보장문제가 제기된 것이다. 이러한 제도적 필요에 의해 아동복지법과 사회복지사업법의 특별법으로서 1991년 1월 14일 「영육아보육법」이 제정되었고, 이 법률을 토대로 영육아보육시설의 설립촉진과 영유아보육의 체계가 확립되었다.

2. 입법배경 및 연혁

우리나라는 1960년대 이후 고도경제성장이 계속되면서 기혼여성 취업자 수가 지속적으로 늘어남에 따라 탁아욕구가 급격하게 증가하였다. 이에 1978년 보건사회부는 '탁아시설 운영방안'을 발표하는데, 이에 따르면, 기존의 요보호아동이 아닌 일반가정의 아동도 탁아시설을 유료로 이용할 수 있게 되었다. 원래 탁아는 도시지역에 있는 저소득층과 빈곤층 아동을 보호해 주기 위해 등장하였지만, 이들을 포함한 일반가정 아동도 탁아시설 이용 할 수 있도록 확대되면서 탁아시설은 중산층도 비용을 내고 이용할 수 있는 시설로 전환되었다.

1980년대에 들어 20여 년간에 걸친 지속적인 고도경제성장으로 우리 사회는 산업사회로 전환되었고, 이에 따른 산업사회 노동수요의 증가로 취업하는 기혼여성도 크게 늘어나게 되었다. 일하는 기혼여성이 늘어나면서 가정양육의 공백으로 방치되고 있는 저소득층 아동과 농촌지역 아동의 문제가 심각한 사회문제로 대두되었다. 그 결과, 영유아를 보호양육하면서 교육을 제공하는 보육의 필요성은 더욱 커지게 되었다. 이 같은 배경하에 정부는 1981년 「유아교육진흥법」을 제정하였다. 이 법은 교육기능과 탁아기능을 통합하려는 정책적 목적으로 제정되었고 이 법이 실시되면서 새마을 유아원이 많이 증설되었다.

그러나 정부정책에 따른 새마을 유아원의 증설 또한 문제를 안고 있었다. 무엇보다도 새마을 유아원에서 보육을 제공하는 시간이 짧아서 저소득 맞벌이가족의 아동은 보육시간 이외에는 보호를 받을 수 없었던 것이다.

이러한 문제를 해결하기 위해 도시빈민 · 공단지역을 중심으로 그리고 보육의 필요성을 절실하게 느끼는 여성들이 비영리 민간탁아소를 만들었다. 이 비영리 민간탁아소에서는 저소득층 부부가 일 나가서 집에 돌아오는 시간에 맞추어 아동의 보호와 교육을 제공하였다. 이 탁아소 교사들이 1987년 지역사회탁아소연합회를 결성하게 되는데, 지역사회탁아소 연합회는 어린이가 보호를 받을 수 있는 권리를 실현하고, 정부가 적극적으로 탁아정책에 개입하는 방향으로 아동복지정책을 확립을 할 것을 요구하였다(신섭중 외, 2001: 485-486).

이에 정부는 1989년 9월 19일 아동복지법시행령 개정으로 탁아시설에 관한 법적 근거를 부활시켰고, 1990년 1월 9일 탁아 관련 시행규칙의 개정과 1990년 1월 15일의 보사부훈령에 의한 탁아시설 설치 · 운영규정을 제정함으로써 탁아시설 추진계획을 마련하였다.

이 계획은 지역사회탁아소 연합회가 요구하는 것과는 격차가 너무 컸기 때문에, 지역사회탁아소 연합회는 아동복지법시행령을 거부하고 독립적인 탁아입법의 제정을 촉구하였다. 지역사회탁아소연합회뿐만 아니라 여성계 · 유아교육계 · 사회복지계에서도 탁아입법을 제정하자는 움직임이 있었고, 비영리 민간탁아소를 이용하는 부모 역시 탁아입법의 제정을 요청하였다.

이 과정에서 지역사회탁아소 연합회와 여성단체 등은 저소득층 탁아비용에 대한 정부 재정지원, 미인가 소규모 비영리 탁아시설에 대한 배려, 200인 이상 여성근로자 사업장들은 직장탁아시설 의무대상 사업체로 확대할 것 등을 구체적으로 주장하면서 입법반영을 요구하였다(장동일, 2001: 502-503).

탁아욕구를 충족할 수 있는 현행법으로 「아동복지법」이 있었지만, 사회복지시설은 국가 또는 지방자치단체와 사회복지법인, 기타 비영리법인만의 설립 · 운영을 제한한 사회복지사업법 규정 때문에 급증하고 있는 탁아욕구에 대응할 수 없었다. 뿐만 아니라 그 당시의 보육사업은 명칭과 관련법이 다양하였으며 관장부처 또한 다원화되어 있었기에 체계적이고 효율적인 보육사업의 추진에 많은 문제가 있다고 지적되었다.

이와 같은 사회적 압력에 부응하여 정부는 1991년 1월 14일 법률 제4328호로 「영유아보육법」을 제정·공포하였다. 1991년에 「영유아보육법」이 제정되고 난 이후에 보육시설의 수가 크게 늘어났으며, 보육에 대한 국민의 인식도 변화되었다. 1991년에 제정된 영유아보육법은 1997년 12월 24일에 처음으로 개정되었다.

그 후 보육에 관심을 가진 시민단체의 제안 등의 영향으로 「영유아보육법」은 1999년 2월 8일 2차로 개정되었다. 「국민기초생활보장법」이 제정되면서 「영유아보육법」 제17조 제1항 및 제21조 중 '생활보호법에 의한 보호대상자' 를 '국민기초생활보장법에 의한 수급자' 로 1997년 9월 7일 용어개정을 하였고, 정부조직법이 개정됨에 따라 2001년 1월 29일 「영유아보육법」 제19조 제1항 중 '교육부장관' 을 '교육인적자원부장관' 으로 바꾸었다. 또한 여성의 사회참여증가, 가족구조의 변화 등으로 영유아보육에 대한 수요가 증가하면서 보육시설 종사자 자격기준을 강화하고, 영유아보육시설의 설치·운영을 신고제에서 인가제로 전환하는 등 영유아보육에 대한 공공성을 강화하였다. 당시 개정안의 주요 내용으로는 보육정책의 기본방향에 관한 심의와 관계부처 간 의견조정을 위하여 국무총리하에 보육정책조정위원회를 두고, 보육에 관한 정책·사업·보육지도 등의 심의를 위하여 보건복지부에 중앙보육정책위원회를, 시·도 및 시·군·구에 지방보육정책위원회를 두도록 하였다.

2004년 3월 11일에는 정부조직법 개정으로 영유아보육의 업무가 여성가족부로 이관됨으로써 「영유아보육법」도 부분개정되었다. 2004년 12월 31일 농어촌지역의 인구 고령화와 아동인구감소 등에 따른 보육시설 설치의 어려움 그리고 농어촌 지역의 영유아가 도시지역 영유아에 비하여 체계적으로 보육되지 못하고 있는 실정을 감안, 보육시설 설치기준 및 보육시설 종사자의 배치기준을 농어촌지역은 완화하여 적용받을 수 있도록 일부개정을 하였다.

또한 2005년 12월 29일 개정에서는 보육시설의 자율성과 투명성을 높이기 위해 취약보육 우선 실시의무 보육시설과 대통령령이 정하는 보육시설은 보육시설운영위원회를 의무적으로 설치하도록 했다. 그리고 이동권 제한을 받는 장애인 부모의 자녀에 대해서는 소득수준과 상관없이 장애 정도에 따라 보육시설 우선 이용권을 부여하고 보육시설의 장 또는 보육교사의 명의대여나 자격증 대여 금지를 위해 보육시설의 장은 대통령령이 정하는 자격을 가진 자로서 여성가족부장관이 검정·수여하는 자격증을 받은 자로 규정하였다.

이후 대체교사 인건비에 대한 국가 또는 지방자치단체의 비용보조의 근거를 마련함으로써 보육현장에서 실질적으로 대체교사를 원활히 채용하여 보육서비스의 질을 유지할 수 있도록 하고, 영아 또는 장애아를 전담하는 보육시설이 충분히 설치·운영되지 않고 있는 현실을 감안, 영아 또는 장애아의 피해를 최소화하는 등 현행 제도의 운영상 나타난 일부 미비점을 개선·보완하려는 목적에서 2007년 7월 27일 동법 일부를 개정하였다. 2007년 10월 17일 동법 일부개정은 어려운 용어를 쉬운 용어로 바꾸어 국민이 법 문장을 이해하기 쉽도록 정비하였으며, 이어서 영유아 보육시설의 원활한 공급을 위하여 지방자치단체가 각종 개발·정비·조성계획을 수립할 경우에 보육시설 또는 보육시설용지를 확보하도록 하는 근거를 마련하는 등의 일부개정을 2008년 1월 17일에 하였다. 또한 이명박 정부 출범에 의한 정부조직법 개정에 따라 보건복지가족부를 보건복지부로 변경하는 등의 개정이 2008년 2월 29일에 이루어졌다.

2008년 12월 19일에는 보육시설 미이용 아동의 양육비를 지원하기 위한 양육수당 제도, 보육시설 이용부모의 편의를 증진하고 보육행정을 효율화하기 위한 보육서비스 이용권 제도 및 보육시설 안전사고 예방과 보상의 제도화를 위한 보육시설 안전공제사업 제도의 도입근거를 마련하고, 보육비용 지원 대상자 선정에 필요한 신청, 조사, 금융정보 조회 등과 관련된 근거 규정을 마련하는 한편, 그 밖에 현행 제도의 운영상 나타난 일부 미비점을 개선·보완하려는 목적에서 「영유아보육법」의 일부를 개정하였는데, 이 개정사항은 2009년 7월 1일부터 시행되었다.

2011년 8월 4일 아동복지법을 전부개정하면서 어린이집 원장 또는 보육교사의 자격취소에 관한 조항 등 「영유아복지법」 일부가 개정되어 1년 후인 2012년 8월 5일부터 시행하고 있다.

2013년 3월 23일 개정에서는 정부 조직체계를 재설계하고, 국민생활 안전 관련 업무 기능을 강화하였으며, 각 행정기관 고유의 전문성을 강화하여 행정환경의 변화에 능동적으로 대처할 수 있도록 하기 위해서다.

2013년 6월 4일 개정에서는 현행의 보육정보센터를 육아종합지원센터로 변경하며, 부모와 보육·보건전문가가 직접 어린이집의 보육환경을 모니터링하고 컨설팅할 수 있도록 부모모니터링단을 설치하고, 종일제 보육서비스를 이용하지 않는 영유아에 대하여 일시보육 서비스를 지원하는 한편, 어린이집의 보육료 등 운영과 관련된 정보를 공시하도록 하여 시설 운영의 투명성을 높이고, 고의·상습적으로 법 위반행위를 하는 어린이집 및 원장·보육교사의 명단을 공표하고, 어린이집 원장의 자격정지 요건을 법으로 상향하여 그 요건을 명확히 하고자 하였다.

2013년 8월 13일 개정에서는 「아동복지법」 제17조에 따른 금지행위를 하여 벌금형 이상의 형을 선고받고 그 집행이 종료된 후 일정기간이 지나지 아니한 자에게는 어린이집의 설치 · 운영 및 어린이집에서의 근무를 하지 못하도록 하여 아동학대를 예방하고, 아동학대로 처벌 받은 자가 어린이집에 근무하려는 경우 아동학대 방지를 위한 교육을 명하도록 하여 재범가능성을 줄이는 한편, 어린이집에서 보육료 외의 필요경비를 받는 경우 그 수납액 결정에 관한 사항은 어린이집운영위원회에서 심의하도록 하며, 보육과정 외에 특별활동프로그램을 실시할 경우 대체 프로그램을 마련하여 합리적인 특별활동 운영과 보호자의 양육비용 경감을 도모하려는 것이다.

2014년 1월 23일 개정에서는 부모들이 일과 가족생활의 균형 문제와 경제적인 어려움에서 벗어나 안심하고 자녀를 출산할 수 있도록 영유아의 보육을 국가가 담당하도록 함으로써 보육에 관한 국민의 부담을 줄여 저출산 문제를 해결하는 한편, 보건복지부장관으로 하여금 적정 보육서비스 제공에 필요한 어린이집 표준보육비용 등을 조사하도록 하고, 그 결과를 바탕으로 무상보육 실시에 드는 비용을 정할 수 있도록 하여 보육서비스의 질을 개선할 수 있는 지속적인 체계를 마련하려는 것이다.

2014년 5월 20일 개정에서는 저출산에 따른 인구감소로 노동공급의 축소, 특히 숙련기술자의 부족 및 기업의 생산성 저하 문제를 해결하기 위해 일정규모 이상의 사업장으로 하여금 직장어린이집을 의무로 설치 · 운영하도록 하고 있으며, 어린이집을 설치할 수 없을 때에는 지역의 어린이집에 위탁하거나 근로자에게 보육수당을 지급하도록 하고 있으나, 직장어린이집 설치 · 운영 의무의 이행실태를 살펴보면 직접 설치 · 운영하고 있는 비율이 적어 이들 대체수단의 정비가 필요한 실정이므로, 보육수당의 지원에 관한 규정을 삭제하여 시설을 확충하도록 유도하는 등 관련 제도를 정비하는 한편, 의무 미이행 사업장에 대해 이행강제금 등을 부과할 수 있도록 하였다.

2015년 5월 18일 어린이집의 폐쇄회로 텔레비전(CCTV) 설치를 의무화하고, 아동학대자에 대한 제재 및 보육교직원의 자격기준을 강화할 뿐 아니라, 보육교직원의 보수교육에 이들의 인성함양 과목을 추가하여 아동학대범죄의 재발을 막고 이에 대한 경각심을 높이려는 것이다.

한편, 보육교직원의 처우개선을 위해 육아종합지원센터에 상담전문요원과 보조교사 및 대체교사를 배치하고, 위법행위 고발자에 대한 불이익조치를 금하도록 하였다.

또한 어린이집 원장 및 보육교사의 보수교육에 재난대비 안전 등 종합안전교육의 내용뿐만 아니라 장기 해외 체류아동의 경우 양육수당 지원을 정지하도록 의무화하였으며, 보육비용 신청과 관련하여 서면고지 방식 이외에 다른 방식으로도 고지가 가능하도록 하였다.

2015년 5월 18일 개정에서는 노령화 및 만성질환 증가 등 변화하는 보건의료 환경 및 주민의 건강에 대한 욕구에 효과적으로 대응하기 위하여 보건소의 기능을 건강 증진 및 질병 예방 · 관리에 적합하도록 재정비하고, 지역보건의료업무에 필요한 각종 자료 및 정보의 처리와 기록 · 관리 업무의 효율화를 위하여 구축 · 운영되고 있는 지역보건의료정보시스템의 법적 근거를 명확히 하였다.

■ 영유아보육법 연혁

1991년 1월 14일 영유아보육법 제정
1997년 12월 24일 동법 일차 개정
1999년 2월 8일 동법 이차 개정
2004년 3월 11일 정부조직법 개정에 따른 동법 개정
2005년 12월 29일 동법 일부개정
2007년 7월 27일 동법 일부개정
2008년 1월 17일 동법 일부개정
2008년 2월 29일 정부조직법 개정에 따른 동법 개정
2008년 12월 19일 동법 일부개정－양육수당, 보육서비스 이용권 제도 등
2011년 8월 4일 동법 일부개정
2011년 12월 31일 동법 일부개정
2013년 1월 23일 동법 일부개정－무상보육
2013년 1월 23일 동법 일부개정－무상교육
2013년 3월 23일 정부조직법에 따른 동법 개정
2013년 8월 6일 지방세외 수입금의 징수 등에 관한 법률에 따른 동법 개정
2013년 8월 13일 동법 일부개정
2014년 1월 4일 공공주택건설 등에 관한 특별법 일부개정
2014년 5월 20일 동법 일부개정
2014년 5월 28일 동법 일부개정
2015년 5월 18일 지역보건법과 동법 일부개정

3. 법의 내용

1) 법의 목적

이 법은 영유아의 심신을 보호하고 건전하게 교육하여 건강한 사회 구성원으로 육성함과 아울러 보호자의 경제적 · 사회적 활동이 원활하게 이루어지도록 함으로써 영유아 및 가정의 복지 증진에 이바지함을 목적으로 한다(법 제1조).

2) 용어의 정의

이 법에서 사용하는 용어에 대한 정의는 다음과 같다(법 제2조).

① 영유아: 6세 미만의 취학 전 아동을 말한다.
② 보육아: 영유아를 건강하고 안전하게 보호 · 양육하고 영유아의 발달특성에 맞는 교육을 제공하는 어린이집 및 가정양육 지원에 관한 사회복지서비스를 말한다.
③ 어린이집: 보호자의 위탁을 받아 영유아를 보육하는 기관을 말한다.
④ 보호자: 친권자 · 후견인, 그 밖의 자로서 영유아를 사실상 보호하고 있는 자를 말한다.
⑤ 보육교직원: 어린이집 영유아의 보육, 건강관리 및 보호자와의 상담, 그 밖에 어린이집의 관리 · 운영 등의 업무를 담당하는 자로서 어린이집의 원장 및 보육교사와 그 밖의 직원을 말한다.

3) 영유아보육의 책임주체와 대상자

모든 국민은 영유아를 건전하게 보육할 책임이 있고, 국가와 지방자치단체는 보호자와 더불어 영유아를 건전하게 보육할 책임을 지며, 이에 필요한 재원을 안정적으로 확보하도록 노력하여야 한다. 나아가 특별자치도지사 · 시장 · 군수 · 구청장은 영유아의 보육을 위한 적절한 어린이집을 확보하여야 한다(법 제4조 제3항)고 보육에 필요한 어린이집 확보책임을 기초자치단체장에게 부여하고 있다. 모든 국민의 영유아 보육책임은 동법상 선언적 의미가 포함되어 있지만, 국가나 지방자치단체는 국공립어린이집을 설치 · 운영하여야 하고(법 제12조), 특별자치도지사 · 시장 · 군수 · 구청장은 국공립어린이집 외의 어린이집의 설치인가(법 제13조) 책임을 지고 있다.

어린이집의 이용대상은 보육이 필요한 영유아를 원칙으로 하지만, 필요한 경우 어린이집의 원장은 만 12세까지 연장하여 보육할 수 있다(법 제27조).

국가나 지방자치단체, 사회복지법인, 그 밖의 비영리법인이 설치한 어린이집과 대통령령으로 정하는 어린이집의 원장은 다음의 어느 하나에 해당하는 자가 우선적으로 어린이집을 이용할 수 있도록 하여야 한다. 다만, 고용정책 기본법 제40조 제2항에 따라 고용촉진시설의 설치 · 운영을 위탁받은 공공단체 또는 비영리법인이 설치 · 운영하는 어린이집의 원장은 근로자의 자녀가 우선적으로 어린이집을 이용하게 할 수 있다(법 제28조 제1항).

① 「국민기초생활보장법」에 따른 수급자
② 「한부모가족지원법」 제5조에 따른 보호대상자의 자녀
③ 「국민기초생활보장법」 제24조에 따른 차상위계층의 자녀
④ 「장애인복지법」 제2조에 따른 장애인 중 보건복지부령으로 정하는 장애등급 이상에 해당하는 자의 자녀
⑤ 「다문화가족지원법」 제2조 제1호에 따른 다문화가족의 자녀
⑥ 그 밖에 소득수준 등을 고려하여 보건복지부령으로 정하는 자의 자녀

또한 사업주는 사업장 근로자의 자녀가 우선적으로 직장어린이집을 이용할 수 있도록 하여야 한다(법 제28조 제2항). 그리고 국가나 지방자치단체는 「국민기초생활보장법」에 따른 수급자와 보건복지부령으로 정하는 일정소득 이하 가구의 자녀 등의 보육에 필요한 비용의 전부 또는 일부를 부담하여야 한다(법 제34조 제1항)고 규정하여 취약계층의 보육비용 부담경감을 제도적으로 뒷받침하고 있다.

4) 보육실태조사

보건복지부장관은 이 법의 적절한 시행을 위하여 보육실태조사를 3년마다 하여야 한다(법 제9조 제1항). 이에 따른 보육실태조사의 방법과 내용 등에 필요한 사항은 보건복지부령으로 정한다(법 제9조 제2항).

5) 영유아보육의 행정기관

(1) 영유아보육의 실시기관

영유아보육의 실시기관은 원칙적으로 국가 또는 지방자치단체가 된다. 국가와 지방자치단체는 보호자와 더불어 영유아를 건전하게 보육할 책임을 지며, 이에 필요한 재원을 안정적으로 확보하도록 노력하여야 한다(법 제4조 제2항). 보육에 관한 각종 정책·사업·보육지도 및 어린이집 평가인증사항 등을 심의하기 위하여 보건복지부에 중앙보육정책위원회를, 특별시·광역시·도·특별자치도 및 시·군·구에 지방보육정책위원회를 둔다(법 제6조 제1항). 그리고 보육정책에 관한 관계부처 간의 의견을 조정하기 위하여 국무총리 소속으로 보육정책조정위원회를 둔다(법 제5조 제1항). 또한 국가와 지방자치단체는 국공립어린이집을 설치·운영하여야 하며, 이 경우 국공립어린이집은 제11조의 보육계획에 따라 도시 저소득주민 밀집 주거지역 및 농어촌지역 등 취약지역에 우선적으로 설치하여야 한다(법 제12조). 나아가 국가나 지방자치단체는 대통령령으로 정하는 바에 따라 제10조에 따른 어린이집의 설치, 보육교사의 인건비, 초과보육에 드는 비용 등 운영 경비 또는 지방보육정보센터의 설치·운영, 보육교직원의 복지 증진, 취약보육의 실시 등 보육사업에 드는 비용의 전부 또는 일부를 보조(법 제36조)하는 등의 책임을 수행토록 하고 있다.

(2) 영유아보육 정책위원회

보육정책위원회의 설치와 구성은 다음과 같다.

보육에 관한 각종 정책·사업·보육지도 및 어린이집 평가인증사항 등을 심의하기 위하여 보건복지부에 중앙보육정책위원회를, 특별시·광역시·도·특별자치도 및 시·군·구에 지방보육정책위원회를 둔다. 다만, 지방보육정책위원회는 그 기능을 담당하기에 적합한 다른 위원회가 있고 그 위원회의 위원이 제2항에 따른 자격을 갖춘 경우에는 시·도 또는 시·군·구의 조례로 정하는 바에 따라 그 위원회가 지방보육정책위원회의 기능을 대신할 수 있다(법 제6조 제1항). 중앙보육정책위원회와 지방보육정책위원회의 위원은 보육전문가, 어린이집의 원장 및 보육교사 대표, 보호자 대표 또는 공익을 대표하는 자, 관계 공무원 등으로 구성한다(법 제6조 제2항).

(3) 육아종합지원센터

1 설치 · 운영 및 기능

영유아에게 제26조의2에 따른 일시보육 서비스를 제공하거나 보육에 관한 정보의 수집 · 제공 및 상담을 위하여 보건복지부장관은 중앙육아종합지원센터를, 특별시장 · 광역시장 · 특별자치시장 · 도지사 · 특별자치도지사 및 시장 · 군수 · 구청장은 지방보육정보센터를 설치 · 운영하여야 한다. 이 경우 필요하다고 인정하는 경우에는 영아 · 장애아 보육 등에 관한 육아종합지원센터를 별도로 설치 · 운영할 수 있다(법 제7조 제1항). 육아종합지원센터의 설치 · 운영 및 기능, 육아종합지원센터의 장과 보육전문요원의 자격 및 직무 등에 필요한 사항은 대통령령으로 정한다(법 제7조 제4항). 중앙육아종합지원센터와 지방육아보육지원센터는 다음의 기능을 수행한다(령 제13조 제1항).

① 일시보육 서비스의 제공
② 보육에 관한 정보의 수집 및 제공
③ 보육 프로그램 및 교재 · 교구(教具)의 제공 또는 대여
④ 보육교직원에 대한 상담 및 구인 · 구직 정보의 제공
⑤ 어린이집 설치 · 운영 등에 관한 상담 및 컨설팅
⑥ 장애아 보육 등 취약보육(脆弱保育)에 대한 정보의 제공
⑦ 부모에 대한 상담 · 교육
⑧ 영유아의 체험 및 놀이공간 제공
⑨ 영유아 부모 및 보육교직원에 대한 영유아 학대 예방 교육
⑩ 그 밖에 어린이집 운영 및 가정양육 지원 등에 관하여 필요한 사항

중앙육아종합지원센터는 지방육아종합지원센터의 업무를 지원하고, 지방육아종합지원센터는 관할지역의 어린이집과 보육 수요자에 대하여 지역 특성에 기초한 서비스를 제공하여야 한다(령 제13조 제2항).

2 보육전문요원의 자격과 직무

중앙육아종합지원센터와 지방육아종합지원센터(이하 "육아종합지원센터"라 한다)에는 육아종합지원센터의 장과 보육에 관한 정보를 제공하는 보육전문요원 및 보육교직원의 정서적 · 심리적 상담 등의 업무를 하는 상담전문요원 등을 둔다(법 제7조 제2항).

보육전문요원은 육아종합지원센터의 업무를 수행하고 육아종합지원센터의 장이 부득이한 사유로 직무를 수행할 수 없는 때에는 선임 보육전문요원이 육아종합지원센터 장의 직무를 대행한다(령 제15조 제2항).

보육전문요원은 다음의 어느 하나에 해당하는 자격을 가진 사람으로 한다(령 제15조 제1항).

① 보육교사 1급 자격을 가진 사람
② 사회복지사 1급 자격을 취득한 이후 보육업무에 3년 이상 종사한 경력이 있는 사람

(4) 보육시설 연합회의 설립과 업무

보육사업의 원활한 추진과 어린이집의 균형적인 발전, 어린이집 간의 정보 교류 및 상호협조 증진을 위하여 어린이집연합회를 설립할 수 있다(법 제53조 제1항). 보육시설 연합회는 다음의 업무를 행한다(시행규칙 제41조 제3항).

① 보육에 관한 자료수집 및 홍보
② 영유아의 권익보호
③ 보육교직원의 복리증진
④ 그 밖에 어린이집 간의 국제교류 등 연합회의 목적달성에 필요한 사항

(5) 국공립어린이집의 설치 등

[1] 국공립어린이집의 설치

국가나 지방자치단체는 국공립어린이집을 설치 · 운영하여야 한다. 이 경우 국공립어린이집은 보육계획에 따라 도시 저소득주민 밀집주거지역 및 농어촌지역 등 취약지역에 우선적으로 설치하여야 한다(법 제12조). 국공립어린이집 외의 어린이집을 설치 · 운영하려는 자는 특별자치도지사 · 시장 · 군수 · 구청장의 인가를 받아야 한다. 인가받은 사항 중 중요 사항을 변경하려는 경우에도 또한 같다(법 제13조 제1항).

법 제14조 제1항에 따라 사업주가 직장어린이집을 설치하여야 하는 사업장은 상시 여성근로자 300인 이상 또는 상시근로자 500인 이상을 고용하고 있는 사업장으로 한다(령 제20조 제1항). 제1항 및 제2항에 따른 사업장 외의 사업주는 필요한 경우에는

사업장 근로자의 자녀를 보육하기 위한 직장어린이집을 설치하거나 보육수당을 지급할 수 있다(령 제20조 제5항). 그 외에도 직장어린이집을 설치하거나, 지역의 어린이집과 위탁계약을 맺은 사업주는 그 어린이집의 운영 및 수탁 보육 중인 영유아의 보육에 필요한 비용의 100분의 50 이상을 부담하여야 한다(령 제25조).

2 어린이집의 종류

어린이집의 종류는 다음과 같다(법 제10조).

① 국공립어린이집: 국가 또는 지방자치단체가 설치 · 운영하는 어린이집
② 사회복지법인어린이집: 사회복지사업법에 따른 사회복지법인(이하 "사회복지법인" 이라 한다)이 설치 · 운영하는 어린이집
③ 법인 · 단체 등 어린이집: 각종 법인(사회복지법인을 제외한 비영리법인)이나 단체 등이 설치 · 운영하는 어린이집으로서 대통령령으로 정하는 어린이집
④ 직장어린이집: 사업주가 사업장의 근로자를 위하여 설치 · 운영하는 어린이집(국가 또는 지방자치단체의 장이 소속공무원을 위하여 설치 · 운영하는 어린이집을 포함한다)
⑤ 가정어린이집: 개인이 가정 또는 그에 준하는 곳에 설치 · 운영하는 어린이집
⑥ 부모협동어린이집: 보호자들이 조합을 결성하여 설치 · 운영하는 어린이집
⑦ 민간어린이집: ①부터 ⑥까지의 규정에 해당하지 아니하는 어린이집

3 어린이집의 감독

① 어린이집의 폐지 · 휴지 및 재개 등의 신고: 미리 특별자치도지사 · 시장 · 군수 · 구청장에게 신고하여야 한다. 인가된 어린이집을 폐지하거나 일정기간 운영을 중단하거나 운영을 재개하려는 자는 보건복지부령으로 정하는 바에 따라 미리 특별자치도지사 · 시장 · 군수 · 구청장에게 신고하여야 한다(법 제43조 제1항). 어린이집의 원장은 어린이집이 폐지되거나 일정기간 운영이 중단되는 경우에는 보건복지부령으로 정하는 바에 따라 그 어린이집에서 보육 중인 영유아가 다른 어린이집으로 옮길 수 있도록 하는 등 영유아의 권익을 보호하기 위한 조치를 취하여야 한다(법 제43조 제2항).

② 어린이집의 폐쇄: 보건복지부장관, 시 · 도지사 및 시장 · 군수 · 구청장은 어린이집을 설치 · 운영하는 자가 다음의 어느 하나에 해당하면 1년 이내의 어린이집 운

영정지를 명하거나 어린이집의 폐쇄를 명할 수 있다(법 제45조 제1항).

㉠ 거짓이나 그 밖의 부정한 방법으로 보조금을 교부받거나 보조금을 유용한 경우

㉡ 비용 또는 보조금의 반환명령을 받고 이를 반환하지 아니한 경우

㉢ 시정 또는 변경명령을 위반한 경우

③ 청문: 보건복지부장관, 시 · 도지사 및 시장 · 군수 · 구청장은 제45조부터 제48조까지의 행정처분을 하려면 청문을 하여야 한다(법 제49조).

4 어린이집의 종사자

① 보육교직원의 배치: 어린이집에는 보육교직원을 두어야 한다(법 제17조 제1항). 어린이집에는 보육교사의 업무 부담을 경감할 수 있도록 보조교사 등을 둔다. 휴가 또는 보수교육 등으로 보육교사의 업무에 공백이 생기는 경우에는 이를 대체할 수 있는 대체교사를 배치한다(법 제17조 제2항, 제3항). 보육교직원 및 그 밖의 인력의 배치기준 등에 필요한 사항은 보건복지부령으로 정한다(법 제17조 제4항). 어린이집의 원장은 어린이집을 총괄하고 보육교사와 그 밖의 직원을 지도 · 감독하며 영유아를 보육한다(법 제18조 제1항). 보육교사는 영유아를 보육하고 어린이집의 원장이 불가피한 사유로 직무를 수행할 수 없을 때에는 그 직무를 대행한다(법 제18조 제1항). 특별자치도지사 · 시장 · 군수 · 구청장은 보육교직원의 권익 보장과 근로여건 개선을 위하여 보육교직원의 임면과 경력 등에 관한 사항을 관리하여야 하고(법 제19조 제1항), 어린이집의 원장은 보건복지부령이 정하는 바에 따라 보육교직원의 임면에 관한 사항을 특별자치도지사 · 시장 · 군수 · 구청장에게 보고하여야 한다(법 제19조 제2항).

② 어린이집의 원장은 대통령령으로 정하는 자격을 가진 제자로서 보건복지부장관이 검정 · 수여하는 자격증을 받은 자이어야 한다(법 제21조 제1항). 보육교사는 다음의 어느 하나에 해당하는 자로서 보건복지부장관이 검정 · 수여하는 자격증을 받은 자이어야 한다(법 제21조 제2항).

㉠ 고등교육법에 따른 학교에서 보건복지부령으로 정하는 보육 관련 교과목과 학점을 이수하고 전문학사학위 이상을 취득한 사람

㉡ 고등교육법에 따른 학교를 졸업한 사람과 같은 수준 이상의 학력이 있다고 인정된 사람으로서 보건복지부령으로 정하는 보육 관련 교과목과 학점을 이수하고 전문학사학위 이상을 취득한 사람

㉢ 고등학교 또는 이와 같은 수준 이상의 학교를 졸업한 자로서 시 · 도지사가 지

정한 교육훈련시설에서 소정의 교육과정을 이수한 사람

▶ 보육교사의 등급은 1 · 2 · 3급으로 하고, 등급별 자격기준은 대통령령으로 정한다(법 제21조 제3항).

③ 보수교육: 보건복지부장관은 어린이집 원장의 자질 향상을 위한 보수교육을 실시하여야 하고(법 제23조 제1항), 이에 따른 보수교육은 사전직무교육과 직무교육으로 구분한다(법 제23조 제2항). 보수교육의 기간 · 방법 · 내용 등에 필요한 사항은 보건복지부령으로 정한다(법 제23조 제4항). 또한 보건복지부장관은 보육교사의 자질 향상을 위한 보수교육을 실시하여야 하며, 이에 따른 보수교육은 직무교육과 승급교육으로 구분한다(법 제23조의2 제1항).

④ 경력인정: 어린이집에 근무하는 자 중 「유아교육법」에 따른 유치원 교원의 자격을 가진 자에 대하여는 어린이집에서의 근무경력을 「유아교육법」에 따른 교육경력으로 인정하고(법 제50조 제1항), 유치원(방과후 과정 수업과정을 운영하고 있는 유치원을 말한다)에 근무하는 자 중 이 법에 따른 보육교사의 자격을 가진 자에 대하여는 유치원에서의 근무경력을 이 법에 따른 보육경력으로 인정한다(법 제50조 제2항).

6) 어린이집의 운영 등

(1) 운영

어린이집을 설치 · 운영하는 자는 보건복지부령이 정하는 운영기준에 따라 어린이집을 운영하여야 한다(법 제24조 제1항). 국가나 지방자치단체는 국공립어린이집을 법인 · 단체 또는 개인에게 위탁하여 운영할 수 있다. 이 경우 최초 위탁은 보건복지부령으로 정하는 국공립어린이집 위탁제 선정관리 기준에 따라 심의하며, 다음의 어느 하나에 해당하는 자에게 위탁하는 경우를 제외하고는 공개경쟁의 방법에 따른다(법 제24조 제2항).

① 민간어린이집을 국가 또는 지방자치단체에 기부채납하여 국공립어린이집으로 전환하는 경우 기부채납 전에 그 어린이집을 설치 · 운영한 자

② 국공립어린이집 설치 시 해당 부지 또는 건물을 국가 또는 지방자치단체에 기부채납하거나 무상으로 사용하게 한 자

③ 「주택법」에 따라 설치된 민간어린이집을 국공립어린이집으로 전환하는 경우 전환하기 전에 그 어린이집을 설치·운영한 자

직장어린이집을 설치한 사업주는 이를 법인·단체 또는 개인에게 위탁하여 운영할 수 있다(법 제24조 제3항).

(2) 어린이집 이용대상

1 이용대상

어린이집의 이용대상은 보육이 필요한 영유아를 원칙으로 한다. 다만, 필요한 경우 어린이집 원장은 만 12세까지 연장하여 보육할 수 있다(법 제27조).

2 보육의 우선 제공

국가나 지방자치단체, 사회복지법인 그 밖의 비영리법인이 설치한 어린이집과 대통령령으로 정하는 어린이집의 원장은 다음의 어느 하나에 해당하는 자가 우선적으로 어린이집을 이용할 수 있도록 하여야 한다. 다만, 고용정책기본법에 따라 고용촉진시설의 설치·운영을 위탁받은 공공단체 또는 비영리법인이 설치·운영하는 어린이집의 원장은 근로자의 자녀가 우선적으로 어린이집을 이용하게 할 수 있다(법 제28조 제1항).

① 「국민기초생활보장법」에 따른 수급자
② 「한부모가족지원법」에 따른 보호대상자의 자녀
③ 「국민기초생활보장법」에 따른 차상위계층의 자녀
④ 「장애인복지법」에 따른 장애인 중 보건복지부령으로 정하는 장애등급 이상에 해당하는 자의 자녀
⑤ 「다문화가족지원법」 따른 다문화가족의 자녀
⑥ 그 밖에 소득수준 등을 고려하여 보건복지부령이 정하는 자의 자녀

3 어린이집운영위원회의 설치·운영

어린이집의 원장은 어린이집 운영의 자율성과 투명성을 높이고 지역사회와의 연계를 강화하여 지역 실정과 특성에 맞는 보육을 실시할 수 있도록 하기 위하여 어린이집

에 어린이집운영위원회를 설치 · 운영할 수 있다. 다만 취약 보육을 우선적으로 실시하여야 하는 어린이집과 대통령령이 정하는 어린이집은 어린이집운영위원회를 설치 · 운영하여야 한다(법 제25조 제1항).

어린이집운영위원회는 그 어린이집의 원장, 보육교사 대표, 학부모 대표 및 지역사회인사(직장어린이집의 경우에는 그 직장의 어린이집 업무 담당자로 한다)로 구성하고(법 제25조 제2항), 어린이집의 원장은 어린이집운영위원회의 위원정수를 5명 이상 10명 이내의 범위에서 어린이집의 규모 등을 고려하여 정할 수 있다(법 제25조 제3항). 어린이집운영위원회는 다음의 사항을 심의한다(법 제25조 제4항).

① 어린이집 운영규정의 제정이나 개정에 관한 사항
② 어린이집 예산 및 결산의 보고에 관한 사항
③ 영유아의 건강 · 영양 및 안전에 관한 사항
④ 보육시간, 보육과정의 운영방법 등 어린이집의 운영에 관한 사항
⑤ 보육교직원의 근무환경 개선에 관한 사항
⑥ 영유아의 보육환경 개선에 관한 사항
⑦ 어린이집과 지역사회의 협력에 관한 사항
⑧ 보육료 외의 필요경비를 받는 경우 제38조에 따른 범위에서 그 수납액 결정에 관한 사항
⑨ 그 밖에 어린이집 운영에 대한 제안 및 건의사항

그 밖에 어린이집운영위원회의 설치 운영에 관하여 필요한 사항은 보건복지부령으로 정한다(법 제25조 제5항).

4 취약보육의 우선실시 등

국가나 지방자치단체, 사회복지법인, 그 밖의 비영리법인이 설치한 어린이집과 대통령령으로 정하는 어린이집의 원장은 영아 · 장애아 · 다문화가족지원법에 따른 다문화가족의 아동 등에 대한 보육(이하 "취약보육"이라 한다)을 우선적으로 실시하여야 한다(법 제26조 제1항). 보건복지부장관, 시 · 도지사 및 시장 · 군수 · 구청장은 취약보육을 활성화하는 데에 필요한 각종 시책을 수립 · 시행하여야 한다(법 제26조 제2항). 취약보육의 종류와 실시 등에 필요한 사항은 보건복지부령으로 정한다(법 제26조 제3항). 이 시행령에 따른 취약보육은 다음의 보육을 포함한다(시행규칙 제28조 제1항).

① 영아 보육: 만 3세 미만의 영아를 대상으로 보육서비스를 제공하는 것
② 장애아 보육: 장애인복지법에 따라 장애인으로 등록된 영유아 등에게 보육서비스를 제공하는 것
③ 다문화아동 보육: 다문화가족지원법에 따른 다문화가족의 영유아 등에게 보육서비스를 제공하는 것
④ 시간연장형 보육: 기준 보육시간 외에 시간을 연장하여 보육서비스를 제공하는 것

취약보육의 정원책정 등 취약보육에 대한 구체적인 사항은 보건복지부장관이 정한다(시행규칙 제2항).

5 보육과정

보육과정은 영유아의 신체 · 정서 · 언어 · 사회성 및 인지적 발달을 도모할 수 있는 내용을 포함하여야 한다(법 제29조 제1항). 보건복지부장관은 표준보육과정을 개발 · 보급하여야 하며 필요하면 그 내용을 검토하여 수정 · 보완하여야 한다(법 제29조 제2항). 어린이집의 원장은 표준보육과정에 따라 영유아를 보육하도록 노력하여야 한다(법 제29조 제3항). 보육과정의 구체적인 내용은 보건복지부령으로 정한다(법 제29조 제4항).

6 어린이집 평가인증

보건복지부장관은 보육서비스의 질적 수준을 향상시키기 위하여 어린이집 설치 · 운영자의 신청에 따라 어린이집의 보육환경, 보육과정 운영 및 보육인력의 전문성 등을 평가하여 해당 어린이집에 대한 평가인증을 실시할 수 있다(법 제30조 제1항). 보건복지부장관은 평가인증을 받으려는 어린이집 설치 · 운영자에게 보건복지부령으로 정하는 바에 따라 평가인증에 필요한 비용을 받을 수 있다(법 제30조 제2항). 보건복지부장관은 평가인증의 결과에 따라 보육사업 실시에 필요한 지원을 할 수 있다(법 제30조 제3항). 보건복지부장관은 평가인증에 따른 어린이집 평가인증의 결과를 보건복지부령으로 정하는 바에 따라 공표할 수 있다(법 제30조 제4항, 2013. 8. 5. 시행). 보건복지부장관은 평가인증을 받은 어린이집의 설치 · 운영자가 다음의 어느 하나에 해당하는 경우에는 그 평가인증을 취소할 수 있다. 다만, ①에 해당하는 경우에는 그 인증을 취소하여야 한다(법 제30조 제5항).

① 거짓이나 그 밖의 부정한 방법으로 평가인증을 받은 경우
② 어린이집의 설치 · 운영자가 이 법을 위반하여 금고 이상의 형을 선고받고 그 형이 확정된 경우
③ 보조금의 반환명령을 받았거나, 행정처분을 받은 경우(시정명령을 받은 경우는 제외한다)
④ 그 밖에 평가인증을 유지하기 어렵다고 인정되는 경우로서 보건복지부령으로 정하는 경우

평가인증에 관한 업무를 위탁받은 공공 또는 민간 기관 · 단체는 납부받은 수수료를 보건복지부장관의 승인을 받아 평가인증에 필요한 경비에 직접 충당할 수 있다(법 제30조 제6항). 이에 따른 어린이집 평가인증의 실시 및 유효기간 등에 필요한 사항은 보건복지부령으로 정한다(법 제30조 제7항).

7 건강 · 영양 및 안전

어린이집의 원장은 영유아와 보육교직원에 대하여 정기적으로 건강진단을 실시하는 등 건강관리를 하여야 하고(법 제31조 제1항), 영유아에게 질병 · 사고 또는 재해 등으로 인하여 위급상태가 발생한 경우 즉시 응급의료기관에 이송하여야 한다(법 제31조 제2항). 건강진단 등에 필요한 사항은 보건복지부령으로 정한다(법 제31조 제3항).

어린이집의 원장은 영유아에 대하여 최초로 보육을 실시한 날부터 30일 이내에 특별자치도지사 · 시장 · 군수 · 구청장 또는 영유아의 보호자로부터 감염병의 예방 및 관리에 관한 법률에 따라 특별자치도지사 · 시장 · 군수 · 구청장 또는 예방접종을 한 자가 발급한 예방접종증명서 또는 그 밖에 이에 준하는 증명자료를 제출받아 영유아의 예방접종에 관한 사실을 확인할 수 있다(법 제31조의3).

그리고 어린이집의 원장은 건강진단 결과 질병에 감염되었거나 감염될 우려가 있는 영유아에 대하여 그 보호자와 협의하여 질병의 치료와 예방에 필요한 조치를 하여야 하고(법 제32조) 영유아에게 보건복지부령으로 정하는 바에 따라 균형 있고 위생적이며 안전한 급식을 하여야 한다(법 제33조).

7) 비용

(1) 무상보육

국가와 지방자치단체는 영유아에 대한 보육을 무상으로 하되, 그 내용 및 범위는 대통령령으로 정한다(법 제34조 제1항). 국가와 지방자치단체는 장애아 및 「다문화가족지원법」 제2조 제1호에 따른 다문화가족의 자녀의 무상보육에 대하여는 대통령령으로 정하는 바에 따라 그 대상의 여건과 특성을 고려하여 지원할 수 있다. 제1항에 따른 무상보육 실시에 드는 비용은 대통령령으로 정하는 바에 따라 국가나 지방자치단체가 부담하거나 보조하여야 한다. 또한 보건복지부장관은 어린이집 표준보육비용 등을 조사하고 그 결과를 바탕으로 예산의 범위에서 관계 행정기관의 장과 협의하여 제3항에 따른 국가 및 지방자치단체가 부담하는 비용을 정할 수 있다(법 제34조 제2항, 제3항, 제4항). 국가와 지방자치단체는 자녀가 2명 이상인 경우에 대하여 추가적으로 지원할 수 있다. 그러나 제12조 후단에도 불구하고 국가와 지방자치단체는 제1항 및 제2항에 따른 무상보육을 받으려는 영유아와 장애아 및 다문화가족의 자녀를 보육하기 위하여 필요한 어린이집을 설치 · 운영하여야 한다(법 제34조 제5항, 제6항).

(2) 양육수당

국가와 지방자치단체는 어린이집이나 유아교육법에 따른 유치원을 이용하지 아니하는 영유아에 대하여 영유아의 연령과 보호자의 경제적 수준을 고려하여 양육에 필요한 비용을 지원할 수 있다(법 제34조의2 제1항). 제1항에 따른 영유아가 제26조의 2에 따른 일시보육 서비스를 이용하는 경우에도 그 영유아에 대하여는 제1항에 따른 양육에 필요한 비용을 지원할 수 있다(법 제34조의2 제2항). 이에 따른 비용 지원의 대상 · 기준 등에 대하여 필요한 사항은 대통령령으로 정한다(법 제34조의2 제2항).

(3) 보육서비스 이용권

국가와 지방자치단체는 비용 지원을 위하여 보육서비스 이용권(이하 "이용권" 이라 한다)을 영유아의 보호자에게 지급할 수 있다(법 제34조의3 제1항). 이용권의 지급 및 이용 절차 등에 관하여 필요한 사항은 보건복지부령으로 정한다(법 제34조의3 제3항).

(4) 무상보육의 특례

영유아(영유아인 장애아 및 「다문화가족지원법」 제2조 제1호에 따른 다문화가족의 자녀 중

영유아를 포함한다) 무상보육은 다음 각 호의 영유아를 대상으로 실시한다(령 제22조 제1항).

① 매년 1월 1일 현재 만 3세 이상인 영유아: 어린이집에서 법 제29조에 따른 보육과정 중 보건복지부장관과 교육부장관이 협의하여 정하는 공통의 보육 · 교육과정(이하 "공통과정"이라 한다)을 제공받는 경우. 다만, 1월 2일부터 3월 1일까지의 기간 중에 만 3세가 된 영유아로서 어린이집에서 공통과정을 제공받는 경우를 포함한다.

② 매년 1월 1일 현재 만 3세 미만인 영유아: 어린이집에서 법 제29조에 따른 보육과정(공통과정은 제외한다)을 제공받는 경우

③ 제1항에도 불구하고 법 제34조 제2항에 따라 장애아는 어린이집에서 법 제29조에 따른 보육과정을 제공받는 경우 만 12세까지 무상보육을 실시할 수 있다. 무상보육은 다음 각 호의 영유아를 대상으로 실시한다(령 제22조 제1항).

유아에 대한 무상보육 실시에 드는 비용은 예산의 범위에서 부담하되, 지방교육재정교부금법에 따른 보통교부금으로 부담한다(령 제23조 제1항). 영유아에 대한 무상보육 실시에 드는 비용은 보조금 관리에 관한 법률 시행령에 따른 영유아 보육사업에 대한 지원 비율에 따라 국가와 지방자치단체가 부담한다(령 제23조 제2항). 무상보육 실시 비용의 지원 방법 및 절차 등 구체적인 사항은 보건복지부장관이 정한다(령 제23조 제3항).

(5) 비용의 보조

① 비용의 보조 등: 국가나 지방자치단체는 대통령령으로 정하는 바에 따라 어린이집의 설치, 보육교사(대체교사를 포함한다)의 인건비, 초과보육에 드는 비용 등 운영 경비 또는 지방보육정보센터의 설치 · 운영, 보육교직원의 복지 증진, 취약보육의 실시 등 보육사업에 드는 비용의 전부 또는 일부를 보조한다(법 제36조).

국가 또는 지방자치단체는 예산의 범위에서 다음의 비용의 전부 또는 일부를 보조한다(령 제24조 제1항).

㉠ 어린이집의 설치, 증 · 개축 및 개 · 보수비

㉡ 보육교사 인건비

㉢ 교재 · 교구비

㉣ 지방보육정보센터의 설치 · 운영비

ⓜ 보수교육 등 직원 교육훈련 비용

ⓑ 장애아보육 등 취약보육 실시비용

ⓢ 그 밖에 차량운영비 등 보건복지부장관 또는 해당 지방자치단체의 장이 어린이집 운영에 필요하다고 인정하는 비용

▶ 비용의 지원방법 등에 관하여 필요한 사항은 보건복지부장관 또는 해당 지방자치단체의 장이 정한다(령 제24조 제2항).

② 사업주의 비용부담: 어린이집을 설치한 사업주는 대통령령이 정하는 바에 따라 그 어린이집의 운영과 보육에 필요한 비용의 전부 또는 일부를 부담하여야 한다(법 제37조). 그리고 직장어린이집을 설치(둘 이상의 사업주가 공동으로 직장어린이집을 설치하는 경우를 포함한다)하거나 지역의 어린이집과 위탁계약을 맺은 사업주는 그 어린이집의 운영 및 수탁 보육 중인 영유아의 보육에 필요한 비용의 100분의 50 이상을 보조하여야 한다(령 제25조).

③ 보육료 등의 수납: 어린이집을 설치 · 운영하는 자는 그 어린이집의 소재지를 관할하는 시 · 도지사가 정하는 범위에서 그 어린이집을 이용하는 자로부터 보육료 그 밖의 필요경비 등을 수납할 수 있다. 다만, 시 · 도지사는 필요시 어린이집 유형과 지역적 여건을 고려하여 그 기준을 다르게 정할 수 있다(법 제38조).

④ 세제 지원: 사업주가 직장어린이집을 설치 · 운영하거나 보육수당을 지급하는 데에 드는 비용과 보호자가 영유아의 보육을 위하여 지출한 보육료 그 밖의 보육에 드는 비용에 관하여는 「조세특례제한법」에서 정하는 바에 따라 조세를 감면한다(법 제39조 제1항). 그리고 직장어린이집을 제외한 어린이집의 운영비에 대하여도 「조세특례제한법」에서 정하는 바에 따라 조세를 감면한다(법 제39조 제2항).

⑤ 비용 및 보조금의 반환명령: 국가나 지방자치단체는 어린이집의 설치 · 운영자, 보육정보센터의 장, 보수교육 위탁실시자 등이 다음의 어느 하나에 해당하는 경우에는 이미 교부한 비용과 보조금의 전부 또는 일부의 반환을 명할 수 있다(법 제40조).

㉠ 어린이집운영이 정지 · 폐쇄 또는 취소된 경우

㉡ 사업 목적 외의 용도에 보조금을 사용한 경우

㉢ 거짓이나 그 밖의 부정한 방법으로 보조금을 교부받은 경우

㉣ 착오 또는 경미한 과실로 보조금을 교부받은 경우로서 보건복지부령이 정하는 사유에 해당하는 경우

8) 기타

(1) 다른 법률과의 관계

이 법 시행 당시 다른 법령에서 종전의 「영유아보육법」의 규정을 인용한 경우에는 이 법중 그에 해당하는 규정이 있는 때에는 종전의 규정에 갈음하여 이 법의 해당 조항을 인용한 것으로 본다(법 부칙 제8조).

(2) 권한의 위임과 업무의 위탁

① 권한의 위임: 보건복지부장관 또는 시 · 도지사의 권한은 대통령령으로 정하는 바에 따라 그 일부를 시 · 도지사 또는 시장 · 군수 · 구청장에게 위임할 수 있다(법 제51조).

② 업무의 위탁: 보건복지부장관, 시 · 도지사 또는 시장 · 군수 · 구청장은 대통령령으로 정하는 바에 따라 다음에 해당하는 업무를 공공기관 또는 민간기관 · 단체 등에 위탁할 수 있다(제51조의2 제1항).

㉠ 육아종합지원센터의 운영업무

㉡ 어린이집의 원장 또는 보육교사의 자격 검정 및 보육자격증 교부 등에 관한 업무

㉢ 보수교육의 실시 업무

㉣ 어린이집 평가인증에 관한 업무

㉤ 이용권에 관한 업무

보건복지부장관, 시 · 도지사 또는 시장 · 군수 · 구청장은 업무를 위탁한 경우에는 예산의 범위에서 그에 필요한 비용을 보조할 수 있다(법 제51조의2 제2항).

(3) 벌칙 및 양벌규정

금융실명거래 및 비밀보장에 관한 법률과 신용정보의 이용 및 보호에 관한 법률을 위반한 자는 5년 이하의 징역 또는 5천만 원 이하의 벌금에 처한다. 이 경우 징역형과 벌금형은 병과(倂科)할 수 있으며(법 제54조 제1항), 거짓이나 그 밖의 부정한 방법으로 보조금을 교부받거나 보조금을 유용한 자는 3년 이하의 징역 또는 3천만 원 이하의 벌금에 처한다(법 제54조 제2항).

제54조의 위반행위를 하면 그 행위자를 벌하는 외에 그 법인 또는 개인에게도 해당

조문의 벌금형을 과한다. 다만, 법인 또는 개인이 그 위반행위를 방지하기 위하여 해당 업무에 관하여 상당한 주의와 감독을 게을리하지 아니한 경우에는 그러하지 아니한다. 법인의 대표자나 법인 또는 개인의 대리인, 사용인, 그 밖의 종업원이 그 법인 또는 개인의 업무에 관하여 제54조의 위반행위를 하면 그 행위자를 벌하는 외에 그 법인 또는 개인에게도 해당 조문의 벌금형을 과한다. 다만, 법인 또는 개인이 그 위반행위를 방지하기 위하여 해당 업무에 관하여 상당한 주의와 감독을 게을리하지 아니한 경우에는 그러하지 아니하다(법 제55조).

제3절 노인복지법

[시행 2015. 7. 29.] [법률 제13102호, 2015. 1. 28., 일부개정]

1. 법의 의의

1960년대 이후 정부가 주도하는 경제개발 5개년계획의 추진이 궤도에 오르면서, 세계 유례없이 짧은 기간에 우리나라는 전통적 농업사회에서 현대산업사회로 전환되었다. 이같이 단기간의 우리나라 산업의 구조적 변화는 도시화, 핵가족화, 여성의 사회진출 증가, 저출산 · 인구고령화 등과 같은 사회구조의 급격한 변화를 동반하였고, 이같이 급격한 변화에 따라 국민의 의식과 가치관도 커다란 영향을 받게 되었다.

특히 산업화에 따른 경제성장에 힘입어 식생활과 주거환경의 향상, 보건 · 의료 등 제반 환경이 개선되면서 국민의 평균수명은 지속적으로 늘어났고, 이에 따라 우리나라의 인구고령화는 급속하게 진행되었다. 또한 산업화에 병행하는 도시화는 핵가족화를 촉진하였으며, 여성의 사회진출 증가 등의 요인이 출산자녀 수의 감소를 가져와 전체 국민 중에서 차지하는 노인인구 비율이 높아짐과 함께 노인인구는 절대적으로 증가하게 되었다. 이 같은 인구와 사회의 구조적 변화는 전통적으로 가족성원을 보호 · 부양해 왔던 가족의 기능약화로 이어졌고, 이에 따라 노인부양에 대한 의식과 가치관도 변화되지 않을 수 없었다.

그러므로 현대사회의 노인은 예전과 달리 확연하게 변한 사회환경 속에서 생활해야만 하고, 종전의 가족에 의한 사적 부양도 급격히 감퇴되면서 그들의 생활을 더욱 불안정하게 되었다. 또한 노인인구 증가에 따르는 빈곤, 질병, 노인학대 등 제반문제가 표출되면서 일반국민의 노인문제에 대한 관심은 지속적으로 높아 가고 있다.

사회문제로서 노인문제를 해결하기 위한 「노인복지법」 제정에 대한 관심은 1970년을 전후로 하여 나타났지만 여러 가지 사정으로 입법화되지 못하다가(현외성, 2008) 복지사회 건설을 구호로 내건 제5공화국에 들어선 1981년 6월 5일 「노인복지법」을 제정하기에 이르렀다. 이 법제정 이전에는 「생활보호법」에 근거하여 무의무탁한 빈곤노인에 국한된 공공부조의 선별적인 급부와 서비스가 전부였다고 할 수 있다.

그러나 사회환경의 급격한 변화, 가족기능의 약화, 노인부양에 대한 가치관의 변화 등을 배경으로 종전의 빈곤노인에 한정되었던 급부와 서비스제공만으로는 한계를 맞게 되면서 전체노인으로 확대되는 노인복지법의 입법을 하게 된 것이다. 또한 노인복지는 관련된 분야가 광범위하기 때문에 전체노인을 대상으로 하는 단일한 법률을 제정하여 가능한 한 종합적으로 체계화하여 강화 · 확충을 도모하는 것이 노인복지의 향상을 위해 극히 중요하다는 점을 감안하여 동법의 제정을 보게 된 것이다(小川政亮, 1973: 296-297).

2. 입법배경 및 연혁

1) 입법배경

우리나라에서 처음으로 「노인복지법」 제정을 주장한 것은 1960년대 후반 이현모의 노인복지법시안이다. 그 후 1969년 노인복지시설의 운영자인 이윤영이 '노령자복지법안' 을 국회에 청원하였다.

그러나 당시 국회에서는 노인문제를 사회적인 문제로 보지 않았고 노령자복지법안이 현실에 맞지 않다는 이유로 입법은 거부당했다. 그 후 1970년에는 윤인식 의원 외 11인이 노인복지법안을 국회에 제안한 바 있고, 1972년에는 보건사회부에서 전문 31개조 부칙으로 된 「노인복지법」을 기초하여 1973년 초에 법제처 심의에 돌린 바 있었지만 결실을 보지는 못하였다.

이와 같은 움직임에 자극을 받아 한국노인문제연구소에서도 노인복지법(안)을 작성하여 국회에 청원한 바 있다. 특히 한국노인문제연구소의 소장인 박재간은 1976, 1977, 1978년에 노인복지법안을 국회에 계속적으로 청원을 하였다.

1977년 10월에는 국회본회의에서 정우식 의원의 대정부 질문과 당시의 보건사회부 장관인 신현확 장관의 답변을 통해서 노인복지 법제화가 국회에서 공식적으로 논의되었고, 동년에 노인복지법제화 추진위원회가 발족되어서 노인복지법제화 추진협의회가 설립되었다. 이와 때를 같이하여 노인복지법제화의 필요성이 여러 신문 사설에서 강조되어 나타나기도 하였다. 또한 우리나라의 노년학계, 대한노인회 등에서도 기회가 있을 때마다 노인복지법의 입법화를 주장하였다.

이상과 같은 여론과 주장, 구체적인 건의 그리고 사회적인 변화 등을 반영하여 1981년 초 정부는 노인복지법안을 작성하여 동년 5월 국회에 제출, 1981년 6월 5일 법률을 제정하였다. 이듬해인 1982년 2월 17일에 동법 시행령이 대통령령으로 공포된 후 1982년 9월 20일에는 동법 시행규칙이 보건사회부령으로 제정되면서 제도적으로 시행되었다(김만두, 1991: 450-452).

우리나라 최초로 1981년 제정된 「노인복지법」의 주요 내용은 다음과 같이 요약할 수 있다.

① 국가 또는 지방자치단체는 매년 5월에 경로주간을 설정하여 경로효친의 사상을 앙양하도록 한다.
② 노인복지를 위한 상담 및 지도업무를 담당하기 위하여 시 · 군 · 구에서 노인복지 상담원을 둘 수 있도록 한다.
③ 65세 이상의 노인으로서 신체 · 정신 · 환경 및 경제적 이유로 거택에서 보호받기 곤란한 자를 노인복지시설에 입소시켜 보호하도록 한다.
④ 65세 이상의 노인에 대해 건강진단과 보건교육을 실시할 수 있도록 한다.
⑤ 70세 이상의 노인에 대하여는 국가 또는 지방자치단체의 수송시설 기타 공공시설 및 민간서비스 산업의 이용료를 무료 또는 할인 · 우대할 수 있도록 한다.
⑥ 노인에게 적합한 직종의 개발 보급과 근로능력이 있는 노인에게 일할 기회의 제공을 위한 노력을 규정한다.
⑦ 노인복지시설을 다양화하여 양로시설, 유료양로시설 및 노인복지센터 등으로 구분하고 양로시설 및 노인양로시설은 무료와 실비시설로 구분하도록 한다.

2) 연혁

1981년 노인복지법이 제정된 후 국가의 경제적 발전과 함께 인구 고령화는 급속하게 진행되고 있었으나, 현행법이 증가하는 노인의 당면한 현실적 욕구와 문제에 대처하지 못한다는 비판을 받으면서 대한노인회를 주축으로 한 노인복지법 개정운동이 전개되었다. 이 같은 움직임을 수렴하여 1989년 12월 30일 법률 4178호로 「노인복지법」은 전문개정을 보게 된다.

그 후 문민정부가 들어서면서 행정규제 완화와 복지선진국의 복지다원주의(welfare pluralism) 흐름의 영향을 받아 민간부문의 사회복지사업에 대한 참여촉진시책의 일환으로서 노인복지법을 1993년 12월 27일 개정하였다. 개정의 주요내용은 민간기업이나 개인도 시 · 도지사의 허가를 받아 유료노인복지시설을 설치할 수 있도록 하고, 세계적인 탈시설화 경향에 따라 시범사업으로 시작되었던 재가노인복지사업에 대한 법적 근거를 마련했다는 점 등을 들 수 있다.

한편, 민간모금운동 자율성을 보장하고 민간참여를 활성화하기 위하여 민간단체 주도의 공동모금사업을 목적으로 1997년 3월 27일 「사회복지공동모금법」이 제정됨에 따라 사회복지사업법의 일부가 개정되었다. 이어서 1997년 8월 22일에는 우리사회의 고령화 추세에 맞추어 「노인복지법」이 전문개정 되었다. 동법 전문개정의 이유는 인구의 고령화 추세에 따라 증가하고 있는 치매 등 만성퇴행성 노인질환에 더욱 효과적으로 대처하고, 노인생활 안정을 위하여 전국민연금이 실시되어도 연금적용대상에서 제외되는 65세 이상 노인 중 경제적 생활이 어려운 노인에 대한 국가의 적극적인 소득지원과 노인취업 활성화를 도모하며, 노인복지시설 이용 및 운영체계 개편 등을 통하여 노인보건복지증진을 도모하려는 것을 목적으로 하고 있다.

「노인복지법」의 제4차 개정은 1999년 2월 8일 이루어졌는데, 개정이유는 행정규제기본법에 의한 규제정비계획에 따라 노인복지시설에 대한 규제완화를 통하여 시설운영의 자율성을 높이고 경로연금의 운영상 나타난 일부 미비점을 개선 · 보완하려는 것이다.

2000년 우리나라가 고령화 사회로 진입하고 노인학대의 문제가 이슈로 제기되면서 2004년 1월 29일 「노인복지법」이 일부 개정되었다. 즉, 노인학대를 방지하고 학대받는 노인을 보호할 수 있도록 긴급전화 및 노인보호전문기관을 설치하도록 하고, 노인학대에 대한 신고의무와 조치사항을 규정하는 등 노인학대의 예방과 학대받는 노인의 보호를 위한 제도적 장치를 강화하려는 것이 동법 일부개정의 목적이다.

2005년 3월 31일에는 노인의료복지시설의 설치 폐지 등의 신고 등에 관한 관련된 시 · 도지사의 사무를 사회복지시설에 대한 현황파악이 용이하고 관련 업무를 신속히 처리할 수 있는 시 · 군 · 구청장에게 이양하여 동 업무를 효율적으로 수행하고 민원인의 편의를 도모하려는 목적에서 동법을 일부개정하였다. 이어서 2005년 7월 13일 「노인복지법」 일부개정은 평균수명의 증가에 따라 노인인구는 급격하게 증가하고 있으나 정년단축 및 조기퇴직 등으로 근로능력 있는 노인의 근로기회는 오히려 감소하고 있고 노인부양을 위한 공적 사적 부담이 증가하고 있기 때문에, 이를 해결하기 위하여 국가 또는 지방자치단체가 노인의 능력과 적성에 맞는 일자리의 개발 보급과 교육훈련 등을 전담할 기관을 설치 · 운영하거나 그 운영을 법인 단체 등에 위탁할 수 있도록 개정하였다.

2007년 1월 3일의 동법 일부개정은 매년 9월 21일을 치매극복의 날로 정하여 치매에 대한 사회적 인식을 제고하고, 치매상담센터를 시 · 군 · 구의 관할 보건소에 설치하여 노인이 쉽게 방문하여 상담하고 조기 검진할 수 있도록 하는 한편, 노인학대 문제의 심각성에 대한 국민의 인식을 높이기 위해 노인학대의 정의규정에 정서적 폭력을 추가하는 등의 내용으로 개정하였다. 이어서 생활이 어려운 노인에게 기초노령연금을 지급함으로써 노인의 생활안정을 지원하고 복지를 증진하려는 목적에서 2007년 4월 25일 「노인복지법」 일부를 개정하였다. 「기초노령연금법」은 지급대상, 노령연금액, 연금 수급권의 발생 · 소멸에 관한 확인 조사 및 질문, 기초노령연금 수급권의 상실 및 신고의무, 비용의 부담 등을 주 내용으로 한 것으로 2008년 1월 1일부터 실시되었다.

2007년 4월 노인장기요양보험법 제정에 따라, 이듬해 7월 1일부터 노인장기요양보험제도의 시행을 위한 기반구축 및 현행 노인복지제도의 일부 미비점을 개선 · 보완하려는 목적에서 2007년 8월 3일 법률 제8608호로 동법 일부개정이 이루어졌다.

2008년 2월 29일에는 이명박 정부 출범으로 기획예산처와 재정경제부를 통합하여 기획재정부를 신설하는 등 정부조직법 개정에 따라 「노인복지법」 일부를 개정하였고, 같은 해 3월 21일에는 국민이 법 문장을 이해하기 쉽게 동법을 정비하려는 목적에서 개정을 하였다.

2011년 6월 7일은 민간복지서비스 전달체계의 효율화를 위한 기능조정의 일환으로 노인전문병원을 의료법상의 요양병원으로 일원화하고, 노인복지시설로서의 기능과 역할이 미약한 노인휴양소를 폐지하고, 치매노인 등 실종노인을 위한 근거규정을 보완하는 한편 노인학대사례에 대한 관련법규를 강화하는 등을 목적으로 동법의 일부개정이 이루어졌다.

한편, 우리나라의 급속한 인구고령화로 치매인구가 증가하면서 2011년 8월 4일 치매관리법이 입법화되었다. 이에 따라 노인복지법에 규정된 치매극복의 날, 보건소 치매상담신고센터 등 치매 관련 조항이 삭제되면서 「노인복지법」은 개정되었다. 이어서 노인이 편안한 노후생활을 영위할 수 있도록 국가 또는 지방자치단체가 경로당에 대한 양곡구입비 및 냉난방 비용을 보조할 수 있도록 하고, 전기판매사업자 등으로 하여금 전기요금 등 공과금을 감면할 수 있도록 함으로써 경로당의 활성화를 도모하고 노인의 복지를 증진하려는 목적에서 2012년 2월 1일 동법은 다시 일부개정되었다.

2013년 6월 4일 「노인복지법」 일부개정은 노인에게 일자리를 제공하는 노인일자리 지원기관이 사회복지사업을 수행하고 있으므로 노인복지시설의 한 종류로 규정하여 사회복지시설로 인정받을 수 있는 법적 근거를 마련하고, 치매질환자를 「실종아동 등의 보호 및 지원에 관한 법률」에서 규율함에 따라 법률 간 상충문제를 해소하기 위하여 이 법에서 치매로 인한 실종 부분을 삭제하려는 것이 주 내용이다.

그 후 2015에 1월 28일 동법의 일부를 다시 개정하였는데, 그 주된 이유는 다음과 같다.

먼저 노인복지주택 입소자의 범위를 확대하여 입소자격이 있는 노인이 부양책임을 지고 있는 미성년 자녀 · 손자녀도 노인복지주택에 함께 입소하여 생활할 수 있도록 하였으며, 노인복지주택분양에 따른 문제점이 부각되면서 노인복지주택을 임대형으로만 설치 · 운영하도록 하여 분양형을 폐지하였다. 또한 노인학대현장 출동 시 노인보호전문기관과 수사기관 상호 간에 동행협조를 요청할 수 있는 근거규정을 신설하고 현장출동자에게 현장출입 및 관계인에 대한 조사 · 질문권을 부여하여 노인학대신고에 대한 효과적인 대응이 이루어지도록 했다.

■ 노인복지법 연혁

1981년 6월 5일	노인복지법 제정
1989년 12월 30일	동법 전부개정－가정봉사원, 노인복지대책위원회 등
1993년 12월 27일	동법 일부개정－재가노인복지사업의 3종류 등
1997년 8월 22일	동법 전부개정－경로연금 지급 등
1999년 2월 8일	동법 일부개정
2004년 1월 29일	동법 일부개정－노인학대 예방과 노인보호전문기관 등
2005년 3월 31일	동법 일부개정
2005년 7월 31일	동법 일부개정
2007년 1월 31일	동법 일부개정－치매극복의 날 등
2007년 4월 25일	동법 일부개정－기초노령연금 등
2007년 8월 3일	동법 일부개정－노인장기요양보험실시에 따른 노인복지시설개편 등
2011년 6월 7일	동법 일부개정－노인여가복지시설에 노인휴양소 폐지 등

2012년 2월 1일	동법 일부개정－경로당 양곡구입비 등 비용보조 외
2012년 10월 22일	동법 일부개정－노인학대 신고의무자 교육과정에 예방 및 신고의무와 관련된 내용의 포함 등
2013년 6월 4일	동법 일부개정－기존의 노인복지시설 종류 5종에 노인일자리지원기관을 추가하여 6종으로 지정하는 법적 근거 마련 등
2015년 1월 28일	동법 일부개정－노인이 부양책임을 지고 있는 미성년 자녀·손자녀도 함께 입소·생활할 수 있도록 노인복지주택 입소자 범위의 확대

3. 법의 내용

1) 법의 목적과 이념

「노인복지법」은 노인의 질환을 사전예방 또는 조기발견하고 질환상태에 따른 적절한 치료·요양으로 심신의 건강을 유지하고, 노후의 생활안정을 위하여 필요한 조치를 강구함으로써 노인의 보건복지증진에 기여함을 목적으로 한다(법 제1조). 이 법은 노인의 보건문제와 질병의 치료문제 그리고 생활안정문제를 노인문제의 핵심적 문제로 보고, 이에 필요한 조치를 강구함으로써 노인의 보건복지증진에 기여함을 목적으로 하고 있다. 이러한 목적을 달성하기 위하여 필요한 조치로서 "노인의 질환을 사전예방 또는 조기발견" 하기 위해 건강진단과 보건교육을 실시(법 제27조)하고, 노인사회참여의 지원(법 제23조) 및 지역봉사지도원 위촉 및 업무(법 제24조)를 규정하고 있다. 그리고 "심신의 건강유지와 생활안정" 을 위해서는 노인일자리전담기관의 설치·운영 등(법 제23조의2), 생업지원(법 제25조), 경로우대(법 제26조), 건강진단 등(법 제27조) 홀로 사는 노인에 대한 지원(법 제27조의2), 상담·입소 등의 조치(법 제28조), 노인재활요양사업(법 제30조) 등의 조치를 강구하도록 하고 있다.

「노인복지법」은 「아동복지법」과 「장애인복지법」과 다르게 노인정의에 대한 규정이 없기 때문에 사회통념으로 생각하는 수밖에 없지만, 동법의 중심적 조치라 할 수 있는 건강진단(법 제27조)과 시설의 상담·입소 등의 조치(법 제28조)가 원칙적으로 65세 이상을 대상으로 하고 있다는 점에서 이 법에서의 노인은 65세 이상으로 한정하고 있다고 볼 수 있다. 다만, 예외적으로 "65세 미만인 자에 대해서도 그 노쇠현상이 현저하여 특별히 보호할 필요가 있다고 인정할 때에는 상담 · 입소 등의 조치를 할 수 있다."(법 제28조 제2항)고 규정하고 있다.

건강진단과 시설입소 등의 조치대상을 원칙적으로 65세 이상으로 정한 이유는 주로 이 같은 국가의 위임사무를 전국적으로 균일하게 시행하려는 정책적 방침과 연관되어 있고, 건강진단 등에서 연령을 제한한 부분에서 볼 수 있듯이 결국은 재정적 이유에 의한 것으로 사료된다(小川政亮, 1973: 300-301).

「노인복지법」의 기본이념은 동법 제2조에 다음과 같이 규정하고 있다.

① 노인은 후손의 양육과 국가 및 사회의 발전에 기여하여 온 자로서 존경받으며 건전하고 안정된 생활을 보장받는다(법 제2조 제1항).
② 노인은 그 능력에 따라 적당한 일에 종사하고 사회적 활동에 참여할 기회를 보장받는다(법 제2조 제2항).
③ 노인은 노령에 따르는 심신의 변화를 지각하여 항상 심신의 건강을 유지하고 그 지식과 경험을 활용하여 사회발전에 기여하도록 노력하여야 한다(법 제2조 제3항)

「노인복지법」 제2조 제1항에서 동법의 기본적 이념으로 "노인은 후손의 양육과 국가 및 사회의 발전에 기여하여 온 자로서 존경받으며, 건전하고 안정된 생활을 보장받는 사람"으로 규정하여 우리나라의 미풍양속인 전통적 경로효친 사상을 「노인복지법」의 핵심 이념의 하나로 제시하고 있다. 이러한 이념에 기초하여 노인에 대한 사회적 관심과 공경의식을 높이기 위하여 매년 10월 2일을 노인의 날로, 매년 10월을 경로의 달로 한다(법 제6조 제1항)고 동법에 규정하고 있다. 이어서 부모에 대한 효 사상을 앙양하기 위하여 동법 제6조 제2항에 매년 5월 8일을 어버이날로 한다(법 제6조 제2항)고 규정함으로써 가족과 사회의 경로효친 사상의 유지 · 발전을 지향하고 있다.

제2조 제3항은 "노인은 노령에 따르는 심신의 변화를 지각하여 항상 심신의 건강을 유지하고 그 지식과 경험을 활용하여 사회발전에 기여하도록 노력하여야 한다."고 하여 노인자신에 의한 심신의 건강유지와 함께 그들의 지식과 경험을 활용하여 사회발전에 기여한다는 교훈적인 규정을 두고 있으며, 동조 제2항에서는 노인이 사회발전에 기여하도록 하기 위하여 사회는 "노인은 그 희망과 능력에 맞추어 적당한 일에 종사하는 기회, 사회적 활동에 참여하는 기회를 보장받는다."고 하여 노인의 일과 사회적 활동 기회 보장을 분명히 하고 있다. 즉, 동법 제2조는 노인자신의 지식과 경험을 활용하여

사회발전에 기여한다는 노인 자립생활에 대한 마음가짐을 정함과 동시에 국가와 사회는 노인의 사회활동에 대한 기회제공을 보장하는 등을 주내용으로 하는 기본적 이념을 밝히고 있다.

2) 법의 책임주체와 대상자

(1) 공적기관

국가와 지방자치단체는 노인의 보건 및 복지증진의 책임이 있으며, 이를 위한 시책을 강구하여 추진하여야 한다(법 제4조 제1항). 이는 상위법인 헌법 제34조와 일반법인 「사회복지사업법」 제4조에 규정된 국가의 복지증진책임이 특별법인 「노인복지법」으로 이어지고 있음을 명확히 하고 있다.

따라서 일단 국가가 노인에 대한 보건 및 복지증진책임을 지고 있다고 해석할 수 있지만, 동법 제4조 제2항에서 "국가와 지방자치단체는 제1항의 규정에 의한 시책을 강구함에 있어 제2조에 규정된 기본이념이 구현되도록 노력하여야 한다."라고 함으로써 국가의 보건 및 복지증진 시책을 강구할 때 노인복지 기본이념의 구현에 대한 노력의무를 부과한 것이라고 볼 수 있다. 이와 관련하여 보건복지부장관은 노인의 보건 및 복지에 관한 실태조사를 3년마다 실시하고 그 결과를 공표하여야(법 제5조 제1항) 하고, 이에 따른 조사의 방법과 내용 등에 관하여 필요한 사항은 보건복지부령으로 정한다(법 제5조 제1항)고 하여 시행령에 구체적 사항을 위임하고 있다.

(2) 민간기관

노인보건복지증진의 책임은 국가와 지방자치단체에 한정된 것은 아니다. 이에 따라 동법은 "노인의 일상생활에 관련되는 사업을 경영하는 자는 그 사업을 경영함에 있어 노인의 보건복지가 증진되도록 노력하여야 한다."(법 제4조 제3항)고 규정하여 노인생활과 관련되는 민간사업자에게도 노인보건복지증진의 노력의무를 부여하고 있다.

(3) 개인과 가족

「노인복지법」 기본이념에서 검토하였듯이 노인의 자조, 즉 복지증진의 1차적 책임은 노인 자신에 있다고 하고 있으며, 동법 제3조의 가족제도의 유지 · 발전 조항에 나온 바와 같이 "국가와 국민은 경로효친의 미풍양속에 따른 건전한 가족제도가 유지 · 발전되도록 노력하여야 한다." (법 제3조)고 규정하고 있다. 그러므로 노인복지증진도 우리 사회의 미풍양속인 경로효친에 따른 건전한 가족제도에 의한 선가정보호가 먼저 강조되고 있다. 이는 다른 사회복지서비스 각 법과 동일하게 「노인복지법」도 '선가정보호, 후 사회보장'의 방향, 다시 말해 사회보장·사회복지라는 제도가 대응하기 이전에 사적 자치가 우선인 국가정책의 기본방향을 보여 주는 것이라고 해석할 수 있다.

이 방향에 따라 국가는 노인에 대한 사회적 관심과 공경의식을 높이기 위하여 매년 10월 2일을 노인의 날, 매년 10월을 경로의 달로 규정, 부모에 대한 효 사상을 앙양하기 위하여 매년 5월 8일을 어버이날(법 제6조 제1항, 제2항)로 정하여 경로효친에 따른 건전한 가족제도의 유지·발전을 법적으로 뒷받침하고 있다.

(4) 노인복지상담원

노인의 복지를 담당하게 하기 위하여 특별자치도와 시·군·구(자치구를 말한다)에 노인복지상담원을 둔다(법 제7조 제1항). 노인복지상담원은 전문적·기술적 업무를 수행해야 하므로 노인복지상담원의 임용 또는 위촉, 직무 및 보수 등에 관하여 필요한 사항은 대통령령으로 정한다(법 제7조 제2항). 이에 따라 「노인복지법」 시행령에서는 임용자격과 직무 및 보수 등을 다음과 같이 규정하고 있다.

1 임용

① 노인복지상담원(이하 "상담원"이라고 한다)은 사회복지사업법 제11조의 규정에 의한 사회복지사 3급 이상의 자격증 소지자 중에서 특별자치도지사·시장·군수·구청장이 공무원으로 임용한다. 다만, 부득이한 경우에는 공무원외의 자로 위촉할 수 있다.

② 위촉한 상담원의 임기는 3년으로 하되, 연임할 수 있다.

③ 시장·군수·구청장은 필요하다고 인정하는 때에는 「아동복지법」 제13조에 따른 아동복지전담공무원, 「장애인복지법」 제33조에 따른 장애인복지상담원 또는 사회복지에 관한 업무를 담당하는 공무원으로 하여금 상담원을 겸직하게 할 수 있다(령 제12조).

2 직무

① 노인 및 그 가족 또는 관계인에 대한 상담 및 지도

② 노인복지에 필요한 가정환경 및 생활실태에 관한 조사

③ 동법 제28조의 규정에 의한 상담 · 입소 등 조치에 필요한 상담 및 지도
④ 노인의 단체활동 및 취업의 상담
⑤ 기타 노인의 복지증진에 관한 사항(령 제13조)

3 보수

상담원(공무원인 상담원과 보수없이 봉사할 것을 자원한 상담원을 제외한다)에 대하여는 예산의 범위안에서 지방공무원 중 일반직 8급 공무원에 상당하는 보수(직무수당, 기말수당, 정근수당 및 기타수당을 포함한다)를 지급한다(령 제14조).

(5) 법의 적용대상자로서의 노인

국제연합(UN)은 통계상의 생산연령인구를 15~64세로 규정하고 있고, 영국, 독일, 프랑스, 캐나다, 스위스와 같은 서유럽 국가들과 일본 등 세계각국은 노인의 역연령을 노동력 개념에 입각하여 만 65세 이상으로 정하고 있으며, 통계학 등 학문분야에서도 65세 이상을 노인으로 규정하고 있다.

또한 우리나라 「노인복지법」상 건강진단, 상담 · 입소 등의 복지조치와 기초연금의 적용대상 연령도 만 65세다. 한편, 일반기업체의 정년퇴직연령은 일반적으로 55~58세이지만 대표적 공적연금인 국민연금의 수급개시연령은 현재까지 61세이기 때문에 퇴직과 연금수급 사이에 공백이 있음을 알 수 있다.

이와 같이 현실적으로 노인은 생리적 · 육체적 기능과 정신적 · 정서적 상태 및 사회적 활동에 개인차가 크기 때문에 연령을 획일적으로 재단한다는 것은 적절치 않지만, 행정시책과 법률은 대상자를 특정화하지 않기 때문에 적용대상으로서의 노인을 역연령으로 정하고 있다.

하지만 법적용이 어려운 노인의 신체적 · 정신적 기능연령도 감안해야 하기에 노인의 개념은 상대적이라는 점도 잊어서는 안 될 것이다.

3) 노인의 보건 · 복지조치

1991년부터 생활보호대상노인에게 지급해 왔던 노령수당은 1997년 「노인복지법」 3차 개정을 통해 저소득노인으로 그 수급대상자를 확대하면서 경로연금으로 명칭이 바뀌어 새롭게 실시되었다. 그 후 국민기초생활보장제도의 노인빈곤 사각지대를 보완해 오던 경로연금은 2007년 4월 25일 「기초노령연금법」의 제정으로 「노인복지법」

제2장 경로연금부분은 전면 삭제되었다. 따라서 「노인복지법」 제3장, 즉 제23조에서 제30조의 보건 · 복지조치를 검토하기로 한다.

「노인복지법」상 보건 · 복지조치는 "노인의 심신의 건강을 유지하고, 노후의 생활안정을 위하여 필요한 조치를 강구함으로써, 노인의 보건복지증진에 기여함을 목적으로 한다."라고 규정한 「노인복지법」 제1조의 목적을 달성하기 위한 핵심 수단이다.

노인의 보건 · 복지조치는 노인의 사회참여 지원, 생업 지원, 경로우대, 건강진단, 홀로 사는 노인에 대한 지원, 상담 및 입소 등의 조치, 노인재활요양사업 등으로 구성되어 있는데, 그 내용은 다음과 같다.

(1) 노인사회참여 지원과 노인일자리 전담기관의 설치 · 운영 등

국가 또는 지방자치단체는 노인의 사회참여 확대를 위하여 노인의 지역봉사 활동기회를 넓히고 노인에게 적합한 직종의 개발과 그 보급을 위한 시책을 강구하며, 근로능력이 있는 노인에게 일할 기회를 우선적으로 제공하도록 노력하여야 한다(법 제23조 제1항). 국가 또는 지방자치단체는 노인의 지역봉사 활동 및 취업의 활성화를 기하기 위하여 노인지역봉사기관, 노인취업알선기관 등 노인복지관계기관에 대하여 필요한 지원을 할 수 있다(법 제23조 제2항). 이 조항에 따라 대한노인회 취업지원센터 등을 중앙과 지방에서 운영하고 있다. 그리고 노인의 능력과 적성에 맞는 일자리 지원사업을 전문적 · 체계적으로 수행하기 위한 전담기관(이하 "노인일자리전담기관"이라 한다)은 노인인력개발기관, 노인일자리지원기관, 노인취업알선기관의 3종류다. 노인인력개발기관은 노인일자리개발 · 보급사업, 조사사업, 교육 · 홍보 및 협력사업, 프로그램인증 · 평가사업 등을 지원하는 기관이고, 노인일자리지원기관은 지역사회 등에서 노인일자리의 개발 · 지원, 창업 · 육성 및 노인에 의한 재화의 생산 · 판매 등을 직접 담당하는 기관이며, 노인취업알선기관은 노인에게 취업 상담 및 정보를 제공하거나 노인일자리를 알선하는 기관을 말한다(법 제23조의2 제1항). 국가 또는 지방자치단체는 노인일자리전담기관을 설치 · 운영하거나 그 운영의 전부 또는 일부를 법인 · 단체 등에 위탁할 수 있다(법 제23조의2 제2항). 노인일자리전담기관의 설치 · 운영 또는 위탁에 관하여 필요한 사항은 대통령령으로 정한다(법 제23조의2 제3항)고 규정하고 있다.

이에 입각하여 동법 시행령에서 보건복지부장관은 중앙노인일자리전담기관을, 지방자치단체의 장은 지역노인일자리전담기관을 설치 · 운영할 수 있다(령 제17조의3 제1항). 그리고 보건복지부장관 및 지방자치단체의 장은 노인일자리전담기관 운영의 전부 또는 일부를 노인일자리사업을 실시한 경험이 있고 노인일자리 관련 전담인력 등을 갖춘 법인·단체에 위탁할 수 있다(령 제17조의4 제1항)고 하고 있다.

노인의 사회참여 지원과 관련해서는 국가 또는 지방자치단체는 사회적 신망과 경험이 있는 노인으로서 지역봉사를 희망하는 경우에는 이를 지역봉사지도원으로 위촉할 수 있다(법 제24조 제1항)고 규정하고 있다. 이를 위하여 국가 또는 지방자치단체는 위촉한 지역봉사지도원의 활동을 지원하고 예산의 범위 안에서 활동비 등을 지급할 수 있다(령 제18조 제1항)고 하고 있다.

(2) 생업 지원

노후의 생활안정을 위하여 국가 또는 지방자치단체 기타 공공단체가 설치·운영하는 공공시설 안에 식료품·사무용품·신문 등 일상생활용품의 판매를 위한 매점이나 자동판매기 설치를 허가 또는 위탁할 때에는 65세 이상의 자의 신청이 있는 경우 이를 우선적으로 반영하여야 한다(법 제25조). 이는 종전의 반영하도록 노력하여야 한다는 노력의무조항을 강제조항으로 바꾼 것으로 베이비붐세대 등 고령자의 대량은퇴에 대응하려는 노인복지법의 개정조항이다. 이 외에도 대한노인회의 취업지원센터의 운영지원, 노인공동작업장 설치확대를 통해 노인의 생업을 지원하고 있다. 1991년에는 고령자고용의 확대를 위하여 「고령자고용촉진법」을 제정하였는데, 이 후 2008년 3월 연령을 이유로 한 고용차별을 금지하기 위하여 「고용상 연령차별 금지 및 고령자고용촉진법」으로 개정되었는데, 이 법에 따른 노인적합직종의 개발 등으로 노인취업을 정책적으로 지원하고 있다.

(3) 경로우대

국가 또는 지방자치단체는 65세 이상 노인에 대하여 대통령령이 정하는 바에 의하여 국가 또는 지방자치단체의 수송시설 및 고궁·능원·박물관·공원 등의 공공시설을 무료로 또는 그 이용요금을 할인하여 이용하게 할 수 있다(법 제26조 제1항). 국가 또는 지방자치단체는 노인의 일상생활에 관련된 사업을 경영하는 자에게 65세 이상의 자에 대하여 그 이용요금을 할인하여 주도록 권유할 수 있다(법 제26조 제2항). 국가 또는 지방자치단체는 노인에게 이용요금을 할인해 주는 자에 대하여 적절한 지원을 할 수 있다(법 제26조 제3항)고 규정하고 있다. 동법 제26조 제1항에 따라 65세 이상의 자에 대하여 그 이용요금을 할인할 수 있는 경로우대시설의 종류와 그 할인율(령 제19조 제1항)은 〈표 11-1〉과 같다.

표 11-1 경로우대시설의 종류와 할인율

시설의 종류	할인율(일반요금에 대한 백분율)
1. 철도 가. 새마을호, 무궁화호 나. 통근열차 다. 수도권전철	 100분의 30 100분의 50 100분의 100
2. 도시철도(도시철도 구간안의 국유전기철도를 포함한다)	100분의 100
3. 고궁	100분의 100
4. 능원	100분의 100
5. 국 · 공립박물관	100분의 100
6. 국 · 공립공원	100분의 100
7. 국 · 공립미술관	100분의 100
8. 국 · 공립국악원	100분의 50 이상
9. 국가 · 지방자치단체 또는 국가나 지방자치단체가 출연하거나 경비를 지원하는 법인이 설치 · 운영하거나 그 운영을 위탁한 공연장	100분의 50

주: 1) 철도 및 도시철도의 경우에는 운임에 한한다.
2) 공연장의 경우에는 그 공연장의 운영자가 자체기획한 공연의 관람료에 한한다.
3) 새마을호의 경우 토요일과 공휴일에는 할인율을 적용하지 아니한다.

출처: 령 제19조 제1항 별표 1.

65세 이상의 자가 경로우대시설의 이용요금을 할인하여 이용하고자 하는 때에는 당해 시설의 관리자에게 주민등록증 기타 연령을 확인할 수 있는 신분증을 내보여야 한다(령 제19조 제2항).

(4) 건강진단 등

국가 또는 지방자치단체는 대통령령이 정하는 바에 의하여 65세 이상의 자에 대하여 건강진단과 보건교육을 실시할 수 있다. 이 경우 보건복지부령으로 정하는 바에 따라 성별 다빈도질환 등을 반영하여야 한다(법 제27조 제1항). 이 규정에 의한 건강진단은 보건복지부장관, 시 · 도지사 또는 시장 · 군수 · 구청장(이하 "복지실시기관"이라 한다)이 2년에 1회 이상 국 · 공립병원, 보건소 또는 보건복지부령이 정하는 건강진단기관에서 대상자의 건강상태에 따라 1차 및 2차로 구분하여 실시한다(령 제20조 제1항). 또한 보건교육은 복지실시기관이 보건소 또는 보건 · 의료 관련 기관 · 단체로 하여금 실시하게 할 수 있다(령 제20조 제2항). 그리고 국가 또는 지방자치단체는 건강진단 결과 필요하다고 인정한 때에는 그 건강진단을 받은 자에 대하여 필요한 지도를 하여야 한다(법 제27조 제2항).

그 밖에 국가 또는 지방자치단체는 홀로 사는 노인에 대하여 방문요양서비스 등의 서비스와 안전확인 등의 보호조치를 취하여야 한다(법 제27조의2 제1항).

(5) 상담 · 입소 등의 조치

보건복지부장관, 특별시장 · 광역시장 · 도지사 · 특별자치도지사, 시장 · 군수 · 구청장은 노인에 대한 복지를 도모하기 위하여 필요하다고 인정한 때에는 다음의 조치를 하여야 한다(법 제28조 제1항).

① 65세 이상의 자 또는 그를 보호하고 있는 자를 관계공무원 또는 노인복지상담 원으로 하여금 상담 · 지도하게 하는 것
② 65세 이상의 자로서 신체적 · 정신적 · 경제적 이유 또는 환경상의 이유로 거택에서 보호받기가 곤란한 자를 노인주거복지시설 또는 재가노인복지시설에 입소시키거나 입소를 위탁하는 것
③ 65세 이상의 자로서 신체 또는 정신상의 현저한 결함으로 인하여 항상 보호를 필요로 하고 경제적 이유로 거택에서 보호받기가 곤란한 자를 노인의료복지시설에 입소시키거나 입소를 위탁하는 것

보건복지부장관, 시 · 도지사 또는 시장 · 군수 · 구청장은 65세 미만의 자에 대하여도 그 노쇠현상이 현저하여 특별히 보호할 필요가 있다고 인정할 때에는 이 같은 조치를 할 수 있다(법 제28조 제2항).

(6) 노인재활요양사업의 지원

국가 또는 지방자치단체는 신체적 · 정신적으로 재활요양을 필요로 하는 노인을 위한 재활요양사업을 실시할 수 있다(법 제30조 제1항). 노인재활요양사업의 내용 및 기타 필요한 사항은 보건복지부령으로 정한다(법 제30조 제2항). 이를 위해 복지실시기관은 보건소 또는 노인복지시설에 대하여 노인건강증진 및 노인성질환예방 등 노인재활요양에 필요한 전문인력 및 장비를 지원할 수 있으며(시행규칙 제13조 제1항), 노인의 건강증진 및 노인성질환예방 등 노인재활요양을 위한 프로그램을 개발 · 보급하여야 한다(시행규칙 제13조 제2항).

(7) 노인복지명예지도원

복지실시기관은 양로시설, 노인공동생활가정, 노인복지주택, 노인요양시설 및 노인요양공동생활가정 입소노인의 보호를 위하여 노인복지명예지도원을 둘 수 있다(법 제51조 제1항). 노인복지명예지도원의 위촉방법 · 업무범위 등 기타 필요한 사항은 대통령령으로 정하는데(법 제51조 제2항), 이에 따라 복지실시기관이 노인복지명예지도원을 위촉하는 때에는 당해 지역사회의 실정에 밝고 노인복지에 관한 학식과 경험이 풍부한 자중에서 위촉하여야 한다(령 제25조 제1항).

4) 노인복지시설

(1) 노인복지시설의 종류

「노인복지법」에서는 노인복지시설의 종류를 ① 노인주거복지시설 ② 노인의료복지시설 ③ 노인여가복지시설 ④ 재가노인복지시설 ⑤ 노인보호전문기관 ⑥ 노인일자리지원기관의 여섯 가지로 나누어 분류(법 제31조)하고 있다.

(2) 노인주거복지시설

[1] 노인주거복지시설의 종류와 기능

노인주거복지시설은 양로시설, 노인공동생활가정, 노인복지주택으로 한다(법 제32조 제1항).

① 양로시설: 노인을 입소시켜 급식과 그 밖에 일상생활에 필요한 편의를 제공함을 목적으로 하는 시설
② 노인공동생활가정: 노인에게 가정과 같은 주거여건과 급식, 그 밖에 일상생활에 필요한 편의를 제공함을 목적으로 하는 시설
③ 노인복지주택: 노인에게 주거시설을 임대하여 주거의 편의 · 생활지도 · 상담 및 안전관리 등 일상생활에 필요한 편의를 제공함을 목적으로 하는 시설

노인주거복지시설의 입소대상 · 입소절차 · 입소비용 및 임대 등에 관하여 필요한 사항은 보건복지부령으로 정한다(법 제32조 제2항).

2 노인주거복지시설의 설치

① 국가 또는 지방자치단체는 노인주거복지시설을 설치할 수 있다(법 제33조 제1항). 국가 또는 지방자치단체 외의 자가 노인주거복지시설을 설치하고자 하는 경우에는 특별자치도지사 · 시장 · 군수 · 구청장에게 신고하여야 한다(법 제33조 제2항).

② 노인주거복지시설의 시설, 인력 및 운영에 관한 기준과 설치신고, 설치 · 운영자가 준수하여야 할 사항, 그 밖에 필요한 사항은 보건복지부령으로 정한다(법 제33조 제3항).

이 규정에 의하여 노인주거복지시설을 설치하고자 하는 자는 노인주거복지시설설치신고서(전자문서로 된 신고서를 포함한다)에 다음의 서류(전자문서를 포함한다)를 첨부하여 특별자치도지사 · 시장 · 군수 · 구청장에게 제출하여야 한다(시행규칙 제16조 제1항).

㉠ 설치하고자 하는 자가 법인인 경우에는 정관 1부

㉡ 위치도 · 평면도 및 설비구조 내역서 각1부

㉢ 입소보증금 · 이용료 기타 입소자의 비용부담 관계서류 1부

㉣ 사업계획서(제공되는 서비스의 내용과 입소자로부터 입소비용의 전부를 수납하여 운영하려는 양로시설, 노인공동생활가정 및 노인복지주택의 경우에는 의료기관과의 연계에 관한 사항을 포함한다) 1부

㉤ 시설을 설치할 토지 및 건물의 소유권을 증명할 수 있는 서류(입소자로부터 입소비용의 전부를 수납하여 운영하려는 양로시설 및 노인공동생활가정의 경우에는 사용권을 증명할 수 있는 서류로 갈음한다) 각 1부

㉥ 전기안전법에 따른 전기안전점검확인서

3 노인주거복지시설의 입소대상자

무료 · 실비 · 유료로 구성되었던 노인복지시설 입소대상자와 시설의 구분은 「노인장기요양보험법」 제정과 이에 따른 2007년 8월 3일 「노인복지법」 개정으로 크게 변화되었다. 동법 개정에 따른 변화의 핵심은 무료 · 실비 · 유료의 구분이 없어지고 그룹홈인 노인공동생활가정과 노인요양공동생활가정이 새롭게 노인복지시설의 종류로 등장하게 되었다는 점이다.

노인주거복지시설의 입소대상자는 다음과 같다(시행규칙 제14조 제1항).

① 양로시설 · 노인공동생활가정: 다음 어느 하나에 해당하는 자로서 일상생활에 지

장이 없는 자(시행규칙 제14조 제1항 제1호)

㉠ 국민기초생활 보장법에 따른 수급권자로서 65세 이상의 자
㉡ 부양의무자로부터 적절한 부양을 받지 못하는 65세 이상의 자
㉢ 본인 및 본인과 생계를 같이하고 있는 부양의무자의 월소득을 합산한 금액을 가구원수로 나누어 얻은 1인당 월평균 소득액이 통계청장이 고시하는 전년도의 도시근로자가구 월평균 소득을 전년도의 평균 가구원수로 나누어 얻은 1인당 월평균 소득액 이하인 자로서 65세 이상의 자
㉣ 입소자로부터 입소비용의 전부를 수납하여 운영하는 양로시설 또는 노인공동생활가정의 경우는 60세 이상의 자

② 노인복지주택: 노인복지주택에 입소할 수 있는 자는 60세 이상의 노인(이하 "입소자격자"라 한다)인데, 60세 미만일지라도 입소자격자의 배우자와 입소자격자가 부양을 책임지고 있는 19세 미만의 자녀 · 손자녀는 입소자격자와 함께 입소할 수 있다(법 제33조의2 제1항). 이 조항에 따른 입소대상자는 단독취사 등 독립된 주거생활을 하는 데 지장이 없는 60세 이상의 자이다(시행규칙 제14조 제1항 제2호).

이상의 규정에도 불구하고 입소대상자의 60세 미만인 배우자 및 입소대상자가 부양을 책임지고 있는 19세 미만의 자녀 · 손자녀는 해당 입소대상자와 함께 노인복지주택에 입소할 수 있다(시행규칙 제14조 제3항).

(3) 노인의료복지시설

[1] 기능과 종류

노인의료복지시설은 노인장기요양보험제도상 시설급여를 제공하는 중심시설로서, 주거서비스와 함께 보건의료서비스 등을 제공하고 있는데 다음의 2가지 종류로 구성되어 있다.

① 노인요양시설: 치매 · 중풍 등 노인성질환 등으로 심신에 상당한 장애가 발생하여 도움을 필요로 하는 노인을 입소시켜 급식 · 요양과 그 밖에 일상생활에 필요한 편의를 제공함을 목적으로 하는 시설
② 노인요양공동생활가정: 치매 · 중풍 등 노인성질환 등으로 심신에 상당한 장애가 발생하여 도움을 필요로 하는 노인에게 가정과 같은 주거여건과 급식 · 요양, 그

밖에 일상생활에 필요한 편의를 제공함을 목적으로 하는 시설(법 제34조 제1항)

2 설치 등

국가 또는 지방자치단체는 노인의료복지시설을 설치할 수 있다(법 제 35조 제1항). 국가 또는 지방자치단체 외의 자가 노인의료복지시설을 설치하고자 하는 경우에는 시장 · 군수 · 구청장에게 신고하여야 한다(법 제35조 제2항).

노인의료복지시설의 시설, 인력 및 운영에 관한 기준과 설치신고 및 설치허가 등에 관하여 필요한 사항은 보건복지부령으로 정한다(법 제35조 제3항).

3 입소대상자

노인의료복지시설의 입소대상자는 다음과 같다(시행규칙 제18조 제1항).

① 노인요양시설 · 노인요양공동생활가정: 다음의 어느 하나에 해당하는 자로서 노인성질환 등으로 요양을 필요로 하는 자
   ㉠ 노인장기요양보험법에 따른 수급자(이하 "장기요양급여수급자"라 한다)
   ㉡ 기초수급권자로서 65세 이상의 자
   ㉢ 부양의무자로부터 적절한 부양을 받지 못하는 65세 이상의 자
   ㉣ 입소자로부터 입소비용의 전부를 수납하여 운영하는 노인요양시설 또는 노인요양공동생활가정의 경우는 60세 이상의 자

이상의 규정에도 불구하고 입소대상자의 배우자는 65세 미만(입소자로부터 입소비용의 전부를 수납하여 운영하는 노인요양시설 또는 노인요양공동생활가정의 경우에는 60세 미만)인 경우에도 입소대상자와 함께 입소할 수 있다(시행규칙 제18조 제2항).

(4) 노인여가복지시설

1 기능과 종류

노인여가복지시설은 건강하면서 건전한 여가활동을 할 수 있도록 제반 서비스를 제공하는 시설로서, 다음과 같이 3종류로 나누어진다(법 제36조 제1항).

① 노인복지관: 노인의 교양 · 취미생활 및 사회참여활동 등에 대한 각종 정보와 서

비스를 제공하고, 건강증진 및 질병예방과 소득보장 · 재가복지, 그 밖에 노인의 복지증진에 필요한 서비스를 제공함을 목적으로 하는 시설

② 경로당: 지역노인이 자율적으로 친목도모 · 취미활동 · 공동작업장 운영 및 각종 정보교환과 기타 여가활동을 할 수 있도록 하는 장소를 제공함을 목적으로 하는 시설

③ 노인교실: 노인에 대하여 사회활동 참여욕구를 충족시키기 위하여 건전한 취미생활 · 노인건강유지 · 소득보장 기타 일상생활과 관련한 학습프로그램을 제공함을 목적으로 하는 시설

2 설치 등

국가 또는 지방자치단체는 노인여가복지시설을 설치할 수 있다(법 제37조 제1항). 국가 또는 지방자치단체 외의 자가 노인여가복지시설을 설치하고자 하는 경우에는 시장 · 군수 · 구청장에게 신고하여야 한다(법 제37조 제2항). 국가 또는 지방자치단체는 경로당의 활성화를 위하여 지역별 · 기능별 특성을 갖춘 표준 모델 및 프로그램을 개발 · 보급하여야 한다(법 제37조 제3항). 또한 경로당에 대한 공과금 감면 「전기사업법」에 따른 전기판매사업자, 「전기통신사업법」에 따른 전기통신사업자 및 「도시가스사업법」에 따른 도시가스사업자는 경로당에 대하여 각각 전기요금 · 전기통신요금 및 도시가스요금을 감면할 수 있다(법 제37조의3 제1항). 노인여가복지시설의 시설, 인력 및 운영에 관한 기준과 설치신고 등에 관하여 필요한 사항은 보건복지부령으로 정한다(법 제37조 제4항).

3 입소대상자

노인여가복지시설의 이용대상자는 다음과 같다(시행규칙 제24조 제1항).

① 노인복지관 및 노인교실: 60세 이상의 자

② 경로당: 65세 이상의 자

이상의 규정에 불구하고 노인복지관 및 노인교실 이용대상자의 배우자는 60세 미만인 때에도 이용대상자와 함께 이용할 수 있다(시행규칙 제24조 제2항).

4 경로당에 대한 양곡구입비 등의 보조와 공과금 감면

국가 또는 지방자치단체는 경로당에 대하여 예산의 범위에서 양곡관리법에 따른 정부관리양곡 구입비의 전부 또는 일부를 보조할 수 있다(법 제37조의2 제1항). 국가 또는 지방자치단체는 예산의 범위에서 경로당의 냉난방 비용의 전부 또는 일부를 보조할 수 있다(법 제37조의2 제2항).

또한 경로당에 대한 공과금 감면을 위하여 전기사업법에 따른 전기판매사업자, 전기통신사업법에 따른 전기통신사업자 및 도시가스사업법에 따른 도시가스사업자는 경로당에 대하여 각각 전기요금 · 전기통신요금 및 도시가스요금을 감면할 수 있다(법 제37조의3 제1항). 그리고 수도법에 따른 수도사업자(수도사업자가 지방자치단체인 경우에는 해당 지방자치단체의 장을 말한다)는 경로당에 대하여 수도요금을 감면할 수 있다(법 제37조의3 제2항).

(5) 재가노인복지시설

1 기능과 종류

재가노인복지시설은 노인들이 자신이 살고 있는 지역사회의 자택에 거주하면서 필요한 서비스를 제공받을 수 있도록 도움을 주는 시설로서, 다음의 어느 하나 이상의 서비스를 제공함을 목적으로 하는 시설을 말한다(법 제38조 제1항).

① 방문요양서비스: 가정에서 일상생활을 영위하고 있는 노인(이하 "재가노인"이라 한다)으로서 신체적 · 정신적 장애로 어려움을 겪고 있는 노인에게 필요한 각종 편의를 제공하여 지역사회 안에서 건전하고 안정된 노후를 영위하도록 하는 서비스
② 주 · 야간보호서비스: 부득이한 사유로 가족의 보호를 받을 수 없는 심신이 허약한 노인과 장애노인을 주간 또는 야간 동안 보호시설에 입소시켜 필요한 각종 편의를 제공하여 이들의 생활안정과 심신기능의 유지 · 향상을 도모하고, 그 가족의 신체적 · 정신적 부담을 덜어 주기 위한 서비스
③ 단기보호서비스: 부득이한 사유로 가족의 보호를 받을 수 없어 일시적으로 보호가 필요한 심신이 허약한 노인과 장애노인을 보호시설에 단기간 입소시켜 보호함으로써 노인 및 노인가정의 복지증진을 도모하기 위한 서비스
④ 방문 목욕서비스: 목욕장비를 갖추고 재가노인을 방문하여 목욕을 제공하는 서비스

⑤ 그 밖의 서비스: 그 밖에 재가노인에게 제공하는 서비스로서 보건복지부령이 정하는 서비스

2 설치 등

국가 또는 지방자치단체는 재가노인복지시설을 설치할 수 있다(법 제39조 제1항). 국가 또는 지방자치단체 외의 자가 재가노인복지시설을 설치하고자 하는 경우에는 시장·군수·구청장에게 신고하여야 한다(법 제39조 제2항). 재가노인복지시설의 시설, 인력 및 운영에 관한 기준과 설치신고 등에 관하여 필요한 사항은 보건복지부령으로 정한다(법 제39조 제3항).

3 이용대상자 및 이용절차

재가노인복지시설의 이용대상자는 다음과 같다(시행규칙 제27조 제1항).

① 장기요양급여수급자

② 심신이 허약하거나 장애가 있는 65세 이상의 자(이용자로부터 이용비용의 전부를 수납받아 운영하는 시설의 경우에는 60세 이상의 자로 한다)로서 다음에 해당하는 자

㉠ 방문요양서비스: 1일 중 일정시간 동안 가정에서의 보호가 필요한 자

㉡ 주·야간보호서비스: 주간 또는 야간 동안의 보호가 필요한 자

㉢ 단기보호서비스: 월 1일 이상 15일 이하 단기간의 보호가 필요한 자

㉣ 방문 목욕서비스: 가정에서의 목욕이 필요한 자

㉤ 재가노인지원서비스: ㉠부터 ㉣까지의 서비스 이외의 서비스로서 상담·교육 및 각종 지원 서비스가 필요한 자

이상의 재가노인복지시설 이용은 당사자 간 계약에 의한다(시행규칙 제27조 제2항).

4 요양보호사의 직무·자격증의 교부 등

노인복지시설의 설치·운영자는 보건복지부령으로 정하는 바에 따라 노인 등의 신체활동 또는 가사활동 지원 등의 업무를 전문적으로 수행하는 요양보호사를 두어야 한다(법 제39조의2 제1항). 요양보호사가 되려는 사람은 요양보호사를 교육하는 기관(법 제39조의3)에서 교육과정을 마치고 시·도지사가 실시하는 요양보호사 자격시험에 합격하여야 한다(법 제39조의2 제2항). 시·도지사는 요양보호사 자격시험에 합격한 사람

에게 요양보호사 자격증을 교부하여야 한다(법 제39조의2 제3항). 시・도지사는 요양보호사 자격시험에 응시하고자 하는 사람과 자격증을 교부 또는 재교부받고자 하는 사람에게 보건복지부령으로 정하는 바에 따라 수수료를 납부하게 할 수 있다(법 제39조의2 제4항). 요양보호사의 교육과정, 요양보호사 자격시험 실시 및 자격증 교부 등에 관하여 필요한 사항은 보건복지부령으로 정한다(법 제39조의2 제5항).

5 요양보호사 교육기관의 지정 등

시・도지사는 요양보호사의 양성을 위하여 보건복지부령으로 정하는 지정기준에 적합한 시설을 요양보호사교육기관으로 지정・운영하여야 한다(법 제 39조의3 제1항).

시・도지사는 요양보호사교육기관이 다음의 어느 하나에 해당하는 경우 사업의 정지를 명하거나 그 지정을 취소할 수 있다. 다만, 다음 ①에 해당하는 경우 지정을 취소하여야 한다(법 제 39조의3 제2항).

① 거짓이나 그 밖의 부정한 방법으로 요양보호사교육기관으로 지정을 받은 경우
② 지정기준에 적합하지 아니하게 된 경우
③ 교육과정을 1년 이상 운영하지 아니하는 경우
④ 정당한 사유 없이 보고 또는 자료제출을 하지 아니하거나 거짓으로 한 경우 또는 조사・검사를 거부・방해하거나 기피한 경우

시・도지사는 지정취소를 하는 경우 청문을 실시하여야 한다(법 제39조의3 제3항). 요양보호사교육기관의 지정절차, 행정처분의 세부적인 기준 및 절차 등에 관하여 필요한 사항은 보건복지부령으로 정한다(법 제 39조의3 제4항).

(6) 노인보호전문기관

1 노인보호전문기관의 설치 등

국가는 지역 간의 연계체계를 구축하고 노인학대를 예방하기 위하여 다음의 업무를 담당하는 중앙노인보호전문기관을 설치・운영하여야 한다(법 제39조의5 제1항).

① 노인인권보호 관련 정책제안
② 노인인권보호를 위한 연구 및 프로그램의 개발

③ 노인학대 예방의 홍보, 교육자료의 제작 및 보급
④ 노인보호전문사업 관련 실적 취합, 관리 및 대외자료 제공
⑤ 지역노인보호전문기관의 관리 및 업무지원
⑥ 지역노인보호전문기관 상담원의 심화교육
⑦ 관련 기관 협력체계의 구축 및 교류
⑧ 그 밖에 노인의 보호를 위하여 대통령령으로 정하는 사항

학대받는 노인의 발견 · 보호 · 치료 등을 신속히 처리하고 노인학대를 예방하기 위하여 다음의 업무를 담당하는 지역노인보호전문기관을 특별시 · 광역시 · 도 · 특별자치도(이하 "시 · 도"라 한다)에 둔다(법 제39조의5 제2항).

① 노인학대 신고전화의 운영 및 사례접수
② 노인학대 의심사례에 대한 현장조사
③ 피해노인 및 노인학대자에 대한 상담
④ 피해노인가족 관련자와 관련 기관에 대한 상담
⑤ 상담 및 서비스제공에 따른 기록과 보관
⑥ 일반인을 대상으로 한 노인학대 예방교육
⑦ 노인학대행위자를 대상으로 한 재발방지 교육
⑧ 그 밖에 노인의 보호를 위하여 보건복지부령으로 정하는 사항

보건복지부장관 및 시 · 도지사는 노인학대예방사업을 목적으로 하는 비영리법인을 지정하여 중앙노인보호전문기관과 지역노인보호전문기관의 운영을 위탁할 수 있다(법 제39조의5 제3항). 중앙노인보호전문기관과 지역노인보호전문기관의 설치기준과 운영, 상담원의 자격과 배치기준 및 위탁기관의 지정 등에 필요한 사항은 대통령령으로 정한다(법 제39조의5 제4항).

국가 및 지방자치단체는 노인학대를 예방하고 수시로 신고를 받을 수 있도록 긴급전화를 설치하여야 한다(법 제39조의4 제1항). 이 규정에 의한 긴급전화의 설치 · 운영에 관하여 필요한 사항은 대통령령으로 정한다(법 제39조의4 제1항).

2 노인학대 신고의무와 절차 등

누구든지 노인학대를 알게 된 때에는 노인보호전문기관 또는 수사기관에 신고할 수

있다(법 제39조의6 제1항).

다음에 해당하는 자는 그 직무상 노인학대를 알게 된 때에는 즉시 노인보호전문기관 또는 수사기관에 신고하여야 한다(법 제39조의6 제2항).

① 의료기관에서 의료업을 행하는 의료인
② 노인복지시설의 장과 그 종사자 및 노인복지상담원
③ 장애인복지시설에서 장애노인에 대한 상담 · 치료 · 훈련 또는 요양업무를 수행하는 사람
④ 가정폭력 관련 상담소 및 가정폭력피해자 보호시설의 장과 그 종사자
⑤ 「사회복지사업법」에 따른 사회복지전담공무원 및 같은 법에 따른 사회복지관, 부랑인 및 노숙인보호를 위한 시설의 장과 그 종사자
⑥ 「노인장기요양보험법」에 따른 장기요양기관 및 재가장기요양기관의 장과 그 종사자
⑦ 119구조 · 구급에 관한 법률에 따른 119구급대의 구급대원
⑧ 「건강가정기본법」에 따른 건강가정지원센터의 장과 그 종사자

신고인의 신분은 보장되어야 하며 그 의사에 반하여 신분이 노출되어서는 아니되고(법 제39조의6 제3항), 신고의무자가 이를 위반하여 노인학대를 신고하지 아니한 사람에게는 300만원 이하의 과태료를 부과한다(법 제61조의2 제2항). 관계 중앙행정기관의 장은 노인학대 신고의무에 해당하는 사람의 자격취득 교육과정이나 보수교육 과정에 노인학대 예방 및 신고의무와 관련된 교육 내용을 포함하도록 하여야 하며(법 제39조의6 제4항), 교육 내용 · 시간 및 방법 등에 관하여 필요한 사항은 보건복지부령으로 정한다(법 제39조의6 제5항).

3 응급조치의무 등

노인학대신고를 접수한 노인보호전문기관의 직원이나 사법경찰관리는 지체 없이 노인학대의 현장에 출동하여야 한다. 이 경우 노인보호전문기관의 장이나 수사기관의 장은 서로 동행하여 줄 것을 요청할 수 있고, 그 요청을 받은 때에는 정당한 사유가 없으면 소속 직원이나 사법경찰관리를 현장에 동행하도록 하여야 한다(법 제39조의7 제1항). 출동한 노인보호전문기관의 직원이나 사법경찰관리는 피해자를 보호하기 위하여 신고된 현장에 출입하여 관계인에 대하여 조사를 하거나 질문을 할 수 있다. 이 경

우 노인보호전문기관의 직원은 피해노인의 보호를 위한 범위에서만 조사 또는 질문을 할 수 있다(법 제39조의7 제2항). 출입, 조사 또는 질문을 하는 노인보호전문기관의 직원이나 사법경찰관리는 그 권한을 표시하는 증표를 지니고 이를 관계인에게 보여 주어야 한다(법 제39조의7 제3항). 조사 또는 질문을 하는 노인보호전문기관의 직원이나 사법경찰관리는 피해자 · 신고자 · 목격자 등이 자유롭게 진술할 수 있도록 노인학대행위자로부터 분리된 곳에서 조사하는 등 필요한 조치를 하여야 한다(법 제39조의7 제4항). 현장에 출동한 자는 학대받은 노인을 노인학대행위자로부터 분리하거나 치료가 필요하다고 인정할 때에는 노인보호전문기관 또는 의료기관에 인도하여야 한다(법 제39조의7 제5항). 누구든지 정당한 사유 없이 노인학대 현장에 출동한 자에 대하여 현장조사를 거부하거나 업무를 방해하여서는 아니 된다(법 제39조의7 제6항).

4 금지행위 등

누구든지 노인에게 다음에 해당하는 행위를 하여서는 아니 된다(법 제39조의9).

① 노인의 신체에 폭행을 가하거나 상해를 입히는 행위
② 노인에게 성적 수치심을 주는 성폭행 · 성희롱 등의 행위
③ 자신의 보호 · 감독을 받는 노인을 유기하거나 의식주를 포함한 기본적 보호 및 치료를 소홀히 하는 방임행위
④ 노인에게 구걸을 하게 하거나 노인을 이용하여 구걸하는 행위
⑤ 노인을 위하여 증여 또는 급여된 금품을 그 목적 외의 용도에 사용하는 행위

보건복지부장관, 시 · 도지사 또는 시장 · 군수 · 구청장은 필요하다고 인정하는 때에는 관계공무원 또는 노인복지상담원으로 하여금 노인복지시설과 노인의 주소 · 거소, 노인의 고용장소 또는 금지행위를 위반할 우려가 있는 장소에 출입하여 노인 또는 관계인에 대하여 필요한 조사를 하거나 질문을 하게 할 수 있다(법 제39조의11 제1항).

5 실종노인에 관한 신고의무 등

누구든지 정당한 사유 없이 사고 등의 사유로 인하여 보호자로부터 이탈된 노인(이하 "실종노인"이라 한다)을 경찰관서 또는 지방자치단체의 장에게 신고하지 아니하고 보호하여서는 아니 된다(법 제39조의10 제1항). 노인복지시설(「사회복지사업법」에 따른 사회복지시설 및 사회복지시설에 준하는 시설로서 인가 · 신고 등을 하지 아니하고 노인을 보호

하는 시설을 포함한다)의 장 또는 그 종사자는 그 직무를 수행하면서 실종노인임을 알게 된 때에는 지체 없이 보건복지부령으로 정하는 신상카드를 작성하여 지방자치단체의 장과 실종노인의 데이터베이스 구축·운영의 업무를 수행하는 기관의 장에게 제출하여야 한다(법 제39조의10 제2항). 보건복지부장관은 실종노인의 발생예방, 조속한 발견과 복귀를 위하여 다음의 업무를 수행하여야 한다. 이 경우 보건복지부장관은 노인복지 관련 법인이나 단체에 그 업무의 전부 또는 일부를 위탁할 수 있다(법 제39조의10 제3항).

① 실종노인과 관련된 조사 및 연구
② 실종노인의 데이터베이스 구축·운영
③ 그 밖에 실종노인의 보호 및 지원에 필요한 사항

경찰청장은 실종노인의 조속한 발견과 복귀를 위하여 다음의 사항을 시행하여야 한다(법 제39조의10 제4항).

① 실종노인에 대한 신고체계의 구축 및 운영
② 그 밖에 실종노인의 발견과 복귀를 위하여 필요한 사항

유전자검사의 실시와 그 밖에 실종노인의 발견 등에 관하여는 「실종아동 등의 보호 및 지원에 관한 법률」 제11조부터 제16조까지 및 제18조(제1호는 제외한다)를 준용한다. 이 경우 '실종아동 등'은 '실종노인'으로 본다(법 제39조의10 제5항).

(7) 노인일자리 지원기관

「노인복지법」 제23조의2에 규정된 노인일자리전담기관의 한 종류인 노인일자리지원기관은 지역사회 등에서 노인일자리의 개발·지원, 창업·육성 및 노인에 의한 재화의 생산·판매 등을 직접 담당하는 기관(법 제23조의2 제2호)이다. 그러나 「노인복지법」상 노인복지시설의 종류에서 배제되어 있는 문제가 있어 2013년 6월 4일 「노인복지법」 일부개정에 따라 노인복지시설의 일종으로 위치하게 하였다. 국가 또는 지방자치단체는 노인일자리전담기관을 설치·운영하거나 그 운영의 전부 또는 일부를 법인·단체 등에 위탁할 수 있다(법 제23조의2 제2항). 노인일자리지원기관의 시설 및 인력에 관한 기준 등은 보건복지부령으로 정한다(법 제23조의2 제4항). 이에 따른 시설 및

인력기준은 다음과 같다(시행규칙 제2조 별표 1).

1 시설 기준

가. 시설의 종류

① 사무실, 상담실 또는 교육실: 1실 이상

② 노인일자리 사업장(식료품 또는 공산품 등의 제조 · 판매나 서비스의 제공 등 해당 노인일자리 사업 활동에 필요한 공간을 말한다): 1개 이상

나. 시설의 규모: ① 및 ② 시설의 면적을 합해 연면적이 100㎡ 이상일 것

2 인력 기준

가. 인력배치: 노인일자리 지원기관의 장 1명과 상근하는 직원 4명 이상을 둘 것

나. 노인일자리지원기관의 장의 자격: 노인일자리지원기관의 장은 다음의 어느 하나에 해당하는 사람일 것

① 「사회복지사업법」에 따른 사회복지사 2급 이상의 자격증 소지자

② 「사회복지사업법」에 따른 사회복지사업에 5년 이상 종사한 경력이 있는 사람

③ 중앙행정기관 및 지방자치단체나 중앙행정기관 및 지방자치단체로부터 관련 업무를 위탁받은 기관 · 단체가 취업을 지원하기 위하여 시행하는 일자리 사업에서 5년 이상 종사한 경력이 있는 사람

(8) 노인복지시설의 의무

1 시설의 변경 · 폐지 등에 관한 신고의무

① 노인주거복지시설을 설치한 자 또는 노인의료복지시설을 설치한 자가 그 설치신고사항 중 보건복지부령이 정하는 사항을 변경하거나 그 시설을 폐지 또는 휴지하고자 할 때에는 대통령령이 정하는 바에 의하여 시장 · 군수 · 구청장에게 미리 신고하여야 한다(법 제40조 제1항).

② 노인여가복지시설을 설치한 자 또는 재가노인복지시설을 설치한 자가 그 설치신고사항 중 보건복지부령이 정하는 사항을 변경하거나 그 시설을 폐지 또는 휴지하고자 할 때에는 대통령령이 정하는 바에 의하여 시장 · 군수 · 구청장에게 미리 신고하여야 한다(법 제40조 제3항).

2 수탁의무 조항

양로시설, 노인공동생활가정 및 노인복지주택, 노인요양시설 및 노인요양공동생활가정 또는 재가노인복지시설을 설치 · 운영하는 자가 복지실시기관으로부터 입소보호조치의 대상자인 노인의 입소 · 장례를 위탁받은 때에는 정당한 이유 없이 이를 거부하여서는 아니 된다(법 제41조). 이 규정을 위반하여 수탁을 거부한 자는 50만 원 이하의 벌금에 처한다(법 제59조).

3 시설의 감독 등

복지실시기관은 노인복지시설 또는 요양보호사교육기관을 설치 · 운영하는 자로 하여금 당해 시설 또는 사업에 관하여 필요한 보고를 하게 하거나 관계 공무원으로 하여금 당해 시설 또는 사업의 운영상황을 조사하게 하거나 장부 기타 관계서류를 검사하게 할 수 있다(법 제42조 제1항). 노인복지시설을 설치 · 운영하는 자는 보건복지부령이 정하는 바에 따라 매년도 입소자 또는 이용자 현황 등에 관한 자료를 복지실시기관에 제출하여야 한다(법 제42조 제2항).

이 규정에 의하여 이 같은 조사 · 검사를 행하는 자는 그 권한을 표시하는 증표를 지니고 이를 관계인에게 내보여야 한다(법 제42조 제3항).

4 사업의 정지 등

① 시 · 도지사 또는 시장 · 군수 · 구청장은 노인주거복지시설 또는 노인의료복지시설 또는 노인일자리 지원기관이 다음의 어느 하나에 해당하는 때에는 그 사업의 정지 또는 폐지를 명할 수 있다(법 제43조 제1항).
   ㉠ 보건복지부령에 따른 시설 등에 관한 기준이 미달하게 된 때
   ㉡ 수탁의무 규정을 위반하여 수탁을 거부한 때
   ㉢ 정당한 이유없이 감독에 필요한 보고 또는 자료제출을 하지 아니하거나 허위로 한 때 또는 조사 · 검사를 거부 · 방해하거나 기피한 때
   ㉣ 비용수납규정을 위반한 때

② 시장 · 군수 · 구청장은 노인여가복지시설 또는 재가노인복지시설이 다음의 어느 하나에 해당하는 때에는 1개월의 범위에서 사업의 정지 또는 폐지를 명할 수 있다(법 제43조 제2항).
   ㉠ 보건복지부령에서 정한 시설기준에 미달하게 된 때
   ㉡ 재가노인복지시설이 입소보호조치 대상자의 수탁을 거부한 때

ⓒ 정당한 이유없이 감독에 필요한 보고 또는 자료제출을 하지 아니하거나 허위로 한 때 또는 조사 · 검사를 거부 · 방해하거나 기피한 때

ⓔ 시장 · 군수 · 구청장에게 미리 신고하지 않고 시설이용자에게 소요되는 비용을 수납한 때

③ 시 · 도지사 또는 시장 · 군수 · 구청장은 사업의 폐지를 명하고자 하는 경우에는 청문을 실시하여야 한다(법 제44조).

5) 노인복지의 재정

(1) 비용의 부담

다음의 어느 하나에 해당하는 비용은 대통령령이 정하는 바에 따라 국가 또는 지방자치단체가 부담한다(법 제45조 제2항).

① 노인일자리전담기관의 설치 · 운영 또는 위탁에 소요되는 비용
② 건강진단 등과 상담 · 입소 등의 조치에 소요되는 비용
③ 노인복지시설의 설치 · 운영에 소요되는 비용

(2) 비용의 수납 및 청구

건강진단 등과 상담 · 입소 등 규정에 의한 복지조치에 필요한 비용을 부담한 복지실시기관은 당해 노인 또는 그 부양의무자로부터 대통령령이 정하는 바에 의하여 그 부담한 비용의 전부 또는 일부를 수납하거나 청구할 수 있다(법 제46조 제1항). 이는 복지조치에 의해 급부를 받은 노인이 능력이 있거나 그 부양의무자가 능력이 있을 경우에는 수익자 부담원칙에 따라 부담한 비용의 징수와 청구를 규정한 것이다. 그리고 부양의무가 없는 자가 복지조치에 준하는 보호를 행하는 경우 즉시 그 사실을 부양의무자 및 복지실시기관에 알려야 한다(법 제46조 제2항). 보호를 행한 자는 부양의무자에게 보호비용의 전부 또는 일부를 청구할 수 있다(법 제46조 제3항). 부담비용의 청구 등에 관하여 필요한 사항은 보건복지부령으로 정한다(법 제46조 제4항).

국가 또는 지방자치단체가 노인복지시설의 설치 · 운영에 소요되는 비용을 보조하는 경우의 부담비율은 보조금 관리에 관한 법률 시행령 별표 1이 정하는 바에 의하고 (법 시행령 제24조 제2항), 국가 또는 지방자치단체가 노인복지시설의 운영에 소요되는 비용을 보조하는 때에는, 사회복지사업법 제43조의2에 따른 시설평가의 결과 등 당해

노인복지시설의 운영실적을 고려하여 차등하여 보조할 수 있다(법 시행령 제24조 제3항). 이는 비용보조의 차등을 통해 시설간의 경쟁을 촉진시킴으로써 시설운영의 개선과 제공하는 서비스 질 향상을 추구하는 조항이라고 볼 수 있다.

(3) 비용의 보조

국가 또는 지방자치단체는 대통령령이 정하는 바에 의하여 노인복지시설의 설치 · 운영에 필요한 비용을 보조할 수 있다(법 제47조). 이 규정에 의하여 국가 또는 지방자치단체가 비용을 보조할 수 있는 노인복지시설은 다음과 같다(령 제24조 제1항).

① 노인주거복지시설
② 노인요양시설 · 노인요양공동생활가정
③ 노인여가복지시설
④ 재가노인복지시설
⑤ 노인보호전문기관

국가 또는 지방자치단체가 노인복지시설의 운영에 소요되는 비용을 보조하는 때에는, 「사회복지사업법」 제43조의 규정에 의한 시설평가의 결과 등 당해 노인복지시설의 운영실적을 고려하여 차등하여 보조할 수 있다(령 제24조 제3항)고 규정하여 시설 간의 경쟁을 촉진함으로써 시설의 개선과 제공하는 서비스 질 향상을 도모하고 있다.

(4) 유류물품의 처분

복지실시기관 또는 노인복지시설의 장은 장례를 행함에 있어서 사망자가 유류한 금전 또는 유가증권을 그 장례에 필요한 비용에 충당할 수 있으며, 부족할 때에는 유류물품을 처분하여 그 대금을 이에 충당할 수 있다(법 제48조).

(5) 조세감면

노인복지시설에서 노인을 위하여 사용하는 건물 · 토지 등에 대하여는 조세감면규제법 등 관계법령이 정하는 바에 의하여 조세 기타 공과금을 감면할 수 있다(법 제49조).

6) 심사청구 등

노인 또는 그 부양의무자가 이 법에 의한 복지조치에 대하여 이의가 있을 때에는 당해 복지실시기관에 심사를 청구할 수 있다. 복지실시기관이 이 같은 심사청구를 받은 때에 30일 이내에 이를 심사 · 결정하여 청구인에게 그 통보를 하여야 한다. 심사 · 결정에 이의가 있는 자는 그 통보를 받은 날부터 90일 이내에 행정심판을 제기할 수 있다(법 제 50조).

제4절 장애인복지법

[시행 2015. 12. 23.] [법률 제13366호, 2015. 6. 22., 일부개정]

1. 법의 의의

20세기 초반 생존권사상이 유럽에서 형성되고 전 세계로 확대 · 발전되어 가는 과정에서 장애인의 복지증진과 권리를 확립하려는 노력은 지속적으로 발전되어 왔다.

그중에서도 국제연합은 1948년 '세계인권선언' 을 비롯하여 1971년의 '정신지체인의 권리선언' , 1975년의 '장애인의 권리선언' 그리고 이듬해인 1976년 12월 제31회 국제연합총회에서는 1981년을 '세계장애인의 해' 로 정하여 장애인의 '완전참가와 평등' 을 슬로건으로 내걸고 구체적인 활동을 하기로 하는 등(厚生省, 1992: 6) 장애인의 복지증진과 권리 확립에 중심적 역할을 해 왔다. 특히 '세계장애인의 해' 를 계기로 우리나라를 비롯한 세계 각국의 장애인복지는 큰 발전을 보게 되었다.

그리고 1975년 '장애인 권리선언' 에서는 국제적 시야에서 장애인의 인권을 검토하는 지침을 구체적으로 규정하고 있다. 즉, "장애인은 인간으로서 존엄이 존중되어 태어나면서부터 권리를 가지고 있다." (제3조)고 하고, "장애의 원인, 특질 및 정도에 관계없이 같은 연령의 시민과 동등한 기본적 권리를 갖는다." 고 명기하고 있다.

그 후 이 같은 권리선언의 내용이 세계적 차원에서 실현될 수 있도록 하기 위해 1993년, 평등한 참가를 위한 전제조건인 참가가 반드시 실시되어야만 하는 목표분야 등에 대해 22개의 규칙을 넣은 '장애자의 기회균등화에 관한 표준규칙' 이 국제연합총회에서 승인되었다(佐藤 進, 河野正輝, 2000: 佐藤, 225-227).

이 같은 국제연합을 중심으로 하는 장애인의 권리신장을 위한 노력이 각국의 장애인 복지증진 시책에 크게 영향을 주게 된다.

한편, 우리나라에서는 1960년대부터 20년 이상 지속된 산업화, 도시화에 따른 산업재해, 교통사고, 환경오염, 각종 질병의 만연 등의 요인에 의하여 장애인의 수가 날로 증가하면서 방치할 수 없는 사회문제로 부각되었지만 1981년 「심신장애자복지법」이 제정되기 이전까지는 「생활보호법」 「산업재해보상보험법」 「특수교육진흥법」 등을 통해 빈곤 · 산업재해 · 특수교육 등의 욕구에 단편적으로 대응하여 왔기 때문에 장애인 복지증진에 대한 정부의 종합적인 법제도는 마련되어 있지 않았다.

따라서 우리나라는 '세계장애인의 해' 인 1981년 「심신장애자복지법」을 제정함으로써 인간으로서 장애인의 기본적 인권을 보장하게 되었고, 복지국가인 북구에서 시작되어 전 세계로 전파된 정상화(normalization) 이념에 따라 장애인의 사회적 통합(integration)의 이념을 구현하는 제도적 장치를 마련하게 되었다(김만두, 1991: 409)고 할 수 있다.

2. 입법배경 및 연혁

우리나라는 1970년대 산업화에 따른 산업재해, 교통사고, 환경오염 등과 같은 요인에 의하여 장애인 수가 급격히 증가하면서 1977년에 「특수교육법」을 제정 · 공포하여 장애인 특수교육에 대한 제도적 기반을 구축하였다. 그 후 1979년 보건사회부가 장애인 실태조사를 실시한 후 우리나라 장애인 출현율이 전체 인구의 2.93%인 108만 6823명에 이른다고 발표하였다.

또한 보건사회부 사회보장심의위원회는 1979년 심신장애자복지 모델을 토대로 미국, 영국, 일본, 대만 등 외국의 장애인복지법을 참고로 하여 작성한 장애인복지법안 공청회를 갖기도 하였다. 그러나 보건사회부는 위원회의 여러 가지 제안을 참고로 하면서도 일본 등지의 법안을 연구한 후 독자적인 법안을 마련 '세계장애인의 해' 인 1981년 5월 8일 제107회 국회에 정부안으로 제출하였다. 국회에서는 정부 원안대로 큰 논란 없이 노인복지법과 심신장애자 복지법안을 함께 심의 · 의결하여 1981년 6월 5일 법률 제3452호로 제정 · 공포하였다(김만두, 1991: 408-409). 정부의 법안 제안이유는 "우리나라가 산업화 · 도시화 추세에 있음에 대처하여 심신장애의 발생예방과 심신장애자의 의료 직업재활 및 생활보호 등 복지시책을 효과적으로 추진함으로써 장애자의 재활자립과 그 가족의 정상적인 경제 · 사회활동을 도와주며 나아가 사회복지증진에 기여하려는 것이다."고 하였다.

동법에 영향을 준 것은 국제연합이 장애인의 '완전참가와 평등'을 내건 1981년을 세계장애인의 해로 정해 모든 국가에 대하여 심신장애인을 위한 복지사업과 기념행사를 추진하도록 권고한 점을 배경으로 먼저 들 수 있다. 또한 이 같은 장애인복지의 국제적인 흐름과 함께 국내에서는 광주민주화운동을 무력으로 제압하고 들어선 제5공화국 정부가 복지사회 건설을 국정지표로 내걸고 장애인복지에도 관심을 가지게 되었다는 것도 부정할 수 없다. 그와 같은 국내외적 필요성에 따라 효과적으로 심신장애인 복지시책 추진을 위한 법을 제정하고 장애인 복지시책을 전담하는 재활과를 보건복지부 내에 설치함으로써 장애인복지의 획기적인 발전기반을 구축하였던 것이다.

그 후 우리나라는 정부나 민간차원 어느 곳에서도 장애인복지에 대해 별다른 관심을 보이지 않다가 '도전과 극복, 평화와 우정, 참여와 평등'을 이념으로 하는 1988년 '세계 장애인 올림픽'의 서울개최를 계기로 하여 장애인의 능력과 그들의 생활환경 등의 문제가 이슈로 제기되었다. 즉, 세계 장애인 올림픽에 세계의 유명선수들이 대거 참여하여 장애인도 능력이 있음을 보여 줌으로써 우리나라 국민의 장애인인식을 바꾸는 계기가 되었으나, 그 반면 휠체어 등을 이용하는 장애인의 사회참여를 어렵게 하는 도로의 턱, 육교 등 사회환경의 문제가 매스컴의 이슈로 떠올랐던 것이다.

따라서 세계 장애인 올림픽 계기로 장애인에 대한 근본적이고 종합적인 복지정책과 서비스의 현실적 욕구가 더욱 증가하면서 한국장애인 총연맹과 장애인 권익문제 단체들이 협력하여 기존의 「심신장애자복지법」 개정을 위한 활동(김만두, 1991: 409)을 활발히 전개하였고, 국회의 보사위는 그 당시 활동 중이었던 장애인복지대책위원회의 조사결과를 개정 법률안에 포함하기로 합의했다. 이러한 활동의 결과로 1989년 12월 30일 「심신장애인복지법」을 개정하고, 그 명칭도 「장애인복지법」으로 변경하여 법률 제4179호로 공포하게 되었던 것이다. 이어서 이듬해 장애인의 고용촉진을 위한 「장애인고용촉진 등에 관한 법률」(1990. 1. 13., 법률 제4219호)도 제정하였다.

「장애인복지법」의 전문개정으로 장애인복지위원회 구성 및 운영절차, 공공시설 이용요금 감면, 자금 대여 등에 관한 조항의 신설과 현행 규정의 운영상 나타난 미비점을 보완하기 위해서 「장애인복지법」 시행령을 1990년 12월 1일 개정하였다. 동법 시행령 개정에서는 장애인의 사회생활 개선과 편의시설의 이용이 주된 내용이었으나, 「장애인복지법」 대부분의 규정이 한시적 · 임의적 규정 형식이었기 때문에 구체적 권리로서 장애인의 복지권을 보장하는 데는 아직도 미흡한 수준에 머물러 있었다.

이에 따라 동법의 제2차 전문개정은 1999년 2월 8일에 이루어졌는데, 개정이유는 장애인의 인간존엄의 실현과 완전한 사회참여와 평등을 통한 사회통합의 달성 등을 기본이념으로 명문화하였으며, 이를 위하여 장애인 보조견, 장애유형에 따른 재활서비스의 제공, 장애인 생산품의 구매, 재활보조기구의 개발 · 보급 등 장애인의 새로운 복지수요에 대응하여 장애인복지정책의 효율적 수행을 도모하려는 것 등이었다.

2003년 5월 1일에는 일상생활 또는 사회생활에 상당한 제약을 받고 있는 중증질환자에 대한 사회적 지원을 강화하기 위하여 동법 시행령을 일부 개정하였는데, 현재 10종인 장애의 종류에 호흡기장애 등 5종을 새롭게 추가한 것이 핵심 내용이다.

2003년 9월 29일 「장애인복지법」을 법률 6985호로 개정하였는데, 일부개정의 골자는 종전 국가 및 지방자치단체가 장애인의 장애 정도 및 경제적 생활수준을 고려하여 소득보전을 위하여 장애인에 대하여 장애수당을 지급할 수 있다는 내용, 「국민기초생활보장법」에 의한 생계급여의 수급자 중 중증장애인에게만 장애수당을 지급해 왔지만 앞으로는 「국민기초생활보장법」에 의한 생계급여의 수급자인 장애인 모두를 장애수당 의무지급대상자로 하여 그 지급대상을 확대하려는 내용 등이다.

2004년 3월 5일 법률 제7184호로 또다시 「장애인복지법」의 일부개정이 이루어져 공포되었다. 동법 일부개정의 이유 및 내용은 장애인복지종합정책을 총괄하는 장애인복지조정위원회가 업무를 효율적으로 추진할 수 있도록 장애인복지정책과 관련된 부처별 업무추진 상황을 점검하고 성과를 평가하며 그 결과를 정책에 반영하는 업무를 하는 것이다. 이를 수행하는 실무위원회를 장애인복지조정위원회에 설치하는 한편, 지방자치단체 차원에서도 장애인복지 관련 정책의 수립 · 조정 · 평가 등을 담당하는 지방장애인복지위원회를 설치함으로써 장애인 복지제도의 지속적 발전을 도모하려는 것이다.

「국민체육진흥법」이 개정되면서 2005년 7월 29일 「장애인복지법」도 일부개정되었는데, 개정의 주요 목적은 장애인이 편리하게 체육시설을 이용할 수 있게 하고, 장애인 체육활동의 활성화를 위하여 장애인 체육시설의 설치 · 운영에 대한 국가 및 지방자치단체의 의무를 정하는 한편, 장애인 체육의 특수성을 고려하여 장애인 체육의 지원 및 육성을 담당할 대한장애인체육회를 신설하는 데 있다.

그 후 2007년 4월 11일 법률 제8367호로 장애인의 권익을 신장하고, 중증장애인 및 여성장애인을 포함한 장애인의 자립생활 등을 실현하기 위한 각종 제도를 도입하는 한편, 법적 간결성 · 함축성과 조화를 이루는 범위에서 알기 쉽고 간결하게 다듬으려는 목적에서 장애인복지법 전부를 개정하였다.

이어서 경증의 정신질환자로서 전문의가 의지 · 보조기 기사 업무를 수행할 능력이 있다고 인정하는 경우에는 의지·보조기(義肢·補助器) 기사 시험에 응시할 수 있도록 함으로써 국민의 보건 및 건강 보호에 관한 권익이 침해되지 아니하는 범위에서 그 증세가 가벼운 정신질환자의 헌법상 직업선택의 자유를 보장하려는 목적에서 2007년 10월 17일 「장애인복지법」의 일부를 개정하였으며, 2008년 2월 29일에는 이명박 정부 출범으로 정부조직법 개정에 따라 「장애인복지법」의 일부를 개정하였다.

2011년 3월에는 장애인 생활시설이 대규모화되면서 자율성 감소나 사생활 침해와 같은 부작용이 발생하고 있고, 시설 이용자들이 전문 서비스를 제공받기에 어려우며, 다양한 환경과 상호작용할 수 있는 기회를 제한하여 결과적으로 지역사회와 분리되는 결과를 초래하고 있음에 따라 장애인거주시설의 정원은 30명을 초과할 수 없도록 하며, 장애인 생활시설에 대한 이용 절차 및 시설이 제공하는 서비스의 최저기준을 규정하는 등 장애인복지시설 이용자 중심의 서비스체계를 구축함으로써 장애인의 복지 증진에 이바지하려는 목적에서 장애인복지법 일부를 개정하였다.

5개월 뒤인 2011년 8월 4일 동법은 다시 일부개정되었는데, 이 일부개정은 재활치료 서비스를 제공하는 전문 인력에 대한 자격제도가 민간자격제도로 운영되고 있어, 전문 인력의 자격 수준이 서로 다르고 이에 따라 서비스 간에 질의 차이가 나타나 이용자의 불편과 사회적 비용을 발생시키고 있고, 전문 인력의 자격에 대한 법률적 근거가 없기 때문에 서비스 제공자 및 서비스 제공기관에 대한 체계적 관리마저 이루어지지 않고 있어 관련 제도의 보완이 시급함에 따라, 현재 가장 수요가 많고 만족도가 있는 언어재활 분야의 민간자격에 대하여 먼저 국가자격제도를 도입하여 수행 인력의 전문성을 높이고, 서비스 품질을 향상함을 목적으로 하고 있다.

2012년 1월 26일 다문화·국제화 시대에 국내 거주 재외동포 및 외국인의 증가와 외국인장애인 등의 복지욕구 확대 등에 따라 재외동포 및 외국인의 장애인등록을 허용하고, 자녀교육비 및 장애수당 등의 지급 대상자를 선정할 때 신청인과 그 가구원의 금융재산을 조사할 수 있도록 하여 대상자 선정의 정확성과 형평성을 기하도록 하며, 현재 「아동·청소년의 성보호에 관한 법률」에 따라 아동·청소년 대상 성범죄에 제한적으로 인정되고 있는 장애인복지시설 종사자 등의 신고의무를 장애인 대상 성범죄에 대한 일반적인 신고의무로 확대하고, 종사자 등에게 성범죄 예방 및 신고에 대한 교육을 의무화함으로써 장애인의 인권보호를 강화하고자 하였다.

2012년 10월 22일 장애인복지시설의 운영자 및 종사자에 대해 장애인학대 사실을 수사기관에 신고하도록 의무화하고, 피학대 장애인에 대한 응급조치 의무, 장애인학대 사건 심리에 있어 보조인 선임절차 등을 정함으로써 피학대 장애인 구제의 효율성과 피학대장애인 보호를 도모하였다.

2013년 3월 23일 국가 성장동력의 양대 핵심 축인 과학기술과 정보통신기술을 창조경제의 원천으로 활용하여 각 행정기관 고유의 전문성을 강화하여 행정환경의 변화에 능동적으로 대처할 수 있도록 하는 등 창조적이고 유능한 정부를 구현할 수 있도록 정부기능을 재배치하였다.

2013년 7월 30일 현행법상 장애인생산품 인증제에 대한 거짓 인증표시에 대한 벌칙규정을 신설하며, 현재 시행규칙에 규정되어 있는 인증취소 관련 규정을 법률로 상향하여 규정하였다. 이는 장애인복지단체의 재정적 부담을 경감하기 위하여 장애인복지단체에 국유·공유 재산을 무상으로 대부 또는 사용·수익할 수 있도록 하는 법적 근거를 명확히 하려는 것이다.

2015년 3월 11일 신용정보집중기관에 대한 공적 통제를 제고하고, 신용조회업의 부수업무 제한, 신용조회회사의 영리목적 겸업 및 계열회사에 대한 정보 제공 금지, 신용정보관리·보호인의 임원 지정, 신용정보 보존 기간 제한, 개인신용정보의 제공·활용에 대한 동의 절차 강화, 개인정보정보유출 시 신용정보회사 등에 대한 업무정지, 징벌적 과징금 및 징벌적 손해배상 책임, 법정손해배상책임 부과, 손해배상책임 보장을 위한 보험 가입 또는 적립금 예치, 정보유출 행위자에 대한 형벌 상향 등을 규정하려는 것이다.

2015년 6월 22일 재단법인 한국보건의료인국가시험원은 24개에 달하는 대다수의 보건의료계열 직종의 면허시험 및 자격시험을 위탁받아 시행관리하고 있어 「공공기관의 운영에 관한 법률」에 근거한 공공기관으로 지정되어 정부로부터 관리·감독을 받고 있음에도 불구하고, 예산 및 행정지원 등에 있어서는 현행법상 명확한 설립근거가 미약하다는 이유로 다른 국가시험관리기관에 비해 국고지원율이 전체 예산의 6%로 매우 낮아 충분한 실기시험장소 확보 등 보건의료인국가시험의 안정적 시행관리 및 선진화를 위한 사업추진이 어려운 실정이다. 이에 한국보건의료인국가시험원에 관한 법적 근거를 마련하고, 보건의료 관련 국가시험의 공정성과 신뢰성을 제고하며, 시험제도 선진화 및 질적 향상을 통한 대국민 보건의료서비스의 질적 향상에 기여하고자 하였다.

■ 장애인복지법 연혁

1981년 6월 5일	심신장애자복지법 제정
1989년 12월 30일	전부개정 장애인복지법 제정
1999년 2월 8일	동법 전부개정
2003년 9월 29일	동법 일부개정—장애수당 수급 대상자 확대 등
2004년 3월 5일	동법 일부개정
2005년 7월 29일	동법 일부개정—대한장애인체육회 신설 등
2007년 10월 17일	동법 일부개정
2011년 3월 30일	동법 일부개정—장애인거주시설의 정원 30명 초과제한 등
2011년 8월 4일	동법 일부개정—언어재활분야의 국가자격제도 도입 등
2012년 1월 26일	동법 일부개정—성범죄 신고의 의무화, 성교육실시를 명시
2012년 10월 22일	동법 일부개정—장애인학대의 정의규정을 신설
2013년 7월 30일	동법 일부개정—장애인생산품 인증 기준에 대한 벌치규정 신설
2015년 3월 11일	타법 일부개정—신용정보 유출에 대한 사전적 예방과 사후적 제재 및 소비자의 피해구제 강화
2015년 6월 22일	동법 일부개정—한국보건의료인국가시험원의 법적지원근거 마련

3. 법의 내용

1) 장애의 분류와 법체계

장애인식을 어떻게 하는가는 장애인들의 생활을 어떻게 인식하고 어떻게 보장해 갈 것인가 하는 점에서 매우 중요하다. 이는 또 장애인 인권보장의 내용을 좌우하는 것이기도 하다. 유엔에서는 장애의 개념과 분류를 체계화하기 위해서 노력해 왔는데 1980년 세계보건기구(WHO)로부터 제시된 국제장애분류(ICIDH)와 2001년의 국제장애분류(ICF)다. ICIDH에서는 장애의 분류를 질병(Disease/Disorder), 손상(impairment), 능력(disability), 사회적 불리(handicap)로 단순하게 분류하였는데, ICF에서는 개인적인 장애 및 질병과 상황적 맥락과의 상호작용에 의하여 기능과 장애를 설명하였다. 즉, 장애는 개인의 문제로 한정하고 개인에 귀속된 객관적인 실체가 아니라 건강상태나 상황적 맥락속에서 달라진다는 것을 명시한 것이다. 즉, 개인의 장애기능은 신체의 기능과 구조, 참여, 활동 등으로 나타나며, 이러한 기능들은 건강조건과 상황적 요인에 속하는 환경적 요인과 개인적 요인의 양 측면에서 영향을 받는다고 해석할 수 있다(유동철, 2015: 81-85).

이상의 장애에 관한 세계적 흐름의 영향을 받은 우리나라의 「장애인복지법」은 제1장 총칙을 비롯한 9개의 장과 부칙으로 구성되어 있으며, 제1장 총칙은 16개 조로 구성되어 있다. 제2장은 기본정책의 강구, 제3장은 복지 조치, 제4장은 자립생활의 지원, 제5장은 복지시설과 단체, 제6장은 장애인보조기구, 제7장은 장애인복지 전문인력, 제8장은 보칙, 제9장은 벌칙으로 구성되어 있다.

2) 장애인복지법의 목적과 이념

1981년 국제연합이 세계장애인의 해로 정하고 내세운 슬로건은 '장애인의 완전한 참여와 평등'이었다. 이에 따라 미국은 고용, 공공서비스, 운송, 공공통신의 분야에 있어서 장애인에 대한 차별을 금지하는 「미국장애인법(Americans with Disabilities Act of)」(1990)을 제정하는 등 선진 각국에서 장애인 복지시책의 충실을 도모하기 위한 각종 노력을 하고 있다.

우리나라도 세계장애인의 해인 1981년 「심신장애자복지법」을 제정하였다. 그 후 동법은 1989년 「장애인복지법」으로 명칭을 개칭하여 장애발생 예방과 직업재활 및 생계보조수당을 도입하는 등 전면개정하였고, 이듬해인 1990년에는 장애인 고용확대를 위해 「장애인고용촉진법」을 제정하였다.

이 같은 각국의 동향에 영향을 받은 중국도 1991년 「장애인보장법」을 제정하는 등 법제도를 구축하였다. 이와 같이 각국의 경제사회적 환경에 따라 장애인복지 확충의 내용은 크게 다르다고 할 수 있지만, 세계장애인의 해 이후 10년 동안 장애인 복지시책은 이전보다 충실하게 되어 왔다고 말할 수 있다(厚生省, 1992: 8).

우리나라 「장애인복지법」은 "장애인의 인간다운 삶과 권리 보장을 위한 국가와 지방자치단체 등의 책임을 명백히 하고, 장애발생 예방과 장애인의 의료 · 교육 · 직업재활 · 생활환경개선 등에 관한 사업을 정하여 장애인복지대책을 종합적으로 추진하며, 장애인의 자립생활 · 보호 및 수당지급 등에 관하여 필요한 사항을 정하여 장애인의 생활안정에 기여하는 등 장애인의 복지와 사회활동 참여증진을 통하여 사회통합에 이바지함을 목적으로 한다."(법 제1조)고 규정하고 있다.

동법 제1조에서 장애인의 생존권과 권리보장을 위한 국가와 지방자치단체의 책임을 다른 사회복지서비스법보다 명확히 한 점은, 상위법인 헌법 제34조 제5항의 "신체장애자, 질병, 노령 기타의 사유로 생활능력이 없는 국민은 법률이 정하는 바에 의하여 국가의 보호를 받는다."고 규정한 장애인 등 생활무능력자들은 국가재정 형편에 관계없이 생존권 보장이 가장 중요하기 때문에 제1차적인 권리로 보호하여야 한다는 관념에서 국가와 지방자치단체의 책임을 강조한 것이다. 이를 위해 장애인복지대책의 종합적 추진, 장애인의 자립 등에 관하여 필요한 사항을 정함으로써 장애인의 생활안정, 장애인의 복지와 사회활동 참여증진을 통하여 사회통합에 이바지함이 동법의 목적인 것이다.

"장애인복지의 기본이념은 장애인의 완전한 사회 참여와 평등을 통하여 사회통합을 이루는 데에 있다."(법 제3조)고 함으로써 1981년 '세계장애인의 해'의 슬로건인 '장애인의 완전한 참여와 평등'을 실천하여 전체 국민의 사회통합을 기하려는 데 있는 것으로 해석된다.

장애인 권리에 대해 장애인은 인간으로서 존엄과 가치를 존중받으며, 그에 걸맞은 대우를 받는다(법 제4조 제1항)고 하여 헌법 10조를 재확인하였으며, 장애인은 국가·사회의 구성원으로서 정치·경제·사회·문화, 그 밖의 모든 분야의 활동에 참여할 권리를 가진다(법 제4조 제2항)고 규정함으로써 장애인의 완전한 참여와 평등이 동법의 기본이념인 동시에 그들의 권리임을 인정하고 있다.

나아가 동법 제8조는 "누구든지 장애를 이유로 정치·경제·사회·문화 생활의 모든 영역에서 차별을 받지 아니하고, 누구든지 장애를 이유로 정치·경제·사회·문화 생활의 모든 영역에서 장애인을 차별하여서는 아니 된다."(법 제8조 제1항)고 하였으며 이어서 "누구든지 장애인을 비하·모욕하거나 장애인을 이용하여 부당한 영리행위를 하여서는 아니 되며, 장애인의 장애를 이해하기 위하여 노력하여야 한다."(법 제8조 제2항)고 규정하여 장애인에 대한 차별 등을 금지하고 장애인에 대한 모욕 등과 장애인을 이용한 부당한 영리행위를 금지하고 있으며, 국민에게 장애인의 장애를 이해하기 위한 노력의무를 부과하고 있다.

3) 법의 책임주체와 대상자

「장애인복지법」은 법의 책임 주체를 국가와 지방자치단체, 국민, 장애인 및 가족으로 나누어 각각의 의무를 규정하고 있으며, 장애인복지 행정조직을 통해 복지실천을 하고 있다. 또한 동법상의 장애인 기준에 따라 법의 적용 대상자를 규제하고 있다.

(1) 국가와 지방자치단체의 책임

우리나라 「장애인복지법」 제1조 목적에서 장애인의 인간다운 삶과 권리 보장을 위한 국가와 지방자치단체 등의 책임을 명백히 하고 있으며, 동법 제9조 제1항은 국가와 지방자치단체가 장애의 발생을 예방하고, 장애의 조기발견에 대한 국민의 관심을 높이고 자립을 지원하며 필요한 보호를 실시하여 장애인의 복지를 증진할 책임을 진다고 규정하고 있다. 또한 여성 장애인의 권익을 보호하기 위한 정책강구와 함께 장애인복지정책을 장애인과 그 보호자에게 적극적으로 홍보하여야 하며, 국민이 장애인을 올바르게 이해하도록 하는 데에 필요한 정책을 강구(법 제9조 제2항, 제3항)하도록 규정함으로써 국가책임을 더욱 구체화하고 있다.

(2) 국민의 책임

모든 국민은 장애발생의 예방과 장애의 조기발견을 위하여 노력하여야 하며, 장애인의 인격을 존중하고 사회통합의 이념에 기초하여 장애인의 복지향상에 협력하여야 한다(법 제10조).

이 조항은 장애인의 95% 이상이 교통사고, 산업재해 등과 같은 사회적 사고와 노화 등 후천적 요인에 의해 장애가 발생한다는 통계치가 대변하듯이 건강한 사람도 장애인이 될 수 있으며, 어떤 의미에서는 모든 국민이 장애인이 될 수 있다는 개연성에서 배제될 수 없다는 논리에 근거하고 있다. 따라서 장애인문제는 국가의 노력만으로는 해결하는 데 한계가 있기 때문에 공동체 구성원인 국민도 장애인 복지향상에 협력하여야 한다고 규정하고 있는 것이다. 이와 같은 맥락에서 장애인복지는 국민전체가 책임을 져야 함을 법적으로 명확히 하고 있다.

(3) 장애인 및 보호자 등에 대한 의견수렴과 참여

국가 및 지방자치단체는 장애인 정책의 결정과 그 실시에 있어서 장애인 및 장애인의 부모, 배우자, 그 밖에 장애인을 보호하는 자의 의견을 수렴하여야 한다. 이 경우 당사자의 의견수렴을 위한 참여를 보장하여야 한다(법 제5조).

이 조항은 장애인 사회참여와 자립·재활을 위해 자신과 그 가족의 노력이 무엇보다 중요하다는 것을 말하는 것이며, 국가 및 지방자치단체의 사회복지정책 및 법적 보장과 함께 장애인 자신과 그 가족의 주도적인 노력이 조화롭게 이루어질 때 장애인의 재활과 사회통합이 가능하다(현외성, 2001: 468)는 입장에 서 있는 조항이다.

(4) 장애인복지 행정조직

1 장애인복지시설 이용 등

국가와 지방자치단체는 장애인이 장애인복지시설의 이용을 통하여 기능회복과 사회적 향상을 도모할 수 있도록 필요한 정책을 강구하여야 한다(법 제57조 제1항). 국가와 지방자치단체는 장애인복지시설을 이용하는 장애인의 인권을 보호하기 위하여 필요한 정책을 마련하고 관련 프로그램을 실시할 수 있는 기반을 조성하여야 한다(법 제57조 제2항). 장애인복지실시기관은 장애인복지시설에 대한 장애인의 선택권을 최대한 보장하여야 한다(법 제57조 제3항). 장애인복지실시기관은 장애인의 선택권을 보장하기 위하여 장애인복지시설을 이용하려는 장애인에게 시설의 선택에 필요한 정보를 충분히 제공하여야 한다(법 제57조 제4항). 장애인복지시설의 선택에 필요한 정보 제공과 서비스 제공 시에는 장애인의 성별 · 연령 및 장애의 유형과 정도를 고려하여야 한다(법 제57조 제5항).

2 장애인정책조정위원회 및 지방장애인복지위원회의 감독 · 평가

장애인 종합정책을 수립하고 관계부처 간의 의견을 조정하며, 그 정책의 이행을 감독 · 평가하기 위하여 국무총리 소속하에 장애인정책조정위원회를 둔다(법 제11조 제1항). 장애인정책조정위원회는 위원장 및 부위원장 각 1명을 포함한 30명 이내의 위원으로 구성한다(령 제3조). 장애인정책조정위원회는 다음의 사항을 심의 · 조정한다(법 제11조 제2항).

① 장애인복지정책의 기본방향에 관한 사항
② 장애인복지 향상을 위한 제도개선과 예산지원에 관한 사항
③ 중요한 특수교육정책의 조정에 관한 사항
④ 장애인 고용촉진정책의 중요한 조정에 관한 사항
⑤ 장애인 이동보장 정책조정에 관한 사항
⑥ 장애인정책 추진과 관련한 재원조달에 관한 사항
⑦ 장애인복지에 관한 관련 부처의 협조에 관한 사항

⑧ 그 밖에 장애인복지와 관련하여 대통령령으로 정하는 사항

그리고 장애인복지 관련사업의 기획 · 조사 · 실시 등을 하는 데에 필요한 사항을 심의하기 위하여 지방자치단체에 지방장애인복지위원회를 둔다(법 제13조 제1항). 지방장애인복지위원회의 조직 및 운영에 관하여 필요한 사항은 대통령령이 정하는 기준에 따라 지방자치단체의 조례로 정한다(법 제13조 제2항).

3 장애인복지상담원

장애인 복지 향상을 위한 상담 및 지원 업무를 맡기기 위하여 시 · 군 · 구에 장애인복지상담원을 둔다(법 제33조 제1항). 장애인복지상담원은 사회복지사 자격증의 소지자, 특수학교의 교사자격증 소지자, 국가나 지방자치단체에서 사회복지 관련 업무를 5년 이상 담당한 경력이 있는 자 또는 장애인복지단체에서 5년 이상 장애인복지 업무에 종사한 자 중에서 시장 · 군수 · 구청장이 지방공무원으로 임용한다(령 제21조 제1항).

장애인복지상담원은 다음의 직무를 수행한다(령 제22조).

① 장애인과 그 가족 또는 관계인에 대한 상담 및 지도
② 장애인에 대한 진단 · 진료 또는 보건 등에 관한 지도와 관계 전문기관에 대한 진단 · 진료 또는 보건지도 등의 의뢰
③ 장애인복지시설에 대한 장애인의 입소 · 통원 또는 그 이용의 알선
④ 장애인에 대한 장애인보조기구의 지급과 사용 · 수리 등에 관한 지도
⑤ 장애인에 대한 직업훈련 · 취업 알선과 관계 전문기관에 대한 직업훈련 · 취업알선의 의뢰
⑥ 장애인을 위한 지역사회자원의 개발 · 조직 · 활용 및 알선
⑦ 장애인복지시설이나 장애인에 관한 조사 및 지도
⑧ 그 밖에 장애인의 복지증진에 관한 사항

4 장애인복지전문인력

장애인의 복지향상을 도모하기 위해서는 전문인력의 확보가 요청되기에 「장애인복지법」은 이를 규정하고 있다. 즉, 동법에서는 국가와 지방자치단체 그 밖의 공공단체는 의지 · 보조기 기사, 언어재활사, 수화통역사, 점역(點譯) · 교정사 등 장애인복지 전문인력, 그 밖에 장애인복지에 관한 업무에 종사하는 자를 양성 · 훈련하는 데에 노력

해야 한다(법 제71조)고 규정되어 있으며, 동법 제72조부터 제78조는 의지 · 보조기 기사와 언어재활사의 자격증 교부 등을 위한 국가시험의 실시 및 응시자격, 시험합격자에 대한 자격증의 교부, 보수교육의 실시, 자격의 취소 및 정지 등에 관한 규제를 하고 있다.

(5) 법의 대상자: 장애인의 개념과 기준

세계보건기구(WHO)가 제시한 세 가지 차원의 '국제장애분류(안)'은 세계 각국의 장애분류에 크게 영향을 주었다.

장애의 세 가지 차원의 분류, 그 첫째는 형태이상을 포함한 기능장애(impairment)다. 둘째는 능력저하(disability)인데 능력저하는 특히 일상생활에 필요한 행위와의 관계에서 파악한다. 그리고 셋째는 사회적 불리(handicap)인데, 이는 단순히 신체적 · 정신적 부위로 한정하는 것이 아닌 '기능'에 주목한 분류로서 의료대상으로서의 장애가 아니라 인간생활상 장애의 관점에 서 있다.

우리나라 「장애인복지법」상 장애인이란 신체적 · 정신적 장애로 오랫동안 일상생활이나 사회생활에서 상당한 제약을 받는 자를 말한다(법 제2조 제1항). 그러나 장애인복지법의 적용을 받는 장애인은 동법 제2조 제1항에 따른 장애인 중 〈표 11-2〉와 같이 대통령령으로 정하는 장애의 종류 및 기준에 해당하는 자를 말한다(법 제2조 제2항)고 규정하여 그 범위를 제한하고 있다.

1999년 2월 8일 전문개정 된 장애인 복지법령상의 장애인 기준은 세계보건기구가 제시한 국제장애분류 세 가지 차원 안에서 사회적 불리(handicap)를 받아들였다. 따라서 동 법령은 인간생활상의 장애개념에 입각하여 종전의 신체외부 기능장애로 국한했던 장애인 범주를 신체내부와 정신장애까지 포함하여 2000년 1월 1일부터 그 범위를 확대하여 시행하고 있다. 즉, 이전에는 신체외부의 기능장애인 지체, 시각, 청각, 언어, 정신지체로 장애범주를 국한하였으나, 2000년 1월 1일부터는 기존 5종의 장애에 신장, 심장, 뇌병변, 정신, 발달과 같은 5종의 장애범주를 추가하였고 그 후 동법 시행령을 개정하여 2003년 7월 1일부터는 호흡기 장애 등 5종을 새롭게 추가하여 「장애인복지법」상의 장애기준을 15종으로 확대하였다.

장애인복지법시행령이 규정하고 있는 장애인의 기준은 〈표 11-2〉와 같다.

또한 장애인은 장애의 정도에 따라 등급을 구분하되, 그 등급은 보건복지부령으로 정한다(령 제2조 제2항, 시행규칙 제2조).

표 11-2 장애인의 기준

(1) 지체장애인
- 한 팔, 한 다리 또는 몸통의 기능에 영속적인 장애가 있는 사람
- 한 손의 엄지손가락을 지골관절 이상의 부위에서 잃은 사람 또는 한 손의 둘째 손가락을 포함한 두 개 이상의 손가락을 모두 제1지골 관절 이상의 부위에서 잃은 사람
- 한 다리를 리스프랑(Lisfranc: 발등뼈와 발목을 이어 주는) 관절 이상의 부위에서 잃은 사람
- 두 발의 발가락을 모두 잃은 사람
- 한 손의 엄지손가락 기능을 잃은 사람 또는 한 손의 둘째 손가락을 포함한 손가락 두 개 이상의 기능을 잃은 사람
- 왜소증으로 키가 심하게 작거나 척추에 현저한 변형 또는 기형이 있는 사람
- 지체에 위 각 목의 어느 하나에 해당하는 장애 정도 이상의 장애가 있다고 인정되는 사람

(2) 뇌병변장애인
- 뇌성마비, 외상성 뇌손상, 뇌졸중 등 뇌의 기질적 병변으로 인하여 발생한 신체적 장애로 보행이나 일상생활의 동작 등에 상당한 제약을 받는 사람

(3) 시각장애인
- 나쁜 눈의 시력(만국식시력표에 따라 측정된 교정시력을 말한다)이 0.02 이하인 사람
- 좋은 눈의 시력이 0.2 이하인 사람
- 두 눈의 시야가 각각 주시점에서 10도 이하로 남은 사람
- 두 눈의 시야 2분의 1 이상을 잃은 사람

(4) 청각장애인
- 두 귀의 청력 손실이 각각 60데시벨(dB) 이상인 사람
- 한 귀의 청력 손실이 80데시벨 이상, 다른 귀의 청력 손실이 40데시벨 이상인 사람
- 두 귀에 들리는 보통 말소리의 명료도가 50퍼센트 이하인 사람
- 평형 기능에 상당한 장애가 있는 사람

(5) 언어장애인
- 음성 기능이나 언어 기능에 영속적으로 상당한 장애가 있는 사람

(6) 지적장애인
- 정신 발육이 항구적으로 지체되어 지적 능력의 발달이 불충분하거나 불완전하고 자신의 일을 처리하는 것과 사회생활에 적응하는 것이 상당히 곤란한 사람

(7) 자폐성장애인
- 소아기 자폐증, 비전형적 자폐증에 따른 언어 · 신체표현 · 자기조절 · 사회적응 기능 및 능력의 장애로 인하여 일상생활이나 사회생활에 상당한 제약을 받아 다른 사람의 도움이 필요한 사람

(8) 정신장애인
- 지속적인 정신분열병, 분열형 정동장애, 양극성 정동장애 및 반복성 우울장애에 따른 감정조절 · 행동 · 사고 기능 및 능력의 장애로 인하여 일상생활이나 사회생활에 상당한 제약을 받아 다른 사람의 도움이 필요한 사람

(9) 신장장애인
- 신장의 기능부전으로 인하여 혈액투석이나 복막투석을 지속적으로 받아야 하거나 신장기능의 영속적인 장애로 인하여 일상생활에 상당한 제약을 받는 사람

(10) 심장장애인
- 심장의 기능부전으로 인한 호흡곤란 등의 장애로 일상생활에 상당한 제약을 받는 사람

(11) 호흡기장애인
- 폐나 기관지 등 호흡기관의 만성적 기능부전으로 인한 호흡기능의 장애로 일상생활에 상당한 제약을 받는 사람

(12) 간장애인
- 간의 만성적 기능부전과 그에 따른 합병증 등으로 인한 간기능의 장애로 일상생활에 상당한 제약을 받는 사람

(13) 안면장애인
- 안면 부위의 변형이나 기형으로 사회생활에 상당한 제약을 받는 사람

(14) 장루 · 요루장애인
- 배변기능이나 배뇨기능의 장애로 인하여 장루(腸瘻) 또는 요루(尿瘻)를 시술하여 일상생활에 상당한 제약을 받는 사람

(15) 간질장애인
- 간질에 의한 뇌신경세포의 장애로 인하여 일상생활이나 사회생활에 상당한 제약을 받아 다른 사람의 도움이 필요한 사람

출처: 령 제2조 별표 1.

4) 장애인복지 기본시책의 강구

(1) 장애발생의 예방

국가 및 지방자치단체는 장애의 발생원인과 그 예방에 관한 조사연구를 촉진하여야 하며 모자보건사업의 강화, 장애의 원인이 되는 질병의 조기 발견과 조기치료의 추진, 그 밖의 필요한 시책을 강구하여야 하며(법 제17조 제1항), 교통사고 · 산업재해 · 약물중독 및 환경오염 등에 의한 장애발생을 예방하기 위하여 필요한 조치를 강구하여야 한다(법 제17조 제2항)고 규정하고 있다. 이는 장애인 대부분이 사고, 재해, 환경오염 등의 사회적 요인에 의해 후천적으로 발생하기 때문에 조기 발견과 조기치료 등의 시책과 조치를 통한 장애발생의 예방을 강조하고 있는 것이다.

(2) 의료 · 재활치료

국가와 지방자치단체는 장애인이 생활기능을 익히거나 되찾을 수 있도록 필요한 기능치료와 심리치료 등 재활의료를 제공하고 장애인의 장애를 보완할 수 있는 장애인보조기구를 제공하는 등 필요한 시책을 강구하여야 한다(법 제18조).

(3) 사회적응훈련

국가와 지방자치단체는 장애인이 재활치료를 마치고 일상생활 또는 사회생활을 원활히 할 수 있도록 사회적응훈련을 실시하여야 한다(법 제19조). 이는 의료 · 재활치료 후 사회에 복귀한 장애인이 인간다운 생활을 영위하기 위해서는 가정 및 사회에서 불편함이 없도록 사회에 적응하는 것이 중요하기 때문에 사회적응훈련을 실시하도록 규정하고 있는 것이다.

(4) 교육

첫째, 국가와 지방자치단체는 사회통합의 이념에 따라 장애인이 연령 · 능력 · 장애의 종류 및 정도에 따라 충분히 교육받을 수 있도록 교육내용과 방법을 개선하는 등 필요한 시책을 강구하여야 한다(법 제20조 제1항).

둘째, 국가와 지방자치단체는 장애인의 교육에 관한 조사 · 연구를 촉진하여야 한다(법 제20조 제2항).

셋째, 국가와 지방자치단체는 장애인에게 전문적인 진로교육을 실시하는 제도를 강구하여야 한다(법 제20조 제3항).

넷째, 각급 학교의 장은 교육을 필요로 하는 장애인이 그 학교에 입학하고자 하는 경우에는 장애를 이유로 입학의 지원을 거부하거나 입학시험 합격자의 입학을 거부하는 등의 불리한 조치를 하여서는 아니 된다(법 제20조 제4항).

다섯째, 모든 교육기관은 교육대상 장애인의 입학 및 수학 등에 있어서 장애의 종류와 정도에 맞추어 시설을 정비하거나 그 밖에 필요한 조치를 강구하여야 한다(법 제20조 제5항).

(5) 직업

국가와 지방자치단체는 장애인이 자신의 적성과 능력에 따라 적절한 직업에 종사할 수 있도록 하기 위하여 직업지도, 직업능력평가, 직업적응훈련, 직업훈련, 취업알선, 고용 및 취업 후 지도 등 필요한 시책을 강구하여야 한다(법 제21조 제1항)고 국가와 지방자치단체의 직업재활시책을 규정하고 있다. 이를 위하여 국가와 지방자치단체는 장애인 직업재활훈련이 원활히 이루어질 수 있도록 장애인에게 적합직종과 재활사업에 관한 조사 · 연구를 촉진하여야 한다(법 제21조 제2항)고 강조하고 있다.

(6) 정보에의 접근

첫째, 국가와 지방자치단체는 장애인이 정보에 원활하게 접근하고 자신의 의사를 표시할 수 있도록 하기 위하여 전기통신 및 방송시설 등을 개선하도록 노력하여야 한다(법 제22조 제1항).

둘째, 국가와 지방자치단체는 방송국의 장 등 민간사업자에 대하여 뉴스와 국가적 주요 사항의 중계 등 대통령령이 정하는 방송프로그램에 청각장애인을 위한 수화 또는 폐쇄자막과 시각장애인을 위한 화면해설 또는 자막해설 등을 방영하도록 요청하여야 한다(법 제22조 제2항).

셋째, 국가와 지방자치단체는 국가적인 행사 기타 교육, 집회 등 대통령령이 정하는 행사를 개최하는 경우에는 청각장애인을 위한 수화통역 및 시각장애인을 위한 점자 또는 점자·음성변환용 코드가 삽입된 자료 등을 제공하여야 하며 민간이 주최하는 행사의 경우에는 수화통역과 점자 또는 점자·음성변환용코드가 삽입된 자료 등을 제공하도록 요청할 수 있다(법 제22조 제3항).

넷째, 요청을 받은 방송국의 장 등 민간사업자 및 민간행사주최자는 정당한 이유가 없는 한 이에 응하여야 한다(법 제22조 제4항).

다섯째, 국가와 지방자치단체는 시각장애인의 정보에 쉽게 접근할 수 있도록 점자도서와 음성도서 등을 보급하기 위하여 노력하여야 한다(법 제22조 제5항).

여섯째, 국가와 지방자치단체는 장애인의 특성을 고려하여 정보통신망 및 정보통신기기의 접근·이용에 필요한 지원 및 도구의 개발·보급 등 필요한 시책을 강구하여야 한다(법 제22조 제6항).

(7) 편의시설

국가와 지방자치단체는 장애인이 공공시설과 교통수단 등을 안전하고 편리하게 이용할 수 있도록 편의시설의 설치와 운영에 필요한 정책을 강구하여야 한다(법 제23조 제1항). 또한 국가와 지방자치단체는 공공시설 등 이용편의를 위하여 수화통역·안내보조 등 인적서비스 제공에 관하여 필요한 시책을 강구하여야 한다(법 제23조 제2항).

(8) 안전대책 강구

국가와 지방자치단체는 추락사고 등 장애로 인하여 일어날 수 있는 안전사고와 비상재해 등에 대비하여 시각·청각 장애인과 이동이 불편한 장애인을 위하여 피난용 통로를 확보하고, 점자·음성·문자 안내판을 설치하며, 긴급 통보체계를 마련하는 등 장애인의 특성을 배려한 안전대책 등 필요한 조치를 강구하여야 한다(법 제24조).

(9) 사회적 인식개선

국가와 지방자치단체는 학생, 공무원, 근로자, 그 밖의 일반국민 등을 대상으로 장애인에 대한 인식개선을 위한 교육 및 공익광고 등 홍보사업을 실시하여야 한다(법 제25조 제1항). 그리고 국가는 「초 · 중등교육법」에 따른 학교에서 사용하는 교과용도서에 장애인에 대한 인식개선을 위한 내용이 포함되도록 하여야 한다(법 제25조 제2항).

(10) 선거권 행사를 위한 편의제공

국가와 지방자치단체는 장애인이 선거권을 행사하는 데에 불편함이 없도록 편의시설 · 설비를 설치하고, 선거권 행사에 관하여 홍보하며, 선거용 보조기구를 개발 · 보급하는 등 필요한 조치를 강구하여야 한다(법 제26조).

(11) 주택 보급

국가와 지방자치단체는 공공주택 등 주택을 건설할 경우에는 장애인에게 장애 정도를 고려하여 우선 분양 또는 임대할 수 있도록 노력하여야 한다(법 제27조 제1항). 또한 국가와 지방자치단체는 주택의 구입자금 · 임차자금 또는 개 · 보수비용의 지원 등 장애인의 일상생활에 적합한 주택의 보급 · 개선에 필요한 시책을 강구하여야 한다(법 제27조 제2항).

(12) 문화환경의 정비 등

국가와 지방자치단체는 장애인의 문화생활과 체육활동을 늘리기 위하여 관련시설 및 설비 그 밖의 환경을 정비하고 문화생활과 체육활동 등을 지원하도록 노력하여야 한다(법 제28조).

(13) 복지 연구 등의 진흥

첫째, 국가와 지방자치단체는 장애인복지의 종합적이고 체계적인 조사 · 연구 · 평가 및 장애인 체육활동 등 장애인정책개발 등을 위하여 필요한 정책을 강구하여야 한다(법 제29조 제1항).

둘째, 제1항에 따른 장애인 관련 조사 · 연구 수행 및 정책개발 · 복지진흥 · 재활체육진흥 등을 위하여 재단법인 한국장애인개발원(이하 "개발원"이라 한다)을 설립한다(법

제29조 제2항).

셋째, 개발원의 사업과 활동은 정관으로 정한다(법 제29조 제3항).

넷째, 국가와 지방자치단체는 개발원의 운영에 필요한 비용을 보조할 수 있으며, 조세특례제한법이 정하는 바에 의하여 조세를 감면하고 개발원에 기부된 재산에는 소득계산의 특례를 적용한다(법 제29조 제4항).

(14) 경제적 부담의 경감

첫째, 국가와 지방자치단체, 공공기관의 운영에 관한 법률 제4조에 따른 공공기관, 지방공기업법에 의한 지방공사 또는 지방공단은 장애인과 장애인을 부양하는 자의 경제적 부담을 줄이고 장애인의 자립을 촉진하기 위하여 세제상의 조치, 공공시설 이용료 감면, 그 밖의 필요한 정책을 강구하여야 한다(법 제30조 제1항).

둘째, 국가와 지방자치단체, 장애인을 부양하는 자의 경제적 부담을 줄이고 장애인의 자립을 돕기 위하여 공공기관의 운영에 관한 법률 제4조에 따른 공공기관, 지방공기업법에 의한 지방공사 또는 지방공단이 운영하는 운송사업자는 장애인과 장애인을 부양하는 자의 경제적 부담을 줄이고 장애인의 자립을 돕기 위하여 장애인과 장애인을 보호하기 위하여 동행하는 자의 운임 등을 감면하는 정책을 강구하여야 한다(법 제30조 제2항).

셋째, 동법 30조에 따라 장애인에게 이용요금을 감면할 수 있는 공공시설과 그 감면율은 〈표 11-3〉과 같다. 이 규정에 의하여 공공시설의 이용요금을 감면받고자 하는 자는 법 제32조 제1항의 규정에 의하여 발급받은 장애인등록증을 이용하고자 하는 시설 또는 사업의 관리자 등에게 내보여야 한다(령 제17조 제2항).

표 11-3 감면대상시설의 종류와 감면율

시설의 종류	감면율(일반요금에 대한 백분율)
1. 철도 가. 무궁화호 통근열차 나. 새마을호	 100분의 50 100분의 50(1~3급 장애인) 100분의 30(4~6급 장애인) (4~6급 장애인의 경우 토요일과 공휴일을 제외한 주중에만 감면된다)
2. 도시철도(철도사업법에 따라 수도권 지역에서 한국철도공사가 운영하는 전기철도를 포함한다)	100분의 100

3. 공영버스(국가나 지방자치단체가 운영하는 것만 해당한다)	100분의 100
4. 국공립 공연장	100분의 50
5. 공공체육시설(국가 등이 설치 관리 · 운영하는 시설 중 생활체육관 수영장 테니스장 스키장만 해당한다)	100분의 50
6. 고궁	100분의 100
7. 능원	100분의 100
8. 국공립의 박물관 및 미술관	100분의 100
9. 국공립 공원	100분의 100

출처: 령 제17조 제1항 별표 2.

5) 장애인복지의 조치

(1) 장애인 실태조사 및 등록

1 실태조사

장애인의 욕구와 문제를 해결하여 자립 · 자활할 수 있도록 제반서비스를 제공하기 위해서는 이에 대한 실태조사가 선행되어야 한다. 이에 따라 보건복지부장관은 장애인 복지정책의 수립에 필요한 기초 자료로 활용하기 위하여 3년마다 장애실태조사를 실시하여야 한다(법 제31조 제1항)고 규정하고 있다. 이 규정에 의한 장애실태조사의 방법, 대상 및 내용 등에 관하여 필요한 사항은 대통령령으로 정한다(법 제31조 제2항).

대통령령에 따른 장애인의 실태조사는 전수조사 또는 표본조사로 실시하되, 전수조사는 보건복지부장관이 정하는 바에 의하여 특별시장 · 광역시장 · 도지사 · 특별자치도지사(이하 "시 · 도지사"라 한다)가 실시하고, 표본조사는 보건복지부장관이 전문연구기관에 의뢰하여 실시한다(령 제18조 제1항).

장애인의 실태조사에서 조사할 사항은 다음과 같다(시행령 제18조 제2항).

① 성별, 연령, 학력, 가족사항 등 장애인의 일반특성에 관한 사항
② 장애 유형, 장애 정도 및 장애 발생원인 등 장애 특성에 관한 사항
③ 취업 · 직업훈련, 소득과 소비, 주거 등 경제 상태에 관한 사항

④ 장애인보조기구의 사용, 복지시설의 이용, 재활서비스 및 편의시설의 설치욕구 등 복지욕구에 관한 사항
⑤ 장애수당과 장애인보조기구의 지급 및 장애인등록제도 등 복지지원 상황에 관한 사항
⑥ 여가활동과 사회활동 등 사회참여 상황에 관한 사항
⑦ 생활만족도와 생활환경에 대한 태도 등 장애인의 의식에 관한 사항
⑧ 여성장애인의 임신 · 출산 · 육아 등을 위한 복지욕구에 관한 사항
⑨ 그 밖에 보건복지부장관이 장애인의 복지를 위하여 필요하다고 인정하는 사항

동법 시행령 제18조에 따른 실태조사는 2005년을 기준연도로 하여 3년마다 1회씩 실시하되, 조사의 일시는 보건복지부장관이 정한다(령 제19조 제1항). 보건복지부장관은 제1항에 따른 실태조사 외에 임시조사를 실시할 수 있다(령 제19조 제2항).

2 장애인 등록

장애인, 그 법정대리인 또는 대통령령이 정하는 보호자는 장애상태와 그 밖에 보건복지부령이 정하는 사항을 특별자치도지사 · 시장 · 군수 또는 구청장에게 등록하여야 하며, 특별자치도지사 · 시장 · 군수 · 구청장은 등록을 신청한 장애인이 동법 제2조에 따른 기준에 맞으면 장애인등록증을 내주어야 한다(법 제32조 제1항). 장애인 등록증은 양도하거나 대여하지 못하며, 등록증과 비슷한 명칭이나 표시를 사용하여서는 아니 된다(법 제32조 제5항). 장애인의 장애 인정과 등급 사정(査定)에 관한 업무를 담당하게 하기 위하여 보건복지부에 장애판정위원회를 둘 수 있다(법 제32조 제4항).

3 재외동포 및 외국인의 장애인 등록

재외동포 및 외국인 중 다음 각 호의 어느 하나에 해당하는 사람은 제32조에 따라 장애인 등록을 할 수 있다(법 제32조의2 제1항).

①「재외동포의 출입국과 법적 지위에 관한 법률」제6조에 따라 국내거소신고를 한 사람
②「출입국관리법」제31조에 따라 외국인등록을 한 사람으로서 같은 법 제10조 제1항에 따른 체류자격 중 대한민국에 영주할 수 있는 체류자격을 가진 사람
③「재한외국인 처우 기본법」제2조 제3호에 따른 결혼이민자

국가와 지방자치단체는 제1항에 따라 등록한 장애인에 대하여는 예산 등을 고려하여 장애인복지사업의 지원을 제한할 수 있다(법 제32조의2 제2항).

(2) 장애인복지상담원

장애인 복지 향상을 위한 상담 및 지원 업무를 맡기기 위하여 시 · 군 · 구에 장애인복지상담원을 둔다(법 제33조 제1항). 장애인복지상담원은 그 업무를 할 때 개인의 인격을 존중하고, 업무상 알게 된 개인의 신상에 관한 비밀을 누설하여서는 아니 된다(법 제33조 제2항). 장애인복지상담원의 임용 · 직무 · 보수와 그 밖에 필요한 사항은 대통령령으로 정한다(법 33조 제3항).

(3) 재활상담 및 입소 등의 조치

「장애인복지법」 제3장 복지조치에서는 장애정도에 따라 장애인복지 증진을 위하여 재활상담과 각종 장애인복지시설 및 기관에 입소하는 등의 필요한 조치를 취하도록 하고 있다.

보건복지부장관, 특별시장, 시 · 도지사 · 특별자치도지사 또는 시장 · 군수 · 구청장은 장애인에 대한 검진 및 재활상담을 실시하고, 필요하다고 인정되면 다음과 같은 조치를 하여야 한다(법 제34조 제1항).

① 국 · 공립병원, 보건소, 보건지소 그 밖의 의료기관에 의뢰하여 의료와 보건지도를 받게 하는 것
② 국가 또는 지방자치단체가 설치한 장애인복지시설에서 주거편의 · 상담 · 치료 · 훈련 등의 필요한 서비스를 받도록 하는 것
③ 장애인복지시설에 위탁하여 그 시설에서 주거편의 · 상담 · 치료 · 훈련 등의 서비스를 받도록 하는 것
④ 공공직업능력개발훈련시설 또는 사업장내 직업훈련시설에서 하는 직업훈련 또는 취업알선을 필요로 하는 자를 관련 시설 또는 직업안정업무기관에 소개하는 것

이 외에 장애인복지실시기관은 재활상담을 하는 데에 필요하다고 인정되면 장애인복지상담원을 해당 장애인의 가정 또는 장애인의 주거편의 · 상담 · 치료 · 훈련 등의 서비스를 받는 시설이나 의료기관을 방문하여 상담하게 하거나 필요한 지도를 하게 할 수 있다(법 제34조 제2항).

(4) 장애 유형 · 장애 정도별 재활 및 자립지원 서비스 제공 등

국가와 지방자치단체는 장애인의 일상생활을 편리하게 하고 사회활동 참여를 높이기 위하여 장애유형 · 장애 정도별로 재활 및 자립지원 서비스를 제공하는 등 필요한 정책을 강구하여야 하며, 예산의 범위 내에서 지원할 수 있다(법 제35조).

(5) 의료비 지급

장애인복지실시기관은 의료비를 부담하기 어렵다고 인정되는 장애인에게 장애 정도와 경제적 능력 등을 고려하여 장애 정도에 따라 의료에 소요되는 비용을 지급할 수 있다(법 제36조 제1항). 이 제1항에 따른 의료비 지급의 대상 · 기준 및 방법 등에 관하여 필요한 사항은 보건복지부령으로 정한다(법 제36조 제2항).

의료비를 받을 수 있는 자는 다음의 어느 하나에 해당하는 자 중 소득과 재산을 고려하여 매년 예산의 범위에서 보건복지부장관이 정한다(시행규칙 제20조 제1항).

① 「국민기초생활보장법」에 의한 수급자인 장애인
② 「국민기초생활보장법」에 따른 수급자인 장애인과 유사한 자로서 의료비를 지급할 필요가 인정되는 장애인

장애인에 대한 의료비는 국민건강보험법 및 의료급여법에 따라 제공되는 의료에 소요되는 비용 중 해당 장애인이 부담하여야 할 비용으로 한다(시행규칙 제20조 제2항).

이 외에도 국가와 지방자치단체는 장애인의 신청이 있을 때에는 예산의 범위 안에서 장애인보조기구를 교부 · 대여 또는 수리하거나 장애인보조기구 구입 또는 수리에 필요한 비용을 지급할 수 있다(법 제66조 제1항).

제1항에 따른 비용의 지급은 장애인보조기구의 교부 또는 수리가 곤란하다고 인정되는 경우에만 한다(법 제66조 제2항).

(6) 산후조리도우미 지원 등

국가 및 지방자치단체는 임산부인 여성장애인과 신생아의 건강관리를 위하여 경제적 부담능력 등을 감안하여 여성장애인의 가정을 방문하여 산전 · 산후 조리를 돕는 도우미(이하 "산후조리도우미"라 한다)를 지원할 수 있다(법 제37조 제1항). 국가 및 지방자치단체는 제1항의 규정에 따른 산후조리도우미 지원사업에 대하여 보건복지부령이 정하는 바에 따라 정기적으로 모니터링(산후조리도우미 지원사업의 실효성 등을 확보하기 위

한 정기적인 점검활동을 말한다)을 실시하여야 한다(법 제37조 제2항).

(7) 자녀교육비의 지급

장애인복지법 제20조는 장애인 교육을 위한 정책방향을 규정하고 동법 제38조는 교육재활을 위한 구체적인 급여조치를 제시하고 있다. 즉, 장애인복지실시기관은 경제적 부담능력 등을 감안하여 장애인이 부양하는 자녀 또는 장애인인 자녀의 교육비를 지급할 수 있다(법 제38조 제1항)고 하고 있다.

교육비 지급의 대상 · 기준 및 방법 등에 관하여 필요한 사항은 보건복지부령으로 정하는데(법 제38조 제2항), 지급대상은 다음의 어느 하나에 해당하는 자 중 소득과 재산을 고려하여 매년 예산의 범위 안에서 보건복지부장관이 정한다. 다만 국민기초생활보장법 등 다른 법령에 따라 교육비를 지급받는 자에게는 그 받은 금액만큼 감액하여 지급하여야 한다(시행규칙 제23조 제1항).

① 학교에 입학하거나 재학하는 자녀를 둔 장애인
② 학교에 입학하거나 재학하는 장애인을 부양하는 자

(8) 장애인이 사용하는 자동차 등에 대한 지원 등

국가와 지방자치단체, 그 밖의 공공단체는 장애인이 이동수단인 자동차 등을 편리하게 사용할 수 있도록 하고 경제적 부담을 줄여 주기 위하여 세제감면 등 필요한 지원정책을 강구하여야 한다(법 제39조 제1항).

시장 · 군수 · 구청장은 장애인이 이용하는 자동차 등을 지원하는 데에 편리하도록 장애인이 사용하는 자동차 등임을 알아 볼 수 있는 표지를 발급하여야 한다(법 제39조 제2항).

장애인사용자동차 등 표지를 대여하거나 보건복지부령이 정하는 자 이외의 자에게 양도하는 등 부당한 방법으로 사용하여서는 아니 되며, 이와 비슷한 표지, 명칭 등을 사용하여서는 아니 된다(법 제39조 제3항).

장애인사용자동차 등 표지의 발급대상, 발급 절차 등에 관하여 필요한 사항은 보건복지부령으로 정한다(법 제39조 제4항).

(9) 장애인 보조견의 훈련 · 보급 지원 등

국가와 지방자치단체는 장애인의 복지 향상을 위하여 장애인을 보조할 장애인 보조견(補助犬)의 훈련・보급을 지원하는 방안을 강구하여야 한다(법 제40조 제1항). 보건복지부장관은 장애인 보조견에 대하여 장애인 보조견표지를 발급할 수 있다(법 제40조 제2항). 누구든지 보조견표지를 붙인 장애인 보조견을 동반한 장애인이 대중교통수단을 이용하거나 공공장소, 숙박시설 및 식품접객업소 등 여러 사람이 다니거나 모이는 곳에 출입하려는 때에는 정당한 사유 없이 거부하여서는 아니 된다. 제4항에 따라 지정된 전문훈련기관에 종사하는 장애인 보조견 훈련자 또는 장애인 보조견 훈련 관련 자원봉사자가 보조견표지를 붙인 장애인 보조견을 동반한 경우에도 또한 같다(법 제40조 제3항).

(10) 자금의 대여 등

국가와 지방자치단체는 장애인이 사업을 시작하거나 필요한 지식과 기능을 익히는 것 등을 지원하기 위하여 대통령령이 정하는 바에 따라 자금을 대여할 수 있다(법 제41조). 대여자금의 종류는 다음과 같다(령 제24조 제1항).

① 생업자금
② 생업이나 출퇴근을 위한 자동차 구입비
③ 취업에 필요한 지도 및 기술훈련비
④ 기능회복 훈련에 필요한 장애인보조기구 구입비
⑤ 사무보조기기 구입비
⑥ 그 밖에 보건복지부장관이 장애인 재활에 필요하다고 인정하는 비용

동법 시행령 제24조 제1항의 규정에 의한 자금대여의 한도, 이율 및 거치기간은 보건복지부장관이 관계 중앙행정기관의 장과 협의하여 정한다(령 제24조 제2항).

(11) 생업 지원

장애인과 그 가족의 경제적・사회적 재활을 위해 다음과 같이 생업을 지원하는 몇 가지 조치를 동법에서는 규정하고 있다. 이 조치는 장애인의 경제・사회적 재활을 지원하여 사회에서 자활할 수 있도록 하는 데 그 목적이 있다.

국가와 지방자치단체, 그 밖의 공공단체는 소관 공공시설 안에 식료품・사무용품・신문 등 일상생활용품의 판매를 위한 매점이나 자동판매기의 설치를 허가 또는 위탁할 때에는 장애인의 신청이 있는 경우 이를 우선적으로 반영하도록 노력하여야 한다(법 제42조 제1항).

시장 · 군수 또는 구청장은 장애인이 담배사업법에 따라 담배소매인으로 지정받기 위하여 신청하면 그 장애인을 우선적으로 지정하도록 노력하여야 한다(법 제42조 제2항).

장애인이 우편법령에 따라 국내우표류 판매업 계약 신청을 하면 우편관서는 그 장애인이 우선적으로 계약할 수 있도록 노력하여야 한다(법 제42조 제3항).

(12) 자립훈련비 지급

장애인복지시설에서 주거편의 · 상담 · 치료 · 훈련 등을 받도록 하거나 위탁한 장애인에 대하여 그 시설에서 훈련을 효과적으로 받는 데 필요하다고 인정되면 자립훈련비를 지급할 수 있으며, 특별한 사정이 있으면 훈련비 지급을 대신하여 물건을 지급할 수 있다(법 제43조 제1항). 제1항에 따른 자립훈련비의 지급과 물건의 지급 등에 관하여 필요한 사항은 보건복지부령으로 정한다(법 제43조 제2항).

(13) 생산품 구매와 인증

국가, 지방자치단체 및 그 밖의 공공단체는 장애인복지시설과 장애인복지단체에서 생산한 물품의 우선 구매에 필요한 조치를 마련하여야 한다(법 제44조). 보건복지부장관은 장애인복지시설, 장애인복지단체에서 생산한 물품의 판매촉진 · 품질향상 및 소비자와 구매자 보호를 위하여 인증제도를 실시할 수 있다(법 제45조 제1항). 제1항 및 제2항에 따라 인증을 받은 경우 외에는 생산한 물품이나 그 물품의 포장 · 용기 또는 홍보물에 보건복지부령으로 정한 인증의 표시를 붙이거나 이를 사용하여서는 아니 된다(법 제45조 제3항).

(14) 인증 취소

보건복지부장관은 제45조 제1항 및 제2항에 따라 인증을 받은 물품이 다음 각 호의 어느 하나에 해당하면 그 인증을 취소할 수 있다(법 제45조의2 제1항).

① 거짓이나 그 밖의 부정한 방법으로 인증을 받은 경우
② 제45조 제2항에 따른 인증의 세부적인 기준에 맞지 아니하게 된 경우

보건복지부장관은 제1항에 따라 인증을 취소하려면 그 사유를 적은 문서(전자문서를 포함한다)로 미리 그 사실을 통보하여야 한다(법 제45조의2 제2항).

제2항에 따른 통보를 받은 자는 10일 이내에 소명자료를 제출할 수 있다(법 제45조의

2 제3항).

보건복지부장관은 제3항에 따라 제출받은 소명자료를 검토한 후 인증을 취소할 것인지를 결정하여야 한다(법 제45조의2 제4항).

제1항부터 제4항까지에 규정된 것 외에 인증취소의 기준 및 절차 등에 필요한 사항은 보건복지부령으로 정한다(법 제45조의2 제5항).

(15) 고용 촉진

국가와 지방자치단체는 직접 경영하는 사업에 능력과 적성이 맞는 장애인을 고용하도록 노력하여야 하며, 장애인에게 적합한 사업을 경영하는 자에게 장애인의 능력과 적성에 따라 장애인을 고용하도록 권유할 수 있다(법 제46조).

(16) 공공시설의 우선 이용

국가와 지방자치단체, 그 밖의 공공단체는 장애인의 자립을 지원하는 데에 필요하다고 인정되면 그 공공시설의 일부를 장애인이 우선 이용하게 할 수 있다(법 제47조).

(17) 장애수당

국가와 지방자치단체는 장애인의 장애 정도와 경제적 수준을 고려하여 장애로 인한 추가적 비용을 보전하게 하기 위하여 장애수당을 지급할 수 있다. 다만, 「국민기초생활 보장법」에 따른 생계급여를 받는 장애인에게는 장애수당을 반드시 지급하여야 한다(법 제49조 제1항). 제1항에도 불구하고 「장애인연금법」에 따른 중증장애인에게는 제1항에 따른 장애수당을 지급하지 아니한다(법 제49조 제2항).

(18) 장애아동부양수당 및 보호수당

국가와 지방자치단체는 장애아동에게 보호자의 경제적 생활수준 및 장애아동의 장애 정도를 고려하여 장애로 인한 추가적 비용을 보전하게 하기 위하여 장애아동수당을 지급할 수 있다(법 제50조 제1항).

또한 국가와 지방자치단체는 장애인을 보호하는 보호자에게 그의 경제적 수준과 장애인의 장애 정도를 고려하여 장애로 인한 추가적 비용을 보전하게 하기 위하여 보호수당을 지급할 수 있다(법 제50조 제2항).

(19) 자녀교육비 및 장애수당 등의 지급 신청

제38조에 따른 자녀교육비(이하 "자녀교육비"라 한다), 제49조 및 제50조에 따른 장애수당, 장애아동수당 및 보호수당(이하 "장애수당등"이라 한다)을 지급받으려는 사람은 보건복지부령으로 정하는 바에 따라 특별자치시장 · 특별자치도지사 · 시장 · 군수 · 구청장에게 자녀교육비 및 장애수당등의 지급을 신청할 수 있다(법 제50조의2 제1항).

제1항에 따라 신청을 할 때에 신청인과 그 가구원(「국민기초생활보장법」 제2조 제7호에 따른 개별가구의 가구원을 말한다. 이하 같다)은 대통령령으로 정하는 바에 따라 다음 각 호의 자료 또는 정보의 제공에 동의한다는 서면을 제출하여야 한다(법 제50조의2 제2항).

(20) 장애인의 재활 및 자립생활의 연

국가와 지방자치단체는 장애인 재활 및 자립생활에 대하여 종합적이고 체계적으로 조사 · 연구 · 평가하기 위하여 전문 연구기관에 장애예방 · 의료 · 교육 · 직업재활 및 자립생활 등에 관한 연구 과제를 선정하여 의뢰할 수 있다(법 제52조 제1항).

국가와 지방자치단체는 연구과제를 수행하는 데에 들어가는 비용을 예산의 범위 안에서 보조할 수 있다(법 제52조 제2항).

6) 자립생활의 지원

(1) 자립생활지원

국가와 지방자치단체는 중증장애인의 자기결정에 의한 자립생활을 위하여 활동보조인의 파견 등 활동보조서비스 또는 장애인보조기구의 제공, 그 밖의 각종 편의 및 정보제공 등 필요한 시책을 강구하여야 한다(법 제53조).

(2) 중증장애인자립생활지원센터

국가와 지방자치단체는 중증장애인의 자립생활을 실현하기 위하여 중증장애인자립생활지원센터를 통하여 필요한 각종 지원서비스를 제공한다(법 제54조 제1항). 제1항의 규정에 따른 중증장애인자립생활지원센터에 관하여 필요한 사항은 보건복지부령으로 정한다(법 제54조 제2항).

(3) 활동보조인 등 서비스 지원

국가와 지방자치단체는 중증장애인이 일상생활 또는 사회생활을 원활히 할 수 있도록 활동지원급여를 지원할 수 있다(법 제55조 제1항).

국가 및 지방자치단체는 임신 등으로 인하여 이동이 불편한 여성장애인에게 임신 및 출산과 관련한 진료 등을 위하여 경제적 부담능력 등을 감안하여 활동보조인의 파견 등 활동보조서비스를 지원할 수 있다(법 제55조 제2항).

(4) 장애동료 간 상담

국가와 지방자치단체는 장애인이 장애를 극복하는 데 도움이 되도록 장애동료 간 상호대화나 상담의 기회를 제공하도록 노력하여야 한다(법 제56조 제1항). 제1항에 따른 장애동료 간의 대화나 상담의 기회를 제공하기 위한 구체적인 사업 등에 관하여 필요한 사항은 보건복지부령으로 정한다(법 제56조 제2항).

7) 장애인복지시설과 단체

(1) 장애인복지시설의 이용 등

장애인복지시설은 장애인에게 적절한 보호, 의료, 생활지도와 기능회복훈련 등의 서비스를 제공함으로써 장애인의 기능회복과 사회성 향상을 도모하는 장소를 말한다.

국가와 지방자치단체는 장애인이 장애인복지시설의 이용을 통하여 기능회복과 사회적 향상을 도모할 수 있도록 필요한 정책을 강구하여야 한다(법 제57조 제1항). 또한 국가와 지방자치단체는 장애인복지시설을 이용하는 장애인의 인권을 보호하기 위하여 필요한 정책을 마련하고 관련 프로그램을 실시할 수 있는 기반을 조성하여야 한다(법 제57조 제2항). 그리고 장애인복지실시기관은 장애인복지시설에 대한 장애인의 선택권을 최대한 보장하여야(법 제57조 제3항) 하며, 이를 위하여 장애인복지시설을 이용하려는 장애인에게 시설의 선택에 필요한 정보를 충분히 제공하여야 한다(법 제57조 제4항). 장애인복지시설의 선택에 필요한 정보 제공과 서비스 제공 시에는 장애인의 성별 · 연령 및 장애의 유형과 정도를 고려하여야 한다(법 제57조 제5항).

(2) 장애인복지시설의 종류

장애인복지시설은 다음과 같이 다섯 가지 종류가 있다.

① 장애인 거주시설: 거주공간을 활용하여 일반가정에서 생활하기 어려운 장애인에게 일정 기간 동안 거주 · 요양 · 지원 등의 서비스를 제공하는 동시에 지역사회생

활을 지원하는 시설

② 장애인 지역사회재활시설: 장애인을 전문적으로 상담 · 치료 · 훈련하거나 장애인의 일상생활, 여가활동 및 사회참여활동 등을 지원하는 시설

③ 장애인 직업재활시설: 일반 작업환경에서는 일하기 어려운 장애인이 특별히 준비된 작업환경에서 직업훈련을 받거나 직업 생활을 할 수 있도록 하는 시설

④ 장애인 의료재활시설: 장애인을 입원 또는 통원하게 하여 상담, 진단 · 판정, 치료 등 의료재활서비스를 제공하는 시설

⑤ 그 밖에 대통령령으로 정하는 시설(법 제58조 제1항)

장애인복지시설의 구체적인 종류와 사업 등에 관한 사항은 보건복지부령으로 정한다(법 제58조 제2항).

(3) 장애인복지시설의 설치 및 감독

국가와 지방자치단체는 장애인복지시설을 설치할 수 있으며(법 제59조 제1항), 국가와 지방자치단체 외의 자가 장애인복지시설을 설치 · 운영하려면 해당 시설 소재지 관할시장 · 군수 · 구청장에게 신고하여야 하고, 신고한 사항 중 보건복지부령으로 정하는 중요한 사항을 변경할 때에도 신고하여야 한다. 다만, 폐쇄 명령을 받고 1년이 지나지 아니한 자는 시설의 설치 · 운영 신고를 할 수 없다(법 제59조 제2항).

국가 또는 지방자치단체 외의 자가 장애인복지시설을 설치 · 운영하려는 경우에는 신고서(전자문서로 된 신고서를 포함한다)에 다음과 같은 서류를 첨부하여 관할 시장 · 군수 · 구청장에게 제출하여야 한다(시행규칙 제43조 제1항).

① 정관 1부(법인인 경우에 한한다)

② 시설운영에 필요한 재산목록 1부

③ 사업계획서 및 예산서 각 1부

④ 시설의 운영에 관한 규정 각 1부

⑤ 시설의 평면도(시설의 층별 및 구조별 면적을 표시하여야 한다) 및 설비구조내역서 각 1부

장애인 거주시설의 정원은 30명을 초과할 수 없다. 다만, 특수한 서비스를 위하여 일정 규모 이상이 필요한 시설 등 대통령령으로 정하는 경우에는 그러하지 아니하다(법

제59조 제3항)

의료재활시설의 설치는 의료법에 의하고(법 제59조 제4항), 장애인복지시설의 시설기준 · 신고 · 변경신고 및 이용 등에 관하여 필요한 사항은 보건복지부령으로 정한다(법 제59조 제5항).

장애인 복지시설 거주 장애인에 대한 성폭력사건을 주제로 한 영화 〈도가니〉를 계기로 일어난 국민적 분노를 배경으로 2012년 1월 다시 「장애인복지법」을 개정하여 장애인 대상 성범죄 단속을 강화하는 조항을 신설하였다.

즉, 누구든지 장애인 대상 성범죄(성폭력범죄의 처벌 등에 관한 특례법에 따른 성폭력범죄 또는 아동 · 청소년의 성보호에 관한 법률에 따른 아동 · 청소년대상 성범죄를 말한다. 이하 같다)의 발생 사실을 알게 된 때에는 수사기관에 신고할 수 있다(법 제59조의2 제1항). 장애인복지시설의 운영자와 해당 시설의 종사자는 직무상 장애인 대상 성범죄의 발생 사실을 알게 된 때에는 즉시 수사기관에 신고하여야 한다(법 제59조의2 제2항). 다른 법률에 규정이 있는 경우를 제외하고는 누구든지 장애인 대상 성범죄 신고자의 인적사항이나 사진 등 그 신원을 알 수 있는 정보나 자료를 출판물에 게재하거나 방송 또는 정보통신망을 통하여 공개하여서는 아니 된다(법 제59조의2 제3항). 장애인복지시설의 운영자는 보건복지부령으로 정하는 절차와 방식에 따라 해당 시설의 종사자에게 장애인 대상 성범죄 예방 및 신고의무와 관련한 교육을 실시하여야 한다(법 제59조의2 제4항).

또한 장애인 시설에 성범죄자가 취업하는 것을 막기 위하여 성범죄(성폭력범죄의 처벌 등에 관한 특례법에 따른 성폭력범죄 또는 아동 · 청소년의 성보호에 관한 법률에 따른 아동 · 청소년대상 성범죄를 말한다. 이하 같다)로 형 또는 치료감호를 선고받아 확정된 사람은 그 형 또는 치료감호의 전부 또는 일부의 집행을 종료하거나 집행이 유예 · 면제된 날부터 10년 동안 장애인복지시설을 운영하거나 장애인복지시설에 취업 또는 사실상 노무를 제공할 수 없다(법 제59조의3 제1항)고 규정하여 성범죄자의 장애인시설 취업을 제한하였다. 그리고 이에 따라 시장 · 군수 · 구청장은 장애인복지시설을 운영하려는 자에 대하여 본인의 동의를 받아 관계 기관의 장에게 성범죄의 경력 조회를 요청하여야 한다(법 제59조의3 제2항)고 하였으며, 나아가 장애인복지시설 운영자는 그 시설에 취업 중이거나 사실상 노무를 제공 중인 사람 또는 취업하려 하거나 사실상 노무를 제공하려는 사람에 대하여 성범죄의 경력을 확인하여야 한다고 규정하였다. 이 경우 본인의 동의를 받아 관계 기관의 장에게 성범죄의 경력 조회를 요청하여야 한다(법 제59조의3 제3항).

시장 · 군수 · 구청장은 성범죄로 유죄판결이 확정된 사람이 장애인복지시설에 취업하였는지를 직접 또는 관계 기관 조회 등의 방법으로 확인 · 점검할 수 있는데, 이 경우 시장 · 군수 · 구청장은 이를 위반하여 장애인복지시설에 취업하거나 사실상 노무를 제공하는 사람이 있으면 장애인복지시설 운영자에게 그의 해임을 요구할 수 있다(법 제59조의3 제4항)고 명시하였다. 이 같은 규정에 따라 성범죄의 경력 조회를 요청받은 관계 기관의 장은 정당한 사유가 없는 한 이에 따라야 한다(법 제59조의3 제5항)고 하여 성범죄자의 장애인시설 취업을 엄격히 제한하고 있다.

뿐만 아니라 장애인 거주시설 운영자의 의무로 시설 운영자는 시설 이용자의 인권을 보호하고, 인권이 침해된 경우에는 즉각적인 회복조치를 취하여야 한다(법 제60조의4 제1항)고 하였고 시설 운영자는 시설 이용자의 거주, 요양, 생활지원, 지역사회생활 지원 등을 위하여 필요한 서비스를 제공하여야 하며(법 제60조의4 제2항), 시설운영자는 시설 이용자의 사생활 및 자기결정권의 보장을 위하여 노력하여야 한다(법 제60조의4 제2항)는 조항을 2011년 3월 30일 신설하였다.

장애인 거주시설의 서비스 최저기준으로 보건복지부장관은 장애인 거주시설에서 제공하여야 하는 서비스의 최저기준을 마련하여야 하며, 장애인복지실시기관은 그 기준이 충족될 수 있도록 필요한 조치를 취하여야 하고(법 제60조의3 제1항), 시설 운영자는 서비스의 최저기준 이상으로 서비스 수준을 유지하도록 규제하였다(법 제60조의3 제2항). 이에 따른 서비스 최저기준의 구체적인 내용과 시행에 관하여 필요한 사항은 보건복지부령으로 정하도록 하여(법 제60조의3 제3항), 동법 시행규칙에서 장애인 거주시설의 서비스 최저기준 등으로 다음과 같은 사항을 포함하도록 하고 있다(시행규칙 제44조의3 제1항).

① 서비스 안내 및 상담
② 개인의 욕구와 선택
③ 이용자의 참여와 권리
④ 능력개발
⑤ 일상생활
⑥ 개별지원
⑦ 환경
⑧ 직원관리
⑨ 시설운영

⑩ 그 밖에 서비스 최저기준으로서 필요한 사항

이 기준을 지키기 위해 보건복지부장관은 다음 해에 시행할 서비스 최저기준을 정하여 매년 1월 31일까지 고시하도록 규정하고 있다(시행규칙 제44조의3 제2항).

장애인복지실시기관은 장애인복지시설을 설치 · 운영하는 자의 소관업무 및 시설이용자의 인권실태 등을 지도 · 감독하며, 필요한 경우 그 시설에 관한 보고 또는 관련 서류 제출을 명하거나 소속 공무원에게 그 시설의 운영상황 · 장부, 그 밖의 서류를 조사 · 검사하거나 질문하게 할 수 있다(법 제61조 제1항).

장애인복지실시기관은 장애인복지시설이 다음의 어느 하나에 해당하는 때에는 그 시설의 개선, 사업의 정지, 시설의 장의 교체를 명하거나 해당 시설의 폐쇄를 명할 수 있다(법 제62조 제1항).

① 동법 제59조 제5항에 따른 시설기준에 미치지 못한 때
② 정당한 사유 없이 동법 제61조에 따른 보고를 하지 아니하거나 거짓으로 보고한 때 또는 조사 · 검사 및 질문을 거부 · 방해하거나 기피한 때
③ 사회복지법인이나 비영리법인이 설치 · 운영하는 시설인 경우 그 사회복지법인이나 비영리법인의 설립 허가가 취소된 때
④ 시설의 회계 부정이나 시설이용자에 대한 인권침해 등 불법행위, 그 밖의 부당행위 등이 발견된 때
⑤ 설치 목적을 이루었거나 그 밖의 사유로 계속하여 운영할 필요가 없다고 인정되는 때
⑥ 이 법 또는 이 법에 따른 명령이나 처분을 위반한 때

장애인복지시실시기관은 장애인 거주시설이 동법 제60조의3에 따른 서비스 최저기준을 유지하지 못할 때에는 그 시설의 개선, 사업의 정지, 시설의 장의 교체를 명하거나 해당 시설의 폐쇄를 명할 수 있다(법 제62조 제2항).

국가와 지방자치단체는 장애인의 복지를 향상하고 자립을 돕기 위하여 장애인복지단체를 보호 · 육성하도록 노력하여야 한다(법 제63조 제1항). 이를 위해 국가와 지방자치단체는 예산의 범위 안에서 단체의 사업 또는 활동이나 그 시설에 필요한 경비의 전부 또는 일부를 보조할 수 있다(법 제63조 제2항). 이 같은 장애인복지단체의 활동을 지원하고 장애인의 복지를 향상하기 위하여 장애인복지단체협의회(이하 "협의회"라 한다)

를 설립할 수 있다(법 제64조 제1항).

8) 장애인보조기구

(1) 장애인보조기구

장애인보조기구란 장애인이 장애의 예방 · 보완과 기능 향상을 위하여 사용하는 의지(義肢) · 보조기 및 그 밖에 보건복지부장관이 정하는 보장구와 일상생활의 편의 증진을 위하여 사용하는 생활용품을 말한다(법 제65조 제1항). 보건복지부장관은 장애인보조기구의 품질향상 등을 위하여 장애인보조기구의 품목 · 기준 및 규격을 정하여 고시할 수 있다(법 제65조 제2항).

(2) 장애인보조기구의 교부 등

국가와 지방자치단체는 장애인의 신청이 있을 때에는 예산의 범위 안에서 장애인보조기구를 교부 · 대여 또는 수리하거나 장애인보조기구 구입 또는 수리에 필요한 비용을 지급할 수 있다(법 제66조 제1항).

(3) 장애인보조기구업체의 육성 · 연구지원 등

국가와 지방자치단체는 장애인보조기구의 개발 · 보급을 촉진하기 위하여 장애인보조기구를 생산하는 업체에 대한 생산장려금 지급, 기술지원, 연구개발의 장려 등 필요한 조치를 강구하여야 한다(법 제67조 제1항).

9) 장애인복지 전문인력

(1) 장애인복지 전문인력 양성 등

국가와 지방자치단체 그 밖의 공공단체는 의지 · 보조기 기사, 언어재활사, 수화통역사, 점역(點譯) · 교정사 등 장애인복지 전문인력, 그 밖에 장애인복지에 관한 업무에 종사하는 자를 양성 · 훈련하는 데에 노력해야 한다(법 제71조 제1항). 그리고 국가와 지방자치단체는 제1항에 따른 장애인복지전문인력의 양성업무를 관계 전문기관 등에 위탁할 수 있으며(법 제71조 제3항), 장애인복지전문인력의 양성에 소요되는 비용을 예산의 범위 안에서 보조할 수 있다(법 제71조 제4항).

(2) 의지 · 보조기 기사와 언어재활사 자격증 교부 등

보건복지부장관은 다음의 어느 하나에 해당하는 자로서 국가시험에 합격한 자(이하 "의지 · 보조기 기사"라 한다)에게 의지 · 보조기 기사자격증을 내주어야 한다(법 제72조 제1항).

보건복지부장관은 자격요건을 갖춘 사람으로서 국가시험에 합격한 사람(이하 "언어재활사"라 한다)에게 언어재활사 자격증을 내주어야 한다(법 제72조의2 제1항).

10) 장애인복지의 비용

(1) 비용의 부담

장애인복지 조치와 시설설치 · 운영에 드는 비용은 예산의 범위 내에서 대통령령으로 정하는 바에 따라 장애인복지실시기관이 부담하게 할 수 있다.

즉, 의료비의 지급(법 제36조 제1항), 자녀교육비의 지급(법 제38조 제1항), 자립훈련비 지급(법 제43조 제1항), 장애수당의 지급(법 제49조 제1항), 장애아동수당과 보호수당의 지급(법 제50조 제1항, 제2항), 장애인보조기구의 교부 등(법 제66조 제1항), 장애보조기구 생산업체의 지원 육성(법 제67조 제1항, 제2항), 장애인복지시설의 설치 · 운영 등에 소요되는 비용(법 제59조 제1항)은 예산의 범위 내에서 대통령령이 정하는 바에 의하여 복지실시기관이 부담하게 할 수 있다(법 제79조).

각종 복지조치에 소요되는 비용은 국가와 지방자치단체가 이를 부담하되, 그 부담비율은 보조금관리에 관한 법률 시행령이 정하는 바에 따른다. 그리고 장애인복지시설의 설치 · 운영에 드는 비용은 해당 시설을 설치한 국가 또는 지방자치단체가 이를 부담한다(령 제42조 제1항, 제2항).

(2) 비용의 수납

국 · 공립병원, 보건소, 보건지소, 그 밖의 의료기관에 의뢰하여 의료와 보건지도를 받게 하는 것에 따른 조치에 필요한 비용을 부담한 장애인복지실시기관은 해당 장애인 또는 그 부양의무자로부터 대통령령이 정하는 바에 따라 장애인복지실시기관이 부담한 비용의 전부 또는 일부를 받을 수 있다(법 제80조 제1항).

이는 장애인이나 그 가족의 경제적 형편에 따른 이른바 수익자부담을 동법으로 규정한 것이라고 볼 수 있다.

(3) 비용의 보조

제81조(비용 보조) 국가와 지방자치단체는 대통령령으로 정하는 바에 따라 장애인복지시설의 설치 · 운영에 필요한 비용의 전부 또는 일부를 보조할 수 있다(법 제81조). 이에 필요한 비용의 일부를 매년 예산의 범위에서 보조하고, 이 경우 장애인복지시설의 운영에 필요한 비용의 보조 비율은 보조금 관리에 관한 법률 시행령으로 정하는 바에 따른다(령 제44조 제1항). 이 규정에 따라 국가나 지방자치단체가 장애인복지시설의 운영에 드는 비용을 보조하는 경우에는 사회복지사업법 제43조에 따른 시설 평가의 결과 등 해당 장애인복지시설의 운영 실적을 고려하여 차등을 두어 보조할 수 있다(령 제44조 제2항).

이 같은 장애인시설에 대한 보조금을 차등지원하는 것은 사회복지사업법에 규정된 사회복지시설운영 평가결과를 반영함으로써, 시설 간 경쟁을 유도하고 시설운영을 보다 전문화 · 효율화하여 궁극적으로는 사회복지 대상자에게 제공하는 서비스의 질 향상을 기하려는 데 그 목적이 있다.

11) 벌칙

다음 각 호의 어느 하나에 해당하는 자는 1년 이하의 징역이나 500만원 이하의 벌금에 처한다.

① 제8조 제2항을 위반하여 장애인을 이용하여 부당한 영리행위를 한 자
② 제32조 제5항을 위반하여 등록증을 양도 또는 대여하거나 양도 또는 대여를 받은 자 및 유사한 명칭 또는 표시를 사용한 자
③ 제33조 제2항을 위반하여 업무상 알게 된 개인의 신상에 관한 비밀을 누설한 자
④ 거짓이나 그 밖의 부정한 방법으로 제45조 제1항 및 제2항에 따른 인증을 받은 자
⑤ 제45조 제3항을 위반하여 인증의 표시를 붙이거나 사용한 자
⑥ 제59조 제2항에 따른 신고 또는 변경신고를 하지 아니하고 장애인복지시설을 설치 · 운영한 자
⑦ 제60조 제3항에 따른 시설 이용자의 권익 보호조치를 위반한 시설 운영자
⑧ 정당한 사유 없이 제61조 제1항에 따른 보고를 하지 아니하거나 거짓의 보고를 한 자, 자료를 제출하지 아니하거나 거짓 자료를 제출한 자, 조사 · 검사 · 질문을 거부 · 방해 또는 기피한 자

⑨ 제62조에 따른 명령 등을 받고 이행하지 아니한 자
⑩ 제69조 제2항을 위반하여 의지 · 보조기 기사를 두지 아니하고 의지 · 보조기제조업을 한 자
⑪ 제69조 제3항을 위반하여 폐쇄 명령을 받은 후 6개월이 지나지 아니하였음에도 불구하고 같은 장소에서 같은 제조업을 한 자
⑫ 제70조 제1항에 따른 제조업소 폐쇄 명령을 받고도 영업을 한 자

제5절 장애인활동 지원에 관한 법률

[시행 2014. 7. 1.] [법률 제12617호, 2014. 5. 20., 타법개정]

1. 법의 의의

장애인복지정책의 패러다임이 장애인을 치료, 보호, 격리의 대상(재활 모형)에서 장애인의 사회참여, 선택, 자기결정, 자기책임(자립생활 모형)으로 전환되었고, 자립생활(independent living)은 장애인복지의 패러다임인 동시에 실천적 모델로서 장애인을 둘러싼 제도적 · 물리적 · 환경적 장벽을 제거하여 지역 사회에서 자립하여 살아갈 수 있도록 하려는 것이다.

그러나 장애인구 및 출현율은 매년 급격하게 증가하는 추세다. 2008년 장애인실태조사에 따르면, 일상생활 동작의 수행에 도움이 필요한 장애인은 33.8%, 특히 5.4%의 장애인은 일상생활 수행에 있어서 거의 모두 남의 도움이 필요한 것으로 조사되었고, 도움을 받을 가족이 없는 경우도 6.6%로 사회적인 지원이 절실히 필요한 측면이 있다. 2007년 4월부터 「장애인복지법」 제55조 및 시행령 제35조에 따라 1급 중증장애인이 일상생활 또는 사회생활을 원활히 할 수 있도록 신체활동, 가사, 외출 등의 활동보조서비스를 지원하였지만 신청자격, 대상자 선정 기준, 대상자 선정 절차, 서비스 내용 등 중요한 사항은 지침으로 운영되었다.

따라서 이 법은 장애인구 및 출현율 등의 증가, 자립생활 지원에 대한 욕구 등을 고려하면 활동지원제도는 생존과 직결되는 것으로서, 장애인활동보조사업을 법적 근거를 갖는 제도로 정착시켜 사회활동 참여에의 욕구가 강한 장애인의 자립생활을 지원하고 그 가족의 부담을 경감하여 장애인과 그 가족의 삶의 질을 향상하기 위한 것이라는

데 큰 의의가 있다. 참고로 그동안 장애인장기요양보장제도로 논의되었으나 장애인과 노인의 욕구 차이 등을 반영하여 장애인활동지원제도로 그 명칭을 정하였다.

2. 입법배경 및 연혁

2007년 4월 「노인장기요양보험법」이 국회를 통과할 때 이 제도에서 장애인은 제외됨에 따라 장애인을 위한 요양서비스지원의 필요성이 논의되었다. 국회는 부대결의로 장애인에 대하여 노인에 준하는 서비스를 제공할 수 있는 대책을 2010년 6월까지 보고하도록 요구하였다. 또한 대통령은 2008년에 장기요양서비스가 필요한 65세 미만 장애인도 장기요양보험제도의 대상에 포함하겠다는 내용을 공약사항 및 국정과제로 선정하고 2009년 9월에는 라디오연설을 통하여 장애인 장기요양서비스를 2011년에 제공할 것을 약속한 바 있다. 이후 정부는 시범사업을 토대로 장애인장기요양제도를 장애인활동보조사업을 바탕으로 방문간호, 방문목욕 등 노인요양에 준하는 서비스를 추가하여 도입하는 것으로 추진 방향을 결정하였다.

2010년 11월 17일 정부입법으로 제안되었고, 제안 사유로 "신체적 · 정신적 장애 등으로 혼자서 일상생활과 사회생활을 하기 어려운 장애인에게 제공하는 활동보조, 방문목욕, 방문간호 또는 주간보호 등의 활동지원급여에 관한 사항을 규정하여 장애인의 자립생활을 지원하고 그 가족의 부담을 줄임으로써 장애인의 삶의 질을 높이기 위한 것" 임을 밝혔다. 2011년 1월 4일 제정되었고, 2011년 10월 법 시행을 앞두고 장애인활동지원급여인 주간급여가 삭제되는 1차 개정이 있었다.

2012년 12월 18일 친고죄로 인하여 성범죄에 대한 처벌이 합당하게 이루어지지 못하고 피해자에 대한 합의 종용으로 2차 피해가 야기되는 문제가 있으므로 친고죄 조항을 삭제하고, 공소시효의 적용 배제 대상 범죄를 확대하며, 성적 목적을 위한 공공장소 침입죄를 신설하고, 성폭력범죄 피해자를 보호하기 위하여 성인 피해자 또한 법률적 조력을 위한 변호사를 선임할 수 있도록 하며, 법원에 출석하는 피해자 등을 보호 · 지원하기 위한 증인지원관을 두도록 하고, 의사소통 및 의사표현에 어려움이 있는 성폭력범죄 피해자에게 형사사법절차에서 도움을 주기 위한 진술조력인의 법적 근거를 마련하고, 필요한 경우 보호관찰소의 장에게 신체적 · 심리적 특성 및 상태, 정신성적 발달과정 등 피고인에 관한 사항의 조사를 요구할 수 있도록 하고, 등록대상자 신상정보의 공개와 고지는 여성가족부장관이 집행하는 것으로 하여 관련 규정을 삭제하고 「아동 · 청소년의 성보호에 관한 법률」에 따르도록 하는 한편, 그 밖에 현행 제도의 운영상 나타난 일부 미비점을 개선・보완하려는 것이다.

2013년 6월 4일 개정은 현재 수급자격 갱신 신청기간에 대해서는 만료일만 규정되어 있는 바, 그 시작일을 유효기간 만료 90일 전으로 명시하고, 시행규칙에 규정되어 있는 활동보조인교육기관의 휴업・폐업 절차에 관한 법률상 위임 근거를 마련하는 한편, 부양의무자 정의규정 중 일부 모호한 표현을 명확히 하려는 것이다.

2013년 8월 13일에는 헌법재판소가 업무정지기간의 상한을 법률에 명시하지 아니한 채 하위법령에 포괄적으로 위임하고 있는 「의료기기법」(2008. 12. 26. 법률 제9185호로 개정되고, 2010. 1. 18. 법률 제9932호로 개정되기 전의 것) 제32조 제1항 부분에 대하여 헌법불합치결정을 내린 취지를 반영하여 이 법의 활동지원기관 및 활동보조인교육기관에 대한 업무정지 기간 상한을 1개월로 명시함으로써 법률의 명확성과 예측가능성을 확보하려는 내용으로 일부개정이 이루어졌다.

2014년 5월 20일 타법개정된 내용은 국가재정의 지속가능성을 확보하면서 노인세대를 위한 안정적인 공적연금제도를 마련하여 65세 이상의 노인 중 소득기반이 취약한 70퍼센트의 노인에게 기초연금을 지급함으로써 노인 빈곤 문제를 해소하고 노인의 생활안정과 복지 증진에 기여하려는 것이다.

■ 장애인활동 지원에 관한 법률 연혁

2010년 11월 17일	정부입법으로 제출(의안번호 제9936호)
2011년 1월 4일	제정(법률 제10426호)
2011년 3월 30일	1차 일부개정(법률 제10518호)－주간급여 삭제
2012년 12월 18일	2차 (타)일부개정(법률 제11556호)
2013년 6월 4일	동법 일부개정(법률 제11861호)－활동보조인교육기관의 휴업・폐업 절차에 관한 법률상 위임 근거를 마련
2013년 8월 13일	동법 일부개정(법률 제12070호)－활동지원기관 및 활동보조인교육기관에 대한 업무정지 기간 상한을 1개월로 명시
2014년 5월 20일	타법 일부개정(법률 제12617호)－노인세대를 위한 안정적인 공적연금제도 마련

3. 법의 내용

1) 입법 목적

이 법은 신체적 · 정신적 장애 등의 사유로 혼자서 일상생활과 사회생활을 하기 어려운 장애인에게 제공하는 활동지원급여에 관한 사항을 규정하여 장애인의 자립생활을 지원하고 그 가족의 부담을 줄임으로써 장애인의 삶의 질을 높이는 것을 목적으로 한다(법 제1조).

2) 용어의 정의

이 법에서 사용하는 용어에 대한 정의는 다음과 같다(법 제2조).

① 장애인: 장애인복지법에 따른 장애인을 말한다.
② 활동지원급여: 수급자에게 제공되는 활동보조, 방문목욕, 방문간호 등의 서비스를 말한다.
③ 수급자: 수급자로 인정되어 활동지원급여를 받을 예정이거나 받고 있는 사람을 말한다.
④ 활동지원사업: 국가와 지방자치단체가 이 법에 따라 수행하는 활동지원급여에 관한 사업을 말한다.
⑤ 부양의무자: 수급자를 부양할 책임이 있는 사람으로서 수급자의 1촌 이내 직계혈족 또는 수급자의 배우자 및 그 밖에 수급자의 생계를 책임지는 대통령령으로 정하는 사람을 말한다.
⑥ 장애인활동지원기관: 지정을 받은 기관으로서 수급자에게 활동지원급여를 제공하는 기관을 말한다.
⑦ 장애인활동지원인력: 장애인활동지원기관에 소속되어 수급자에 대한 활동지원급여를 수행하는 사람을 말한다.

3) 국가와 지방자치단체의 책무

국가와 지방자치단체는 적절한 활동지원급여를 제공하여 장애인이 일상생활과 사회생활을 원활히 할 수 있도록 시책을 마련하여야 하며, 활동지원사업이 장애인의 자립생활을 지원하고 가족의 부담을 줄일 수 있도록 매년 필요한 재원을 조달하여야 한다(법 제3조).

4) 활동지원사업의 심의

활동지원사업에 관한 다음 각 호의 사항에 대하여는 「장애인복지법」에 따른 장애인정책조정위원회의 심의를 거쳐야 한다(법 제4조 및 령 제3조).

① 활동지원사업의 기본방향에 관한 사항
② 활동지원사업의 추진과 관련한 재원 조달에 관한 사항
③ 활동지원사업에 대한 관련 부처의 협조 사항
④ 활동지원사업의 중요 정책 및 제도에 관한 사항
⑤ 장애인활동지원기관 및 장애인활동지원인력의 적정한 공급에 관한 사항

5) 활동지원급여의 인정

(1) 활동지원급여의 신청자격

활동지원급여를 신청할 수 있는 사람은 다음 각 호의 자격을 모두 갖추어야 한다(법 제5조 및 령 제4조).

① 혼자서 일상생활과 사회생활을 하기 어려운 중증장애인으로 등록 장애인 중 장애등급이 1~3급 이상인 사람
② 노인장기요양보험법에 따른 노인 등이 아닌 사람으로서 6세 이상인 사람. 다만, 이 법에 따른 수급자였다가 65세 이후에 노인장기요양보험법에 따른 장기요양급여를 받지 못하게 된 사람으로서 보건복지부장관이 정하는 기준에 해당하는 사람은 신청자격을 갖는다.
③ 활동지원급여와 비슷한 다른 급여를 받고 있거나 「국민기초생활보장법」에 따른 보장시설에 입소한 경우, 의료법에 따른 의료기관에 입원한 경우, 교정시설 또는 치료감호시설에 수용된 경우 등에 해당하지 아니하는 사람

(2) 활동지원급여의 신청 및 조사

활동지원급여를 신청하는 사람은 관할 특별자치도지사 · 시장 · 군수 · 구청장에게 활동지원급여 신청서를 제출하여야 하고(법 제6조), 관할 특별자치도지사 · 시장 · 군수 · 구청장은 신청서를 접수하였을 때에는 다음 각 호의 사항을 조사하여 조사결과서를 작성하여야 한다(법 제7조).

① 신청인의 신체 · 정신 기능 상태
② 신청인에게 필요한 활동지원급여의 종류 및 내용
③ 본인부담금의 산정에 필요한 자료로서 신청인과 그 부양의무자의 소득 및 재산 등 생활수준에 관하여 대통령령으로 정하는 사항(「국민건강보험법」에 따른 월별 보험료액 등)
④ 그 밖에 활동지원급여의 지원을 위하여 필요한 사항으로서 보건복지부령으로 정하는 사항(취업 · 취학 여부 등 생활환경에 따른 복지욕구)

(3) 장애인활동지원 수급자격심의위원회

활동지원급여의 수급자격 인정 및 활동지원등급 등을 심의하기 위하여 특별자치도 · 시 · 군 · 구에 장애인활동지원수급자격심의위원회를 둘 수 있다. 수급자격심의위원회의 위원은 다음 각 호의 사람 중에서 특별자치도지사 · 시장 · 군수 · 구청장이 임명하거나 위촉한다(법 제8조 제4항).

① 해당 지역 장애인단체 대표
② 의료법에 따른 의료인
③ 사회복지사업법에 따른 사회복지사
④ 특별자치도 · 시 · 군 · 구 소속 장애인 복지 담당 공무원
⑤ 그 밖에 장애인 복지 또는 활동지원사업에 관한 학식과 경험이 풍부한 사람

위촉위원의 임기는 3년으로 하며, 수급자격심의위원회의 회의는 구성원 과반수의 출석으로 개의하고 출석위원 과반수의 찬성으로 의결한다.

(4) 수급자격 심의 등

특별자치도지사 · 시장 · 군수 · 구청장은 조사를 마치면 신청서, 조사결과서, 그 밖

에 심의에 필요한 자료를 수급자격심의위원회에 제출하여야 하고(법 제9조), 수급자격심의위원회는 30일 이내에 수급자격 심의를 마쳐야 한다. 다만, 부득이한 사유가 있으면 30일의 범위에서 연장할 수 있다(법 제10조).

(5) 활동지원수급자격 결정 통지

특별자치도지사 · 시장 · 군수 · 구청장은 수급자격심의위원회가 수급자격 심의를 마치면 지체 없이 다음 각 호의 사항이 포함된 활동지원수급자격결정통지서를 작성하여 신청인에게 보내고, 그 내용을 수탁기관에 통보하여야 한다.

① 수급자격 인정 여부
② 활동지원등급
③ 활동지원급여의 종류 및 내용
④ 본인부담금

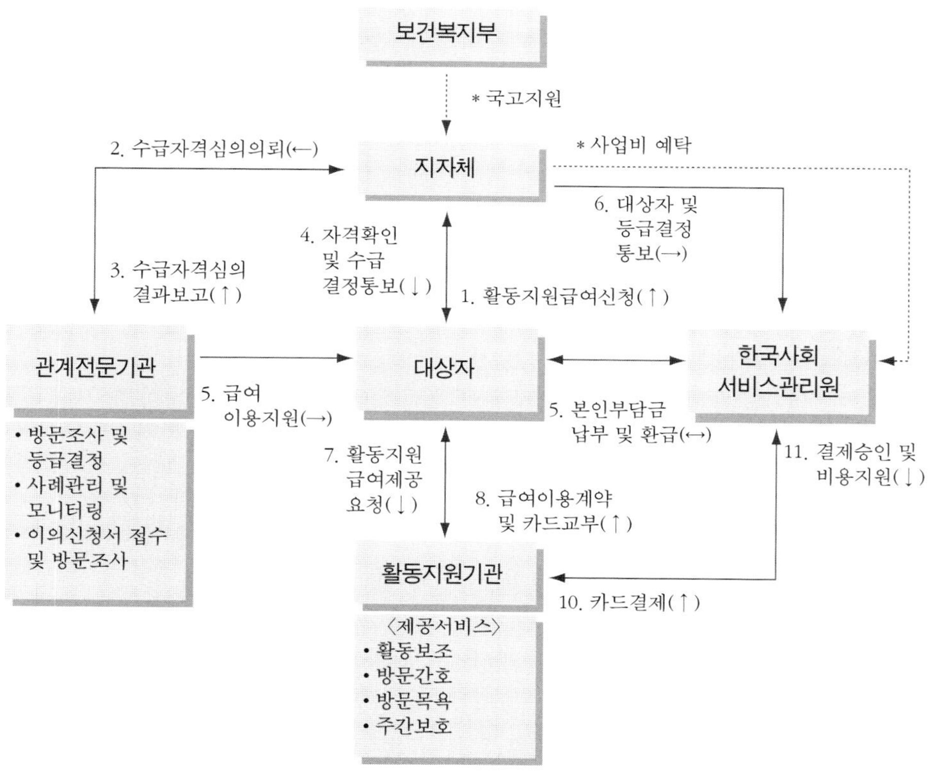

[그림 11-1] 장애인활동지원의 업무 흐름

⑤ 급여개시일

⑥ 그 밖에 활동지원급여에 관한 사항으로서 보건복지부령으로 정하는 사항(수급자격의 유효기간, 활동지원급여의 월 한도액, 본인부담금을 납부할 계좌, 수급자로 인정되지 못한 경우 그 사유, 기타 수급자격심의위원회의 심의 의견)

장애인활동지원의 업무 흐름을 도식화해 보면 [그림 11-1]과 같다.

(6) 수급자격의 유효기간

수급자격 결정의 유효기간은 최소 1년 이상으로서 대통령령으로 정한다. 다만, 수급자가 65세가 되는 경우에는 그 해당 월의 다음 월까지 수급자격을 인정한다(법 제12조).

(7) 수급자격의 갱신 및 등급의 변경

수급자는 유효기간이 끝난 후 계속하여 활동지원급여를 받으려면 끝나기 전 30일까지 수급자격 갱신을 신청하여야 하고(법 제13조), 활동지원등급을 변경하려면 변경 신청을 하여야 한다(법 제14조).

6) 활동지원급여의 제공

(1) 활동지원급여의 종류

활동지원급여의 종류는 〈표 11-4〉와 같다(법 제16조).

표 11-4 활동지원급여의 종류

급여	내용
활동보조	장애인활동지원인력인 활동보조인이 수급자의 가정 등을 방문하여 신체활동, 가사활동 및 이동보조 등을 지원하는 활동지원급여
방문목욕	활동지원인력이 목욕설비를 갖춘 장비를 이용하여 수급자의 가정 등을 방문하여 목욕을 제공하는 활동지원급여
방문간호	활동지원인력인 간호사 등이 의사, 한의사 또는 치과의사의 지시서에 따라 수급자의 가정 등을 방문하여 간호, 진료의 보조, 요양에 관한 상담 또는 구강위생 등을 제공하는 활동지원급여
그 밖의 활동지원급여	야간보호 등 대통령령으로 정하는 활동지원급여

(2) 활동지원급여의 월 한도액

활동지원급여는 월 한도액의 범위에서 제공한다. 월 한도액은 활동지원등급 등을 고려하여 산정하고(법 제18조), 구체적으로는 활동지원등급에 따라 산정되는 기본급여와 출산 여부, 독거 여부, 취업·취학 여부 등의 생활환경에 따라 산정하는 추가급여로 구성된다(시행규칙 제15조). 다만, 수급자가 가족인 활동지원인력으로부터 활동지원급여를 받으면 1/2까지 금액을 줄일 수 있다. 자세한 급여비용은 〈표 11-5〉와 같다.

표 11-5 장애인활동지원 급여비용

기본급여		추가급여	
등급	금액	분류	금액
1등급	1,040,000원	① 인정점수가 400점 이상으로 독거(1인 가구)인 경우	2,411,000원
2등급	834,000원	② 인정점수가 380~399점으로 독거(1인 가구)인 경우	705,000원
3등급	628,000원	③ 인정점수가 380점 미만으로 독거(1인 가구)인 경우	176,000원
4등급	422,000원	④ 인정점수가 380~399점으로 수급자를 제외한 가구 구성원이 1~2급 장애인, 18세 이하 또는 65세 이상인 가족만으로 구성된 경우	705,000원
		⑤ 출산	705,000원
		⑥ 자립	176,000원
		⑦ 학교	89,000원
		⑧ 직장	352,000원
		⑨ 보호자가 일시적으로 부재한 경우	176,000원
		⑩ 나머지 가구 구성원의 직장생활 등	643,000원

주: 시간당 금액: ① 매일 일반적 8,819원, ② 22시 이후 06시 이전 심야에 제공하는 경우 13,210원, ③ [관공서의 공휴일에 관한 규정]에 의한 공휴일과 근로자의 날에 제공하는 경우 13,210원
출처: 보건복지부고시 제2015-22호(2015. 2. 1.)에서 발췌.

(3) 활동지원급여의 제한 또는 정지

만일 거짓이나 그 밖의 부정한 방법으로 수급자로 선정되었거나, 자료 제출 및 질문·검사 요구를 거부·방해·기피하거나 거짓 자료를 제출한 경우에는 활동지원급여를 중단하거나 정지할 수 있다. 또한 수급자가 「국민기초생활보장법」에 따른 보장시설에 입소하거나, 금고 이상의 실형을 선고받고 교정시설 또는 치료감호시설에 수용 중인 경우, 장기간의 국외체류 등으로 활동지원급여를 받는 것이 어려운 경우에는 그 기간 중 활동지원급여를 중단한다(법 제19조).

7) 활동지원기관

(1) 활동지원기관의 지정 등

활동지원기관을 설치 · 운영하려는 자는 시설 및 인력 기준을 갖추고 소재지를 관할하는 특별자치도지사 · 시장 · 군수 · 구청장으로부터 지정을 받아야 한다. 활동지원기관의 종류 및 지정 절차 등에 관하여 필요한 사항은 보건복지부령으로 정한다(법 제20조).

(2) 활동지원기관의 의무

활동지원기관은 수급자로부터 활동지원급여 제공을 요청받았을 때에 인력 수급 등 타당한 이유를 제외하고는 거부하여서는 아니되며, 활동지원급여의 제공 기준 · 절차 및 방법 등에 따라 활동지원급여를 제공하여야 하며, 수급자에게 활동지원급여의 명세서를 발급하여야 하고, 활동지원급여를 제공한 자료를 기록 · 관리하여야 한다. 또한 영리를 목적으로 본인부담금을 면제하거나 할인하는 행위, 금품 등을 제공하는 등 수급자를 소개 · 알선 · 유인하는 행위 및 이를 조장하는 행위를 하여서는 아니 된다(법 제22조).

(3) 활동지원기관 지정의 취소 등

특별자치도지사 · 시장 · 군수 · 구청장은 활동지원기관이 다음 각 호에 해당할 경우에는 1개월의 범위에서 업무를 정지하거나 지정을 취소할 수 있다. 특히 ① 또는 ⑤는 지정을 취소한다(법 제24조).

① 거짓이나 부정한 방법으로 지정을 받은 경우
② 시설 및 인력 기준 등 지정기준에 맞지 아니하게 된 경우
③ 활동지원급여 제공을 거부한 경우
④ 자료의 제출 및 질문 · 검사 요구를 거부 · 방해 · 기피하거나 거짓 자료를 제출한 경우
⑤ 거짓이나 부정한 방법으로 활동지원급여비용을 청구한 경우
⑥ 활동지원인력이나 종사자가 수급자의 신체에 폭행을 하거나 상해를 입히는 행위, 수급자에게 성적 수치심을 주는 성폭행 · 성희롱 등의 행위, 자신이 활동지원급여를 제공하는 수급자를 내다 버리거나 의식주를 포함한 기본적 보호 및 간병 등

을 소홀히 하는 행위를 한 경우

8) 활동지원인력

(1) 활동지원인력의 요건

활동지원급여의 종류별 활동지원인력은 〈표 11-6〉과 같다(령 제19조).

표 11-6 활동지원급여 종류별 활동지원인력

급여 종류	활동지원인력
활동보조	• 활동보조인교육기관에서 교육과정을 수료한 사람 • 노인복지법에 따른 요양보호사 • 사회복지사업법에 따른 사회복지사 • 의료법에 따른 간호사 • 의료법에 따른 간호조무사
방문목욕	• 노인복지법에 따른 요양보호사 중 1급 자격을 가진 사람
방문간호	• 의료법에 따른 간호사로서 2년 이상 간호 업무 경력이 있는 사람 • 의료법에 따른 간호조무사로서 3년 이상 간호보조 업무 경력이 있고, 노인장기요양보험법에 따른 교육을 이수한 사람 • 의료기사 등에 관한 법률에 따른 치과위생사

(2) 활동보조인교육기관의 지정 등

특별시장 · 광역시장 · 도지사 또는 특별자치도지사는 활동보조인의 양성을 위하여 지정기준에 맞는 시설을 활동보조인교육기관으로 지정하여야 한다(법 제28조). 보건복지부령으로 정하는 지정기준과 절차는 시행규칙 제30조 및 제31조에 규정되어 있다.

(3) 활동지원인력의 결격 사유

다음 각 호에 해당하는 사람은 활동지원인력이 될 수 없다(법 제29조).

① 「정신보건법」에 따른 정신질환자. 다만, 전문의가 적합하다고 인정한 경우에는 제외한다.

② 마약 · 대마 또는 향정신성의약품 중독자

③ 금치산자 · 한정치산자

④ 금고 이상의 형을 선고받고 집행이 끝나지 아니하였거나 집행을 받지 아니하기로 확정되지 아니한 사람
⑤ 성폭력범죄의 처벌 등에 관한 특례법에 규정된 죄로 금고 이상의 형을 선고받은 사람
⑥ 활동지원인력의 자격이 상실된 날로부터 1년이 지나지 아니한 사람

(4) 활동지원인력의 자격 상실

활동지원인력이 다음 각 호에 해당하는 경우에는 자격이 상실된다(법 제30조).

① 활동지원인력의 결격 사유에 해당하게 된 경우
② 거짓이나 부정한 방법으로 활동지원인력이 된 경우
③ 수급자에게 지급된 활동지원급여이용권을 목적 외의 용도에 사용하게 하는 행위, 수급자를 소개·알선·유인하는 행위 및 이를 조장하는 행위, 활동지원기관 지정 취소 사유 중 ⑥에 해당하는 행위 등으로 처벌을 받은 경우

9) 본인부담금

수급자는 해당 급여비용의 15% 한도에서 수급자와 그 부양의무자의 소득 및 재산 등 생활수준에 따라 비용의 일부를 차등 부담한다. 그러나 이 법에 따른 급여에 포함되지 않는 활동지원급여와 월 한도액을 초과하는 활동지원급여는 수급자가 전부 부담한다(법 제33조).

10) 이의신청 및 행정소송 등

수급자격 인정, 활동지원등급, 활동지원급여, 부당지급급여의 징수 등에 관한 처분에 이의가 있는 자는 90일 이내에 이의를 제기할 수 있고, 특별자치도지사·시장·군수·구청장은 60일 내에 이를 검토하여 처분이 위법·부당하다고 인정되면 시정이나 필요한 조치를 하여야 한다(법 제36조). 이의신청자는 이의신청과 관계없이 행정심판을 청구할 수 있고, 또한 이의가 있는 자와 이의신청에 대한 결정에 불복하는 자는 행정소송을 제기할 수도 있다(법 제37조).

제6절 장애아동복지지원법

[시행 2013. 12. 5.] [법률 제11858호, 2013. 6. 4., 타법개정]

1. 법의 의의

장애아동은 아동임과 동시에 장애인이라는 이중적인 사회적 약자의 위치에 처해 있어 국가 복지정책의 최우선 대상이 되어야 함에도 일반 아동 중심의 「아동복지법」과 성인기 장애인 중심의 「장애인복지법」 사이에서 소외되어 그들의 독특한 복지적 욕구와 권리가 법적으로 보호되지 못하고 있다. 기존의 장애아동에 대한 복지정책은 보육지원을 제외하고는 대부분 기초생활수급가정과 차상위 계층의 저소득 장애아동을 대상으로 선별적인 지원이 이루어졌다. 여러 실태조사에 따르면, 장애아동부모는 하루 12시간 이상 아이를 돌봐야 하며, 매달 70만 원가량의 치료비를 지출하고 있는 것으로 나타났다. 따라서 장애아동의 복지문제는 대부분 부모에게 전가되어 가족해체의 문제까지 야기되고, 이에 따른 장애아동의 복합적인 복지문제를 체계적으로 해결하기 위한 노력이 요청되었다.

이런 현실에서 이 법 제정이 갖는 의미로는 첫째, 장애아동 복지지원의 법률적 토대를 마련해 돌봄 및 휴식지원 서비스, 지역사회 전환서비스 등 새로운 서비스가 제공될 수 있는 근거가 마련되었다는 점과 둘째, 복지지원 전달체계의 공공성을 확보할 수 있는 기틀이 마련되었다는 점이다. 법 실행의 중추적인 역할을 담당하게 될 장애아동지원센터의 공공기관 위탁이 명문화됨으로써 민간중심의 전달체계에서 나타났던 여러 가지 한계를 극복하고, 사례관리 및 개인별 지원 계획에 의한 통합적 서비스가 제공될 수 있는 환경이 조성되었다.

2. 입법배경 및 연혁

보건복지부에서 「장애인복지법」을 근거로 2008년부터 장애아동 재활치료서비스 사업을 시행하고 있으나 일정한 소득기준 이하의 저소득층만을 대상으로 하고 있으며, 물리치료나 작업치료는 의사의 지도를 받아야 하는 의료행위라는 이유로 제외되고 있어서 정작 가장 필요한 재활치료를 보건복지부에서 제공하는 재활치료 바우처로는 이용할 수 없었다. 또한 유아특수학교에서는 장애유아 4명당 1명의 특수교사가 배치되는 것에 비해 어린이집에서는 장애유아 9명당 1명의 특수교사가 배치되므로 교육차별이 심하고, 보건복지부가 인정한 재활보조기구 품목 중 건강보험의 지원을 받는 품목은 약 18% 정도로 재활치료비가 많이 소요되어 장애아동 가족의 경제적 부담이 매우 과중한 것이 현실이었다.

이와 같이 문제점 등을 바탕으로 기존의 장애인복지정책이 장애영유아 및 장애아동, 장애인가정에 대한 지원이 매우 부족하다는 지적에 따라 장애아동 부모의 목소리를 반영해 국회 보건복지위원회 한나라당 윤석용 의원이 2010년 11월 24일 국회의원 121명의 동의를 얻어 장애아동복지지원법을 발의하였다. 당시 윤석용 의원은 제안이유로 "보건복지부가 장애아동의 복지를 위해 진행하고 있는 사업들은 보육사업을 제외하고 근본적으로 장애아동에 대한 보편적 복지가 아니라 저소득층 장애아동에 대한 선별적 성격이 강하며 장애인복지정책도 주로 성인기 장애인 중심으로 수립되는 경향이 있으며 더욱이 복지지원 전달체계나 연계협력 체계가 미비하여 분절된 복지서비스가 이루어지고 있어서 장애아동과 그 가족에 대한 종합적인 지원 대책을 수립하려는 것" 이라고 밝혔다. 국회 논의과정을 거쳐 2011년 8월 4일 제정되었고, 2011년 12월 31일 국민건강보험법 개정으로 제1차 개정되었다.

2013년 1월 23일 부모들이 일과 가족생활의 균형 문제와 경제적인 어려움에서 벗어나 안심하고 자녀를 출산할 수 있도록 영유아의 보육을 국가가 담당하도록 함으로써 보육에 관한 국민의 부담을 줄여 저출산 문제를 해결하는 한편, 보건복지부장관으로 하여금 적정 보육서비스 제공에 필요한 어린이집 표준보육비용 등을 조사하도록 하였다. 그 결과를 바탕으로 무상보육 실시에 드는 비용을 정할 수 있도록 하여 보육서비스의 질을 개선할 수 있는 지속적인 체계를 마련하였다.

2013년 6월 4일 개정에서는 현행의 보육정보센터 기능에 가정양육 지원 기능을 추가하여 종합적 보육지원시스템을 구축하고 그 명칭을 육아종합지원센터로 변경하며, 부모와 보육 · 보건전문가가 직접 어린이집의 보육환경을 모니터링하고 컨설팅할 수 있도록 부모모니터링단을 설치하도록 하였다. 또한 종일제 보육서비스를 이용하지 않는 영유아에 대하여 일시보육 서비스를 지원하는 한편, 어린이집의 보육료 등 운영과 관련된 정보를 공시하도록 하여 시설 운영의 투명성을 높이고, 고의 · 상습적으로 법위반행위를 하는 어린이집 및 원장 · 보육교사의 명단을 공표하여 부모의 알권리와 실질적 보육시설 선택권을 보장하며, 어린이집 원장의 자격정지 요건을 법으로 상향하여 그 요건을 명확히 하였다.

■ 장애아동 복지지원법 연혁

2010년 11월 24일 윤석용 의원 외 121명 공동발의(의안번호 제10029호)
2011년 8월 4일 제정(법률 제11009호)
2011년 12월 31일 제1차 (타)일부개정(법률 제11141호)
2012년 9월 1일 시행
2013년 1월 23일 타법 일부개정
2013년 6월 4일 타법 일부개정
2015년 5월 18일 타법 일부개정

3. 법의 내용

1) 법의 목적과 이념

이 법은 "국가와 지방자치단체가 장애아동의 특별한 복지적 욕구에 적합한 지원을 통합적으로 제공함으로써 안정된 가정생활 속에서 건강하게 성장하고 사회에 활발하게 참여할 수 있도록 하며, 장애아동 가족의 부담을 줄이는데 이바지함을 목적으로 한다."(법 제1조)고 그 제정목적을 명시하고 있다. 그리고 이 법의 기본이념은 다음과 같다.

① 장애아동을 위한 모든 활동에 있어서 장애아동의 이익이 최우선으로 고려되어야 한다(법 제3조 제1항).
② 장애아동은 자신에게 영향을 미치는 모든 활동에 대하여 자신의 견해를 자유로이 표현할 권리를 최대한 보장받아야 한다(법 제3조 제2항).

2) 용어의 정의

이 법에서 사용하는 용어의 뜻은 다음과 같다(법 제2조).

① 장애아동: 18세 미만의 사람 중에서 장애인복지법에 따라 등록한 장애인을 말하고, 다만 6세 미만의 아동으로서 장애가 있다고 보건복지부장관이 별도로 인정하는 사람을 포함한다.

② 장애아동 보호자: 친권자, 후견인, 장애아동을 보호·양육·교육하거나 그 의무가 있는 자 또는 업무·고용 등의 관계로 사실상 장애아동을 보호·감독하는 자를 말한다.
③ 장애아동 복지지원: 국가와 지방자치단체가 장애아동의 특별한 복지적 욕구에 따라 의료비지원, 보육지원, 가족지원 및 장애아동의 발달에 필요한 지원 등 다양한 인적·물적 자원을 제공하는 것을 말한다.
④ 복지지원 대상자: 이 법에 따라 복지지원을 받는 사람을 말한다.
⑤ 장애아동 복지지원 이용권: 그 명칭 또는 형태와 상관없이 이용자가 제공자에게 제시하여 일정한 복지지원을 받을 수 있도록 복지지원의 수량 또는 그에 상응하는 금액이 기재된 증표를 말한다.

3) 장애아동의 권리

법의 목적과 기본이념을 실현하기 위해 이 법에서는 특별히 장애아동의 권리를 다음과 같이 구체적으로 명시하고 있다(법 제4조).

① 장애아동은 모든 형태의 학대 및 유기·착취·감금·폭력 등으로부터 보호받아야 한다.
② 장애아동은 부모에 의하여 양육되고, 안정된 가정환경에서 자라나야 한다.
③ 장애아동은 인성 및 정신적·신체적 능력을 최대한 계발하기 위하여 적절한 교육을 제공받아야 한다.
④ 장애아동은 가능한 최상의 건강상태를 유지하고 행복한 일상생활을 영위하기 위한 의료적·복지적 지원을 받아야 한다.
⑤ 장애아동은 휴식과 여가를 즐기고, 놀이와 문화예술활동에 참여할 수 있는 기회를 제공받아야 한다.
⑥ 장애아동은 의사소통 능력, 자기결정 능력 및 자기권리 옹호 능력을 향상하기 위한 교육 및 훈련 기회를 제공받아야 한다.

4) 국가와 지방자치단체의 임무

국가와 지방자치단체는 장애아동에게 적절한 복지지원을 제공하기 위하여 다음 각 호의 업무를 수행하여야 한다(법 제6조).

① 장애아동과 그 가족을 위한 복지지원대책의 강구
② 장애아동을 위한 복지지원 사업의 연구 · 개발
③ 장애의 조기발견을 위한 홍보
④ 복지지원 전달체계의 구축
⑤ 복지지원 이용권의 수급 및 이용에 대한 관리 · 감독
⑥ 그 밖에 장애아동과 그 가족의 복지지원을 위하여 필요하다고 인정하는 사항

이러한 국가와 지방자치단체의 임무에 따른 중요한 정책조정은 장애인복지법에 의한 장애인정책조정위원회의 심의를 거쳐야 하고, 지방자치단체의 업무의 주요 사항은 역시 「장애인복지법」에 의한 지방장애인복지위원회의 심의를 거쳐야 한다(법 제7조).

5) 중앙 및 지역장애아동지원센터

보건복지부장관은 중앙장애아동지원센터를, 특별자치도지사 · 시장 · 군수 · 구청장은 지역장애아동지원센터를설치 · 운영할 수 있다. 각 센터의 역할은 다음과 같다(법 제8조, 제9조).

표 11-7 중앙 및 지역장애아동지원센터의 역할

중앙장애아동지원센터	지역장애아동지원센터
① 장애아동의 복지지원에 관한 조사 · 연구 ② 지역장애아동지원센터에 대한 평가 및 운영지원 ③ 장애아동의 복지지원 정책에 관한 정보 및 자료 제공 ④ 장애아동의 장애유형별 지원 프로그램의 개발 ⑤ 가족지원업무 수행기관에 대한 운영지원 및 평가 ⑥ 지역장애아동지원센터, 복지지원을 제공하는 기관 등 복지지원 관련 기관에 대한 정보의 수집 및 제공 ⑦ 그 밖에 보건복지부장관이 필요하다고 인정하는 업무	① 장애의 조기발견을 위한 홍보 ② 장애아동의 복지지원 사업에 관한 정보 및 자료 제공 ③ 장애아동과 그 가족에 대한 복지지원 제공기관의 연계 ④ 장애아동의 사례관리 ⑤ 장애아동 및 그 가족을 지원하기 위한 가족상담 및 교육의 실시 ⑥ 그 밖에 시장 · 군수 · 구청장이 위탁하거나 필요하다고 인정하는 업무

6) 복지지원 대상자 선정 및 복지지원 제공의 절차

(1) 장애의 조기발견

시장 · 군수 · 구청장은 국민건강보험법, 의료급여 및 모자보건법에 따라 영유아에 대하여 정기적인 건강검진, 예방접종을 실시하는 경우 장애의 유무를 조기에 발견하기 위하여 선별검사를 실시할 수 있다(법 제12조). 국가와 지방자치단체는 장애의 조기발견을 위하여 방송 · 신문 및 인터넷 등 다양한 매체를 이용하여 홍보하여야 한다.

(2) 복지지원의 신청 및 대상자 선정

장애아동 및 그 보호자는 시장 · 군수 · 구청장에게 복지지원을 신청할 수 있고(법 제13조 제1항), 시장 · 군수 · 구청장은 복지지원의 신청을 받은 경우 관련 법령에서 정하는 바에 따라 소득 · 재산, 장애정도, 가구 특성 등을 고려하여 복지지원 대상자 여부를 심사하여야 하며(법 제14조 제1항), 30일 이내에 복지지원 대상자로의 선정 여부, 복지지원의 내용 및 복지지원 이용권의 금액 등을 결정하여 복지지원 대상자에게 즉시 알려 주어야 한다(법 제14조 제2항).

(3) 복지지원 제공기관의 연계

시장 · 군수 · 구청장은 복지지원 대상자로 선정한 장애아동과 그 가족에게 복지지원 제공기관을 연계하여야 하고, 연계는 지역센터에 위탁할 수 있다(법 제16조 제1항). 또한 대상자와 복지지원 제공기관을 연계할 때에는 대상자에게 복지지원 제공시간 및 방법 · 비용부담 등 관련 정보를 제공하여야 한다.

(4) 개인별 지원계획의 수립

시장 · 군수 · 구청장은 장애아동에게 적합한 복지지원을 제공하기 위하여 개인별 지원계획을 수립할 수 있고(법 제17조 제1항), 개인별 지원계획을 수립하는 경우 보호자, 복지지원을 제공하는 인력, 복지 관계 전문가 등에게 자문할 수 있다.

7) 복지지원의 내용

(1) 의료비지원

국가와 지방자치단체는 장애아동의 의료적 욕구에 따라 적절한 의료비지원을 할 수 있다(법 제19조 제1항). 의료비 지원은 「국민건강보험법」과 「의료급여법」에 따라 제공되는 의료에 드는 비용 중 장애아동의 부담을 지원하는 것으로 한다.

(2) 보조기구지원

국가와 지방자치단체는 장애아동의 학습과 일상생활 활동에 필요한 보조기구를 교부·대여 또는 수리하거나 구입 또는 수리에 필요한 비용을 지급할 수 있다(법 제20조 제1항). 보조기구의 품목, 대상, 기준 및 방법 등에 관한 구체적인 사항은 「장애인복지법」(제66조)에 따른다.

(3) 발달재활서비스지원

국가와 지방자치단체는 장애아동의 인지, 의사소통, 적응행동, 감각·운동 등의 기능향상과 행동발달을 위하여 적절한 발달재활서비스를 지원할 수 있다(법 제21조 제1항). 발달재활서비스를 지원할 때에는 장애아동의 장애유형·장애정도와 그 가족의 경제적 능력 등을 고려하여 지원할 대상 및 내용을 결정할 수 있고(법 제21조 제2항), 발달재활서비스를 제공하는 기간은 만 18세까지이고, 다만 초·중등교육법에 따른 학교에 재학 중이면 만 20세까지 연장된다(시행규칙 제7조 제3항). 지방자치단체는 발달재활서비스의 제공경험 및 전문성, 서비스 내용의 적정성 등을 고려하여 발달재활서비스를 제공하는 기관을 지정하여 운영할 수 있다.

(4) 보육지원

국가와 지방자치단체는 영유아보육법에 따른 어린이집 이용대상이 되는 장애아동(이하 "장애영유아"라 한다)에 대하여 보육료를 지원하여야 한다(법 제22조 제1항). 만일 어린이집이나 유치원을 이용하지 않으면 양육수당을 지급할 수 있다. 장애영유아를 위한 어린이집은 장애영유아에 대한 체계적인 보육지원과 원활한 취학을 위한 보육계획을 수립·실시하여야 하며 다음의 자격을 가진 특수교사와 장애영유아를 위한 보육교사 등을 배치하여야 한다.

① 보육교사 2급 이상의 자격증을 소지한 사람
② 고등교육법에 따른 학교에서 보건복지부령으로 정하는 특수교육 또는 재활 관련 교과목 및 학점을 이수한 사람

장애영유아를 위한 어린이집에 배치하는 특수교사 및 장애영유아를 위한 보육교사의 수는 장애영유아 수의 3분의 1 이상이어야 하고, 이 경우 배치된 특수교사 및 장애영유아를 위한 보육교사 2명당 1명 이상은 특수교사여야 한다(시행규칙 제6조 제1항). 다만, 장애영유아 수가 2명 이하인 경우에는 특수교사 및 장애영유아를 위한 보육교사를 배치하지 아니할 수 있으며, 다음 각 호의 기준에 따라 순차적으로 실시한다.

① 만 5세 이상의 장애영유아: 2016년 3월 1일부터
② 만 4세의 장애영유아: 2017년 3월 1일부터
③ 만 3세의 장애영유아: 2018년 3월 1일부터

(5) 가족지원

국가와 지방자치단체는 장애아동의 가족이 장애아동에게 적합한 양육방법을 습득하고 가족의 역량을 키울 수 있도록 가족상담 · 교육 등의 가족지원을 제공할 수 있다(법 제23조).

(6) 돌봄 및 일시적 휴식지원 서비스지원

국가와 지방자치단체는 장애아동 가족의 일상적인 양육부담을 경감하고 보호자의 정상적인 사회활동을 돕기 위하여 돌봄 및 일시적 휴식지원 서비스를 제공할 수 있다(법 제24조 제1항). 이 복지지원을 제공할 때에는 장애아동의 장애유형 · 장애정도와 그 가족의 경제적 능력 등을 고려하여 지원할 대상 및 내용을 결정할 수 있다(법 제24조 제2항).

(7) 지역사회 전환 서비스지원

국가와 지방자치단체는 장애아동이 18세가 되거나 고등학교와 이에 준하는 각종 학교 또는 「장애인 등에 대한 특수교육법」의 전공과를 졸업한 후 주거 · 직업체험 등의 지역사회 전환 서비스를 제공하도록 노력하여야 한다(법 제25조).

(8) 문화 · 예술 등 복지지원

국가와 지방자치단체는 이 법에서 정한 복지 지원 외에 문화 · 예술 · 스포츠 · 교육 · 주거 등의 영역에서 장애아동에게 필요한 서비스가 지원되도록 최대한 노력하여야 한다(법 제26조).

8) 복지지원의 제공 및 비용의 환수

복지지원은 그 목적에 따라 현금 또는 현물로 제공하며, 현물은 복지지원 이용권으로 제공할 수 있다(법 제28조). 국가와 지방자치단체는 다음 각 호의 경우에는 비용의 전부 또는 일부를 환수할 수 있다(법 제29조).

① 거짓이나 그 밖의 부정한 방법으로 제공받은 경우
② 잘못 제공된 경우
③ 복지지원을 제공받은 후 복지지원을 받게 된 사유가 소급하여 소멸한 경우

9) 복지지원 제공기관 등

다음 각 호에 해당하는 기관 또는 단체는 장애아동에게 필요한 복지지원을 할 수 있다(법 제30조).

① 「장애인복지법」에 의한 장애인복지시설
② 「아동복지법」에 의한 아동복지시설
③ 「건강가정기본법」에 의한 건강가정지원센터
④ 발달재활서비스 제공기관
⑤ 가족지원업무 수행기관
⑥ 장애영유아를 위한 어린이집
⑦ 그 밖에 보건복지부장관 또는 지방자치단체의 장이 필요하다고 인정하는 기관 또는 단체

복지지원 제공기관은 장애아동의 연령 및 장애 유형에 적합한 프로그램을 계획하고 실시하여야 하며, 제공기관의 장은 시장 · 군수 · 구청장 또는 지역센터로부터 복지지원 제공의뢰를 받으면 지체 없이 제공하여야 한다. 복지지원 제공기관은 시설, 인력 등 이 법에 따른 복지지원의 내용과 관련한 정보를 지역센터에 제공하여야 한다(법 제31조 제1항~제3항).

10) 장애영유아 어린이집

국가와 지방자치단체는 지역별로 적절한 균형을 이루도록 장애영유아를 위한 어린이집을 확보하기 위하여 노력하여야 한다(법 제32조). 시장 · 군수 · 구청장은 영유아보육법에 따른 어린이집이 다음 각 호의 요건을 갖추어 신청하면 장애영유아를 위한 어린이집으로 지정할 수 있다.

① 「영유아보육법」에 의한 어린이집 평가인증을 받을 것
② 「장애인 · 노인 · 임산부 등의 편의증진 보장에 관한 법률」에 따른 편의시설을 설치할 것
③ 보건복지부령으로 정하는 설치기준을 갖출 것

장애영유아를 위한 어린이집으로 지정받은 어린이집은 주된 이용 대상, 기능 및 소재 지역 등의 특성에 따라 다음 각 호의 구분에 따라 세부 유형이 구분된다(시행규칙 제19조).

① 장애아 전문 어린이집: 12명 이상의 장애영유아를 보육할 수 있는 시설을 갖춘 어린이집
② 장애아 통합 어린이집: 3명 이상의 장애영유아를 보육하는 어린이집

11) 지도와 감독 등

보건복지부장관, 특별시장 · 광역시장 · 도지사 · 특별자치도지사 또는 시장 · 군수 · 구청장은 복지지원 제공기관 및 지역센터에 대하여 필요한 지도와 감독을 할 수 있고(법 제34조), 보건복지부장관, 시 · 도지사 또는 시장 · 군수 · 구청장은 복지지원 제공기관 및 지역센터를 운영하는 자에게 자료 제출과 보고를 하게 할 수 있으며, 관계 공무원에게 시설의 운영상황을 조사하게 하거나 장부와 서류를 검사하게 할 수 있다(법 제35조).

제7절 발달장애인 권리보장 및 지원에 관한 법률

[시행 2015. 11. 21.] [법률 제 12618호, 2014. 5. 20., 제정]

1. 법의 의의 및 입법 배경

발달장애인은 전체 등록장애인 중 소수에 불과하지만 성인이 되어서도 세수, 화장실 사용 등의 간단한 일상생활조차도 타인의 도움이 없이 영위하기가 어려워 일생 돌봄이 필요한 경우가 대부분이고, 발달장애인은 인지력 · 의사소통능력 등이 부족하여 자신의 권리를 주장하거나 스스로 보호하는 것에 상당한 어려움이 있어 학대 · 성폭력, 인신매매, 장기적인 노동력 착취 등의 피해자가 되는 경우가 지속적으로 발생하고 있다. 한편, 발달장애인에 대한 복지서비스와 인프라는 그 필요량에 비해 지원 규모가 부족하여 발달장애인을 돌보고 있는 부모나 보호자들의 신체적 · 정신적 · 경제적 · 정서적인 부담이 상당히 높은 수준이고, 발달장애인 직업훈련이나 평생교육 등 능력계발을 위한 지원체계도 상당히 미흡한 실정이다. 이에 따라 발달장애인에 대한 구체적인 장애 범위, 그 가족이나 보호자 등의 특수한 수요에 부합될 수 있는 지원체계 및 발달장애인지원센터 설립의 근거를 제정함으로써 발달장애인의 권리를 보호하고, 그 보호자 등의 삶의 질을 향상시킬 수 있도록 하여 국민 전체의 행복에 기여할 수 있도록 하려는 것이다.

2. 법의 내용

1) 입법 목적

이 법은 발달장애인의 의사를 최대한 존중하여 그들의 생애주기에 따른 특성 및 복지 욕구에 적합한 지원과 권리옹호 등이 체계적이고 효과적으로 제공될 수 있도록 필요한 사항을 규정함으로써 발달장애인의 사회참여를 촉진하고, 권리를 보호하며, 인간다운 삶을 영위하는 데 이바지함을 목적으로 한다(법 제1조).

2) 용어의 정의

이 법에서 사용하는 용어의 뜻은 다음과 같다(법 제2조).

"발달장애인" 이란 「장애인복지법」 제2조 제1항의 장애인으로서 다음 각 목의 장애인을 말한다.

① 지적장애인: 정신 발육이 항구적으로 지체되어 지적 능력의 발달이 불충분하거나 불완전하여 자신의 일을 처리하는 것과 사회생활에 적응하는 것이 상당히 곤란한 사람
② 자폐성장애인: 소아기 자폐증, 비전형적 자폐증에 따른 언어 · 신체표현 · 자기조절 · 사회적응 기능 및 능력의 장애로 인하여 일상생활이나 사회생활에 상당한 제약을 받아 다른 사람의 도움이 필요한 사람
③ 그 밖에 통상적인 발달이 나타나지 아니하거나 크게 지연되어 일상생활이나 사회생활에 상당한 제약을 받는 사람으로서 대통령령으로 정하는 사람

"보호자" 란 다음 각 목의 어느 하나에 해당하는 사람을 말한다.

① 「아동복지법」 제3조제 3호의 보호자(발달장애인이 미성년자인 경우에 한정한다)
② 성년인 발달장애인의 후견인
③ 성년인 발달장애인의 후견인이 아닌 사람 중 「민법」 제779조에 따른 가족 또는 같은 법 제974조에 따른 부양의무자로서 사실상 해당 발달장애인을 보호하는 사람
④ 성년인 발달장애인 중 나목 및 다목의 보호자가 없는 경우 지방자치단체의 장이 발달장애인의 보호자로 지명하는 사람

3) 발달장애인의 권리

발달장애인은 원칙적으로 자신의 신체와 재산에 관한 사항에 대하여 스스로 판단하고 결정할 권리를 가진다. 발달장애인은 자신에게 법률적 · 사실적인 영향을 미치는 사안에 대하여 스스로 이해하여 자신의 자유로운 의사를 표현할 수 있도록 필요한 도움을 받을 권리가 있다. 발달장애인은 자신과 관련된 정책의 결정과정에서 자기의 견해와 의사를 표현할 권리가 있다(법 제3조).

4) 국가와 지방자치단체의 책무

국가와 지방자치단체는 발달장애인의 적절한 발달과 원활한 사회통합을 촉진하기 위하여 장애를 최대한 조기에 발견하여 지원할 수 있도록 필요한 조치를 강구하여야 한다. 또한 발달장애인의 장애를 완화하고 기능을 향상시키는 방안을 마련하기 위한 연구와 조사를 지원하여야 하며, 발달장애인의 복지수준 향상과 그 가족의 일상적인 양육부담을 경감하기 위하여 필요한 조치를 강구하여야 한다. 발달장애인이 장애로 인하여 차별을 받는 등 권리가 침해받지 아니하도록 권익옹호에 필요한 지원을 실시하여야 하고, 발달장애인과 그 가족이 이용할 수 있는 복지시책을 적극적으로 홍보하여야 하며, 국민이 발달장애인을 올바르게 이해하도록 하는 데에 필요한 정책을 강구하여야 한다(법 제4조).

5) 실태조사

보건복지부장관은 발달장애인의 실태파악과 복지정책 수립을 위한 기초자료로 활용하기 위하여 3년마다 발달장애인과 그 가족에 대한 실태조사를 실시하여야 한다. 실태조사는 「장애인복지법」 제31조에 따른 장애실태조사와 함께 실시할 수 있다(법 제6조).

6) 권리의 보장

(1) 자기결정권의 보장

발달장애인은 자신의 주거지의 결정, 의료행위에 대한 동의나 거부, 타인과의 교류, 복지서비스의 이용 여부와 서비스 종류의 선택 등을 스스로 결정한다. 누구든지 발달장애인에게 의사결정이 필요한 사항과 관련하여 충분한 정보와 의사결정에 필요한 도움을 제공하지 아니하고 그의 의사결정능력을 판단하여서는 아니 된다. 제1항 및 제2항에도 불구하고 스스로 의사를 결정할 능력이 충분하지 아니하다고 판단할 만한 상당한 이유가 있는 경우에는 보호자가 발달장애인의 의사결정을 지원할 수 있다. 이 경우 보호자는 발달장애인 당사자에게 최선의 이익이 되도록 하여야 한다(법 제8조).

(2) 성년후견제 이용지원

지방자치단체의 장은 성년인 발달장애인이 다음 각 호의 어느 하나에 해당하여 후견인을 선임할 필요가 있음에도 불구하고 자력으로 후견인을 선임하기 어렵다고 판단되는 경우에는 그를 위하여 「민법」에 따라 가정법원에 성년후견개시, 한정후견개시 또는 특정후견의 심판을 청구할 수 있다.

① 일상생활에서 의사를 결정할 능력이 충분하지 아니하거나 매우 부족하여 의사결정의 대리 또는 지원이 필요하다고 볼 만한 상당한 이유가 있는 경우
② 발달장애인의 권리를 적절하게 대변하여 줄 가족이 없는 경우
③ 별도의 조치가 없으면 권리침해의 위험이 상당한 경우(법 제9조).

(3) 의사소통지원

국가와 지방자치단체는 발달장애인의 권리와 의무에 중대한 영향을 미치는 법령과 각종 복지지원 등 중요한 정책정보를 발달장애인이 이해하기 쉬운 형태로 작성하여 배포하여야 한다.

교육부장관은 발달장애인이 자신의 의사를 원활하게 표현할 수 있도록 학습에 필요한 의사소통도구를 개발하고 의사소통지원 전문인력을 양성하여 발달장애인에게 도움이 될 수 있도록 「초 · 중등교육법」 제2조 각 호의 학교와 「평생교육법」 제2조 제2호의 평생교육기관 등을 통하여 필요한 교육을 실시하여야 한다. 행정자치부장관은 국가와 지방자치단체의 민원담당 직원이 발달장애인과 효과적으로 의사소통할 수 있도록 의사소통 지침을 개발하고 필요한 교육을 실시하여야 한다. 제1항부터 제3항까지에 따른 정책정보의 작성 및 배포, 의사소통도구의 개발 · 교육 및 전문인력 양성, 민원담당 직원에 대한 의사소통 지침 개발 및 교육 등에 필요한 사항은 대통령령으로 정한다(법 10조).

(4) 자조단체의 결성

발달장애인은 자신의 권익을 보호하고 사회참여를 제고하기 위하여 자조단체(自助團體)를 구성할 수 있다. 국가와 지방자치단체는 예산의 범위에서 「장애인복지법」 제63조에 따라 자조단체의 활동에 필요한 경비를 지원할 수 있다(법 제11조).

(5) 신고의무

누구든지 발달장애인에 대한 유기등의 발생 사실을 알게 된 경우에는 발달장애인지원센터 또는 수사기관에 신고할 수 있다. 다음 각 호의 어느 하나에 해당하는 사람은 그 직무상 발달장애인에 대한 유기등의 발생 사실을 알게 된 경우에는 즉시 발달장애인지원센터 또는 수사기관에 신고하여야 한다(법 제15조 제1항).

(6) 현장조사

발달장애인에 대한 유기등의 신고를 접수한 발달장애인지원센터의 직원이나 사법경찰관리는 지체 없이 그 현장에 출동하여야 한다. 이 경우 발달장애인지원센터의 장이나 수사기관의 장은 서로 발달장애인에 대한 유기등의 현장에 동행하여 줄 것을 요청할 수 있고 요청받은 발달장애인지원센터의 장이나 수사기관의 장은 정당한 사유가 없으면 그 소속 직원이나 사법경찰관리가 동행하도록 조치하여야 한다(법 제16조 제1항).

(7) 보호조치

발달장애인지원센터의 장은 발달장애인에 대한 유기등이 발생하였다고 믿을 만한 상당한 이유가 있고, 발달장애인을 그 가해자로 추정되는 사람으로부터 격리하거나 치료할 필요가 있는 경우 발달장애인을 임시로 보호하기 위하여 제4항에 따라 지정된 쉼터(이하 "위기발달장애인쉼터"라 한다) 또는 의료기관에 인도하는 등 발달장애인이 안전한 곳에서 보호받을 수 있도록 조치하여야 한다(법 제17조 제1항).

7) 복지지원 및 서비스

(1) 복지서비스의 신청

발달장애인은 다음 각 호의 복지지원 및 서비스(이하 "복지서비스"라 한다), 「사회보장기본법」 제3조에 따른 사회보험, 공공부조 및 사회서비스를 스스로 신청하여야 한다(법 제18조).

8) 개인별지원계획의 수립

특별자치시장 · 특별자치도지사 · 시장 · 군수 · 구청장은 개인별지원계획의 수립을 신청받은 경우 대상자 선정 여부 및 복지서비스 내용을 결정하여 제33조 제2항에 따른 지역발달장애인지원센터(이하 "지역발달장애인지원센터"라 한다)의 장에게 개인별지원계획의 수립을 의뢰하여야 한다.

지역발달장애인지원센터의 장은 개인별지원계획의 수립을 의뢰받으며, 발달장애인 및 그 가족의 특성을 고려하여 복지서비스의 내용, 방법 등이 포함된 개인별지원계획을 수립하여야 한다. 개인별지원계획을 수립할 때에는 발달장애인에게 적합한 의사소통의 방식으로 의견진술의 기회가 충분히 제공되어야 한다. 또한 복지서비스 대상자에 대하여 수립된 개인별지원계획의 승인을 특별자치시장 · 특별자치도지사 · 시장 · 군수 · 구청장에게 요청하여야 하며, 개인별지원계획은 특별자치시장 · 특별자치도지사 · 시장 · 군수 · 구청장의 적합성 심사를 거쳐 승인을 얻은 경우 효력을 가진다. 이후 개인별지원계획의 적합성 심사 결과를 발달장애인 및 그 보호자에게 통보하여야 한다. 개인별지원계획을 통보받은 발달장애인과 그 보호자는 발달장애인의 복지 욕구를 고려하여 개인별지원계획의 변경 · 수정을 지역발달장애인지원센터의 장에게 신청할 수 있다(법 제19조).

9) 발달장애인 가족 및 보호자 지원

(1) 보호자에 대한 상담 및 휴식지원

국가와 지방자치단체는 발달장애인과 동거하는 보호자에게 전문적인 심리상담 서비스를 제공할 수 있다. 국가와 지방자치단체는 발달장애인 가족의 일상적인 양육부담을 경감하고 보호자의 정상적인 사회활동을 돕기 위하여 돌봄 및 일시적 휴식 지원 서비스를 제공할 수 있다. 국가와 지방자치단체는 발달장애인의 형제 · 자매로서 발달장애인이 아닌 아동 및 청소년이 건전하게 성장할 수 있도록 이들의 정서발달과 심리적 부담 해소 등을 위한 프로그램 운영을 지원할 수 있다(법 제31조, 제32조).

10) 발달장애인지원센터 등

(1) 발달장애인지원센터

보건복지부장관은 제4조에 따른 책무를 효과적으로 수행하고 발달장애인에 대한 통합적 지원체계를 마련하기 위하여 중앙발달장애인지원센터를 설치하여야 한다. 시 · 도지사는 발달장애인의 권리보호 활동, 당사자와 그 가족에 대한 상담 등을 담당하는 지역발달장애인지원센터를 특별시 · 광역시 · 특별자치시 · 도 · 특별자치도에 설치하여야 한다. 이 경우 시·도지사는 필요성을 고려하여 지역발달장애인지원센터를 시·군·구에 설치할 수 있으며, 이때는 둘 이상의 시·군·구를 통합하여 하나의 지역발달장애인지원센터를 설치·운영할 수 있다. 이 경우 시·도지사는 지역발달장애인지원센터의 설치·운영에 필요한 비용을 관할 구역의 발달장애인 수 등을 고려하여 시장·군수·구청장에게 공동으로 부담하게 할 수 있다(법 제33조).

(2) 발달장애인지원정보시스템의 구축 및 운영

보건복지부장관은 이 법의 시행에 필요한 각종 자료 및 정보의 효율적인 처리와 기록 및 관리 업무의 전산화를 위하여 대통령령으로 정하는 바에 따라 발달장애인지원정보시스템을 구축·운영할 수 있다.

11) 벌칙

(1) 벌칙

다음 각 호의 어느 하나에 해당하는 자는 1년 이하의 징역 또는 1천만원 이하의 벌금에 처한다(법 제42조).

① 거짓이나 그 밖의 부정한 방법으로 제23조부터 제27조까지 및 제30조부터 제32조까지에 규정된 서비스 또는 지원을 받거나 다른 사람으로 하여금 이를 받게 한 자
② 제15조 제4항을 위반하여 신고인의 인적사항 또는 신고인임을 미루어 알 수 있는 사실을 다른 사람에게 알려주거나 공개 또는 보도한 발달장애인지원센터의 장 또는 직원

(2) 과태료

다음 각 호의 어느 하나에 해당하는 자에게는 300만원 이하의 과태료를 부과한다.

① 제15조 제2항을 위반하여 발달장애인에 대한 유기등을 신고하지 아니한 사람
② 정당한 사유 없이 제16조 제4항을 위반하여 현장조사를 거부·기피하는 등 업무수행을 방해한 사람
③ 제22조 제2항을 위반하여 지방자치단체의 장에 대하여 계좌 관리 상황과 관련한 자료열람 또는 제출을 거부하거나 거짓으로 한 발달장애인의 보호자 및 계좌관

리인

④ 제38조 제1항을 위반하여 변경지정을 받지 아니한 자

⑤ 제38조 제2항을 위반하여 폐업 · 휴업 시 신고하지 아니한 자 또는 거짓으로 신고한 자

⑥ 정당한 사유 없이 제40조 제1항에 따른 자료제출 · 보고를 거부하거나 거짓으로 한 자 또는 조사 · 검사를 거부 · 방해하거나 기피한 자

제1항에 따른 과태료는 대통령령으로 정하는 바에 따라 보건복지부장관, 시 · 도지사 또는 시장 · 군수 · 구청장이 부과 · 징수한다(법 제44조).

제12장
사회복지서비스법 II

제1절 한부모가족지원법

[시행 2015. 7. 1.] [법률 제10582호, 2011. 4. 12., 일부개정]

1. 법의 의의

1) 한부모가족과 복지문제

1960년대 이후 우리나라는 산업화 · 도시화가 진행되면서 전통적인 확대가족이 줄어들고 부부와 자녀로 구성된 핵가족이 사회의 주된 가족모델이 되었다. 핵가족 외에도 인구고령화와 이혼율 증가 등의 영향으로 급증하는 1인가족, 2인가족이 확대되면서 우리 사회의 가족은 다양한 형태를 띠고 있다. 그중에서도 부부의 사별 또는 이혼에 의해 발생하는 모자가족과 부자가족과 같은 편부모 가족 그리고 조부모와 함께 사는 조손가족은 양친이 있는 가족에 비하여 여러 가지로 생활상 문제에 부딪히기 쉽다. 그 이유는 가족을 둘러싸고 있는 사회적인 제반 제도와 여건이 일반적으로 양친이 있는 가족을 상정하고 있어 부모가 없거나 편부모가족이라는 여건이 일과 육아의 양립을 어렵게 하고 있기 때문이다.

모자가족의 대다수는 모친의 취업을 통한 생활자립이 어렵기 때문에, 모자가족의 경제적 곤란은 그들의 가정생활을 위협하고 있다. 또한 모친이 취업을 하게 되면, 자녀양육에 시간적 제약을 받기 때문에, 정상적인 가정생활을 유지하기가 어렵다. 이러한 문제뿐만 아니라 모자가족은 제 자원의 부족 때문에 친척, 지인, 이웃 등 사회관계망이 줄어들면서 고립되기 쉽고, 이 같은 요인이 중첩되면서 모자가족의 문제는 더욱 복잡한 양상을 보이고 있다. 그리고 모자가족과 부자가족의 편부모가족이라는 여건이 아동발달에 악영향을 주지 않을까 하는 걱정이 편부모의 심리적 부담을 가중하게 된다. 나아가 편부모는 생업종사에 따른 육체적 피로와 심리적 불안정 등의 영향으로 건강도 상하기 쉽다.

이 같은 상황은 일반적으로 사별보다도 이혼한 한부모가족에게 한층 심한 경향을 보이고 있으며 한부모가족이 되기까지의 과정에서 아동의 인격발달이 장애를 받기도 하고, 모친이 생활의욕을 상실하는 등의 갈등 상황을 경험하는 경우도 많다. 이별과 사별에 관계없이 한부모가족이 새로운 생활에 적응해서 자립하기까지에는 각각의 단계에 특별한 문제가 있고 그것을 극복하기 위해서는 시간만이 아니라 적절한 원조가 필요하게 된다. 최근에 높아지는 이혼률에 따른 이혼한 한부모가족의 증가는 그 같은 문제에 대한 사회적 원조의 필요성을 더욱 부각하고 있다. 이들이 필요로 하는 주요한 원조의 내용은 소득보장과 취업지원, 주거, 의료 보건, 가사지원, 보육, 상담 지도 등을 들 수 있다(佐藤 進, 河野正輝, 2000: 300-301).

2) 한부모가족복지의 개념과 목적

한부모가족의 복지는 한부모가족이 겪을 수 있는 문제를 해결하고 그들이 인간답게 살아갈 수 있도록 돕는 제반 사회복지적 노력과 활동이라고 할 수 있다. 이들을 위한 사회복지활동과 체계는 「한부모가족지원법」이라는 법적 제도에 근거하여 조직적 · 체계적으로 실천된다.

「한부모가족지원법」은 한부모가족이 건강하고 문화적인 생활을 영위할 수 있게 함으로써 한부모가족의 생활 안정과 복지 증진에 이바지함을 목적으로 한다(법 제1조)고 하여, 한부모가족의 생활 안정과 복지 증진을 동법의 목적으로 규정짓고 있다.

2. 입법배경 및 연혁

제6공화국이 출범하면서 주무부처인 보건사회부 가정복지국이 여성개발원에 의뢰하면서 1988년 여성개발원은 「모자보건법」 제정에 있어서 기초자료를 작성한다는 취지하에 저소득층 모자가정에 관한 연구결과를 발표했다. 여성개발원의 연구결과는 ① 급여의 개선(최저생계비보장, 아동수당제도의 선별적 도입) ② 자립기반의 확립(모자복지기금대부제도 마련, 직업훈련의 실용화, 생업지도 및 취업알선의 체계화, 자녀 양육 및 교육문제 지원, 주거문제 지원) ③ 접근서비스의 확대 ④ 전달체계의 수립 등의 정책제안이었다. 이와 같은 정책제안이 「모자복지법」 제정의 기초가 되었다(현외성, 2008). 이 제안을 주무부처인 보건사회부 가정복지국이 검토하고 이후 공청회를 거친 모자복지복지법안을 1988년 12월 9일 민자당 신영순 의원 등 33인이 국회에 상정하였다. 이어서 상정된 동법안의 국회 통과로 「모자복지법」은 1989년 4월 1일 제정되어 같은 해 7월 1일부터 시행되었다.

「모자복지법」이 모자가정에게만 국가 등의 경제적 · 사회적 지원을 하도록 규정되었기 때문에 그 대상을 확대하여 같은 조건의 남성이 세대주인 부자가정도 지원받을 수 있도록 하려는 취지에서 2002년 12월 18일 「모자복지법」을 「모 · 부자복지법」으로 변경하였다. 변경된 법의 내용은 국가가 모자가정만이 아니라 부자가정의 복지를 증진시킬 책임을 지고 국민은 이에 협력하도록 하고 있다.

또 종전에는 모자가정에 대해서만 실시하였던 생계비 · 아동양육비 등 복지급여와 서비스를 새롭게 보호대상으로 편입된 부자가정까지 확대실시하도록 규정하였고, 부자보호시설과 부자자립시설을 추가하며 종전에 모자복지사업 또는 모자복지단체에 국한하여 적용되었던 국가 또는 자치단체의 비용보조 등이 모 · 부자복지사업 또는 모 · 부자복지단체에도 확대하여 적용하는 것 등을 「모 · 부자복지법」의 골자로 하고 있다. 그 후 2005년 3월 24일에는 정부조직법 개정에 따라 「모 · 부자복지법」 일부를 개정하였다. 동법의 일부개정은 가정의 가치를 새롭게 정립하기 위하여 여성부에 가족정책의 수립 · 조정기능을 추가하여 여성가족부로 개편되면서 모 · 부자복지법은 기존의 보건복지부에서 여성가족부가 관장하게 되었다. 이후 2006년 12월 28일에는 외국인배우자와 그 아동의 복지를 증진하기 위하여 국내에 체류하고 있는 외국인 중 대한민국 국민과 혼인하여 대한민국 국적의 아동을 양육하고 있는 자도 이 법에 따른 보호대상자가 되도록 하고, 미혼모시설을 미혼모자시설로 변경하여 미혼모뿐만 아니라 그 아동에 대한 보호 · 양육이 이루어질 수 있도록 하며, 공동생활가정을 설치하여 아동양육 등 독립적인 생활이 어려운 미혼모자가정, 모 · 부자가정 및 미혼모가정을 지원하려는 목적에서 「모 · 부자복지법」 일부를 개정하였다. 이어서 65세 이상의 고령자와 손자녀로 구성되어 있는 조손가정이 늘어나면서 이들까지 보호대상자로 확대하여 생활안정과 복지증진을 함께 도모하기 위하여 2007년 10월 17일 「한부모가족지원법」으로 동법의 명칭을 바꾸고, 자녀가 취학 중인 경우 자립능력이 갖추어지지 아니한 상태에서 학비 등 생활비가 많이 든다는 점을 고려하여 자녀가 취학 중일 때에는 22세 미만까지 연장하여 지원하기로 개편되면서 2008년 1월 18일부터 시행에 들어갔다. 이어서 같은 해 2월 28일 「한부모가족지원법」은 정부조직법 개정에 따라 관장부서가 기존의 여성가족부에서 보건복지가족부로 넘어가게 되었다.

2012년 2월 1일 법원이 이혼 판결 시 사용할 수 있도록 자녀양육비 산정을 위한 자녀양육비 가이드라인을 마련하도록 하고, 복지급여사유의 발생 · 변경 또는 상실을 확인하기 위하여 조사 및 관계기관에 대한 자료요청의 근거를 신설하며, 공무원 등이 복지급여사유의 발생 · 변경 또는 상실하는 확인하는 과정에서 알게 된 개인정보를 누설하는 경우 처벌하는 규정을 마련하려는 취지에서 「한부모가족지원법」 일부를 개정하였다.

2013년 3월 22일에는 국가와 지방자치단체로 하여금 한부모가족에 대한 사회적 편견과 차별을 예방하고, 사회구성원이 한부모가족을 이해하고 존중할 수 있도록 교육 및 홍보 등 필요한 조치를 하도록 함으로써 한부모가족의 권익을 증진하고 한부모가족에 대한 사회의 관심과 이해를 높이기 위해 일부개정되었다.

2014년 1월 21일 개정은 최근 이혼, 사별, 미혼부모, 별거 등으로 인한 급속한 가족환경의 변화로 한부모가족이 급증하는 추세에 따라 한부모가족에 대한 지원을 강화함으로써 한부모가족의 생활 안정과 복지 증진에 기여하고자 함이다.

2015년 3월 11일 개정은 최근의 개인정보 유출 사태를 계기로 신용정보의 보호를 강화할 필요성이 제기됨에 따라, 신용정보집중기관에 대한 공적 통제를 제고하고, 신용조회업의 부수업무 제한, 신용조회회사의 영리목적 겸업 및 계열회사에 대한 정보 제공 금지, 신용정보관리 · 보호인의 임원 지정, 신용정보 보존 기간 제한, 개인신용정보의 제공 · 활용에 대한 동의 절차 강화, 신용조회사실통지 및 개인신용정보 삭제 요구 제도 도입, 정보유출 시 신용정보회사 등에 대한 업무정지, 징벌적 과징금 및 징벌적 손해배상 책임, 법정손해배상책임 부과, 손해배상책임 보장을 위한 보험 가입 또는 적립금 예치, 정보유출 행위자에 대한 형벌 상향 등을 규정함으로써, 신용정보 유출에 대한 사전적 예방과 사후적 제재 및 소비자의 피해구제를 강화하려는 것이다.

■ 한부모가족지원법 연혁

1989년 4월 1일	모자복지법 제정
1998년 12월 30일	모자복지법 1차 개정－여성복지관과 모자가정상담소로 명칭 변경 등
2002년 12월 18일	동법을 일부개정하여 모 · 부자복지법 제정
2006년 12월 28일	동법 일부개정
2007년 10월 17일	동법을 일부개정하여 한부모가족지원법 제정－동법의 대상자로 조손가정 포함 등
2012년 2월 1일	동법 일부개정－자녀양육비 가이드라인 마련 등
2013년 3월 22일	동법 일부개정－한부모가족의 권익 증진과 사회관심 독려
2014년 1월 21일	동법 일부개정－한부모가족 아동이 병역의무와 기간 변경
2015년 3월 11일	타법 일부개정으로 인한 개정

3. 법의 내용

1) 법의 책임주체와 대상

(1) 국가와 지방자치단체의 책임, 모든 국민의 협력의무

국가와 지방자치단체는 한부모가족의 복지를 증진할 책임을 지며(법 제2조 제1항) 한부모가족의 권익을 지원하기 위하여 노력하여야 한다(법 제2조 제2항). 국가와 지방자치단체는 한부모가족에 대한 사회적 편견과 차별을 예방하고, 사회구성원이 한부모가족을 이해하고 존중할 수 있도록 교육 및 홍보 등 필요한 조치를 할 수 있다(법 제2조 제3항)고 규정하고 있다. 또한 국가와 지방자치단체 그리고 모든 국민은 한부모가족의 복지 증진에 협력하여야 한다(법 제2조 제4항, 제5항). 이는 한부모가족 복지증진책임과 권익보호노력에 대한 정부의 책임과 함께 국민 모두에게 한부모가족 복지증진의 협력의무를 부여하고 있다.

(2) 한부모가족의 권리와 책임

한부모가족의 모(母) 또는 부(父)는 임신과 출산 및 양육을 사유로 합리적인 이유 없이 교육 · 고용 등에서 차별을 받지 아니한다(법 제31조 제2항)고 하여 그들이 차별받지 아니할 권리를 명시하고 있다. 아울러 한부모가족의 모 또는 부와 아동은 그가 가지고 있는 자산과 노동능력 등을 최대한으로 활용하여 자립과 생활 향상을 위하여 노력하여야 한다(법 제3조 제2항)고 하여 동법 제2조의 정부의 한부모가족 복지증진책임과 함께 한부모가족 자신의 책임을 규정하고 있다. 이는 한부모가족의 자립 · 자활에의 의지표현과 국가와 지방자치단체에 의한 종합적인 복지시책, 그리고 모든 국민의 협력 등을 서로 연계하여 바람직한 한부모가족복지의 실현을 총체적으로 추진하려는 것이다(김만두, 1991: 487).

2) 법의 적용대상자

「한부모가족지원법」의 적용대상자는 한부모가족의 구성원, 즉 세대주(세대주가 아니더라도 세대원을 사실상 부양하는 자를 포함)인 모 또는 부와 그에 의하여 양육되는 아동이다. 동법에서 한부모가족지원법상 적용대상자로서의 '모 또는 부'라 함은 다음의 어느 하나에 해당하는 자로서 아동인 자녀를 양육하는 자를 말한다(법 제4조 제1호).

① 배우자와 사별 또는 이혼하거나 배우자로부터 유기된 자
② 정신이나 신체의 장애로 장기간 노동능력을 상실한 배우자를 가진 자
③ 교정시설 · 치료감호시설에 입소한 배우자 또는 병역복무 중인 배우자를 가진 사람
④ 미혼자(사실혼관계에 있는 자를 제외한다)
⑤ ①부터 ④까지에 규정된 자에 준하는 자로서 여성가족부령으로 정하는 자
1의2. "청소년 한부모"란 24세 이하의 모 또는 부를 말한다.

여성가족부령이 정하는 자란 배우자의 생사가 분명하지 아니한 자, 배우자 또는 배우자 가족과의 불화 등으로 인하여 가출한 자(시행규칙 제2조)를 말한다.

그리고 이 법에서 '아동'이라 함은 18세 미만(다만, 취학 중인 경우에는 22세 미만)의 자를 말한다. 그리고 한부모가족이란 모자가족 또는 부자가족을 말한다(법 제4조 제2호).

한부모가족지원법상의 보호대상자 범위는 여성가족부장관이 매년 보호대상자의 최저생계비 · 소득수준 및 재산정도 등을 고려하여 지원의 종류별로 정하여 고시한다(법

제5조, 시행규칙 제3조).

그런데 「한부모가족지원법」 제5조 보호대상자 범위에 대한 특례로 출산 후 해당 아동을 양육하지 아니하는 미혼모는 동법 제5조에도 불구하고 제19조 제1항 제3호의 미혼모자가족복지시설을 이용할 때 이 법에 따른 보호대상자가 된다(법 제5조의2 제1항).

3) 한부모가족 실태조사

여성가족부장관은 한부모가족 지원을 위한 정책수립에 활용하기 위하여 3년마다 한부모가족에 대한 실태조사를 실시하고 그 결과를 공표하여야 한다(법 제6조 제1항). 그리고 여성가족부장관은 실태조사를 위하여 관계 공공기관 또는 관련 법인 · 단체에 대하여 필요한 자료의 제출 등 협조를 요청할 수 있으며, 요청받은 관계 공공기관 또는 관련 법인 · 단체는 특별한 사유가 없으면 이에 협조하여야 한다(법 제6조 제2항). 이에 따른 실태조사의 대상 및 방법, 그 밖에 필요한 사항은 여성가족부령으로 정한다(법 제6조 제3항).

4) 복지조치

(1) 보호기관

「한부모가족지원법」에 따른 보호를 행하는 책임주체는 국가와 지방자치단체이며 이를 '보호기관'이라고 한다(법 제4조 제6호). 보호기관인 국가와 지방자치단체는 한부모가족복지단체를 지원 · 육성할 수 있으며(법 제9조), 한부모가족복지단체는 한부모가족의 복지증진을 목적으로 설립된 기관 또는 단체를 말한다(법 제4조 제7호).

(2) 보호대상자의 조사

특별자치도지사 · 시장 · 군수 · 구청장(자치구의 구청장을 말한다. 이하 같다)은 매년 1회 이상 관할구역 보호대상자의 가족상황, 생활실태 등을 조사하여야 한다(법 제10조 제1항). 특별자치도지사 · 시장 · 군수 · 구청장은 제1항에 따른 조사 결과를 대장으로 작성 · 비치하여야 한다. 다만, 사회복지사업법 제6조의2 제2항에 따른 정보시스템을 활용할 때에는 전자적으로 작성하여 관리할 수 있다(법 제10조 제2항).

제1항 및 제2항에 따른 조사 및 대장의 작성 · 관리에 필요한 사항은 여성가족부령으

로 정한다(법 제10조 제3항).

(3) 복지급여의 신청과 내용 등

지원대상자 또는 그 친족이나 그 밖의 이해관계인은 복지급여를 관할시장 · 군수 · 구청장에게 신청할 수 있고(법 제11조 제1항), 이들이 복지 급여 신청을 할 때에는 각호에 따른 자료 또는 정보의 제공에 대한 지원대상자의 동의 서면을 제출하여야 한다(법 제11조 제2항). 「국민기초생활보장법」이 신청보호를 우선하고 배제된 보호대상자는 직권보호를 통해 보완하는 것과 같은 취지에 있다.

국가나 지방자치단체는 복지 급여의 신청이 있으면 다음과 같은 복지급여를 실시할 수 있다. 다만, 이 법에 따른 지원대상자가 국민기초생활보장법 등 다른 법령에 따라 보호를 받고 있는 경우에는 그 범위에서 이 법에 따른 급여를 하지 아니한다(법 제12조 제1항).

① 생계비
② 아동교육지원비
③ 아동양육비
④ 그 밖에 대통령령으로 정하는 비용

복지급여 중 아동양육비를 지급할 때에 미혼모나 미혼부가 5세 이하의 아동을 양육하거나 청소년 한부모가 아동을 양육하면 예산의 범위에서 추가적인 복지 급여를 실시하여야 한다. 이 경우 모 또는 부의 직계존속이 5세 이하의 아동을 양육하는 경우에도 또한 같다(법 제12조 제2항). 국가나 지방자치단체는 이 법에 따른 지원대상자의 신청이 있는 경우에는 예산의 범위에서 직업훈련비와 훈련기간 중 생계비를 추가적으로 지급할 수 있다(법 제12조 제3항). 동법 제12조 제1항부터 제3항까지의 규정에 따른 복지 급여의 기준 및 절차, 그 밖에 필요한 사항은 여성가족부령으로 정한다(법 제12조 제4항). 보호대상자 복지급여의 내용과 수준은 한부모가족의 실태와 국민생활수준을 고려하여 예산의 범위에서 매년 여성가족부장관이 정한다(령 제14조 제1항). 여성가족부장관 또는 특별자치도지사 · 시장 · 군수 · 구청장은 복지 급여를 신청한 보호대상자 또는 복지 급여를 받고 있는 보호대상자에 대하여 급여 사유의 발생 · 변경 또는 상실을 확인하기 위하여 필요한 소득 · 재산 등에 관한 자료의 제출을 요구할 수 있으며, 소속 공무원으로 하여금 보호대상자의 주거 등에 출입하여 생활환경 및 소득자료 등을 조사하게 하거나 보호대상자의 고용주 등 관계인에게 필요한 질문을 하게 할 수 있다(법 제12조의2 제1항).

(4) 복지자금 대여와 한도

국가나 지방자치단체는 한부모가족의 생활안정과 자립을 촉진하기 위하여 다음 어느 하나의 복지자금을 대여할 수 있다(법 제13조 제1항).

① 사업에 필요한 자금
② 아동교육비
③ 의료비
④ 주택자금
⑤ 그 밖에 대통령령이 정하는 한부모가족의 복지를 위하여 필요한 자금

제1항에 따른 대여 자금의 한도, 대여방법 및 절차, 그 밖에 필요한 사항은 대통령령으로 정한다(법 제13조 제2항). 복지 자금의 대여를 받고자 하는 자는 여성가족부령으로 정하는 바에 따라 복지자금대여신청서를 특별자치도지사 · 시장 · 군수 · 구청장에게 제출하여야 한다(령 제16조 제1항).

(5) 고용의 촉진 · 지원연계와 공공시설 내 매점 및 시설 설치

국가 또는 지방자치단체는 한부모가족의 모 또는 부와 아동의 직업능력을 개발하기 위하여 능력 및 적성 등을 고려한 직업능력개발훈련을 실시하여야 하며(법 제14조 제1항), 한부모가족의 모 또는 부와 아동의 고용을 촉진하기 위하여 적합한 직업을 알선하고 각종 사업장에 모 또는 부와 아동이 우선 고용되도록 노력하여야 한다(법 제14조 제2항). 또한 국가 및 지방자치단체는 한부모가족의 모 또는 부와 아동의 취업기회를 확대하기 위하여 한부모가족 관련 시설 및 기관과 직업안정법에 따른 직업안정기관 간 효율적인 연계를 도모하여야 한다(법 제14조의2 제1항). 그리고 국가 또는 지방자치단체가 운영하는 공공시설 안에 각종 매점 및 시설의 설치를 허가하는 경우 이를 한부모가족 또는 한부모가족복지단체에 우선적으로 허가할 수 있다(법 제15조)고 하여 한부모가족의 생업지원을 통한 복지증진을 도모하고 있다.

(6) 시설의 우선 이용

국가 또는 지방자치단체는 한부모가족의 아동이 공공의 아동편의시설과 그 밖에 공공시설을 우선적으로 이용할 수 있도록 노력하여야 한다(법 제16조).

(7) 가족지원서비스 등

국가나 지방자치단체는 한부모가족에게 다음과 같은 가족지원서비스를 제공하도록 노력하여야 한다(법 제17조).

① 아동의 양육 및 교육 서비스
② 장애인, 노인, 만성질환자 등의 부양 서비스
③ 취사, 청소, 세탁 등 가사 서비스
④ 교육 · 상담 등 가족 관계 증진 서비스
⑤ 인지청구 및 자녀양육비 청구 등을 위한 법률상담, 소송대리 등 법률구조서비스
⑥ 그 밖에 대통령령으로 정하는 한부모가족에 대한 가족지원서비스

그리고 국가나 지방자치단체는 청소년 한부모가 학업을 할 수 있도록 청소년 한부모의 선택에 따라 교육 지원을 할 수 있다(법 제17조의2 제1항). 나아가 여성가족부장관은 자녀양육비 산정을 위한 자녀양육비 가이드라인을 마련하여 법원이 이혼 판결 시 적극 활용할 수 있도록 노력하여야 한다(법 제17조의3).

(8) 청소년 한부모에 대한 교육 지원

국가나 지방자치단체는 청소년 한부모가 학업을 할 수 있도록 청소년 한부모의 선택에 따라 다음 각 호의 어느 하나에 해당하는 지원을 할 수 있다(법 제17조의2 제1항).

① 「초 · 중등교육법」 제2조에 따른 학교에서의 학적 유지를 위한 지원 및 교육비 지원 또는 검정고시 지원
② 「평생교육법」 제31조 제2항에 따른 학력인정 평생교육시설에 대한 교육비 지원
④ 「초 · 중등교육법」 제28조에 따른 교육 지원
⑤ 그 밖에 청소년 한부모의 교육 지원을 위하여 여성가족부령으로 정하는 사항

제1항 제3호에 따른 교육 지원을 위하여 특별시 · 광역시 · 특별자치시 · 도 · 특별자

치도의 교육감은 제19조에 따른 한부모가족복지시설에 순회교육 실시를 위한 지원을 할 수 있다(법 제17조의2 제2항). 여성가족부장관은 청소년 한부모가 학업을 계속할 수 있도록 교육부장관에게 협조를 요청하여야 한다(법 제17조의2 제2항). 나아가 여성가족부장관은 자녀양육비 산정을 위한 자녀양육비 가이드라인을 마련하여 법원이 이혼 판결 시 적극 활용할 수 있도록 노력하여야 한다(제17조의3).

(9) 청소년 한부모의 자립지원

국가나 지방자치단체는 청소년 한부모가 주거마련 등 자립에 필요한 자산을 형성할 수 있도록 재정적인 지원을 할 수 있다. 제1항에 따른 지원으로 형성된 자산은 청소년 한부모가 이 법에 따른 지원대상자에 해당하는지 여부를 조사·확인할 때 이를 포함하지 아니한다. 또한 자립 지원의 대상과 기준은 대통령령으로 정하고, 자립 지원의 신청, 방법 및 지원금의 반환절차 등에 필요한 사항은 여성가족부령으로 정한다(법 제17조의4).

(10) 국민주택의 분양 및 임대

국가 또는 지방자치단체는 「주택법」에서 정하는 바에 따라 국민주택을 분양하거나 임대할 때에는 한부모가족에게 일정비율이 우선 분양될 수 있도록 노력하여야 한다(법 제18조)고 한부모가족을 위한 주택서비스를 규정하고 있다.

5) 한부모가족복지시설

(1) 설치와 운영

국가나 지방자치단체는 한부모가족복지시설을 설치할 수 있다(법 제20조 제1항). 한부모가족복지시설의 장은 청소년 한부모가 입소를 요청하는 경우에는 우선 입소를 위한 조치를 취하여야 한다(법 제20조 제2항). 국가나 지방자치단체 외의 자가 한부모가족복지시설을 설치·운영하려면 특별자치시장·특별자치도지사·시장·군수·구청장에게 신고하여야 한다. 신고한 사항 중 여성가족부령으로 정하는 중요 사항을 변경하려는 경우에도 또한 같다(법 제20조 제3항). 「입양촉진 및 절차에 관한 특례법」 제10조에 따른 입양기간을 운영하는 자는 제19조 제1항 제3호 가목에 해당하는 편의제공시설을 설치·운영할 수 없다(법 제20조 제4항).

한부모가족복지시설의 시설 설치·운영 기준, 시설 종사자의 직종(職種)과 수(數) 및 자격기준, 그 밖에 설치 신고에 필요한 사항은 여성가족부령으로 정한다(법 제20조 제5항).

(2) 종류

한부모가족복지시설은 다음의 시설로 한다(법 제19조 제1항).

① 모자가족복지시설: 모자가족에게 다음의 어느 하나 이상의 편의를 제공하는 시설
  ㉠ 기본생활지원: 생계가 어려운 모자가족에게 일정 기간 동안 주거와 생계를 지원
  ㉡ 공동생활지원: 독립적인 생활이 어려운 모자가족에게 일정 기간 동안 공동생활을 통하여 자립을 준비할 수 있도록 주거 등을 지원
  ㉢ 자립생활지원: 자립욕구가 강한 모자가족에게 일정 기간 동안 주거를 지원

② 부자가족복지시설: 부자가족에게 다음의 어느 하나 이상의 편의를 제공하는 시설
  ㉠ 기본생활지원: 생계가 어려운 부자가족에게 일정 기간 동안 주거와 생계를 지원
  ㉡ 공동생활지원: 독립적인 생활이 어려운 부자가족에게 일정 기간 동안 공동생활을 통하여 자립을 준비할 수 있도록 주거 등을 지원
  ㉢ 자립생활지원: 자립욕구가 강한 부자가족에게 일정 기간 동안 주거를 지원

③ 미혼모자가족복지시설: 미혼모자가족과 출산 미혼모 등에게 다음의 어느 하나 이상의 편의를 제공하는 시설
  ㉠ 기본생활지원: 미혼 여성의 임신 · 출산 시 안전 분만 및 심신의 건강 회복과 출산 후의 아동의 양육 지원을 위하여 일정 기간 동안 주거와 생계를 지원
  ㉡ 공동생활지원: 출산 후 해당 아동을 양육하지 아니하는 미혼모 또는 미혼모와 그 출산 아동으로 구성된 미혼모자가족에게 일정 기간 동안 공동생활을 통하여 자립을 준비할 수 있도록 주거 등을 지원

④ 일시지원복지시설: 배우자가 있으나 배우자의 물리적 · 정신적 학대로 아동의 건전한 양육이나 모의 건강에 지장을 초래할 우려가 있을 경우 일시적 또는 일정 기간 동안 모와 아동 또는 모에게 주거와 생계를 지원하는 시설

⑤ 한부모가족복지상담소: 한부모가족에 대한 위기 · 자립 상담 또는 문제해결 지원 등을 목적으로 하는 시설

①부터 ④까지의 규정에 따른 복지시설의 입소기간 및 그 기간의 연장 등에 필요한 사항은 여성가족부령으로 정한다(법 제19조 제1항).

(3) 수탁의무

한부모가족복지시설을 설치 · 운영하는 자는 특별시장 · 광역시장 · 특별자치시장 · 도지사 · 특별자치도지사(이하 "시 · 도지사"라 한다) 또는 시장 · 군수 · 구청장으로부터 한부모가족복지시설에 한부모가족을 입소하도록 위탁받으면 정당한 사유 없이 이를 거부하지 못한다(법 제22조). 사회복지시설, 예컨대 노인복지시설, 아동복지시설과 마찬가지로 한부모가족복지시설 역시 보호기관으로부터 위탁을 받으면 정당한 이유 없이는 이를 거부하지 못하도록 하는 수탁의무 조항이 규정되어 있다.

(4) 감독

여성가족부장관, 시 · 도지사 또는 시장 · 군수 · 구청장은 한부모가족복지시설을 설치 · 운영하는 자에게 그 시설에 관하여 필요한 보고를 하게 하거나, 관계 공무원에게 시설의 운영 상황을 조사하게 하거나 장부 등 그 밖의 서류를 검사하게 할 수 있다(법 제23조 제1항).

제1항에 따라 그 직무를 수행하는 관계 공무원은 그 권한을 표시하는 증표를 지니고 이를 관계인에게 내보여야 한다(법 제23조 제2항).

6) 한부모가족복지의 재정

(1) 비용의 부담

국가나 지방자치단체가 보조하여야 할 한부모가족복지사업에 드는 비용의 부담기준은 다음과 같다(법 시행령 제18조).

① 국가나 지방자치단체가 설치하는 한부모가족복지시설의 설치 및 운영에 드는 비용은 그 한부모가족복지시설을 설치 · 운영하는 국가나 지방자치단체가 부담한다(령 제18조 제2호).

② 국가나 지방자치단체 외의 자가 설치하는 한부모가족복지시설의 설치 및 운영에 드는 비용은 예산의 범위에서 국가와 지방자치단체가 그 비용의 100분의 80 이상을 부담하되, 그 부담의 비율은 〈표 12-1〉과 같다(령 제18조 제3호).

③ 복지 급여에 드는 비용은 예산의 범위 안에서 국가와 지방자치단체가 부담하되, 그 부담의 비율은 〈표 12-1〉과 같다(령 제18조 제1호).

표 12-1 국가와 지방자치단체 간의 복지 급여 비용부담 비율

<table>
<tr><th colspan="4" rowspan="2">구분</th><th rowspan="2">국가</th><th colspan="2">지방자치단체</th></tr>
<tr><th>일반회계</th><th>교육비 특별회계</th></tr>
<tr><td colspan="3" rowspan="2">생계비 · 아동양육비
(법 제12조 제1항 제1호 · 제4호 관련)</td><td>특별시의 경우</td><td>50%</td><td>50%</td><td></td></tr>
<tr><td>광역시 · 특별자치시 · 도 · 특별자치도의 경우</td><td>80%</td><td>20%</td><td></td></tr>
<tr><td rowspan="6">아동 교육 지원비 (법 제12조 제1항 제2호 관련)</td><td rowspan="4">입학금 · 수업료</td><td rowspan="2">국립 고등학교</td><td>특별시의 경우</td><td>50%</td><td>50%</td><td></td></tr>
<tr><td>광역시 · 특별자치시 · 도 · 특별자치도의 경우</td><td>80%</td><td>20%</td><td></td></tr>
<tr><td rowspan="2">공립 · 사립 고등학교</td><td>특별시의 경우</td><td></td><td>50%</td><td>50%</td></tr>
<tr><td>광역시 · 특별자치시 · 도 · 특별자치도의 경우</td><td></td><td>20%</td><td>80%</td></tr>
<tr><td colspan="2" rowspan="2">학용품비와 그 밖에 교육에 필요한 비용</td><td>특별시의 경우</td><td>50%</td><td>50%</td><td></td></tr>
<tr><td>광역시 · 특별자치시 · 도 · 특별자치도의 경우</td><td>80%</td><td>20%</td><td></td></tr>
</table>

注: 국가와 지방자치단체 간의 복지 급여 비용부담 비율(한부모가족지원법 시행령 제18조 제1호 관련)
출처: 령 제18조 제1호 별표 1.

(2) 비용의 보조

국가나 지방자치단체는 대통령령으로 정하는 바에 따라 한부모가족복지사업에 드는 비용을 보조할 수 있다(법 제25조). 동법 제25조에 따라 국가나 지방자치단체가 보조하여야 할 한부모가족복지사업에 소요되는 부담기준은 다음과 같다(령 제18조).

① 복지 급여에 드는 비용은 예산의 범위 안에서 국가와 지방자치단체가 부담하되, 그 부담의 비율은 〈표 12-1〉과 같다.
② 국가나 지방자치단체가 설치하는 한부모가족복지시설의 설치 및 운영에 드는 비용은 그 한부모가족복지시설을 설치 · 운영하는 국가나 지방자치단체가 부담한다.
③ 국가나 지방자치단체외의 자가 설치하는 한부모가족복지시설의 설치 및 운영에 드는 비용은 예산의 범위에서 국가와 지방자치단체가 그 비용의 100분의 80 이상을 부담하되, 그 부담의 비율은 〈표 12-1〉과 같다.

(3) 보조금 등의 반환명령

국가나 지방자치단체는 한부모가족복지시설의 장이나 한부모가족복지단체의 장이 다음의 어느 하나에 해당하면 이미 내준 보조금의 전부 또는 일부의 반환을 명할 수 있다(법 제26조 제1항).

① 보조금의 교부 조건을 위반한 경우
② 거짓이나 그 밖의 부정한 방법으로 보조금을 받은 경우
③ 한부모가족복지시설을 경영하면서 개인의 영리를 도모하는 행위를 한 경우
④ 이 법 또는 이 법에 따른 명령을 위반한 경우

지원기관은 복지 급여의 변경 또는 복지 급여의 정지 · 중지에 따라 지원대상자에게 이미 지급한 복지 급여 중 과잉지급분이 발생한 경우에는 즉시 지원대상자에 대하여 그 전부 또는 일부의 반환을 명하여야 한다. 다만, 이를 소비하였거나 그 밖에 지원대상자에게 부득이한 사유가 있는 경우에는 그 반환을 면제할 수 있다(법 제26조 제2항).

7) 기타

(1) 양도 · 담보 및 압류금지

이 법에 따라 지급된 복지급여와 이를 받을 권리는 다른 사람에게 양도하거나 담보로 제공할 수 없으며, 다른 사람은 이를 압류할 수 없으며, 제12조의5 제1항에 따라 지정된 복지급여수급계좌의 예금에 관한 채권은 압류할 수 없다(법 제27조 제1항, 제2항). 이 조항은 한부모가족의 건강하고 문화적인 최저한의 생존권을 보장하기 위한 규정이다.

(2) 심사청구

지원대상자 또는 그 친족이나 그 밖의 이해관계인은 이 법에 따른 복지 급여 등에 대하여 이의가 있으면 그 결정을 통지받은 날부터 90일 이내에 서면으로 해당 복지실시기관에 심사를 청구할 수 있다(법 제28조 제1항). 복지실시기관은 심사 청구를 받으면 30일 이내에 이를 심사 · 결정하여 청구인에게 통보하여야 한다(법 제28조 제2항).

(3) 벌칙

제12조의3 제6항을 위반하여 금융정보 등을 사용 또는 누설한 사람은 5년 이하의 징역 또는 5000만 원 이하의 벌금에 처한다(법 제29조 제1항). 제12조의 2 제4항을 위반하여 자료 등을 사용 또는 누설한 사람은 3년 이하의 징역 또는 3천만 원 이하의 벌금에

처한다(법 제29조 제2항).

다음의 어느 하나에 해당하는 자는 1년 이하의 징역 또는 1천만 원 이하의 벌금에 처한다(법 제29조 제3항).

① 제20조 제3항에 따른 신고를 하지 아니하고 한부모가족복지시설을 설치한 자
② 제24조에 따라 시설의 폐쇄, 사업의 정지 또는 폐지의 명령을 받고 사업을 계속한 자

거짓이나 그 밖의 부정한 방법으로 복지 급여를 받거나 타인으로 하여금 복지 급여를 받게 한 자는 1년 이하의 징역, 1천만 원 이하의 벌금, 구류 또는 과료에 처한다(법 제29조 제4항).

(4) 양벌규정

법인의 대표자나 법인 또는 개인의 대리인, 사용인, 그 밖의 종업원이 그 법인 또는 개인의 업무에 관하여 제29조의 위반행위를 하면 그 행위자를 벌하는 외에 그 법인 또는 개인에게도 해당 조문의 벌금 또는 과료의 형을 과한다. 다만, 법인 또는 개인이 그 위반행위를 방지하기 위하여 해당 업무에 관하여 상당한 주의와 감독을 게을리하지 아니한 경우에는 그러하지 아니하다(법 제30조).

(5) 권한의 위임

여성가족부장관이나 시·도지사는 대통령령으로 정하는 바에 따라 이 법에 따른 권한의 일부를 시장·군수·구청장에게 위임할 수 있다(법 제31조).

제2절 다문화가족지원법

[시행 2014. 1. 1.] [법률 제12079호, 2013. 8. 13., 일부개정]

1. 법의 의의

최근 우리 사회는 결혼이민자인 외국인 여성을 아내로 맞이한 남성 국제결혼의 비

중이 지속적으로 높아 가고 있다. 또한 외국인을 배우자로 맞아 가정을 꾸리고 있는 여성의 비율도 날이 갈수록 늘고 있다. 통계청자료에 따르면, 2000년까지 총 결혼건수 중 국제결혼이 차지하는 비율은 3%대에 머물렀으나, 2005년 13.5%, 2008년 11.0%, 2009년에는 10.8%로 나타나 연속 10% 이상을 기록했고 같은 해인 2009년의 국제결혼은 3만 3300건으로 조사되었다(통계청, 각 연도). 이에 따라 국제결혼과 연관된 다문화가정 자녀수는 2006년 2만 5000명에서 2012년 16만 8583명으로 6.7배 급증하였다(행정안전부, 2012).

결혼이민자 등과 그 자녀로 구성된 다문화가족은 언어, 문화적 차이 등으로 인한 사회적응의 곤란뿐만 아니라 이에 따른 빈곤문제, 가족성원 간의 갈등, 자녀교육 등 다양한 측면에서 많은 어려움을 겪고 있다. 이 같은 문제에 대응하여 다문화가족의 성원이 우리 사회의 건강한 시민으로 성장하고 통합되면서 안정적인 가족생활을 영위할 수 있도록 하기 위한 가족상담 등의 전문적인 서비스를 제공하도록 하는 등 다문화가족에 대한 지원정책의 제도적 틀을 마련하려는 목적에서 2008년 3월 21일 「다문화가족지원법」을 제정하여 2008년 9월 22일부터 시행하였다.

「다문화가족지원법」은 다문화가족 구성원이 안정적인 가족생활을 영위할 수 있도록 함으로써 이들의 삶의 질 향상과 사회통합에 이바지함을 목적으로 한다(법 제1조)고 명시하여 현재의 다문화가족이 우리 사회에서 더불어 살아갈 수 있도록 하고자 하였다.

2. 입법배경 및 연혁

다문화가족의 수가 급속히 증가하고 있음에도 2008년 제정 · 시행한 다문화가족지원법의 다문화가족 범위가 지나치게 좁아 실질적인 지원이 필요한 다양한 형태의 다문화가족을 포괄하지 못하고 있고, 다문화가족에 대한 지원정책이 각 부처 간에 중복되거나 업무 간 연계체계가 미비한 문제가 지속적으로 제기되었다. 이에 대응하기 위하여 2011년 4월 4일 법을 일부개정(법률 제10534호, 2011. 10. 5. 시행)하였다. 구체적인 내용은 ① 다문화가족의 범위에 출생에 따른 국적취득자뿐만 아니라 인지와 귀화에 따른 국적취득자도 포함하도록 확대하고, ② 여성가족부장관은 5년마다 다문화가족 지원정책의 기본방향, 분야별 발전시책과 평가, 제도개선 등에 관한 기본계획을 수립하고, 여성가족부의 장, 중앙행정기관의 장 및 시 · 도지사는 매년 기본기획에 따라 시행계획을 수립 · 시행하도록 하였다. 또한 ③ 다문화가족의 삶의 질 향상과 사회통합에 관한 중요 사항을 심의 · 조정하기 위하여 국무총리 소속으로 다문화가족정책위원회를 설치하고, ④ 교육과학기술부장관과 시ㆍ도 교육감은 학교에서 다문화가족에 대한 이해를 돕는 교육을 실시하기 위한 시책을 수립ㆍ시행하도록 하였다. 그리고 ⑤ 국가와 지방자치단체는 결혼이민자 등이 언어소통능력 향상을 위한 한국어교육을 받을 수 있도록 지원하고, 다문화가족지원센터의 업무에 결혼이민자 등에 대한 한국어교육을 추가하였으며 다문화가족 구성원인 결혼이민자 등에게 한국어교육 지원을 통하여 사회적 적응을 잘할 수 있게 하고, ⑥ 다문화가족 내 가정폭력 예방과 가정폭력 피해자의 보호ㆍ지원, 의료 및 건강관리를 위한 지원 등을 함으로써 다문화가족 구성원의 삶의 질 향상과 사회통합을 도모하였다.

이후 2012년 2월 1일 이어서 동법의 일부개정(법률 제11284호, 2012. 8. 2. 시행)이 이루어졌는데 그 내용은 ① 지방자치단체에 다문화가족 지원을 담당할 기구와 공무원을 두도록 하였고, ② 국가와 지방자치단체는 다문화가족지원센터를 설치ㆍ운영할 수 있도록 하고, 지원센터의 설치ㆍ운영을 법인ㆍ단체에 위탁할 수 있도록 하며, 국가 또는 지방자치단체 외의 자가 지원센터를 설치ㆍ운영하려는 경우에는 시ㆍ도지사 또는 시장ㆍ군수ㆍ구청장의 지정을 받도록 하였다. ③ 여성가족부장관 또는 시ㆍ도지사는 다문화가족지원센터에 두는 전문인력의 자질과 능력 향상을 위하여 보수교육을 의무적으로 실시하도록 하였고, ④ 국가 또는 지방자치단체는 다문화가족지원 및 다문화 이해교육 등의 사업 추진에 필요한 전문인력을 양성하기 위하여 대학ㆍ연구소 등 적절한 인력과 시설 등을 갖춘 기관ㆍ단체를 전문인력 양성기관으로 지정ㆍ관리할 수 있도록 하였다. 한편, ⑤ 여성가족부장관 또는 지방자치단체의 장은 다문화가족 지원을 위하여 필요한 정보인 결혼이민자의 외국인등록 정보 및 귀화허가 신청정보를 법무부장관에게 요청할 수 있고, 법무부장관은 정당한 사유가 없으면 요청에 따르도록 함으로써 결혼이민자를 더욱 효과적으로 지원할 수 있는 여건을 마련, 결혼이민자가 우리 사회의 건강한 구성원으로 정착할 수 있도록 하였다.

2013년 3월 22일 일부개정은 개정된 법은 결혼이민자 등인 부 또는 모의 모국어 교육을 지원할 수 있도록 법적인 근거를 명확히 하여 모국어 교육 지원 사업을 활성화시킴으로써 가족 간의 유대감을 증진시키고 다문화가족 자녀가 다양한 문화적 잠재력을 발현하여 건강한 사회구성원으로 성장할 수 있도록 하며, 국가와 지방자치단체가 다문화가족에 대한 사회적 차별 및 편견을 예방하고 사회구성원이 문화적 다양성을 인정하고 존중할 수 있도록 다문화 이해교육을 실시하도록 하려는 것이다.

2013년 8월 13일 일부개정은 결혼이민자나 다문화가족의 생활적응과 초기정착을 돕기 위해 다국어로 상담과 통역이 가능한 다문화가족 종합정보 전화센터를 설치함으로써 결혼이민자나 다문화가족이 전화를 통해 필요한 서비스를 받을 수 있도록 하고, 결혼이민자나 다문화가족이 다문화가족지원센터와 유사한 명칭을 사용한 민간 시설 등을 시·군·구가 설치한 다문화가족지원센터로 오인하여 피해를 당하지 않도록 다문화가족지원센터와 유사한 명칭을 사용하지 못하도록 하며, 이혼 등의 사유로 해체된 다문화가족 자녀의 인권을 보호하고, 다문화가족 지원정책의 실효성을 제고하기 위하여 이들 자녀도 이 법에 따른 지원을 받을 수 있도록 하려는 것이다.

■ 다문화가족지원법 연혁

2008년 3월 21일	다문화가족법 제정
2011년 4월 4일	동법 일부개정－귀화에 따른 국적취득자 등 대상자 확대
2012년 2월 1일	동법 일부개정－다문화가족지원센터 설치·운영 등
2013년 3월 22일	타법 일부개정－결혼이민자 등인 부 또는 모의 모국어 교육을 지원할 수 있도록 법적인 근거 명확화 및 다문화 이해교육을 실시
2013년 8월 13일	동법 일부개정－다국어로 상담과 통역이 가능한 다문화가족 종합정보전화센터를 설치

3. 법의 내용

1) 국가와 지방자치단체의 책무

국가와 지방자치단체는 다문화가족 구성원이 안정적인 가족생활을 영위할 수 있도록 필요한 제도와 여건을 조성하고 이를 위한 시책을 수립·시행하여야 한다(법 제3조 제1항). 국가와 지방자치단체는 이 법에 따른 시책 중 외국인정책 관련 사항에 대하여는 재한외국인 처우 기본법에 따른다(법 제3조 제3항).

(1) 실태조사

다문화가족지원정책의 주무부서인 여성가족부장관은 다문화가족의 현황 및 실태를 파악하고 다문화가족 지원을 위한 정책수립에 활용하기 위하여 3년마다 다문화가족에 대한 실태조사를 실시하고 그 결과를 공표하여야 한다(법 제4조).

(2) 다문화가족 지원을 위한 기본계획의 수립의무

여성가족부장관은 5년마다 관계 중앙행정기관의 장과 협의하여 ① 다문화가족 지원정책의 기본방향 ② 다문화가족 지원을 위한 분야별 발전시책과 평가에 관한 사항 ③ 다문화가족 지원을 위한 제도개선에 관한 사항 ④ 다문화가족 지원을 위한 재원 확보 및 배분에 관한 사항 ⑤ 그 밖에 다문화가족 지원을 위하여 필요한 사항에 관한 기본계획을 수립, 다문화가족정책위원회의 심의를 거쳐 확정한다. 이 경우 여성가족부장관은 확정된 기본계획을 관계 중앙행정기관의 장과 특별시장 · 광역시장 · 도지사 · 특별자치도지사(이하 "시 · 도지사"라 한다)에게 알려야 한다(법 제3조의2).

(3) 다문화가족 지원을 위한 연도별 시행계획의 수립 · 시행

여성가족부장관, 관계 중앙행정기관의 장과 시 · 도지사는 매년 기본계획에 따라 다문화가족정책에 관한 시행계획을 수립 · 시행하여야 한다. 관계 중앙행정기관의 장과 시 · 도지사는 전년도의 시행계획에 따른 추진실적 및 다음 연도의 시행계획을 대통령령으로 정하는 바에 따라 매년 여성가족부장관에게 제출하여야 한다(법 제3조의3).

(4) 다문화가족정책위원회의 설치

1 설치

다문화가족의 삶의 질 향상과 사회통합에 관한 중요 사항을 심의 · 조정하기 위하여 국무총리 소속으로 다문화가족정책위원회를 둔다(법 제3조의4 제1항).

2 구성

정책위원회는 위원장 1명을 포함한 20명 이내의 위원으로 구성하고, 위원장은 국무총리가 되며, 위원은 대통령령으로 정하는 중앙행정기관의 장, 다문화가족정책에 관하여 학식과 경험이 풍부한 사람 중에서 위원장이 위촉하는 자로 구성된다(법 제3조의4 제3항).

3 심의 · 조정 사항(법 제3조의4 제2항)

① 다문화가족정책에 관한 기본계획의 수립 및 추진에 관한 사항

② 다문화가족정책의 시행계획의 수립, 추진실적 점검 및 평가에 관한 사항
③ 다문화가족과 관련된 각종 조사, 연구 및 정책의 분석 · 평가에 관한 사항
④ 각종 다문화가족 지원 관련 사업의 조정 및 협력에 관한 사항
⑤ 다문화가족정책과 관련된 국가 간 협력에 관한 사항
⑥ 그 밖에 다문화가족의 사회통합에 관한 중요 사항으로 위원장이 필요하다고 인정하는 사항

(5) 담당기구 설치와 공무원 배치 의무

특별시 · 광역시 · 도 · 특별자치도 및 시 · 군 · 구에는 다문화가족 지원을 담당할 기구와 공무원을 두어야 한다(법 제3조 제2항).

(6) 전문인력 양성의무

국가 또는 지방자치단체는 다문화가족지원 및 다문화 이해교육 등의 사업 추진에 필요한 전문인력을 양성하는 데 노력하여야 한다(법 제13조의2 제1항). 여성가족부장관은 전문인력을 양성하기 위하여 대통령령으로 정하는 바에 따라 대학이나 연구소 등 적절한 인력과 시설 등을 갖춘 기관이나 단체를 전문인력 양성기관으로 지정하여 관리할 수 있고(법 제13조의2 제2항), 국가 또는 지방자치단체는 지정된 전문인력 양성기관에 대하여 예산의 범위에서 필요한 경비의 전부 또는 일부를 지원할 수 있다(법 제13조의2 제3항).

(7) 정보제공 의무

여성가족부장관 또는 지방자치단체의 장은 이 법의 시행을 위하여 법무부장관에게 결혼이민자 등의 현황 파악을 위하여 재한외국인 처우 기본법 제2조 제3호에 따른 결혼이민자의 외국인 등록 정보와 「국적법」 제6조 제2항에 따라 귀화허가를 받은 사람의 귀화허가 신청 정보의 제공을 요청할 수 있다. 이 경우 지방자치단체의 장은 해당 관할구역의 결혼이민자 등에 관한 정보에 한정하여 요청할 수 있다. 정보의 제공을 요청받은 법무부장관은 정당한 사유가 없으면 이에 따라야 한다. 정보를 제공받은 여성가족부장관 또는 지방자치단체의 장은 제공받은 정보를 지원센터에 제공할 수 있다(법 제15조의2).

법 제15조의2 제1항 각 호 외의 부분 전단에서 "대통령령으로 정하는 정보"란 다음 각 호의 정보를 말한다. 다만, 제6호의 정보는 본인이 제공에 동의한 경우로 한정한다.

① 이름
② 성별
③ 출생연도
④ 국적
⑤ 국내거주지역(시, 군 또는 자치구까지로 한다)
⑥ 주소 및 연락처(전화번호 · 전자우편주소 등을 말한다)

법무부장관은 제1항에 따른 정보를 제출받은 여성가족부장관 또는 지방자치단체의 장(그로부터 정보를 제공받은 법 제12조 제1항, 제3항에 따른 지원센터를 포함한다)에게 그 정보의 사용내역, 제공 · 관리 현황 등 정보관리에 필요한 자료를 요청할 수 있다(령 제14조 제1항, 제2항).

2) 법의 적용대상

이 법의 적용대상은 다문화가족이다. 다문화가족은 다음의 어느 하나에 해당하는 가족을 말한다(법 제2조 제1호).

① 「재한외국인 처우 기본법」 제2조 제3호의 결혼이민자(대한민국 국민과 혼인한 적이 있거나 혼인관계에 있는 재한외국인을 말한다)와 「국적법」에 따라 출생, 인지(認知), 귀화(歸化)허가로 대한민국 국적을 취득한 자로 이루어진 가족
② 「국적법」에 의거하여 인지, 귀화허가에 따라 대한민국 국적을 취득한 자와 같은 법에 의거하여 출생, 인지, 귀화에 따라 대한민국 국적을 취득한 자로 이루어진 가족
  ▶ 대한민국 국민과 사실혼 관계에서 출생한 자녀를 양육하고 있는 다문화가족 구성원에 대하여 법 제5조부터 제12조까지의 규정을 준용한다(법 제14조).

3) 다문화가족에 대한 복지지원 및 복지조치

(1) 다문화가족에 대한 이해증진

국가와 지방자치단체는 다문화가족에 대한 사회적 차별 및 편견을 예방하고 사회구성원이 문화적 다양성을 인정하고 존중할 수 있도록 다문화 이해교육과 홍보 등 필요

한 조치를 하여야 한다(법 제5조 제1항). 교육부장관과 특별시·광역시·도·특별자치도의 교육감은 「유아교육법」 제2조, 「초·중등교육법」 제2조 또는 「고등교육법」 제2조에 따른 학교에서 다문화가족에 대한 이해를 돕는 교육을 실시하기 위한 시책을 수립·시행하여야 한다(법 제5조 제2항).

(2) 생활정보 제공 및 교육 지원

국가와 지방자치단체는 결혼이민자 등이 대한민국에서 생활하는 데 필요한 기본적 정보를 제공하고, 사회적응교육과 직업교육·훈련 및 언어소통 능력 향상을 위한 한국어교육 등을 받을 수 있도록 필요한 지원을 할 수 있다(법 제6조 제1항). 국가와 지방자치단체는 이러한 교육을 실시함에 있어 거주지 및 가정환경 등으로 인하여 서비스에서 소외되는 결혼이민자 등이 없도록 방문교육이나 원격교육 등 다양한 방법으로 교육을 지원하고, 교재와 강사 등의 전문성을 강화하기 위한 시책을 수립·시행하여야 한다(법 제6조 제2항).

(3) 평등한 가족관계의 유지를 위한 조치

국가와 지방자치단체는 다문화가족이 민주적이고 양성평등한 가족관계를 누릴 수 있도록 가족상담, 부부교육, 부모교육, 가족생활교육 등을 추진하여야 한다. 이 경우 문화의 차이 등을 고려한 전문적인 서비스가 제공될 수 있도록 노력하여야 한다(법 제7조).

(4) 가정폭력 피해자에 대한 보호·지원

국가와 지방자치단체는 가정폭력의 피해를 입은 결혼이민자 등에 대한 보호 및 지원을 위하여 외국어 통역 서비스를 갖춘 가정폭력 상담소 및 보호시설의 설치를 확대하도록 노력하여야 한다(법 제8조 제3항). 국가와 지방자치단체는 결혼이민자등이 가정폭력으로 혼인관계를 종료하는 경우 의사소통의 어려움과 법률체계 등에 관한 정보의 부족 등으로 불리한 입장에 놓이지 아니하도록 의견진술 및 사실확인 등에 있어서 언어통역, 법률상담 및 행정지원 등 필요한 서비스를 제공할 수 있다(법 제8조 제4항).

(5) 의료 및 건강관리를 위한 지원

국가와 지방자치단체는 결혼이민자등이 건강하게 생활할 수 있도록 영양·건강에 대한 교육, 산전·산후 도우미 파견, 건강검진 등의 의료서비스와 의료서비스를 제공받을 경우 외국어 통역 서비스를 제공할 수 있다(법 제9조).

(6) 아동 보육 · 교육

국가와 지방자치단체는 아동 보육 · 교육을 실시함에 있어서 다문화가족 구성원인 아동을 차별하여서는 아니 되고, 다문화가족 구성원인 아동이 학교생활에 신속히 적응할 수 있도록 교육지원대책을 마련하여야 하며, 특별시 · 광역시 · 도 · 특별자치도의 교육감은 다문화가족 구성원인 아동에 대하여 학과 외 또는 방과 후 교육 프로그램 등을 지원할 수 있다. 또한 국가와 지방자치단체는 다문화가족 구성원인 아동의 초등학교 취학 전 보육 및 교육 지원을 위하여 노력하고, 그 아동의 언어발달을 위하여 한국어 및 결혼이민자등인 부 또는 모의 모국어 교육을 위한 교재지원 및 학습지원 등 언어능력 제고를 위하여 필요한 지원을 할 수 있다(법 제10조 제1항~제3항).

(7) 다국어에 의한 서비스 제공

국가와 지방자치단체는 다문화가족 지원정책을 추진함에 있어서 결혼이민자 등의 의사소통의 어려움을 해소하고 서비스 접근성을 제고하기 위하여 다국어에 의한 서비스 제공이 이루어지도록 노력하여야 한다(법 제11조).

(8) 다문화가족 종합정보 전화센터의 설치 · 운영 등

여성가족부장관은 다국어에 의한 상담 · 통역 서비스 등을 결혼이민자등에게 제공하기 위하여 다문화가족 종합정보 전화센터(이하 "전화센터"라 한다)를 설치 · 운영할 수 있다. 이 경우 「가정폭력방지 및 피해자보호 등에 관한 법률」 제4조의6 제1항 후단에 따른 외국어 서비스를 제공하는 긴급전화센터와 통합하여 운영할 수 있다.

여성가족부장관은 전화센터의 설치 · 운영을 대통령령으로 정하는 기관 또는 단체에 위탁할 수 있으며, 전화센터의 설치 · 운영을 위탁할 경우 예산의 범위에서 그에 필요한 비용의 전부 또는 일부를 지원할 수 있다.

법 제11조의2 제4항에 따른 다문화가족 종합정보전화센터의 설치 운영기준은 시행규칙에 의거한다(시행규칙 제2조의2).

(9) 사실혼 배우자 및 자녀의 처우

제5조부터 제12조까지의 규정은 대한민국 국민과 사실혼 관계에서 출생한 자녀를 양육하고 있는 다문화가족 구성원에 대하여 준용한다. 다문화가족이 이혼 등의 사유로 해체된 경우에는 그 구성원이었던 자녀에 대하여는 이 법을 적용한다(법 제14조).

(10) 민간단체 등의 지원

국가와 지방자치단체는 다문화가족 지원 사업을 수행하는 단체나 개인에 대하여 필요한 비용의 전부 또는 일부를 보조하거나 그 업무수행에 필요한 행정적 지원을 할 수 있고(법 제16조 제1항), 결혼이민자 등이 상부상조하기 위한 단체의 구성·운영 등을 지원할 수 있다(법 제16조 제2항).

4) 다문화가족지원센터

(1) 설치·운영 및 지정

국가와 지방자치단체는 다문화가족지원센터를 설치·운영할 수 있으며, 지원센터의 설치·운영을 대통령령으로 정하는 법인이나 단체에 위탁할 수 있다. 국가 또는 지방자치단체 아닌 자가 지원센터를 설치·운영하고자 할 때에는 미리 시·도지사 또는 시장·군수·구청장(자치구의 구청장을 말한다)의 지정을 받아야 한다(법 제12조 제1항~제3항).

(2) 업무

다문화가족지원센터의 주요 업무는 다음과 같다(법 제12조 제4항).

① 다문화가족을 위한 교육·상담 등 지원사업의 실시
② 결혼이민자등에 대한 한국어교육
③ 다문화가족 지원서비스 정보제공 및 홍보
④ 다문화가족 지원 관련 기관·단체와의 서비스 연계
⑤ 일자리에 관한 정보제공 및 일자리의 알선
⑥ 다문화가족을 위한 통역·번역 지원사업
⑦ 그 밖에 다문화가족 지원을 위하여 필요한 사업

(3) 전문인력

지원센터에는 다문화가족에 대한 교육·상담 등의 업무를 수행하기 위하여 「건강가정기본법」 제35조에 따른 건강가정사나 「사회복지사업법」 제11조에 따른 사회복지사 또는 여성가족부장관이 인정하는 관련 분야의 전문인력 중 1인 이상을 두어야 한다(법 제12조 제5항). 여성가족부장관 또는 시·도지사는 지원센터에 두는 전문인력의 자질과 능력을 향상시키기 위하여 보수교육을 실시하여야 한다(법 제12조의2).

제3절 사회복지공동모금회법

[시행 2012. 10. 22.] [법률 제11518호, 2012. 10. 22., 일부개정]

1. 법의 의의

현대국가는 국민의 생존권을 헌법과 법령을 통해 보장하고 있다. 즉, 국민의 복지증진 책임이 국가에 있음이 널리 인식되면서 제2차 세계대전 후 국민의 복지향상을 위해 정부가 개입을 확대하여 왔다. 그러나 1970년대 오일쇼크 이후 신자유주의의 영향으로 서구 복지국가들은 경제의 저성장에 따른 복지재정의 어려움을 타개하기 위해 민간자원동원과 시장원리를 도입하는 복지다원주의(welfare pluralism)의 방향으로 나아가고 있다.

우리나라 역시 산업화, 도시화, 핵가족화, 저출산 · 고령화사회의 도래 등의 영향으로 보편화 · 다양화 · 고도화되어 가는 국민의 복지욕구에 대응하기 위해서는 정부예산만으로는 한계가 있고 다양하게 변화하는 복지욕구에 공적부분만으로 대응하는 것도 바람직하지도 않을 것이다. 따라서 다양화 · 보편화 · 고도화되어 가는 복지욕구를 충족하기 위해 정부의 개입과 함께 민간자원의 동원이 중요한 과제가 된다. 이 같은 맥락에서 민간의 사회복지참여의 한 방법으로 공동모금회법을 제정하게 되었다.

이 법은 사회복지공동모금회의 공동모금활동을 통해서 사회복지에 대한 민간참여와 역할 확대로 민간복지 재원을 확충하며, 정부의 복지파트너로서 국민의 삶의 질 향상에 국민 스스로 기여하고 공동모금활동을 통해 지역사회의 공동체 의식을 함양하여 지역사회문제를 주민 스스로 해결하는 데 기여하여 복지공동체를 구축하는 데 그 의의가 있다. 아울러 민간의 자율적인 공동모금은 민간사회복지의 다양성과 주민참여, 지역사회복지의 활성화를 통하여 사회복지서비스의 질을 높이고자 하는 데 근본적인 취지가 있다고 말할 수 있다(장동일, 2006).

2. 입법배경 및 연혁

우리나라에서 민간분야의 기금조성이라고 할 수 있는 사회복지 공동모금이 도입된 것은 1969년 제정되고 1970년부터 공포·시행된 사회복지사업법에서 비롯되었다. 동법의 제24조 공동모금회 규정(김만두, 1991: 207)에 의해 1971년 11월 한국 공동모금회가 설립되었다. 한국 공동모금회가 설립된 이듬해인 1972년 모금사업을 실시하였으나 실패로 끝났다. 실패하게 된 이유는 여러 가지를 들 수 있으나 그 당시 사회적 여건인 국민의 소득수준과 의식수준이 낮은 상태이었다는 상황 그리고 모금사업을 사회복지계가 주도하면서 다른 분야의 협조가 부족하였으며, 특히 언론계의 협조를 제대로 받지 못했다는 것 등의 요인을 들 수 있다. 이처럼 우리나라에서 최초로 설립된 한국공동모금회는 단 한 번의 모금사업을 시행한 후 해체되고 말았다. 그 결과 1983년 「사회복지사업법」을 1차 개정하면서 공동모금 조항은 삭제되어 버렸다.

실패로 끝난 공동모금을 대신한 사회복지 재원 조달방법은 '불우이웃돕기 성금'을 통하여 조성되는 사회복지사업기금이었다. 동 기금은 1975년부터 전개된 불우이웃돕기를 위한 범국민적 운동을 통해 모금된 성금을 사회복지기탁금 관리규정에 따라 관리하는 것에서 시작되었다. 그 후 1980년 사회복지사업 기금법이 제정됨으로써 1983년에 「사회복지사업법」을 개정하여 공동모금회 조항을 삭제하였다. 이 과정을 통해 민간에서 모금된 사회복지사업기금을 보건사회부에서 관리하게 된 것이다.

이 같은 과정을 거치면서 많은 문제점이 노출되기 시작하였다. 여러 가지 문제점 중에서 대표적인 것은 민간에서 모금된 사회복지사업기금을 관주도로 운영하여 자의적으로 사용한다는 것이었다.

관주도의 성격이 강한 사회복지사업기금의 관리 및 운용에서 나타나는 문제점을 해결하기 위한 대안으로 민간주도의 공동모금제도에 대한 도입 논의가 전개되었다. 1994년 가을 보건사회부는 공동모금회를 단독 법인화하고 별도의 사무국을 규정하는 특별법을 성안하여 1994년 9월 정기국회에 상정했다. 그러나 국회사정으로 심의조차 이루어지지 못하고 동 법안은 폐기되었다. 이듬해인 1995년에 재상정되어 논의를 거듭하다가 1997년 3월 27일에 이르러 의결됨에 따라 「사회복지공동모금법」이 제정되었고, 동법은 1998년 7월 1일부터 시행할 예정이었다.

그러나 동법은 시행도 하기 전에 종교계를 비롯한 사회복지계 일각의 반대에 부딪쳐 의원입법으로 1999년 3월 31일에 「사회복지공동모금회법」으로 바뀌면서, 1999년 4월 1일부터 시행하게 되었다. 동법의 개정 이유는 국민의 자발적인 성금으로 공동모금된 재원을 효율적으로 관리 운용함으로써 국민의 사회복지 참여를 확대하고, 민간사회복지재원의 확대를 꾀하기 위하여 공동모금의 적용범위를 사회복지사업과 기타 사회복지활동으로 확대하는 등 「사회복지공동모금법」 규정의 운영상 나타난 일부 미비점을 개선 · 보완하려는 것이다.

「사회복지공동모금회법」 개정의 주요 내용은 다음과 같다.

① 사회복지공동모금회를 사회복지법인으로 설립하고, 지역단위의 사회복지사업을 관장하기 위하여 특별시 · 광역시 · 도에 사회복지공동모금회 지회를 두도록 함(법 제4조 및 제14조).

② 사회복지공동모금회에 기획홍보, 모금, 배분업무를 관장하기 위하여 3개 분과실행위원회를 두도록 함(법 제13조).

③ 사회복지공동모금회의 모금활동을 활성화하기 위하여 사회복지공동모금회가 모집한 기부금품 중 모집경비 및 관리운영비로 사용할 수 있도록 하는 경비의 한도를 10% 이내로 규정함(법 제25조 제3항).

그 후 2002년 12월 5일 「사회복지공동모금회법」은 부분개정되었는데, 그 내용은 ① 모금회의 기획, 홍보, 모금, 배분업무에 관한 사항을 심의하기 위하여 해당 분야의 전문가와 시민대표 등으로 구성되는 기획분과실행위원회, 홍보분과실행위원회, 모금분과실행위원회 및 배분분과실행위원회 등 4개 분과실행위원회를 두고(법 제13조 제1항), ② 모금회의 사업에 필요한 경비는 사회복지공동모금에 의한 기부금품, 법인 또는 단체가 출연하는 현금 · 물품 · 그 밖의 재산 그리고 복권발행으로 조성되는 자금을 재원으로 조성하고(법 제17조), ③ 모금회의 회계연도는 1월 1일부터 12월 31일까지로 하는 것(법 제28조) 등을 골자로 하고 있다.

「공동모금회법」은 2004년 1월 29일 부분개정이 있었는데 개정의 주요 목적은 복권의 통합적인 관리를 위하여 주택법, 산림법 등에 근거하여 10개의 기관으로 분산되어 있는 복권발행기관을 국무총리 소속하에 독립위원회로 설치한 복권위원회로 일원화하고, 복권기금을 신설하여 이를 공익목적에 사용하도록 하고, 그 사용내역을 국민에게 공개하도록 함으로써 복권수익금 사용의 효율성과 투명성을 제고하는 한편, 복권판매의 제한, 광고규제 등 과도한 사행성을 방지하기 위한 장치를 마련함으로써 복권사업의 건전한 발전을 도모하는 데 있다.

그 후 2008년 3월 21일 「공동모금회법」 일부가 개정되었는데, 개정의 이유는 다음과 같다.

국민의 자발적인 성금으로 조성된 재원을 효율적이고 전문적이며, 공정 · 투명하게 배분 · 관리하기 위하여 세입 · 세출결산서에 회계법인의 감사보고서를 첨부하도록 하고, 기부금품의 접수사실을 장부에 기재하고 영수증을 교부하도록 하며, 우리나라 경제규모에 걸맞은 해외 원조 수준을 제고하기 위하여 사용용도가 지정되지 않은 기부금품의 일정비율을 개발도상국 및 북한의 지원사업에 사용할 수 있도록 하는 등 현행 제도의 운영과정에서 나타난 일부 미비점을 개선 · 보완하려는 데 있다.

그 후 우리나라 법문장은 용어 등이 어려워 일반국민이 법 문장을 이해하기 쉽게 동법을 정비하고, 세종특별자치시 설치 등에 관한 특별법 등 제정취지에 맞게 관련 규정을 수정하려는 목적에서 2012년 10월 22일 동법의 일부를 개정하여 같은 날부터 시행하고 있다.

■ 사회복지공동모금회법 연혁

1997년 3월 27일	사회복지공동모금법 제정
1999년 3월 31일	동법 일부개정으로 사회복지공동모금법 제정－사회복지사업과 기타 사회복지활동으로 확대 등
2002년 12월 5일	동법 부분개정－4개 분과실행위원회 설치 등
2004년 1월 29일	동법 부분개정－공익목적을 위한 복권기금 신설 등
2008년 3월 21일	동법 일부개정－기부금품의 일정비율을 개발도상국 및 북한 지원사업에 사용할 수 있도록 하는 등
2012년 10월 22일	동법 일부개정

3. 법의 내용

1) 법의 목적과 이념

「사회복지공동모금회법」은 사회복지공동모금회의 공동모금을 통하여 국민이 사회복지를 이해하고 참여하도록 함과 아울러 국민의 자발적인 성금으로 조성된 재원을 효율적이고 공정하게 관리 · 운용함으로써 사회복지증진에 이바지함을 목적으로 한다(법 제1조). 즉, 이 법은 사회복지공동모금회의 다양한 활동을 통해 주민참여에 의한 자발적인 기금을 조성하고 지역사회문제 해결과 주민의 다양한 욕구충족을 위하여 효율적으로 기금을 관리 · 배분함으로써, 주민 삶의 질 향상에 주민 스스로가 기여하고 지역사회의 공동체 의식을 함양함으로써 복지공동체를 구축하고자 하는 데 그 목적이 있다고 할 수 있다.

2) 법의 기본원칙

(1) 강제모금 금지의 원칙

기부하는 자의 의사에 반하여 기부금품을 모집하여서는 아니 된다(법 제3조 제1항). 그리고 동법은 이 규정을 위반하여 강제모집한 자는 3년 이하의 징역 또는 3000만 원 이하의 벌금에 처한다(법 제35조 제1항 제1호)고 규정하고 있다.

(2) 모금재원의 공정배분원칙

조성된 공동모금재원은 지역 · 단체 · 대상자 및 사업별로 복지수요가 공정하게 충족되도록 배분하여야 하고, 제1조의 목적 및 제25조의 용도에 맞도록 공정하게 관리 · 운용하여야 한다(법 제3조 제2항).

(3) 모금재원의 공개원칙

공동모금재원의 배분은 객관적인 기준에 따라 효율적으로 이루어지도록 하고 그 결과를 공개하여야 한다(법 제3조 제3항).

3) 사회복지공동모금회

(1) 설립

사회복지공동모금사업을 관장하기 위하여 사회복지공동모금회(이하 "모금회"라 한다)를 둔다(법 제4조 제1항). 이 모금회는 사회복지법인으로 한다(법 제4조 제2항).

모금회는 정관을 작성하여 보건복지부장관의 인가를 받아 등기함으로써 설립된다(법 제4조 제3항). 이와 같이 공동모금회의 설립은 사회복지법인과 달리 보건복지부장관의 인가사항으로 하고 있다.

(2) 사업

모금회는 다음의 사업을 수행한다(법 제5조).

① 사회복지공동모금사업
② 공동모금재원의 배분
③ 공동모금재원의 운용 및 관리
④ 사회복지공동모금에 관한 조사 연구 · 홍보 및 교육훈련
⑤ 사회복지공동모금지회의 운영
⑥ 사회복지공동모금과 관련된 국제교류 및 협력증진사업
⑦ 다른 기부금품모집자와의 협력사업
⑧ 그 밖에 모금회의 목적달성에 필요한 사업

(3) 모금회의 정관

모금회의 정관에는 다음 사항이 포함되어야 한다(법 제6조).

① 목적
② 명칭
③ 주된 사무소의 소재지
④ 사업에 관한 사항
⑤ 임원 및 직원에 관한 사항
⑥ 이사회에 관한 사항
⑦ 지회의 구성 및 운영 등에 관한 사항
⑧ 재산 및 회계에 관한 사항
⑨ 공고에 관한 사항
⑩ 정관의 변경에 관한 사항

(4) 구성

1 임원

모금회는 회장 1인, 부회장 3인, 이사(회장 · 부회장 및 사무총장을 포함한다) 15인 이상 20인 이하, 감사 2인 등의 임원을 둔다(법 제7조 제1항). 임원의 임기는 3년으로 하되 한 차례만 연임할 수 있다(법 제7조 제2항). 부득이한 사유로 후임임원이 선임되지 못하여 모금회의 업무수행에 지장이 있는 경우에는 후임임원이 선임될 때까지 임기가 만료된 임원이 그 업무를 수행한다(법 제7조 제3항).

2 이사회

① 임원: 모금회는 정관으로 정하는 중요사항을 의결하기 위하여 이사로 구성된 이사회를 둔다(법 제8조 제1항). 회장은 이사회를 소집하고 그 의장이 된다(법 제8조 제2항).

② 임원의 선임: 이사회는 다음의 어느 하나에 해당하는 자 중에서 이사를 선임하여야 한다. 이 경우 ㉠부터 ㉢까지의 규정에 해당하는 사람이 각각 4인 이상 포함되어야 한다(법 제9조 제1항).

㉠ 경제계 · 언론계 · 법조계 · 의료계에 종사하는 사람

㉡ 노동계 · 종교계 · 시민단체에 종사하는 사람

㉢ 사회복지 관련 학계에 종사하는 자 등 사회복지전문가

㉣ 그 밖에 학식과 덕망이 있는 사람

③ 임원의 선임방법 및 자격요건에 관하여 필요한 사항은 모금회의 정관으로 정한다(법 제9조 제2항).

④ 임원의 직무: 회장은 모금회를 대표하고, 소관업무를 총괄하며, 소속직원을 지휘 · 감독한다(법 제10조 제1항). 감사는 모금회의 업무집행상황, 재산상황, 회계 등 업무전반을 감사한다(법 제10조 제2항). 제2항에 따라 실시하는 감사의 종류 · 방법 · 시기 등에 관하여 필요한 사항은 정관으로 정한다(법 제10조 제3항).

3 사무조직

모금회의 업무를 처리하기 위하여 사무총장 1명과 필요한 직원 및 기구를 둔다(법 제12조).

(5) 사회복지공동모금회 지회

1 구성

① 모금회에 지역단위의 사회복지공동모금사업을 관장하기 위하여 특별시 · 광역시 · 특별자치시 · 도 · 특별자치도(이하 "시 · 도"라 한다)단위 사회복지공동모금지회(이하 "지회"라 한다)를 둔다(법 제14조 제1항).

② 지회에는 지회장을 두고 모금회에 준하는 필요한 조직을 둘 수 있다(법 제14조 제2항).

③ 지회장은 이사회의 의결을 거쳐 회장이 임명한다(법 제14조 제3항).

④ 지회의 구성 및 운영 등에 관하여 필요한 사항은 모금회의 정관으로 정한다(법 제14조 제4항).

2 관리

① 모금회의 회장은 지회의 운영개선을 위하여 지도 감독하며, 지회가 지역의 특성에 맞게 자율적으로 운영될 수 있도록 노력하여야 한다(법 제15조 제1항).

② 모금회의 회장은 지회의 운영이 현저히 부당하다고 인정하는 경우 그 시정을 명할 수 있다(법 제15조 제2항).

③ 지회에서 조성한 공동모금재원은 당해 시·도의 배분대상자에게 배분하는 것을 원칙으로 한다(법 제15조 제3항).

④ 모금회의 회장은 회계연도가 시작되기 2개월 전에 각 지회로부터 사업계획서를 제출받아 이를 종합·조정하여 보건복지부장관에게 보고하여야 한다(법 제15조 제4항).

(6) 모금회의 조직·운영 등

모금회의 조직·운영 등에 관하여 이 법에서 규정하고 있는 사항 외에 필요한 사항은 정관으로 정한다(법 제16조). 그리고 모금회는 「사회복지사업법」에 따른 기본재산을 취득하려면 보건복지부장관의 허가를 받아야 한다(법 제16조의2).

4) 모금회의 재원

(1) 모금회의 사업에 필요한 경비

모금회의 사업에 필요한 경비는 ① 사회복지공동모금에 의한 기부금품 ② 법인이나 단체가 출연하는 현금·물품·그 밖의 재산 ③ 복권 및 복권기금법에 따라 배분받은 복권수익금 ④ 그 밖에 수입금 등의 재원으로 조성한다(법 제17조).

(2) 보조금 등

국가나 지방자치단체는 모금회에 기부금품 모집에 필요한 비용과 모금회의 관리·운영에 필요한 비용을 보조할 수 있다(법 제33조 제1항). 이에 따른 보조금은 그 목적 외의 용도에 사용할 수 없다(법 제33조 제2항). 국가나 지방자치단체는 모금회가 다음의 어느 하나에 해당하는 때에는 이미 지급한 보조금의 전부 또는 일부의 반환을 명할 수 있다(법 제33조 제3항).

① 사업목적 외의 용도에 보조금을 사용한 때
② 거짓이나 그 밖의 부정한 방법으로 보조금을 받았을 때
③ 이 법 또는 이 법에 따른 명령을 위반하였을 때

5) 공동모금과 배분

(1) 사업계획 및 예산안의 제출

모금회는 매 회계연도의 사업계획 및 예산안을 회계연도가 시작되기 1개월 전에 보건복지부장관에게 제출하여야 한다(법 제26조 제1항). 모금회가 예산안을 작성할 때에는 배분계획과 모금경비 및 모금회의 운영비 등을 포함하여야 한다(법 제26조 제2항). 매 회계연도 종료 후 3개월 이내에 세입·세출결산서를 작성하여 보건복지부장관에게 제출하여야 한다. 이 경우 공인회계사법에 따른 회계법인의 감사보고서를 붙여야 한다(법 제26조 제3항).

(2) 기부금품의 모집

1 연중모금과 기부금 영수증 교부 등

모금회는 사회복지사업 그 밖에 사회복지활동을 지원하기 위하여 연중 기부금품을 모집·접수할 수 있다(법 제18조 제1항). 모금회는 기부금품을 모집·접수한 경우 기부금품 접수 사실을 장부에 기록하고, 그 기부자에게 영수증을 내주어야 한다. 다만, 기부자가 성명을 밝히지 아니한 경우 등 기부자를 알 수 없는 경우에는 모금회에 영수증을 보관하여야 한다(법 제18조 제2항). 모금회는 영수증에 기부금품의 금액과 그 금액에 대하여 세금혜택이 있다는 문구와 일련번호를 표시하여야 한다(법 제18조 제3항).

2 집중모금

모금회는 효율적인 모금을 위하여 기간을 정하여 집중모금을 할 수 있다(법 제18조 제4항). 모금회가 집중모금을 하려면 그 모집일부터 15일 전에 그 내용을 보건복지부장관에게 보고하여야 하며, 그 모집을 종료하였을 때에는 모집 종료일부터 1개월 이내에 그 결과를 보건복지부장관에게 보고하여야 한다(법 제18조 제5항).

③ 복권의 발행

모금회는 사회복지사업 그 밖의 사회복지활동 등을 지원하기 위한 재원을 조성하기 위하여 복권을 발행할 수 있다(법 제18조의2 제1항). 복권을 발행하려면 그 종류 · 조건 · 금액 및 방법 등에 관하여 미리 보건복지부장관의 승인을 받아야 한다(법 제18조의2 제2항).

④ 모금창구의 지정

모금회는 기부금품의 접수를 효율적이고 공정하게 하기 위하여 언론기관을 모금창구로 지정하고, 지정된 언론기관의 명의로 모금개좌를 개설할 수 있다(법 제19조).

(3) 배분

① 배분기준

모금회는 매년 8월 31일까지 다음의 사항이 포함된 다음 회계연도의 공동모금재원의 배분기준을 정하여 이를 공고하여야 한다(법 제20조 제1항).

① 공동모금재원의 배분대상
② 배분한도액
③ 배분신청기간 및 배분신청서 제출장소
④ 배분심사기준
⑤ 배분자원의 과부족시 조정방법
⑥ 배분신청 시 제출할 서류
⑦ 그 밖에 공동모금재원의 배분에 필요한 사항

모금회는 재난구호 및 긴급구호 등 긴급히 지원해야 할 필요가 있는 경우에는 제1항에 준하여 별도의 배분기준에 따라 지원할 수 있다(법 제20조 제2항). 모금회는 지정되지 아니한 기부금품의 100분의 10의 범위에서 이사회 의결로 정하는 비율을 「한국국제보건의료재단법」에 따라 시행하는 개발도상국가를 비롯한 외국 및 군사분계선 이북지역의 보건의료수준의 향상을 위한 사업에 사용되도록 배분할 수 있다(법 제20조의2). 모금회는 공동모금재원을 배분하는 경우 모금회가 배분하는 것임을 표시하여야 한다(법 제20조의3).

2 배분신청

① 배분신청서 제출: 모금회에 배분신청을 하려는 자는 배분 기준의 공고에 따라 배분신청서를 제출하여야 한다(법 제21조 제1항). 국제보건의료지원사업을 하는 자는 배분신청서를 제출할 때 정관으로 정하는 바에 따라 사업계획서를 작성하여 함께 제출하여야 한다(법 제21조 제2항). 제출된 배분신청서는 해당 회계연도에만 효력이 있다(법 제21조 제3항).

② 배분신청의 심사 등: 모금회는 접수한 배분신청서를 배분분과실행위원회에 회부하여 배분금액, 배분순위 및 배분시기 등을 심의하도록 하여야 한다(법 제22조 제1항).

③ 배분계획: 모금회는 심의결과에 기초하여 배분계획을 수립하여야 한다(법 제22조 제2항). 배분계획은 공동모금재원이 분기별로 균형 있게 배분되도록 하여야 한다. 다만, 사업의 성격상 한꺼번에 지원할 필요가 있는 경우에는 그러하지 아니하다(법 제22조 제3항).

④ 배분에 따른 자료요구 등: 모금회는 공동모금재원을 배분 받은 자 또는 배분신청을 한 자에게 필요한 서류의 제출을 요구하거나 필요한 조사를 할 수 있다(법 제23조).

⑤ 모금회(지회를 포함한다)는 매년 공동모금재원의 배분결과를 평가하고, 그 평가결과를 이사회에 보고하여야 한다(법 제23조의2 제1항). 평가의 기준 및 세부사항은 정관으로 정한다(법 제23조의2 제2항).

3 배분결과의 공고 등

모금회는 각 회계연도의 공동모금 재원 배분을 종료한 날로부터 3개월 이내에 전국적으로 배포되는 1개 이상의 일간신문에 그 배분결과를 공고하여야 한다(법 제24조 제1항). 모금회는 제1항에 따른 공고 외에 다양한 방법과 매체를 통하여 그 배분결과를 알려야 한다(법 제24조 제2항).

(4) 공동모금재원의 사용

1 재원의 사용용도

① 공동모금재원은 사회복지사업이나 그 밖의 사회복지활동에 사용한다(법 제25조 제1항)고 규정하여 사회복지사업 외 광의의 사회복지활동으로 그 범위를 넓혔다.

② 매 회계연도에 조성된 공동모금재원은 해당 회계연도에 지출하는 것을 원칙으로 한다. 다만, 재난구호 및 긴급구조 등 긴급히 지원할 필요가 있을 때를 대비하여 매 회계연도의 공동모금재원의 일부를 적립하는 경우에는 그러하지 아니하다(법 제25조 제2항).

③ 기부금품모집과 모금회의 관리 · 운영에 필요한 비용은 바로 앞 회계연도 모금총액의 100분의 10 범위에서 이사회의 의결을 거쳐 사용할 수 있다(법 제25조 제4항). 이 조항은 개정이전 인건비에도 못 미치는 비현실적인 기부금품모집규제법에 따른 모금회 운영경비 사용한도 2%를 10%로 상향조정함으로써 관리 · 운영비를 현실화한 내용이다.

④ 공동모금재원의 관리 · 운용방법 및 예산 · 회계 등에 관하여 필요한 사항은 정관으로 정한다(법 제25조 제5항).

2 기부금품의 지정사용

기부금품의 기부자는 배분지역, 배분대상자 또는 사용용도를 지정할 수 있다(법 제27조 제1항). 모금회는 지정 취지가 이 법의 목적 · 취지나 공직선거법을 위반하는 경우 그 사실을 기부자에게 설명하고 이 법의 목적 · 취지와 공직선거법을 위반하지 아니하게 지정할 것을 요구하거나 그 지정을 철회하도록 요구하여야 한다. 기부자가 이에 따르지 아니하는 경우에는 기부금품을 접수하지 아니하여야 한다(법 제27조 제2항). 모금회는 제1항 및 제2항에 따른 지정이 있는 경우 그 지정 취지에 따라 기부금품을 사용하여야 한다(법 제27조 제3항). 모금회는 이사회의 의결을 거쳐 제1항에 따른 지정 및 그 사용방법에 필요한 사항을 정할 수 있다(법 제27조 제4항).

3 회계연도

모금회의 회계연도는 1월 1일부터 12월 31일까지로 한다(법 제28조).

6) 지도감독 등

(1) 지도감독

보건복지부장관은 모금회의 업무에 관하여 지도 · 감독을 하며, 필요하다고 인정할 경우에는 관계서류의 제출을 명하거나 소속 공무원으로 하여금 그 운영상황을 조사하게 하거나 장부 그 밖의 서류를 검사하게 할 수 있다(법 제31조 제1항).

(2) 시정명령 등

보건복지부장관은 모금회의 운영이 이 법 또는 정관을 위반한다고 인정하는 경우에는 「사회복지사업법」 제22조 및 동법 제26조를 준용하여 필요한 조치를 할 수 있다(법 제32조).

(3) 다른 법률과의 관계

이 법에 또는 모금회의 정관으로 규정하지 아니한 사항은 민법 중 재단법인에 관한 규정을 준용한다(법 제34조).

제4절 정신보건법

[시행 2015. 7. 29.] [법률 제13110호, 2015. 1. 28., 일부개정]

1. 법의 의의

우리나라의 헌법 제10조와 제34조에는 인간의 존엄과 가치, 행복추구권, 생존권 등을 규정하고 있다. 이 헌법규정은 모든 국민이 생활상 장애로 정상적인 생활을 영위할 수 없을 경우 인간다운 생활의 보장을 목적으로 하고 있다. 국민의 생활상 장애는 여러 가지 있지만 현대사회의 급격한 변화와 시장경제에 따르는 격심한 경쟁과 탈락 그리고 이에 따르는 좌절, 갈등, 소외, 스트레스 등으로 정신질환자가 급격히 증가하는 문제도 간과할 수 없다. 따라서 이들의 문제에 대응하기 위하여 1995년 12월 30일 법률 제5133호로 「정신보건법」을 제정하였다.

「정신보건법」은 정신질환의 예방과 정신질환자의 의료 및 사회복귀에 관하여 필요한 사항을 규정함으로써 국민의 정신건강증진에 이바지함을 목적으로 한다(법 제1조)고 규정되어 있다. 정신질환자에 대한 입원치료를 포함한 병원 내에서의 치료는 「의료법」에 따라 실시해야 되지만, 퇴원 후 사회복귀를 위한 재활치료 및 사회복지서비스는 의료법이 아닌 「사회복지서비스법」에 의거해야 하는 것이 바람직하므로 동법의 제정은 이에 관한 법적 근거를 마련했다는 데 의미가 있다.

이 법은 정신질환자의 인권보장, 만성정신장애인의 원활한 사회복귀, 단기입원, 지역사회 정신보건, 정신질환의 재활치료 등을 강조하고 있으며, 정신보건 전문인력의 자격과 역할, 의료적 측면을 제외한 정신질환자의 처우전반에 관한 내용을 규정하고 있기 때문에 사회복지서비스법적 성격을 가진다.

신체적 질환과는 달리 정신질환은 의료적 처치로 증상이 개선되었다가 치료중단하면 재발하는 성향이 있기 때문에 정신질환 증상치료뿐만 아니라, 지역사회에서 원활한 적응과 기능을 할 수 있도록 일상생활훈련, 직업훈련 등 재활서비스와 정신건강유지를 위한 지역사회 정신보건서비스가 상호 유기적으로 연계되어야 한다.

따라서 정신질환자에 대한 서비스는 병원의 의료적 치료에 그치는 것이 아니라, 환자가 지속적으로 생활하는 지역사회를 중심으로 이루어져야 한다는 것이 본법제정의 의의라고 할 수 있다(신섭중 외, 2001: 516-517).

2. 입법배경 및 연혁

우리나라에서 정신보건법에 대한 최초의 입법시도는 1968년 대한신경정신의학회에서 「정신위생법」 제정을 정부에 건의한 데서 비롯되었다. 그러나 당시에는 정신보건에 대한 국민의 인식이 부족한 상태이었기 때문에 주목을 받지 못하였다(박석돈, 2005). 그 후 1984년에 '정신질환관리종합대책'이 수립되어 정신과의원, 보건소, 상담소를 1차 기관, 정신병원, 일반병원 정신과, 정신요양원을 2차 기관으로 지정하였으나 미흡한 상황이었다. 그 이후 1985년 「정신보건법」 제정을 위한 정부안이 제출되었으나, 인권침해 등의 비판이 제기되어 입법화되지 못했다. 그러다가 1990년대에 들어 정신질환자의 범죄행위로 인해 사회적 관심이 고조되면서 정부는 공청회를 통해 각계의 의견을 수렴하여 1992년 11월 법안을 국회에 제출하여 수정작업을 거친 뒤 1995년 12월 30일 「정신보건법」이 제정되었다.

그 후 「정신보건법」은 1997년 12월 31일 제1차 개정이 이루어져 1998년 4월 1일부터 시행되었는데 개정이유는 다음과 같다. 정신요양병원을 폐지하여 정신병상의 무분별한 증가를 억제하는 한편 「사회복지사업법」에 의한 정신질환자 요양시설을 「정신보건법」에 규정하였고, 지역사회 정신보건사업을 지원하는 정신의료기관의 범위를 정신과의원까지 확대하였고, 지역사회정신보건사업에 소요되는 비용을 국가와 지방자치단체가 지원할 수 있는 근거를 마련하였으며, 보호의무자에 의하여 입원된 환자에 대해 정신과전문의가 퇴원할 수 있다고 판단하면, 보호의무자의 퇴원신청이 없어도 즉시 퇴원시키도록 절차를 간소화함으로써 불필요한 장기입원을 억제하고 정신질환자의 인권보호를 강화하려는 것이었다.

「정신보건법」은 2001년 1월 12일 부분개정이 이루어졌다. 당시 개정의 주요 골자는 시·도지사가 정신의료기관을 지정하여 당해 정신의료기관으로 하여금 지역사회정신보건사업을 지원하도록 하는 제도를 폐지하였고, 사회복귀시설을 설치한 자가 그 시설의 폐지·휴지 또는 재개에 관한 신고의무를 위반한 경우 그 시설폐쇄 또는 사업정지와 동시에 과태료를 부과하도록 하였으나, 과태료만 부과하도록 하는 것이었다. 그리고 정신의료기관에 자의로 입원한 정신질환자에 대한 퇴원중지제도를 폐지하여 당해 환자의 퇴원에 대한 자율성을 보장하고 인권침해의 소지를 없애도록 하였다. 또한 2004년 1월 29일에는 지역사회정신보건사업을 원활하게 추진하기 위하여 보건소 등에 정신보건센터를 설치하도록 하고, 정신의료기관이 법정기준에 위반하는 경우에는 허가를 취소하거나 폐쇄 또는 사업의 정지 등 행정처분을 할 수 있도록 동법을 개정하였다.

2006년 2월 21일 제주특별자치도 설치에 따른 개정과 이어지는 이명박 정부 출범에 의한 「정부조직법」 개정에 따라 보건복지가족부를 보건복지부로 변경하는 등의 개정이 2008년 2월 29일 이루어졌다.

2008년 3월 21일에는 정신질환자의 입원요건을 강화하고, 신체적 제한 등에 대한 근거를 명확히 함으로써 정신질환자에 대한 인권침해를 예방하고 권익을 강화하려는 목적에서 「정신보건법」의 일부를 개정하여 2009년 3월 22일부터 시행하였다.

2011년 8월 4일에는 정신질환에 대한 부정적인 인식을 개선하기 위하여 정신과의 명칭을 정신건강의학과로 변경하는 타법에 따른 개정이 이루어졌다.

2013년 8월 6일에는 과징금, 이행강제금, 부담금 등 조세 외의 주요 지방세외수입금의 징수효율성을 높이기 위하여 지방세외수입금을 체납하는 경우 지방자치단체의 장이 관계 행정기관 등에게 체납자의 재산 파악에 필요한 자료를 요청할 수 있는 근거를 마련하는 한편, 지방세외수입금의 체납처분절차를 명확히 하는 등 지방세외수입금의 징수 및 관리 체계를 개선함으로써 지방자치단체의 재정 확충에 기여하고자 일부개정이 이루어졌다.

2013년 8월 13일 개정의 골자는 정신요양시설에 대한 사업정지 기간 상한을 1개월로 명시함으로써 법률의 명확성과 예측가능성을 확보하려는 것이다.

늘어나는 복지예산과 서비스의 다양화에도 불구하고 현행 복지전달체계가 중앙행정기관별·지방자치단체별로 분절 운영되어 서비스의 효율적 연계를 기대하기 어렵고, 같은 대상자에게 복지혜택이 중복하여 제공되거나 2월 26일 송파구에서 생활고를 비관한 세 모녀가 동반 자살하는 사건이 발생하는 등 도움이 절실한 계층이 복지의 사각지대에 놓이는 사례가 동시에 발생하고 있다. 한편, 개정된 「사회보장기본법」은 보건의료, 교육, 고용, 주거 등 다양한 복지서비스를 포괄하는 사회서비스 개념을 도입하여 국민의 보편적 · 생애주기적인 특성에 맞게 소득과 사회서비스를 함께 보장하는 맞춤형 사회보장제도의 운영을 지향하고 있다. 이에 따라 2014년 12월 30일 개정된 법은 사회보장급여의 신청, 조사, 결정 · 지급, 사후관리에 이르는 복지대상자 선정과 지원에 필요한 일련의 절차 및 방법 등에 관한 사항을 구체적으로 규정하고, 소외계층을 발굴하기 위한 신고의무, 보호대상자에게 필요한 급여의 직권신청, 보호계획 수립 · 지원, 상담 · 안내 · 의뢰 등 수급권자 보호를 강화하며 복지사각지대를 해소하기 위한 방안을 제도적으로 보완하려는 것이다. 또한 사회보장정보시스템의 원활한 운영을 뒷받침함으로써 복지사업의 효과성을 제고하고 중앙행정기관과 지방자치단체 간의 유기적인 연계와 통일성을 기하여 지역 단위의 종합적 사회보장과 지역 간 균형발전을 실현하기 위한 방안 및 지원체계를 정립하려 하는 것이다.

2015년 1월 28일에는 여성의 정신질환에 대한 이해도를 제고하기 위하여 정신보건사업계획에 포함되는 생애주기별 정신건강증진사업을 성별 · 생애주기별 정신건강증진사업으로 구성하고, 정신보건시설에서의 인권침해 예방과 정신보건시설의 장의 의무를 구체화하는 내용으로 개정이 이루어졌다. 또한 인권교육기관 및 정신보건전문요원 자격의 관리를 위해 인권교육기관의 지정취소와 정신보건전문요원의 자격취소 규정을 마련하고, 파산선고자의 경제적 회생을 지원하고 건전한 사회인으로 생활할 수 있도록 하기 위하여 정신보건전문요원의 결격사유에서 파산선고를 받은 자로서 복권되지 아니한 자를 제외하였다. 종전의 금치산 · 한정치산 제도가 폐지되고 성년후견제가 도입됨에 따라, 잔존하는 금치산자 및 한정치산자규정을 정비하고, 양벌규정과 관련하여, 영업주의 과실유무와 상관없이 양벌규정을 적용하여 처벌하는 것은 책임주의 원칙에 어긋난다는 헌법재판소의 위헌결정(2005헌가10) 취지를 고려하여 책임주의를 구현하도록 양벌규정을 완화하는 등 현행 제도의 운영상 나타난 일부 미비점을 개선 · 보완하였다.

■ 정신보건법 연혁

1995년 12월 30일	정신보건법 제정
1997년	정신보건법 1차개정 – 정신요양병원 폐지와 정신질환자 요양시설을 동법에 규정 등

2001년 1월 12일	동법 부분개정－정신질환자 퇴원의 자율성 보장 등
2004년 1월 29일	동법 일부개정－보건소 등에 정신보건센터 설치 등
2008년 3월 21일	동법 일부개정－정신질환자 입원요건 강화 등
2011년 8월 4일	동법 일부개정－정신과를 정신의학과로 변경
2013년 8월 6일	타법 일부개정－지방자치단체의 재정 확충을 위한 노력
2013년 8월 13일	동법 일부개정－정신질환의 예방과 정신질환자의 의료 및 사회복귀에 관하여 필요한 사항을 규정
2014년 12월 30일	타법 일부개정－정신보건서비스전달체계를 확립
2015년 1월 28일	동법 일부개정－금치산자 및 한정치산자규정을 정비
2015년 5월 18일	동법 일부개정－지역보건의료정보시스템의 법적 근거 명확화

3. 법의 내용

1) 법의 목적과 이념

(1) 법의 목적

이 법은 정신질환의 예방과 정신질환자의 의료 및 사회복귀에 관하여 필요한 사항을 규정함으로써 국민의 정신건강 증진에 이바지함을 목적으로 한다(법 제1조). 이 규정은 정신질환자의 예방, 치료, 사회복귀에 대한 국가의 책임을 명시적으로 규정하여, 그들의 사회복지를 증진한다는 점에서 의미가 있다고 할 수 있다.

(2) 법의 이념

법의 주요 이념은 다음과 같다(법 제2조).

① 모든 정신질환자는 인간으로서의 존엄과 가치를 보장받는다.
② 모든 정신질환자는 최적의 치료와 보호를 받을 권리를 보장받는다.
③ 모든 정신질환자는 정신질환이 있다는 이유로 부당한 차별대우를 받지 아니한다.
④ 미성년자인 정신질환자에 대하여는 특별히 치료, 보호 및 필요한 교육을 받을 권리가 보장되어야 한다.

⑤ 입원치료가 필요한 정신질환자에 대하여는 항상 자발적 입원이 권장되어야 한다.
⑥ 입원 중인 정신질환자는 가능한 한 자유로운 환경이 보장되어야 하며, 다른 사람과 자유로이 의견교환을 할 수 있도록 보장되어야 한다.

2) 용어의 정의

이 법에서 사용하는 용어에 대한 정의는 다음과 같다(법 제3조).

① 정신질환자: 정신병(기질적 정신병을 포함한다) · 인격장애 · 알코올 및 약물 중독, 기타 비정신병적 정신상태를 가진 자를 말한다.
② 정신보건시설: 이 법에 의한 정신의료기관 · 정신질환자 사회복귀시설 및 정신요양시설을 말한다.
③ 정신의료기관: 의료법에 의한 의료기관 중 주로 정신질환자의 진료를 행할 목적으로 제12조 제1항의 시설기준 등에 적합하게 설치된 병원(이하 "정신병원" 이라 한다)과 의원 및 병원급 이상의 의료기관에 설치된 정신건강의학과를 말한다.
④ 정신질환자 사회복귀시설: 이 법에 의하여 설치된 시설로서 정신질환자를 정신의료기관에 입원시키거나 정신요양시설에 입소시키지 아니하고 사회복귀촉진을 위한 훈련을 행하는 시설을 말한다.
⑤ 정신요양시설: 이 법에 의하여 설치된 시설로서 정신의료기관에서 의뢰된 정신질환자와 만성정신질환자를 입소시켜 요양과 사회복귀 촉진을 위한 훈련을 행하는 시설을 말한다.

3) 국가 및 국민의 의무

(1) 국가 등의 의무

국가와 지방자치단체는 국민의 정신건강을 증진시키고, 정신질환을 예방하며, 정신질환자의 치료 · 재활 및 장애극복과 사회복귀 촉진을 위한 연구 · 조사와 지도 · 상담 등 필요한 조치를 하여야 한다(법 제4조 제1항). 그리고 이를 위하여 국가와 지방자치단체는 정신질환의 예방과 치료 및 재활을 위하여 정신보건센터와 정신보건시설을 연계하는 정신보건서비스전달체계를 확립하여야 한다(법 제4조 제2항)고 구체적으로 규정하고 있다.

(2) 국민의 의무

국민은 정신질환의 예방과 정신건강 증진을 위하여 국가 및 지방자치단체가 실시하는 조사 및 관련 정신보건사업에 협력하여야 한다(법 제5조).

(3) 정신보건시설의 장의 의무

정신보건시설의 장은 정신질환자가 입원 또는 입소(이하 "입원등" 이라 한다)하거나 사회복귀를 위한 훈련을 받으려는 때에는 지체 없이 정신질환자와 그 보호의무자에게 이 법에 따른 권리 및 권리행사 방법을 알리고, 그 권리행사에 필요한 각종 서류를 정신보건시설에 갖추어 두어야 한다. 또한 정신질환자의 치료, 보호 및 재활 과정에서 정신질환자의 의견을 존중하여야 한다. 정신보건시설의 장은 입원 등 또는 거주 중인 정신질환자가 인간으로서의 존엄과 가치를 보장받으며 자유롭게 생활할 수 있도록 노력하여야 한다. 정신질환자와 그 보호의무자에게 알릴 권리의 종류 · 내용, 고지방법 및 서류 비치 등에 필요한 사항은 보건복지부령으로 정한다(법 제6조).

정신보건시설의 설치 · 운영자는 정신질환자와 그 보호의무자에게 이 법에 의한 권리와 권리의 행사에 관한 사항을 알려야 하며, 입원 및 거주 중인 정신질환자가 인간으로서의 존엄과 가치를 보장받으며 자유롭게 생활할 수 있도록 노력하여야 한다(법 제6조). 정신보건시설의 설치 · 운영자, 종사자는 인권에 관한 교육을 받아야 한다(법 제6조의 2 제1항).

4) 정신보건 전문기구 및 전문인력

(1) 정신보건심의위원회

[1] 설치 및 종류

① 설치: 정신보건에 관하여 보건복지부장관, 시 · 도시자 및 시장 · 군수 · 구청장의 자문에 응하고 정신보건에 관한 중요한 사항의 심의와 심사를 하기 위하여 보건복지부장관 소속하에 중앙정신보건 심의위원회를 시 · 도지사 소속으로 광역정신보건심의위원회를, 시장 · 군수 · 구청장 소속으로 기초정신보건심의위원회를 각각 둔다. 다만, 정신의료기관 및 정신요양시설이 없는 시 · 군 · 구에는 기초정신보건심의위원회를 두지 아니할 수 있다(법 제27조 제1항).

② 종류: 제31조, 제35조, 제36조의 규정에 의한 심사를 하기 위하여 광역정신보건

심의위원회 및 기초정신보건심의위원회안에 정신보건심판위원회를 각각 둔다. 이 경우 정신보건심판위원회는 그 심사량에 따라 복수로 설치할 수 있다(법 제27조 제2항).

2 직무

① 중앙정신보건심의위원회는 다음의 사항을 심의한다(법 제28조 제1항).

㉠ 정신보건복지관련 법령의 제 · 개정 및 정신보건복지정책에 관한 사항

㉡ 정신보건시설기준에 관한 사항

㉢ 정신질환자의 입원 및 진료에 대한 각종 기준

㉣ 치료에 대한 동의에 관한 의학적 견해의 제공

② 광역정신보건심의위원회는 다음 사항을 심사한다(법 제28조 제2항).

㉠ 정신보건시설에 대한 감독과 시정

㉡ 정신보건시설에 대한 평가

㉢ 재심사청구사건

③ 기초정신보건심의위원회는 다음의 사항을 심사한다(법 제28조 제3항).

㉠ 이의제기된 치료행위의 심사

㉡ 처우개선에 대한 심사

㉢ 퇴원 및 계속입원 여부에 대한 심사

㉣ 외래치료명령에 관한 사항

3 구성

① 정신보건심의위원회의 구성: 중앙정신보건심의위원회 · 광역정신보건심의위원회의 위원은 각각 10인 이상 30인 이내로 하고, 기초정신보건심의위원회의 위원은 5인 이상 15인 이내로 하며, 위원의 임기는 각각 2년으로 하되, 연임 할 수 있다(법 제28조 제4항). 정신보건심의위원회의 위원은 보건복지부장관, 시 · 도지사 또는 시장 · 군수 · 구청장이 각각 임명 또는 위촉하되 다음에 정한 자 중에서 각각 1인 이상을 포함하여야 한다(법 제28조 제5항).

㉠ 정신건강의학과전문의

㉡ 판사 · 검사 또는 변호사의 자격이 있는 자

㉢ 정신보건전문요원

㉣ 정신질환자의 가족

⑪ 다음의 어느 하나에 해당하는 자로서 정신보건에 관한 전문지식과 경험을 가진 자

- 정신보건시설의 운영자
- 「고등교육법」 제2조에 따른 대학에서 심리학 · 간호학 · 사회복지학 또는 사회사업학을 가르치는 전임강사 이상의 직에 있는 자
- 정신보건업무 관계공무원
- 그 밖에 정신보건에 관한 전문지식과 경험이 있다고 인정하는 자

② 정신보건심판위원회의 구성: 정신보건심판위원회는 정신보건심의위원회 위원 중에서 시 · 도지사 및 시장 · 군수 · 구청장이 임명한 5인 이상 10인 이내의 위원으로 구성하고 합의체로 안건을 심사해야 한다. 이 경우 위원은 정신건강의학과 전문의, 정신보건전문요원, 판사 · 검사 또는 변호사의 자격이 있는 자 중에서 각각 1인 이상을 포함하여야 한다(법 제28조 제6항).

4 운영

정신보건심의위원회는 정신질환자에 대한 인권침해행위를 알게 된 때에는 국가인권위원회에 조사를 요청할 수 있다(법 제28조 제7항). 정신보건심의위원회는 심의 또는 심사를 위하여 연 2회 이상 위원회의 회의를 개최하여야 한다(법 제28조 제8항). 정신보건심의위원회의 구성 · 운영 기타 필요한 사항은 대통령령으로 정한다(법 제28조 제9항).

(2) 정신보건전문요원

1 종류

보건복지부장관은 정신보건 분야에 관한 전문지식과 기술을 갖추고 보건복지부령으로 정하는 수련기관에서 수련을 받은 자에게 정신보건전문요원의 자격증을 교부할 수 있다(법 제7조 제1항). 정신보건전문요원은 정신보건임상심리사 · 정신보건간호사 및 정신보건사회복지사로 한다(법 제7조 제2항). 정신보건전문요원의 구체적인 업무의 범위와 한계, 자격 · 등급에 관하여 필요한 사항은 대통령령으로 정하고, 수련과정 및 자격증의 교부절차 등에 관하여 필요한 사항은 보건복지부령으로 정한다(법 제7조 제3항). 전문요원의 자격증을 교부받고자 하는 자는 자격증교부신청서에 보건복지부령이 정하는 서류를 첨부하여 보건복지부장관에게 제출하여야 한다(법 시행령 제2조 제5항). 업무의 범위 등 정신보건전문요원의 업무의 범위 및 한계는 〈표 12-2〉와 같다.

표 12-2 정신보건 전문요원의 업무의 범위 및 한계

등급	자격기준
공통	① 사회복귀시설의 운영 ② 정신질환자의 사회복귀 촉진을 위한 생활훈련 및 작업훈련 ③ 정신질환자와 그 가족에 대한 교육 · 지도 및 상담 ④ 법 제25조 제1항의 규정에 관한 진단 및 보호의 신청 ⑤ 정신질환 예방활동 및 정신보건에 관한 조사 · 연구 ⑥ 기타 정신질환자의 사회적응 및 직업재활을 위하여 보건복지부장관이 정하는 활동
정신보건 임상심리사	① 정신질환자에 대한 심리평가 ② 정신질환자와 그 기족에 대한 심리상담
정신보건 간호사	① 정신질환자의 병력에 대한 자료수집, 병세에 대한 판단 · 분류 및 그에 따른 환자관리활동 ② 정신질환자에 대한 간호
정신보건 사회복지사	① 정신질환에 대한 개인력조사 및 사회조사 ② 정신질환자와 그 가족에 대한 사회사업지도 및 방문지도

출처: 령 제2조 제1항 별표 1.

2 자격기준 및 제한

전문요원의 자격기준은 〈표 12-3〉과 같으며, 다음 사항에 해당하는 자는 전문요원이 될 수 없다(법 제7조의2).

① 금치산자 및 한정치산자
② 파산선고를 받고 복권되지 아니한 자
③ 이 법, 형법, 의료법, 응급의료에 관한 법률, 보건범죄단속에 관한 특별조치법, 지역보건법, 후천성면역결핍증예방법, 응급의료에 관한 법률, 농어촌 등 보건의료를 위한 특별조치법, 시체해부 및 보존에 관한 법률, 혈액관리법, 마약류 관리에 관한 법률, 약사법, 모자보건법, 사회복지사업법, 사회보장급여의 이용제공 및 수급권자 발굴에 관한 법률, 그 밖에 대통령령이 정하는 의료관계법령을 위반하여 금고 이상의 형의 선고를 받고 그 집행이 종료되지 아니하거나 집행을 받지 아니하기로 확정되지 아니한 자

표 12-3 정신보건 전문요원의 자격기준

등급	정신보건임상심리사	정신보건간호사	정신보건사회복지사
1급	① 고등교육법에 따른 대학원에서 심리학을 전공(보건복지부장관이 정하는 임상심리 관련 과목을 이수한 경우에 한한다)한 석사학위 이상 소지자로서 보건복지부장관이 지정한 전문요원 수련기관에서 3년 이상 수련을 마친 자	① 의료법에 따른 간호사면허를 취득하고, 고등교육법에 따른 대학원에서 간호학을 전공한 석사학위 이상 소지자로서 보건복지부장관이 지정한 전문요원 수련기관에서 3년 이상 수련을 마친 자	① 고등교육법에 따른 대학원에서 사회복지학 또는 사회사업학을 전공한 석사학위 이상 소지자로서 보건복지부장관이 지정한 전문요원 수련기관에서 3년 이상 수련을 마친 자
	② 2급 정신보건임상심리사 자격취득 후 정신보건시설, 보건소 또는 국가나 지방자치단체로부터 지역사회 정신보건사업을 위탁받은 기관이나 단체에서 5년 이상 정신 보건분야의 임상실무 경험이 있는 자 ③ 국가기술자격법 시행령 제10조 제1항에 따른 임상심리사 1급 자격소지자로서 보건복지부장관이 지정한 전문요원 수련기관에서 3년 이상 수련을 마친 자	② 2급 정신보건간호사 자격취득 후 정신 보건시설, 보건소 또는 국가나 지방자치단체로부터 지역사회 정신보건사업을 위탁받은 기관이나 단체에서 5년 이상 정신보건분야의 임상실무 경험이 있는 자 ③ 2급 정신보건간호사 자격소지자로서 간호대학에서 5년 이상 정신간호분야의 조교수 이상의 직에 있거나 있었던 자(자격취득 이전의 경력을 포함한다)	② 2급 정신보건사회복지사 자격취득 후 정신보건시설, 보건소 또는 국가나 지방자치단체로부터 지역사회정신보건사업을 위탁받은 기관이나 단체에서 5년 이상 정신보건 분야의 임상실무경험이 있는 자
2급	① 고등교육법에 따른 대학 또는 이와 동등한 학력이 있다고 교육과학기술부장관이 인정하는 학교에서 심리학을 전공(보건복지부장관이 정하는 임상심리 관련과목을 이수한 경우에 한한다)한 학사학위 이상 소지자로서 보건복지부장관이 지정한 전문요원 수련기관에서 1년 이상 수련을 마친 자	① 의료법에 따른 간호사면허를 가진 자로서 보건복지부장관이 지정한 전문요원 수련기관에서 1년 이상 수련을 마친 자 ② 의료법에 따른 정신전문간호사 자격이 있는 자	① 사회복지사업법에 따른 사회복지사 1급 자격소지자로서 보건복지부장관이 지정한 전문요원 수련기관에서 1년 이상 수련을 마친 자

	② 국가기술자격법 시행령 제10조 제1항에 따른 임상심리사 2급 자격소지자로서 보건복지부장관이 지정한 전문요원 수련기관에서 1년 이상 수련을 마친 자		

주: 외국에서 전문요원과 유사한 교육 · 수련을 받거나 전문요원과 유사한 자격을 취득한 자는 보건복지부장관이 정하는 바에 의하여 전문요원과 동등한 자격을 인정받을 수 있다.
출처: 령 제2조 제1항 별표 2.

3 정신보건 전문요원의 등급

정신보건 전문요원의 등급은 정신보건임상심리사 · 정신보건간호사 및 정신보건사회복지사에 대하여 각각 1급 및 2급으로 구분한다(법 시행령 제2조 제3항). 또한 전문요원의 자격취득을 위한 수련기관의 지정 및 수련과정 등에 관한 사항은 보건복지부령으로 정한다(령 제2조 제4항).

(3) 정신보건시설

1 정신의료기관

정신의료기관이라 함은 의료법에 의한 의료기관 중 주로 정신질환자의 진료를 행할 목적으로 시설기준 등에 적합하게 설치된 병원과 의원 및 병원급 이상의 의료기관에 설치된 정신건강의학과를 말한다(법 제3조 제3호).

① 국 · 공립정신병원의 설치 등: 보건복지부장관 또는 시 · 도지사는 정신병원을 설치 · 운영하여야 한다(법 제8조 제1항). 보건복지부장관 또는 시 · 도지사는 정신병원을 설치하는 경우 그 병원이 지역적으로 균형 있게 분포되도록 하여야 하며, 정신질환자에 대하여 지역사회관리가 가능하도록 하여야 한다(법 제8조 제3항).이 규정에 의한 정신병원은 지역사회정신보건사업 등을 수행하고 지역사회정신보건사업인력에 대한 교육 · 훈련을 담당한다(법 제8조 제4항).

② 정신의료기관의 시설기준 등

㉠ 정신의료기관의 시설, 장비의 기준, 의료인등 종사자의 수 및 자격 등에 관하여 필요 한 사항은 정신의료기관의 규모 등을 고려하여 보건복지부령으로 정

한다(법 제12조 제1항).

㉡ 보건복지부장관은 정신질환자에 대한 효율적인 의료의 제공을 위하여 다음에 해당하는 경우에 정신의료기관의 규모를 제한할 수 있다(법 제12조 제2항).

- 300병상 이상의 정신의료기관을 개설하고자 하는 경우
- 정신의료기관의 병상수를 300병상 미만에서 기존의 병상수를 포함하여 300병상 이상으로 증설하고자 하는 경우
- 300병상 이상의 정신의료기관을 운영하는 자가 병상수를 증설하고자 하는 경우

③ 정신의료기관의 취소 · 폐쇄 · 정지명령: 시 · 도지사 또는 시장 · 군수 · 구청장은 정신의료기관이 다음의 어느 하나에 해당하는 때에는 당해 정신의료기관에 대하여 개설허가의 취소 또는 폐쇄를 명하거나 보건복지부령이 정하는 바에 의하여 1년의 범위 내에서 기간을 정하여 당해 사업의 정지를 명할 수 있다(법 제12조 제3항).

㉠ 보건복지부령에 의한 시설, 장비의 기준, 의료인 등 종사자의 수 및 자격 등에 미달하게 된 때

㉡ 법령을 위반하여 정신질환자를 퇴원시키지 아니한 때 등

㉢ 보건복지부장관, 시 · 도지사 또는 시장 · 군수 · 구청장의 퇴원(임시로 퇴원) 또는 퇴소, 처우개선을 위한 필요한 조치 · 명령에 불응한 때

㉣ 보건복지부장관, 시 · 도지사, 시장 · 군수 · 구청장, 보건소, 정신보건심의위원회의 위원에게 보고를 하지 아니하거나 허위의 보고를 한 때, 관계서류를 제출하지 아니하거나 허위의 서류를 제출한 때 또는 관계공무원, 정신보건심의위원회위원의 검사 · 심사를 거부 · 방해 또는 기피한 때

㉤ 정신건강의학과전문의의 진단에 의하지 아니하고 정신질환자를 입원시키거나 입원을 연장시킨 때(응급입원의 경우는 제외)

▶ 시 · 도지사 또는 시장 · 군수 · 구청장은 허가를 취소하거나 시설의 폐쇄 또는 사업의 정지를 명하고자 하는 경우에는 1년의 범위 내에서 기간을 정하여 시정을 명한 후 이에 응하지 아니한 때에 이를 행하여야 한다(법 제12조 제4항). 행정처분의 세부적인 기준은 그 위반행위의 유형과 위반의 정도 등을 참작하여 보건복지부령으로 정한다(법 제12조 제5항).

2 정신요양시설

① 설치 · 운영

㉠ 사회복지법인 기타 비영리법인은 보건복지부장관의 허가를 받아 정신요양시설을 설치 · 운영할 수 있다. 허가 받은 사항 중 보건복지부령이 정하는 중요한 사항을 변경하고자 하는 때에도 또한 같다(법 제10조 제1항).

㉡ 정신요양시설에서의 요양과 사회복귀를 위한 훈련은 보건복지부장관이 정하는 바에 의하여 행하여져야 한다(법 제10조 제2항).

㉢ 보건복지부장관 또는 시 · 도지사는 정신요양시설의 장에게 정신질환자의 요양과 사회복귀촉진을 위한 훈련에 지장이 없는 범위 안에서 지역주민 · 사회단체 · 언론기관 등이 정신요양시설의 운영상황을 파악할 수 있도록 당해 시설의 개방을 요구할 수 있다. 이 경우 정신요양시설의 장은 정당한 사유가 없는 한 이에 응하여야 한다(법 제10조 제3항).

㉣ 정신요양시설의 설치기준, 수용인원, 종사자의 수 및 자격, 이용 및 운영에 관하여 필요한 사항은 보건복지부령으로 정한다(법 제10조 제4항).

㉤ 정신요양시설에 관하여 이 법에 규정한 것을 제외하고는 사업복지사업법 중 사회복지시설에 관한 규정을 준용한다(법 제10조 제6항).

㉥ 정신요양시설의 장은 정신요양시설에서 요양과 사회복귀를 위한 훈련을 실시할 때 의료와 관련된 부분은 대통령령으로 정하는 바에 따라 정신건강의학과 의사의 자문을 받아야 한다(법 제10조 제7항).

② 정신요양시설의 개선, 사업의 정지, 허가취소 등: 보건복지부장관은 정신요양시설이 다음의 어느 하나에 해당할 때에는 그 시설의 개선, 사업의 정지, 시설장의 교체를 명하거나 시설설치의 허가를 취소할 수 있다(법 제11조 제1항).

㉠ 정신요양시설의 설치기준, 수용인원, 종사자의 수 및 자격, 이용 및 운영에 관한 기준에 미달하거나 위반한 때

㉡ 사회복지법인 또는 비영리법인이 설치 · 운영하는 정신요양시설의 경우 그 법인의 설립허가가 취소된 때

㉢ 동법 제23조 제2항 또는 제24조 제4항 · 제6항 본문을 위반하여 정신질환자를 퇴소시키지 아니한 때

㉣ 제33조 제1항(제35조 제2항에서 준용하는 경우를 포함한다)에 따른 시 · 도지사 또는 시장 · 군수 · 구청장의 퇴원(임시로 퇴원) 또는 퇴소, 처우개선을 위한 필요한 조치 · 명령에 불응한 때

ⓜ 정당한 사유 없이 제39조 제1항 및 제2항에 따른 보고를 하지 아니하거나 거짓으로 보고한 때, 관계 서류를 제출하지 아니하거나 거짓의 서류를 제출한 때 또는 관계 공무원, 정신보건심의위원회 위원의 검사나 심사를 거부, 방해 또는 기피한 때

ⓑ 제40조 제1항을 위반하여 정신건강의학과전문의의 진단에 의하지 아니하고 정신질환자를 입소시키거나 입소를 연장시킨 때

▶ 행정처분의 세부적인 기준은 그 위반행위의 유형과 위반 정도 등을 참작하여 보건복지부령으로 정한다(법 제11조 제2항).

3 사회복귀시설

① 사회복귀시설의 설치 · 운영: 국가 또는 지방자치단체는 사회복귀시설을 설치 · 운영할 수 있다(법 제15조 제1항). 국가 또는 지방자치단체 외의 자가 사회복귀시설을 설치 · 운영하고자 하는 때에는 시설의 소재지를 관할하는 시장 · 군수 · 구청장에게 신고하여야 한다. 신고한 사항 중 보건복지부령이 정하는 중요한 사항을 변경하고자 하는 때에도 또한 같다(법 제15조 제2항). 사회복귀시설의 장은 보건복지부장관이 정하는 바에 따라 정신질환자에 대하여 사회복귀를 위한 훈련을 실시하여야 한다(법 제15조 제3항). 사회복귀시설의 시설기준, 수용인원, 종사자 수 및 자격, 설치 · 운영신고, 변경신고, 이용 및 운영에 관하여 필요한 사항은 보건복지부령으로 정한다(법 제15조 제4항). 국가 또는 지방자치단체는 필요한 경우 사회복귀시설을 사회복지법인 또는 비영리법인에게 위탁하여 운영할 수 있다(법 제15조 제5항). 이에 따른 위탁운영의 기준 · 기간 및 방법 등에 관하여 필요한 사항은 보건복지부령으로 정한다(법 제15조 제6항).

② 사회복귀시설의 종류: 사회복귀시설의 종류는 다음과 같다(법 제16조 제1항).

㉠ 정신질환자 생활시설: 정신질환자가 필요한 기간 동안 생활하면서 재활에 필요한 상담 · 훈련 등의 서비스를 받아 사회복귀를 준비하거나 장애로 인하여 장기간 생활하는 시설

㉡ 정신질환자 지역사회재활시설: 정신질환자복지관, 의료재활시설, 체육시설, 수련시설, 공동생활가정 등 정신질환자에게 전문적인 상담 · 훈련 등을 제공하거나 여가활동 및 사회참여활동 등에 필요한 편의를 제공하는 시설

㉢ 정신질환자 직업재활시설: 일반고용이 어려운 정신질환자가 특별히 준비된 작업환경에서 직업훈련을 받거나 직업생활을 영위할 수 있도록 하는 시설

㉣ 그 밖에 대통령령으로 정하는 시설

▶ 사회복귀시설의 구체적인 종류와 사업 등에 관하여 필요한 사항은 보건복지부령으로 정한다(법 제16조 제2항).

③ 사회복귀시설의 폐지 · 휴지 · 재개신고: 사회복귀시설을 설치한 자가 그 시설을 폐지 · 휴지하거나 재개하고자 할 때에는 보건복지부령이 정하는 바에 의하여 미리 시장 · 군수 · 구청장에게 신고하여야 한다(법 제17조).

④ 시설설치의 폐쇄 등

㉠ 시장 · 군수 · 구청장은 사회복귀시설이 다음에 해당하는 때에는 그 시설의 폐쇄를 명하거나 보건복지부령이 정하는 바에 따라 1년 이내의 범위에서 기간을 정하여 그 사업의 정지를 명할 수 있다(법 제18조 제1항).

- 사회복귀시설을 설치한 사회복지법인 또는 비영리법인이 그 설립허가가 취소되거나 해산된 때
- 정신질환자의 사회복귀를 위한 훈련이 보건복지부장관이 정하는 규정에 위반한 때
- 보건복지부령에 의한 사회복귀시설의 시설기준, 수용인원, 종사자의 수 및 자격, 설치 · 운영신고, 변경신고, 이용 및 운영에 관한 규정에 의한 기준에 미달하게 된 때

㉡ 시장 · 군수 · 구청장은 시설의 폐쇄 또는 사업의 정지를 명하고자 하는 경우에는 1년의 범위 내에서 기간을 정하여 시정을 명한 후 이에 응하지 아니한 때에 이를 행하여야 한다(법 제18조 제2항).

㉢ 행정처분의 세부적인 기준은 그 위반행위의 유형과 위반의 정도 등을 참작하여 보건복지부령으로 정한다(법 제18조 제4항).

4 정신보건시설의 평가

① 보건복지부장관은 정신보건시설에 대한 평가(이하 "정신보건시설평가"라 한다)를 3년마다 실시하여야 한다. 다만, 의료법에 따른 의료기관 인증의 신청 및 사회복지사업법에 따른 사회복지시설평가로서 정신보건시설평가에 갈음할 수 있다(법 제18조의3 제1항).

② 보건복지부장관은 정신보건시설평가에 관한 업무를 관계 전문기관 또는 단체에 위탁할 수 있다. 이 경우 필요한 예산을 지원할 수 있다(법 제18조의3 제2항).

③ 보건복지부장관은 정신보건시설평가의 결과를 공표하여야 한다(법 제18조의3 제

1항).

④ 보건복지부장관은 정신보건시설평가 결과가 우수한 정신보건시설에 대하여 행정적·재정적 지원을 할 수 있다(법 제18조의3 제4항).

⑤ 정신보건시설의 장은 특별한 사유가 있는 경우를 제외하고는 정신보건시설평가에 응하여야 한다(법 제18조의3 제5항).

⑥ 정신보건시설평가의 범위 및 절차와 위탁 및 공표 등에 관하여 필요한 사항은 보건복지부령으로 정한다(법 제18조의3 제1항).

(4) 보건소

① 국가 및 지방자치단체는 보건소를 통하여 정신보건시설 간 연계체계 구축, 정신질환의 예방, 정신질환자 발견·상담·진료·사회복귀훈련 및 이에 관한 사례관리 등 지역사회정신보건사업을 기획·조정 및 수행할 수 있다(법 제13조 제1항).

② 국가 및 지방자치단체는 국 공립정신의료기관을 통하여 지역사회정신보건사업을 지원하고, 시·군·구(자치구를 말한다) 간 연계체계 구축, 응급정신의료서비스 제공 등 광역단위의 사업을 수행하며, 그 밖에 지역사회정신보건사업의 활성화를 위하여 필요한 사업을 수행하여야 한다(법 제13조 제2항).

③ 국가 및 지방자치단체는 지역사회정신보건사업을 전문적으로 수행하게 하기 위하여 보건소 또는 국·공립정신의료기관에 정신보건센터를 설치하거나 그 사업을 대통령령이 정하는 기관 또는 단체에 위탁할 수 있다(법 제13조 제3항).

④ 보건소 또는 국·공립정신의료기관은 지역사회정신보건사업의 수행을 위하여 정신질환자를 관리하는 경우에는 본인 또는 보호의무자의 동의하에 행하여야 한다(법 제13조 제4항).

⑤ 보건소에는 대통령령이 정하는 바에 따라 정신보건전문요원을 둘 수 있다(법 제13조 제5항). 이에 따라 보건소에는 1인 이상의 전문요원을 둘 수 있으며(령 제4조 제1항), 전문요원은 보건소장의 지시를 받아 다음 각호의 업무를 수행한다.이 전문요원은 보건소장의 지시를 받아 다음의 업무를 수행한다(령 제4조 제2항).

㉠ 정신질환의 예방

㉡ 정신질환자의 발견·진료의뢰 및 관리

㉢ 정신질환자 및 그 가족에 대한 상담

㉣ 정신질환자에 대한 사회복귀훈련

⑥ 지역사회정신보건사업의 집중적이고 전문적인 지원을 위하여 보건복지부장관은

중앙정신보건사업지원단을, 시 · 도지사는 지방정신보건사업지원단을 각각 설치 · 운영할 수 있다(법 제13조 제6항). 중앙정신보건사업지원단 및 지방정신보건사업지원단의 직무범위 및 운영 등에 관하여 필요한 사항은 보건복지부령으로 정한다(법 제13조 제7항).

(5) 보호 및 치료

[1] 보호의무자

① 보호의무자

㉠ 정신질환자의 민법상의 부양의무자 또는 후견인은 정신질환자의 보호의무자가 된다(법 제21조 제1항). 보호의무자 사이의 보호의무의 순위는 부양의무자 · 후견인의 순위에 의하며 부양의무자가 2인 이상인 경우에는 민법 제976조의 규정에 따른다(법 제21조 제2항).

㉡ 보호의무자가 없거나 보호의무자가 부득이한 사유로 인하여 그 의무를 이행할 수 없는 경우에는 당해 정신질환자의 주소지(주소지가 없거나 알 수 없는 경우에는 현재지)를 관할하는 시장 · 군수 또는 구청장이 그 보호의무자가 된다(법 제21조 제3항).

② 보호의무자가 될 수 없는 자(법 제21조 제1항 단서): 다음에 해당하는 자는 보호의무자가 될 수 없다.

㉠ 피성년후견인 및 피한정후견인

㉡ 파산선고를 받고 복권되지 아니한 자

㉢ 당해 정신질환자를 상대로 한 소송이 계속 중인 자 또는 소송한 사실이 있었던 자와 그 배우자

㉣ 미성년자

㉤ 행방불명자

③ 보호의무자의 의무

㉠ 보호의무자는 피보호자인 정신질환자로 하여금 적정한 치료를 받도록 노력하여야 하며, 정신건강의학과전문의의 진단에 의하지 아니하고 정신질환자를 입원시키거나 입원을 연장시켜서는 아니 된다(법 제22조 제1항). 보호의무자는 보호하고 있는 정신질환자가 자신 또는 타인을 해치지 아니하도록 유의하여야 하며, 정신건강의학과전문의의 진단에 따라 정신질환자가 입 · 퇴원할 수 있

도록 협조하여야 한다(법 제22조 제2항).

㉡ 보호의무자는 정신질환자의 재산상의 이익 등 권리보호를 위하여 노력하여야 하며 정신질환자를 유기하여서는 아니 된다(법 제22조 제3항).

[2] 입원의 종류

① 자의입원과 퇴원(법 제23조)

② 보호의무자에 의한 입원과 퇴원(법 제24조)

③ 시장 · 군수 · 구청장에 의한 입원과 퇴원(법 제25조)

④ 응급입원(법 제26조)

5) 권익보호 및 지원 등

(1) 입원금지 등 및 진단의 유효기간

누구든지 응급입원의 경우를 제외하고는 정신건강의학과전문의의 진단에 의하지 아니하고 정신질환자를 정신의료기관 등에 입원시키거나 입원 등을 연장시킬 수 없다(법 제40조 제1항). 동법 제40조 제1항의 규정에 의한 진단의 유효기간 등에 관하여 필요한 사항은 보건복지부령으로 정한다(법 제40조 제2항).

(2) 권익보호

누구든지 정신질환자이었다는 이유로 교육 및 고용의 기회를 박탈하거나 기타 불공평한 대우를 하여서는 아니 된다(법 제41조 제1항). 누구든지 정신질환자, 그 보호의무자 또는 보호를 받고 있는 자의 동의없이 정신질환자에 대하여 녹음 · 녹화 · 촬영할 수 없다(법 제41조 제2항). 정신보건시설의 장은 입원 등을 한 정신질환자에 대하여 정신건강의학과전문의의 지시에 의한 의료 또는 재활의 목적이 아닌 노동을 강요하여서는 아니 된다(법 제41조 제3항).

(3) 비밀누설의 금지

이 법에 의하여 정신질환자에 관련된 직무를 수행하였던 자 또는 수행하는 자는 이 법 또는 다른 법령에서 특히 규정된 경우를 제외하고는 그 직무의 수행과 관련하여 알게 된 타인의 비밀을 누설하거나 발표하여서는 아니 된다(법 제42조).

(4) 수용 및 가혹행위 등의 금지

누구든지 이 법 또는 다른 법령에 의하여 정신질환자를 의료보호할 수 있는 시설 외의 장소에 정신질환자를 수용하여서는 아니 된다(법 제43조 제1항). 정신보건시설의 장이나 그 종사자는 정신보건시설에 입원 또는 입소하거나 시설을 이용하는 정신질환자를 폭행하거나 가혹행위를 하여서는 아니 된다(법 제43조 제2항).

(5) 특수치료와 보호의 제한과 협의체

1 특수치료의 제한

정신질환자에 대한 전기충격요법 · 인슐린혼수요법 · 마취하 최면요법 · 정신외과요법 기타 대통령령이 정하는 특수치료행위는 당해 정신의료기관이 구성하는 협의체에서 결정하되, 본인 또는 보호의무자에게 특수치료에 대한 필요한 정보를 제공하고 그 동의를 얻어야 한다(법 제44조 제1항). 이 규정에 의한 본인 또는 보호의무자의 동의는 서면으로 하여야 한다(령 제19조 제5항).

대통령령이 정하는 특수치료행위는 다음과 같다(령 제19조 제1항).

① 정신질환증상의 완화를 목적으로 하는 신체일부 절제술
② 정신질환의 증상교정을 위하여 시행되는 혐오자극법

2 협의체

① 구성: 협의체는 2인 이상의 정신건강의학과전문의와 대통령령이 정하는 정신보건에 관한 전문지식과 경험을 가진 자로 구성하며, 그 운영절차 등에 관하여 필요한 사항은 대통령령으로 정한다(법 제44조 제2항). 협의체는 3인 이상 5인 이내로 구성하되, 구성원은 2명 이상의 전문의와 다음에 해당하는 사람으로 한다(령 제19조 제2항).
  ㉠ 전문요원
  ㉡ 「고등교육법」 제2조 제1호에 따른 대학에서 심리학 · 간호학 · 사회복지학 또는 사회사업학을 가르치는 조교수 이상의 직에 있는 사람
② 결정: 협의체에서 정신질환자에 대한 특수치료행위를 결정할 때에는 협의체구성원 3분의 2 이상의 동의에 의하며, 그 결정에 참여한 협의체의 구성원이 각각 서명 또는 날인하여야 한다. 법 제44조 제1항의 규정에 의한 본인 또는 보호의무자

의 동의는 서면으로 하여야 한다(령 제19조 제3항). 정신의료기관의 장은 협의체의 결정이 있는 경우에는 지체없이 이를 본인 또는 보호의무자에게 통보하여야 한다(령 제19조 제4항).

(6) 행동제한의 금지

1 행동제한

정신의료기관 등의 장은 정신질환자에 대하여 의료를 위하여 필요한 경우에 한하여 통신의 자유, 면회의 자유 기타 대통령령이 정하는 행동의 자유를 제한할 수 있다(법 제45조 제1항). 이 규정에 의하여 정신의료기관의 장은 정신질환자에 대하여 다음의 자유를 제한할 수 있다. 다만, 진료행위에 지장이 없고 타인에게 해를 주지 아니하는 경우에는 제한할 수 없다(령 제20조).

① 종교행사의 자유, 종교적 집회, 결사의 자유 및 선교의 자유
② 학문 · 예술의 자유
③ 사생활의 자유

2 행동제한에 대한 기록

정신의료기관 등의 장이 행동을 제한하는 경우에는 최소한의 범위 안에서 이를 행하여야 하며 그 이유를 진료기록부에 기재하여야 한다(법 제45조 제2항).

(7) 환자의 격리제한

환자를 격리시키거나 묶는 등의 신체적 제한을 가하는 것은 환자의 증상으로 보아서 본인 또는 주변사람이 위험에 이를 가능성이 현저히 높고 신체적 제한 외의 방법으로 그 위험을 회피하는 것이 뚜렷하게 곤란하다고 판단되는 경우에 그 위험을 최소한으로 줄이고, 환자 본인의 치료 또는 보호를 도모하는 목적으로 행하여져야 한다. 이 경우 격리는 당해 시설 안에서 행하여져야 한다(법 제46조 제1항). 정신의료기관등의 장이나 종사자가 환자를 격리시키거나 묶는 등의 신체적 제한을 가하는 경우에는 정신건강의학과전문의의 지시에 따라야 하며 이를 진료기록부에 기재하여야 한다(법 제46조 제2항).

(8) 입원환자 등에 대한 작업요법

정신의료기관 등의 장은 입원환자의 치료 또는 입소자의 사회복귀 등에 도움이 된다고 판단되는 경우에는 입원환자나 입소자의 건강상태와 위험성을 고려하여 입원환자나 입소자의 건강을 해치지 아니하는 범위 내에서 공예품 만들기 등의 단순 작업을 시킬 수 있다(법 제46조의2 제1항). 이 작업은 대상자 본인의 신청이 있거나 동의가 있는 경우에 한하여 실시하여야 하고, 정신건강의학과전문의가 지시하는 방법에 따라 실시하여야 한다. 다만, 정신요양시설의 경우에는 정신건강의학과전문의의 지도를 받아 정신보건전문요원이 작업의 구체적인 방법을 지시할 수 있다(법 제46조의2 제2항).

(9) 직업지도 등

국가 또는 지방자치단체는 정신질환으로부터 회복된 자가 그 능력에 따라 적당한 직업지도 · 직업훈련을 받을 수 있도록 노력하고 이들에게 적절한 직종의 개발과 그 보급을 위하여 노력하여야 한다(법 제47조).

6) 재정

(1) 비용의 부담

국가와 지방자치단체는 제25조의 규정에 의한 진단 및 치료에 소요되는 비용의 전부 또는 일부를 부담할 수 있다(법 제50조 제1항). 비용의 부담에 관하여 필요한 사항은 대통령령으로 정한다(법 제50조 제2항).

(2) 비용의 징수

사회복귀시설 · 정신요양시설의 설치 · 운영자는 그 시설을 이용하는 자로부터 보건복지부장관이 정하여 고시하는 비용징수 한도액의 범위 안에서 그에 소요되는 비용을 징수할 수 있다(법 제51조).

(3) 보조금 등

1 보조금의 지원대상

① 국가는 예산의 범위 안에서 지방자치단체가 설치하여 운영하는 정신의료기관, 사회복귀시설에 대하여 설치 · 운영에 필요한 비용을 보조할 수 있다(법 제52조 제1항).

② 국가 또는 지방자치단체는 지역사회정신보건사업 및 제39조 제1항의 규정에 의한 지도·감독에 필요한 비용을 보조할 수 있다(법 제52조 제2항).

③ 국가 및 지방자치단체는 지역사회정신보건사업을 위탁하는 기관 또는 단체에게 그 사업의 수행에 필요한 비용을 보조할 수 있다(법 제52조 제3항).

④ 국가 또는 지방자치단체는 대통령령이 정하는 바에 의하여 영리를 목적으로 하지 아니하는 정신의료기관·사회복귀시설 및 정신요양시설의 설치·운영자에 대하여 예산의 범위 안에서 그 설치·운영에 필요한 비용을 보조할 수 있다(법 제52조 제4항).

⑤ 보조금은 그 목적 외에 사용할 수 없다(법 제52조 제5항).

2 보조금의 국고보조비율

다음에 해당하는 비용 중 국고보조비율은 보조금 관리에 관한 법률 시행령에서 정하는 바에 의한다(령 제23조).

① 지방자치단체가 설치하여 운영하는 정신병원 및 사회복귀시설의 설치·운영 비용

② 영리를 목적으로 하지 아니하는 정신병원·사회복귀시설 및 정신요양시설의 설치·운영비용

③ 법 제13조 제1항부터 제3항까지 및 제6항에 따른 지역사회정신보건사업에 필요한 비용

7) 권한의 위임

보건복지부장관 또는 시·도지사는 이 법에 의한 권한의 일부를 대통령령이 정하는 바에 의하여 시·도지사, 국립정신병원장 또는 시장·군수·구청장에게 위임할 수 있다(법 제54조 제1항). 보건복지부장관은 이 법에 의한 업무의 일부를 대통령령이 정하는 바에 따라 정신보건 관련기관이나 단체에 위탁할 수 있다(법 제54조 제2항).

8) 벌칙

① 5년 이하 징역 또는 5천만 원 이하의 벌금에 처한다(법 제55조).

㉠ 정신질환자를 유기한자

ⓛ 제23조 제2항 또는 제24조 제4항, 제6항, 제8항을 위반하여 정신질환자를 퇴원 등을 시키지 아니한 자

ⓒ 퇴원 등의 명령 또는 임시 퇴원 등의 명령에 응하지 아니한 자

ⓔ 제36조 제1항 후단을 위반하여 정신질환자를 퇴원시키지 아니한 자

ⓜ 정신건강의학과전문의의 진단 없이 정신질환자를 입원 등을 시키거나 입원 등을 연장한 자

ⓗ 정신질환자를 이 법 또는 다른 법령에 의한 시설 외의 장소에 수용한 자

ⓢ 정신보건시설의 장 또는 그 종사자로서 정신보건시설에 입원 등을 하거나 시설을 이용하는 정신질환자에 대하여 폭행을 가하거나 가혹행위를 한 자

ⓞ 협의체의 결정이 없거나 정신질환자 또는 보호의무자의 동의를 얻지 아니하고 특수치료를 행한 자

ⓙ 보조금을 목적 외에 사용한 자

② 3년 이하의 징역 또는 3천만 원 이하의 벌금에 처한다(법 제56조).

ⓖ 제12조 제3항 및 제18조 제1항의 규정에 의한 사업정지 · 폐쇄명령을 위반한 자

ⓛ 신고를 하지 아니하고 사회복귀시설을 설치 · 운영한 자

ⓒ 제41조 제3항을 위반하여 정신질환자에게 노동을 강요한 자

ⓔ 직무상 알게 된 타인의 비밀을 누설하거나 발표한 자

ⓜ 제45조 제1항의 규정에 위반하여 정신질환자의 통신 등의 자유를 제한한 자

③ 1년 이하의 징역 또는 1천만 원 이하의 벌금에 처한다(법 제57조).

ⓖ 제23조 제3항을 위반하여 퇴원할 의사가 있는지 여부를 확인하지 아니하거나 그 사항을 진료기록부에 기재하지 아니한 자

ⓛ 제24조 제1항을 위반하여 입원동의서 또는 보호의무자임을 확인할 수 있는 서류를 받지 아니한 자

ⓒ 제24조 제3항을 위반하여 계속 입원 등의 신청을 하지 아니하거나 지연한 자나 정신건강의학과전문의나 정신보건전문요원이 지시한 방법과 다르게 작업을 시킨 자

ⓔ 제26조 제5항을 위반하여 정신건강의학과전문의의 진단결과 계속입원이 필요하지 아니하는 경우에 즉시 퇴원시키지 아니한 자

ⓜ 제26조의2 제1항을 위반하여 신상정보의 확인이나 조회 요청을 하지 아니한 자

ⓗ 처우개선명령에 응하지 아니한 자

ⓢ 제41조 제2항을 위반하여 동의를 받지 아니하고 정신질환자에 대하여 녹음 · 녹화 · 촬영을 한 자

ⓞ 행동제한의 이유를 진료기록부에 기재하지 아니하거나 이를 거짓으로 기재한 자

ⓙ 제46조 제2항을 위반하여 정신건강의학과전문의의 지시에 따르지 아니하거나 이를 진료기록부에 기재하지 아니한 자

ⓒ 제46조의2 제2항을 위반하여 입원환자나 입소자의 신청 또는 동의 없이 작업을 시키거나 정신건강의학과전문의나 정신보건전문요원이 지시한 방법과 다르게 작업을 시킨 자

ⓚ 제46조의2 제3항을 위반하여 작업에 관한 사항을 진료기록부에 기재하지 아니하거나 이를 거짓으로 기재한 자

제5절 노숙인 등의 복지 및 자립지원에 관한 법률

[시행 2015. 1. 28.] [법률 제13101호, 2015. 1. 28., 일부개정]

1. 법의 의의

외국의 경우 대부분 이른바 홈리스에 대한 독립된 법을 갖추고 있다. 가령 영국은 1977년 주택법 안에 홈리스에 관한 지원규정을 두고 있다가 2002년 별도의 홈리스법(Homelessness Act)을 제정하였고, 같은 해 일본도 홈리스 자활지원을 위한 특별조치법을 제정하여 체계적인 지원을 통해 약 3만 명으로 추산되던 거리의 노숙인 규모를 40% 정도 줄인 것으로 보고되고 있다(정원오 외, 2009). 미국 역시 1987년 소위 맥킨니법으로 불리는 홈리스지원법(McKinney-Vento Homeless Assistance Act)을 제정하였다(남기철, 2009).

우리나라에서는 1997년 이른바 IMF 사태를 겪으면서 노숙인의 규모가 우려할 만큼 증가하였으나 이 법 시행 이전에는 「사회복지사업법」에 근거한 부랑인 및 노숙인보호시설 설치 · 운영규칙이 있었고, 이 규칙에 따른 노숙인 등 지원정책은 주거, 일자리 지원 등 자활 프로그램과 예방 및 지원정책이 미비하여 시설 퇴소 후 가정과 지역사회로 복귀하는 데는 많은 어려움이 있었다. 또한 무주거, 무연고 등 공통점에도 불구하고 이원화되어 있는 노숙인과 부랑인의 정의와 행정체계로 인하여 국가와 지방자치단체 간

의 협력이나 연계가 잘 이루어지지 않는 실정이었고, 따라서 노숙인 등에 대한 지원체계를 통합하고 주거, 급식, 의료 등 복지서비스 제공과 민간단체와의 협력사항을 국가와 지방자치단체의 책임으로 정하여 노숙인 등의 인권을 보호하고 자립을 지원함으로써 이들의 건전한 사회복귀를 도모하려는 데 이 법의 의의가 있다.

2. 입법배경 및 연혁

우리나라에서는 부랑인 복지서비스와 노숙인 지원 대책이 오랜 시간 동안 제공되었지만 이에 관한 독립적인 법률이 존재하지 못했고 정책의 정당성 역시 취약한 상태였다. 사회복지사업법에 관련 대상자가 사회복지사업의 대상이 된다는 정도의 법률적 근거만 존재하였다. 노숙인 혹은 부랑인 혹은 부적절한 주거 상태에 있는 사람들이 인간으로서 누릴 수 있는 권리의 목록과 제공되어야 할 서비스의 종류 등이 법조문으로 구체화되어야 함에도 그러한 법제정은 미루어져 왔다. 최근 2010년과 2011년에 노숙인 등에 관한 법률이 동시다발적으로 의원입법 형식으로 발의되었다. 대략 유재중 의원이 발의한 노숙인 · 부랑인 복지법, 이낙연 의원이 발의한 홈리스 복지법안, 강명순 의원이 발의한 노숙인 · 부랑인 지원법안, 곽정숙 의원이 발의한 홈리스 인권보장 및 지원에 관한 법률, 곽정숙 의원이 발의한 홈리스법 제정에 관한 청원 등 4건의 법률안과 1건의 청원이 있었으나, 소관 상임위원회에서 2011년 4월 28일 대안을 제안하여 같은 해 6월 7일 제정되었고 다음 해인 2012년 6월 8일 시행되었다.

2015년 1월 28일 일부개정에서는 노숙인 등의 보호 및 자립 등을 지원하기 위하여 실태조사의 범주에 노숙인 등의 욕구 및 심리조사를 포함시키고, 응급상황이 발생한 경우 소방공무원도 치료 · 응급이송 등의 필요한 조치를 할 수 있도록 하는 등 노숙인의 복리를 증진하고자 하였다.

■ 노숙인 등의 복지 및 자립지원에 관한 법률 연혁

2011년 4월 28일	법률안(대안) 제안(의안번호 제11641호)
2011년 6월 7일	제정(법률 제10784호)
2012년 6월 8일	시행
2015년 1월 28일	동법 일부개정 – 노숙인(露宿人) 등의 보호사회복귀와 복지증진에 이바지

3. 법의 내용

1) 법의 목적

이 법은 노숙인(露宿人) 등의 인간다운 생활을 할 권리를 보호하고 재활 및 자립을 위한 기반을 조성하여 이들의 건전한 사회복귀와 복지증진에 이바지 하는 것을 목적으로 한다. 여기서 노숙인이란 다음 각 호의 어느 하나에 해당하는 사람 중 18세 이상인 사람을 말한다(법 제2조 및 시행규칙 제2조).

① 상당한 기간 동안 일정한 주거 없이 생활하는 사람
② 노숙인시설을 이용하거나 상당한 기간 동안 노숙인시설에서 생활하는 사람
③ 상당한 기간 동안 주거로서의 적절성이 현저히 낮은 곳에서 생활하는 사람

2) 국가 및 노숙인 등의 책임

(1) 국가와 지방자치단체의 책임

국가와 지방자치단체는 노숙 등을 예방하고, 노숙인 등의 권익을 보장하며, 보호와 재활 및 자활을 지원하기 위한 정책을 마련하여 노숙인 등의 사회복귀 및 복지를 향상시킬 책임을 지며, 또한 노숙인 등을 위한 지원사업을 원활히 추진하기 위하여 관련 민간단체와 협력하여야 한다(법 제3조).

(2) 노숙인 등의 권리와 책임

노숙인 등은 국가와 지방자치단체로부터 적절한 주거와 보호 등을 제공받을 수 있으며, 스스로 생활수준을 향상시키기 위하여 성실히 노력하여야 한다. 또한 노숙인 등은 응급상황 발생 시 경찰공무원(「제주특별자치도 설치 및 국제자유도시 조성을 위한 특별법」에 따른 자치경찰공무원을 포함한다. 이하 같다), 소방공무원 또는 노숙인 등 관련 업무 종사자의 응급조치에 응하여야 한다(법 제4조).

(3) 중복지원의 제한

다른 법률에 따라 이 법에서 정한 복지서비스의 내용과 유사한 보호 또는 지원을 받고 있는 노숙인 등에 대하여는 이 법에 따른 복지서비스를 제한할 수 있다(법 제5조).

3) 노숙인 등을 위한 종합계획의 수립 등

(1) 자립지원 종합계획의 수립

보건복지부장관은 노숙인 등의 보호 및 자립 등을 지원하기 위하여 5년마다 다음 각 호의 사항을 포함하는 노숙인 등의 복지 및 자립지원 종합계획을 수립 · 시행하여야 한다(법 제7조).

① 노숙인 등에 대한 정책의 목표와 방향
② 노숙인 등의 발생예방 · 사후관리 및 감소 방안
③ 정책성과 지표와 재정계획
④ 노숙인시설의 설치 · 확보 및 주거지원 · 복지서비스 등에 관한 사항
⑤ 민간협력에 관한 사항
⑥ 노숙인 등과 보호와 자립을 위한 관계 중앙행정기관의 장과의 협력에 관한 사항
⑦ 그 밖에 대통령령으로 정하는 노숙인 등 정책에 관한 사항

보건복지부장관은 종합계획을 수립할 때 미리 관계 중앙행정기관의 장과 협의하여야 하며, 종합계획은 사회보장기본법에 따른 사회보장심의위원회의 심의를 거쳐 확정한다. 보건복지부장관은 확정 · 변경된 종합계획을 관계 중앙행정기관의 장 및 특별시장 · 광역시장 · 도지사에게 알려야 한다.

(2) 시행계획의 수립 · 시행 등

보건복지부장관, 관계 중앙행정기관의 장 및 시 · 도지사는 종합계획에 따라 노숙인 등 정책에 관한 시행계획을 매년 수립 · 시행하여야 한다(법 제8조). 관계 중앙행정기관의 장 및 시 · 도지사는 다음 연도 시행계획 및 전년도 시행계획에 따른 추진실적을 매년 보건복지부장관에게 제출하여야 하며, 보건복지부장관은 매년 시행계획에 따른 추진실적을 평가하여야 한다.

(3) 실태조사

보건복지부장관은 이 법의 적절한 시행을 위하여 노숙인 등의 현황과 이들에 대한 공공 및 민간의 지원 상황에 대하여 5년마다 실태조사를 실시하고 그 결과를 공표하여야 한다. 실태조사를 위하여 필요한 경우 관계 중앙행정기관의 장, 지방자치단체의 장,

「공공기관의 운영에 관한 법률」에 따른 공공기관의 장, 그 밖에 관련 시설 · 법인 · 단체의 장에게 필요한 자료의 제출 또는 의견의 진술 등을 요청할 수 있다. 이 경우 관계 중앙행정기관의 장 등은 특별한 사유가 없으면 그 요청에 따라야 한다(법 제9조).

4) 복지서비스 제공

(1) 주거지원

국가와 지방자치단체는 노숙인의 적절한 주거생활을 위하여 다음 각 호의 어느 하나에 해당하는 주거지원을 할 수 있다(법 제10조).

① 노숙인시설에 의한 보호
② 「사회복지사업법」에 따른 사회복지시설 및 다른 법률에 따른 보호시설에 의한 보호
③ 임대주택의 공급
④ 임시주거비 지원

(2) 급식지원

국가와 지방자치단체는 노숙인 등에게 필요한 급식서비스를 제공하기 위하여 노숙인급식시설을 설치 · 운영할 수 있다(법 제11조). 국가와 지방자치단체 외의 자가 노숙인급식시설을 설치 · 운영하려면 보건복지부령으로 정하는 바에 따라 시장 · 군수 · 구청장에게 신고하여야 한다.

(3) 의료지원

국가와 지방자치단체는 노숙인 등에게 필요한 의료서비스를 제공하기 위하여 노숙인진료시설을 설치 · 운영할 수 있다(법 제12조). 국가와 지방자치단체는 국공립병원, 보건소 또는 민간의료기관을 노숙인진료시설로 지정할 수 있으며, 전문적인 처치와 수술 등이 필요한 노숙인 등에 대한 전문 의료서비스의 제공을 국공립병원, 보건소 또는 민간의료기관에 의뢰하거나 위탁할 수 있다.

(4) 고용지원

국가와 지방자치단체는 노숙인 등의 고용을 지원하고 촉진하기 위하여 고용정보의 제공, 취직업지원, 취업알선, 직업능력개발 등 필요한 조치를 할 수 있다(법 제13조). 또

한 국가와 지방자치단체는 노숙인 등의 고용을 촉진하기 위하여 공공일자리 제공 등 자활지원사업을 실시할 수 있다. 노숙인 등의 고용을 지원하고 촉진하기 위하여 다음 각 호의 사업 및 조치를 할 수 있다(령 제5조).

① 직업지도사업: 노숙인 등이 능력 및 적성에 맞는 직업을 가질 수 있도록 직업상담, 직업적성검사 및 직업지도를 하는 사업
② 고용촉진사업: 노숙인 등의 취업의욕 및 직업능력을 높이고 집중적인 취업알선을 하는 사업
③ 공공일자리사업: 노숙인 등을 직접 고용하여 거리청소, 급식보조 및 상담보조 등의 공공근로를 수행하는 사업
④ 그 밖에 고용정보의 제공, 직업지원, 취업알선, 직업능력개발 등 노숙인 등의 고용을 촉진하기 위한 사업 및 조치

(5) 응급조치의 의무

경찰공무원, 소방공무원 또는 노숙인 등 관련 업무 종사자는 중대한 질병, 동사(凍死) 등 노숙인 등에 관한 응급상황을 신고 받거나 발견한 때에는 지체 없이 필요한 조치를 하여야 한다(법 제14조). 필요한 조치의 내용으로는 우선 경찰의 경우에는 경찰관 직무집행법에 따른 보호조치를 의미하고, 노숙인 등 관련 업무 종사자인 경우에는 다음에 해당하는 조치를 취하여야 한다(령 제6조 제3항).

① 응급상황이 발생한 현장에서의 응급처치
② 병원 응급실 이송 및 입원 의뢰
③ 노숙인복지시설의 장에게 보호 의뢰
④ 그 밖에 응급상황에서 노숙인 등 보호에 필요한 조치

5) 노숙인시설

(1) 노숙인시설의 설치 · 운영

국가와 지방자치단체는 노숙인 등의 자립과 사회복귀 등을 지원하기 위하여 노숙인시설을 설치 · 운영하거나 사회복지법인 또는 비영리법인에 위탁하여 운영할 수 있다(법 제15조).

(2) 노숙인복지시설의 종류

노숙인복지시설의 종류와 구체적인 사업내용은 〈표 12-4〉와 같다(법 제16조 및 시행규칙 제9조).

표 12-4 노숙인복지시설의 종류 및 사업 내용

종류	의의	사업 내용
노숙인일시보호시설	노숙인 등에게 일시보호 및 복지서비스 연계 등을 제공하는 시설	노숙인 등에 대한 일시적인 잠자리 제공, 급식 제공, 응급처치 등 일시보호 기능을 주로 수행하면서 종합지원센터에 상담 의뢰, 병원진료 연계, 생활물자 지원 · 보관 등 부가서비스를 제공
노숙인자활시설	노숙인 등의 자립을 지원하기 위하여 전문적인 직업상담 · 훈련 등의 복지서비스를 제공하는 시설	건강상에 특별한 문제가 없고 일할 의지 및 직업능력이 있는 노숙인 등을 입소시켜 생활지도 · 상담 · 안전관리 또는 전문적인 직업상담 · 훈련 등의 복지서비스를 직접 제공하거나 직업훈련기관 또는 고용지원기관 등과의 연계를 통해 노숙인 등의 자활 · 자립을 지원
노숙인재활시설	신체 및 정신장애 등으로 자립이 어려운 노숙인 등에게 치료 및 재활서비스를 제공하는 시설	신체장애, 정신장애, 그 밖의 질환 등으로 인하여 자립이 어렵고 치료와 보호가 필요한 노숙인 등을 입소시켜 치료 및 각종 재활프로그램을 제공하고 사회적응훈련을 실시함으로써 노숙인 등의 신체적 · 정신적 재활을 통한 자립기반 조성을 지원
노숙인요양시설	건강상의 문제 등으로 단기간 내 가정 및 사회복귀가 어려운 노숙인 등에게 요양서비스를 제공하는 시설	건강상의 문제 등으로 인하여 단기간 내 가정 및 사회복귀가 어려운 노숙인 등을 입소시켜 상담 · 치료 또는 요양서비스를 제공
노숙인급식시설	급식시설	노숙인 등에게 필요한 급식서비스를 제공
노숙인진료시설	진료시설	노숙인 등에 대한 진단 · 치료 · 재활 등 의료서비스를 제공
쪽방상담소		쪽방 밀집지역에서 쪽방 거주자에 대한 상담, 취업지원, 생계지원, 그 밖의 행정지원 서비스를 제공

(3) 노숙인복지시설의 입소 · 퇴소 등

노숙인복지시설에 입소 또는 퇴소하려는 노숙인 등은 노숙인복지시설의 장에게 입소를 신청하거나 퇴소를 요청할 수 있고, 이 외에도 시장 · 군수 · 구청장, 경찰관서의 장은 보건복지부령으로 정하는 바에 따라 노숙인 등의 입소를 의뢰할 수 있다(법 제17조 제1항, 제2항). 시장 · 군수 · 구청장은 노숙인 등의 입소 · 퇴소 결정 및 다른 사회복지시설로의 전원 등 필요한 조치를 위하여 입소 · 퇴소심사위원회를 둘 수 있다.

(4) 노숙인복지시설의 서비스

노숙인복지시설의 장은 입소자에게 자활 및 재활에 필요한 프로그램을 제공하고 입소자의 건강관리 등을 위하여 필요한 조치를 취하여야 한다(법 제18조).

(5) 노숙인종합지원센터

노숙인종합지원센터는 다음 각 호의 업무를 수행한다(법 제19조).

① 주거 · 의료 · 고용 지원을 위한 상담 및 복지서비스 연계
② 응급조치
③ 복지서비스 이력 관리
④ 심리상담
⑤ 그 밖에 보건복지부령으로 정하는 사항

(6) 인권교육 및 금지행위

노숙인시설의 종사자는 노숙인 등에 대한 인권침해를 예방하기 위한 교육을 받아야 한다(법 제20조). 인권교육은 국가인권위원회가 실시하고 종사자는 매년 4시간 이상 받아야 하며, 교육에는 다음 각 호의 사항이 포함되어야 한다(시행규칙 제23조 제2항).

① 노숙인 등에 대한 인권보호 방안
② 노숙인 등에 대한 인권침해 사례, 구제 및 예방에 관한 사항
③ 노숙인시설 종사자의 인권 감수성 향상에 필요한 사항
④ 그 밖에 노숙인 등에 대한 인권침해 예방에 필요한 사항

그리고 노숙인시설의 종사자는 다음 각 호의 어느 하나에 해당하는 행위를 하여서는 아니 된다(법 제21조).

① 노숙인 등을 유기하거나 의식주를 포함한 기본적 보호 및 치료를 소홀히 하는 방

임행위

② 노숙인 등에게 구걸을 하게 하거나 영리를 목적으로 노숙인 등 또는 노숙인시설을 이용하여 부당이익을 취하는 행위

③ 노숙인 등을 위하여 증여 또는 급여로 지급받은 금품을 그 목적 외의 용도에 사용하는 행위

④ 정당한 사유 없이 노숙인 등의 입소 · 퇴소 및 전원조치를 지연하거나 노숙인 등을 강압적으로 시설에 입소 · 퇴소시키는 행위

6) 기타

(1) 비용의 보조

국가와 지방자치단체는 대통령령으로 정하는 바에 따라 노숙인시설의 설치 · 운영에 필요한 비용을 보조할 수 있다(법 제22조). 비용을 보조하는 경우 그 부담비율은 보조금 관리에 관한 법률 시행령에서 정하는 바에 따른다.

(2) 비밀누설의 금지 및 유사명칭의 사용 금지

노숙인시설에 종사하였거나 종사하고 있는 사람은 직무상 알게 된 다른 사람의 비밀을 누설하여서는 아니 된다(법 제23조). 또한 이 법에 따른 노숙인시설이 아니면 노숙인시설 또는 이와 유사한 명칭을 사용하지 못한다(법 제24조).

제3부

한국 사회복지법의 전망과 과제

제13장 한국 사회복지법의
발전적 과제와 적용

제13장
한국 사회복지법의 발전적 과제와 적용

미래 사회복지 수요는 인구구조의 변화, 가족구조의 변화, 새로운 사회문제의 대두, 도시화, 남북통일 등과 관련하여 욕구의 종류 면에서나 질적인 면 등 여러 측면에서 크게 증대될 것으로 보인다.

사회적 욕구의 충족과 사회문제의 해결을 위해 사회복지제도 구축을 위한 입법활동이 활발히 전개될 것으로 예상되므로 사회복지법 체계화와 더불어 사회복지법학의 연구가 더욱 심도 있게 수행되어야 할 것이다.

뿐만 아니라 현행 사회복지제도에서 시행되는 급여의 종류, 급여의 수준, 적용대상의 범위를 확대해 가는 추세에 있음에 비추어 볼 때, 사회복지법의 원리에 충실한 사회복지에 관련된 여러 가지 법규의 개정활동이 활발하게 전개될 것으로 예측된다. 이에 따라 사회복지법의 제정이나 개정에 필요한 이론적 근거를 제공하고 삶의 질 향상을 위한 국가의 행정행위의 정당성을 뒷받침하며, 사회복지법의 발전을 위하여 해결해야 할 과제를 살펴보고자 한다. 그에 대한 구체적인 내용을 살펴보면 다음과 같다.

제1절 사회복지법과 복지국가 패러다임

1. 복지선진국의 과제와 사회복지법

조지와 밀러(George & Miller, 1995: 6)는 모든 선진국이 직면하고 있는 문제 가운데 다음 네 가지에 큰 관심을 가진다고 본다. 첫째, 높은 질의 복지를 제공해 달라는 국민 요구를 들어주어야 한다. 둘째, 세금을 낮추어 달라는 국민 요구를 충족해야 한다. 셋째, 경제발전을 유지 · 증진해야 한다. 넷째, 집권세력이 다음 선거에서 승리할 가능성을 유지 · 개선해야 한다.

그러나 문제는 이 네 가지를 조화하는 것이 어렵다는 것이다(George & Miller, 1995). 따라서 거시적 관점에서 어느 한 부분에 우선적으로 중점을 두고 시행하되 상호 밀접하게 연결되기 때문에 효율적 행정을 시행하는 것이 가장 큰 과제이다. 이를 구체화한 것이 복지선진국의 사회복지법규다. 즉, 사회복지법의 효율적 집행이 복지국가의 과제가 되고 있다.

2. 복지국가 위기 해결의 관점

일부 학자는 1990년대에는 1970년대와 1980년대의 복지국가 위기론에서 거론된 것 이외에 다음의 두 가지 심각한 문제가 논의 대상이 되어 왔다고 주장하며 다음과 같이 분석했다(Ploug & Kvist, 1996: 28-29).

첫째가 자극문제(incentive problem)다. 근본적으로 자극문제는 복지국가가 사람들을 일하게 하는 데(inclination to work) 미치는 영향의 크기와 복지재정을 위해 기여금을 내게 하는 데(inclination to contribute) 미치는 영향의 크기와 관계된다. 특히 다음 두 가지가 논의 대상이 된다. 하나는 세금효과로서, 세금비율이 커지고 더 높은 한계세율(누진세 방식)로 세금을 징수하지만 그 혜택이 자기에게 적게 돌아올 경우에 일을 덜 하려고 할 것인지의 여부다. 이것은 중산층과 상류층에 주로 해당되는 문제라고 볼 수 있다. 다른 하나는 의존효과로서, 현금급여제도가 발달할 경우에 사람들이 일을 덜 하며 급여에 더 의존할 것인지 여부다. 이것은 빈곤의 함정과 유사하다고 볼 수 있다.

둘째가 경쟁문제(competitiveness problem)다. 경쟁문제에는 일본 · 미국에 비하여 유럽국가가 높은 장기실업을 억제할 수 있는 일자리를 만드는 데 있어 매우 큰 어려움을 겪어 온 배경이 깔려 있다. 따라서 경쟁문제는 복지국가가 국제적으로 경쟁력이 있느냐의 여부인데, 쟁점의 하나는 복지국가가 높은 실업률에 영향을 미치느냐의 여부다. 여기에 대하여, 일부 학자는 자극문제를 거론하고 일부 학자는 복지비용이 기업에게 주는 경제적 부담을 거론한다.

3. 복지국가의 방향

1970년대의 경기침체는 보편적 복지국가에 대한 합의가 끝나게 하는 계기가 되었다. 그러나 다른 한편으로 1970년대의 경기침체는 새로운 패러다임을 낳게 하는데, 이것이 바로 현실적 복지국가(affordable welfare state)다.

신패러다임은 구패러다임과 적어도 다음 다섯 가지 점에서 다르다고 분석한다(George & Miller, 1995: 17-18). 첫째, 공공지출의 크기는 현 경제성장 수준에 맞추어 결정하여야 한다. 공공지출을 결정하는 것은 욕구가 아니라 자원이기 때문이다. 둘째, 직접 세율은 가능한 한 낮게 설정하여야 한다. 셋째, 민간영역과 자원영역이 국가영역의 보충물 · 대체물 역할을 해야 한다. 넷째, 공공서비스는 최대한의 돈 가치를 제공하는 방식으로 관리하여야 한다. 즉, 공공서비스의 관리 · 통제(managerialism)에 더 큰 비중을 두어야 한다. 다섯째, 수혜자의 참가와 선택을 최대한 늘려야 한다. 따라서 관료와 전문가의 힘을 가능한 한 줄여야 한다. 이러한 패러다임을 구체적으로 제도화한 것이 사회복지법인 것이다.

제2절 한국 사회복지법의 발전적 과제

사회복지법은 사회복지제도 혹은 사회복지활동의 내용과 형태를 규정하고 있는 법률을 총칭한다. 사회복지제도를 어떻게 운용하고 집행할 것인가 등이 사회복지법안에 반영되어 담겨 있는 것이다. 그러므로 한 국가의 사회복지에 대한 의지와 목표가 추상적으로 사회복지정책에 명시되고 있지만 구체적으로 사회복지법이라는 형식을 갖추어 표현된다고 할 수 있다. 이러한 사회복지법에 의거해 사회복지서비스 전달체계를 통해서 사회복지제도라는 형태로 사회복지활동이 체계적이고 조직적으로 실천되는 것이다(남세진, 조흥식, 1995: 103).

따라서 우리나라의 사회복지법을 전반적이고 개략적으로 살펴봄으로써 미래의 복지사회 건설을 위한 바람직한 방향을 위해서 해결해야 할 과제를 살펴보고자 한다.

1. 현행 사회복지법의 문제

사회복지법은 헌법의 사회권적 기본권이라는 규범에서 유래하기 때문에 법률 차원의 사회복지법은 헌법상의 국가의 의무와 국민의 권리를 보장하는 이념과 원칙에 따라야 한다. 이것은 직접적으로 국가책임의 권리성을 규정하는 것 그리고 간접적으로 권리성을 나타내는 복지대상자의 요건과 범위, 급여의 내용과 방법, 재정부담의 원칙 등으로 이루어진다. 여기서는 현행 사회복지법의 문제를 이러한 구분에 따라 살펴보고자 한다(남세진, 조홍식, 1995: 116-121).

1) 권리성의 문제

국가에서 복지급여에 대한 책임을 전적으로 확정하지 못하고 있으며, 권리보장에 대하여 매우 소극적이다. 예를 들면, 첫째, 현행 사회복지법은 각 법률의 제1조에서 법의 목적을 대체로 사회복지의 증진에 두고 있다. 그러나 문제는 국가책임의 규정에서 나타난다. 즉, 받는 자의 권리를 진실로 인정하고 있느냐 하는 점이다. 「사회보험법」은 사업을 관장하는 주무부서를 명시함으로써 국가책임을 전제하고 있으며, 공공부조법인 「국민기초생활보장법」은 국가와 지방자치단체에 책임이 있음을 전제하고 있다. 그러나 「사회복지사업법」을 포함한 사회복지서비스 관련법은 국가의 책임을 규정하고 있지만, 대부분이 개인의 책임(「장애인복지법」 「노인복지법」 「한부모가족지원법」) 또는 전 국민의 책임(「아동복지법」 「영유아보육법」 「장애인복지법」 「모자보건법」)을 동시에 규정하고 있어 복지대상자의 완전한 권리를 국가가 전적으로 책임지고 있지 못함을 알 수 있다.

둘째, 복지에 대한 청구권의 거의 없을 뿐 아니라 처우과정상의 권리, 즉 참가권과 선택권의 부재를 들 수 있으며, 위법, 부당, 불법행위에 대한 권리보장의 소극성을 들 수 있다.

2) 복지대상자의 요건과 범위

복지서비스의 대상자 요건과 범위가 많이 향상되어 점차 나아지고 있지만 아직도 우리나라의 사회보험이나 공공부조 대상자의 자격은 매우 엄격하고 제한적이다. 물론 예산의 확보라고 하는 현실문제를 도외시할 수 없지만, 늘어나고 있는 다른 영역의 증가율과 비교하여 보면 매우 소극적이라고 할 수 있다. 더욱이 대상자의 범위는 현행법상 시행령으로 시행되고 있어 국민의 권리가 대통령령에 의존하는 형태를 지닌다.

3) 급여의 요건과 방법

급여의 요건은 법정사유가 존재하면 급여를 제공하게 되어 있지만, 인과성의 원리가 지배하는 사회보험법의 경우에는 인과성을 인정할 수 없다고 판단되면 급여가 제한되며, 사회적 위험의 정도를 정부가 결정하고 있다.

대부분의 사회복지서비스법에서 조치에 관한 규정은 "… 할 수 있다."라는 임의규정으로 되어 엄연히 재량행위인 것이다. 이렇게 볼 때 신청주의의 부재에 따른 자유재량주의의 지나친 남용은 법의 지배원칙을 붕괴하고, 대신에 행정권의 지배를 강화하여 복지대상자의 권리를 행정권이 침해하는 문제소지를 갖고 있다.

4) 재정 부담의 원칙

사회복지법의 규범적 타당성은 재원에 의해 확인될 수 있는데, 현행 사회복지법에 나타나고 있는 사회보장비용의 부담은 각각의 사회보장제도에 대한 역할분담에 따라 국가 · 지방자치단체 및 민간부문 간에 합리적으로 조정되어 관계법령이 정하는 바에 따라 국가 및 지방자치단체가 그 비용의 일부를 부담할 수 있다. 이러한 재정부담의 원칙은 다음과 같은 문제를 안고 있다(김만두, 1994: 22).

첫째, 조치위탁비의 비책임성 및 열등처우, 둘째, 부담금과 보조금 구분의 불명확성, 셋째, 이용자 비용부담의 비세분화와 비체계성, 넷째, 민간시설 · 단체 · 기관에 대한 재정지원 책임의 허약성, 다섯째, 민간복지자원동원의 비체계성, 여섯째, 민간시설 · 단체 · 기관에 대한 면세조치의 소극성 및 제도적 미흡 등이 그것이다.

2. 사회복지법의 과제

사회복지법의 제정과 개정을 통해서 복지수급대상자의 삶의 질 향상을 위한 많은 규정을 마련하고 있음에도 아직도 인간다운 생활보장이 제대로 이루어지지 않고 있다는 것이 우리나라 사회복지정책이 해결해야 할 당면 과제다.

현실적으로 법 제정의 불비, 급여수준의 미흡, 사회보험법의 선택주의적 또는 사적 성격(私的 性格)의 운영에 따른 생활보장 미흡, 의료시설 적정 배치 및 사회복지서비스법의 사후적 복지조치나 급여의 질과 수준의 취약 등 아직도 해결해야 할 과제가 산적해 있다. 앞으로 사회복지에 필요한 재정의 계속적인 충실한 확보와 국가 · 국민의 관심이 사회복지 분야에 집중되어야 생존권 보장의 실질적 보장이 실현될 수 있다.

따라서 지금 우리나라 복지서비스의 구조적 결정요인의 핵심 부분을 이루고 있는 사회복지법들은 최소한 다음에서 지적하는 총체적인 차원에서의 개혁이 이루어져야 할 것이다(김만두, 1994: 22-24).

첫째, 현행 복지법의 구조적 개혁을 위해서는 먼저 복지서비스에 대한 본질적인 이념에 충실하여 기본적인 관점, 태도, 인식의 대전환을 이루어야 한다. 왜냐하면 복지를 자선과 구빈의 혼합물, 종속물로 인식하는 경향이 있기 때문이다.

둘째, 현행 우리나라의 복지법에서 보이는 법적 불평등 구조를 개혁하여야 한다. 복지법상의 불평등구조는 ① 행정기관 ② 민간법인의 시설, 단체 ③ 서비스를 받아야 할 클라이언트로 구성되는데 3자 간의 책임, 역할, 기능, 위치를 중심으로 심각한 구조적 모순과 불평등 구조를 취하고 있다. 즉, 법은 행정기관에 대해서는 복지증진의 책임, 복지조치에 대한 책임을 규정하고 있으나, 그것을 이행하는 기능수행을 위한 조건 설치(복지전달체계, 법정 상담원 설치, 시설의 설치, 재정행위)에서는 최대한의 자유재량을 허용함으로써 국가에 귀속된 책임은 사실상 실현될 수 없는 구조를 취하고 있다. 이에 반해 민간법인에 대해서는 시설위탁, 사업위탁, 경영위탁, 클라이언트의 수탁의무 등을 조건으로 엄격한 규제, 통제, 지원을 받는 자로 법적 지위를 부여하고 있을 뿐이다. 서비스를 받아야 할 클라이언트는 무권리 상태에서 행정청의 처분만을 받는 자로 위치시켜 놓고 있다. 이와 같은 법적구조 속에서 이 3자 간의 권리와 의무, 지위는 형평성과 공정성이 크게 훼손된 불평등한 상태에 놓여 있다.

셋째, 공공과 민간의 책임, 역할, 기능의 법적 구성에 개혁이 있어야 한다. 현행 복지법에서는 복지서비스를 공급하는 주체인 중앙정부, 지방정부, 민간법인 간 책임의 한계, 역할 분담상에 명백한 구분이 없다. 또한 수탁의무 조항을 설치하여 공공에 귀속된 책임을 민간법인 시설에 조치위탁하는 행정령 방식을 취할 수 있게 함으로써 민간법인 시설과 단체를 행정청의 하청시설화 및 단체화하여 민간법인의 독립성 원칙, 공공에 속한 책임 및 역할의 민간에의 전가 금지의 원칙은 철저하게 무시되고 있다.

넷째, 공공의 책임강화와 행정청의 지나친 행정재량주의를 통제하여야 한다. 법은 총칙 규정에서 정부의 복지증진 의무와 책임을 명시하고 있음에도 복지실천을 위한 조항에서는 행정청의 자유재량주의가 남용되어 사실상 공적 책임과 의무를 유보할 수 있는 통로가 만들어지면서 국민의 복지수요는 철두철미하게 억제될 수밖에 없게 되었다. 즉, 법에 위임된 복지조치 행위는 실종될 수밖에 없도록 구조화되어 있다. 이와 같은 구조가 법적으로 통제되지 않으면 한국의 복지서비스 발전은 기대하기 어렵다.

다섯째, 현행 복지법의 중앙집권화 체계에서 지방분권화 체계로 그 기본 패러다임을 전환하여야 한다. 즉, 지역실정에 맞는 서비스가 제공될 수 있도록 법적 뒷받침을 해주어야 할 것이다.

여섯째, 법 적용 대상에서 나타나고 있는 차별성, 잔여적 복지체제를 개혁하여 보편화 · 일반화 체제로 전환하여야 한다. 왜냐하면 미래의 복지 욕구는 빈곤자에 한정되지 않고, 모든 계층의 전 생애과정을 통해 보편적인 현상으로 나타날 것이며, 그것이 더욱 증가될 것으로 예측되기 때문이다.

일곱째, 수익자부담 방식의 적극적인 도입을 통해 '고부담, 고복지' 라는 선진국형 복지 형태를 갖추어 복지서비스의 열등처우 방식을 개혁하여야 한다.

여덟째, 복지서비스의 전문직화와 서비스전달 공적체계의 제도화를 이루어야 한다. 복지서비스의 본질적인 방향은 전문직화를 매개로 해야 하고, 전문직화는 서비스의 전문적인 전달체계와 전문인력 확보와 함께 이루어져야 한다.

아홉째, 사회복지법에 복지서비스를 청구할 1차적 권리, 처우과정상의 2차적 권리, 이러한 권리가 위법 · 부당하게 침해될 경우 구제할 수 있는 장치 등을 확보하여야 한다.

열째, 직무집행 소송제도(mandamus proceeding)의 도입을 검토해야 한다. 우리나라의 복지법은 공공복지에 대해서는 자유재량 만능주의를 선택케 함으로써 중앙정부와 지방자치단체에 귀속된 복지증진의 책임을 이행하지 않거나 방치해도 이것을 통제할 아무런 장치가 없다. 따라서 앞으로 복지 관련법의 지방분권화에 따라 공공책임이 반드시 이행될 수 있게 하는 '직무집행 소송제도' 와 같은 통제제도를 도입해야 할 것이다.

마지막으로, 앞으로의 복지서비스 공급주체의 다원화 · 지방분권화에 발맞추어 복지서비스 공급체계에 제3섹터 도입을 적극 검토하여 법제화하는 것이 필요하다. 복지서비스 공급체계의 제3섹터 방식은 ① 영유아보육 부분 ② 장애인복지 부분 ③ 노인복지 부분에서 정부 · 지방자치단체 · 기업복지재단 3자가 공동투자하여 앞으로의 복지서비스의 고도화, 다계층화, 다지역화에 대비해 나가야 한다.

더불어 앞으로 복지수요의 변화에 영향을 주는 인구구조 변화, 가족 변화, 사회문화적 변화, 세계화에 따른 국제개방화, 남북통일 등과 관련하여 사회복지정책의 새로운 제도적 장치 마련을 위한 입법화가 복지사회의 구현과 더불어 우리의 발전과제로 등장할 것으로 예측된다.

제3절 사회복지사의 사회복지법에 대한 이해와 적용

1. 판례연구의 심층적 연구

여러 가지 사회복지법규가 제정 · 개정되어 정착하고 또 제도가 실시되면서 여러 가지 법적 분쟁과 다툼이 발생하고 있다. 사회복지법은 그 대상자가 사회적 약자이기에 법적 쟁송에서 그들의 생존권을 보장해야 하는 당위적 측면에서 신속하고 적절한 조치가 이루어져야 한다. 이를 위해 행정심판과 같은 법적 효과와 기능을 가진 이의 신청, 심사 청구 및 재심사 청구제도를 각각의 사회복지법 규정에 설치하여 운용하고 있다.

따라서 여러 가지 사회복지법제의 실시과정에 일어났던 행정심판과 사법적 쟁송을 심도 있게 연구하여 사회복지학도와 실천가는 물론 법학도 혹은 사회복지법제 관련 실무자가 학습하고 실행하는 데 도움을 제공하는 것이 필요하다.

판례연구는 사회복지법의 적용을 올바르게 하는 안목을 가져다줄 뿐만 아니라 비판적으로 사회복지법을 관찰할 수 있어 사회복지법이 가진 한계를 보완해 주는 구체적인 내용을 제시할 수 있다. 또 사회복지법제를 사회복지실천에 연계하는 현장에서 부딪치는 문제를 법적으로 해결하거나 법을 보완하는 계기를 가져다준다. 앞으로 사회복지법제의 많은 적용 사례가 연구되고 사회복지법의 영역이 더욱 확장되어 사회복지증진에 기여하기를 기대한다(현외성, 2008: 631-632).

권리로서의 사회복지와 관련해서는 일본의 아사히(朝日)소송(현외성, 2008: 576-605)과 그것의 한국판이라 할 수 있는 생계급여수준에 대한 헌법소원(현외성, 200 569-571)에 판례가 있다.

이 판례는 1994년 2월 22일 서울 중구 중림동에 거주하는 심창섭, 이금순 두 어르신이 이남진 변호사를 통해 우리나라에서 처음으로 생활보호급여와 수준 문제를 중심으로 헌법재판소에 헌법소원 심판청구를 제기한 것이다. 이들이 청구한 근본 취지는 당시 보건사회부의 '생활보호사업지침'에 1994년도 생계보호기준이 헌법상 보장된 행복추구권을 보장하지 못할 뿐만 아니라 인간다운 생활을 할 권리마저 침해하는 것이므로 보건사회부의 보호급여 처분이 헌법에 위배된다는 것이다. 즉, 당시 두 노인은 매월 생계보호급여로 약 6만 5000원 정도를 받고 있었다. 이는 헌법상 보장된 행복추구권과 인간다운 생활을 할 권리를 보장할 수 없는 것이고, 따라서 헌법상 생존권 규정을 보건사회부의 행정지침이 제한하고 침해하는 결과를 초래하였다는 것이다(심창섭 외 1인, 헌법소원청구서, 1994; 현외성, 2008: 569).

그리고 1994년 발족한 시민운동단체인 참여민주사회시민연대(약칭 '참여연대')의 사회복지특별위원회가 사회복지운동 차원에서 1994년 12월에 동시적으로 제기하였던 공익소송 판례(국민연금기금 관련 손해배상 청구소송; 윤찬영, 2007)를 살펴보면 국민연금기금 관련 손해배상 청구소송은 비록 패소한 소송이었지만 이를 계기로 많은 사람이 연금문제에 대해서 인식하게 되었고 정부 또한 국민연금을 개혁하기 위한 계획을 추진하게 되었다. 사회보장 또는 연금제도에 대한 인식이 부족한 헌법재판관들의 판단에 의해 거부되기는 하였지만, 이 소송은 노후 생존권에 대한 권리의식을 강화하는 계기가 되었다는 점에서 의미가 있다고 볼 수 있다.

이러한 입장에서 사회복지학계나 법학계는 사회복지법 연구회, 사회복지법 판례연구회 등을 만들어 활발하게 연구하고 그 연구 자료를 정리하여 사회복지 현장종사자와 학생, 그리고 사회복지사에게 제시하는 것이 바람직할 것이다. 아울러 외국의 사회복지법 관련 판례연구도 병행하여 다양한 정보를 제공하면 한국의 사회복지법 발전에도 크게 기여하게 될 것이다.

2. 공익소송의 확대를 통한 복지권 확보운동

사회보장기본법은 국민의 생존권을 보장하기 위한 기본법이라는 차원에서 관련 판례를 국민연금기금 관련 손해배상 청구소송과 연계하여 살펴보면 다음과 같다(윤찬영, 2007). 사회복지법의 적용대상자 개인에게 불리한 행정적 조치는 개인의 인간다운 생존권 실현을 방해하는 것이지만, 그것은 사회 전체적으로 볼 때 개인의 이해관계 수준에 그치는 것이 아니라 동일한 법 적용 대상자들에게 적용될 수 있는 공익적 성격을 띠고 있다.

소송이란 법치주의 국가에서 3권분립을 전제로 사법부가 담당한다. 특히 행정국가적 성격을 띠는 현대국가에서 국가 또는 대자본에 의해 양산되는 사회문제의 심각성에 미루어 볼 때, 다툼을 벌이는 개인 양 당사자 중심의 전통적인 소송체계는 이제 문제해결의 기제로서 효과성이 떨어지게 되었다.

이에 대한 대안으로 등장한 것이 공익소송이다. 공익소송은 소송 당사자의 집단이거나 또는 개인이라 할지라도 그것이 대중에게 그대로 적용될 수 있는 공공의 이익을 위하여 수행되는 소송이라 할 수 있다(이남진, 1995: 25). 현대사회와 같이 대량생산과 대량소비체제 사회에서 빈발하는 사회문제는 공통의 이해(利害)를 갖는 사람들을 만들 수밖에 없다. 그러므로 과거에 발생한 손해뿐만 아니라 미래에 발생하게 될 구체적 개연성이 높은 손실이나 정신적 손실까지도 소송의 대상이 될 수 있는 것이다. 이러한 상황에서 소송 당사자 개인에게만 효력이 적용되는 전통적인 소송방식은 현대사회문제의 해결에 취약할 수밖에 없다.

그러나 집단소송이나 단체소송 등이 인정되지 않고 있는 우리나라의 현실에서는 사실상 공익소송이 존재할 수 없다. 다만, 사안 자체 면에서 공공적이고 공익적 성격을 띤 소송을 개인 당사자가 제기하는 공익소송 정도만 존재할 뿐이다. 사회복지법 소송 역시 이러한 성격을 띠고 있다고 보아야 할 것이다.

사회복지법상의 각종 급여 및 서비스는 법 적용 대상자에게는 유일한 생존수단이거나 인간다운 생활의 보장수단 또는 사회적 위험으로부터 보호, 더 나아가 삶의 질을 향상하는 등의 역할을 수행한다.

그런데 행정소송법 등을 포함하여 우리 법제에서는 개인의 직접적인 급여청구권이 인정되지 않고 있다(이찬진, 1995: 32). 단지 행정청에서 대상자 선정 제외 또는 급여결정 제외 등의 처분이 주어졌을 때 앞서 살펴본 불복절차로서 구제절차가 인정되고 있을 뿐이다. 대상자들의 시급한 욕구충족을 위한 권리실현을 보장하기 위해 잠정적으로 보전하는 가처분(假處分)제도 등이 허용되고 있지 않다. 이것은 국민 개인의 사회복지권 실현에 장애가 되는 것이다.

그러나 이 정도 수준에서나마 사회복지법과 관련된 소송은 매우 빈약한 실정이다. 사회복지법상의 급여가 빈약하기 때문에 소송을 통해 얻을 수 있는 이익도 적고 또한 사회복지법과 관련한 소송을 대리해 줄 수 있는 변호사 또한 절대 부족한 형편이다. 법학 교육에서도 사회복지법은 소외되고 있으며 소송의 현실에서도 그러하다.

이것은 빈약한 사회복지법, 위임입법의 한계로 인하여 각종 시행령, 시행규칙, 더 나아가 시행지침 등이 사법적 통제권에서 벗어나 방치되고 있다는 것을 뜻한다.

따라서 사회복지에 대한 법적 연구는 절차법적 연구에까지 확대되고 심화되어야 할 것이다. 이것은 사회복지제도의 개선과 국민의 사회권 또는 복지권을 확대하기 위해서도 소송과 입법의 추구가 함께 이루어져야 한다. 그러므로 사회복지법 관련 소송은 개인의 이익을 추구하거나 개인적 갈등을 처리하는 수준에 머무르지 않고 곧 공익소송으로서의 의미를 갖는 것이다.

이러한 공익소송은 필연적으로 '운동'의 개념을 수반한다. 왜냐하면 공익소송은 권리의식과 더불어 전문 지식이 있어야 가능한 것으로서, 한 개인의 힘으로 추구할 수 있는 것이 아니라 사회복지법 대상자와 법률가 및 사회복지사를 포함하여 다양한 분야의 전문가들이 함께 조직적으로 실천하는 운동을 통해서만 가능하기 때문이다.

3. 사회복지 관련법의 비교 연구

사회복지법과 다른 법과의 관계를 명확하게 이해하는 것은 사회복지법의 정체성을 확보하는 출발점이며, 이러한 이해를 위하여 필요한 작업이 비교연구라고 할 수 있다. 이는 사회복지법을 구체적으로 집행하는 과정에서 불가피하게 발생하는 문제이기도 하다.

전광석(2007)은 민법과 사회보장법의 관계에 대하여 다음과 같이 설명하고 있다. 즉, 사회보장법 관계는 일반적으로 공법상의 특별채권채무관계로 성격이 규명되고 있다. 사회보장법 관계는 법률의 규정에 의해서 그리고 원칙적으로 강제적으로 성립된다는 점, 채권자와 채무자의 의사와 방향이 반대가 아니라는 점 등이 민법상의 채무관계와 다른 점이다.

김유성(2002)은 사회보장법과 노동법의 관계를 다음과 같이 논의하고 있다. 사회보장법은 그 형성과정에서 노동보험 입법을 기초로 전개되어 왔다. 현재도 사회보장법의 적용대상의 상당 부분은 근로자이고 생활위험급여법의 원형은 노동보험입법에서 찾아볼 수 있다. 그러한 의미에서 사회보장법은 적어도 근로자에 대한 관계에서도 노동법의 발전 형태라고 할 수 있다. 즉, 근로관계의 장에서 근로조건보호의 한 형태로서 파악되고 있었던 근로자의 생활위험이 사회보장법에서는 사회구성원 일반의 생활 위험과 공통의 기반 위에서 파악되게 되고, 또한 급여의 내용도 단순한 노동력으로서의 입장에 의한 급여가 아니라 생활주체로서의 입장에 기초한 급여로 발전하여 왔다. 따라서 근로자에 대한 생활위험급여의 법체계는 이를 노동법에 속한다기보다는 사회보장법의 구성 부분으로 파악함으로써 그 법적 성격과 사회적 기능을 더 잘 이해할 수 있다.

앞으로 사회복지법은 헌법, 노동법, 민법, 행정법, 조세 관련법 등 사회복지법이 집행되는 과정에서 다른 법과 연관하여 법 적용과 쟁송이 이루어질 것으로 전망된다. 따라서 사회복지법 연구는 법적용의 범위를 확장해 가는 사회적 추세에 맞추어 더욱 심도 있는 폭넓은 연구가 필요하다.

4. 국제적 시각에서 국제사회보장법 비교 연구

국가 간 관계가 가까워지고 기업과 근로자의 이동이 원활하게 됨에 따라 국제사회보장법의 체결과 연구가 요청되고 있다. 그동안 국제연합(UN)을 중심으로 사회보장제도가 전 세계적으로 확장되어 온 것은 역사적으로 인정되는 바이지만, 이제는 자국민의 생활안정을 위해 국가 간 사회보장법 협정이 일반화되고 있는 상황이다.

앞으로 우리나라도 캐나다, 영국 등에 이어서 더 많은 국가와 사회보장법, 사회복지법 협정을 추진해야 할 것으로 보인다. 따라서 각국의 사회보장법과 사회복지법 연구는 물론 제도 연구가 필요하고 국제사회보장법이 실천되고 있는 현실 상황이 함께 연구되어야 한다.

5. 장기적 시각에서 통일에 대비한 사회복지법의 연구

미래의 남북한 통일에 대비하여 각종의 사회복지법을 연구하고 외국의 사례를 참조하여 미리 대비하는 차원에서 연구해야 할 것이다. 특히 사회보험의 경우, 예컨대 「국민건강보험법」 「산업재해보상보험법」 「고용보험법」 「국민연금법」 「노인장기요양보험법」을 개정하는 경우 엄청난 재원조달의 문제가 발생하기 때문에 이를 어떻게 해결할 것인가 하는 연구가 중점적으로 다루어져야 할 것이다.

참고문헌

강희갑(2007). 사회복지법제론. 서울: 양서원
건국대학교 법학연구소(2006). 법의 이해. 서울: 건국대학교출판부.
경제기획원(1985). 인구 및 주택 센서스보고.
구병삭(1993). 신헌법원론. 서울: 박영사.
구자헌(1984). 한국사회복지사. 서울: 홍익재.
국민건강보험공단(2000). 사업장업무편람.
국민건강보험공단(2008). 알기 쉬운 노인장기요양보험제도.
권영성(2002). 헌법학원론. 서울: 법문사.
권형준 외 7인(2005). 생활법률(제4전정판). 서울: 법원사.
김근조(1999). 사회복지법론(개정판). 서울: 광은기획.
김만두(1991). 사회복지법제론. 서울: 홍익재.
김만두(1994). 한국복지서비스법의 문제점과 개선책. 한국사회복지학회 추계학술대회 자료집. 한국사회복지학회.
김만두(2006). 사회복지법제론(개정5판). 서울: 홍익재.
김영옥(1996). 법학개론. 서울: 학문사.
김원식(1990). 외국의 고용보험제도. 서울: 한국노동연구원.
김유성(1985). 사회보장법. 서울: 동성사.
김유성(2002). 한국사회보장법론(제5판). 서울: 법문사.
김치선(1992). 노동법강의(제2전정보정판). 서울: 박영사.
남기민, 조홍식(1984). 사회정책의 제 이론적 관점에서 본 한국사회복지제도의 과정. 사회과학논집, 제2집. 청주: 청주대학교.
남기철(2009). 노숙인복지론. 서울: 집문당.

남세진, 조홍식(1995). 한국사회복지론. 서울: 나남출판.

남찬섭(2012). 사회보장기본법의 주요 개정내용과 평가. 월간 복지동향, 4월호. 참여연대 사회복지위원회.

노병일(2002). 사회보장론(개정판). 서울: 대학출판사.

노혜련(2000). 아동복지법에 관한 토론. 한국사회복지학회 춘계학술대회 사회복지관련법 설명회 자료집. 한국사회복지학회.

민재성, 김중수, 구성열, 이덕훈, 이혜경, 서상목(1986). 국민연금제도의 기본구상과 경제사회 파급효과. 서울: 한국개발연구원.

박석돈(2005a). 사회복지법제 강의. 서울: 양서원.

박석돈(2005b). 사회복지서비스법(개정판). 서울: 삼영사.

박송규(1998). 사회복지법제론. 한국법제연구원.

박승두(1997). 사회보장법. 중앙경제사.

박종연(2008). 노인장기요양보험제도 시행 100일, 쟁정과 과제(3): 관리운영, 정책토론회 자료집. 한국사회복지협의회.

법무부(2008). 한국인의 생활법률.

보건복지부(1998. 11. 23.). 사회복지정책실 복지정책과 정책자료.

보건복지부(2000). 2000 보건복지 백서.

보건복지부(2002). 2002년도 노인보건복지사업안내.

보건복지부(2007a). 노인복지사업안내.

보건복지부(2007b). 노인장기요양보험법의 주요내용.

보건복지부(2012a). 2012년도 노숙인 등의 복지사업 운영안내.

보건복지부(2012b). 노인보건복지사업안내.

손준규(1983). 사회보장 · 사회개발론. 서울: 집문당.

신섭중(2000). 사회보장정책론(개정판). 서울: 대학출판사.

신섭중, 신복기, 현외성, 김경호, 박경우, 김익균(1999). 한국사회복지법제개설(개정증보판). 서울: 대학출판사.

신섭중, 조석연, 변보기, 노병일, 조추용, 김익균(2001). 사회복지법제. 서울: 대학출판사.

신소희(2002). 국민건강보험법상 요양기관 지정제에 관한 논의. 사법행정, 43(6), 18-31.

신수식(1999). 사회보장론(개정판). 서울: 박영사.

심창섭 외(1994). 헌법소원청구서.

유동철(2015). 인권 관점에서 보는 장애인복지. 서울: 학지사.

유희일(2008). 사회복지법제론(개정4판). 서울: 두남.

윤찬영(1991). 사회복지법의 이해를 위한 기초적인 연구. 한국사회복지학, 18, 61-82.

윤찬영(1994). 사회복지법의 규범적 타당성과 실효성의 문제. 한국사회복지학, 23, 177-198.

윤찬영(2002). 지방자치단체의 사회복지관련 위원회. 복지동향, 10월호. 서울: 나눔의 집.

윤찬영(2007). 사회복지법제론(개정4판). 서울: 나남출판.

이광재(2007). 노인요양보험제도의 이해. 서울: 공동체.

이경희(2010). 다문화가족지원법의 문제점과 개선방향: 다문화가족의 정의 및 범위를 중심으로. 법학논고, 32, 509-536.

이남진(1995). 우리나라 공익소송의 역사와 법제. 시민법률운동과 공익소송. 참여연대 공익소송센터 제1회 연찬회.

이명남(2008). 사회복지법제론. 서울: 창지사.

이상광(2002). 사회법(개정판). 서울: 박영사.

이상국(2002). 산재보험급여 구상권의 문제점과 개선방안. 한국노동법학, 14, 157-190.

이영준(2007). 민법총칙(개정증보판). 서울: 박영사.

이용교(2000). 아동복지법-20년 만에 개정되다. 복지동향, 1월호.

이원덕(2002). 산재보험과 사회안전망: 사회안전망의 효율성 제고를 위한 연구. 서울: 한국노동연구원.

이찬진(1995). 국민생활최저선 확보운동과 관련한 공익소송사례, 시민법률운동과 공익소송. 참여연대 공익소송센터 제1회 연찬회.

이태수(1999). 한국아동복지의 회고와 평가. 복지동향, 12월호.

이태영, 고영훈(2004). 사회복지법제론(개정판). 서울: 동인.

이학춘, 위성종(2000). 사회보장법. 서울: 대명출판사.

이항녕(1983). 법률학사전. 서울: 동민출판사.

이희성(2003). 고용보험법의 문제점과 개선방안. 한국사회법학회 창립기념 학술대회 자료집.

장경학(2002). 법학통론. 서울: 법문사.

장동일(2006). 한국사회복지법의 이해(제5차 개정증보판). 서울: 학문사.

장옥주(2000). 아동복지법 주요개정내용. 한국사회복지학회 춘계학술대회 사회복지관련법 설명회 자료집. 한국사회복지학회.

장욱, 이경환, 황덕남(2001). 보험의료계약의 법적 성질. 한국의료법학회지, 9(1), 87-107.

전광석(2007). 한국사회보장법론(제7판). 서울: 법문사.

전국사회복지행정연구회(2002). 사회복지전담기구의 필요성. 복지동향, 10월호. 서울: 나눔의 집.

전용득(2002). 사회생활과 법. 서울: 세종출판사.

정경배, 이성기(1994). 사회보장기본법의 정책구상. 서울: 한국보건사회연구원.

정경희 외(1998). 1998년도 전국 노인생활실태 및 복지욕구조사. 서울: 한국보건사회연구원.

정경희 외(2005). 2004년도 전국 노인생활실태 및 복지욕구조사. 서울: 한국보건사회연구원.

정상양(1998). 한국재가복지사업의 검토. 제3회 한・일 지역복지 비교연구 국제학술대회.

정상양(2001). 노인학대의 실태와 대처방안. 노인학대예방・상담센터 세미나.

정순희(1982). 분석적 법이론에서의 법과 법체계론에 관한 연구. 서울대학교 대학원 석사학위논문.

정원오 외(2009). 홈리스법 제정을 위한 기초연구. 서울: 한국부랑인복지연합회.

정원오, 김진우, 신영석(2008). 긴급복지지원제도의 사업성과 평가 및 제도개선 방안. 성공회대학교 산학협력단.

정춘숙(1999a). 가정폭력과 가족의 인권. 복지동향, 5월호.

정춘숙(1999b). 가정폭력법 시행 일주년과 여성 인권. 복지동향, 8월호.

조경배(1994). 고용보험법과 근로권. 민주법학, 제8호.

조원탁, 김형수, 이형하, 조준(2008). 사회복지법제론(제5판). 서울: 양서원.

최영기, 전광석, 이철수, 유범상(2000). 한국의 노동법 개정과 노사관계. 서울: 한국노동연구원.

최원영(2000). 장애인복지법 장애인고용촉진 및 직업재활법. 2000년 한국사회복지학회 춘계학술대회 사회복지관련법 설명회 자료집. 한국사회복지학회.

하상락 편(1989). 한국사회복지론. 서울: 박영사.

한국사회복지학회 춘계학술대회(2000). 사회복지관련법 설명회 자료집. 한국사회복지학회.

한국여성개발원(1988). 저소득층 모자가족에 관한 연구.

한국인구보건연구원(1989). 각국의 공적연금제도 비교연구.

행정안전부(2012). 자치단체 외국인 주민 현황.

허영희(2007). 생활법률. 서울: 비앤엠북스.

현외성(2000). 한국사회복지법제론. 서울: 양서원

현외성(2008). 한국사회복지법제론(제5판). 서울: 양서원.

황성동(1996). 한국 정신보건제도의 현황에 관한 연구. 한국사회복지학회 춘계학술대회 자료집.

황인옥, 양정하, 박미정, 임혁(2005). 사회복지법제론. 서울: 학현사.

岡村重夫(1986). 사회복지원론(송종부 역). 서울: 경진사.

菊地弘明(1999). バリアフリ 住宅の實際問題点. 技報堂出版.

毛利健三(1987). イギリス福祉國家の研究. 東京: 東京大學出版會.

桑原洋子(1982). 社會福祉法制要設. 有斐閣.

桑原洋子(1997). 女性과 福祉(부성래 외 역). 서울: 홍익재.

小玉 武俊 外(1989). 保育行政. チャイルド本社.

佐藤 進 編(1996). 現代社會保障法入門. 法律文化社.

佐藤 進, 河野正輝 編(2000). 新現代社會福祉法 入門. 法律文化社.

平田隆夫(1962). 社會保障. 東京: 評論社.

ミネルヴァ書房編輯部 編(2000). 社會福祉小六法. ミネルヴァ書房.

Borgatta, M. L., & Borgatta, E. F. (Eds.). (1992). *Encyclopedia of Sociology*. New York: Macmillan.

Dunn, W. N. (1988). Method of the second type: Coping with the wildness of conventional policy analysis. *Policy Studies Review, 7*(4), 720-737.

George, V., & Miller, S. (1995). Squaring the welfare vircle. In V. George & S. Miller (Eds.), *Social policy toward 2000*. London: Routledge.

Higgins, J. (1981). *State of welfare: Comparative analysis in scial oolicy*. Oxford: Basil Blackwelle Martin Robertson.

ILO. (1942). Approaches to social security: An international survey. *Studies and Reports, Series M, 18*.

Ploug, N., & Kvist, J. (1996). *Social security in Europe: Development or dismantlement?* The Hague, Netherlands: Kluwer.

Skidmore, R. A., & Thackeray, M. G. (1982). *Introduction to Social Work* (3rd ed.). Englewood Cliffs, NJ: Prentice-Hall.

Thompson, L. H. (1994). The advantages and dis advantages of different social welfare strategies. *Social Security Bulletin, 57*(3), 3-11.

Titmuss, R. M. (1980). 사회정책론(김영모 역). 서울: 일조각.

Wilensky, H., & Lebeaux, C. N. (1979). 산업사회와 사회복지(장인협 역). 서울: 대한교과서주식회사.

참고 사이트

국민연금관리공단 홈페이지(http://www.nps.or.kr)
노동부 홈페이지(http://www.moel.go.kr)
로앤비 홈페이지(http://www.lawnb.com)
법제처 홈페이지(http://www.moleg.go.kr)
보건복지부 홈페이지(http://www.mw.go.kr)
월간노동 홈페이지(http://www.paymaster.co.kr)

찾아보기

가족해체문제 131
강행법 28
건강보험심사평가원 197
건강보험정책심의위원회 197
경로우대 438
고도경제성장 118
고령사회 243
고용보험법 연혁 229
고용보험사업 종류 230
공공복지 56
공공부조 정의 150
공공부조법 263, 265, 269
공공부조법 특성 263~264
공동선사상 46
공법 24~27
공정성 56
관습법 25, 31, 43
구빈법 46, 48
구상권 201
국고보조 184
국내법 27, 31, 43
국민건강보험법 기능 190~191
국민건강보험법 목적 190
국민건강보험법 연혁 194
국민건강보험법 특성 189~190
국민기초생활보장법 연혁 267
국민복지 113, 124
국민연금공단 185
국민연금기금 185
국민연금기금운용 186
국민연금법 167
국민연금법 연혁 171
국민연금심의위원회 186
국제노동기구 74
국제법 27
국제법규 30
국제연합 74
권리의 의의 39
권리의 종류 39~40
규범 19
규율 19
근로권 95
기능장애 475
기초급여 300
기초연금법 연혁 295
긴급복지지원법 연혁 286
긴급지원대상자 288

낙인 50
노령연금 176
노숙인 등의 복지 및 자립지원에 관한 법률 연혁 591
노인보호전문기관 454
노인복지법 연혁 437
노인복지상담원 441
노인여가복지시설 450
노인의료복지시설 449
노인일자리 지원기관 458
노인장기요양보험법 연혁 246
노인주거복지시설 447
논리해석 37
뉴딜 정책 53
능력저하 475

다문화가족 544
다문화가족지원법 연혁 547
독일의 사회복지법 분류 체계 82

명령 30
문리해석 37
미국의 사회복지법 분류 체계 83
미군정하 사회복지 입법 114

반환일시금 177
배분적 정의 23, 47
법률 30
법률관계 39
법원 29
법의 목적 22
법의 효력 33
법인의 자산구분 358
법적 안정성 24
법체계 79
법치주의 54
법판단 22
법해석 35
베버리지 보고서 51, 116
보건권 96
보육 410
보편주의 원리 167
보험료부담 원리 167
보험료율 257
복지6법 62
복지다원주의 435, 554
부가급여 199
부양가족연금액 182
분할연금 177
불문법 31

사망일시금 177
사법 25~26
사법해석 37
사실 확정 35
사실관계 36, 39
사회권 40
사회법 27
사회보장기본법 연혁 146
사회보장법 63, 189
사회보장수급권 151
사회보장의 기본원칙 77
사회보험 정의 164
사회보험과 사보험 비교 165
사회보험법 58, 86, 163
사회복지 관련법 58
사회복지공동모금회법 개정 주요 내용 556
사회복지공동모금회법 연혁 557
사회복지급여수급권 99
사회복지급여 제한의 일반원칙 103
사회복지법 89
사회복지법 과제 605
사회복지법 문제 604
사회복지법 역사연구 111
사회복지법 존재 이유 72
사회복지법과 사회복지 관련법 비교 68
사회복지사 332, 367, 576
사회복지사 등급별 자격기준 364
사회복지사 특례 자격기준 365
사회복지사업법 25개 법률 339
사회복지사업법 연혁 341
사회복지사업법 정의 334
사회복지서비스법 58
사회적 불리 469
사후조사 292
산업재해보상보험법 개념 206
산업재해보상보험법 연혁 211
생존권 의의 73
생활관계 38
성문법 29
세계노동조합 76
소득인정액 296
소득재분배 291, 297
소송 20
소송법 25
시민법 54, 80
실업급여 226, 242
실정법 25
실체법 26
심사청구 187, 313

아동복지법 연혁 386
아동학대 383, 404
양육수당 428
연금액산정기준 181
영유아보육법 연혁 415
예외법 29
요양기관 193
요양보호사 453
요양비 198
원칙법 29
위기상황 288
유권해석 36
유럽의회 76
유족연금 176
유추해석 38
유형화 80
6 · 25 전쟁과 1950년대 사회복지 입법 115
의료급여법 연혁 307

의무의 의의 40
의무의 종류 40
의제 36
이의신청 204
2000년대 이후의 사회복지 입법 130
인간다운 생활을 할 권리 42, 89
일반법 27
일반적 정의 23
일본의 사회복지법 분류 체계 83
일제하 사회복지 입법 113
임의법 28
입법해석 36
입증 35

자연법 25
자유권 89
자치법규 30, 43
장애아동 511
장애아동복지지원법 연혁 513
장애아동지원센터 515
장애연금 176
장애영유아 517
장애인복지법 연혁 469
장애인연금법 연혁 301
장애인활동지원 504
재가노인복지시설 452
재산권 92
재심사청구 187
절차법 26
정당성 59
정신보건 전문요원 자격기준 575
정신보건법 연혁 569
정의 23
조리 32
조약 30
조직법 28
중증장애인 275
지방자치단체 98

1960~1970년대 사회복지 입법 115
1980년대 사회복지 입법 120
1990년대 이후의 사회복지 입법 123
천부적 권리 47
최저생계비 272
최저생활보장 원리 166
추정 36
축소해석 38

타당성 59
특별법 27
판례법 32
평균적 정의 23
평등권 91
평등사상 56

학리해석 37
한국 사회복지법의 연도별 도입 현황 133
한국의 사회복지법 분류 체계 84
한부모가족 532
한부모가족지원법 연혁 533
합목적성 23
핵가족화 432
행복추구권 90
행위법 28
행정국가 54
행정소송 187
행정해석 36
행정형벌 108
헌법 29
현실적 복지국가 603
홈리스지원법 590
확장해석 37
환경권 95

저자 소개

박차상 [welfare123@hanmail.net]
부산대학교 법정대학 사회복지학과 졸업 / 동아대학교 대학원 복지행정전공 졸업(행정학 박사)
University of Nevada, Reno 객원교수 / 한국사회복지법제학회 이사 / 한국사회복지행정학회 편집위원 / 보건복지부 정책자문위원 / 제주도사회복지정책자문단 위원 / 제주도 사회복지직 공무원시험 출제위원 / 제주복지정책연구소 소장 / 제주한라대학교 가정봉사원교육원 원장
현재 제주한라대학교 사회복지학과 교수

〈저 · 역서〉 한국노인복지론(4판, 공저, 학지사, 2012) / 사회복지정책학(형설, 2011) / 사회복지행정론(양서원, 2011) / 사회복지학개론(공저, 학현사, 2010) / 사회복지개론(공저, 창지사, 2008) / 사회복지행정론(공저, 창지사, 2008) / 케어복지론(공저, 학지사, 2006) / 사회복지기관 행정(공역, 나눔의 집, 2002) / 현대사회복지학(공저, 양서원, 2001) / 한국사회복지행정론(대학출판사, 1999) / 노인상담: 이론과 실제(공저, 유풍출판사, 1998) / 대학사회봉사론(공저, 유풍출판사, 1998) 외 다수

정상양 [sychung@gwangju.ac.kr]
대구대학교 대학원 사회복지학과 졸업(문학석사) / 일본 북쿄대학 대학원 사회복지학전공 졸업(사회학박사)
국제사회복지학회 이사 / 한국복지행정학회 이사 / 광주광역시 노인보호전문기관 사례판정위원장 / 노인인력개발원 호남지역본부 자문위원장 / 빛고을 노인건강타운 자문위원 / 국민건강보험공단 광주지역본부 장기요양기관 평가자문위원 / 광주대학교 보건복지교육대학 학장
현재 광주대학교 사회복지전문대학원 교수

〈저 · 역서〉 한국노인복지론(4판, 공저, 학지사, 2012) / 농어촌복지론(공저, 광주대학교출판부, 2010) / 노인복지의 길(공저, 학현사, 2006) / 케어복지론(공저, 학지사, 2006) / 광주사회복지론(공저, 복지아카데미, 2005) / 일본재가복지서비스의 전략(역, 학문사, 1998) / 현대지역사회복지론(공저, 일본법률문화사, 1992) 외 다수

김옥희 [kohys1501@hanmail.net]
부산대학교 법정대학 사회복지학과 졸업 / 부산대학교 대학원 사회복지학전공 졸업(사회복지학 박사)
한국노인복지학회 이사 / 부산여성신문 이사 / 부산시 사회복지위원회 위원 / 부산시 여성정책위원회 위원 / 한국마약퇴치운동본부 부산지부 상담전문위원 / 부산시 정책개발실 도시경영부 연구원 / 부산시 여성정책개발센터 책임연구원 / 부산시 사회복지사협회이사 / (사)복지통일연구소장
현재 동의대학교 사회복지학과 교수

〈저 · 역서〉 한국노인복지론(4판, 공저, 학지사, 2012) / 21세기 노인복지론(만수출판사, 2006) / 현대사회복지학(공저, 양서원, 2001) / 한국지역복지의 발전 방향(공저, 만수출판사, 2000) / 1999년 부산여성백서(공저, 부산시, 1999) / 21세기 부산여성발전종합계획(공저, 신라대 여성문제연구소, 1999) 외 다수

강종수 [jskang@kangwon.ac.kr]
대구대학교 사회과학대학 산업복지학과 졸업 / 부산대학교 대학원 사회복지학과 졸업(사회복지학 박사)
노무법인 정평(J&P) 대표공인노무사 / 강원도사회복지공동모금회 배분분과위원장 / 강원지방노동위원회 공익위원 / 보건복지부 지역복지계획평가 컨설팅위원 / 한국사회복지학회 운영이사 / 한국사회복지행정학회 편집위원 / 한국사회복지사협회 인권위원
현재 강원대학교 사회복지학과 교수

〈저 · 역서〉 사회복지 인사노무관리론(일신출판, 2012) / 사회복지행정의 이해(학지사, 2011) / 제2기 강원도 지역사회복지계획(2010) / 사회복지조사방법론(양서원, 2009) 외 다수

고관용 [kky@chu.ac.kr]
건국대학교 대학원 법학 박사과정 수료
건국대학교 법과대학 강사 및 로스쿨 준비위원 / 제주특별자치도 사회복지협의회 자문위원 / 제주특별자치도 사회복지협의회 이사 및 인사위원 / 제주특별자치도 사회복지협의회 교육분과 위원회 위원장 / 제주특별자치도 여성특별위원회 정책분과 위원회 위원장 / 제주특별자치도 사회복지협의회정관심의위원 / 제주특별자치도 사회복지사협회 권익옹호분과위원회 위원 / 통일부 통일교육위원회 운영위원 / 법무부 제주 소년보호위원회 사무국장 / 행정안전부 국고지원 제주도 장애인 정보통신보조기기 보급심사 위원장 / 정보통신부 제주체신청 고객대표위원 / (사)일천만이산가족위원회 UN파견사절단 한국대표위원 / 제주특별자치도 장애인 지원협의회 부회장
현재 제주한라대학교 사회복지학과 교수

〈저 · 역서〉 안경사를 위한 보건의료법규(2판, 현문사, 2012) / 의료기사 등을 위한 보건의료법규(3판, 현문사, 2012) / 객관식 보건의료법규(4판, 현문사, 2009) / 지역사회 주민복지교육(공저, 제주특별자치도 사회복지협의회, 2008) 외 다수

정희경 [hkc9912@hanmail.net]
일본 릿쿄(立教)대학 커뮤니티복지학과 졸업 / 리츠메이칸(立命館)대학 대학원 첨단종합학술연구과 장애인복지전공 졸업(학술학 박사) / 한국장애학회 국내협력분과위원회 위원장 / 광주광역시 장애인복지위원 / 국민연금관리공단 활동지원서비스평가위원 / 경기복지재단 책임연구원 / 양천장애인자립생활센터 · 서초장애인자립생활센터 운영위원
현재 광주대학교 사회복지학부 조교수

〈저 · 역서〉 장애학으로 보는 문화와 사회(공저, 학지사, 2015) / 한국에서 장애학 하기(공저, 학지사, 2013) / 장애학: 이론형성과 과정(역, 한국장애인단체총연합회, 2010) / 생의 기법(역, 한국장애인단체총연합회, 2010)

〈5판〉

한국 사회복지법 강의

Social Welfare Law, 5th ed.

2003년 9월 6일 1판 1쇄 발행
2006년 3월 10일 1판 6쇄 발행
2007년 3월 5일 2판 1쇄 발행
2008년 10월 10일 2판 4쇄 발행
2009년 3월 5일 3판 1쇄 발행
2012년 3월 20일 3판 6쇄 발행
2013년 3월 15일 4판 1쇄 발행
2014년 2월 20일 4판 2쇄 발행
2015년 9월 15일 5판 1쇄 발행
2017년 4월 20일 5판 3쇄 발행

지은이 • 박차상 · 정상양 · 김옥희 · 강종수 · 고관용 · 정희경
펴낸이 • 김 진 환
펴낸곳 • (주) 학지사
04031 서울특별시 마포구 양화로 15길 20 마인드월드빌딩 5층
대표전화 • 02) 330-5114 팩스 • 02) 324-2345
등록번호 • 제313-2006-000265호
홈페이지 • http://www.hakjisa.co.kr
페이스북 • https://www.facebook.com/hakjisabook

ISBN 978-89-997-0775-9 93330

정가 21,000원

이 도서의 국립중앙도서관 출판시도서목록(CIP)은 서지정보유통지원시스템 홈페이지(http://seoji.nl.go.kr)와 국가자료공동목록시스템(http://www.nl.go.kr/kolisnet)에서 이용하실 수 있습니다.
(CIP제어번호: CIP2015023142)